W0285675

Die Könige

Ellen Gould White

Gihon Publishing

Die Könige

Ausgabe 2021

Titel der amerikanischen Originalausgabe:
»Prophets and Kings« 1917

Herausgeber

literatur@gihon.de

Printed in Germany

ISBN: 978-3-939979-22-7

Inhaltsverzeichnis

Kurzbiographie/Vorwort 6/7
Einführung: Der Weinberg des Herrn 9

I - Von der Stärke zur Schwachheit

1. Salomo 15
2. Der Tempel und seine Weihe 21
3. Der Stolz des Wohlstands 29
4. Die Folgen der Übertretung 35
5. Die Reue von Salomo 43
6. Die Teilung des Königreiches 50
7. Jerobeam 57
8. Nationaler Abfall 62

II - Propheten des Nordreichs

9. Elia aus Tischbe 67
10. Strenger Tadel ist nötig 73
11. Auf dem Karmel 83
12. Von Jesreel zum Berg Horeb 89
13. »Was tust du hier?« 96
14. Im Geist und in der Kraft Elias 103
15. Josaphat 111
16. Der Untergang des Hauses Ahab 119
17. Die Berufung von Elisa 127
18. Das Wasser wird trinkbar 135
19. Ein Prophet des Friedens 139
20. Naämann 144
21. Die letzten Tage von Elisa 149

22. »Ninive, die grosse Stadt« 155
23. Die assyrische Gefangenschaft 163
24. Mangel an Erkenntnis 171

III - Ein Prediger der Gerechtigkeit
25. Die Berufung von Jesaja 176
26. »Siehe, da ist euer Gott« 181
27. Ahas 187
28. Hiskia 192
29. Die Botschafter aus Babylon 197
30. Befreiung von den Assyrern 202
31. Hoffnung für die Heiden 211

IV - Ein Volk wird bestraft
32. Manasse und Josia 218
33. Das Buch des Gesetzes 225
34. Jeremia 232
35. Das Gericht naht 241
36. Der letzte König von Juda 251
37. Gefangen nach Babel 258
38. Das Licht in der Finsternis 265

V - In den Ländern der Heiden
39. Am Hof von Babylon 271
40. Der Traum des Nebukadnezar 279
41. Der Feuerofen 285
42. Wahre Grösse 291
43. Der unsichtbare Wächter 296
44. In der Löwengrube 305

VI - Nach der babylonischen Gefangenschaft

45. Rückkehr aus der Gefangenschaft 311
46. »Die Propheten Gottes halfen ihnen« 319
47. Josua und der Engel 328
48. »Nicht durch Heer oder Kraft« 335
49. Zur Zeit der Königin Esther 339
50. Esra, der Priester und Schriftgelehrte 343
51. Eine geistliche Erweckung 349
52. Ein Mann der Stunde 355
53. Die Bauleute auf der Mauer 359
54. Wucher wird getadelt 365
55. Heidnische Anschläge 370
56. Unterwiesen im Gesetz des Herrn 375
57. Eine Reformation 379

VII - Licht am Abend

58. Der Erlöser kommt 385
59. »Das Haus Israel« 397
60. Bilder künftiger Herrlichkeit 409

Verwendete Bibelübersetzungen:
Luther Übersetzung bzw. Schlachter 2000, wenn nicht anders angegeben

KJV = King James Version, engl.
ZÜR = Züricher
ELB = Elberfelder
EÜ = Einheitsübersetzung
GN = Gute Nachricht
HFA = Hoffnung für Alle
NeUE = Neue evangelistische Übersetzung
NLB = Neues Leben
NGÜ = Neue Genfer Übersetzung

Seitenzahlen der englischen Ausgabe (PK) von 1917
in Klammern neben den Seitenzahlen

Vorwort

Schon die sehr unterschiedlichen Titel der ersten beiden Bände aus dieser geschichtlichen Serie (DIE PATRIARCHEN und DIE KÖNIGE) deuten auf eine entscheidende Änderung in der Gesellschaftsordnung Israels hin.

Mit der Erschaffung der Erde gründete Jahwe die Zivilisation in der patriarchalischen Ordnung. Er – Gott in Christus – wollte der König eines jeden Einzelnen sein. Menschliche Familienoberhäupter sollten als Statthalter des göttlichen Königs ihre Familien über die Wege und Gebote Gottes unterweisen und damit die Ausbreitung des Götzendienstes und der Gottvergessenheit entgegentreten und sie dadurch näher zu Gott führen, 1.Mose 18,19 ebenso wie im Neuen Testament die Apostel und Ältesten nicht als Herrscher über die Gemeinde gesetzt wurden, sondern lediglich als Unterhirten Christi, dem guten Hirten. Matthäus 23,8; 1.Petrus 5,1-4

Weil Israel auf die es umgebenden heidnischen Völker anstatt auf Gott schaute, wurde es zum Ende der Richtertätigkeit Samuels der von Gott eingesetzten patriarchalischen Ordnung endgültig überdrüssig und verlangte nach einem König, »wie ihn die Heiden haben«. 1.Samuel 8,5 Gott akzeptierte ihre Entscheidung, machte ihnen jedoch klar, indem Er zu Samuel sprach: »Höre auf die Stimme des Volkes in allem, was sie dir gesagt haben; denn nicht dich haben sie verworfen, sondern mich haben sie verworfen, dass ich nicht König über sie sein soll!« 1.Samuel 8,7

Um den Schaden fürs Volk so gering wie möglich zu halten, ging Gott die zweite Meile mit Seinem Volk und bestimmte die ersten Könige selbst. Neben Saul und David wurden später noch Jerobeam und Jehu durch einen Propheten auf Gottes Anweisung zum König gesalbt. Doch in der Regel ergab sich die Thronfolge aufgrund der Erbfolge, oder ehrgeizige, skrupellose Leute putschten sich an die Macht.

Wir sehen, wie König Salomo seine Regierung viel versprechend und weise begann. Er machte jedoch bald entscheidende Fehler, weil er Israel und Jerusalem, die nach Gottes Plan der Welt als Missionszentrum dienen sollten, zu einem Handelszentrum umbaute – natürlich, um »das Werk Gottes« zu fördern. Dazu gehörten die Heirat einer ägyptischen Prinzessin, was schließlich in Salomos Vielehe mündete, und die Bewilligung der überzogenen Lohnforderungen der Tempelerbauer. – Beides Punkte, die auch heute aktuell sind und genauso in unserer Gesellschaft große Probleme verursachen.

Da der sittliche Zustand eines Volkes von jeher aufs engste mit dem moralischen Lebensstil des Regenten verbunden ist, war es kein Wunder, dass die Moral der Bevölkerung Israels ein immer niedrigeres Niveau erreichte. Im Jahr 932 erfolgte die Reichsteilung, und in Israel, dem Nordreich, ging es durch die Ausbreitung des Götzendienstes rapide bergab, so dass das Reich rund 200 Jahre später (721) von den Assyrern erobert wurde und aufhörte zu existieren, während das Reich Juda im Süden nach der Teilung noch etwas über 300 Jahre Bestand hatte, bis es 608 von Babylon völlig erobert wurde.

Trotz all dieser Wirren, die ein Volk selbst zu verantworten hatte, das »auf beiden Seiten« hinkte, 1.Könige 18,21 wird Gott nicht müde, einen Propheten nach dem anderen zu erwecken, um Sein Volk zu Umkehr zu ermahnen und diesem zu zeigen, was aus ihm werden kann, wenn es Seiner Stimme gehorchte. Am Beispiel Daniels und seiner drei Freunde während ihrer 70-jährigen Gefangenschaft in Babylon wird uns eine Veranschaulichung davon gegeben.

Während Babylon das Südreich Juda äußerlich relativ leicht überwand, weil Juda schon zuvor innerlich zu Babylon geworden ist, war Babylon seinerseits nie in der Lage, Daniel und seine Freunde wenigstens zu äußeren Kompromissen zu zwingen, weil sie innerlich nicht im geringsten von babylonischen Grundsätzen verseucht, sondern wahre Israeliten (= Überwinder) waren. Statt dessen musste das Reich Babylon, wann immer es auf Konfrontation mit den jungen Hebräern ging, eine Niederlage nach der anderen einstecken. Dies führte zur Bekehrung Nebukadnezars und schließlich zum Untergang des Reiches. – Aber noch mehr: Zumindest von Daniel wissen wir, dass er dieses babylonische Reich überlebte und noch im medo-persischen Reich eine führende Stellung innehatte.

Wenn Gott ein Volk hat, dessen Glieder keinerlei babylonische Grundsätze in ihrem Inneren hegen sondern statt dessen die göttlichen Prinzipien verinnerlicht haben und ausleben, und die als Volk dadurch in der Lage sind, den Forderungen »Babylon der Großen« kompromisslos innerlich wie äußerlich zu widerstehen, dann wird Gott Sein Werk »in Kürze« abschließen können. Offb. 18,1-4; Lukas 18,8

Möge das Studium dieses Buches dazu beitragen, ein solches Volk hervorzubringen, indem jeder Einzelne aus der Geschichte lernt, um das Schlechte zu meiden und das Gute nachzuahmen.

DER WEINBERG DES HERRN

Einführung

Weil Gott die Absicht hatte, die besten Geschenke des Himmels allen Völkern der Erde zu schenken, berief er Abraham aus seiner heidnischen Verwandtschaft heraus und gebot ihm, im Land Kanaan zu wohnen. Gott sprach: »Und ich will dich zu einem großen Volk machen und dich segnen und deinen Namen groß machen, und du sollst ein Segen sein.« 1.Mose 12,2 Es war eine hohe Ehre, zu der Abraham berufen wurde: Er sollte der Vater des Volkes sein, das über Jahrhunderte Wächter und Bewahrer des Wortes Gottes an die Welt sein sollte, also des Volkes, durch das alle Völker auf Erden durch die Ankunft des verheißenen Messias gesegnet werden sollten.

Die Menschen hatten fast schon die Erkenntnis des wahren Gottes verloren. Ihre Gedanken waren durch Götzendienst verfinstert. Anstelle der göttlichen Richtlinien, die »heilig, gerecht und gut« sind, Römer 7,12 bemühten sich die Menschen, Gesetze zu erstellen, die in Übereinstimmung mit ihren eigenen grausamen und selbstsüchtigen Herzen waren. Und doch rottete Gott sie in Seiner Barmherzigkeit nicht aus. Er beabsichtigte, den Menschen die Gelegenheit zu geben, – durch Seine Gemeinde mit Ihm bekannt zu werden. ER wollte, dass die Grundsätze, die durch Sein Volk offenbart wurden, das moralische Ebenbild Gottes im Menschen wiederherstellen sollten.

Gottes Gesetz musste erhöht und Seine Autorität aufrechterhalten werden. Dieses große und edle Werk wurde dem Haus Israel gegeben. Gott trennte sie von der Welt, damit Er ihnen ein heiliges Gut anvertrauen konnte. Er machte sie zu Bewahrern Seines Gesetzes. Seine Absicht war es, dass durch dieses Volk die Gotteserkenntnis unter den Menschen bewahrt werden sollte. Auf diese Weise sollte das Licht des Himmels hinaus in eine Welt voller Finsternis leuchten. Eine Stimme sollte gehört werden, die alle Völker aufforderte, sich vom Götzendienst abzuwenden, um dem lebendigen Gott zu dienen.

»Mit so großer Kraft und starker Hand« 2.Mose 32,11 führte Gott Sein auserwähltes Volk aus dem Land Ägypten. »Er sandte seinen Knecht Mose und Aaron, den er erwählt hatte. Die taten seine Zeichen unter ihnen und seine Wunder im Lande Hams.« »Er schalt das Schilfmeer, da wurde es trocken, [15/16] und führte sie durch die Tiefen wie durch trockenes Land.« Psalm 105,26.27; 106,9 Er befreite sie aus ihrem Sklavenleben, um sie in ein gutes Land zu bringen, das Er in Seiner Vorsehung für sie als eine Zuflucht von ihren Feinden vorbereitet hatte. Er wollte sie zu sich ziehen und in Seine ewigen Arme nehmen. Als Dank für Seine Güte und Sein Erbarmen sollten sie Seinen Namen auf der Erde erhöhen und herrlich machen.

»Denn des HERRN Teil ist sein Volk, Jakob ist sein Erbe. Er fand ihn in der Wüste, in der dürren Einöde sah er ihn. Er umfing ihn und hatte Acht auf ihn. Er behütete ihn wie seinen Augapfel. Wie ein Adler ausführt seine Jungen und über ihnen schwebt, so breitete er seine Fittiche aus und nahm ihn und trug ihn auf seinen Flügeln. Der HERR allein leitete ihn, und kein fremder Gott war mit ihm.« 5.Mose 32,9-12 Auf diese Weise zog Er die Israeliten zu sich, damit sie unter dem Schatten des Allerhöchsten leben sollten. Auf wunderbare Weise bewahrte Er sie in der Wildnis beim Wandern, bis sie schließlich im Land der Verheißung als bevorzugtes Volk etabliert waren.

In einem Gleichnis erzählt Jesaja mit berührender Leidenschaft die Geschichte von der Berufung und Ausbildung Israels zu Vertretern Jehovahs vor der Welt, die in jedem guten Werk fruchtbar sein sollten:

»Ich will doch singen von meinem Geliebten, ein Lied meines Freundes von seinem Weinberg! Mein Geliebter hatte einen Weinberg auf einem fruchtbaren Hügel. Und er grub ihn um und säuberte ihn von Steinen und bepflanzte ihn mit edlen Reben. Mitten darin baute er einen Turm und hieb auch eine Kelter darin aus; und er hoffte, dass er [gute] Trauben brächte ...« Jesaja 5,1f

Gott hatte die Absicht, Seinen Segen durch das auserwählte Volk zu allen Menschen zu bringen. Der Prophet erklärte: »Denn das Haus Israel ist der Weinberg des Herrn der Heerscharen, und die Männer von Juda sind seine Lieblingspflanzung.« Jesaja 5,7

Gott hatte Seinem Volk Sein Wort anvertraut und sie durch die Vorschriften Seines Gesetzes, die ewigen Prinzipien der Wahrheit, Gerechtigkeit und Reinheit wie mit einem Zaun umgeben. Der Gehorsam gegenüber diesen Grundsätzen sollte ihr Schutz sein, denn dies würde sie davor bewahren, sich selbst durch sündhafte Praktiken zu verderben. Inmitten des Landes hatte Gott Seinen heiligen Tempel als Turm in den Weinberg gesetzt.

Christus war ihr Lehrer. Ebenso wie Er mit ihnen in der Wüste gewesen war, so sollte er weiterhin ihr Lehrer und Führer sein. In der Stiftshütte und im Tempel wohnte Seine heilige Gegenwart, die Schechina, über dem Gnadenthron. Beständig offenbarte Er für sie die Reichtümer Seiner Liebe und Geduld.

Durch Mose war ihnen die Absicht Gottes vorgelegt und die Bedingungen für ihren Wohlstand klar gemacht worden: »Denn ein heiliges Volk bist du für den Herrn, deinen Gott; dich hat der Herr, dein Gott, aus allen Völkern erwählt, die auf Erden sind, damit du ein Volk des Eigentums für ihn seist.«

»Du hast dem Herrn heute zugesagt, dass er dein Gott sein soll, und dass du auf seinen Wegen wandeln willst und seine Satzungen, Gebote und Rechtsbestimmungen halten und seiner Stimme gehorchen willst. Und der Herr hat dir heute zugesagt, dass du sein Eigentumsvolk sein sollst, so wie er es dir verheißen hat, und dass du alle seine Gebote hältst, und dass er dich als höchstes über alle Völker setzen will, die er gemacht hat, zu Lob, Ruhm und Preis, und dass du dem Herrn, deinem Gott, ein heiliges Volk sein sollst, wie er es verheißen hat.« 5.Mose 7,6; 26,17-19

Die Israeliten sollten das ganze Gebiet einnehmen, das Gott ihnen bestimmt hatte. Die Nationen dort, die die Anbetung und den Dienst des wahren Gottes zurückgewiesen hatten, sollten enteignet werden. Es war jedoch Gottes Absicht, dass die Menschen durch Israels Offenbarung Seines Charakters zu Ihm gezogen werden sollten. Die Evangeliumseinladung sollte an die ganze Welt gegeben werden. Durch die Lehren des Opferdienstes sollte Christus vor den Heiden erhöht werden und alle, die auf Ihn schauen würden, sollten leben. Wer sich wie die Kanaaniterin Rahab und die Moabiterin Ruth vom Götzendienst zur Anbetung des wahren Gottes bekehrte, sollte sich mit Gottes auserwähltem Volk verbinden. Mit der sich so erweiternden Zahl der Israeliten sollten sie auch ihre Grenzen erweitern, bis ihr Königreich die ganze Welt umspannte.

Das alte Israel erfüllte jedoch nicht die Absicht Gottes. Der Herr erklärte: »Ich aber hatte dich gepflanzt als einen edlen Weinstock, ein ganz echtes Gewächs. Wie bist du mir denn geworden zu einem schlechten, wilden Weinstock?« »Israel ist ein leerer Weinstock, der Frucht für sich selbst trägt.« »Nun richtet, ihr Bürger zu Jerusalem und ihr Männer Judas, zwischen mir und meinem Weinberg! Was sollte man noch mehr tun an meinem Weinberg, das ich nicht getan habe an ihm? Warum hat er denn schlechte Trauben gebracht, während ich darauf wartete, dass er gute brächte? Wohlan, ich will euch zeigen, was ich mit meinem Weinberg tun will! Sein Zaun soll weggenommen werden, dass er verwüstet werde, und seine Mauer soll eingerissen werden, dass er zertreten werde. Ich will ihn wüst liegen lassen, dass er nicht beschnitten noch gehackt werde, sondern Disteln und Dornen darauf wachsen, und will den Wolken gebieten, dass sie nicht darauf regnen. ... Er wartete auf Rechtsspruch, siehe, da war Rechtsbruch, auf Gerechtigkeit, siehe, da war Geschrei über Schlechtigkeit.« Jeremia 2,21; Hosea 10,1 KJV; Jesaja 5,3-7

Der Herr hatte Seinem Volk durch Mose das Ergebnis der Untreue gezeigt. Durch die Weigerung, Seinen Bund zu halten, schnitten sie sich selbst vom Leben Gottes ab, und Sein Segen konnte nicht mehr über sie kommen. [19/20]

Manchmal wurden diese Warnungen beachtet und reiche Segnungen kamen über das jüdische Volk und durch sie auf die benachbarten Völker. Viel häufiger jedoch vergaßen sie in ihrer Geschichte Gott und verloren das hohe Vorrecht aus den Augen, Seine Vertreter zu sein. Sie beraubten Ihn des Dienstes, den Er von ihnen verlangte und beraubten ihre Mitmenschen der religiösen Führung und eines heiligen Beispiels. Sie wollten sich selbst die Früchte des Weinbergs aneignen, zu dessen Verwaltern sie eingesetzt worden waren. Wegen ihrer erschreckenden Habgier wurden sie von den Heiden verachtet. Auf diese Weise wurde der heidnischen Welt Veranlassung gegeben, den Charakter Gottes und der Gesetze Seines Reiches falsch zu verstehen.

Mit väterlichem Herzen hatte Gott Mitleid mit Seinem Volk. Er kämpfte um sie, indem Er ihnen Gnadengaben entweder gab oder ihnen vorenthielt. Geduldig zeigte Er ihnen ihre Sünden auf und wartete geduldig auf ihr Bekenntnis. Propheten und andere Boten wurden geschickt, um den Weingärtnern die Ansprüche des Eigentümers deutlich vor Augen zu führen. Anstatt diese weitsichtigen und mit geistlicher Kraft ausgerüsteten Männer willkommen zu heißen, wurden sie als Feinde behandelt. Die Weingärtner verfolgten und töteten sie. Gott sandte immer wieder weitere Boten, aber sie empfingen dieselbe Behandlung wie die ersten, wobei die Weingärtner sogar einen noch entschlosseneren Hass bewiesen.

Der Entzug der göttlichen Gunst während der Zeit des Exils führte viele zur Buße. Als sie jedoch wieder ins Land der Verheißung zurückgekehrt waren, wiederholte das jüdische Volk die Fehler der vorangegangenen Generationen und brachten sich selbst in politische Konflikte mit den umliegenden Nationen. Die Propheten, die Gott sandte, um die vorherrschenden Übel zu korrigieren, wurden mit demselben Misstrauen und derselben Verachtung empfangen wie die Boten früherer Zeiten. Auf diese Weise vergrößerten die Weingärtner von Jahrhundert zu Jahrhundert ihre Schuld.

Die vom göttlichen Weingärtner auf den Hügeln Palästinas gepflanzte edle Rebe wurde von den Männern Israels verachtet und schließlich über die Mauer des Weinbergs geworfen. Sie verletzten die Rebe und zertraten sie in der Hoffnung unter ihren Füßen, dass sie sie damit auf ewig vernichtet hätten. Die Weingärtner entfernten die Rebe und verbargen sie vor ihren Augen. Aber wiederum pflanzte ER die Rebe, diesmal jedoch auf der anderen Seite der Mauer und auf eine Art, dass der Weinstock nicht länger sichtbar war. Die Zweige hingen über die Mauer herein, und man hätte Triebe einsetzen können, der Stamm jedoch wurde außerhalb der Reichweite der Menschen gepflanzt, so dass diese ihn nicht erreichen oder ihm schaden konnten.

Für die heutige Gemeinde Gottes auf der Erde – die Verwalter Seines Weinbergs – sind die durch die Propheten erteilten Botschaften des

Rats und der Ermahnung von besonderem Wert, denn dadurch wird die ewige Absicht Gottes für die Menschheit deutlich gezeigt. In den Lehren der Propheten offenbart sich klar Seine Liebe für die verlorene Menschheit und Sein Erlösungsplan für sie. Die Geschichte der Berufung Israels, ihrer Erfolge und Misserfolge, ihrer Wiedereinsetzung in die göttliche Gunst, ihrer Verwerfung des Herrn des Weinbergs und schließlich die Ausführung des jahrhundertealten Plans durch einen treuen Überrest, an denen alle Bundesverheißungen sich erfüllen sollen – dies alles war das Thema der Boten Gottes an Seine Gemeinde während der vergangenen Jahrhunderte. Auch heute ist die Botschaft Gottes an Seine Gemeinde – das sind diejenigen, die den Weinberg treu behüten – keine andere als die vom Propheten vor Zeiten gegebene: »Ein prächtiger Weinberg! Besingt ihn! Ich, der HERR, behüte ihn, bewässere ihn alle Augenblicke. Damit ihm nichts zustößt, behüte ich ihn Nacht und Tag.« Jesaja 27,2.3 ELB

Israel soll auf Gott hoffen. Der Herr des Weinbergs sammelt auch jetzt noch von den Menschen aller Nationen und Völker kostbare Früchte, auf die Er so lange gewartet hat. Bald wird Er in Sein Eigentum kommen, und an diesem frohen Tag wird Seine ewige Absicht mit dem Haus Israel endlich erfüllt werden. »In den kommenden Tagen wird Jakob Wurzeln schlagen, Israel blühen und knospen; und sie werden mit Früchten füllen die Fläche des Erdkreises.« Jesaja 27,6

KAPITEL 1

SALOMO

Auf Grundlage des biblischen Berichts

Unter der Regierung von David und Salomo wurde Israel gegenüber den anderen Nationen mächtig und hatte viele Gelegenheiten, einen mächtigen Einfluss zugunsten der Wahrheit und des Rechts auszuüben. Der Name Jehovahs wurde erhöht und in Ehren gehalten, und die Absicht, zu deren Erfüllung die Israeliten im Land der Verheißung angesiedelt worden waren, schien sich tatsächlich zu erfüllen. Barrieren wurden durchbrochen und Wahrheitssuchende aus den Ländern der Heiden nicht unzufrieden abgewiesen. Bekehrungen folgten. Die Gemeinde Gottes auf der Erde vergrößerte sich. Es ging ihr gut.

In den letzten Jahren seines Vaters David, der zu seinen Gunsten abgedankt hatte, wurde Salomo zum König gesalbt und eingesetzt. Sein frühes Leben schien verheißungsvoll zu sein. Gottes wollte, dass er von Stärke zu Stärke gehen sollte, von Herrlichkeit zu Herrlichkeit und dabei den Charakter Gottes immer ähnlicher darstellte. Auf diese Weise sollte er das Volk Gottes inspirieren, ihre heilige Verantwortung als Bewahrer der göttlichen Wahrheit zu erfüllen.

David wusste, dass die hohe Absicht Gottes für Israel nur dann erfüllt werden konnte, wenn Herrscher und Volk mit nicht nachlassender Wachsamkeit danach trachteten, den ihnen vorgelegten hohen Standard zu erreichen. Wie er wusste, musste sein Sohn Salomo, der jugendliche Herrscher, nicht nur ein Krieger, Staatsmann und Staatslenker sein, sondern auch ein starker, guter Mann, ein Lehrer der Gerechtigkeit und ein Beispiel der Treue.

Mit zartem Ernst wirkte David auf Salomo ein, mannhaft und edel zu sein, Gnade und Mitgefühl für seine Untertanen zu zeigen, und in allen seinen Handlungen mit all den anderen Nationen der Erde den Namen Gottes zu ehren und zu verherrlichen und die Schönheit eines heiligen Lebens zu offenbaren. Die vielen bemerkenswerten Versuchungen und Prüfungen, durch die David während seines Lebens gegangen war, hatten ihn den Wert der edleren Tugenden gelehrt und dazu geführt, Salomo in seinen letzten Worten auf seinem Totenbett zu erklären: »Wer herrscht über die Menschen, muss gerecht sein und in der Furcht Gottes herrschen. Er ist wie das Licht des Morgens, wenn [25/26] die Sonne aufgeht, am Morgen ohne Wolken ... wie das Gras nach dem Regen aus der Erde bricht.« 2.Samuel 23,3f KJV

Welche Gelegenheit hatte Salomo doch nur! Folgte er der göttlich inspirierten Unterweisung seines Vaters, dann würde seine Herrschaft durch Gerechtigkeit gekennzeichnet sein, wie sie im 72. Psalm beschrieben wird:

»Gott, gib dem König deine Rechtssprüche und deine Gerechtigkeit dem Königssohn, dass er dein Volk richte in Gerechtigkeit und deine Elenden nach Recht. ... Er komme herab wie ein Regen auf die gemähte Flur, wie Regenschauer als Befeuchtung auf das Land. In seinen Tagen wird der Gerechte blühen, und Fülle von Heil wird sein, bis der Mond nicht mehr ist. Und er möge herrschen von Meer zu Meer und vom Strom bis an die Enden der Erde. ... Die Könige von Tarsis und den Inseln sollen Geschenke bringen, es sollen Tribute entrichten die Könige von Scheba und Saba. Und alle Könige sollen vor ihm niederfallen, alle Nationen ihm dienen. Denn retten wird er den Armen, der um Hilfe ruft, und den Elenden und den, der keinen Helfer hat. ... Und man soll beständig für ihn beten, den ganzen Tag ihn segnen. ... Sein Name soll ewig sein; vor der Sonne soll aufsprossen sein Name; und in ihm wird man sich segnen; alle Nationen sollen ihn glücklich preisen. Gepriesen sei Gott, der HERR, der Gott Israels. Er tut Wunder, er allein! Und gepriesen sei sein herrlicher Name in Ewigkeit! Seine Herrlichkeit erfülle die ganze Erde! Amen, ja Amen.« Psalm 72 ELB

In seiner Jugend traf Salomo dieselbe Wahl wie David. Viele Jahre lang war er aufrichtig, und sein Leben war von striktem Gehorsam gegenüber den Geboten Gottes gekennzeichnet. Zu Beginn seiner Herrschaft ging er mit seinen politischen Beratern nach Gibeon, wo sich immer noch die in der Wüste erbaute Stiftshütte befand. Dort vereinte er sich mit seinen ausgewählten Ratgebern, »den Obersten der Tausendschaften und der Hundertschaften, ... den Richtern und ... allen Fürsten in ganz Israel und den Familienhäuptern.« 2.Chronik 1,2 Gemeinsam brachten sie Gott Opfer dar und weihten sich völlig dem Dienst für den Herrn. Eine Ahnung der Größe der Pflichten, die mit dem Königsamt verbunden waren, erfüllte Salomo. Er wusste, dass Menschen, die schwere Lasten zu tragen haben, die Quelle der Weisheit um Lenkung bitten müssen, wenn sie ihre Verantwortungen vernünftig ausfüllen wollen. Dies veranlasste ihn, seine Berater zu ermutigen, sich von Herzen mit ihm zu vereinigen, um ihre Annahme bei Gott sicherzustellen.

Wichtiger noch als jedes irdische Gut war dem König Weisheit und Verstand, um das ihm von Gott übergebene Werk auszuführen. Er sehnte sich nach einer schnellen Auffassungsgabe, einem großen Herzen und einem sanftmütigen Geist. In dieser Nacht erschien der Herr dem Salomo in einem Traum und sagte:

»Bitte, was ich dir geben soll.« Seine Antwort war eine Formulierung seiner Hilflosigkeit und dem Wunsch nach Hilfe. Salomo sagte: »Du hast an meinem Vater David, deinem Knecht, große Barmherzigkeit getan, wie er denn vor dir gewandelt ist in Wahrheit und Gerechtigkeit und mit aufrichtigem Herzen vor dir, und hast ihm auch die große Barmherzigkeit erwiesen und ihm einen Sohn gegeben, der auf seinem Thron sitzen sollte, wie es denn jetzt ist.« 1.Könige 3,5f

»Weil du nun, o HERR, mein Gott, deinen Knecht zum König gemacht hast an Stelle meines Vaters David, ich aber ein junger Bursche bin, der weder aus- noch einzuziehen weiß; und weil dein Knecht mitten unter deinem Volk ist, das du erwählt hast, einem Volk, das so groß ist, dass es vor Menge niemand zählen noch berechnen kann – so gib du deinem Knecht doch ein verständiges Herz, dass er dein Volk zu richten versteht und unterscheiden kann, was gut und böse ist. Denn wer kann dieses dein großes Volk richten?« 1.Könige 3,7-9

»Und es war dem HERRN wohlgefällig, dass Salomo um dies bat.« 1.Könige 3,10

»Und Gott sprach zu ihm: Weil du um dies bittest, und nicht um langes Leben und um Reichtum und um den Tod deiner Feinde bittest, sondern um Einsicht zum Verständnis des Rechts, siehe, so habe ich nach deinen Worten gehandelt. Siehe, ich habe dir ein weises und verständiges Herz gegeben, dass deinesgleichen vor dir nicht gewesen ist und deinesgleichen auch nach dir nicht aufkommen wird. Dazu habe ich dir auch gegeben, was du nicht erbeten hast, Reichtum und Ehre, so dass deinesgleichen nicht sein soll unter den Königen dein ganzes Leben lang.« 1.Könige 3,11-13

»Und wenn du in meinen Wegen wandeln wirst, dass du meine Satzungen und Gebote befolgst, wie dein Vater David gewandelt ist, so will ich dir ein langes Leben geben!" 1.Könige 3,14; vgl. auch 2.Chronik 1,7-12

Gott versprach Salomo, mit ihm ebenso zu sein wie er mit David gewesen war. Wenn der König aufrichtig vor dem Herrn sein und das tun sollte, was Gott ihm geboten hatte, würde sein Thron gefestigt werden und seine Herrschaft das Mittel sein, durch das Israel bei allen Völkern als »weise und verständig« erhöht werden sollte – als Licht für die benachbarten Völker. vgl. 5.Mose 4,6

Die Sprache, die Salomo in seinem Gebet zu Gott vor dem alten Altar von Gibeon verwendete, offenbart seine Demut und seinen starken Wunsch, Gott zu ehren. Er war sich darüber im Klaren, dass er ohne göttlichen Beistand so hilflos wie ein kleines Kind war und der auf ihm ruhenden Verantwortung nicht wirklich gerecht werden konnte. Salomo wusste, dass ihm die Gabe der Unterscheidung der Geister fehlte. Es war jedoch ein Gefühl seiner großen Bedürftigkeit, die ihn dazu brachte, Gott um Weisheit zu bitten. In seinem Herzen waren keine selbstsüchtigen Gedanken, ein Wissen zu erhalten, was ihn über andere erhöhte. Er hatte den Wunsch, die auf ihm ruhenden Pflichten treu zu tun, und wählte daher die Gabe, die dazu führen sollte, seine Herrschaft zur Ehre Gottes [29/30] auszuüben. Salomo war nie so reich, weise oder wahrhaft groß als dann, wo er bekannte: »Ich aber ein junger Bursche, der weder aus noch ein weiß.«

Wer heute eine verantwortungsvolle Stellung innehat, sollte danach trachten, die Lektion zu lernen, die uns im Gebet Salomos gelehrt wird. Je höher die Position ist, die ein Mensch einnimmt, desto größer ist die Verantwortung, die er zu tragen hat, desto größer wird der Einfluss sein, den er ausübt, und desto größer ist sein Bedürfnis der Abhängigkeit von Gott. Er sollte sich immer daran erinnern, dass mit der Berufung zu arbeiten auch die Berufung kommt, ein beispielhaftes Leben vor seinen Mitmenschen zu führen. Er soll die Einstellung haben, als Lernender vor Gott stehen. Eine Stellung gibt dem Charakter keine Heiligkeit. Erst Gott ehren und Seinen Geboten gehorchen macht einen Menschen wahrhaft groß.

Der Gott, dem wir dienen, beachtet nicht die Person. Er, der Salomo den Geist der Weisheit und der Unterscheidung der Geister gab, ist heute ebenso willig, Seinen Kindern dieselben Segnungen zu verleihen. Sein Wort sagt: »Wenn es aber jemand unter euch an Weisheit mangelt, so erbitte er sie von Gott, der allen gern und ohne Vorwurf gibt, so wird sie ihm gegeben werden.« Jakobus 1,5 Wenn sich der Lastenträger Weisheit mehr wünscht als Reichtum, Macht oder Ruhm, wird er nicht enttäuscht werden. Solch ein Mensch wird von dem großen Lehrer nicht nur das lernen, was er zu tun hat, sondern auch, wie er es tun muss, um die göttliche Zustimmung zu erlangen.

Solange der Mensch, den Er mit dem Unterscheidungsgeist und anderen Fähigkeiten ausgerüstet hat, Gott geweiht bleibt, wird er kein Verlangen nach hohen Positionen zeigen oder versuchen, andere zu beherrschen oder zu kontrollieren. Natürlich müssen Menschen Verantwortung übernehmen, aber anstatt nach einer Vormachtstellung zu trachten wird der aufrichtige Leiter um ein verständiges Herz bitten, so dass er zwischen Gut und Böse unterscheiden kann.

Der Weg, den Menschen zu gehen haben, die als Leiter eingesetzt sind, ist nicht leicht. Sie sollen jedoch in jeder Schwierigkeit den Ruf zum Gebet sehen und niemals versäumen, die große Quelle aller Weisheit zu befragen. Wenn sie durch den Meister aller Arbeiter gestärkt und erleuchtet wurden, sind sie befähigt, gegen unheilige Einflüsse zu bestehen und Richtig und Falsch, Gut und Böse zu unterscheiden. Sie werden dem zustimmen, was Gott gut heißt, und mit allem Ernst gegen die Einführung falscher Grundsätze in Sein Werk ankämpfen.

Die Weisheit, die Salomo wichtiger war als Reichtümer, Ehre oder langes Leben, das bekam er von Gott. Seine Bitte um eine schnelle Auffassungsgabe, ein großes Herz und einen mitfühlenden Geist wurden ihm gewährt. »Und Gott gab Salomo sehr große Weisheit und Verstand und einen Geist, so weit, wie Sand

 am Ufer des Meeres liegt, dass die Weisheit Salomos größer

war als die Weisheit von allen, die im Osten wohnen, und als die Weisheit der Ägypter. Und er war weiser als alle Menschen, ... und war berühmt unter allen Völkern ringsum.« 1.Könige 5,9-11

»Und ganz Israel ... fürchtete den König; denn sie sahen, dass die Weisheit Gottes in ihm war, Gericht zu halten.« 1. Könige 3,28 Die Herzen der Menschen richteten sich auf Salomo, wie sie vorher auf David gerichtet waren, und sie gehorchten ihm in allen Dingen. »Und Salomo, der Sohn Davids, wurde mächtig in seinem Königtum, und der HERR, sein Gott, war mit ihm und machte ihn immer größer.« 2.Chronik 1,1

Viele Jahre lang war Salomos Leben gekennzeichnet von seiner Hingabe an Gott, seiner Aufrichtigkeit, seinen festen Grundsätzen und seinem strengen Gehorsam gegenüber Gottes Geboten. Er leitete jede wichtige Unternehmung selbst und regelte die geschäftlichen Angelegenheiten des Königreichs. Sein Reichtum und seine Weisheit, die großartigen Gebäude und öffentlichen Arbeiten, die er während den frühen Jahren seiner Herrschaft entwarf, die Energie, Frömmigkeit, Gerechtigkeit und Großzügigkeit, die er in Wort und Tat offenbarte – all dies gewann ihm die Treue seiner Untertanen und die Bewunderung und Huldigung der Herrscher vieler anderer Länder.

Der Name Jehovahs wurde während des ersten Abschnitts der Herrschaft Salomos sehr geehrt. Die Weisheit und Gerechtigkeit, die der König offenbarte war allen Nationen ein wichtiger Zeuge für die herausragenden Eigenschaften des Gottes, dem er diente. Eine Zeitlang war Israel das Licht der Welt und offenbarte die Größe Jehovahs. Die wahre Herrlichkeit der frühen Herrschaftsjahre von Salomo lag nicht an seiner unübertroffenen Weisheit, seinen sagenhaften Reichtümern, seiner weitreichenden Macht oder seinem Ruhm, sondern in der Ehre, die er dem Namen des Gottes Israels durch die weise Anwendung der himmlischen Gaben brachte.

Als die Jahre vergingen und Salomos Ruhm zunahm, versuchte er, Gott dadurch verstärkt zu ehren, indem er selbst an mentaler und geistlicher Stärke zunahm und anderen fortgesetzt die Segnungen weitergab, die er selbst empfing. Keiner als er verstand besser, dass er nur durch das Wohlwollen Jehovahs in den Besitz von Macht, Weisheit und Verständnis gekommen war und diese Gaben ihm verliehen worden waren, damit er der Welt eine Erkenntnis des Königs aller Könige vermittelte.

Salomo interessierte sich besonders für Naturgeschichte, aber seine Forschungen beschränkten sich nicht auf nur ein Feld des Lernens. Durch ein sorgfältiges Studium aller geschaffenen Dinge bekam er ein klares Verständnis vom Schöpfer. Er sah in den Kräften der Natur, in der Welt der Minerale und der Tiere und in jedem Baum, jedem Strauch und jeder Blume eine [32/33]

Offenbarung der Weisheit Gottes. Durch sein fortgesetztes Lernen nahmen seine Gotteserkenntnis und Liebe zu Gott immer weiter zu.

Salomos göttlich inspirierte Weisheit fand Ausdruck in Liedern des Lobpreises und in vielen Sprüchen. »Und er dichtete dreitausend Sprüche und tausendundfünf Lieder. Er dichtete von den Bäumen, von der Zeder an auf dem Libanon bis zum Ysop, der aus der Wand wächst. Auch dichtete er von den Tieren des Landes, von Vögeln, vom Gewürm und von Fischen.« 1.Könige 5,12f

In den Sprüchen Salomos werden die Grundsätze eines heiligen Lebens und hoher Vorsätze veranschaulicht, – Grundsätze, die aus dem Himmel stammen und zur Frömmigkeit führen und jede Handlung des Lebens bestimmen sollten. Durch die weite Verbreitung dieser Grundsätze und die Anerkennung Gottes als denjenigen, dem alle Ehre und aller Lobpreis zusteht, wurde Salomos frühe Herrschaft eine Zeit nicht nur des materiellen Wohlstands, sondern auch der moralischen Erneuerung.

»Wohl dem Menschen, der Weisheit erlangt, und dem Menschen, der Einsicht gewinnt! Denn es ist besser, sie zu erwerben, als Silber, und ihr Ertrag ist besser als Gold. Sie ist edler als Perlen, und alles, was du wünschen magst, ist ihr nicht zu vergleichen. Langes Leben ist in ihrer rechten Hand, in ihrer Linken ist Reichtum und Ehre. Ihre Wege sind liebliche Wege, und alle ihre Steige sind Frieden. Sie ist ein Baum des Lebens allen, die sie ergreifen, und glücklich sind, die sie festhalten.« Sprüche 3,13-18

»Weisheit zu erwerben ist das Wichtigste im Leben! Und alles, was du hast, setze dafür ein, Verstand zu erwerben!« Sprüche 4,7 NL

»Die Furcht des HERRN ist der Weisheit Anfang.« Psalm 111,10 »Die Furcht des HERRN bedeutet, das Böse zu hassen; Stolz und Übermut, den Weg des Bösen und einen verkehrten Mund hasse ich.« Sprüche 8,13

Hätte Salomo doch nur in späteren Jahren diese wunderbaren Worte der Weisheit beachtet! Hätte doch nur derjenige, der gesagt hatte: »Der Weisen Mund breitet Einsicht aus«, Sprüche 15,7 der selbst die Könige der Erde gelehrt hatte, dem König der Könige den Lobpreis zu geben, den sie einem irdischen Herrscher schenken wollten, nur niemals mit »verkehrten Mund« und in »Stolz und Übermut« für sich die Herrlichkeit in Anspruch genommen, die doch allein Gott gebührt!

KAPITEL 2

Der Tempel und seine Weihe

Auf Grundlage des biblischen Berichts

Davids lange gehegter Plan, einen Tempel für den Herrn zu errichten, wurde von Salomo weise ausgeführt. Sieben Jahre lang war Jerusalem von geschäftigen Arbeitern erfüllt, die den ausgewählten Platz einebneten, riesige Stützmauern bauten und ein breites Fundament legten – »große und kostbare Steine ..., behauene Steine«. 1.Könige 5,31 Sie brachten auch die riesigen Stämme aus den Wäldern des Libanon in Form und errichteten ein großartiges Heiligtum. Gleichzeitig mit der Vorbereitung von Holz und Stein, einer Arbeit, zu der tausende von Menschen ihre Energie vereinten, machte die Herstellung der Inneneinrichtung des Tempels unter der Führung von Hiram von Tyrus ständige Fortschritte. Von ihm heißt es: »Der versteht zu arbeiten mit Gold, Silber, Kupfer, Eisen, Steinen, Holz, rotem und blauem Purpur, feiner Leinwand und Scharlach, und Bildwerk zu schnitzen und alles, was man ihm aufgibt, kunstreich zu machen.« 2. Chronik 2,13

So war das Bauen auf dem Berg Moria geräuschlos. Die Steine wurden »bereits im Steinbruch behauen, sodass das Gebäude errichtet werden konnte, ohne dass der Klang eines Hammers, einer Axt oder eines anderen Eisenwerkzeugs zu hören war.« 1.Könige 6,7 NL Die schönen Einrichtungsgegenstände wurden nach den Plänen, die David seinem Sohn übergeben hatte, fertiggestellt, »alles Gerät für das Haus Gottes.« 2.Chronik 4,19 Dazu gehörten der Rauchopferaltar, der Schaubrottisch, die Leuchter mit den Lampen und alle Gegenstände und Instrumente, die mit dem Dienst der Priester im Heiligen zu tun hatten, »aus Gold – das alles war reinstes Gold.« 2.Chronik 4,21 ELB Von den kupfernen Gegenständen – dem Brandopferaltar, dem großen, von zwölf Ochsen getragenen Waschbecken und den kleineren Waschbecken und vielen anderen Gegenständen heißt es: »In der Gegend des unteren Jordans ließ sie der König gießen in der Gießerei von Adama, zwischen Sukkot und Zereda.« 2.Chronik 4,17 Diese Einrichtungsgegenstände wurden in großen Mengen hergestellt, damit es ja keinen Mangel geben sollte. Das palastartige Gebäude, das von Salomo und seinen Leuten für Gott und Seine Anbetung errichtet wurde, war von unübertroffener Schönheit [35/36] und unerreichter Pracht. Das Tempelgebäude war geschmückt mit Edelsteinen, umgeben von geräumigen Höfen mit prächtigen Zugängen und verkleidet mit geschnitztem Zedernholz und poliertem Gold. Mit seinen bestickten Vorhängen und reichen Ausstattung war es ein passendes Bild der lebendigen Gemeinde Gottes auf der Erde, die durch die Jahrhunderte hindurch in Übereinstimmung mit dem göttlichen Plan gebaut worden war. Dabei wurden Materialien verwendet, die verglichen werden mit »Gold, Silber, Edelsteinen,« »zur Verschönerung von Palästen geschaffen.« 1.Korinther 3,12; Psalm 144,12 Von diesem geistlichen Tempel ist Christus selbst »der Eckstein, auf welchem der ganze Bau ineinandergefügt wächst zu einem heiligen Tempel in dem Herrn.« Epheser 2,20f

Schließlich war der Tempel vollendet, der von König David geplant und von seinem Sohn Salomo ausgeführt worden war. »Und es gelang ihm, alles, was ihm in den Sinn gekommen war, am Hause des HERRN und an seinem Haus auszuführen.« 2.Chronik 7,11 Wenn aber dieses palastartige Gebäude, das die Höhe des Berges Morija krönte, wirklich das sein sollte, was David so sehnlich gewünscht hatte, nämlich »nicht die Wohnung eines Menschen, sondern Gottes, des Herrn«, 1.Chronik 29,1 so blieb noch eins zu tun übrig: Das Gebäude musste noch feierlich und in aller Form für den Herrn und seinen Dienst geweiht werden.

Der Ort, auf dem der Tempel errichtet wurde, war bereits lange als ein geheiligter Ort angesehen worden. Hier hatte bereits Abraham, der Vater der Gläubigen, seine Bereitschaft gezeigt, seinen einzigen Sohn in Gehorsam gegenüber dem Gebot des Herrn zu opfern. Hier hatte Gott mit Abraham den Bund des Segens erneuert, der die herrliche Verheißung auf den Messias mit einschloss: die Menschheit sollte durch das Opfer des Sohnes des Allerhöchsten gerettet werden. vgl. 1.Mose 22,9; 16,18 Hier war auch der Ort, an dem David Brandopfer und Friedensopfer darbrachte, um das rächende Schwert des Zerstörungsengels zu stoppen, wo Gott selbst sich ihm durch Feuer vom Himmel offenbarte. vgl. 1.Chronik 21 Nun waren die Anbeter des Herrn wieder an diesem Ort versammelt, um ihrem Gott zu begegnen und ihre Treuegelübde Ihm gegenüber zu erneuern.

Die für die Einweihung ausgesuchte Zeit war sehr geeignet: es handelte sich um den siebten Monat, in dem die Menschen von jedem Teil des Reiches gewohnt waren, sich in Jerusalem zu versammeln, um das Laubhüttenfest zu feiern. Dieses Fest war vor allem eine Gelegenheit zur Freude. Die Erntearbeiten waren vorüber und die Mühen des neuen Jahres hatten noch nicht wieder begonnen. So waren die Menschen frei von Sorge und konnten sich selbst den heiligen, freudigen Einflüssen der Stunde überlassen.

Zur festgelegten Zeit versammelten sich die Scharen Israels gemeinsam mit reich gekleideten Vertretern vieler ausländischer Völker in den Tempelhöfen. Es war ein Bild ungewöhnlichen Glanzes. Salomo und die Ältesten

Israels waren gemeinsam mit den einflussreichsten Vertretern des Volkes von einem anderen Teil der Stadt zurückgekehrt, von wo sie die Bundeslade geholt hatten. Von den Höhen Gibeons war die alte »Stiftshütte [mit] allem heiligen Gerät, das in der Stiftshütte war,« 2.Chronik 5,5 gebracht worden. Nun fanden diese geschätzten Erinnerungsstücke an die früheren Erfahrungen der Kinder Israel während der Zeit ihrer Wanderung in der Wüste und der Eroberung Kanaans eine dauerhafte Bleibe in dem prächtigen Gebäude, das errichtet worden war, um die Stelle der tragbaren Konstruktion einzunehmen.

Beim Transport der heiligen Bundeslade, die die beiden steinernen Tafeln enthielt, auf die die Vorschriften der Zehn Gebote von Gottes eigenem Finger geschrieben worden waren, war Salomo dem Beispiel seines Vaters David gefolgt. Alle sechs Schritte wurde ein Opfer dargebracht. Mit Gesang und Musik und großer Zeremonie »brachten die Priester die Lade des Bundes des HERRN an ihre Stätte, in den Chorraum des Hauses, in das Allerheiligste, unter die Flügel der Cherubim.« Vers 7 Als sie aus dem Innern des Heiligtums zurückkamen, nahmen sie die ihnen zugeteilten Positionen ein. Die Sänger – in weiße Gewänder gekleidete Leviten mit ihren Zimbeln, Harfen und Zithern – standen am östlichen Ende des Altars. Bei ihnen waren »120 Priester, die mit Trompeten bliesen.« 2.Chronik 5,12

»Und es war, als wäre es einer, der trompetete und sänge, als hörte man eine Stimme loben und danken dem HERRN. Und als sich die Stimme der Trompeten, Zimbeln und Saitenspiele erhob und man den HERRN lobte: ‚Er ist gütig, und seine Barmherzigkeit währt ewig', da wurde das Haus des HERRN erfüllt mit einer Wolke, so dass die Priester nicht zum Dienst hinzutreten konnten wegen der Wolke; denn die Herrlichkeit des HERRN erfüllte das Haus Gottes.« 2.Chronik 5,13f

Salomo, der sich der Bedeutung dieser Wolke bewusst war, erklärte: »Der HERR hat gesagt, er wolle im Dunkel wohnen. So habe ich nun ein Haus gebaut dir zur Wohnung und einen Sitz, da du ewiglich wohnest.« 2.Chronik 6,1f

»Der HERR ist König, darum zittern die Völker; er sitzt über den Cherubim, darum bebt die Welt. Der HERR ist groß in Zion und erhaben über alle Völker. Preisen sollen sie deinen großen und wunderbaren Namen, – denn er ist heilig ... Erhebt den HERRN, unseren Gott, betet an vor dem Schemel Seiner Füße; denn Er ist heilig.« Psalm 99,1-5

»Mitten in den Vorhof« des Tempels hatte Salomo »eine Kanzel aus Kupfer«, eine Tribüne, setzen lassen, »fünf Ellen lang und breit und drei Ellen hoch.« Dort stand Salomo und segnete mit erhobenen Händen die gewaltige Menschenmenge vor ihm, und »die ganze Gemeinde Israel« stand. 2.Chronik 6,13.3 Salomo sprach: »Gelobt sei der HERR, der Gott Israels, der durch seinen Mund meinem Vater David zugesagt und es mit seiner Hand erfüllt hat, als er sagte: ... Jerusalem habe ich erwählt, dass mein Name daselbst sei.« 2.Chronik 6,4-6

Salomo kniete dann auf der Tribüne nieder und betete vor den Ohren des ganzen Volkes das Einweihungsgebet. Er hob dabei seine Hände zum Himmel empor, und während sich die Versammlung mit ihren Gesichtern zum Boden beugte, betete der König: »HERR, Gott Israels, es ist kein Gott dir gleich weder im Himmel noch auf Erden, der du hältst den Bund und die Barmherzigkeit deinen Knechten, die vor dir wandeln von ganzem Herzen.« 2.Chronik 6,14

»Aber wird Gott tatsächlich auf der Erde wohnen? Der höchste Himmel kann dich nicht fassen – wie viel weniger dieses Haus, das ich errichtet habe! Höre dennoch mein Gebet und vernimm meine Bitte, Herr, mein Gott. Höre die Gebete, die dein Diener an dich richtet. Tag und Nacht sollst du über diesen Tempel wachen, über diesen Ort, von dem du gesagt hast, dass hier dein Name wohnen soll. Bitte erhöre die Gebete, die ich hier spreche. Bitte erhöre die inständigen Bitten, die wir, dein Volk der Israeliten und ich, an diesem Ort im Gebet an dich richten. Ja, höre uns im Himmel, wo du wohnst, und wenn du uns hörst, vergib uns.« 2.Chronik 6,18-21 »Wenn dein Volk der Israeliten von seinen Feinden besiegt wird, weil es gegen dich gesündigt hat, und wenn es sich dir dann wieder zuwendet und deinen Namen anruft und hier in diesem Haus zu dir betet und fleht, dann höre es im Himmel und vergib ihm seine Sünde und bring es zurück in dieses Land, das du ihm und seinen Vorfahren geschenkt hast.« 2.Chronik 6,24f »Wenn der Himmel verschlossen bleibt und kein Regen fällt, weil dein Volk gegen dich gesündigt hat, und wenn das Volk dann zu diesem Haus gewandt betet und deinen Namen anruft und sich von seiner Sünde abwendet, weil du es bestraft hast, dann höre es im Himmel und vergib deinen Dienern, den Israeliten, ihre Sünde. Zeig ihnen, wie sie nach deinem Willen leben können, und lass es regnen auf dein Land, das du deinem Volk als Erbe anvertraut hast.« 2.Chronik 6,26f

»Wenn eine Hungersnot im Land herrscht oder eine Seuche ausbricht, wenn es eine Missernte gibt, Heuschrecken einfallen oder Raupen die Ernte vernichten, wenn die Feinde deines Volkes ins Land eindringen und seine Städte belagern – welche Not oder Krankheit auch kommen mag: Wenn dann irgendeiner aus deinem Volk zu dir betet und fleht, indem er dir seinen Kummer und seine Not zu Füßen legt und die Hände zu diesem Haus hin erhebt, oder wenn das ganze Volk seine Stimme im Gebet erhebt, dann höre es im Himmel, wo du wohnst, vergib ihm und hilf. Gib jedem, was er verdient, denn du allein kennst das menschliche Herz. ... damit sie dich fürchten und wandeln in deinen Wegen alle Tage, solange sie in dem Lande leben, das du unsern Vätern gegeben hast.« 2.Chronik 6,28-31

»Wenn Fremde, die nicht zu deinem Volk der Israeliten gehören, von deinem großen Namen und deinen gewaltigen Wundern hören und von deiner Macht und aus fernen Ländern hierher kommen und zu diesem Haus gewandt beten, dann

 höre sie im Himmel, wo du wohnst, und gib ihnen alles, worum sie dich bitten. Denn alle Völker der Erde sollen dich erkennen und achten, so wie dein Volk der Israeliten es tut. Alle sollen erkennen, dass dieses Haus, das ich gebaut habe, deinen Namen trägt.« 2.Chronik 6,32f

»Wenn die Israeliten in deinem Auftrag gegen ihre Feinde in den Krieg ziehen, und wenn sie dann im Gebet zu dir in die Richtung dieser Stadt blicken, die du erwählt hast, und zu diesem Haus, das ich deinem Namen errichtet habe, dann höre ihre Gebete und ihr Flehen im Himmel und hilf ihnen.« 2.Chronik 6,34f

»Wenn sie gegen dich sündigen – denn welcher Mensch wäre ohne Sünde? – dann wirst du vielleicht zornig sein über sie und sie ihren Feinden ausliefern, die sie in ein fremdes Land verschleppen, es sei nah oder fern. Doch vielleicht wenden sie sich in ihrem Exil voller Reue wieder zu dir und sagen: ‚Wir haben gesündigt, wir haben Böses getan und schlecht gehandelt.' Wenn sie sich dann von ganzem Herzen und von ganzer Seele im Land ihres Exils, in das sie gebracht wurden, wieder dir zuwenden und zu dem Land hingewandt beten, das du ihren Vorfahren geschenkt hast, und zu dieser Stadt, die du erwählt hast, und zu diesem Haus, das ich zur Ehre deines Namens gebaut habe, dann höre ihre Gebete im Himmel, wo du wohnst. Verhilf ihnen zu ihrem Recht und vergib deinem Volk, das gegen dich gesündigt hat. Bitte, mein Gott, erhöre die Gebete, die an diesem Ort vor dich gebracht werden.« 2.Chronik 6,36-40

»Und nun, Herr und Gott, komm und nimm deinen Ort der Ruhe ein, du und die Bundeslade, das Zeichen deiner Macht. Deine Priester, Herr und Gott, sollen uns deine Rettung vermitteln, und die dir vertrauen, sollen sich an deiner Güte freuen. Herr und Gott, weise deinen Gesalbten nicht zurück, sondern erinnere dich, wie sehr du deinen Diener David liebst.« 2.Chronik 6,41f »Und als Salomo sein Gebet vollendet hatte, fiel Feuer vom Himmel und verzehrte das Brandopfer und die Schlachtopfer, und die Herrlichkeit des HERRN erfüllte das Haus, so dass die Priester nicht ins Haus des HERRN hineingehen konnten, weil des HERRN Herrlichkeit das Haus des HERRN füllte. Und alle Israeliten sahen das Feuer herabfallen und die Herrlichkeit des HERRN über dem Hause, und sie fielen auf ihre Knie mit dem Antlitz zur Erde aufs Pflaster und beteten an und dankten dem HERRN, dass er gütig ist und seine Barmherzigkeit ewiglich währt.« 2.Chronik 7,1-3

Dann brachten der König und das Volk Opfer vor dem Herrn dar. »Und so weihten der König und das ganze Volk das Haus Gottes ein.« 2.Chronik 7,5 Sieben Tage lang hielten die Menschenscharen aus jedem Teil des Reichs, »eine sehr große Gemeinde,« von den Grenzen »von Hamat an bis an den Bach Ägyptens,« 2.Chronik 7,8 ein freudiges Fest. Die folgende Woche wurde durch die glückliche Menge damit verbracht, das Laubhüttenfest zu halten. Am Ende dieser Zeit der erneuten Weihe und der Freude kehrten die Menschen wieder in ihre Heime zurück »fröhlich ... und guten Mutes über all das Gute, das der [43/44]

HERR an David, Salomo und seinem Volk Israel getan hatte.« 2.Chronik 8,10 Der König hatte alles in seiner Macht Stehende getan, um das Volk darin zu ermutigen, sich selbst völlig Gott und Seinem Dienst hinzugeben und Seinen heiligen Namen zu erhöhen. Und wiederum wurde dem Herrscher Israels, wie schon früher in Gibeon zu Beginn seiner Herrschaft, ein Beweis der göttlichen Annahme und des göttlichen Segens gegeben. In einer Vision in der Nacht erschien ihm der Herr mit der Botschaft: »Ich habe dein Gebet erhört und diese Stätte mir zum Opferhaus erwählt. Siehe, wenn ich den Himmel verschließe, dass es nicht regnet, oder die Heuschrecken das Land fressen oder eine Pest unter mein Volk kommen lasse und dann mein Volk, über das mein Name genannt ist, sich demütigt, dass sie beten und mein Angesicht suchen und sich von ihren bösen Wegen bekehren, so will ich vom Himmel her hören und ihre Sünde vergeben und ihr Land heilen. So sollen nun meine Augen offen sein und meine Ohren aufmerken auf das Gebet an dieser Stätte. So habe ich nun dies Haus erwählt und geheiligt, dass mein Name dort sein soll ewiglich, und meine Augen und mein Herz sollen dort sein allezeit.« 2.Chronik 7,12-16

Wäre Israel Gott treu geblieben, hätte dieses herrliche Gebäude ewig bestehen können als ein beständiges Zeichen der besonderen Gunst Gottes gegenüber Seinem auserwählten Volk. »Und die Fremden, die sich dem HERRN zugewandt haben, ihm zu dienen und seinen Namen zu lieben, damit sie seine Knechte seien, alle, die den Sabbat halten, dass sie ihn nicht entheiligen, und die an meinem Bund festhalten, die will ich zu meinem heiligen Berge bringen und will sie erfreuen in meinem Bethaus, und ihre Brandopfer und Schlachtopfer sollen mir wohlgefällig sein auf meinem Altar; denn mein Haus wird ein Bethaus heißen für alle Völker.« Jesaja 56,6f In Verbindung mit dieser Zusicherung der Annahme machte der Herr dem König den Pfad der Pflicht sehr deutlich. »Und wenn du mir treu bist, wie dein Vater David es war, wenn du meinen Geboten gehorchst, meine Gesetze hältst und meine Vorschriften befolgst, werde ich deine Königsherrschaft befestigen, wie ich es bereits deinem Vater David versprach: ‚Du wirst stets einen Nachfolger haben, der über Israel herrscht.‘« 2.Chronik 7,17f

Hätte Salomo weiterhin demütig dem Herrn gedient, so wäre seine ganze Herrschaft ein mächtiger Einfluss zum Guten auf die umliegenden Völker gewesen. Diese Völker waren durch die Herrschaft seines Vaters David und durch die weisen Worte und großartigen Taten in den frühen Jahren seiner eigenen Herrschaft so positiv beeindruckt worden. Weil er die schrecklichen Versuchungen vorhersah, die mit Wohlergehen und weltlicher Ehre einhergehen, warnte Gott Salomo vor dem Übel des Abfalls und sagte ihm die furchtbaren Folgen der Sünde voraus. Sogar der wunderschöne Tempel, der eben erst eingeweiht worden

 war, so erklärte der Herr, würde »zum Hohn … und zum Spott unter allen Völkern« werden, sollten die Israeliten »den HERRN, den Gott ihrer Väter, verlassen« und im Abfall beharren. 2.Chronik 7,20.22

Gestärkt im Herzen und voller Freude über die Botschaft vom Himmel, dass sein Gebet für Israel erhört worden war, begann Salomo nun die glanzvollste Zeit seiner Herrschaft, als »alle Könige auf Erden begehrten, Salomo zu sehen, um seine Weisheit zu hören, die ihm Gott in sein Herz gegeben hatte.« 2.Chronik 9,23 Viele kamen, um seine Herrschaftsweise zu sehen und Unterweisung in Bezug auf schwierige Angelegenheiten zu bekommen. Wenn diese Menschen Salomo besuchten, belehrte er sie über Gott, den Schöpfer aller Dinge, und sie kehrten dann mit einer klareren Vorstellung vom Gott Israels und Seiner Liebe für die Menschheit wieder in ihre Heime zurück. In den Werken der Natur sahen sie nun einen Ausdruck Seiner Liebe und eine Offenbarung Seines Charakters. Viele wurden so dazu gebracht, Ihn als ihren Gott anzubeten.

All die Charakterzüge Salomos, die der Nachahmung so würdig sind, wie seine Demut zu der Zeit, als er begann, die Staatslasten zu tragen, als er vor Gott bekannte: »Aber ich bin im Grunde noch ein Kind, das nicht weiß, was es tun soll«, 1.Könige 3,7 seine ausgeprägte Liebe zu Gott, seine tiefe Ehrfurcht vor göttlichen Dingen, sein Misstrauen sich selbst gegenüber sowie sein Lobpreis des unendlichen Schöpfers – all diese Charakterzüge offenbarten sich in den Diensten bei der Vollendung des Tempels, als er sich demütig in der Stellung eines Bittenden hinkniete. Christi Nachfolger der heutigen Zeit sollten sich vor der Tendenz hüten, den Geist der Ehrerbietigkeit und der Gottesfurcht zu verlieren. Die Schrift lehrt die Menschen, wie sie Ihrem Schöpfer gegenübertreten sollen: mit Demut und Ehrfurcht und im Glauben an einen göttlichen Mittler. Der Psalmist erklärt dies so: »Denn der HERR ist ein großer Gott und ein großer König über alle Götter. ... Kommt, lasst uns anbeten und knien und niederfallen vor dem HERRN, der uns gemacht hat.« Psalm 95,3.6 Sowohl in der Öffentlichkeit als auch in der privaten Anbetung ist es unser Vorrecht, unsere Knie vor Gott zu beugen, wenn wir Ihm unsere Bitten darbringen. Jesus, unser Vorbild, »kniete nieder und betete.« Lukas 22,41 Von Seinen Jüngern ist uns berichtet, dass auch sie niederknieten und beteten. vgl. Apg. 9,40 Paulus erklärte: »Deshalb beuge ich meine Knie vor dem Vater unseres Herrn Jesus Christus.« Epheser 3,14 Als er die Sünden Israels vor Gott bekannte, kniete Esra. vgl. Esra 9,5 Daniel fiel »dreimal am Tag ... auf seine Knie nieder, betete und pries vor seinem Gott.« Daniel 6,10 ELB

Wahre Ehrerbietung Gott gegenüber wird durch ein Gefühl für Seine unendliche Größe und ein Bewusstsein Seiner Gegenwart hervorgerufen. Jedes Herz sollte durch ein Gefühl für das Unsichtbare tief beeindruckt sein. Die Stunde und der Ort des Gebets sind heilig, weil Gott anwesend ist. Wenn Ehrerbietung sich in Haltung und Verhalten zeigt, wird sich das Gefühl, das sie [47/48] hervorruft, noch vertiefen. »Heilig und furchtgebietend ist sein Name,« so sagt es der Psalmist. Psalm 111,9 Engel verhüllen, wenn sie diesen Namen aussprechen, ihre Gesichter. Mit welcher Ehrerbietung sollten dann wir, die wir gefallen und sündig sind, ihn auf unsere Lippen nehmen!

Es wäre gut für Jung und Alt, die Schriftstellen zu überdenken, die zeigen, wie der Ort, an dem sich Gottes besondere Gegenwart bekundet, angesehen werden sollte. »Zieh deine Schuhe von deinen Füßen«, befahl Er Mose am brennenden Busch, „denn der Ort, darauf du stehst, ist heiliges Land!« 2. Mose 3,5 Jakob rief aus, nachdem er in der Vision die Engel gesehen hatte: »Fürwahr, der HERR ist an dieser Stätte, und ich wusste es nicht! ... Hier ist nichts anderes als Gottes Haus, und hier ist die Pforte des Himmels.« 1.Mose 28,16f

In seinem Einweihungsgebet versucht Salomo, die abergläubischen Vorstellungen in Bezug auf den Schöpfer, die das Denken der Heiden verfinstert hatten, aus den Gedanken der Anwesenden zu treiben. Der Gott des Himmels ist nicht wie die heidnischen Götter auf von Menschen erbaute Tempel beschränkt, und dennoch wollte Er Seinem Volk durch Seinen Heiligen Geist begegnen, wenn sie sich in dem Haus versammelten, das Seiner Anbetung geweiht war.

Jahrhunderte später lehrte Paulus diese Wahrheit so: »Er ist der Gott, der die Welt und alles, was darin ist, erschuf. Weil er der Herr über Himmel und Erde ist, wohnt er nicht in Tempeln, die Menschen erbaut haben. Er braucht keine Hilfe von Menschen. Er selbst gibt allem, was ist, Leben und Atem, ... dass die Völker Gott suchen und auf ihn aufmerksam werden sollten und ihn finden würden – denn er ist keinem von uns fern. In ihm leben, handeln und sind wir.« Apg. 17,24-28 »Wohl dem Volk, dessen Gott der HERR ist, dem Volk, das er zum Erbe erwählt hat! Der HERR schaut vom Himmel und sieht alle Menschenkinder.« »Der HERR hat seinen Thron im Himmel errichtet, und sein Reich herrscht über alles.« »Gott! Dein Weg ist im Heiligtum; wer ist ein großer Gott wie Gott? Du bist der Gott, der Wunder tut.« Psalm 33,12-14; 103,19; 77,13f ELB Obwohl Gott nicht in einem irdischen Tempel wohnt, ehrt Er die Versammlungen Seines Volkes doch mit Seiner Gegenwart. Er hat versprochen, dass wenn sie zusammenkommen, um Ihn zu suchen, ihre Sünden zugeben und füreinander beten, Er ihnen durch Seinen Geist begegnen will. Wenn sie Ihn anbeten, sollten sie alles Böse von sich tun. Wird Gott nicht in Geist und Wahrheit und der Schönheit der Heiligkeit angebetet, bringt das gesamte Zusammenkommen nichts. Von solchen erklärt der Herr: »Dies Volk ehrt mich mit seinen Lippen, aber ihr Herz ist fern von mir; vergeblich dienen sie mir, weil sie lehren solche Lehren, die nichts als Menschengebote sind.« Matthäus 15,8f Wer Gott anbetet, muss das »im Geist und in der Wahrheit« tun, »denn auch der Vater will solche Anbeter haben.« Johannes 4,23 »Aber der HERR ist in seinem heiligen Tempel. Es sei vor ihm stille alle Welt!« Habakuk 2,20

KAPITEL 3

Der Stolz des Wohlstands

Auf Grundlage des biblischen Berichts

Solange Salomo das Gesetz des Himmels in Ehren hielt, war Gott mit ihm, und Weisheit wurde ihm gegeben, um unparteiisch und barmherzig zu regieren. Als ihm Reichtum und weltliche Ehre zufielen, blieb er zuerst demütig und entsprechend groß war sein Einfluss. »So war Salomo Herr über alle Königreiche, vom Euphratstrom bis zum Philisterland und bis an die Grenze Ägyptens ... und hatte Frieden mit allen seinen Nachbarn ringsum, so dass Juda und Israel sicher wohnten, jeder unter seinem Weinstock und unter seinem Feigenbaum, ... solange Salomo lebte.« 1.Könige 5,1.4f

Nach einem sehr verheißungsvollen Anfang wurde sein Leben durch Abfall verfinstert, worüber die Geschichte betrübt berichtet: Derjenige, der einst Jedidja, »Liebling des Herrn« 2.Samuel 12,25 genannt und von Gott mit so bemerkenswerten Beweisen Seines Wohlwollens geehrt worden war, dass seine Weisheit und Aufrichtigkeit ihm weltweiten Ruhm erwarben; derjenige, der andere dazu geführt hatte, dem Gott Israels die Ehre zu geben, dieser Mann wandte sich von der Anbetung des Herrn ab, um vor den Götzen der Heiden zu knien.

Bereits hunderte von Jahren bevor Salomo den Thron bestieg, hatte der Herr die Gefahren den auserwählten Herrscher Israels umgebenden Gefahren vorausgesehen und Mose Unterweisungen für ihr Verhalten gegeben. Der Herrscher auf dem Thron Israels sollte »eine Abschrift dieses Gesetzes, wie es den levitischen Priestern vorliegt, in ein Buch schreiben lassen. Das soll bei ihm sein, und er soll darin lesen sein Leben lang, damit er den HERRN, seinen Gott, fürchten lernt, dass er halte alle Worte dieses Gesetzes und diese Rechte und danach tue. Sein Herz soll sich nicht erheben über seine Brüder und soll nicht weichen von dem Gebot weder zur Rechten noch zur Linken, auf dass er verlängere die Tage seiner Herrschaft, er und seine Söhne, in Israel.« 5.Mose 17,18-20

In Verbindung mit dieser Unterweisung warnte der Herr den später einmal zum König Gesalbten: »Er soll auch nicht viele Frauen nehmen, dass sein Herz nicht abgewandt werde, und soll auch nicht viel Silber und Gold sammeln.« 5.Mose 17,17 Mit diesen Warnungen war Salomo bekannt und eine Zeitlang beachtete er sie auch. Sein größter Wunsch war es, in Übereinstimmung mit den am Sinai gegebenen Geboten zu leben und zu herrschen. Seine Art, die Regierungsgeschäfte zu führen, stand in deutlichem Gegensatz zu den Gewohnheiten der Völker jener Zeit, die Gott nicht fürchteten und deren Herrscher Sein heiliges Gesetz mit Füßen traten.

Um die Beziehungen zu dem mächtigen Königreich zu stärken, das südlich der Grenzen Israels lag, wagte sich Salomo auf verbotenen Boden. Satan wusste, welche Ergebnisse der Gehorsam hervorbringt. Daher versuchte er bereits in den ersten Jahren der Herrschaft Salomos, die sich durch Weisheit, Wohltätigkeit und Aufrichtigkeit des Königs auszeichneten, Einflüsse einzuschleusen, die Salomos Grundsatztreue heimtückisch untergraben und ihn von Gott trennen würden. Den Erfolg des Feindes kennen wir aus der biblischen Aufzeichnung: »Und Salomo verschwägerte sich mit dem Pharao, dem König von Ägypten, und nahm eine Tochter des Pharao zur Frau und brachte sie in die Stadt Davids.« 1.Könige 3,1 Menschlich betrachtet schien sich diese Ehe, obwohl im Gegensatz zu den Lehren des Gesetzes Gottes, als Segen zu erweisen, denn Salomos heidnische Frau bekehrte sich und vereinte sich mit ihm in der Anbetung des wahren Gottes. Zudem erwies der Pharao Israel einen wichtigen Dienst, »denn der Pharao, der König von Ägypten, war heraufgezogen und hatte Geser eingenommen und mit Feuer verbrannt und die Kanaaniter erschlagen, die in der Stadt wohnten, und hatte seiner Tochter, Salomos Frau, den Ort zum Geschenk gegeben.« 1.Könige 9,16 Salomo baute die Stadt wieder auf und stärkte sein Reich an der Mittelmeerküste offenbar deutlich. Indem er jedoch eine Allianz mit einer heidnischen Nation einging und diesen Vertrag durch die Heirat mit einer heidnischen Prinzessin besiegelte, missachtete Salomo voreilig die weise Vorkehrung, die Gott zur Reinhaltung Seines Volkes getroffen hatte. Die Hoffnung, dass seine ägyptische Frau sich bekehrte, war nur eine schwache Ausrede für seine Sünde.

Eine Zeitlang machte Gott in mitleidigem Erbarmen diese schlimmen Fehler unwirksam. Salomo hätte durch einen weisen Kurs zumindest in großem Maß die bösen Mächte zurückhalten können, die er durch sein unkluges Handeln in Bewegung gesetzt hatte. Er hatte jedoch begonnen, die Quelle seiner Kraft und seiner Herrlichkeit aus den Augen zu verlieren. Je mehr die Neigung die Oberhand über den Verstand bekam, desto mehr nahm sein Selbstvertrauen zu. Er versuchte, die Absicht des Herrn auf seine Weise auszuführen und argumentierte, dass politische und wirtschaftliche Allianzen mit den benachbarten Nationen zur Erkenntnis des wahren Gottes führen würden. Er ging mit den umliegenden heidnischen Nationen Bündnisse ein, die oft durch Heiraten mit heidnischen Prinzessinnen besiegelt wurden. Die Befehle des Herrn wurden aus Rücksicht auf die Gewohnheiten der benachbarten Völker ignoriert.

Der König schmeichelte sich, dass seine Weisheit und die Kraft seines Vorbilds seine Frauen vom Götzendienst zur Anbetung des wahren Gottes führen würden. Ebenso war er davon überzeugt, dass die so geschaffenen Allianzen die Nationen ringsum in enge Verbindung mit Israel ziehen würden. Eine vergebliche Hoffnung! Salomo machte den verhängnisvollen Fehler, sich selbst für stark genug zu halten, dem Einfluss seiner heidnischen Gefährtinnen widerstehen zu können. Und verhängnisvoll war auch die Täuschung zu hoffen, dass trotz seiner Nichtachtung des Gesetzes Gottes andere dazu geführt werden könnten, dessen heilige Vorschriften zu ehren und ihnen zu gehorchen.

Die Allianzen des Königs und die wirtschaftlichen Beziehungen zu den heidnischen Nationen brachten ihm Ansehen, Ehre und die Reichtümer der Welt. Es war ihm möglich, Gold von Ophir und Silber von Tarsis in großer Menge zu holen. »Der König sorgte dafür, dass es in Jerusalem so viel Silber und Gold gab wie Steine. Und wertvolles Zedernholz war so verbreitet wie das Holz der einfachen Maulbeerfeigenbäume, die im Hügelland wuchsen.« 2.Chronik 1,15 In den Tagen Salomos wurden so immer mehr Menschen reich, aber dieser Reichtum war von den entsprechenden Versuchungen begleitet, während das feine Gold des Charakters verdunkelt und getrübt wurde. Salomos Abfall kam so allmählich, dass er, bevor es ihm bewusst war, weit von Gott abgekommen war. Fast unmerklich begann er, der göttlichen Führung und dem göttlichen Segen immer weniger zu vertrauen und mehr Vertrauen in seine eigene Kraft zu setzen. Stück für Stück enthielt er Gott jenen unerschütterlichen Gehorsam vor, der Israel zu einem besonderen Volk machen sollte und passte sich mehr und immer enger an die Sitten der umliegenden Nationen an. Indem er den Versuchungen nachgab, die mit seinem Erfolg und seiner herausragenden Stellung verbunden waren, vergaß er die Quelle seines Erfolgs. Der Ehrgeiz, alle anderen Nationen an Macht und Größe zu übertreffen, führte Salomo dahin, die bisher zur Ehre Gottes eingesetzten himmlischen Gaben selbstsüchtig zu missbrauchen. Das Geld, das er in Verantwortung vor Gott zugunsten würdiger Armer und zur Verbreitung der Grundsätze einer geheiligten Lebensweise in der ganzen Welt hätte verwenden sollen, wurde selbstsüchtig für ehrgeizige Projekte ausgegeben.

Der Könige war so beansprucht von dem unbeherrschbaren Verlangen, andere Nationen in Bezug auf deren Prachtentfaltung zu übertreffen, dass er die Notwendigkeit übersah, einen schönen und vollkommenen Charakter zu entwickeln. Im Bemühen, sich selbst vor der Welt zu verherrlichen, verkaufte er seine Ehre und Integrität. Die enormen Einkünfte aus dem Handel mit vielen Ländern wurden noch ergänzt durch hohe Steuern. Auf diese Weise trugen Stolz, Ehrgeiz und Verschwendung ihre Frucht in Grausamkeit und Ausbeutung. Die Einsicht und Bedachtsamkeit, die seine Handlungsweise gegenüber seinem [54/55]

Volk in seinen ersten Herrschaftsjahren gekennzeichnet hatten, machten einem anderen Geist Platz. Der weiseste und barmherzigste Herrscher sank herab zum Tyrannen. Der einst so mitleidige, gottesfürchtige Wächter seines Volkes wurde zum Unterdrücker und Despoten. Steuer um Steuer wurde dem Volk auferlegt, um die für seine luxuriöse Hofhaltung benötigten Mittel bereitzustellen.

Das Volk begann sich zu beschweren. Der Respekt und die Bewunderung, die sie einst für ihren König gehegt hatten, wandelten sich in Unzufriedenheit und Verachtung. Um sie davor zu schützen, sich auf den »Arm des Fleisches« 2.Chronik 32,8 zu verlassen, hatte der Herr die Herrscher Israels davor gewarnt, nur wenige Pferde für sich zu halten. In völliger Missachtung dieses Gebots heißt es: »Die Pferde ließ Salomo aus Ägypten einführen.« »Salomos Pferde wurden aus Ägypten und vielen anderen Ländern eingeführt.« »Salomo schuf sich ein riesiges Heer aus 1 400 Streitwagen und 12 000 Pferden. Er stationierte sie in den Garnisonsstädten und bei sich in Jerusalem.« 2.Chronik 1,16; 9,28; 1.Könige 10,26 Mehr und mehr sah der König Luxus, Zügellosigkeit und die Gunst der Welt als Zeichen seiner Größe an. Viele schöne und attraktive Frauen wurden ihm aus Ägypten, Phönizien, Edom, Moab und vielen anderen Orten gebracht. Ihre Religion war Götzenanbetung. Zudem waren sie gelehrt worden, dabei grausame und menschenverachtende Bräuche zu praktizieren. Betört von ihrer Schönheit vernachlässigte der König seine Pflichten Gott und seinem Königreich gegenüber.

Seine Frauen beeinflussten ihn sehr. Sie waren schließlich darin erfolgreich, dass er sich an ihrem Götzendienst beteiligte. Salomo hatte die Unterweisung missachtet, die Gott zum Schutz vor Abfall gegeben hatte, und betete schließlich selbst zu falschen Göttern. »Als er älter wurde, brachten sie ihn dazu, andere Götter zu verehren. Da war sein Herz nicht mehr ungeteilt Jahwe, seinem Gott, ergeben wie das Herz seines Vaters David. So verehrte Salomo Astarte, die Göttin der Sidonier, und Milkom, das Scheusal der Ammoniter.« 1.Könige 11,4f

Oben auf der Südseite des Ölbergs, gegenüber dem Berg Morija, wo der schöne Tempel des Herrn stand, errichtete Salomo eine imposante Ansammlung von Gebäuden als Götzentempel. Um seinen Frauen zu gefallen, setzte er riesige unförmige Götzen aus Holz und Stein in die Myrten- und Olivengärten. An diesen Orten befanden sich die Altäre für die heidnischen Gottheiten »Kemosch, das Scheusal der Moabiter, und für Moloch, das Scheusal der Ammoniter« 1.Könige 11,7 Dort wurden die schändlichsten heidnischen Riten praktiziert.

Salomos Kurs brachte die sichere Strafe mit sich. Seine Trennung von Gott durch die Verbindung mit Götzendienern war sein Untergang. Als er seine Treue zu Gott aufgab, verlor er auch die Herrschaft über sich selbst. Seine moralische Tauglichkeit war fort, sein feines Zartgefühl abgestumpft und sein Gewissen unempfindlich. Er, der zu Beginn seiner Herrschaft so viel Weisheit und Mitgefühl gezeigt hatte, als es darum ging, ein hilfloses Baby seiner unglücklichen Mutter wieder zurückzugeben, vgl. 1.Könige 3,16-28 fiel so tief, dass er der Aufrichtung eines Götzenbildes zustimmen konnte, dem lebendige Kinder als Opfer gebracht wurden. Er, der in seiner Jugendzeit mit Urteilsfähigkeit und Verständnis beschenkt worden war und in der Zeit seiner Manneskraft inspiriert schrieb: »Manchem scheint ein Weg recht; aber zuletzt bringt er ihn zum Tode«, Sprüche 14,12 wich in späteren Jahren so weit von der Reinheit ab, dass er den unzüchtigen, widerlichen Bräuchen zuschauen konnte, die mit der Anbetung des Kemosch und der Aschera verbunden waren. Er, der bei der Einweihung des Tempels zu seinem Volk gesagt hatte: »Euer Herz sei ungeteilt bei dem HERRN, unserm Gott« 1.Könige 8,61 wurde selbst zum Übertreter, der in Herz und Leben seine eigenen Worte verleugnete. Er verwechselte Zügellosigkeit mit Freiheit. Er versuchte zu einem sehr hohen Preis, Licht mit Finsternis, das Gute mit dem Bösen, das Reine mit dem Unreinen und Christus mit Belial zu vermischen.

So wurde Salomo, einer der größten Könige, die jemals regierten, zu einem lasterhaften Menschen, zum Werkzeug und Sklaven anderer. Sein einst so edler und mannhafter Charakter wurde schwach und weichlich. Sein Glauben an den lebendigen Gott wurde durch atheistische Zweifel ersetzt. Der Unglaube verdarb sein Glück, schwächte seine Grundsätze und entwürdigte sein Leben. Die Gerechtigkeit und Großherzigkeit seiner frühen Regierungszeit wandelten sich zu Unterdrückung und Tyrannei. Wie armselig und zerbrechlich ist doch die menschliche Natur! Gott kann nur wenig für Menschen tun, die das Bewusstsein ihrer Abhängigkeit von Ihm verlieren.

Während dieser Jahre des Abfalls schritt der geistliche Verfall Israels stetig voran. Wie konnte es auch anders sein, wenn sich ihr König mit Satans Werkzeugen verbunden hatte? Dadurch arbeitete der Feind, um die Israeliten in Bezug auf richtige und falsche Anbetung zu verwirren. Sie waren eine leichte Beute. Der Handel mit anderen Ländern brachte sie in engen Kontakt mit Menschen, die keine Liebe zu Gott hatten, und ihre eigene Liebe zu Ihm verringerte sich dadurch sehr. Ihr klares Verständnis über den hohen und heiligen Charakter Gottes wurde abgestumpft. Weil sie sich weigerten, dem Pfad des Gehorsams zu folgen, übertrugen sie ihre Untertanentreue auf den Feind der Gerechtigkeit. Es wurde allgemein üblich, Götzendiener zu heiraten, und die Israeliten verloren schnell ihre Abscheu vor dem Götzendienst. Man duldete die Vielehe, und Götzendienerische Mütter erzogen ihre Kinder dazu, heidnischen Bräuchen zu folgen. Im Leben einiger Israeliten wurde so der reine, durch Gott eingesetzte Gottesdienst durch einen Götzendienst finsterster Art abgelöst.

Christen sollen sich von der Welt, ihrem Geist und ihren Einflüssen abgesondert und getrennt halten. Gott ist es zwar vollständig möglich, uns in der Welt zu erhalten, aber wir sollen nicht von der Welt sein. Seine Liebe ist nicht unsicher und schwankend. Er wacht mit unerschöpflicher Fürsorge ständig über uns, aber er verlangt ungeteilte Treue. »Niemand kann zwei Herren dienen. Immer wird er den einen hassen und den anderen lieben oder dem einen treu ergeben sein und den anderen verabscheuen. Ihr könnt nicht gleichzeitig Gott und dem Geld dienen.« Matthäus 6,24 Salomo war mit einer wunderbaren Weisheit ausgestattet worden, aber die Welt zog ihn von Gott weg. Die Menschen heutzutage sind nicht stärker als er. Sie sind ebenso anfällig, Einflüssen nachzugeben, die schon Salomos Niedergang verursachten. Wie Gott ihn vor seiner Gefahr warnte, so warnt er auch heute seine Kinder, sich nicht durch Nähe zur Welt in Gefahr zu bringen. »Deshalb verlasst sie und trennt euch von ihnen, spricht der Herr. Rührt ihre unreinen Dinge nicht an, und ich werde euch mit offenen Armen aufnehmen. Ich werde euer Vater sein und ihr werdet meine Söhne und Töchter sein, spricht der Herr, der Allmächtige.« 2.Korinther 6,17f

Inmitten des Wohlstands lauert Gefahr. In der ganzen Menschheitsgeschichte sind Reichtum und Ehre schon immer mit Gefahren für Demut und geistliche Einstellung verbunden gewesen. Es ist nicht der leere Becher, den wir nur schwer tragen können, sondern vielmehr der randvolle Becher, der sorgfältig balanciert werden muss. Bedrängnis und widrige Umstände mögen zwar Leid verursachen, aber für das geistliche Leben ist Wohlstand am gefährlichsten. Wenn sich der Mensch nicht ständig Gott unterordnet und durch die Wahrheit geheiligt ist, wird Wohlstand ganz sicher die natürliche Neigung zur Anmaßung anstacheln.

Im Tal der Demütigung, in dem sich die Menschen darauf verlassen, dass Gott sie lehrt und jeden Schritt leitet, ist er sicher. Die sozusagen auf einem Podest stehenden Menschen aber, von denen man denkt, dass sie wegen ihrer Stellung große Weisheit besitzen, sind in größter Gefahr. Wenn solche Menschen sich nicht völlig von Gott abhängig machen, werden sie ganz sicher fallen.

Gibt man dem Stolz und Ehrgeiz nach, wird das Leben verunstaltet, denn dies verschließt das Herz gegenüber den reichen Segnungen von oben, weil er kein Bedürfnis danach hat. Wer nach Selbstverherrlichung strebt, wird herausfinden, dass es ihm an der Gnade Gottes fehlt, durch deren Kraft wahrer Reichtum und befriedigende Freuden gewonnen werden. Wer jedoch alles gibt und für Christus alles tut, dem gilt: »Der Segen des Herrn allein macht den Menschen reich, durch eigene Sorge kann er nichts hinzufügen.« Sprüche 10,22 Durch die sanfte Berührung der Gnade vertreibt der Heiland Unruhe und unheiligen Ehrgeiz aus der Seele und verwandelt Feindschaft in Liebe, Unglauben in Vertrauen. Wenn Er zur Seele spricht: »Folge mir nach!«, dann wird der Bann und Zauber der Welt gebrochen. Es fliehen Habgier und Ehrgeiz aus dem Herzen, und die Menschen – nun befreit – machen sich auf, um Ihm zu folgen.

KAPITEL 4

Die Folgen der Übertretung

Auf Grundlage des biblischen Berichts

An erster Stelle von den Hauptursachen, die Salomo zu seinen Exzessen führten und ihn zum Unterdrücker machten, ist sein Versäumnis zu nennen, den Geist der Selbstaufopferung zu pflegen und zu stärken.

Als Mose dem Volk am Sinai das göttliche Gebot gab: »Sie sollen mir ein Heiligtum machen, damit ich in ihrer Mitte wohne!« 2.Mose 25,8 war die Antwort der Israeliten durch die entsprechenden Gaben begleitet. »Und sie kamen – jeder, den sein Herz dazu trieb, und jeder, dessen Geist willig war; sie brachten dem HERRN eine freiwillige Gabe.« 2.Mose 35,21 Für den Bau des Heiligtums waren große und umfangreiche Vorbereitungen notwendig. Eine große Menge des kostbarsten und teuersten Materials wurde verlangt, aber der Herr nahm nur freiwillige Opfer an. »Von jedem, den sein Herz dazu treibt, sollt ihr die freiwillige Gabe annehmen!« 2.Mose 25,2 war das Gebot, das von Mose gegenüber der Versammlung wiederholt wurde. Hingabe an Gott und ein Geist des Opfers waren die Voraussetzungen, eine Wohnung für den Allerhöchsten zu bauen.

Ein ähnlicher Aufruf zur Selbstaufopferung wurde gemacht, als David Salomo die Verantwortung für den Bau des Tempels übergab. David fragte die versammelte Menge: »Und wer ist nun von euch bereit, Jahwe Gaben zu weihen?« 1.Chronik 29,5 Dieser Aufruf zur Hingabe und zum freiwilligen Dienst hätte von denen, die mit dem Bau des Tempels zu tun hatten, immer in Erinnerung sein sollen.

Für den Bau des Heiligtums in der Wüste wurden auserwählte Männer von Gott mit besonderen Fähigkeiten und Weisheit ausgerüstet. »Da sprach Mose zu den Kindern Israels: Seht, der HERR hat Bezaleel mit Namen berufen, ... vom Stamm Juda, und hat ihn mit dem Geist Gottes erfüllt, mit Weisheit und Verstand und Erkenntnis und mit Geschicklichkeit für jede Arbeit, ... Auch hat er ihm ins Herz gegeben, dass er andere unterweisen kann; ihm und Oholiab, ... vom Stamm Dan. Er hat sie mit Weisheit des Herzens erfüllt, damit sie jegliches Werk eines Künstlers machen können, und eines Kunstwebers und Buntwirkers ... und eines Webers, damit sie jegliche Arbeit ausführen und Kunstwerke ersinnen können. Und Bezaleel und Oholiab und alle Männer, die ein weises Herz hatten, in die der HERR Weisheit und Verstand gelegt hatte, ... handelten nach all dem, was der HERR geboten hatte.« 2.Mose 35,30 bis 36,1 Himmlische Wesen arbeiteten mit den Arbeitern zusammen, die Gott selbst ausgesucht hatte.

Die Nachkommen dieser Arbeiter erbten in hohem Maß die Talente, die ihren Vorfahren verliehen worden waren. Eine Zeitlang blieben diese Männer aus Juda und Dan demütig und bescheiden, aber allmählich und fast unmerklich verloren sie ihren Halt in Gott und ihren Wunsch, Ihm selbstlos zu dienen. Sie forderten für ihre Dienste wegen ihrer überlegenen Fähigkeiten in den feinen Künsten einen höheren Lohn. Manches Mal wurde ihre Forderung gewährt, aber häufiger fanden sie bei den umliegenden Völkern ihre Beschäftigung. Anstelle des edlen Geistes der Selbstaufopferung, der die Herzen ihrer berühmten Vorfahren erfüllt hatte, pflegten sie den Geist der Habgier. Sie strebten nach immer mehr und mehr. Um ihre selbstsüchtigen Wünsche befriedigen zu können, stellten sie ihre gottgegebenen Fähigkeiten in den Dienst heidnischer Könige und gaben ihre Talente dazu her, Werke herzustellen, die den Schöpfer verunehrten.

Unter diesen Männern suchte Salomo nach einem Meister, der den Tempelbau auf dem Berg Morija beaufsichtigen sollte. Dem König waren genaue schriftliche Anweisungen über jeden Teil des heiligen Baus übergeben worden. Er hätte im Glauben auf Gott schauen können, dass dieser ihm geweihte Helfer schicke, die Er mit besonderen Fähigkeiten und der für dieses Werk nötigen Genauigkeit ausgerüstet hätte. Aber Salomo verpasste diese Gelegenheit, Glauben an Gott zu beweisen. Er bat den König von Tyrus um einen Mann »der mit Gold und Silber, Bronze und Eisen umzugehen weiß und mit purpurnen, scharlachroten und blauen Stoffen; einen Meister der Schnitzkunst, der mit den Kunsthandwerkern Judas und Jerusalems, ... zusammenarbeiten soll.« 2.Chronik 2,6

Der phönizische König sandte ihm daraufhin Hiram, den »Sohn einer Frau aus den Töchtern Dans, und sein Vater ist ein Tyrer.« 2.Chronik 2,14 Hiram war von mütterlicher Seite ein Nachfahre des Oholiab, dem Gott vor einigen Jahrhunderten besondere Weisheit zum Bau des Heiligtums verliehen hatte.

So stand an der Spitze von Salomos Arbeiterschar ein Mann, dessen Anstrengungen nicht durch den selbstlosen Wunsch hervorgerufen wurden, Gott zu dienen. Er diente vielmehr dem Gott dieser Welt, dem Geld (Mammon). Er war bis zur letzten Faser seines Wesens von den Grundsätzen der Selbstsucht durchzogen. Wegen seiner ungewöhnlichen Fähigkeiten verlangte Hiram einen hohen Lohn. Allmählich übernahmen seine Mitarbeiter dann die von ihm geschätzten Grundsätze. Als sie so Tag für Tag mit ihm arbeiteten, gaben sie der Versuchung nach, ihren Lohn mit dem seinen zu vergleichen. Dabei verloren sie den heiligen Charakter ihrer Arbeit völlig aus den Augen. Sie verloren den Geist der Selbst-

verleugnung, und an seine Stelle trat der Geist der Habgier. Das

Ergebnis davon war die Forderung nach höheren Löhnen, die ihnen gewährt wurde. Die so losgetretenen Einflüsse durchdrangen alle Bereiche des Dienstes für den Herrn und breiteten sich im ganzen Reich aus. Die ihnen gewährten hohen Löhne gaben vielen die Gelegenheit, ein Leben des Luxus und der Ausschweifung zu führen. Die Armen wurden von den Reichen unterdrückt und der Geist der Selbstverleugnung ging fast vollständig verloren. Einer der Hauptgründe für den schrecklichen Abfall des einst weisesten Sterblichen lässt sich auf die weitreichenden Folgen dieser Einflüsse zurückführen.

Der scharfe Gegensatz zwischen der Einstellung und den Motiven des Volkes, das in der Wüste das Heiligtum baute, und derjenigen, die beim Bau des salomonischen Tempels beschäftigt waren, beinhaltet eine Lektion von tiefer Bedeutung. Die Selbstsucht, die die Arbeiter des Tempels kennzeichnete, findet ihr Gegenstück in der die Welt von heute beherrschenden Selbstsucht. Der Geist der Habgier und das Verlangen, die höchste Position und den höchsten Lohn zu ergattern, sind weit verbreitet. Der Dienstbereitschaft und freudigen Selbstverleugnung der Arbeiter an der Stiftshütte begegnet man selten. Aber dies ist die einzige Einstellung, von der die Nachfolger Jesu gelenkt sein sollten. Unser göttlicher Meister hat uns ein Beispiel gegeben, wie Seine Nachfolger arbeiten sollten. Denen, die Er dazu aufforderte: »Folgt mir nach, und ich will euch zu Menschenfischern machen!« Matthäus 4,19 bot er keine feste Summe als Lohn für ihren Dienst an. Sie sollten teilhaben an Seiner Selbstverleugnung und Seinem Opfer.

Wir sollen nicht um des zu erwartenden Lohnes willen arbeiten. Das Motiv zum Dienst für Gott sollte nicht durch Selbstsucht befleckt sein. Selbstlose Hingabe und Opfergeist waren schon immer und werden auch immer die Voraussetzung für einen annehmbaren Dienst sein. Unser Herr und Meister möchte nicht, dass auch nur ein Faden der Selbstsucht in Sein Werk hineingewoben wird. Unsere Bemühungen sollen von Taktgefühl und Können gekennzeichnet sein, von der Genauigkeit und Weisheit, die der Gott der Vollkommenheit von den Erbauern des irdischen Heiligtums verlangte. Dennoch sollen wir uns in all unseren Bemühungen stets daran erinnern, dass selbst das größte Talent oder der großzügigste Dienst nur dann annehmbar sind, wenn das Ich als lebendiges, vom Feuer verzehrtes Opfer auf den Altar gelegt wird.

Es war sein weiteres Abweichen von den richtigen Grundsätzen, das schließlich zum Fall von Israels König führte, sein Nachgeben gegenüber der Versuchung, für sich selbst die Ehre zu beanspruchen, die Gott allein gebührte.

Von dem Tag an, als Salomo das Werk anvertraut wurde, den Tempel zu bauen, bis zum Tag seiner Fertigstellung war es seine erklärte Absicht, »ein Haus zu bauen dem Namen des HERRN, des Gottes Israels.« 2.Chronik 6,7 Diese Absicht wurde vor den versammelten Scharen Israels zur Zeit der Tempelweihe befürwortet. In seinem Gebet bestätigte der König die Aussage des Herrn, indem er betonte, »dass dein Name dort wohnen soll.« 1.Könige 8,29 NeUE

Ein besonders bewegender Teil des Einweihungsgebets Salomos ist seine Fürbitte für die Fremden, die aus weit entfernten Ländern kommen sollten, um mehr von Ihm zu lernen, dessen Ruhm weit unter den Völkern verbreitet worden war. Er betete: »Denn sie werden [KJV: sollen] von deinem großen Namen hören und von dem, was du mit deiner starken Hand und deinem ausgestreckten Arm getan hast.« Stellvertretend für jeden einzelnen Fremden hatte Salomo gebetet: »Höre du es im Himmel, dem Ort, wo du thronst, und erfülle seine Bitte! So werden alle Völker der Erde deinen Namen erkennen und dich fürchten, wie dein Volk Israel es tut. Und sie werden wissen, dass dein Name über diesem Haus, das ich gebaut habe, ausgerufen ist.« 1.Könige 8,42f

Am Abschluss des Gottesdienstes hatte Salomo Israel dazu aufgefordert, Gott gegenüber treu und wahrhaftig zu sein, damit, wie er sagte, »alle Völker auf Erden erkennen, dass er, der HERR, Gott ist, und keiner sonst!« 1.Könige 8,60

Ein Größerer als Salomo hatte den Tempel entworfen. Die Weisheit und Herrlichkeit Gottes offenbarten sich dort. Wer diese Tatsache nicht kannte, bewunderte und pries Salomo natürlich als Architekten und Baumeister, aber der König wies jede Ehre für die Planung oder die Errichtung des Gebäudes von sich.

So war es noch, als die Königin von Saba kam, um Salomo zu besuchen. Sie hatte von der Weisheit und von dem wunderbaren Tempel gehört, den er gebaut hatte, und entschloss sich daraufhin, »Salomo mit schwierigen Fragen zu prüfen« und selbst seine berühmten Werke zu sehen. »Sie reiste mit einem gewaltigen Gefolge nach Jerusalem. Ihre Kamele waren schwer mit duftenden Ölen, Gold und Edelsteinen beladen. Als sie zu Salomo kam, besprach sie alles mit ihm, was sie sich überlegt hatte.« Sie sprach mit ihm über die Rätsel der Natur, und Salomo belehrte sie über den Gott der Natur, den großen Schöpfer, der im höchsten Himmel wohnt und über alle herrscht. »Salomo beantwortete alle ihre Fragen. Es gab nichts, was ihm verborgen war, worauf er keine Antwort gewusst hätte.« 1.Könige 10,1-3; 2.Chronik 9,1f

»Als die Königin von Saba die Weisheit Salomos erkannte, als sie den Palast sah, den er gebaut hatte, ... da verschlug es ihr den Atem. Sie sagte zum König: Es ist tatsächlich alles wahr, was ich in meinem Land über dich und deine Weisheit gehört habe! Ich wollte es nicht glauben, bis ich es mit eigenen Augen gesehen hatte. Und nun sehe ich: Man hat mir nicht einmal die Hälfte gesagt. Deine Weisheit und dein Reichtum übertrifft alles, was ich je über dich gehört habe. Was für ein Vorrecht haben deine Männer, deine Minister, die täglich um dich sind und deine weisen Worte hören.« 1.Könige 10,4-8; 2.Chronik 9,3-6 Zum Zeitpunkt ihrer Abreise war die Königin durch Salomo so vollständig belehrt worden über die Quelle seiner Weisheit und seines Reichtums, dass sie nicht anders konnte als den Menschen in den Hintergrund zu schieben und auszurufen: »Gepriesen sei Jahwe, dein Gott, dem es gefiel, dich auf den Thron Israels zu setzen. Weil Jahwe Israel ewig liebt, hat er dich zum König gemacht, damit du für Recht und Gerechtigkeit sorgst.« 1.Könige 10,9 Das war der Eindruck, der nach dem Willen Gottes auf alle Völker gemacht werden sollte. Und als »alle Könige ... ihn aufsuchten, um sich persönlich von der Weisheit zu überzeugen, die Gott ihm verliehen hatte«, 1.Könige 10,24 ehrte Salomo auch eine Zeitlang Gott, indem er ehrerbietig auf den Schöpfer des Himmels und der Erde, den Herrscher des Universums, den Allweisen, hinwies.

Welchen Platz in der Geschichte könnte Salomo einnehmen, wenn er weiterhin demütig die Aufmerksamkeit der Menschen von sich selbst auf den Einen gelenkt hätte, der ihm Weisheit, Reichtum und Ehre gegeben hatte. Doch mit derselben Treue, mit der die inspirierte Feder seine Tugenden aufzeichnete, bezeugt sie auch seinen Fall. Erhoben bis zum Gipfel irdischer Größe und umgeben von allen Geschenken der Vorsehung wurde Salomo schwindlig. Er verlor das Gleichgewicht und fiel. Er wurde von den Menschen der Welt gepriesen, bis es ihm schließlich unmöglich wurde, der ihm dargebrachten Schmeichelei zu widerstehen. Die ihm zur Ehre des Gebers anvertraute Weisheit erfüllte ihn mit Stolz. Er ließ schließlich zu, dass Menschen von ihm sagten, er verdiene das meiste Lob für die unvergleichliche Herrlichkeit des Gebäudes, das zur Ehre für den »Namen des HERRN, des Gottes Israels,« 1.Könige 8,17 geplant und errichtet worden war.

So kam es, dass der Tempel des Herrn unter den Völkern bekannt wurde als »Tempel Salomos«. Das menschliche Werkzeug hatte für sich selbst die Ehre beansprucht, die dem Einen gehörte, der »höher ist als der Höchste.« Pred. 5,7 KJV Bis zum heutigen Tag wird der Tempel, von dem Salomo erklärte: »Alle sollen erkennen, dass dieses Haus, das ich gebaut habe, deinen Namen trägt«, 2.Chr. 6,33 meistens nicht als der Tempel des Herrn, sondern als »Salomos Tempel« bezeichnet.

Durch nichts können Menschen ihre Schwäche deutlicher zeigen, als wenn sie anderen Menschen erlauben, ihnen die Ehre für Gaben zu geben, die vom Himmel geschenkt sind. Der wahre Christ wird Gott zum Ersten, Letzten und Besten in allen Dingen machen. Keine ehrgeizigen Motive werden seine Liebe für Gott zum Erkalten bringen. Er wird vielmehr ständig und beharrlich dafür sorgen, dass sein himmlischer Vater geehrt wird. Wenn wir treu den Namen Gottes erhöhen, werden unsere spontanen Gedankenregungen unter die göttliche Herrschaft gebracht. So sind wir dazu fähig, geistliche und geistige Kraft zu entwickeln.

Jesus, unser göttlicher Meister, erhöhte stets den Namen Seines himmlischen Vaters. Er lehrte Seine Jünger das Gebet: »Unser Vater im Himmel! Dein Name werde geheiligt.« Matthäus 6,3 Sie sollten auch nicht vergessen anzuerkennen: »Dein ist ... die Herrlichkeit.« Matthäus 6,13 Der große Arzt und Heiler verwendete so große Anstrengungen dafür, die direkte Aufmerksamkeit von Sich selbst auf die Quelle Seiner Kraft hinzulenken, dass die erstaunte Menge sich »verwunderte, als sie sah, dass Stumme redeten, Krüppel gesund wurden, Lahme gingen und Blinde sehend wurden; und sie priesen den Gott Israels.« Matthäus 15,31 In dem wunderbaren Gebet, das Christus kurz vor Seiner Kreuzigung Gott darbrachte, erklärte Er: »Ich habe deine Herrlichkeit hier auf der Erde sichtbar gemacht.« Er betete: »Offenbare die Herrlichkeit deines Sohnes, damit auch der Sohn deine Herrlichkeit offenbar machen kann. Gerechter Vater, die Welt kennt dich nicht, aber ich kenne dich; und diese hier haben erkannt, dass du mich gesandt hast. Ich habe ihnen deinen Namen bekannt gemacht und werde das auch weiterhin tun. Ich tue das, damit die Liebe, die du zu mir hast, auch sie erfüllt und ich selbst in ihnen bin.« Johannes 17,4.1.25f

»So spricht der HERR: Der Weise rühme sich nicht seiner Weisheit und der Starke rühme sich nicht seiner Stärke, der Reiche rühme sich nicht seines Reichtums; sondern wer sich rühmen will, der rühme sich dessen, dass er Einsicht hat und mich erkennt, dass ich der HERR bin, der Barmherzigkeit, Recht und Gerechtigkeit übt auf Erden! Denn daran habe ich Wohlgefallen, spricht der HERR.« Jeremia 9,23f »Ich will den Namen Gottes loben ... und will ihn hoch ehren mit Dank.« Psalm 69,30 »Würdig bist du, o Herr, zu empfangen den Ruhm und die Ehre und die Macht.« Offenbarung 4,11 »Von ganzem Herzen will ich dich preisen, Herr, mein Gott. Ich will deinen Namen stets verherrlichen.« Psalm 86,12 »Erhebt mit mir den HERRN, und lasst uns miteinander seinen Namen erhöhen« Psalm 34,3

Die Einführung von Grundsätzen, die Israel wegführten vom Geist der Selbstaufopferung und hin zur Selbstverherrlichung, wurde noch begleitet von einer weiteren groben Perversion des göttlichen Plans für Israel. Gott hatte Sein Volk zum Licht der Welt bestimmt. Die ins praktische Leben übertragene Herrlichkeit Seines Gesetzes sollte aus ihnen herausstrahlen. Zur Ausführung dieser Absicht hatte Er Sein auserwähltes Volk dazu veranlasst, sich dort niederzulassen, wo sie eine strategische Position unter den Völkern der Erde einnahmen.

In den Tagen Salomos erstreckte sich das Königreich Israel von Hamath im Norden bis Ägypten im Süden und vom Mittelmeer bis hin zum Euphrat. Durch dieses Gebiet führten viele natürliche Verkehrswege des Welthandels. Karawanen aus weit entfernten Ländern zogen ständig von einer Richtung in die andere. Auf diese Weise wurde Salomo und seinem Volk die Gelegenheit gegeben, allen Menschen den Charakter des Königs der Könige zu offenbaren und sie Ehrfurcht und Gehorsam Ihm gegenüber zu lehren. Der ganzen Welt sollte diese Erkenntnis vermittelt werden. Durch die Lehren des Opferdienstes sollte Christus vor den Völkern erhoben werden, damit alle, die zu Ihm aufschauten, leben könnten.

Salomo stand an der Spitze einer Nation, die für die umliegenden Länder ein Leuchtfeuer sein sollten. Er hätte seine gottgegebene Weisheit und seinen Einfluss dazu verwenden sollen, eine große Bewegung zur Erleuchtung derer zu organisieren und zu leiten, die Gott und Seine Wahrheit nicht kannten. Auf diese Weise wären unzählige Scharen zur Treue gegenüber den göttlichen Vorschriften gewonnen worden. Israel wäre so vor den üblen Praktiken der heidnischen Völker bewahrt geblieben und der Herr der Herrlichkeit sehr geehrt worden. Aber Salomo hatte diese hohe Absicht aus den Augen verloren. Er versagte darin, die großartigen Gelegenheiten zu nutzen, denen das Licht zu bringen, die ständig durch sein Gebiet reisten oder sich in einer der größeren Städte aufhielten.

Der Missionsgeist, den Gott in das Herz Salomos und aller wahren Israeliten eingepflanzt hatte, wurde durch Gewinnstreben ersetzt. Die sich durch den Kontakt zu vielen Völkern bietenden Gelegenheiten wurden zur Selbstverherrlichung genutzt. Salomo versuchte, seine Stellung politisch dadurch zu stärken, dass er an den Handelsknotenpunkten befestigte Städte baute. Er baute Geser bei Joppe wieder auf, das am Weg zwischen Ägypten und Syrien lag; das westlich von Jerusalem gelegene Bet-Horon, das die Pässe der Straße kontrollierte, die aus dem Zentrum Judas nach Geser und zur Meeresküste führte; Megiddo, das am Handelsweg von Damaskus nach Ägypten und von Jerusalem nach Norden lag, und das am Karawanenweg nach Osten gelegene »Tadmor in der Wüste«. 2.Chronik 8,4 Alle diese Städte wurden stark befestigt. Die Handelsvorteile eines Standorts am Roten Meer wurden durch die Konstruktion einer »Schiffsflotte in Ezjon-Geber, ... am Ufer des Roten Meeres im Land der Edomiter« weiter gefördert. Erfahrene Seeleute aus Tyrus »fuhren mit den Leuten Salomos nach Ofir und holten von da ... Gold« und »sehr viel Sandelholz und Edelsteine.« 2.Chronik 8,18; 1.Könige 9,26.28; 10,11 Die Einkünfte des Königs und vieler seiner Untertanen vergrößerten sich dadurch sehr, aber zu welch einem Preis! Durch die Habgier und Kurzsichtigkeit derer, denen die Worte Gottes anvertraut waren, mussten die zahllosen Scharen von Menschen, die sich auf den Handelswegen drängten, unwissend über den wahren Gott bleiben.

Ganz im Gegensatz zu dem von Salomo verfolgten Kurs steht die Handlungsweise Christi, als Er auf dieser Erde war. Obwohl der Heiland »alle Macht« besaß, nutzte Er diese niemals zur Selbstverherrlichung. Kein Traum über irdische Eroberungen oder weltliche Größe entstellte Seinen vollkommenen Dienst für die Menschheit. Er sagte: »Die Füchse haben ihren Bau, die Vögel ihre Nester; aber der Menschensohn hat keinen Platz, an dem er sich ausruhen kann.« Matthäus 8,20 HfA Wer auf den Ruf der Stunde reagiert und in den Dienst des Meisterarbeiters eingetreten ist, tut gut daran, Seine Methoden zu studieren. Er nutzte die Gelegenheiten, die sich an den großen Verkehrsstraßen des Handels boten.

Die Zeit zwischen seinen verschiedenen Reisen verbrachte Jesus in Kapernaum, das bekannt wurde als »Seine Stadt«. vgl. Matthäus 9,1 Der an der Straße von Damaskus nach Jerusalem, Ägypten und dem Mittelmeer gelegene Ort war überaus geeignet, das Zentrum des Dienstes des Heilands zu sein. Menschen vieler Länder reisten durch die Stadt oder blieben dort, um auszuruhen. Jesus traf da mit Personen aus allen Ländern und Ständen zusammen. So wurden Seine Lehren in fremde Länder und zu vielen Familien gebracht, und das Interesse an den Prophezeiungen geweckt, die auf den Messias hinwiesen. So wurde die Aufmerksamkeit auf den Heiland und Seine Mission gelenkt.

Heute sind die Gelegenheiten, mit Männern und Frauen aller Menschenschichten und Länder in Kontakt zu kommen viel größer als zur Zeit des alten Israel. Die Handelswege haben sich inzwischen vertausendfacht.

Wie Christus sollten die Boten des Allerhöchsten an diesen Verkehrsknotenpunkten ihre Position einnehmen, wo sie die durchziehenden Menschenmassen aus aller Welt treffen können. Eins mit Gott wie Er sollen den Evangeliumssamen ausstreuen und anderen die kostbaren Wahrheiten der Heiligen Schrift darlegen, damit sie in Herz und Verstand tiefe Wurzeln fassen, und schließlich zum ewigen Leben aufgehen.

Die Lektionen über Israels Versagen in den Jahren, als sich Herrscher und Volk von dem hohen Ziel abwandten, zu dessen Erfüllung sie berufen worden waren, sind beachtenswert. In den Dingen, in denen sie bis zum Versagen schwach waren, soll das Israel Gottes - das sind die Vertreter des Himmels, die die wahre Gemeinde Christi ausmachen - heute stark sein. Ihnen kommt nämlich die Aufgabe zu, das dem Menschen anvertraute Werk zu beenden und den Tag der endgültigen Belohnung einzuleiten. Und doch muss denselben Einflüssen, die das alte Israel bezwangen, auch heute entgegengetreten werden. Die Streitkräfte des Feindes aller Gerechtigkeit haben sich feste Stellungen errichtet. Nur durch die Macht Gottes kann der Sieg erlangt werden. Der vor uns liegende Konflikt macht es notwendig, Selbstverleugnung zu üben, Misstrauen gegenüber dem Ich zu haben, sich allein von Gott abhängig zu machen und weise jede Gelegenheit auszunutzen, Seelen zu retten. Der Segen des Herrn wird Seine Gemeinde begleiten, wenn sie vereint vorwärts gehen. Sie werden einer in Finsternis liegenden Welt die Schönheit der Heiligkeit offenbaren, wenn sie einen Christus-ähnlichen Geist der Selbstaufopferung an den Tag legen, das Göttliche über das Menschliche erhöhen und liebevoll und unermüdlich denen dienen, die die Segnungen des Evangeliums so sehr benötigen.

KAPITEL 5

DIE REUE VON SALOMO

Auf Grundlage des biblischen Berichts

Zweimal während seiner Herrschaft war der Herr Salomo erschienen, um ihn zu bestätigen und zu beraten: das erste Mal in einer nächtlichen Vision in Gibeon, als Gottes Versprechen von Weisheit, Reichtümern und Ehre von der Ermahnung begleitet war, demütig und gehorsam zu bleiben. Das zweite Mal nach der Einweihung des Tempels, als der Herr ihn noch einmal zur Treue aufforderte. Klar und deutlich waren die Ratschläge und wunderbar die Verheißungen, die Salomo gegeben wurden. Doch obwohl er durch seine Lebensumstände und seinen Charakter so überaus geeignet schien, den Auftrag und die Erwartungen des Himmels zu erfüllen, heißt es von ihm: »Aber er hatte nicht beachtet, was der HERR ihm geboten hatte. Er [hatte] sein Herz von dem HERRN, dem Gott Israels, abgewandt ..., der ihm zweimal erschienen war und ihm in dieser Sache geboten hatte, nicht anderen Göttern nachzufolgen.« 1.Könige 11,10.9 ELB Sein Abfall war so vollständig und sein Herz in seiner Übertretung so verhärtet, dass sein Fall fast hoffnungslos erschien.

Von der Freude an der Gemeinschaft mit Gott wandte sich Salomo ab, um in sinnlichen Vergnügungen Befriedigung zu finden. Von dieser Erfahrung sagt er: »Ich vollbrachte große Dinge: Ich baute mir Häuser, ich pflanzte mir Weinberge, ich legte mir Gärten und Parks an ...

Ich kaufte Sklaven und Sklavinnen, ... Außerdem stapelte ich Silber und Gold und die Schätze von Königen und Ländern. Ich hielt mir Sänger und Sängerinnen und die Lust der Männer: Frauen über Frauen! Ich wurde mächtiger und reicher als alle, die vor mir in Jerusalem waren. ... Ich gönnte mir alles, was meine Augen begehrten. Ich musste mir keine einzige Freude versagen. Und so war ich glücklich nach all meiner Mühe. ...

Doch als ich mir alles ansah, was ich getan und erreicht hatte, und die Mühe bedachte, die ich dafür aufwenden musste, da war das alles nichtig und ein Haschen nach Wind. Es gibt in dieser Welt keinen bleibenden Gewinn. Da ging ich daran, Weisheit, Verblendung und Dummheit zu betrachten. Was bleibt dem Menschen zu tun, der nach dem König kommt? Was man schon [75/76] langst getan hat. ... Da hasste ich das Leben, ... Da hasste ich alles, was ich mir mühevoll erarbeitet hatte.« Prediger 2,4-18

Durch seine eigene bittere Erfahrung lernte Salomo die Leere eines Lebens kennen, das sein höchstes Gut in irdischen Dingen sucht. Er baute Altäre für heidnische Götter, nur um zu lernen, wie leer ihr Versprechen ist, dem müden Geist Ruhe zu geben. Düstere und seelenquälende Gedanken beunruhigten ihn Tag und Nacht. Es gab für ihn keine Lebensfreude und keinen Seelenfrieden mehr und die Zukunft war dunkel und trostlos.

Und doch verließ der Herr ihn nicht. Durch Botschaften des Tadels und ernste Gerichte versuchte Er, dem König die Sündhaftigkeit seines Weges bewusst zu machen. Er entzog ihm Seinen Schutz und ließ zu, dass Feinde das Reich bedrängten und schwächten. »Und der Herr erweckte dem Salomo einen Widersacher, Hadad, den Edomiter, ... Und Gott erweckte ihm noch einen Widersacher, Reson, ... Oberster einer Streifschar,« der »hatte einen Widerwillen gegen Israel, und er wurde König über Aram. Auch Jerobeam, ... ein Knecht Salomos,« »ein streitbarer Mann erhob die Hand gegen den König.« 1.Könige 11,14-28

Schließlich ließ der Herr Salomo durch einen Propheten die erschreckende Botschaft bringen: »Weil dies von dir geschehen ist und du meinen Bund nicht bewahrt hast, noch meine Satzungen, die ich dir geboten habe, so will ich dir gewiss das Königreich entreißen und es deinem Knecht geben! Doch zu deiner Zeit will ich es nicht tun, um deines Vaters David willen; der Hand deines Sohnes will ich es entreißen.« 1.Könige 11,11f

Bei dieser gegen ihn und sein Haus ausgesprochenen Strafandrohung erwachte Salomo wie aus einem Traum und begann mit neu erwachtem Gewissen seine Torheit in ihrem wahren Licht zu sehen. Zur Einsicht gelangt wandte er sich nun mit geschwächtem Geist und Körper müde und durstig von den zerbrochenen Zisternen dieser Erde ab, um wieder aus der Quelle des Lebens zu trinken. Bei ihm hatte die Züchtigung durch das Leid schließlich ihr Werk getan. Lange war er beunruhigt gewesen, weil er seinen völligen Untergang befürchtet hatte, denn er sah seine Unfähigkeit, sich von der Torheit abzuwenden. Nun aber erkannte er in der ihm gegebenen Botschaft einen Hoffnungsstrahl. Gott hatte ihn nicht völlig verworfen, sondern war bereit, ihn aus einer Knechtschaft zu befreien, die grausamer als das Grab war und aus der er sich nicht aus eigener Kraft befreien konnte.

Dankbar anerkannte Salomo die Macht und Güte des Einen, der »höher ist als der Höchste.« Prediger 5,7 KJV Voll Reue begann er, seine Schritte wieder zurück zur erhabenen Höhe der Reinheit und Heiligkeit zu lenken, von der er so weit abgefallen war. Er konnte nicht hoffen, jemals den vernichtenden Folgen seiner Sünde zu

 entkommen und auch seinen Geist nie wieder ganz befreien von all den Erinnerungen an den von ihm verfolgten selbstsüchtigen Kurs, aber er wollte sich ernsthaft bemühen, andere davon zu überzeugen, nicht seiner Torheit zu folgen. Er bekannte demütig den Fehler seines Irrwegs und erhob seine Stimme zur Warnung, damit nicht andere aufgrund der von ihm in Bewegung gesetzten Einflüsse zum Bösen unwiederbringlich verloren gingen.

Ein wirklich reumütiger Mensch vergisst nicht die Sünden seiner Vergangenheit. Er wird nicht, sobald er den inneren Frieden gefunden hat, unbesorgt werden bezüglich der von ihm gemachten Fehler. Er denkt an jene, die aufgrund seines Beispiels zum Bösen verführt wurden, und versucht alles nur Mögliche, um sie wieder zurück auf den wahren Weg zu leiten. Je klarer das Licht ist, zu dem er gekommen ist, umso stärker ist sein Wunsch, die Füße anderer auf den richtigen Weg zu lenken. Er beschönigt nicht seinen eigenwilligen Weg, indem er sein Verhalten als Kleinigkeit abtut, sondern lässt den Warnruf erschallen, damit möglichst andere die Warnung annehmen.

Salomo anerkannte, dass das »Herz der Menschen ihr Leben lang voller Bosheit und Übermut« ist. Prediger 9,3

Er erkannte zudem: »Weil das Urteil über die böse Tat nicht sofort vollstreckt wird, wächst in den Menschen die Lust, Böses zu tun. Denn ein Sünder kann hundertmal Böses tun und doch lange leben. Aber ich habe auch verstanden, dass es den Gottesfürchtigen gut gehen wird, die Gott voller Ehrfurcht begegnen. Dem Gottlosen wird es nicht gut gehen. Sein Leben ist kurz und flüchtig wie ein Schatten, weil er Gott nicht fürchtet.« Prediger 8,11-13

Vom Geist Gottes inspiriert schrieb der König für kommende Generationen die Geschichte seiner verschwendeten Jahre samt ihrer warnenden Lehren auf. Auf diese Weise war sein Lebenswerk doch nicht völlig verloren, obwohl sein Volk noch das Böse ernten musste, das er gesät hatte. In großer Demut lehrte Salomo in seinen späteren Jahren »auch das Volk Erkenntnis und erwog und erforschte und verfasste viele Sprüche. Der Prediger suchte gefällige Worte zu finden und die Worte der Wahrheit richtig aufzuzeichnen. Die Worte der Weisen sind wie Treiberstacheln, und wie eingeschlagene Nägel die gesammelten Aussprüche; sie sind von einem einzigen Hirten gegeben. Und über diese hinaus, lass dich [durch sie] warnen, mein Sohn!« Prediger 12,9-12

»Lasst uns die Hauptsumme aller Lehre hören: Fürchte Gott und halte seine Gebote; denn das gilt für alle Menschen. Denn Gott wird alle Werke vor Gericht bringen, alles, was verborgen ist, es sei gut oder böse.« Prediger 12,13f

Salomos spätere Schriften zeigen, dass er, als er sich mehr und mehr der Bosheit seines Wegs klar wurde, besonderen Wert darauf legte, die Jugendlichen zu warnen, dieselben Fehler zu machen, die ihn dazu gebracht hatten, die köstlichsten Gaben des Himmels nutzlos zu verschleudern.

Voller Leid und Scham bekannte er, dass er in der Reife seiner Mannesjahre, als er Gott zu seinem Trost, seiner Hilfe und zu seinem Lebensinhalt hätte machen sollen, sich vom Licht des Himmels und der Weisheit Gottes abgewandt und sich, statt den Herrn anzubeten, dem Götzendienst zugewandt hatte. Nachdem er durch traurige Erfahrung die Torheit eines solchen Lebens erkannt hatte, war es sein brennender Wunsch, andere davor zu bewahren, dieselbe bittere Erfahrung zu machen, durch die er selbst gegangen war.

In ergreifenden emotionalen Worten beschreibt er die Vorrechte und Verantwortung der Jugend im Dienst Gottes: »Wie schön ist das Licht und wie gut tut es, die Sonne zu sehen! Wenn ein Mensch viele Jahre lebt, soll er sich darüber freuen und an die vielen dunklen Tage denken, die noch kommen. Alles, was kommt, ist nichtig. Genieße deine Jugend, junger Mann, freue dich in deiner Jugendzeit! Tu, was dein Herz dir sagt und was deinen Augen gefällt. Doch wisse, dass über all dies Gott mit dir ins Gericht gehen wird. Halte deinen Sinn von Ärger frei und deinen Körper von Bosheit. Denn Jugend und dunkles Haar sind flüchtig.« Prediger 11,7-10

»Denk an deinen Schöpfer, solange du noch jung bist, bevor die bösen Tage sich nähern, die Jahre kommen, von denen du sagst: ‚Sie gefallen mir nicht!,' bevor sich die Sonne verfinstert und das Licht, der Mond und die Sterne, und neue Wolken nach dem Regen kommen; wenn dann die Wächter des Hauses zittern und die starken Männer sich krümmen, die Müllerinnen ruhen, weil sie wenig geworden sind, wenn dunkel werden, die durchs Fenster sehen, und die Türen zur Straße sich schließen, wenn das Geräusch der Mühle leise wird, wenn man aufsteht beim Zwitschern der Vögel, und alle Lieder verklingen; wenn man sich vor jeder Anhöhe fürchtet und Angst hat, unterwegs zu sein, wenn der Mandelbaum blüht, die Heuschrecke sich schleppt und die Kaper versagt – denn der Mensch geht in sein ewiges Haus, und auf der Straße stimmen sie die Totenklage an; bevor der silberne Faden zerreißt, die goldene Schale zerspringt, der Krug an der Quelle zerschellt und das Schöpfrad zerbrochen in die Zisterne fällt, der Staub zur Erde zurückfällt als das, was er war, und der Geist zu Gott zurückkehrt, der ihn gab.« Prediger 12,1-7

Nicht nur für Jugendliche, sondern auch für Menschen im reifen Lebensalter und für die, die bereits den Berg des Lebens hinabsteigen und der untergehenden Sonne entgegenschauen, ist das Leben Salomos voller Warnungen. Wir sehen und hören von der Unbeständigkeit der Jugendlichen, dass sie zwischen Recht und Unrecht hin- und herschwanken und dass der Strom böser Leidenschaften sich als zu stark erweist für sie. Bei Menschen im reiferen Lebensalter erwarten wir nicht diese Unbeständigkeit und diese Untreue, sondern vielmehr

einen beständigen Charakter und feste Grundsätze. Dies ist

jedoch nicht immer der Fall. Als Salomos Charakter so fest wie eine unbiegsame Eiche hätte sein sollen, fiel er unter der Macht der Versuchung. Als er am stärksten hätte sein sollen, wurde er am schwächsten erfunden.

Wir sollten von solchen Beispielen lernen, dass der einzige Schutz für Jung und Alt darin liegt zu wachen und zu beten. In einer angesehenen Stellung und großen Vorrechten liegt keine Sicherheit. Selbst wenn man sich viele Jahre lang einer echten christlichen Erfahrung erfreut haben mag, ist man dennoch nach wie vor Satans Angriffen ausgesetzt. Im Kampf mit der in uns wohnenden Sünde und Versuchungen von außen wurde selbst der weise und mächtige Salomo überwunden. Sein Versagen lehrt uns, dass wir uns trotz großer geistiger Fähigkeiten und trotz treuem Dienst für Gott in der Vergangenheit niemals ohne Gefahr unserer eigenen Weisheit und Integrität anvertrauen können.

In jeder Generation und in jedem Land sind die Grundlage und das Modell für den Bau eines wahren Charakters dieselben. Das göttliche Gebot: »Du sollst den Herrn, deinen Gott, lieben von ganzem Herzen, ... und deinen Nächsten wie dich selbst« Lukas 10,27 ist der große Grundsatz, der sich im Charakter und Leben unseres Heilands zeigte. Dies ist die einzig sichere Grundlage und der einzig sichere Führer. »Weisheit und Erkenntnis sollen die Sicherheit deiner Zeiten sein und die Macht der Erlösung.« Jesaja 33,6 KJV Hier ist die Rede von der Weisheit und der Erkenntnis, die allein aus dem Wort Gottes kommen.

Die Worte, die zum alten Israel über den Gehorsam gegenüber Seinen Geboten gesprochen wurden, sind heute ebenso wahr wie damals: »Darin besteht eure Weisheit und euer Verstand vor den Augen der Völker.« 5.Mose 4,6 Hierin liegt die einzige Sicherheit für unsere Integrität, die Reinheit unseres Heims, das Wohlergehen der Gesellschaft und die Stabilität einer Nation. Angesichts der Schwierigkeiten, Gefahren und der vielen widersprüchlichen Erwartungen des Lebens ist die einzig sichere Regel, das zu tun, was Gott sagt. »Die Befehle des HERRN sind richtig« und »wer dies tut, wird ewiglich nicht wanken.« Psalm 19,8; 15,5

Wer sich durch Salomos Abfall warnen lässt, wird schon die erste Annäherung der Sünden meiden, die diesen überwanden. Nur Gehorsam gegenüber den Anforderungen des Himmels kann den Menschen vor Abfall schützen. Gott hat dem Menschen großes Licht und viele Segnungen geschenkt, aber nur wenn dieses Licht und diese Segnungen angenommen werden, können sie eine Sicherheit vor Ungehorsam und Abfall sein. Wenn Menschen, die Gott in Positionen mit hoher Verantwortung erhoben hat, sich von ihm ab- und menschlicher Weisheit zuwenden, wird ihr Licht zur Finsternis. Die ihnen anvertrauten Fähigkeiten werden ihnen zur Falle.

Bis zum Ende des Kampfes wird es Menschen geben, die sich von Gott abwenden. Satan wird die Umstände so lenken, dass diese, wenn wir nicht durch die göttliche Macht gehalten werden, fast unmerklich die Verteidigungsanlagen der Seele schwächen. Wir müssen uns bei jedem Schritt fragen: »Ist dies der Weg des Herrn?« Bis zum Ende unseres Lebens wird es notwendig sein, die Gefühle und Leidenschaften mit festem Vorsatz unter Kontrolle zu halten. Wir können nicht einen Augenblick sicher sein, wenn wir uns nicht auf Gott verlassen und unser Leben nicht in Christus verborgen ist. Wachen und Beten sind der Schutz der Reinheit.

Wer in die Stadt Gottes eintreten will, muss durch die enge Pforte hindurch gehen, und zwar durch qualvolle Anstrengungen, denn da hinein »wird nie etwas Unreines kommen.« Offenbarung 21,27 NeUE Niemand braucht jedoch zu verzweifeln, der gefallen ist. Alte Männer, die einst von Gott geehrt wurden, mögen ihre Seele verunreinigt haben, indem sie die Tugend auf dem Altar der Lust opferten. Wenn sie jedoch bereuen, die Sünde lassen und sich zu Gott wenden, gibt es immer noch Hoffnung für sie. Er, der gesagt hat: »Sei getreu bis an den Tod, so will ich dir die Krone des Lebens geben«, Offenbarung 2,10 lässt auch die Einladung an uns ergehen: »Der Gottlose verlasse seinen Weg, der Schurke seine schlimmen Gedanken! Er kehre um zu Jahwe, damit er sich seiner erbarmt, zu unserem Gott, denn er ist im Verzeihen groß!« Jesaja 55,7 Gott hasst die Sünde, aber Er liebt den Sünder. »Ich will ihre Untreue heilen, sie aus freien Stücken lieben.« Hosea 14,4

Salomos Reue war aufrichtig, aber der von ihm durch sein Beispiel des Ungehorsams angerichtete Schaden konnte nicht ungeschehen gemacht werden. Während seines Abfalls gab es in seinem Reich Männer, die ihrer Berufung treu blieben und ihre Reinheit und Treue beibehielten. Viele wurden jedoch vom rechten Weg abgebracht. Die durch die Einführung des Götzendienstes und weltlicher Praktiken in Bewegung gesetzten Kräfte des Bösen konnten durch den reuigen König nicht leicht in die Schranken gewiesen werden. Sein Einfluss zum Guten war stark geschwächt. Viele zögerten, seiner Führung voll zu vertrauen. Obwohl der König seine Sünde bekannte und zum Nutzen späterer Generationen einen Bericht seiner Torheit und Reue aufschrieb, konnte er doch niemals hoffen, den unheilvollen Einfluss seiner falschen Taten völlig auszutilgen. Ermutigt durch seinen Abfall fuhren viele fort, weiterhin ausschließlich Böses zu tun. Auch in dem abwärts gerichteten Kurs vieler ihm folgender Herrscher kann man den traurigen Einfluss von Salomos Missbrauch seiner ihm von Gott verliehenen Kräfte sehen.

In der Seelenqual seiner bitteren Rückschau über seinen bösen Weg war Salomo gezwungen zu sagen: »Weisheit ist besser als Kriegsgerät; aber ein einziger Sünder verdirbt viel Gutes.« Prediger 9,18 »Es gibt ein Übel unter der Sonne, das ich sah, eine Verirrung, wie sie ein Machthaber begeht: Da wird ein Dummkopf in hohe Würden eingesetzt.« »Tote Fliegen lassen das Öl des

Salbenmischers gären und stinken. Ein wenig Dummheit macht Weisheit und Ansehen zunichte.« Prediger 10,5.6.1

Keine der vielen Lehren, die wir aus dem Leben Salomos lernen können, wird deutlicher betont als die Macht unseres Einflusses zum Guten oder Bösen. Wie klein auch unser Wirkungsbereich sein mag: wir üben dennoch einen Einfluss zum Wohl oder Wehe aus. Dieser ist jenseits unserer Kenntnis oder Kontrolle und wirkt sich zum Segen oder Fluch anderer aus. Vielleicht zieht er herab durch die Düsternis der Unzufriedenheit und Selbstsucht oder vergiftet durch den tödlichen Makel einer Lieblingssünde, vielleicht aber ist er auch aufgeladen mit der lebensspendenden Kraft des Glaubens, des Mutes und der Hoffnung und süß durch den Duft der Liebe. Zweifellos ist er aber eine Macht zum Guten oder Bösen.

Der Gedanke, dass unser Einfluss ein Geruch des Todes zum Tode sein sollte, ist ein furchtbarer Gedanke, dennoch ist dies möglich. Wer kann den Verlust eines Menschen, der irregeleitet wird und damit die ewige Seligkeit verliert, schon ermessen? Und doch kann eine voreilige Handlung, ein gedankenloses Wort unsrerseits einen so tiefen Einfluss auf das Leben anderer ausüben, dass es zum Untergang dieses Menschen führt. Ein Charaktermangel kann viele von Christus abstoßen.

Wenn der gesäte Same geerntet wird, wird er als Samen wiederum ausgestreut. Auf diese Weise wird die Ernte vervielfacht. Auch in unserer Beziehung zu unseren Mitmenschen gilt dieses Gesetz. Jede Handlung und jedes Wort ist eine Saat, die Frucht trägt. Jede Tat gedankenvoller Freundlichkeit, des Gehorsams oder der Selbstverleugnung wird sich in anderen fortpflanzen und durch sie in weiteren Personen. Ebenso ist auch jede Handlung des Neids, der Boshaftigkeit oder des Streits ein Same, der zu einer »Wurzel der Bitterkeit« heranwächst, wodurch viele beschmutzt werden. Hebräer 12,15 Eine wie viel größere Zahl wird erst durch diese Vielen vergiftet! So setzt sich das Säen des guten und bösen Samens in Zeit und Ewigkeit fort.

Kapitel 6

Die Teilung des Königreiches

Auf Grundlage des biblischen Berichts

Und »Salomo legte sich zu seinen Vätern und wurde begraben in der Stadt Davids, seines Vaters. Und sein Sohn Rehabeam wurde König an seiner Statt.« 1.Könige 11,43

Bald nach seiner Thronbesteigung ging Rehabeam nach Sichem, wo er die formale Anerkennung durch alle Stämme zu bekommen erwartete. »Ganz Israel war nach Sichem gekommen, um ihn zum König zu machen.« 2.Chronik 10,1

Unter den Anwesenden befand sich auch Jerobeam, der Sohn Nebats – derselbe Jerobeam, der unter Salomos Herrschaft bekannt geworden war als »streitbarer Mann« 1.Könige 11,28 LUT1912 und dem Ahija von Silo die überraschende Botschaft: »Siehe, ich will das Königreich der Hand Salomos entreißen und dir die zehn Stämme geben.« 1.Könige 11,31

Der Herr hatte durch Seinen Boten Jerobeam die Notwendigkeit deutlich gemacht, das Reich zu teilen. Diese Teilung müsse deshalb stattfinden, so erklärte Gott, »weil sie mich verlassen haben und Astarte, die Gottheit der Zidonier, Kemosch, den Gott der Moabiter, und Milkom, den Gott der Ammoniter, angebetet haben und nicht in meinen Wegen gewandelt sind, um zu tun, was recht ist in meinen Augen, nach meinen Satzungen und Rechten, wie es sein Vater David getan hat.« 1.Könige 11,33

Jerobeam war weiter unterwiesen worden, dass das Reich nicht vor dem Ende der Herrschaft Salomos geteilt werden solle. »Doch will ich nicht das ganze Reich aus seiner Hand nehmen«, hatte der Herr erklärt, »sondern ich will ihn als Fürst belassen sein Leben lang, um meines Knechtes David willen, den ich erwählt habe, der meine Gebote und Satzungen befolgt hat. Aber ich will das Königreich aus der Hand seines Sohnes nehmen und es dir geben, die zehn Stämme.« 1.Könige 11,34f

Salomo hatte sich danach gesehnt, Rehabeam, den von ihm auserwählten Nachfolger, vorzubereiten, damit er weise auf die vom Propheten Gottes vorhergesagte Krise reagiere. Er hatte jedoch niemals einen stark formenden Einfluss zum Guten auf seinen Sohn ausüben können, dessen frühe Ausbildung er so sträflich vernachlässigt hatte. Rehabeam hatte von seiner Mutter, einer Ammoniterin, den schwankenden Charakter geerbt. Manchmal bemühte er sich, Gott zu dienen, und wurde infolgedessen wohlhabend. Er war jedoch nicht beständig und überließ sich schließlich den Einflüssen zum Bösen, die ihn von frühester Kindheit an umgeben hatten. In den Fehlern von Rehabeams Leben und seinem schließlichen Abfall zeigt sich das furchtbare Ergebnis von Salomos Verbindung mit götzendienerischen Frauen.

Unter den Zwangsmaßnahmen ihres früheren Herrschers hatten die Stämme lange schwerwiegende Missstände erdulden müssen. Während der Zeit seines Abfalls hatte Salomo das Volk schwer besteuern und von ihnen viele Fronarbeiten fordern lassen, um seine Verschwendung zu finanzieren. Bevor sie zur Krönung des neuen Herrschers schreiten wollten, waren daher die führenden Männer aus den Stämmen entschlossen festzustellen, ob Salomos Sohn plante, die Lasten zu erleichtern oder nicht. »Da kamen Jerobeam und ganz Israel und redeten mit Rehabeam und sprachen: Dein Vater hat unser Joch hart gemacht; so erleichtere du nun den harten Dienst deines Vaters und das schwere Joch, das er uns auferlegt hat, so wollen wir dir dienen!«

Weil er den Wunsch hatte, sich vor der Verkündigung seiner Politik mit seinen Ratgebern zu besprechen, antwortete Rehabeam: »Kommt in drei Tagen wieder zu mir! Und das Volk ging weg.«

»Da beriet sich der König Rehabeam mit den Ältesten, die vor seinem Vater Salomo gestanden hatten, als er noch lebte, und sprach: Wie ratet ihr uns, diesem Volk zu antworten? Sie antworteten ihm und sprachen: Wenn du gegen dieses Volk freundlich und ihm gefällig bist und ihnen gute Worte gibst, so werden sie allezeit deine Knechte sein!« 2.Chronik 10,3-7

Unzufrieden wandte sich Rehabeam den jüngeren Männern zu, die schon während seiner Jugendzeit und im frühen Mannesalter seine Gefährten gewesen waren, und fragte sie: »Was ratet ihr mir? Was sollen wir diesem Volk sagen, das von mir verlangt hat, das Joch zu erleichtern, das mein Vater auf sie gelegt hat?« 1.Könige 12,9 Die jungen Männer schlugen ihm vor, dass er mit den Untertanen seines Reichs hart umgehen und ihnen von Anfang an klar machen solle, dass er keine Behinderung seiner Wünsche dulden würde.

Geschmeichelt von der Aussicht, absolute Macht auszuüben, entschied sich Rehabeam den Rat der Ältesten seines Reiches zu missachten und die jüngeren Männer zu seinen Ratgebern zu machen.

So kam es, dass an dem festgesetzten Tag, als »Jerobeam samt dem ganzen Volk am dritten Tag zu Rehabeam kam,« um zu erfahren, welche Politik er verfolge, »gab der König dem Volk eine harte Antwort ... und sprach: Mein Vater hat euer Joch schwer gemacht, ich aber will euer Joch noch [89/90] schwerer machen! Mein Vater hat euch mit Geißeln gezüchtigt, ich aber will euch mit Skorpionen züchtigen!« 1.Könige 12,12-14

Hätten Rehabeam und seine unerfahrenen Ratgeber den göttlichen Willen gegenüber Israel verstanden, hätten sie auf die Bitte des Volkes nach entschiedenen Reformen bei der Regierungsführung gehört. Als sie aber bei jener Versammlung in Sichem die Gelegenheit hatten, dachten sie nicht von Ursache zum Ergebnis und verloren damit für immer ihren Einfluss über einen großen Teil des Volkes. Sie ließen ihre Entschiedenheit erkennen, die Unterdrückung, die unter der Herrschaft Salomos im Gegensatz zu Gottes Plan für Israel eingeführt worden war, fortzusetzen und sogar zu vergrößern, was das Volk natürlich die Aufrichtigkeit ihrer Motive anzweifeln ließ. Bei diesem unweisen und gefühllosen Versuch, Macht auszuüben, offenbarten der König und die von ihm erwählten Ratgeber den Stolz, den Stellung und Autorität mit sich bringen.

Der Herr ließ nicht zu, dass Rehabeam die von ihm angekündigte Politik durchführte. Es gab unter den Stämmen viele Tausende, die über die erpresserischen Regierungsmaßnahmen Salomos nachhaltig empört waren. Diese sahen keinen anderen Ausweg mehr, als gegen das Haus Davids zu rebellieren. »Als die Israeliten erkannten, dass der König ihre Bitte ablehnte, riefen sie: ‚Was haben wir mit David zu schaffen? Dieser Sohn Isais geht uns nichts an! Lass uns heimziehen, Israel! Sorge selbst für dein Haus, David!' und sie kehrten nach Hause zurück.« 1.Könige 12,16

Der durch die unbesonnene Rede Rehabeams herbeigeführte Bruch erwies sich als unheilbar. Fortan waren die zwölf Stämme Israels geteilt: einerseits das kleinere, südlich gelegene Reich Juda aus den Stämmen Juda und Benjamin unter der Herrschaft Rehabeams, und andererseits die zehn nördlichen Stämme unter einer eigenen Regierung. Das Zehn-Stämme-Reich, auch bekannt als Reich Israel, hatte nun Jerobeam als Herrscher. Damit erfüllte sich die Weissagung des Propheten über das Auseinanderbrechen des Reiches, »denn es wurde so vom Herrn gefügt.« 1.Könige 12,15

Als Rehabeam erkannte, dass die zehn Stämme ihm die Untertanentreue entzogen, sah er sich zum Handeln veranlasst. Durch einen einflussreichen Mann seines Reiches, Adoniram, »den Aufseher der Fronarbeiter«, unternahm er einen Versuch zur Versöhnung. Dieser Botschafter des Friedens erfuhr jedoch eine Behandlung, welche sehr deutlich die gegen Rehabeam herrschenden Gefühle zeigte, denn es »warf ihn ganz Israel mit Steinen zu Tode.« 1.Könige 12,18 Erschreckt durch diesen sichtbaren Beweis der Rebellion stieg König Rehabeam »eilends auf einen Wagen und floh nach Jerusalem«. 1.Könige 12,18

In Jerusalem »stellte er aus den Stämmen Juda und Benjamin ein Heer von 180 000 Soldaten zusammen. Sie sollten gegen Israel kämpfen, um die Königsherrschaft für Rehabeam zurück zu erobern. Da kam das Wort Jahwes zu einem Mann Gottes namens Schemaja: »Sag zu Rehabeam Ben-Salomo, dem König von Juda und zu dem Rest des Volkes in Juda und Benjamin: ‚So spricht Jahwe: Zieht nicht los! Kämpft nicht gegen eure Brüder! Kehrt allesamt nach Hause zurück! Ich selbst habe es so gefügt.'« Da gehorchten sie den Worten Jahwes, kehrten um und gingen nach Hause.« 1.Könige 12,21-24

Drei Jahre lang versuchte Rehabeam am Anfang seiner Herrschaft von dieser traurigen Erfahrung zu profitieren. Er hatte Erfolg mit seinem Bemühen. Er »baute Städte in Juda zu Festungen aus« und »er verstärkte die festen Städte und verteilte Befehlshaber auf sie und Vorräte an Nahrung, Öl und Wein.« 2.Chronik 11,5.11 Er war darauf bedacht, diese befestigten Städte »sehr stark« 2.Chronik 11,12 zu machen. Das Geheimnis des Wohlstands Judas während der ersten Jahre der Herrschaft Rehabeams lag jedoch nicht in diesen Maßnahmen. Die Stämme Juda und Benjamin verdankten ihre günstige Stellung vielmehr der Anerkennung Gottes als ihren höchsten Herrscher. Ihre Zahl wurde durch viele gottesfürchtige Männer aus den nördlichen Stämmen vermehrt. »Aus allen Stämmen Israels folgten den Leviten die Israeliten, die Jahwe, den Gott Israels, von Herzen suchten. Sie kamen nach Jerusalem, um dem Gott ihrer Vorfahren Opfer zu bringen. Und sie trugen dazu bei, das Königreich Juda zu stärken und Rehabeams Herrschaft zu festigen. Das taten sie drei Jahre, so lange, wie alle dem Vorbild Davids und Salomos folgten.« 2.Chronik 11,16f

Rehabeams Chance lag in der Fortsetzung dieses Weges. Dann hätte er die Möglichkeit gehabt, die Fehler der Vergangenheit in hohem Maße wieder gutzumachen und das Vertrauen in seine Fähigkeit, weise zu regieren, wieder herzustellen. Aber leider schildert die inspirierte Feder in ihren Aufzeichnungen den Nachfolger Salomos als einen Menschen, der darin versagte, andere deutlich zur Treue gegenüber dem Herrn zu beeinflussen. Von Natur aus war er dickköpfig, selbstbewusst, eigenwillig und zum Götzendienst geneigt. Hätte er sein Vertrauen ganz auf Gott gesetzt, so hätte er einen starken Charakter, einen festen Glauben und den Willen entwickelt, sich den göttlichen Anforderungen zu unterwerfen. Im Laufe der Zeit vertraute der König aber der Macht seiner Stellung und der von ihm befestigten Städte. Ganz allmählich gab er den ererbten Schwächen nach, bis er sich schließlich mit seinem ganzen Einfluss auf die Seite des Götzendienstes stellte. »Als aber das Königtum Rehabeams sich gefestigt hatte und er mächtig war, verließ er das Gesetz des Herrn und ganz Israel mit ihm.« 2.Chronik 12,1

Wie traurig, wie bedeutungsvoll sind die Worte: »Und ganz Israel mit ihm!« Das Volk, das Gott zum Licht für die benachbarten Völker erwählt hatte, wandte sich gerade von der Quelle ihrer Kraft ab und bemühte sich, den [93/94]

umliegenden Völkern gleich zu werden. Wie bei Salomo wurden auch durch Rehabeams schlechtes Beispiel viele in die Irre geführt. Und wie bei diesen ist es noch heute mehr oder weniger bei jedem, der sich dazu hergibt, Böses zu tun: die Folgen der Missetat beschränken sich nicht nur auf den Täter. Niemand lebt für sich selbst und niemand kommt allein in seiner Ungerechtigkeit um vgl. Römer 14,7 Jedes Leben ist entweder ein Licht, das den Pfad anderer erhellt und froh macht, oder es übt einen finsteren, niederdrückenden Einfluss zur Verzweiflung und schließlich zum Untergang aus. Wir leiten andere entweder aufwärts zum Glück und zum ewigen Leben oder abwärts zu Leid und ewigen Tod. Wenn wir durch unsere Taten die bösen Mächte in anderen bestärken oder sie gar zur Aktivität zwingen, haben wir teil an ihrer Sünde.

Gott ließ den Abfall von Judas Herrscher nicht ungestraft. »Da zog im fünften Jahr des Königs Rehabeam herauf Schischak, der König von Ägypten, gegen Jerusalem – denn sie hatten sich am HERRN versündigt – mit tausendzweihundert Wagen und mit sechzigtausend Reitern; und das Volk war nicht zu zählen, das mit ihm aus Ägypten kam, ... Und er nahm die festen Städte ein, die in Juda waren, und kam bis vor Jerusalem.«

»Da kam der Prophet Schemaja zu Rehabeam und zu den Obersten Judas, die sich in Jerusalem aus Furcht vor Schischak versammelt hatten, und sprach zu ihnen: So spricht der HERR: Ihr habt mich verlassen; darum habe ich euch auch verlassen und in Schischaks Hand gegeben.« 2.Chronik 12,2-5

Das Volk war in ihrem Abfall noch nicht so weit gegangen, dass sie die Gerichte Gottes verachteten. Sie erkannten in den durch den Einfall Schischaks verursachten Verlusten die Hand Gottes und demütigten sich eine Zeit lang, denn sie sagten: »Der HERR ist gerecht.« 2.Chronik 12,6

»Als aber der HERR sah, dass sie sich demütigten, kam das Wort des HERRN zu Schemaja: Sie haben sich gedemütigt; darum will ich sie nicht verderben, sondern ich will sie in Kürze erretten, dass mein Grimm sich nicht durch Schischak auf Jerusalem ergieße. Doch sollen sie ihm untertan sein, damit sie innewerden, was es heißt, mir zu dienen oder den Königreichen der Länder.« 2.Chronik 12,7f

»So zog Schischak, der König von Ägypten, gegen Jerusalem herauf und nahm die Schätze im Hause des HERRN und die Schätze im Hause des Königs; alles nahm er weg, auch die goldenen Schilde, die Salomo hatte machen lassen. An ihrer statt ließ der König Rehabeam kupferne Schilde machen und übergab sie den Obersten der Leibwache, die das Tor am Haus des Königs bewachte. ... Und weil er sich demütigte, wandte sich des HERRN Zorn von ihm, dass er ihn nicht ganz verdarb; denn auch in Juda war noch manches Gute.« 2.Chronik 12,9-12

Als jedoch die strafende Hand zurückgezogen wurde und das Volk wieder zu Wohlstand kam, vergaßen viele ihre Ängste und wandten sich erneut dem Götzendienst zu. Unter diesen war auch der König selbst. Obwohl Rehabeam durch die erlittene Niederlage gedemütigt worden war, ließ er nicht zu, dass dieses Erlebnis zu einem Wendepunkt in seinem Leben wurde. Er vergaß die Lektion, die Gott sich bemüht hatte ihm zu erteilen und fiel in die Sünden zurück, die Gottes Gerichte über das Volk gebracht hatten. Nach einigen unrühmlichen Jahren, in denen der König »übel« handelte »und ... sein Herz nicht darauf [richtete], dass er den HERRN suchte,« »legte sich [Rehabeam] zu seinen Vätern und wurde begraben in der Stadt Davids. Und sein Sohn Abija wurde König an seiner statt.« 2.Chronik 12,14.16

Nach der Teilung des Königreiches am Anfang der Herrschaft Rehabeams begann die Herrlichkeit Israels zu schwinden, um nie wieder in dieser Vollständigkeit zurück zu kehren. Zu bestimmten Zeiten war in den folgenden Jahrhunderten der Thron Davids mit Männern besetzt, die moralisch hoch standen und über ein weitreichendes Urteil verfügten. Unter der Herrschaft dieser Könige erstreckten sich die auf den Bewohnern Judas ruhenden Segnungen auch auf die umliegenden Völker. Zu diesen Zeiten wurde der Name des Herrn über jeden falschen Gott erhöht und Sein Gesetz wurde in Ehren gehalten. Von Zeit zu Zeit standen mächtige Propheten auf, um die Hände der Herrscher zu stärken und das Volk zu anhaltender Treue zu ermutigen. Die Saat des Bösen, die bereits zur Zeit der Thronbesteigung Rehabeams aufging, konnte niemals völlig ausgerottet werden. Gelegentlich kam es so weit, dass das einstmals so bevorzugte Volk Gottes so tief fiel, dass sie unter den Heiden zum Sprichwort wurden.

Ungeachtet der Verderbtheit derer, die sich den abgöttischen Bräuchen zuwandten, wollte Gott in Seiner Barmherzigkeit alles in Seiner Macht Stehende tun, um das geteilte Reich vor dem völligen Untergang zu bewahren. Obwohl im Lauf der Jahre Seine Absicht mit Israel durch die Pläne von Männern unter dem Einfluss satanischer Mächte völlig vereitelt zu werden schien, offenbarte er Seine wohlwollenden Absichten selbst durch die Gefangenschaft und Wiederherstellung des auserwählten Volkes.

Die Teilung des Reiches war nur der Anfang einer wunderbaren Geschichte, in der sich die Geduld und zarte Barmherzigkeit Gottes offenbarte. Aus dem Schmelztiegel des Leidens, durch den sie wegen ihrer ererbten und anerzogenen Neigungen zum Bösen gehen mussten, sollten diejenigen, die Gott sich zum Eigentumsvolk zu reinigen versuchte, »das eifrig wäre zu guten Werken«, Titus 2,14 schließlich anerkennen: »Aber dir, HERR, ist niemand gleich; du bist groß, und dein Name ist groß, wie du es mit der Tat beweist. Wer sollte dich nicht fürchten, du König der Völker? ... Unter allen Weisen der [96/97]

Völker und in allen ihren Königreichen ist niemand dir gleich. Aber der HERR ist der wahrhaftige Gott, der lebendige Gott, der ewige König.« Jeremia 10,6.7.10

Die Götzenanbeter sollten endlich begreifen, dass die falschen Götter machtlos sind, den Menschen zu erheben und zu retten. »Die Götter, die Himmel und Erde nicht gemacht haben, müssen vertilgt werden von der Erde und unter dem Himmel.« Jeremia 10,11 Nur in der Treue gegenüber dem lebendigen Gott, dem Schöpfer aller Dinge und Herrscher über alles, kann der Mensch Ruhe und Frieden finden.

Einmütig sollten schließlich die Gezüchtigten und Reumütigen aus Israel und Juda ihr Bundesverhältnis zum Herrn der Heerscharen, dem Gott ihrer Väter, erneuern und von ihm verkündigen:

»Er aber hat die Erde durch Seine Kraft gemacht und den Erdkreis bereitet durch Seine Weisheit und den Himmel ausgebreitet durch Seinen Verstand. Wenn Er donnert, so ist Wasser die Menge am Himmel; Wolken lässt er heraufziehen vom Ende der Erde. Er macht die Blitze, dass es regnet, und lässt den Wind kommen aus seinen Vorratskammern. Alle Menschen aber sind Toren mit ihrer Kunst, und alle Goldschmiede stehen beschämt da mit ihren Bildern; denn ihre Götzen sind Trug und haben kein Leben, sie sind nichts, ein Spottgebilde; sie müssen zugrunde gehen, wenn sie heimgesucht werden. Aber so ist der nicht, der Jakobs Reichtum ist; sondern Er ist‘s, der alles geschaffen hat, und Israel ist Sein Erbteil. Er heißt HERR Zebaoth.« Jeremia 10,12-16

KAPITEL 7

JEROBEAM

Auf Grundlage des biblischen Berichts

Die zehn Stämme Israels, die gegen das Haus Davids rebelliert hatten, setzten Jerobeam, einen früheren Beamten Salomos, zum Herrscher ein. Dieser befand sich damit in einer Stellung, weise Reformen in bürgerlichen und religiösen Bereichen durchführen zu können. Unter der Herrschaft Salomos hatte er Begabung und gesundes Urteilsvermögen gezeigt. Die in diesen Jahren des treuen Dienstes erworbenen Kenntnisse befähigten ihn, mit Umsicht zu regieren. Jerobeam setzte jedoch sein Vertrauen nicht auf Gott.

Es war Jerobeams größte Sorge, dass irgendwann in der Zukunft ein Herrscher auf dem Thron Davids die Herzen seiner Untertanen für sich gewinnen könnte. Er argumentierte, dass viele auf den Gedanken kommen könnten, ihren Treueid gegenüber der Regierung in Jerusalem zu erneuern, wenn er es den zehn Stämmen weiterhin gestatte, den alten Sitz der jüdischen Monarchie zu besuchen, wo immer noch wie in den Jahren Salomos die Gottesdienste im Tempel stattfanden. Nach einer Sitzung mit seinen Ratgebern entschloss sich Jerobeam, durch einen mutigen Schlag die Wahrscheinlichkeit eines Aufstands gegen seine Herrschaft so weit wie möglich zu verringern. Erreichen wollte er dies durch die Errichtung zweier neuen Anbetungsstätten innerhalb der Grenzen seines neugebildeten Königreichs bei Bethel und bei Dan. Die zehn Stämme sollten eingeladen werden, sich statt in Jerusalem an diesen beiden Orten zur Anbetung Gottes zu versammeln.

Um die Umstellung herbeizuführen, wollte sich Jerobeam an die Vorstellungskraft der Israeliten wenden, indem er ihnen zur Symbolisierung der Gegenwart des unsichtbaren Gottes eine sichtbare Darstellung gab. Dementsprechend ließ er zwei goldene Kälber machen, die in Heiligtümern an den zugewiesenen Anbetungsorten aufgestellt wurden. Mit diesem Versuch, die Gottheit darzustellen, übertrat Jerobeam das ausdrückliche Gebot des Herrn: »Du sollst dir kein geschnitztes Bild machen, noch irgend ein Gleichnis, ... du sollst dich nicht vor ihnen niederbeugen und ihnen nicht dienen!« 2. Mose 20,4f Jerobeams Wunsch, die zehn Stämme von Jerusalem fernzuhalten, war so stark, [99/100] dass er die grundlegende Schwäche seines Plans dabei völlig außer Acht ließ. Er bedachte nicht die große Gefahr, der er die Israeliten aussetzte, als er dasselbe abgöttische Symbol der Gottheit für sie errichtete, mit dem ihre Vorfahren während ihrer jahrhundertelangen Sklaverei in Ägypten so vertraut gewesen waren. Jerobeams noch nicht lange zurückliegender Aufenthalt in Ägypten hätte ihn davon überzeugen müssen, welch eine Torheit es war, dem Volke solche heidnischen Darstellungen vorzusetzen. Aber seine feste Absicht, die nördlichen Stämme zur Aufgabe ihrer jährlichen Besuche der heiligen Stadt zu bewegen, verleitete ihn zu der unüberlegtesten Maßnahme, die er nur treffen konnte.

»Es macht euch zu große Umstände,« so bedrängte er sie, »wenn ihr nach Jerusalem gehen müsst. Seht her, dies sind eure Götter, die euch aus Ägypten herausgeführt haben!« 1.Könige 12,28 Mit diesen Worten forderte er seine Untertanen auf, sich vor den goldenen Bildern niederzuwerfen und fremde Formen der Anbetung zu übernehmen.

Die wenigen in seinem Reich lebenden Leviten versuchte der König zu überreden, in den neu errichteten Heiligtümern von Bethel und Dan als Priester zu dienen, doch seine Bemühungen waren nicht erfolgreich. Er war daher gezwungen, sich seine Priester aus »den Geringsten im Volk« auszuwählen. 1.Könige 12,31 Alarmiert über solche Zukunftsaussichten flohen viele der Treuen, einschließlich einer großen Zahl von Leviten, nach Jerusalem, wo sie in Übereinstimmung mit den göttlichen Anforderungen den Herrn anbeten konnten.

»Ferner ordnete Jerobeam ein Fest an, am fünfzehnten Tag des achten Monats, wie das Fest in Juda, und opferte auf dem Altar. Ebenso machte er es in Bethel, indem er den Kälbern opferte, die er gemacht hatte; und er ließ in Bethel die Priester der Höhen den Dienst verrichten, die er eingesetzt hatte.« 1.Könige 12,32 Jerobeams dreiste Herausforderung Gottes, die göttlichen Einrichtungen aufzuheben, durfte nicht ungetadelt bleiben. Als er gerade die priesterlichen Aufgaben versah und Räucherwerk zur Weihe des fremden Altars darbrachte, den er in Bethel errichtet hatte, erschien vor ihm ein Mann Gottes aus dem Reich Juda, der ihn für die Anmaßung verurteilen sollte, eine neue Form der Anbetung einzuführen. Der Prophet »rief ... zum Altar hin, was der Herr ihm gesagt hatte: Altar! Altar! So spricht der Herr: Dem Königshaus Davids wird ein Kind mit Namen Josia geboren werden. Der wird die Priester der Höhenheiligtümer, die Opfer auf dir verbrennen, töten und Menschenknochen wird er auf dir verbrennen.« 1.Könige 13,1

»Am gleichen Tag tat er ein Zeichen und sagte: Der Herr hat versprochen, folgendes Zeichen zu geben: Dieser Altar bricht auseinander, und die Asche, die darauf liegt, wird verschüttet.« Sofort »zersprang der Altar und die Asche ergoss

 sich daraus, wie der Prophet es nach dem Zeichen des Herrn

vorhergesagt hatte.« 1.Könige 13,3.5 Als er dies sah, versuchte der vom Trotz gegen Gott erfüllte Jerobeam, den Überbringer dieser Botschaft festnehmen zu lassen. Im Zorn »streckte Jerobeam seine Hand aus vom Altar herab und sprach: Ergreift ihn!« Seine Unbeherrschtheit wurde sofort bestraft. Die gegen den Boten des Herrn ausgestreckte Hand wurde plötzlich kraftlos und verdorrte, »so dass er sie nicht wieder zu sich ziehen konnte.« 1.Könige 13,4

Furchterfüllt bat der König den Propheten, sich bei Gott für ihn einzusetzen. Er bat ihn: »Besänftige doch das Angesicht des Herrn, deines Gottes, und bitte für mich, dass meine Hand mir wiedergegeben werde! Da besänftigte der Mann Gottes das Angesicht des Herrn. Und die Hand des Königs wurde ihm wiedergegeben, und sie wurde wieder wie zuvor.« 1.Könige 13,6

Jerobeams Versuch, den fremden Altar feierlich einzuweihen, war gescheitert. Hätten diese Kultstätten Ansehen erlangt, so hätte dies bedeutet, dass die Anbetung des Herrn im Jerusalemer Tempel missachtet worden wäre. Durch die Botschaft des Propheten sollte der König zur Reue und zur Aufgabe seiner gottlosen Absichten gebracht werden, die das Volk schon jetzt von der wahren Anbetung Gottes abspenstig machten. Er verhärtete jedoch sein Herz und entschloss sich, einen von ihm selbst erwählten Weg zu gehen.

Zur Zeit des Festes in Bethel waren die Herzen der Israeliten noch nicht völlig verhärtet. Viele waren für den Einfluss des Heiligen Geistes offen. Es war die Absicht Gottes, diejenigen, die in ihrem Abfall schnelle Fortschritte machten, in ihrem Weg aufzuhalten bevor es zu spät war. Er sandte Seinen Boten, um diese götzendienerischen Handlungen zu unterbrechen und König und Volk zu offenbaren, wie sich dieser Abfall auswirken würde. Das Zerbrechen des Altars war ein Zeichen des Missfallens Gottes über diese Gräuel in Israel.

Der Herr möchte retten und nicht zerstören. Er freut sich über die Rettung von Sündern. »So wahr ich lebe, spricht Gott der HERR: Ich habe kein Gefallen am Tode des Gottlosen.« Hesekiel 33,11 Durch Warnungen und Bitten fordert er die Eigensinnigen und Widerspenstigen auf, ihr böses Tun zu beenden, sich zu Ihm zu wenden und zu leben. Er verleiht Seinen auserwählten Boten heilige Unerschrockenheit, damit alle Zuhörer sich fürchten und zur Umkehr bewegt werden. Mit welcher Festigkeit tadelte der Mann Gottes den König! Sie war auch unbedingt notwendig, denn die bestehenden Übel hätten auf keine andere Weise getadelt werden können. Der Herr gab Seinem Diener Unerschrockenheit, um auf die Zuhörer einen bleibenden Eindruck zu machen. Die Boten des Herrn sollten niemals Menschen fürchten, sondern sich unnachgiebig für das Recht einsetzen. Solange sie Gott vertrauen, brauchen sie sich nicht zu fürchten, denn ihr Auftraggeber versichert sie auch Seiner Fürsorge und Seines Schutzes. Als der Prophet seine Botschaft ausgerichtet hatte und gerade [103/104] weggehen wollte, forderte Jerobeam ihn auf: »Komm mit mir heim und erfrische dich! Ich will dir auch ein Geschenk geben.« Der Prophet antwortete jedoch: »Wenn du mir auch dein halbes Haus geben würdest, so käme ich nicht mit dir; denn ich würde an diesem Ort kein Brot essen und kein Wasser trinken. Denn so wurde mir durch das Wort des Herrn geboten und gesagt: Du sollst kein Brot essen und kein Wasser trinken und nicht wieder auf dem Weg zurückkehren, den du gegangen bist!« 1.Könige 13,7-9

Es wäre gut für den Propheten gewesen, wenn er bei seiner Absicht geblieben wäre, unverzüglich nach Juda zurückzukehren. Während er schon auf einem anderen Weg in Richtung Heimat ging, wurde er von einem alten Mann eingeholt, der ebenfalls beanspruchte, ein Prophet zu sein. Er log dem Mann Gottes etwas vor, als er ihm sagte: „Ich bin auch ein Prophet wie du, und ein Engel hat durch das Wort des Herrn zu mir geredet und gesagt: Führe ihn zurück in dein Haus, damit er Brot esse und Wasser trinke!« 1.Könige 13,18 Diese Lüge wurde immer wieder wiederholt und die Einladung so drängend ausgesprochen, bis der Mann Gottes sich überreden ließ, mit ihm umzukehren. Weil der wahre Prophet es sich gestattete, einen Weg einzuschlagen, der im Gegensatz zu seiner Pflicht war, ließ ihn Gott die Strafe seiner Übertretung tragen. Während er noch mit dem falschen Propheten am Esstisch saß, der ihn eingeladen hatte nach Bethel umzukehren, kam der Geist des Allmächtigen über jenen, »und er rief dem Mann Gottes zu, der von Juda gekommen war, und sprach: So spricht der Herr: Weil du dem Befehl des Herrn ungehorsam gewesen bist und das Gebot nicht gehalten hast, das dir der Herr, dein Gott, geboten hat, ... so soll dein Leichnam nicht in das Grab deiner Väter kommen!« 1.Könige 13,21f

Die unheilvolle Prophezeiung erfüllte sich bald wörtlich. »Und es geschah, nachdem er Brot gegessen und getrunken hatte, da sattelte er ihm, dem Propheten, den er zurückgeführt hatte, den Esel. Als er nun fortging, da begegnete ihm auf dem Weg ein Löwe; der tötete ihn, und sein Leichnam lag hingestreckt auf dem Weg. Und der Esel stand neben ihm, und der Löwe stand neben dem Leichnam. Und siehe, als Leute vorbeigingen, da sahen sie den Leichnam hingestreckt auf dem Weg liegen und den Löwen bei dem Leichnam stehen, und sie kamen und sagten es in der Stadt, in welcher der alte Prophet wohnte. Als nun der Prophet, der ihn vom Weg zurückgeholt hatte, das hörte, sprach er: Es ist der Mann Gottes, der dem Befehl des Herrn ungehorsam gewesen ist.« 1.Könige 13,23-26 Die Strafe, die den untreuen Boten ereilte, war ein weiterer Beweis für die Wahrheit der am Altar ausgesprochenen Vorhersage. Wenn der Herr es dem Propheten gestattet hätte, nach seinem Ungehorsam gegenüber Seinem Wort sicher nach Hause zu kommen, hätte der König versucht, mit dieser Tatsache seinen eigenen Ungehorsam zu verteidigen. Jerobeam hätte in dem zerborstenen Altar, in dem gelähmten Arm und dem schrecklichen Schicksal dessen, der es wagte, einem ausdrücklichen Gebot des Herrn ungehorsam zu sein, das deutliche und schnelle Missfallen eines beleidigten Gottes erkennen sollen. Diese Gerichte hätten ihn warnen sollen, an seinem Unrecht festzuhalten. Weit davon entfernt zu bereuen »kehrte Jerobeam nicht um von seinem bösen Weg, sondern er setzte wieder Höhenpriester aus dem gesamten Volk ein; wer Lust hatte, den weihte er, und der wurde Höhenpriester.« Damit versündigte er nicht nur sich selbst, sondern »verführte Israel zur Sünde«. »Und dies geriet zur Sünde dem Hause Jerobeams, so dass es zugrunde gerichtet und von der Erde vertilgt wurde.« 1.Könige 13,33; 14,16; 13,34

Gegen Ende seiner schwierigen 22-jährigen Herrschaft erfuhr Jerobeam im Krieg gegen Abija, den Nachfolger Rehabeams, eine vernichtende Niederlage, »sodass Jerobeam keine Macht mehr hatte, solange Abija lebte. Und der HERR schlug ihn, dass er starb.« 2.Chronik 13,20

Der während der Regierungszeit Jerobeams begonnene Abfall wurde immer deutlicher sichtbar, bis er schließlich zum völligen Untergang des Reiches Israel führte. Schon vor dem Tod Jerobeams erklärte Ahija, der alte Prophet, der Jerobeam viele Jahre zuvor in Silo seine Krönung vorausgesagt hatte: »Und der HERR wird Israel schlagen, dass es schwankt, wie das Rohr im Wasser bewegt wird, und wird Israel ausreißen aus diesem guten Lande, das Er ihren Vätern gegeben hat, und wird sie zerstreuen jenseits des Euphrat, weil sie sich Ascherabilder gemacht haben, den HERRN zu erzürnen. Und Er wird Israel dahingeben um der Sünden Jerobeams willen, der da gesündigt hat und Israel sündigen gemacht hat.« 1.Könige 14,15f

Doch der Herr gab das Volk Israel nicht auf, ohne vorher alles nur Mögliche getan zu haben, um sie wieder zur Treue zu Ihm zurückzuführen. Während der langen, finsteren Jahre, in denen ein Herrscher nach dem anderen in frecher Verachtung des Himmels den Thron bestieg und Israel immer tiefer in den Götzendienst führte, sandte Gott Seinem abtrünnigen Volk Botschaft um Botschaft.

Durch Seine Propheten gab Er ihnen jede Möglichkeit, die Flut des Abfalls aufzuhalten und zu Ihm zurückzukehren. In den Jahren nach der Teilung des Reiches sollten Elia und Elisa leben und wirken. Danach sollten die liebevollen Aufforderungen eines Hosea, Amos und Obadja im Land vernommen werden. Nie sollte das Reich Israel ohne edle Menschen bleiben, die Zeugnis ablegten von der mächtigen Kraft Gottes, von Sünde zu erretten. Selbst in den finstersten Stunden würden einige ihrem göttlichen Herrscher treu bleiben und inmitten des allgemeinen Götzendiensts vor den Augen eines heiligen Gottes ein fehlerloses Leben führen. Diese Getreuen sollten zu dem glänzenden Überrest gehören, durch den die ewige Absicht des Herrn schließlich erfüllt werden sollte.

KAPITEL 8

NATIONALER ABFALL

Auf Grundlage des biblischen Berichts

Von Jerobeams Tod bis zum Auftreten des Elia vor Ahab durchlebte das Volk Israel einen beständigen geistlichen Niedergang. Beherrscht von Männern, die den Herrn nicht fürchteten und fremdartige Formen der Anbetung förderten, verlor der größere Teil des Volkes sehr schnell ihre Pflicht aus den Augen, dem lebendigen Gott zu dienen, und übernahm viele Praktiken des Götzendienstes. Jerobeams Sohn Nadab saß nur wenige Monate auf dem Thron Israels. Seine Karriere im Bösen wurde plötzlich durch die Verschwörung General Baschas beendet, der selbst die Regierungsgewalt übernehmen wollte. Nadab wurde samt allen seinen Nachkommen ermordet »nach dem Wort des HERRN, das er geredet hatte durch seinen Knecht Ahija von Silo, um der Sünden Jerobeams willen, die er tat und womit er Israel sündigen machte.« 1.Könige 15,29f

Auf diese Weise wurde das Haus Jerobeams vernichtet. Die durch ihn eingeführte Götzenanbetung hatte zwar über die schuldigen Übertreter die vergeltenden Gerichte des Himmels gebracht, aber dennoch setzten die folgenden Herrscher – Bascha, Ela, Simri und Omri – während eines Zeitraums von fast 40 Jahren denselben fatalen Weg des Ungehorsams fort.

Im Königreich Juda herrschte während der längsten Zeit dieses Abfalls König Asa. Viele Jahre lang »tat Asa, was gut und recht war vor dem Herrn, seinem Gott. Denn er entfernte die fremden Altäre und die Höhen und zerbrach die Gedenksteine und hieb die Aschera-Standbilder um. Und er gebot Juda, den Herrn, den Gott ihrer Väter, zu suchen und nach dem Gesetz und Gebot zu handeln. Er entfernte auch aus allen Städten Judas die Höhen und die Sonnensäulen; und das Königreich hatte Ruhe unter ihm.« 2.Chronik 14,1-4

Der Glauben Asas wurde schwer geprüft, als »der Nubier Serach mit einem Heer von tausendmal tausend Mann und dreihundert Streitwagen« 2.Chronik 14,8 in sein Reich einfiel. In dieser Krise setzte Asa sein Vertrauen nicht auf die befestigten Städte Judas, die er »mit Mauern umgeben und mit Türmen, Toren und Riegeln« gesichert hatte, oder auf die »starken Helden« seiner sorgfältig ausgebildeten Armee. 2.Chronik 14,7 Der König vertraute dem Herrn der Heerscharen, in dessen Namen das alte Israel wunderbare Befreiungen erlebt hatte. Nachdem er seine Armee zum Kampf aufgestellt hatte, suchte er die Hilfe Gottes.

Die gegnerischen Armeen standen sich nun direkt gegenüber. Es war eine Zeit der Prüfung und Versuchung für diejenigen, die dem Herrn dienten. War jede Sünde bekannt worden? Hatten die Männer Judas auch das volle Vertrauen in die Macht Gottes, sie zu befreien? Solche Überlegungen bewegten die Gedanken der Offiziere. Nach menschlichem Ermessen würde die durch Ägypten marschierte riesige Armee alles vor sich hinweg fegen. Asa hatte die Friedenszeit jedoch nicht mit Vergnügungen und weltlichen Freuden verschwendet, sondern sich auf jeden Notfall vorbereitet. Er hatte eine kampfbereite Armee. Zudem hatte er sich bemüht und sein Volk dazu veranlasst, ihren Frieden mit Gott zu machen. Obwohl seine Streitkräfte geringer an Zahl waren als die des Feindes, verringerte sich auch jetzt sein Glaube an den Einen nicht, den er zu seinem Vertrauten gemacht hatte.

Da er den Herrn in den Tagen seines Wohlstands gut kennengelernt hatte, konnte sich der König auch in widrigen Zeiten auf Ihn verlassen. Seine Bitten zeigen, dass ihm Gottes wunderbare Kraft nicht fremd war. Er betete: »Herr, bei dir ist kein Unterschied, zu helfen, wo viel oder wo keine Kraft ist. Hilf uns, Herr, unser Gott, denn wir verlassen uns auf dich, und in deinem Namen sind wir gegen diesen Haufen gezogen! Du, Herr, bist unser Gott! Vor dir behält der Sterbliche keine Kraft!« 2.Chronik 14,10

Das Gebet Asas ist für jeden gläubigen Christ passend. Wir kämpfen auch in einem Krieg, »nicht gegen Fleisch und Blut, sondern gegen die Herrschaften, gegen die Gewalten, gegen die Weltbeherrscher der Finsternis dieser Weltzeit, gegen die geistliche Bosheit in den himmlischen Regionen.« Epheser 6,12 Im Kampf dieses Lebens müssen wir bösen Mächten gegenüber treten, die gegen das Recht aufmarschiert sind. Unsere Hoffnung ruht nicht auf Menschen, sondern auf dem lebendigen Gott. Voller Glaubenszuversicht dürfen wir erwarten, dass Er zur Ehre Seines Namens Seine Allmacht mit unseren menschlichen Bemühungen vereinen wird. Mit der Waffenrüstung der Gerechtigkeit können wir den Sieg über jeden Feind erringen. vgl. Epheser 6,13

König Asas Glaube wurde bemerkenswert belohnt. »Da schlug Jahwe die Nubier vor Asa und Juda zurück, dass sie flohen. Asa verfolgte sie mit seinen Männern bis nach Gerar. Dabei fielen von den Nubiern so viele, dass sie sich von diesem Verlust nicht wieder erholen konnten. Sie wurden durch Jahwe und sein Heer vernichtend geschlagen.« 2.Chronik 14,11f

Als die siegreichen Heere Judas und Benjamins nach Jerusalem zurückkehrten, »kam der Geist Gottes über Asarja, den Sohn Odeds.

Er zog König Asa entgegen. Hör mir zu, Asa! rief er. Hört, Männer aus den Stämmen Juda und Benjamin! Der Herr ist so lange bei euch, wie ihr ihm treu bleibt! Wenn ihr ihn sucht, wird er sich finden lassen, doch wenn ihr ihn verlasst, wird er euch verlassen. ... Darum fasst Mut und legt die Hände nicht in den Schoß, denn euer Tun wird seinen Lohn finden!« 2.Chronik 15,1.2.7

»Als nun Asa diese Worte und die Weissagung des Propheten Oded hörte, fasste er Mut.« Er begann eine zweite Reformation in Juda »und er schaffte die Gräuel hinweg aus dem ganzen Land Juda und Benjamin und aus den Städten, die er auf dem Bergland von Ephraim erobert hatte, und er erneuerte den Altar des Herrn, der vor der Halle des Herrn stand. Und er versammelte ganz Juda und Benjamin und die Fremdlinge bei ihnen aus Ephraim, Manasse und Simeon; denn eine große Zahl von Leuten lief aus Israel zu ihm über, als sie sahen, dass der Herr, sein Gott, mit ihm war. Und sie versammelten sich in Jerusalem im dritten Monat, im fünfzehnten Jahr der Regierung Asas. Und sie opferten dem Herrn an jenem Tag von der Beute, die sie mitgebracht hatten, 700 Rinder und 7 000 Schafe. Und sie gingen den Bund ein, dass sie den Herrn, den Gott ihrer Väter, suchen wollten mit ihrem ganzen Herzen und ihrer ganzen Seele. ... und Er ließ sich von ihnen finden. Und der Herr gab ihnen Ruhe ringsumher.« 2.Chronik 15,8-12.15

Der lange Bericht über Asas treuen Dienst wurde allerdings durch einige Fehler getrübt. Er machte sie zu Zeiten, als er Gott nicht völlig vertraute. Einmal fiel der König von Israel in Juda ein und nahm Rama ein. Diese befestigte Stadt war nur acht Kilometer von Jerusalem entfernt. Daraufhin suchte Asa sein Heil darin, mit Benhadad, dem König Syriens (Arams), ein Bündnis einzugehen. Die Tatsache, dass er in der Zeit der Not nicht allein auf Gott vertraute, wurde streng getadelt. »Zu dieser Zeit kam der Seher Hanani zu König Asa von Juda und sagte zu ihm: Du hast dich auf den König von Syrien verlassen und nicht auf Jahwe, deinen Gott! Damit hast du dich um die Möglichkeit gebracht, auch das Heer der Syrer zu besiegen. Hatten die Nubier und die Libyer nicht auch ein gewaltiges Heer mit vielen Streitwagen und Reitern? Doch weil du dich auf Jahwe verlassen hattest, gab er sie in deine Gewalt. Denn Jahwe hat die ganze Erde im Blick, damit er denen beistehen kann, die ihm uneingeschränkt vertrauen. In diesem Fall hast du töricht gehandelt, denn von jetzt an hast du ständig Krieg.« 2.Chronik 16,7-9

Anstatt sich wegen seines Fehlers vor Gott zu demütigen, heißt es: »Asa ärgerte sich sehr über den Seher und ließ ihn ins Gefängnis werfen. Damals fing er auch an, einige aus dem Volk zu misshandeln.« 2.Chronik 16,10

»Im 39. Jahr seiner Regierung erkrankte Asa schwer an den Füßen. Obwohl sein Leiden sehr ernst war, suchte er die Hilfe nicht bei Jahwe, sondern bei den Ärzten.« 2.Chronik 16,12 NeUE Der König starb im 41. Jahr seiner Herrschaft. Ihm folgte sein Sohn Josafat auf den Thron.

Zwei Jahre vor Asas Tod begann Ahab seine Herrschaft über das Reich Israel. Diese war von Anfang an durch unerhörten und schrecklichen Abfall gekennzeichnet. Sein Vater Omri, der Gründer Samarias, »tat, was der Herr verabscheute; er trieb es schlimmer als alle seine Vorgänger«, 1.Könige 16,25 HfA aber die Sünden Ahabs waren sogar noch größer. »Mit allem, was er tat, schürte er den Zorn des Herrn, des Gottes Israels, so sehr wie kein anderer israelitischer König vor ihm«, 1.Könige 16,33 HfA »als ob es eine Kleinigkeit für ihn sei, in den Sünden Jerobeams, des Sohnes Nebats, zu leben.« 1.Könige 16,31 KJV Es reichte ihm nicht, das Volk nur dazu zu bewegen, den sogenannten Gottesdienst in Bethel und Dan aufrecht zu erhalten. In seiner Anmaßung führte er sie vielmehr in die übelsten Praktiken des Heidentums ein, indem er die Anbetung des Herrn durch die Anbetung Baals ersetzte.

Nachdem er »sogar Isebel, die Tochter Etbaals, des Königs der Sidonier,« eines Hohepriesters des Baal, zur Frau genommen hatte, »diente [er] Baal und betete ihn an und richtete ihm einen Altar auf im Tempel Baals, den er ihm zu Samaria baute.« 1.Könige 16,31f

Ahab führte den Baalsdienst nicht nur in der Hauptstadt seines Landes ein, sondern ließ unter der Leitung Isebels heidnische Altäre auf vielen »Höhen« errichten. Im Schutz der sie umgebenden Wäldchen übten Priester und andere an dieser verführerischen Form des Götzendienstes Beteiligte ihren unheilvollen Einfluss aus, bis schließlich fast ganz Israel dem Baal nachfolgte. »Gar niemand war wie Ahab, der sich verkauft hatte, zu tun, was böse war in den Augen des Herrn, wozu seine Frau Isebel ihn anstachelte. Und er verübte sehr viele Gräuel, indem er den Götzen nachfolgte, ganz wie es die Amoriter getan hatten, die der Herr vor den Kindern Israels vertrieben hatte.« 1.Könige 21,25f

Ahab hatte kaum moralische Kraft. Seine Eheverbindung mit einer entschlossenen und temperamentvollen Götzendienerin erwies sich sowohl für ihn selbst als auch für sein Volk als Katastrophe. In den Händen der entschlossenen Isebel war Ahab wie Wachs, denn er besaß keine Grundsätze und keinen hohen Gerechtigkeitsstandard. Seine Selbstsucht machte es ihm unmöglich, Gottes Gnadengaben für Israel und seine eigenen Verpflichtungen als Wächter und Führer des auserwählten Volks zu verstehen.

Unter dem zerstörerischen Einfluss von Ahabs Herrschaft irrte Israel weit von dem lebendigen Gott ab und wurde immer verdorbener. Schon seit vielen Jahren hatte das Volk seinen Sinn für Ehrerbietung und Gottesfurcht verloren. Nun schien es so weit gekommen zu sein, dass es keiner mehr wagte, sein Leben aufs Spiel zu setzen, um der herrschenden Gotteslästerung offen entgegenzutreten. Der dunkle Schatten des Abfalls bedeckte das ganze Land. Überall konnte man Baals- und Ascherabilder sehen. Götzentempel und geweihte [114/115]

Wäldchen, in denen von Menschen hergestellte Werke angebetet wurden, vervielfachten sich. Selbst die Luft war verschmutzt von dem Rauch der Opfer, die den falschen Göttern dargebracht wurden. Auf den Bergen und in den Tälern war das betrunkene Geschrei heidnischer Priester zu hören, die der Sonne, dem Mond und den Sternen opferten.

Isebel und ihre gottlosen Priester beeinflussten das Volk, in den von ihnen errichteten Götzenbildern Gottheiten zu sehen, die durch ihre mystischen Kräfte die Elemente Erde, Feuer und Wasser beherrschten. Alle Gaben des Himmels – plätschernde Bäche, große Flüsse, der milde Tau und die Regenschauer, die die Erde belebten und üppiges Wachstum auf den Feldern auslösten – wurden der Gunst Baals und Ascheras zugeschrieben und nicht dem Geber jeder guten und vollkommenen Gabe. Das Volk vergaß, dass Hügel und Täler ebenso wie Flüsse und Quellen dem lebendigen Gott gehörten, der die Sonne, die Wolken des Himmels und alle Kräfte der Natur beherrschte.

Durch treue Boten schickte der Herr dem abgefallenen König und Volk wiederholt Warnungen, aber die tadelnden Worte waren vergeblich. Umsonst beharrten die inspirierten Boten auf das Recht des Herrn, der einzige Gott in Israel zu sein. Umsonst betonten sie auch die Gebote, die Gott dem Volk anvertraut hatte. Völlig bezaubert durch die prächtige Zurschaustellung und die faszinierenden Bräuche der Götzenanbetung folgte das Volk dem Beispiel des Königs und seines Hofes. Sie gaben sich den berauschenden und erniedrigenden Vergnügungen einer die fleischlichen Lüste anregenden Anbetung hin. In ihrer blinden Torheit trafen sie die Wahl, Gott und Seine Anbetung abzulehnen. Das Licht, das Gott ihnen in Seiner Gnade gegeben hatte, war zur Finsternis geworden und das feine Gold hatte seinen Glanz verloren.

Wie sehr war doch die Herrlichkeit von Israel gewichen! Nie zuvor war Gottes auserwähltes Volk so tief in den Abfall gefallen. Außer den »450 Propheten Baals« gab es noch »400 Propheten der Aschera«. 1.Könige 18,19 Nichts außer der wunderwirkenden Macht Gottes konnte das Volk noch vor der völligen Zerstörung bewahren. Israel hatte sich freiwillig vom Herrn getrennt, doch der Herr sehnte sich voller Mitleid immer noch nach denen, die zur Sünde verführt worden waren. Er stand gerade im Begriff, ihnen einen der mächtigsten Propheten zu schicken. Durch diesen sollten viele wieder zurück zum Gehorsam gegenüber dem Gott ihrer Väter geführt werden.

KAPITEL 9

Elia aus Tischbe

Auf Grundlage von 1. Könige 17,1-7

Östlich des Jordans wohnte in den Bergen Gileads zur Zeit Ahabs ein Mann des Glaubens und des Gebets. Sein furchtloser Dienst sollte die schnelle Verbreitung des Abfalls in Israel stoppen. Weit entfernt von jeder bekannten Stadt und ohne eine hohe Stellung begann der Thisbiter Elia seine Mission. Er vertraute der Absicht Gottes, den Weg vor ihm zu ebnen und ihm überreichlichen Erfolg zu schenken. Das Wort des Glaubens und der Kraft war immer auf seinen Lippen, und sein ganzes Leben war dem Werk der Erneuerung geweiht. Seine Stimme war die eines Rufenden in der Wüste, um Sünde zu Tadeln und die Flut des Bösen zurück zu drängen. Während er einerseits kam, um das Volk zu tadeln, so beinhaltete seine Botschaft andererseits auch den »Balsam Gileads« Jeremia 8,22 für alle sündenkranken Seelen, die den Wunsch hatten, geheilt zu werden.

Es erschütterte und empörte Elia mitansehen zu müssen, wie sich Israel immer tiefer in den Götzendienst verstrickte. Gott hatte große Dinge für sein Volk getan, hatte sie aus der Sklaverei befreit und »gab ihnen die Länder der Heiden, ... damit sie seine Gebote hielten und seine Gesetze bewahrten.« Psalm 105,44f Die wohlmeinenden Pläne des Herrn waren inzwischen fast völlig vergessen. Unglaube trennte das auserwählte Volk zunehmend immer mehr von der Quelle ihrer Kraft. Beim Beobachten dieses Abfalls von seinem Zufluchtsort in den Bergen aus wurde Elia von Sorge überwältigt. In seiner Seelenqual bat er Gott inständig, das einst so begünstigte Volk auf seinem bösen Weg aufzuhalten und es, falls notwendig, mit Gerichten zu bestrafen, damit es schließlich sein Abweichen vom Himmel in seinem wahren Licht sehen könnte. Er sehnte sich danach, dass sie zur Buße gebracht würden, bevor ihr Unrechttun den Herrn schließlich soweit herausforderte, dass Er sie ganz vernichten müsste.

Elias Gebet wurde erhört. Oftmals wiederholte Aufrufe, Vorhaltungen und Warnungen hatten es nicht geschafft, Israel zur Buße zu bringen. Die Zeit war gekommen, dass Gott durch Gerichte zu ihnen sprechen musste. Da die Baalsanbeter behaupteten, die Schätze des Himmels wie Tau oder Regen [119/120] kämen nicht vom Herrn, sondern von den bestehenden Naturkräften, und dass die schöpferische Energie der Sonne die Erde bereichere und zum reichen Wachstum bringe, sollte der Fluch Gottes in besonderer Weise auf dem verdorbenen Land ruhen. Den abgefallenen Stämmen Israels sollte die Torheit gezeigt werden, sich für irdische Segnungen wie Sonne und Regen auf die Kraft Baals zu verlassen. Bis sie sich reuig zu Gott kehrten und Ihn als die Quelle aller Segnungen anerkannten sollten kein Tau und kein Regen auf das Land fallen.

Elia war die Aufgabe anvertraut worden, Ahab die Botschaft des himmlischen Gerichts zu überbringen. Er hatte nicht danach getrachtet, der Bote des Herrn zu sein, vielmehr kam das Wort des Herrn zu ihm. In seinem Eifer für die Ehre der Sache Gottes zögerte er nicht, dem göttlichen Ruf zu gehorchen, auch wenn das schnelle Vernichtung durch die Hand des bösen Königs zu bedeuten schien. Der Prophet zog sofort los und reiste Tag und Nacht, bis er Samaria schließlich erreichte. Am Palast wartete er nicht darauf, vorgelassen oder formal angekündigt zu werden. Bekleidet mit den rauen Gewändern der Propheten der damaligen Zeit ging er offenbar unbemerkt an den Wachen vorüber und stand einen Augenblick später vor dem erstaunten König.

Elia entschuldigte sich nicht für sein plötzliches Erscheinen. Ein Größerer als der Herrscher Israels hatte ihm den Auftrag erteilt zu sprechen. Indem er seine Hand zum Himmel hob bestätigte er feierlich im Namen des lebendigen Gottes, dass die Gericht des Allerhöchsten in Kürze über Israel kommen würden. »So wahr der Herr, der Gott Israels, lebt – der Gott, dem ich diene: Die nächsten Jahre wird weder Tau noch Regen fallen, es sei denn, ich ordne es an!« 1.Könige 17,1 NLB

Nur durch die Ausübung seines starken Glaubens an die nicht versagende Kraft des Wortes Gottes verkündigte Elia seine Botschaft. Hätte er kein völliges Vertrauen in den Einen gehabt, dem er diente, wäre er nie vor Ahab erschienen. Auf seinem Weg nach Samaria war Elia an wasserreichen Flüssen, üppig grünenden Hügeln und stattlichen Wäldern vorüber gekommen, denen eine Dürre nichts anhaben zu können schien. Alles, worauf das Auge ruhte, war mit Schönheit bekleidet. Der Prophet hätte sich darüber wundern können, wie die Ströme, die noch niemals versiegt waren, austrocknen oder jene Hügel und Täler von der Dürre verbrennen sollten. Er aber gab dem Unglauben keinen Raum. Er glaubte vollständig daran, dass Gott das stolze Israel demütigen würde und sie durch diese Gerichte zur Reue gebracht würden. Die himmlische Anordnung war ergangen, Gottes Wort konnte nicht versagen, und so erfüllte Elia unter Lebensgefahr furchtlos seinen Auftrag. Wie ein Blitz aus klarem Himmel schlug die Botschaft des bevorstehenden Gerichts beim bösen König ein. Bevor sich Ahab jedoch von seiner Überraschung erholen oder auch nur eine Antwort finden

 konnte, verschwand Elia ebenso abrupt, wie er gekommen war,

ohne die Auswirkung seiner Botschaft abzuwarten. Der Herr ging vor ihm her und bahnte ihm den Weg. »Geh von hier weg und ziehe nach Osten und versteck dich am Bach Krit, der zum Jordan fließt. Trink aus dem Bach. Den Raben habe ich befohlen, dich zu versorgen.« 1.Könige 17,3f NLB

Der König stellte sorgfältige Nachforschungen an, aber der Prophet konnte nicht gefunden werden. Königin Isebel, die über die Botschaft erzürnt war, dass der Regen vom Himmel ihnen verschlossen sein sollte, verlor keine Zeit und kam mit den Baalspriestern zusammen, die mit ihr zusammen den Propheten verfluchten und dem Zorn Jahwes die Stirn boten. Trotz ihres Wunsches, den zu finden, der die Gerichtsworte ausgestoßen hatte, mussten sie sich mit der Enttäuschung abfinden. Sie konnten anderen gegenüber nicht einmal das Wissen geheim halten, dass infolge des vorherrschenden Abfalls ein Gerichtsurteil ausgesprochen worden war. Die Neuigkeiten von der Verurteilung der Sünden Israels durch Elia und seine Prophezeiung über die schnell herannahende Strafe verbreiteten sich schnell im Land. Bei Einigen rief dies zwar Ängste hervor, aber allgemein wurde die himmlische Botschaft mit Hohn und Spott bedacht.

Die Worte des Propheten erfüllten sich sofort. Wer zuerst noch geneigt gewesen war, über den Gedanken eines bevorstehenden Unheils zu spotten, fand bald Gelegenheit zum ernsten Nachdenken. Nach einigen Monaten ohne Tau oder Regen wurde die nicht mehr befeuchtete Erde trocken und die Vegetation verwelkte. Im Laufe der Zeit begannen Ströme, von denen man gedacht hatte, sie könnten nie versiegen, schmaler zu werden, während Bäche langsam austrockneten. Dennoch wurde das Volk von seinen Führern immer noch gedrängt, Vertrauen in die Macht Baals zu haben und die Prophezeiung Elias als leere Worte beiseite zu setzen. Die Priester bestanden immer noch darauf, dass die Regenschauer durch die Kraft des Baal fielen. »Fürchtet nicht den Gott Elias und zittert nicht wegen seiner Worte,« forderten sie die Menschen auf, »es ist Baal, der die Ernte zur rechten Zeit bringt und für Menschen und Tiere sorgt.«

Gottes Botschaft an Ahab ließ Isebel und ihren Priestern und den ganzen Nachfolgern des Baal und der Astarte reichlich Gelegenheit, die Macht ihrer Götter zu beweisen und zu zeigen, dass das Wort Elias falsch sei. Gegen die Versicherungen von Hunderten heidnischer Priester stand die Prophezeiung Elias allein. Wenn Baal trotz der Erklärung des Propheten immer noch Tau und Regen geben, die Flüsse auch weiterhin fließen lassen und die Vegetation grün erhalten konnte, dann sollte der König von Israel ihn anbeten und seinem Volk sagen, er sei Gott.

Entschlossen, die Menschen in dieser Täuschung zu halten, brachten die Baalspriester ihren Göttern weiterhin Opfer dar und riefen sie Tag und Nacht an, die Erde zu befeuchten. Die Priester versuchten mit teuren [123/124]

Opfern, den Zorn ihrer Götter zu besänftigen. Mit einem Eifer und einer Ausdauer, die einer besseren Sache würdig gewesen wären, hielten sie sich bei ihren heidnischen Altären auf und beteten ernsthaft um Regen. Nacht um Nacht waren in dem heimgesuchten Land ihre Schreie und Bitten zu hören. Es erschienen jedoch keine Wolken am Himmel, um die brennenden Strahlen der Sonne am Tag abzumildern, noch befeuchteten Tau oder Regen die durstige Erde. Das Wort des Herrn blieb unverändert, mochten die Baalspriester auch tun, was sie wollten.

Nach einem Jahr gab es immer noch keinen Regen. Die Erde war wie vom Feuer ausgedörrt. Die stechende Hitze der Sonne zerstört das noch verbleibende Grün und die Flüsse vertrocknen. Blökende Herden und meckernde Schafe wandern in ihrer Not hierhin und dorthin. Einst blühende Felder gleichen jetzt brennenden Sandwüsten und trostlosen Einöden. Die der Götzenanbetung geweihten Wäldchen sind ohne Blätter, die Bäume des Waldes nur noch ausgemergelte Skelette der Natur, die keinen Schatten bieten können. Die Luft ist trocken und erstickend, Sandstürme blenden die Augen und machen das Atmen nahezu unmöglich. Einst wohlhabende Städte und Dörfer sind zu Orten der Klage geworden. Die Auswirkungen von Hunger und Durst zeigen sich am schrecklichen Sterben von Mensch und Tier. Eine Hungersnot mit all ihren Schrecken rückt immer näher.

Doch trotz all dieser Beweise der Macht Gottes bekehrte sich Israel nicht und war auch nicht bereit, die gottgewollte Lektion daraus zu lernen. Sie sahen nicht, dass ER, der die Natur geschaffen hatte, auch ihre Gesetze kontrollierte und sie zu Werkzeugen des Segens oder der Zerstörung machen kann. Voller Stolz im Herzen und verzückt von ihrer falschen Anbetung waren sie unwillig, sich unter die mächtige Hand Gottes zu demütigen. Sie begannen vielmehr, nach anderen Ursachen zu suchen, denen sie all ihre Leiden zuschreiben konnten.

Isebel weigerte sich absolut, die Trockenheit als Gericht des Herrn anzuerkennen. Ungebrochen in ihrem Entschluss, dem Gott des Himmels zu trotzen, begann sie, gemeinsam mit fast dem ganzen Rest des Volks, Elia als Ursache all ihres Unglücks anzuklagen. Hatte er sich nicht gegen ihre Formen der Anbetung ausgesprochen? Wenn er nur aus dem Weg geräumt werden könnte, so argumentierte sie, würde der Zorn der Götter wieder besänftigt werden und ihre Schwierigkeiten aufhören.

Von der Königin gedrängt organisierte Ahab die sorgfältigste Suche nach dem Versteck des Propheten. Er sandte an alle umliegenden Nationen nah und fern Boten, die nach dem Mann forschen sollten, den er einerseits hasste, andererseits fürchtete. In seinem Bestreben, seine Suche möglichst sorgfältig zu gestalten, verlangte er von diesen Staaten und Nationen einen Eid, dass sie nichts über den Aufenthaltsort des Propheten wüssten. Die Suche war jedoch vergeblich. Der Prophet war sicher von der Boshaftigkeit des Königs, dessen Sünden die Verurteilung eines beleidigten Gottes über das Land gebracht hatten.

Da sie in ihren Anstrengungen gegen Elia nichts ausrichten konnte, entschloss sich Isebel, alle Propheten des Herrn in Israel umzubringen. Nicht einer sollte am Leben gelassen werden. Die erzürnte Frau führte ihren Vorsatz auch durch und ließ viele von Gottes Dienern niedermetzeln. Es starben jedoch nicht alle von ihnen. Ahabs Palastvorsteher Obadja, der Gott treu war, »hatte hundert von ihnen« unter Lebensgefahr »in zwei Höhlen versteckt und sie mit Brot und Wasser versorgt.« 1.Könige 18,4 NeUE

Auch das zweite Jahr des Hungersnot verging und noch immer ließ der erbarmungslose Himmel kein Zeichen von Regen erkennen. Dürre und Hungersnot führten ihr Zerstörungswerk im ganzen Königreich fort. Hilflose Väter und Mütter, die das Leiden ihrer Kinder nicht lindern konnten, mussten ihnen beim Sterben zusehen. Und dennoch weigerte sich das abgefallene Israel noch immer, ihre Herzen vor Gott zu demütigen. Sie klagten vielmehr weiterhin über den Mann, durch dessen Worte diese schrecklichen Gerichte über sie gebracht worden waren. Sie schienen weder fähig, in ihrem Leiden und Elend den Ruf zur Buße zu erkennen, noch wollten sie das göttliche Eingreifen wahrhaben, das sie davor bewahren sollte, den verhängnisvollen Schritt über die Gnadengrenze des Himmels zu gehen, wo es keine Vergebung mehr gibt.

Der Abfall Israels war ein schrecklicheres Übel als all die vielfachen Schrecken der Hungersnot. Gott versuchte auf diese Weise, sein Volk von ihrer Selbsttäuschung zu befreien und sie zu einem Verständnis ihrer Verantwortung dem Einen gegenüber zu bringen, dem sie ihr Leben und ihr Eigentum verdankten. ER versuchte ihnen dabei zu helfen, ihren verlorenen Glauben wieder zu finden. Dazu musste ER diese großen Schwierigkeiten über sie bringen.

»Meint ihr, es gefällt mir, wenn ein Gottloser stirbt?, sagt Jahwe, der Herr. Nein, ich freue mich, wenn er sein Leben ändert und am Leben bleibt. ... Trennt euch von allen Vergehen, mit denen ihr euch an mir vergangen habt, und schafft euch so ein neues Herz und einen neuen Geist! Warum wollt ihr denn sterben, ihr Leute von Israel? Mir gefällt es nicht, wenn ein Mensch sterben muss, spricht Jahwe, der Herr. Kehrt also um, damit ihr am Leben bleibt!« »Kehrt um! Verlasst eure bösen Wege! Warum wollt ihr denn sterben, ihr Leute von Israel?« Hesekiel 18,23.31.32; 33,11 alle NeUE

Gott hatte Boten zu den Israeliten gesandt mit der Aufforderung, zum früheren Gehorsam ihm gegenüber zurückzukehren. Hätten sie diese Aufforderungen befolgt und sich von Baal zu dem lebendigen Gott gewandt, wäre Elias Gerichtsbotschaft niemals gegeben worden. Die Warnungen, die ein »Geruch des Lebens« zum Leben hätte sein sollen, erwiesen sich für sie als [127/128]

»Geruch des Todes zum Tode« 2.Korinther 2,16 Ihr verletzter Stolz und ihr Zorn gegen Gottes Boten richteten sich als Hass gegen den Propheten Elia. Wenn er nur in ihre Hände fiele – nur zu gerne würden sie ihn an Isebel ausliefern. Als ob sie dadurch, dass sie seine Stimme zum Schweigen brachten, die Erfüllung seiner Worte verhindern könnten! Trotz ihres Unheils hielten sie weiter an ihrem Götzendienst fest. So vergrößerten sie noch die Schuld, die die Strafgerichte des Himmels über das Land gebracht hatte.

Für das heimgesuchte Israel gab es nur ein Heilmittel: sich abzuwenden von den Sünden, die die strafende Hand des Allmächtigen über sie gebracht hatten, und sich dem Herrn zuzuwenden von ganzem Herzen. Ihnen war die Zusicherung gegeben worden: »Siehe, wenn ich den Himmel verschließe, dass es nicht regnet, oder die Heuschrecken das Land fressen oder eine Pest unter mein Volk kommen lasse und dann mein Volk, über das mein Name genannt ist, sich demütigt, dass sie beten und mein Angesicht suchen und sich von ihren bösen Wegen bekehren, so will ich vom Himmel her hören und ihre Sünde vergeben und ihr Land heilen.« 2.Chronik 7,13f Um dieses wunderbare Ergebnis herbeizuführen und eine entschiedene Reformation stattfinden zu lassen enthielt ihnen Gott Tau und Regen.

KAPITEL **10**

STRENGER TADEL IST NÖTIG

Auf Grundlage von 1. Könige 17,8-24; 18,1-19

Eine Zeitlang versteckte sich Elia in den Bergen am Bach Krit. Dort wurde er mehrere Monate lang auf wunderbare Weise mit Nahrung versorgt. Später, als wegen der anhaltenden Dürre der Bach austrocknete, ließ Gott Seinen Diener bei den Heiden Zuflucht finden. »Da kam das Wort des HERRN zu ihm: Mach dich auf und geh nach Zarpat, das bei Sidon liegt, und bleibe dort; denn ich habe dort einer Witwe geboten, dich zu versorgen.« 1.Könige 17,9

Diese Frau war keine Israelitin. Sie hatte sich nie der Vorrechte und Segnungen des auserwählten Volkes Gottes erfreuen können, aber sie glaubte aufrichtig an Gott und hatte all das Licht ausgelebt, das auf ihren Weg schien. Nun, als Elia im Land Israel nicht mehr sicher war, schickte ihn Gott zu dieser Frau, damit er in ihrem Heim Zuflucht finden könnte.

»Und er machte sich auf und ging nach Zarpat. Und als er an das Tor der Stadt kam, siehe, da war eine Witwe, die las Holz auf. Und er rief ihr zu und sprach: Hole mir ein wenig Wasser im Gefäß, dass ich trinke! Und als sie hinging zu holen, rief er ihr nach und sprach: Bringe mir auch einen Bissen Brot mit!« 1.Könige 17,10f

In diesem von der Armut schwer geplagten Heim machte sich die Hungersnot deutlich bemerkbar, und die bemitleidenswert armselige Kost schien gerade endgültig auszugehen. Das Kommen Elias gerade an dem Tag, an dem die Witwe fürchtete, ihren Kampf ums Überleben aufgeben zu müssen, war die größte Prüfung für ihren Glauben an die Macht des lebendigen Gottes, für ihre Bedürfnisse sorgen zu können. Aber sogar in dieser äußersten Notlage legte sie Zeugnis für ihren Glauben ab, indem sie auf den Wunsch eines Fremden einging, der sie darum bat, ihren letzten Essensrest mit ihm zu teilen.

Als Elia sie um Essen und Trinken bat, sagte die Witwe: »So wahr der HERR, dein Gott, lebt: Ich habe nichts Gebackenes, nur eine Hand voll Mehl im Topf und ein wenig Öl im Krug. Und siehe, ich hab ein Scheit Holz oder zwei aufgelesen und gehe heim und will mir und meinem Sohn zurichten, dass wir essen – und sterben.« Elia antwortete ihr: »Fürchte dich nicht! Geh hin und mach's, wie du gesagt hast. Doch mache zuerst mir etwas Gebackenes davon und bringe mir's heraus; dir aber und deinem Sohn sollst du danach auch etwas backen. Denn so spricht der HERR, der Gott Israels: Das Mehl im Topf soll nicht verzehrt werden, und dem Ölkrug soll nichts mangeln bis auf den Tag, an dem der HERR regnen lassen wird auf Erden.« 1.Könige 17,12-14

Dies war die größte Glaubensprüfung, die man von ihr verlangen konnte. Die Witwe war bisher zu allen Fremden freundlich und freigiebig gewesen. Nun aber musste sie sich dieser höchsten Prüfung der Gastfreundschaft stellen – trotz des Leides, das dies für sie und ihren Sohn bedeuten könnte – und dem Gott Israels vertrauen, dass ER ihre Bedürfnisse stille. Sie machte dies, indem sie »tat, wie Elia gesagt hatte.« 1.Könige 17,15

Die Gastfreundschaft, die dem Propheten Gottes von dieser phönizischen Frau gezeigt wurde, war ebenso wundervoll, wie ihr Glaube und ihre Großzügigkeit belohnt wurden. »Tatsächlich hatten Elia, die Frau und ihr Sohn Tag für Tag genug zu essen. Mehl und Öl gingen nicht aus, genau wie der Herr es durch Elia angekündigt hatte.« 1.Könige 17,16 HfA »Aber nach diesen Ereignissen wurde der Sohn der Frau, der Hauswirtin, krank, und seine Krankheit wurde so schwer, dass kein Lebensodem mehr in ihm blieb. Und sie sprach zu Elia: Du Mann Gottes, was habe ich mit dir zu tun? Du bist zu mir hergekommen, damit an meine Schuld gedacht werde und mein Sohn sterbe!« 1.Könige 17,17f

»Er sprach zu ihr: Gib mir deinen Sohn her! Und er nahm ihn von ihrem Schoß und trug ihn hinauf in das Obergemach, wo er wohnte, und legte ihn auf sein Bett. ... Und er streckte sich dreimal über das Kind aus und rief zu dem Herrn ... Und der Herr erhörte die Stimme des Elia. Und die Seele des Kindes kam wieder in dasselbe, und es wurde lebendig.« 1.Könige 17,18-22

»Und Elia nahm das Kind und brachte es von dem Obergemach ins Haus hinab und übergab es seiner Mutter und sprach: Siehe, dein Sohn lebt! Da sprach die Frau zu Elia: Nun erkenne ich, dass du ein Mann Gottes bist und dass das Wort des Herrn in deinem Mund Wahrheit ist!« 1.Könige 17,23f

Die Witwe von Zarpat teilte das Wenige, was sie hatte, mit Elia. Dafür wurden ihr Leben und das Leben ihres Sohnes bewahrt. Gott hat allen, die in einer Zeit der Prüfung und des Mangels Anderen, die noch weniger haben als sie, Mitgefühl und Beistand geben, großen Segen verheißen. ER hat sich nicht verändert. Seine Macht ist ebenso groß wie in den Tagen Elias. Die Verheißung unseres Heilands ist jetzt ebenso verlässlich wie damals als ER sprach: »Wer einen Propheten aufnimmt, weil er ein Prophet ist, der wird den Lohn eines Propheten empfangen; und wer einen Gerechten aufnimmt, weil er ein Gerechter ist, der wird den Lohn eines Gerechten empfangen.« Matthäus 10,41

»Gastfrei zu sein vergesst nicht; denn dadurch haben einige ohne ihr Wissen Engel beherbergt.« Hebräer 13,2 Diese Worte haben im Lauf der Zeit nichts von ihrer Kraft verloren. Unser himmlischer Vater stellt in den Weg Seiner Kinder immer wieder Gelegenheiten, die eigentlich versteckte Segnungen sind. Wer diese Gelegenheiten nutzt, wird große Freude finden. »Wenn du Hungernden das gibst, wonach du selbst Verlangen hast, und so einen Darbenden satt machst, dann strahlt dein Licht in der Finsternis auf, die Nacht um dich wird wie der helle Tag, dann wird Jahwe dich immer führen – auch im dürren Land macht er dich satt, gibt dir die nötige Kraft –, dann wirst du wie ein Garten sein, der immer genug Wasser hat, und wie eine Quelle, die niemals versiegt.« Jesaja 58,10 NeUE

Seinen treuen Dieners heute sagt Christus: »Wer euch aufnimmt, nimmt mich auf; und wer mich aufnimmt, nimmt den auf, der mich gesandt hat.« Jede freundliche Handlung, die in Seinem Namen geschieht wird anerkannt und belohnt werden. Diese zärtliche Anerkennung Christi schließt auch das schwächste und niedrigste Glied der Familie Gottes ein. Christus sagt: »Und wer einem von diesen Geringgeachteten hier« – die in ihrem Glauben und in ihrer Erkenntnis Christi wie Kinder sind – »auch nur einen Becher kalten Wassers zu trinken gibt, weil er mein Jünger ist – ich versichere euch: Er wird gewiss nicht ohne Lohn bleiben.« Matthäus 10,40.42 NeUE

Während der langen Jahre der Dürre und Hungersnot betete Elia ernstlich, dass die Herzen Israels sich vom Götzendienst ab und hin zur Treue gegenüber Gott wendeten. Geduldig wartete der Prophet, solange die Hand des Herrn schwer auf dem heimgesuchten Land lag. Als er sah, wie sich überall herum Zeichen des Leides und des Mangels vervielfachten, wurde sein Herz schwer vor Leid. Er sehnte sich nach der Kraft, schnell eine Reformation herbeizuführen. Aber Gott selbst führte Seinen Plan aus, und alles, was Sein Diener tun konnte, war, weiterhin im Glauben zu beten und die Zeit zum entschiedenen Handeln abzuwarten.

Der in den Tagen Ahabs vorherrschende Abfall war das Ergebnis jahrelangen bösen Handelns. Schritt für Schritt und Jahr um Jahr hatte sich Israel immer weiter vom richtigen Weg abgewandt. Generation um Generation hatten sie sich geweigert, ihren Füßen einen geraden Weg zu schaffen. Zumindest die große Mehrheit des Volkes hatte sich der Führung der Mächte der Finsternis unterworfen.

Es war erst ein Jahrhundert vergangen, seit sich Israel unter der Herrschaft König Davids froh vereinigt hatte, um Lobgesänge für den Höchsten zu singen, weil sie anerkannten, dass sie täglich von Ihm und Seinen täglichen Segnungen völlig abhängig waren. Höre auf die Worte der Anbetung, die sie sangen:

»Du Gott unseres Heils, ... Ost und West hast du mit Jubel erfüllt. Du sorgst für das Land und tränkst es, du machst es fruchtbar und reich. Gottes Bach ist gut mit Wasser gefüllt. So lässt du das Korn für die Menschen wachsen: Du feuchtest die Furchen und ebnest die Schollen, du lockerst sie mit Rieselregen, du segnest, was dort sprosst. Du hast das Jahr mit deiner Güte gekrönt, deine

Spuren triefen von Segen. Die Steppe füllt sich mit üppigem Grün, die Hügel sind von Jubel umringt. Die Weiden schmücken sich mit Herden, die Täler hüllen sich in wogendes Korn; alles ist voll Jubel und Gesang.« Psalm 65,6-14 NeUE

Damals anerkannte Israel Gott noch als den Einen, der »die Erde auf Fundamente gegründet« hat. Als Ausdruck dieses Glaubens hatten sie gesungen:

»Die Flut bedeckte sie wie ein Kleid, das Wasser stand über den Bergen. Vor deiner Zurechtweisung musste es fliehen, deine Donnerstimme trieb es fort. Da hoben sich die Berge, die Täler senkten sich an den Ort, den du für sie bestimmt hast. Du hast dem Wasser Grenzen gesetzt, es darf sie nie überschreiten, nie wieder wird es die Erde bedecken.« Psalm 104,5-9 NeUE

Nur durch die Kraft des Unendlichen werden die Elemente der Natur auf der Erde, im Meer und am Himmel in ihren Schranken gehalten. Er nutzt diese Elemente, um Seine Geschöpfe glücklich zu machen. »Jahwe wird dir sein Schatzhaus, den Himmel, öffnen, um deinem Land zur rechten Zeit Regen zu geben und alle Arbeit deiner Hände zu segnen.« 5.Mose 28,12 NeUE »Du lässt Quellen entspringen, sie werden zu Bächen, zwischen den Bergen fließen sie hin. Wilde Tiere trinken aus ihnen, die Wildesel löschen dort ihren Durst. An diesen Bächen wohnen die Vögel, aus dichtem Laub ertönt ihr Gesang. ... Gras lässt du sprossen für das Vieh, Pflanzen für die Arbeit des Menschen. So zieht er Nahrung aus der Erde und Wein, der den Menschen erfreut, Öl, mit dem er seinen Körper pflegt, und Brot, mit dem er sich stärkt. ... Wie zahlreich sind deine Werke, Jahwe! Du hast sie alle mit Weisheit gemacht. Von deinen Geschöpfen ist die Erde erfüllt. Da ist das Meer, groß und weit nach allen Seiten hin; da wimmelt es von Leben, groß und klein und ohne Zahl. ... Sie alle, sie warten auf dich, dass du ihnen ihre Speise gibst zur richtigen Zeit. Du gibst ihnen, und sie sammeln sie ein. Du öffnest deine Hand: Sie werden an guten Dingen satt.« Psalm 104,10-15.24-28 NeUE

Israel hatte wirklich Grund zur Freude gehabt. Das Land, in das sie der Herr gebracht hatte, floss über von Milch und Honig. Während ihrer Wüstenwanderung hatte Gott ihnen zugesagt, dass Er sie in ein Land führe, in dem es nie an Regen mangele. Er hatte ihnen versprochen: »Denn das Land, in das du kommst, um es in Besitz zu nehmen, ist nicht wie das Land Ägypten, von dem ihr ausgezogen seid, wo du deinen Samen gesät hast, und [das] du mit deinem Fuß bewässert hast wie einen Gemüsegarten; [Während des alljährlichen Nilhochwassers bewässerten die Ägypter ihre Felder u.a. durch fußbediente »Wasserpumpen«] sondern das Land, in das ihr zieht, um es in Besitz zu nehmen, ist ein Land mit Bergen und Tälern; es trinkt Wasser vom Regen des Himmels. Es ist ein Land, um das sich der Herr, dein Gott, kümmert, auf das die Augen des Herrn, deines Gottes, allezeit gerichtet sind, vom Anfang des Jahres bis zum

 Ende des Jahres.« 5.Mose 11,10

Dieser reichliche Regen war ihnen verheißen, wenn sie gehorsam waren. »Wenn ihr nun meinen Geboten eifrig gehorcht, die ich euch heute gebiete, so dass ihr den Herrn, euren Gott, liebt und ihm mit eurem ganzen Herzen und mit eurer ganzen Seele dient, so will ich den Regen für euer Land geben zu seiner Zeit, Frühregen und Spätregen, dass du dein Korn, deinen Most und dein Öl einsammeln kannst.« 5.Mose 11,13f

»Hütet euch aber,« so ermahnte der Herr Sein Volk, »dass sich euer Herz nicht verführen lässt, so dass ihr abweicht und anderen Göttern dient und euch vor ihnen niederwerft, und dass dann der Zorn des Herrn über euch entbrennt und er den Himmel verschließt, dass kein Regen kommt, und die Erde ihren Ertrag nicht gibt, und ihr bald ausgerottet werdet aus dem guten Land, das der Herr euch gibt!« 5.Mose 11,16f

»Es wird aber geschehen, wenn du der Stimme des Herrn, deines Gottes, nicht gehorchst, so dass du alle seine Gebote und Satzungen nicht bewahrst und tust,« waren die Israeliten gewarnt worden. »Der Himmel über deinem Haupt wird für dich zu Erz werden und die Erde unter dir zu Eisen. Der Herr wird den Regen für dein Land in Sand und Staub verwandeln; der wird vom Himmel auf dich herabfallen, bis du vertilgt bist.« 5. Mose 28,15.23f

Unter den weisen Ratschlägen des Herrn befanden sich auch die folgenden, die ER Seinem auserwählten Volk geboten hatte: »So nehmt nun diese Worte zu Herzen und in eure Seele und bindet sie zum Zeichen auf eure Hand und macht sie zum Merkzeichen zwischen euren Augen und lehrt sie eure Kinder, dass du davon redest, wenn du in deinem Hause sitzt oder unterwegs bist, wenn du dich niederlegst und wenn du aufstehst.« 5.Mose 11,18f Diese Gebote waren eigentlich ganz klar, doch als im Lauf der Jahrhunderte Generation um Generation die Bestimmungen aus den Augen verlor, die für ihr geistliches Wohlergehen getroffen worden waren, drohten die verheerenden Einflüsse des Abfalls jeden Schutzwall der göttlichen Gnade hinweg zu reißen.

So war es so weit gekommen, dass Gott Sein Volk nun mit den härtesten Gerichten bestrafte. Die Vorhersage Elias fand ihre schreckliche Erfüllung. Drei Jahre lang wurde der Unheilsbote in jeder Stadt und in jedem Land gesucht. Auf Ahabs Ersuchen hin hatten viele Herrscher einen Eid auf ihre Ehre abgelegt, dass der seltsame Prophet nicht in ihrem Reich gefunden werden könne. Dennoch wurde die Suche fortgesetzt, denn Isebel und die Baalspriester hatten einen tödlichen Hass auf Elia. Sie scheuten keine Anstrengung, um ihn in ihre Gewalt zu bringen. Und immer noch gab es keinen Regen.

Schließlich, »nach vielen Tagen, ... da erging das Wort des Herrn an Elia: Geh hin, zeige dich Ahab, und ich will es regnen lassen auf den Erdboden!« 1.Könige 18,1 Dem Gebot gehorchend ging Elia, »um sich Ahab zu zeigen.«

1. Könige 18,2 Um ungefähr dieselbe Zeit als der Prophet sich auf seine Reise nach Samaria machte, hatte Ahab seinem Palastvorsteher Obadja geboten, mit ihm sorgfältig nach Quellen und Bächen zu suchen. Er hatte nämlich die Hoffnung, für ihre verhungernden Schaf- und Rinderherden noch irgendwo Weiden zu finden. Sogar am Königshof fühlte man die Auswirkungen der nun schon lang anhaltenden Dürre. Der König, der tief besorgt war über die Aussichten für seinen Haushalt, entschied sich, persönlich mit seinem Diener nach Wasserstellen zu suchen, wo die Tiere noch weiden könnten. »Dann teilten sie das Land unter sich auf und gingen jeder für sich auf die Suche.« 1.Könige 18,6 NeUE

»Als Obadja auf dem Weg war, kam ihm Elia entgegen. Er erkannte ihn und warf sich vor ihm nieder. Bist du es, mein Herr Elia? fragte er.« 1.Könige 18,7 NeUE

Während des Abfalls in Israel war Obadja treu geblieben. Seinem Herrn, dem König, war es nicht gelungen, seine Treue zum lebendigen Gott zu untergraben. Nun wurde er durch einen Auftrag Elias geehrt, der sagte: »Geh jetzt zu deinem Herrn und sag ihm: Elia ist da!« 1.Könige 18,8 NeUE

Voller Furcht rief Obadja aus: »Was habe ich mir denn zu Schulden kommen lassen«, erwiderte Obadja, »dass du mich Ahab in die Hand gibst? Er wird mich umbringen.« Ahab eine solche Botschaft zu bringen bedeutete einen sicheren Tod. »So wahr der Herr, dein Gott, lebt, es gibt kein Volk noch Königreich, in das mein Herr nicht gesandt hätte, um dich zu suchen. Und wenn sie sagten: ‚Er ist nicht hier', so nahm er einen Eid von jenem Königreich und von jenem Volk, dass man dich nicht gefunden habe. Und du sprichst nun: Geh hin, sage deinem Herrn: Siehe, Elia ist hier! Wenn ich von dir weggehe, dann könnte es geschehen, dass dich der Geist des Herrn hinwegnimmt, ich weiß nicht wohin; und wenn ich dann komme und es Ahab berichte, und er findet dich nicht, so wird er mich töten.« 1.Könige 18,9-12

Obadja bat den Propheten ernstlich, ihn nicht zu drängen. »Dein Knecht fürchtet doch den Herrn von Jugend auf! Ist meinem Herrn nicht berichtet worden, was ich getan habe, als Isebel die Propheten des Herrn tötete, dass ich von den Propheten des Herrn 100 Männer verbarg, hier 50 und dort 50, in Höhlen, und sie mit Brot und Wasser versorgte? Und du sprichst nun: Geh hin, sage deinem Herrn: Siehe, Elia ist hier! Er wird mich ja töten!« 1.Könige 18,12-14

Elia schwor Obadja, dass sein Auftrag nicht vergeblich sein sollte. »So wahr der Herr der Heerscharen lebt, vor dem ich stehe, ich werde mich ihm heute zeigen!« Mit dieser Versicherung »ging Obadja hin, Ahab entgegen, und berichtete es ihm.« 1.Könige 18,15f

Verwunderung mischte sich mit Erschrecken, als der König der Botschaft des Mannes zuhörte, den er fürchtete und hasste und den er so unermüdlich

 gesucht hatte. Er wusste nur zu gut, dass Elia sein Leben nicht in Gefahr bringen würde, um ihn einfach nur zu treffen. Die Frage, ob der Prophet möglicherweise ein weiteres Strafgericht gegen Israel ankündigen würde, erfüllte das Herz des Königs mit Furcht. Er erinnerte sich an den verdorrten Arm Jerobeams. Ahab konnte es weder vermeiden, der Vorladung Elias zu gehorchen, noch wagte er es, seine Hand gegen den Boten Gottes zu erheben. Und so machte sich der zitternde König begleitet von einer Leibwache Soldaten auf den Weg, dem Propheten zu begegnen.

Nun standen sich der König und der Prophet Auge in Auge gegenüber. Obwohl Ahab von leidenschaftlichem Hass erfüllt war, schien er in der Gegenwart Elias unmännlich und schwach zu sein. In seinen ersten zaghaften Worten: »Bist du nun da, der Israel ins Unglück stürzt?« 1.Könige 18,17 offenbarte er unbewusst die innersten Gefühle seines Herzens. Ahab wusste, dass auf das Wort Gottes hin der Himmel wie Erz geworden war, und dennoch versuchte er, die Schuld für die schwer auf dem Land lastenden Strafgerichte auf den Propheten zu schieben.

Es ist ganz natürlich für den Übeltäter, die Boten Gottes für die Katastrophen verantwortlich zu machen, die eine sichere Folge des Abweichens vom Pfad der Gerechtigkeit sind. Wer sich selbst der Macht Satans unterwirft kann die Dinge nicht so sehen, wie Gott sie sieht. Wenn der Spiegel der Wahrheit ihnen entgegengehalten wird, sind sie empört über den Gedanken, getadelt zu werden. Geblendet durch die Sünde weigern sie sich zu bereuen. Sie haben den Eindruck, dass sich Gottes Diener gegen sie gewandt haben und deshalb den strengsten Tadel verdienen.

Elia, der in selbstbewusster Unschuld vor Ahab stand, machte keinen Versuch, sich selbst zu entschuldigen oder dem König zu schmeicheln. Er versucht auch nicht, den Zorn des Königs durch die guten Nachrichten zu besänftigen, dass die Dürre schon fast vorbei ist. Er bringt keine Entschuldigung vor. Empört und für die Ehre Gottes eifernd weist er die Unterstellung Ahabs zurück und erklärt dem König furchtlos, dass es dessen Sünden und die Sünden seiner Väter seien, die dieses schreckliche Unglück über Israel gebracht hätten. »Nicht ich stürze Israel ins Unglück,« sagt Elia mutig, »sondern du und deines Vaters Haus dadurch, dass ihr des HERRN Gebote verlassen habt und wandelt den Baalen nach.« 1.Könige 18,18

Auch heute besteht Bedarf nach strengem Tadel, denn schlimme Sünden haben das Volk von Gott getrennt. Die Untreue wird schnell modern. »Wir wollen nicht, dass dieser über uns herrsche«, Lukas 19,14 ist die Sprache Tausender. Die so gepredigten sanften Predigten hinterlassen keinen bleibenden Einfluss, der Posaune wird kein deutlicher Ton gegeben. Die klaren, scharfen Wahrheiten des Wortes Gottes schneiden nicht in die Herzen der Menschen.

Es gibt viele bekennende Christen, die sagen würden, wenn sie ihre wahren Gefühle zum Ausdruck bringen sollten: Warum muss man unbedingt in so klaren Worten sprechen? Sie könnten ebenso gut fragen, warum Johannes der Täufer den Pharisäern sagen musste: »Ihr Schlangenbrut! Wer hat euch eingeredet, dass ihr dem kommenden Zorngericht Gottes entgeht?« Lukas 3,7 NeUE Warum musste er auch den Ärger der Herodias provozieren und Herodes sagen, dass es unrecht sei, mit der Frau seines Bruders zusammenzuleben? Christi Vorläufer verlor sein Leben wegen seiner klaren Worte. Warum konnte er nicht einfach weitergehen ohne das Missfallen der Menschen auf sich zu ziehen, die in Sünde lebten? Das war die Argumentation von Männern, die treue Wächter des Gesetzes Gottes hätten sein sollen, bis Politik an die Stelle von Treue trat und Sünde ungetadelt bleiben durfte. Wann wird die Stimme treuen Tadels wieder in der Gemeinde zu hören sein?

»Du bist der Mann.« 2.Samuel 12,7 So unmissverständlich klare Worte wie jene Nathans an David sind heute selten von den Kanzeln zu hören und selten in den Medien zu sehen. Wenn diese Worte nicht so selten wären, würde sich die Macht Gottes mehr unter den Menschen offenbaren. Die Boten des Herrn sollten sich nicht darüber beklagen, dass ihre Anstrengungen fruchtlos bleiben, solange sie nicht ihre eigene Liebe zur Zustimmung anderer bereuen und ihren Wunsch, Menschen zu gefallen, was sie dazu führt, die Wahrheit zu unterdrücken.

Diese Prediger, die den Menschen gefallen wollen und Friede, Friede! rufen, Jeremia 6,14; 8,11 wenn Gott keinen Frieden verheißen hat, sollten besser ihre Herzen vor Gott demütigen und ihn um Vergebung für ihre Unaufrichtigkeit und ihren Mangel an moralischem Mut bitten. Es ist nicht die Liebe zum Nächsten, die sie dazu bringt, die ihnen anvertraute Botschaft abzuschwächen, sondern aus Liebe zu sich selbst und zur Bequemlichkeit. Wahre Liebe sucht zuerst die Ehre Gottes und die Rettung von Seelen. Wer diese Liebe hat, wird nicht der Wahrheit ausweichen, um sich selbst vor den unangenehmen Folgen klarer Worte zu retten. Wenn Seelen sich in Gefahr befinden, werden Gottes Diener nicht an sich selbst denken, sondern das Wort sprechen, das Er ihnen aufgetragen hat und sich weigern, das Böse zu entschuldigen oder zu beschönigen.

Wenn doch nur jeder Prediger sich der Heiligkeit seines Amtes und Werkes bewusst wäre und den Mut Elias zeigen würde! Als göttlich eingesetzte Boten tragen Prediger eine furchtbare Verantwortung. Sie sollen überführen, tadeln und mit aller Geduld ermahnen und belehren. 2.Timotheus 4,2 An Christi Stelle sollen sie als Verwalter der himmlischen Geheimnisse die Gehorsamen ermutigen und die Ungehorsamen warnen. Weltliche Politik darf bei ihnen keinerlei Bedeutung haben. Sie sollen niemals von dem Pfad abweichen, den ihnen Jesus vorgeschrieben hat, sondern im Glauben vorwärts gehen und sich daran erinnern, dass sie von einer »Wolke von Zeugen« umgeben sind. Hebräer 12,1 Sie sollen nicht ihre eigenen Worte sprechen, sondern die Worte, die ihnen von dem Einen geboten werden, der weit über allen Machthabern der Erde steht. Ihre Botschaft soll ein »So spricht der Herr!« vgl. 2.Mose 5,1 sein. Gott ruft nach Männern wie Elia, Nathan und Johannes dem Täufer, die Seine Botschaft treu verkünden, egal, was die Folgen sein mögen, die die Wahrheit mutig aussprechen, auch wenn sie dafür alles opfern müssen, was sie haben.

Gott kann keine Männer gebrauchen, die sich in Zeiten der Gefahr, wenn die Kraft, der Mut und der Einfluss aller benötigt wird, davor fürchten, einen festen Standpunkt für das Recht einzunehmen. Gott ruft nach Männern, die treu gegen das Unrecht kämpfen, indem sie »mit Mächtigen und Gewaltigen, nämlich mit den Herren der Welt, die in dieser Finsternis herrschen, mit den bösen Geistern unter dem Himmel« Epheser 6,12 kämpfen. Zu solchen Kämpfern wird Er die Worte sprechen: »Recht so, du tüchtiger und treuer Knecht, ... geh hinein zu deines Herrn Freude!« Matthäus 25,23

KAPITEL **11**

Auf dem Karmel

Auf Grundlage von 1.Könige 18,19-40

Als er vor Ahab stand, verlangte Elia von ihm, ganz Israel zu versammeln, um mit ihm und den Propheten Baals und der Aschera auf dem Berg Karmel zusammenzutreffen. Er gebot ihm: »Schick jetzt Boten aus und versammle ganz Israel zu mir an den Berg Karmel, auch die 450 Propheten des Baal und die 400 der Aschera, die von Isebel versorgt werden.« 1.Könige 18,19 NeUE

Dieses Gebot wurde von jemandem ausgesprochen, der direkt in der Gegenwart des Herrn zu stehen schien, und Ahab gehorchte auch sofort, als ob der Prophet der König sei und der König der Untertan. Schnelle Boten wurden mit dem Befehl durch das ganze Reich gesandt, Elia und die Propheten Baals und der Aschera zu treffen. In jeder Stadt und in jedem Dorf bereitete sich das Volk vor, sich zur festgesetzten Zeit zu versammeln. Auf ihrer Reise zum Karmel waren die Herzen vieler Menschen mit seltsamen Vorahnungen erfüllt. Irgend etwas Ungewöhnliches sollte geschehen, denn warum sonst sollte man sich auf dem Karmel versammeln? Welches weitere Unglück sollte nun über Volk und Land hereinbrechen?

Vor der Dürre war der Berg Karmel ein außerordentlich schöner Ort gewesen. Seine Flüsse wurden aus nie versiegenden Quellen gespeist und seine fruchtbaren Hänge waren mit schönen Blumen und blühenden Wäldchen bedeckt. Nun aber war seine Schönheit unter dem Fluch der Trockenheit verschwunden. Die zur Anbetung Baals und der Aschera aufgerichteten Altäre standen in nun blattlosen Wäldchen. In auffallendem Gegensatz dazu befand sich auf dem Gipfel eines der höchsten Bergkämme der niedergebrochene Altar des Herrn.

Der Karmel gewährte einen weiten Blick ins Land, und seine Höhen waren von vielen Teilen des Reiches Israel aus sichtbar. Am Fuß des Berges gab es Aussichtspunkte, von denen sich ein Großteil des Geschehens oberhalb überblicken ließ. Gott war durch die auf den bewaldeten Hängen stattfindende Götzenanbetung außerordentlich entehrt worden. Elia wählte nun diesen Berg als den auffälligsten Ort, um Gottes Macht zu zeigen und die Ehre Seines Namens zu verteidigen.

Früh am Morgen des festgesetzten Tages versammelten sich die Scharen des abtrünnigen Israels voller Erwartung nahe dem Gipfel des Berges. Isebels Propheten marschierten in imposantem Zug nach oben. In königlichem Prunk erschien der Herrscher und nahm seine Stellung als Oberhaupt der Priester ein, woraufhin die Götzendiener ihn laut willkommen hießen. In den Herzen der Priester keimte jedoch eine Ahnung auf, als sie sich daran erinnern, dass auf das Wort des Propheten hin 3 ½ Jahre weder Tau noch Regen auf das Land Israel gefallen waren. Sie hatten das sichere Gefühl, dass ihnen eine furchtbare Krise bevorstünde. Die Götter, denen sie ihr Vertrauen geschenkt hatten, hatten es so gar nicht geschafft, Elia als falschen Propheten zu entlarven. Vielmehr waren die Objekte ihrer Anbetung ihrem verzweifelten Schreien, ihren Gebeten, ihrer Demütigung, ihren abstoßenden Zeremonien und ihren zahllosen teuren Opfern gegenüber seltsam gleichgültig geblieben.

Gegenüber von König Ahab und den falschen Propheten und umgeben von den versammelten Scharen Israels stand nun Elia als einziger, der erschienen war, um die Ehre des Herrn zu verteidigen. Er, den ganz Israel für all das ertragene Leid verantwortlich machte, stand nun endlich vor ihnen. In der Gegenwart des Herrschers von Israel, der Baalspropheten, der Kriegsleute und all der ihn umgebenden Tausenden schien er hilflos zu sein. Aber Elia war nicht allein. Über ihm und rings um ihn her befanden sich Scharen von überaus starken Engeln, um ihn zu beschützen.

Ohne Scham und Furcht stand der Prophet vor der Menge. Er war sich seines Auftrags, das göttliche Gebot auszuführen, voll bewusst. Sein Gesicht strahlte einen feierlichen Ernst aus. Beklommen wartete das Volk darauf, dass er sprach. Elia richtete seinen Blick zuerst auf den zerfallenen Altar des Herrn und dann auf die Menge. Er rief ihnen mit klarer trompetengleicher Stimme zu: »Wie lange wollt ihr noch hin- und herschwanken? Wenn der Herr Gott ist, folgt ihm! Wenn aber Baal Gott ist, dann folgt ihm!« 1.Könige 18,21 NLB

Das Volk antwortete ihm kein einziges Wort. Nicht ein einziger in dieser riesigen Menge wagte es, Treue zum Herrn zu zeigen. Täuschung und Blindheit überschatteten wie eine dunkle Wolke ganz Israel. Dieser Abfall war jedoch nicht plötzlich über sie gekommen, sondern allmählich, durch die ständige Missachtung der Warnungen und Ermahnungen Gottes. Jedes Abweichen vom richtigen Handeln und jede Weigerung zu bereuen hatten ihre Schuld vertieft und sie weiter weg vom Himmel abgebracht. In der Krise hielten sie nun an ihrer Weigerung fest, sich auf die Seite Gottes zu stellen.

Der Herr verabscheut Gleichgültigkeit und Untreue in einer Zeit der Krise für Sein Werk. Das ganze Universum schaut mit unaussprechlichem Interesse den zu. Das Volk Gottes nähert sich immer mehr den Grenzen der ewigen Welt. Was kann für sie wichtiger sein als Treue zum Gott des Himmels? Durch alle Zeitalter hindurch hatte Gott Helden, die sich durch ihre moralische Kraft auszeichneten, und ER hat sie auch jetzt. Es sind Menschen wie Josef, Elia und Daniel, die sich nicht schämen, sich als Sein auserwähltes Volk zu bekennen. Seine besonderen Segnungen begleiten die Anstrengungen von Männern der Tat, die sich nicht von der geraden Linie der Pflicht abbringen lassen, sondern mit göttlicher Kraft sagen: »Her zu mir, wer für den HERRN ist!« 2.Mose 32,26 ELB Diese Männer werden es aber nicht bei der Frage belassen, sondern auch verlangen, dass die Menschen, die sich mit dem Volk Gottes identifizieren wollen, nach vorne treten und ihre Treue zum König der Könige und Herrn der Herren unmissverständlich deutlich machen. Solche Männer werden ihren Willen und ihre Pläne dem Gesetz Gottes unterordnen. Aus Liebe zu Ihm ist ihnen selbst ihr Leben nicht zu kostbar, eingesetzt zu werden. Ihre Aufgabe ist es, das Licht aus dem Wort zu sammeln und es in klaren, beständigen Strahlen auf die Welt strahlen zu lassen. Treue zu Gott ist ihr Lebensmotto.

Während Israel auf dem Karmel zweifelt und zögert, durchbricht die Stimme Elias erneut die Stille: »Ich bin allein übriggeblieben als Prophet des Herrn, die Propheten Baals aber sind 450 Mann. So gebt uns nun zwei Jungstiere, und lasst sie den einen Jungstier erwählen und ihn in Stücke zerteilen und auf das Holz legen und kein Feuer daran legen; so will ich den anderen Jungstier zubereiten und auf das Holz legen und auch kein Feuer daran legen. Dann sollt ihr den Namen eures Gottes anrufen, und ich will den Namen des Herrn anrufen. Und der Gott, der mit Feuer antworten wird, sei der [wahre] Gott!« 1.Könige 18,22-24

Der Vorschlag Elias war so vernünftig, dass das Volk ihn kaum ausschlagen konnte, und so fand es den Mut zur Zustimmung. Die Propheten Baals wagten es nicht, laut zu widersprechen. Elia richtete dann das Wort an sie: »Erwählt euch denn einen Jungstier und bereitet ihn zuerst zu, denn ihr seid viele, und ruft den Namen eures Gottes an, aber legt kein Feuer daran!« 1.Könige 18,25

Nach außen hin frech und trotzig verspürten die falschen Priester Furcht in ihren schuldigen Herzen. Sie bereiteten den Altar vor, legten Holz und Opfertier darauf und begannen dann mit ihren Beschwörungen. Bei ihrer Götzenbeschwörung hallten ihre schrillen Stimmen wieder und wieder über Wälder und umliegende Höhen: »O Baal, erhöre uns.« 1.Könige 18,26 Die Priester versammelten sich um ihren Altar und beschworen ihren Gott, ihnen zu helfen. Dabei hüpfen und krümmten sie sich, rissen sich die Haare aus und brachten sich Schnittwunden bei.

Der Morgen verging, der Mittag kam, und noch immer gab es keinen Hinweis, dass Baal die Schreie seiner getäuschten Nachfolger hörte. Keine Stimme antwortete auf ihre verzweifelten Gebete. Ihr Opfer blieb unversehrt. [147/148]

Die verschlagenen Priester setzten ihre ungestüme Form der Anbetung fort. Dabei versuchten sie unablässig, sich etwas auszudenken, um ein Feuer auf dem Altar entzünden zu können. Damit wollten sie die Menschen zu dem Glauben verführen, das Feuer sei direkt von Baal gekommen. Elia beobachtete aber jede ihrer Bewegungen. Dennoch hielten die Priester an der unrealistischen Hoffnung fest, eine Gelegenheit zur Täuschung zu bekommen, und setzten deshalb ihre sinnlosen Zeremonien fort.

»Als es Mittag wurde, machte sich Elia über sie lustig. »Ruft lauter!«, spottete er. »Er ist ja ein Gott. Er ist sicher in Gedanken, oder er ist gerade austreten gegangen. Vielleicht ist er auch auf Reisen, oder er schläft gerade, dann sollte er aufwachen! Da schrien sie immer lauter und ritzten sich nach ihrem Brauch mit Schwertern und Lanzen, bis Blut an ihnen herabfloss. Als der Mittag vorüber war, weissagten sie wie Propheten. Das dauerte bis zur Zeit des Abendopfers. Aber es gab keinen Laut, keine Antwort, kein Aufmerken.« 1.Könige 18,27-29 NeUE

Nur zu gerne wäre Satan denen zu Hilfe gekommen, die er getäuscht hatte und die sich dem Dienst für ihn geweiht hatten. Nur zu gerne hätte er einen Blitz gesandt, um ihr Opfer anzuzünden, aber der Herr hat Satan Grenzen gesetzt und seine Macht eingeschränkt. Deshalb konnte kein Kunstgriff des Feindes auch nur einen Funken an den Altar Baals bringen.

Schließlich befanden sich die Priester in einem Zustand völliger Verzweiflung. Ihre Stimmen waren heiser vom Schreien und ihre Kleider blutgetränkt durch die selbst zugefügten Wunden. Sie befanden sich in unverminderter Raserei und brachten nun in ihre Bitten furchtbare Flüche auf ihren Sonnengott, aber Elia beobachtete sie auch weiterhin genau, denn er wusste, wenn die Priester durch irgendeine Täuschung Erfolg haben sollten, würde er sofort in Stücke gerissen.

Der Abend nahte, und die Propheten Baals waren müde, entkräftet und verwirrt. Einer machte einen Vorschlag, ein anderer einen völlig anderen, bis schließlich ihre Bemühungen ganz erlahmten. Ihr Gekreische und ihre Flüche hallten nicht länger über den Karmel. Verzweifelt zogen sie sich aus dem Wettkampf zurück. Den ganzen Tag über war das Volk Zeuge der Show der ratlosen Priester gewesen. Sie hatten beobachtet, wie sie wild rings um den Altar gehüpft waren, als könnten sie die heißen Sonnenstrahlen ergreifen, um ihren Absichten zu dienen. Sie hatten mit Abscheu auf die schockierende Selbstverstümmelung geschaut und genügend Gelegenheit gehabt, über die Torheit der Götzenanbetung nachzudenken. Viele in der Menge waren der dämonischen Vorführungen überdrüssig geworden und erwarteten nun mit tiefem Interesse, was Elia unternehmen würde.

Die Stunde des Abendopfers war gekommen und Elia forderte die Menschen auf: »Kommt her zu mir!« Während sie sich voller Furcht näherten, wandte er sich

dem verwahrlosten Altar zu, auf dem einst dem Gott des Himmels

Opfer dargebracht worden waren, und reparierte ihn. Für ihn war dieser Schutthaufen kostbarer als all die großartigen heidnischen Altäre.

Beim Aufbau des alten Altars zeigte Elia seinen Respekt für den Bund, den der Herr mit Israel gemacht hatte, als sie durch den Jordan ins verheißene Land kamen. Er wählte »zwölf Steine nach der Zahl der Stämme der Söhne Jakobs ... und baute von den Steinen einen Altar im Namen des HERRN.« 1.Könige 18,31f

Die enttäuschten und durch ihre vergeblichen Anstrengungen völlig erschöpften Baalspriester schauten erwartungsvoll, was Elia tat. Sie hassten den Propheten zwar, weil er eine Prüfung vorgeschlagen hatte, die die Schwachheit und die Machtlosigkeit ihrer Götter gezeigt hatte, aber sie fürchteten auch seine Macht. Das ängstliche Volk beobachtete mit atemloser Spannung, wie Elia seine Vorbereitungen fortsetzte. Das ruhige Auftreten des Propheten stand in krassem Gegensatz zu der fanatischen, sinnlosen Raserei der Nachfolger Baals.

Als der Altar fertiggestellt war, grub der Prophet noch einen Graben ringsum. Er legte das Holz ordentlich auf, bereitete den Stier zu, legte schließlich das Opfer auf den Altar und gebot dem Volk, das Opfer und den Altar mit Wasser zu übergießen. Er wies das Volk an: »Holt vier Eimer voll Wasser und gießt es auf das Brandopfer und aufs Holz! Und er sprach: Tut's noch einmal! Und sie taten's noch einmal. Und er sprach: Tut's zum dritten Mal! Und sie taten's zum dritten Mal. Und das Wasser lief um den Altar her und der Graben wurde auch voll Wasser.« 1.Könige 18,34f

Nachdem er das Volk an ihren lang andauernden Abfall erinnert hatte, der den Zorn des Herrn hervorgerufen hatte, rief Elia sie dazu auf, ihre Herzen zu demütigen und sich dem Gott ihrer Väter zuzuwenden, damit der auf dem Land Israel ruhende Fluch beseitigt werden könne. Dann beugte er sich ehrfürchtig vor dem unsichtbaren Gott nieder, hob seine Hände zum Himmel auf und sprach ein einfaches Gebet. Die Baalspriester hatten vom frühen Morgen bis zum späten Nachmittag geschrien, geschäumt und getobt. Beim Gebet Elias waren keine sinnlosen Schreie auf den Höhen des Karmel zu hören. Er betete so, als wisse er, dass sein Gott als Zeuge dieser Szene anwesend sei und seinen Bitten zuhöre. Die Propheten Baals hatten wild und unzusammenhängend gebetet. Elia hingegen betete einfach und inbrünstig und bat Gott, Seine Überlegenheit über Baal zu zeigen, um Israel zu veranlassen, wieder zu Ihm umzukehren.

»Herr, Gott Abrahams, Isaaks und Jakobs, zeig uns heute, dass du Gott in Israel bist und dass ich dein Diener bin und all dies auf deinen Befehl hin getan habe. Antworte mir, Herr! Antworte mir, damit dieses Volk erkennt, dass du, Herr, Gott bist und dass du ihre Herzen zurückerobert hast.« 1.Könige 18,36f NLB

Eine Stille, die in ihrer Feierlichkeit bedrückend war, ruhte auf allen. Die Baalspriester zitterten vor Furcht. Schuldbewusst erwarten sie [151/152]

eine schnelle Vergeltung. Kaum war das Gebet Elias beendet, da zuckten feurige Flammen wie helle Lichtblitze vom Himmel herab auf den wiedererrichteten Altar, verzehrten das Opfer, ließen das Wasser des Grabens verdunsten und verbrannten sogar die Steine des Altars. Die Helligkeit der Flammen erleuchtete den Berg und blendete die Augen des Volks. In den Tälern unterhalb, von wo aus viele in ängstlicher Spannung die Begebenheiten oben beobachteten, sah man das Herabkommen des Feuers sehr deutlich. Alle wunderten sich bei dessen Anblick, denn es sah der Feuersäule ähnlich, die am Roten Meer das Volk Israel vom ägyptischen Heer getrennt hatte.

Das Volk auf dem Berg warf sich in Ehrfurcht vor dem unsichtbaren Gott nieder. Sie wagten es nicht, weiterhin auf das vom Himmel gesandte Feuer zu schauen. Sie befürchteten vielmehr, selbst verbrannt zu werden. Überzeugt von ihrer Pflicht, den Gott Elias als den Gott ihrer Väter anzuerkennen, dem sie Treue schuldeten, riefen sie wie mit einer Stimme aus: »Der HERR ist Gott, der HERR ist Gott.« 1.Könige 18,39 Mit überraschender Klarheit erscholl der Ruf vom ganzen Berg aus und wurde in der Ebene unten aufgegriffen. Endlich war Israel aus seiner Täuschung erwacht und reuig. Endlich sah das ganze Volk, wie sehr sie Gott entehrt hatten. Das wahre Wesen der Baalsanbetung offenbarte sich im Gegensatz zu dem von Gott verlangten vernünftigen Dienst jetzt so richtig. Das Volk anerkannte die Gerechtigkeit Gottes und Sein Erbarmen darin, dass er ihnen Tau und Regen vorenthalten hatte, bis Er sie so weit gebracht hatte, Seinen Namen zu bekennen. Nun waren sie bereit zuzugeben, dass der Gott Elias über jedem Götzen stand.

Fassungslos beobachteten die Baalspriester die wunderbare Offenbarung der Macht des Herrn. Doch selbst in ihrem Unbehagen, selbst in der Gegenwart der göttlichen Herrlichkeit, weigerten sie sich immer noch, ihr Unrecht zu bereuen. Sie wollten nach wie vor Baals Propheten bleiben. Auf diese Weise bewiesen sie, dass sie reif für die Vernichtung waren. Um das reuige Israel vor den Verführungen derer zu schützen, die sie die Baalsanbetung lehrten, wies der Herr Elia an, diese falschen Lehrer zu töten. Der Zorn des Volks hatte sich bereits gegen die Führer des Abfalls erhoben, und so waren sie gern bereit zu gehorchen, als Elia ihnen befahl: »Ergreift die Baalspropheten. Nicht ein Einziger darf entkommen!« 1.Könige 18,40 NLB Sie griffen die Propheten und brachten sie an den Bach Kischon. Dort wurden die Diener Baals noch vor dem Ende dieses Tages, der eine entschiedene Reformation einläutete, getötet. Nicht einer durfte am Leben bleiben.

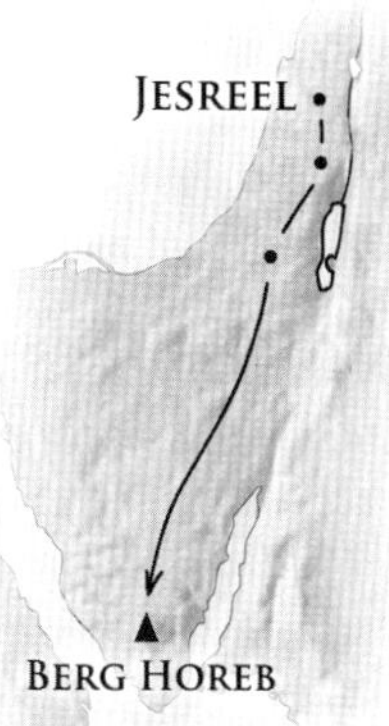

KAPITEL **12**

VON JESREEL ZUM BERG HOREB

Auf Grundlage von 1. Könige 18,41-46; 19,1-8

Mit der Tötung der Baalspropheten war der Weg offen für die Durchführung einer mächtigen geistlichen Reformation unter den 10 Stämmen des Nordreichs. Elia hatte dem Volk seinen Abfall gezeigt und sie dazu aufgerufen, ihre Herzen zu demütigen und sich dem Herrn zuzuwenden. Die Gerichte des Himmels waren vollstreckt, das Volk hatte seine Sünden bekannt und den Gott ihrer Väter als den lebendigen Gott anerkannt. Nun sollte der Fluch des Himmels zurückgezogen werden und sie sollten die Segnungen des Lebens aufs Neue geschenkt bekommen. Das Land sollte wieder durch Regen belebt werden. »Geh nun hinauf, iss und trink!« sagte Elia zu Ahab, »Denn es rauscht schon, als wollte es reichlich regnen.« 1.Könige 18,41 NeUE Dann ging der Prophet auf den Gipfel des Berges um zu beten.

Es gab überhaupt keine Anzeichen, dass Regenschauer in Kürze fallen sollten, als Elia Ahab so zuversichtlich aufforderte, sich auf den Regen vorzubereiten. Der Prophet sah keine Wolken am Himmel und hörte keinen Donner. Er sagte nur das, wozu der Geist des Herrn ihn aufgrund seines eigenen starken Glaubens bewegt hatte. Während des Tages hatte Elia unerschütterlich den Willen Gottes ausgeführt und sein bedingungsloses Vertrauen in die Vorhersagen des Wortes Gottes offenbart. Nun, nachdem er alles getan hatte, was in seiner Macht stand, wusste er, dass der Himmel die vorhergesagten Segnungen reichlich schenken würde. Derselbe Gott, der die Trockenheit geschickt hatte, hatte auch reichlich Regen als Belohnung des Gehorsams verheißen, und nun wartete Elia auf die Erfüllung der Verheißung. In demütiger Haltung mit dem »Gesicht zwischen den Knien« 1.Könige 18,42 legte er bei Gott Fürsprache ein für das reuige Israel.

Wieder und wieder schickte Elia seinen Diener an eine Stelle, wo er aufs Mittelmeer schauen konnte, um zu sehen, ob es irgendein sichtbares Zeichen gab, dass Gott sein Gebet erhört hätte. Jedes Mal kehrte der Diener wieder zurück mit der Nachricht: »Es ist nichts zu sehen!« 1.Könige 18,43 NeUE Der Prophet wurde nicht ungeduldig und verlor auch nicht seinen Glauben, sondern setzte sein ernstes Flehen fort. Sechs Mal kehrte der Diener mit der

Botschaft zurück, dass es kein Zeichen des Regens am stahlblauen Himmel gebe. Unverzagt schickte Elia ihn noch einmal weg. Dieses Mal kehrte der Diener mit der Nachricht zurück: »Siehe, es steigt eine kleine Wolke auf aus dem Meer wie eines Mannes Hand.« 1.Könige 18,44a

Das genügte Elia. Er wartete nicht, bis der Himmel schwarz wurde. In der kleinen Wolke sah er im Glauben vielmehr einen reichlichen Regen. In Übereinstimmung mit seinem Glauben schickte er schnell seinen Diener mit der Botschaft zu Ahab: »Spann an und fahre hinab, damit dich der Regen nicht aufhält!« 1.Könige 18,44b

Weil Elia ein so großer Glaubensmann war, konnte Gott ihn in dieser schweren Krise der Geschichte Israel gebrauchen. Als er betete, streckte er sich im Glauben aus und ergriff die Verheißungen des Himmels. Er hielt an im Gebet, bis seine Bitten erhört wurden. Er wartete nicht auf den vollen Beweis, dass Gott ihn erhört hatte, sondern war bereit, auf den kleinsten Beweis des göttlichen Wohlgefallens hin alles zu wagen. Und doch muss man sagen, dass alles, was er unter der Führung Gottes tat, auch von jedem anderen in seinem Tätigkeitsbereich im Dienst für Gott getan werden kann, denn es heißt vom Propheten aus den Bergen Gileads: »Elia war ein Mensch von gleichen Gemütsbewegungen wie wir; und er betete inständig, dass es nicht regnen möge, und es regnete nicht auf der Erde drei Jahre und sechs Monate.« Jakobus 5,17 ELB

Ein solcher Glaube wird in der heutigen Welt benötigt: ein Glaube, der die Verheißungen des Wortes Gottes für sich beansprucht und nicht loslässt, bis der Himmel hört. Ein solcher Glaube verbindet uns eng mit dem Himmel und schenkt uns die Kraft, es mit den Mächten der Finsternis aufzunehmen. Im Glauben haben die Kinder Gottes »Königreiche bezwungen, Gerechtigkeit geübt, Verheißungen erlangt, Löwen den Rachen gestopft, des Feuers Kraft ausgelöscht, sind der Schärfe des Schwerts entronnen, aus der Schwachheit zu Kräften gekommen, sind stark geworden im Kampf und haben fremde Heere in die Flucht geschlagen.« Hebräer 11,33f Im Glauben sollen wir auch heute noch die höchsten Absichten Gottes für uns erreichen. »Wenn du glauben kannst – alles ist möglich dem, der glaubt!« Markus 9,23

Glaube ist ein unverzichtbarer Teil des anhaltenden Gebets. »Wer zu Gott kommen will, der muss glauben, dass er ist und dass er denen, die ihn suchen, ihren Lohn gibt.« »Deshalb können wir auch voller Zuversicht sein, dass Gott uns hört, wenn wir ihn um etwas bitten, das seinem Willen entspricht. Und wenn wir wissen, dass er uns bei allem erhört, was wir erbitten, können wir auch sicher sein, dass er uns das Erbetene gibt – so, als hätten wir es schon erhalten.« Hebräer 11,6; 1.Johannes 5,14f NeUE Mit dem beharrlichen Glauben Jakobs und der unnachgiebigen Ausdauer Elias können wir dem Vater unsere Bitten bringen und alles von Ihm beanspruchen, was Er uns verheißen hat. Was die Erfüllung Seines Worts angeht, steht die Ehre Seines Throns auf dem Spiel.

Die Schatten der Nacht sammelten sich bereits über dem Berg Karmel, als Ahab sich zum Abstieg vorbereitete. »Und ehe man sich's versah, wurde der Himmel schwarz von Wolken und Wind und es kam ein großer Regen. Ahab aber fuhr hinab nach Jesreel.« 1.Könige 18,45 Auf seinem Weg zur Königsstadt konnte Ahab durch die Finsternis und durch den Regen den Weg vor sich nicht sehen. Elia, der als Prophet Gottes an diesem Tag Ahab vor seinen Untertanen blamiert und seine Götzenpriester getötet hatte, anerkannte ihn noch immer als König Israels. Als Zeichen seiner Huldigung lief er, gestärkt durch die Kraft Gottes, vor dem königlichen Wagen her und führte den König bis zum Eingang der Stadt.

In dieser liebenswürdigen Handlung des Boten Gottes gegenüber dem bösen König liegt eine Lektion für alle, die Diener Gottes sein wollen, dabei aber eine hohe Meinung von sich selbst haben. Es gibt Menschen, die denken, sie seien zu gut, um bestimmte Aufgaben zu erledigen, die ihnen zu niedrig erscheinen. Sie zögern, selbst notwendige Dienste zu tun, denn sie fürchten, bei diesen untergeordneten Arbeiten beobachtet zu werden. Diese Menschen müssen aus dem Beispiel des Elia viel lernen. Durch sein Wort waren die Segnungen des Himmels drei Jahre lang von der Erde zurückgehalten worden. Gott hatte ihn sichtbar geehrt, als in Antwort auf sein Gebet Feuer vom Himmel herabzuckte und das Opfer verzehrte. Seine Hand hatte das Gericht Gottes ausgeführt, als er die götzendienerischen Propheten erschlagen hatte. Danach war seine Bitte um Regen erhört worden. Dennoch war er nach all diesen sichtbaren Triumphen bereit, die Aufgaben eines Dieners zu erfüllen.

Am Tor von Jesreel trennten sich Elia und Ahab. Der Prophet zog es vor, außerhalb der Mauern zu bleiben. Er hüllte sich in seinen Mantel und legte sich zum Schlafen auf die bloße Erde. Der König erreichte bald nach dem Passieren des Tores den Schutz seines Palastes und erzählte dort seiner Frau über die wunderbaren Ereignisse des Tages und die erstaunliche Offenbarung der göttlichen Kraft, die Israel bewiesen hatte, dass der Herr der wahre Gott war und Elia sein auserwählter Bote. Als Ahab der Königin von der Tötung der Götzenpropheten erzählte, wurde die abgebrühte und verstockte Isebel wütend. Sie weigerte sich, in den Ereignissen auf dem Karmel das übermächtige Wirken Gottes zu erkennen. In ihrem Trotz erklärte sie frech, dass Elia sterben sollte. Noch in derselben Nacht weckte ein Bote den erschöpften Propheten, um ihm die Absicht Isebels auszurichten: »Die Götter sollen mich strafen, wenn ich morgen um diese Zeit dein Leben nicht einem von ihnen gleich mache.« 1.Könige 19,1 NeUE

Man könnte meinen, dass Elia, nachdem er zuvor bereits einen so ungebrochenen Mut gezeigt und so vollständig über König, Priester und

Volk triumphiert hatte, niemals wieder zur Verzweiflung oder Furcht gebracht werden könnte. Aber der Mann, der mit so vielen Beweisen der liebevollen Fürsorge Gottes gesegnet worden war, stand nicht über menschlichen Schwächen. In dieser dunklen Stunde verließen ihn sein Glauben und sein Mut. Bestürzt fuhr er aus seinem Schlaf auf. Immer noch goss es aus Strömen vom Himmel und ringsum war es dunkel. Der Prophet vergaß, dass Gott ihn vor drei Jahren zu einem Zufluchtsort vor dem Hass Isebels geführt hatte, den Ahab auch bei seiner Suche nicht gefunden hatten, und floh nun um sein Leben. Als er Beerscheba erreicht hatte, »ließ er seinen Diener dort zurück und ging eine Tagereise weit in die Wüste hinein.« 1.Könige 19,3f NeUE

Elia hätte nicht von seinem Posten der Pflicht fliehen sollen. Vielmehr hätte er auf die Drohung Isebels hin den Einen um Schutz anflehen sollen, der ihn beauftragt hatte, Seine Ehre zu verteidigen. Er hätte dem Boten sagen sollen, dass der Gott, auf den er vertraute, ihn vor dem Hass der Königin beschützen würde. Es waren schließlich nur wenige Stunden vergangen, seit er eine wunderbare Offenbarung der göttlichen Kraft erlebt hatte. Das hätte ihm die Zuversicht schenken sollen, dass der Herr ihn nicht verlassen würde. Wäre er dort geblieben, wo er war, hätte er Gott zu seiner Zuflucht und Stärke gemacht und wäre er für die Wahrheit eingestanden, dann wäre er auch vor Schaden bewahrt geblieben. Der Herr hätte ihm einen weiteren deutlichen Sieg geschenkt, indem Er Seine Gerichte über Isebel hätte kommen lassen. Der so entstandene Eindruck auf König und Volk hätte zu einer großen Reformation geführt.

Elia hatte viel von dem Wunder erwartet, das auf dem Karmel geschehen war. Er hatte gehofft, dass nach dieser Zurschaustellung der göttlichen Macht Isebel nicht länger Macht über den Geist Ahabs hätte und es in ganz Israel eine schnelle Reformation gäbe. Er hatte sich den ganzen Tag auf der Höhe des Karmel ohne Essen geplagt. Als er den Wagen Ahabs bis zum Tor Jesreels brachte, war sein Mut noch immer stark, trotz der großen körperlichen Anspannung, unter der er gestanden hatte.

Ein Rückschlag, wie er oftmals auf großen Glauben und herrlichen Erfolg folgt, drückte Elia nieder. Er fürchtete, dass die auf dem Karmel begonnene Reformation nicht von Dauer sei, und fiel in eine Depression. Er war quasi bis zum Gipfel des Pisga erhoben worden, vgl. 5.Mose 3,27 jetzt befand er sich im Tal. Solange er unter dem Einfluss des Allmächtigen gestanden hatte, konnte er die schwersten Glaubensprüfungen erdulden. Als in dieser Zeit der Entmutigung Isebels Drohung ihm noch im Ohr klang und Satan durch die Ränkespiele dieser bösen Frau offensichtlich die Oberhand behielt, verlor er seinen Halt in Gott. Er war über jedes Maß hinaus erhöht worden, und der Rückschlag nun war enorm. Elia vergaß Gott und

floh weiter und weiter, bis er sich allein in einer trostlosen Einöde wiederfand. Völlig erschöpft setzte er sich zum Ausruhen unter einen Ginsterstrauch und wünschte sich dort nur noch zu sterben. »Es ist genug,« sagte er. »Nun, HERR, nimm mein Leben hin! Denn ich bin nicht besser als meine Väter.« 1.Könige 19,4 ELB Der einsame Flüchtling, der sich weit weg von allen Wohnorten befand und dessen Mut durch bittere Enttäuschung gebrochen war, wünschte sich, niemals mehr das Gesicht eines Menschen sehen zu müssen. Schließlich schlief er völlig erschöpft ein.

In der Erfahrung eines jeden Menschen gibt es Zeiten herber Enttäuschung und völliger Entmutigung. Es sind Tage, an denen man nur das Leid kennt und es schwer vorstellbar ist, dass Gott noch immer der freundliche Wohltäter Seiner irdischen Kinder ist. Solche Tage drangsalieren die Seele, bis man den Tod dem Leben vorzieht. In dieser Zeit verlieren viele Menschen ihren Halt in Gott und lassen sich in die Sklaverei des Zweifels und die Knechtschaft des Unglaubens bringen. Könnten wir in solchen Zeiten mit geistlicher Einsicht die Bedeutung der Vorsehung Gottes erkennen, würden wir Engel sehen, die versuchten, uns vor uns selbst zu retten, und darum kämpften, unsere Füße wieder auf den Grund zu stellen, der fester als die ewigen Berge ist: neuer Glaube und neues Leben würden dann erwachen.

Der treue Hiob erklärte in den Tagen seines Elends und seiner Finsternis:

»Ausgelöscht soll der Tag meiner Geburt sein.« Hiob 3,3 NLB »Würde doch mein Kummer gewogen, und mein Unglück dazu auf die Waage gelegt! ... Käme doch, was ich begehre, dass Gott mein Verlangen erfüllt, dass Gott sich entschließt, mich zu töten, seine Hand enthemmt und mich ums Leben bringt. So könnte ich mich noch trösten.« Hiob 6,2.8-10 NeUE »So will auch ich meinen Mund nicht zügeln, will reden in der Angst meines Geistes, will klagen mit verbitterter Seele. ... so dass ich lieber ersticken wollte, lieber den Tod, ... Ich bin es satt! Ich mag nicht ewig leben. Lass mich! Mein Leben ist doch nur ein Hauch.« Hiob 7,11.15f NeUE

Obwohl Hiob des Lebens überdrüssig war, erlaubte Gott ihm nicht zu sterben. Vielmehr zeigte Er ihm die Möglichkeiten der Zukunft und gab ihm eine Botschaft der Hoffnung:

»Ja, dann wirst du dein Gesicht erheben ohne Makel und wirst unerschütterlich sein und dich nicht fürchten. Denn du wirst die Mühsal vergessen, wirst an sie denken wie an vorbeigeflossenes Wasser, und heller als der Mittag wird dein Leben aufgehen; mag es finster sein – wie der Morgen wird es werden. Und du wirst Vertrauen fassen, weil es Hoffnung gibt; und du wirst Ausschau halten, in Sicherheit dich niederlegen. Und du liegst da, und niemand wird dich aufschrecken, und viele werden deine Gunst suchen. Aber die Augen der Gottlosen werden versagen. Und jede Zuflucht geht ihnen verloren, und ihre Hoffnung ist, die Seele auszuhauchen.« Hiob 11,15-20 ELB

Aus dem tiefen Tal der Entmutigung und Verzweiflung erhob sich Hiob zu den Höhen bedingungslosen Vertrauens in die Gnade und rettende Macht Gottes. Triumphierend erklärte er:

»Wenn Er mich auch tötet, ich werde Ihm dennoch vertrauen ... Er wird mich auch erlösen.« Hiob 13,15f KJV »Doch ich weiß, dass mein Erlöser lebt, Er steht am Letzten Tag auf der Erde [dieser Teil KJV]. Nachdem man meine Haut so sehr zerschunden hat, werde ich auch in meinem Fleisch [dieser Teil KJV] Gott schauen. Ihn selbst werde ich sehen, ja, meine Augen schauen ihn an; er wird kein Fremder für mich sein.« Hiob 19,25-27 NeUE

»Der Herr antwortete dem Hiob aus dem Gewittersturm« Hiob 38,1 und offenbarte Seinem Diener Seine große Macht. Ein kurzer Blick auf seinen Schöpfer reichte Hiob, um sich selbst zu verabscheuen, und er bereute in Sack und Asche. Dann konnte der Herr ihn reichlich segnen und seine letzten Lebensjahre zu seinen besten machen.

Hoffnung und Mut sind unbedingt notwendig, um Gott einen vollkommenen Dienst zu bringen. Sie sind die Frucht des Glaubens. Verzweiflung ist sündig und unvernünftig. Gott kann und will Seinen Dienern »in noch stärkerem Maße« Hebräer 6,17 die Stärke verleihen, die sie in der Prüfung und Versuchung benötigen. Die Pläne der Feindes Seines Werkes mögen klug angelegt und bestens vorbereitet sein, aber Gott selbst wird die besten davon zunichte machen. Genau dies macht Er auf Seine Weise tatsächlich, wenn die Zeit gekommen ist und Er sieht, dass der Glauben Seiner Diener genügend geprüft wurde.

Für die Entmutigten gibt es ein sicheres Heilmittel: Glauben, Gebet und Arbeit. Glaube und Aktivität verleihen Zuversicht, die von Tag zu Tag noch wächst. Bist du versucht, deinen ängstlichen Vorahnungen oder deiner völligen Verzweiflung freien Lauf zu lassen? Selbst an den dunkelsten Tagen, wenn der Schein noch so abschreckend ist, brauchst du dich nicht zu fürchten. Habe Glauben an Gott. Er weiß, was du brauchst. Er hat alle Kraft. Seine unendliche Liebe und Sein Mitleid ermüden niemals. Habe keine Angst, dass Er Seine Verheißungen nicht erfüllen wird. Er ist die ewige Wahrheit. Den Bund mit denen, die Ihn lieben, wird Er niemals verändern. Vielmehr wird Er seinen treuen Dienern genau das Maß an Effizienz schenken, das sie benötigen. Der Apostel Paulus bezeugte: »Und er hat zu mir gesagt: Lass dir an meiner Gnade genügen, denn meine Kraft wird in der Schwachheit vollkommen! ... Darum habe ich Wohlgefallen an Schwachheiten, an Misshandlungen, an Nöten, an Verfolgungen, an Ängsten um des Christus willen; denn wenn ich schwach bin, dann bin ich stark.« 2.Korinther 12,9f

Verließ Gott Elia in dieser Stunde der Prüfung? Oh nein! Als Elia sich von Gott und Menschen verlassen fühlte, liebte Gott Seinen Diener nicht weniger

als zu dem Zeitpunkt, als Er in Antwort auf dessen Gebet Feuer vom Himmel fallen ließ und damit den Berggipfel erhellte. Als Elia nun schlief, weckten ihn eine zarte Berührung und eine freundliche Stimme. Angstvoll schreckte er auf, als ob er fliehen wollte, weil er befürchtete, dass der Feind ihn entdeckt hätte. Das mitleidige Gesicht, das sich über ihn beugte, war jedoch nicht das eines Feindes, sondern das eines Freundes. Gott hatte einen Engel vom Himmel mit Essen für Seinen Diener geschickt. »Steh auf und iss!« sagte der Engel zu ihm. »Und als er sich umsah, siehe, da war bei seinem Kopf ein auf heißen Steinen gebackener Brotfladen und ein Krug Wasser.« 1.Könige 19,5

Nachdem Elia die für ihn zubereitete Mahlzeit gegessen hatte, schlief er wieder ein. Der Engel kam noch ein weiteres Mal. Er berührte den erschöpften Mann und sagte voller Mitleid: »Steh auf und iss, denn der Weg ist [sonst] zu weit für dich!« »Und er stand auf und aß und trank, und er ging in der Kraft dieser Speise 40 Tage und 40 Nächte lang, bis an den Berg Gottes, den Horeb,« wo er Zuflucht in einer Höhle fand. 1.Könige 19,7f

KAPITEL **13**

"WAS TUST DU HIER?"

Auf Grundlage von 1.Könige 19,9-18

Das Versteck Elias war zwar den Augen der Menschen verborgen, aber Gott wusste, wo er war. Er ließ Seinen müden und entmutigten Propheten nicht allein im Kampf mit den Mächten der Finsternis, die ihn bedrängten. Am Eingang der Höhle, in der Elia Zuflucht gefunden hatte, begegnete Gott ihm durch einen mächtigen Engel, der ausgesandt worden war, um ihn nach seinen Bedürfnissen zu befragen und ihm den göttlichen Plan für Israel bekannt zu machen.

Elia konnte jedoch sein Werk für jene, die zur Baalsanbetung verführt worden waren, erst dann vollenden, als er gelernt hatte, Gott völlig zu vertrauen. Der deutliche Triumpf auf dem Karmel hatte den Weg für noch größere Siege eröffnet, aber Elia hatte durch die Drohungen Isebels die sich ihm eröffnenden wunderbaren Gelegenheiten ungenutzt verstreichen lassen. Der Mann Gottes musste erst lernen, die Schwachheit seiner gegenwärtigen Lage im Vergleich zu der ihm vom Herrn zugedachten vorteilhaften Ausgangslage zu verstehen.

Gott begegnete Seinem geprüften Diener mit der Frage: »Was willst du hier, Elia?« 1.Könige 19,9 Ich habe dich an den Bach Krit und danach zur Witwe von Zarpat geschickt. Ich habe dir dann befohlen, nach Israel zurückzukehren und vor den götzendienerischen Priestern auf dem Karmel zu stehen. Ich habe dich gestärkt, um den Wagen des Königs bis hin zu den Toren Jesreels zu bringen. Wer aber hat dich auf diese überhastete Flucht in die Wüste geschickt? Welchen Auftrag hast du hier zu erledigen?

Voller Bitterkeit stieß Elia seine Klage aus: »Ich habe heftig geeifert für den Herrn, den Gott der Heerscharen, denn die Kinder Israels haben deinen Bund verlassen und deine Altäre niedergerissen und deine Propheten mit dem Schwert umgebracht, und ich allein bin übriggeblieben; und sie trachten danach, mir das Leben zu nehmen!« 1.Könige 19,10

Der Engel forderte den Propheten dazu auf, die Höhle zu verlassen, um auf dem Berg vor dem Herrn zu stehen und Seinem Wort zuzuhören. »Und siehe, der Herr ging vorüber; und ein großer, starker Wind, der die Berge zerriss und die Felsen zerbrach, ging vor dem Herrn her; der Herr aber war nicht in dem Wind. Und nach dem Wind kam ein Erdbeben; aber der Herr war nicht in dem Erdbeben. Und nach dem Erdbeben kam ein Feuer; aber der Herr war nicht in dem Feuer. Und nach dem Feuer kam die Stimme eines sanften Säuselns. Und es geschah, als Elia dieses hörte, da verhüllte er sein Angesicht mit seinem Mantel, und er ging hinaus und trat an den Eingang der Höhle.« 1.Könige 19,11-13

Gott wollte sich Seinem Diener nicht in mächtiger Kraft offenbaren, sondern wählte dazu das »sanfte Säuseln«. Er wollte Seinen Diener lehren, dass es nicht immer die beeindruckendste Vorstellung ist, mit der Gott am erfolgreichsten Seine Absicht ausführt. Während Elia auf die Offenbarung des Herrn wartete, tobte ein Sturm, zuckten die Blitze und toste ein verzehrendes Feuer vorbei. Gott war jedoch nicht darin. Dann kam das stille, sanfte Säuseln, und der Prophet bedeckte seinen Kopf, weil er die Anwesenheit des Herrn erkannte. Seine Gereiztheit wurde gestillt, sein Geist ruhig und demütig. Nun wusste er, dass er, wenn er sich still Gott anvertraute und fest auf ihn verließ, in der Zeit der Not immer die benötigte Hilfe finden würde.

Es ist nicht immer der gelehrteste Vortrag der Wahrheit Gottes, der die Seele überzeugt und bekehrt. Nicht durch Beredsamkeit oder Logik werden die Herzen der Menschen erreicht, sondern durch den süßen Einfluss des Heiligen Geistes, der zwar im Stillen wirkt, aber dennoch den Charakter umformt und entwickelt. Es ist dieses stille, sanfte Säuseln des Geistes Gottes, das die Macht hat, das Herz zu verändern.

»Was tust du hier, Elia?« fragte ihn die Stimme. Wieder antwortete der Prophet: »Ich habe heftig geeifert für den Herrn, den Gott der Heerscharen, denn die Kinder Israels haben deinen Bund verlassen, deine Altäre niedergerissen und deine Propheten mit dem Schwert umgebracht; und ich allein bin übriggeblieben, und sie trachten danach, mir das Leben zu nehmen!« 1.Könige 19,14

Der Herr antwortete Elia, dass die Übertreter nicht ungestraft bleiben würden. Es sollten Männer speziell dazu ausgewählt werden, die göttliche Absicht bei der Bestrafung des gottlosen Reichs zu erfüllen. Es gab ein ernstes Werk zu tun, um allen die Gelegenheit zu geben, ihre Stellung für den wahren Gott einzunehmen. Elia selbst sollte nach Israel zurückkehren und gemeinsam mit anderen die Last tragen, eine Reformation herbeizuführen.

»Geh wieder deines Weges durch die Wüste nach Damaskus und geh hinein und salbe Hasaël zum König über Aram und Jehu, den Sohn Nimschis, zum König über Israel und Elisa, den Sohn Schafats, von Abel-Mehola zum Propheten an deiner statt. Und es soll geschehen: Wer dem Schwert Hasaëls entrinnt, den soll Jehu töten, und wer dem Schwert Jehus entrinnt, den soll Elisa töten.« 1.Könige 19,15-17

Elia hatte gedacht, dass er der einzige Anbeter des wahren Gottes in Israel sei. Doch Derjenige, der die Herzen aller kennt, offenbarte dem

Propheten, dass es noch viele andere gab, die Ihm in den langen Jahren des Abfalls treu geblieben waren. »Ich aber habe in Israel siebentausend übrigbleiben lassen, nämlich alle, die ihre Knie nicht gebeugt haben vor Baal und deren Mund ihn nicht geküsst hat!« 1.Könige 19,18

Viele Lektionen sollten aus Elias Erfahrung während dieser Tage der Enttäuschung und der offensichtlichen Niederlage gezogen werden. Diese Lektionen sind von unschätzbarem Wert für die Diener Gottes unserer Zeit, die gekennzeichnet ist durch ein allgemeines Abweichen vom Recht. Der heute vorherrschende Abfall ist dem ähnlich, der zur Zeit des Propheten Israel fest im Griff hatte. Die Menschen folgen auch heute noch Baal, indem sie das Menschliche über das Göttliche erhöhen, populäre Führer verehren, das Geld anbeten und die Lehren der Wissenschaft über die Wahrheiten der Offenbarung setzen. Zweifel und Unglaube üben ihren unheilvollen Einfluss über Geist und Herz aus, und viele ersetzen die Worte Gottes durch menschliche Theorien. Es wird öffentlich gelehrt, dass wir eine Zeit erreicht haben, in der der menschliche Verstand über die Lehren des Wortes Gottes gesetzt werden sollte. Man sagt vom Gesetz Gottes, dem göttlichen Standard der Gerechtigkeit, es sei nicht mehr gültig. Der Feind aller Wahrheit wirkt mit täuschender Macht, um Männer und Frauen dazu zu veranlassen, menschliche Vorstellungen an die Stelle Gottes zu setzen und das zu vergessen, was zum Glück und zur Rettung der Menschheit bestimmt war.

Doch dieser Abfall ist, obwohl sehr weit verbreitet, nicht allgemein. Nicht alle Menschen sind gesetzlos und sündig, nicht alle sind auf die Seite des Feindes gewechselt. Gott hat viele Tausende, die ihre Knie nicht vor Baal gebeugt haben, die sich danach sehnen, Christus und das Gesetz noch vollständiger zu verstehen, die gegen alle Hoffnung doch hoffen, dass Jesus bald wiederkommt, um die Herrschaft der Sünde und des Todes zu beenden. Es gibt auch viele, die Baal unwissentlich anbeten, an denen der Geist Gottes aber noch immer wirkt.

Diese Menschen benötigen die persönliche Unterstützung von anderen, die es gelernt haben, Gott und der Kraft Seines Wortes zu vertrauen. In einer Zeit wie dieser sollte jedes Gotteskind aktiv engagiert sein, anderen zu helfen. Wenn Menschen mit einem Verständnis der biblischen Wahrheit versuchen, Männer und Frauen zu finden, die sich nach dem Licht sehnen, werden Engel Gottes sie begleiten. Wo Engel gehen, braucht sich kein Mensch zu fürchten, vorwärts zu gehen. Als Ergebnis der treuen Anstrengungen hingebungsvoller Mitarbeiter Gottes werden sich viele vom Götzendienst abwenden, um den lebendigen Gott anzubeten. Viele werden aufhören, von Menschen festgelegte Anbetungszeiten und Bräuche zu beachten und sich furchtlos auf die Seite Gottes und Seines Gesetzes stellen.

Von der unermüdlichen Tätigkeit der Treuen und Aufrichtigen hängt sehr viel ab. Deshalb macht Satan jede nur mögliche Anstrengung, die

Ausführung der göttlichen Absicht durch die Gehorsamen zu vereiteln. Er sorgt dafür, dass einige ihre hohe und heilige Mission aus den Augen verlieren und mit den Freuden dieses Lebens zufrieden sind. Er bringt sie dahin, sich sorglos niederzulassen oder sich von dem Ort zu entfernen, an dem sie eine Macht zum Guten ausüben können, nur um sich so größere weltliche Vorteile zu sichern. Wieder andere bringt er durch Opposition oder Verfolgung dazu, entmutigt ihren Posten der Pflicht zu verlassen. Alle diese Menschen betrachtet der Himmel mit zärtlichstem Mitleid. Jedem Kind Gottes, dessen Stimme der Feind der Seelen erfolgreich zum Schweigen gebracht hat, stellt ER die Frage: »Was willst du hier? Ich habe euch beauftragt, in die ganze Welt zu gehen und das Evangelium zu predigen, um ein Volk auf den Tag Gottes vorzubereiten. Warum bist du hier? Wer hat dich hierher gesandt?«

Was Christus in Seinem Leiden und Opfer Kraft gab, war die Freude darüber, Sünder gerettet zu sehen. Das sollte auch die Freude eines jeden Seiner Nachfolger sein und ihn zu mehr Eifer anspornen. Wer erkennt, und sei es auch noch so eingeschränkt, was Erlösung für ihn und seine Mitmenschen bedeutet, wird bis zu einem gewissen Grad die enormen Bedürfnisse der Menschheit begreifen. Beim Anblick des moralischen und geistlichen Elends Tausender, die unter dem Schatten eines schrecklichen Vernichtungsurteils stehen, wird sein Herz so vom Mitgefühl bewegt sein, dass selbst körperliche Schmerzen vergleichsweise bedeutungslos werden.

Einzelpersonen und ganze Familien werden gefragt: »Was tust du hier?« In vielen Gemeinden gibt es Familien, die gut über die Wahrheiten des Wortes Gottes Bescheid wissen. Diese könnten ihre Einflusssphäre ausweiten, wenn sie an Orte ziehen würden, wo der Dienst benötigt wird, den sie leisten könnten. Gott ruft christliche Familien dazu auf, an die finsteren Orte dieser Erde zu ziehen und dort weise und beständig für die zu wirken, die sich in geistlicher Finsternis befinden. Es erfordert Selbstaufopferung, auf diesen Ruf zu reagieren. Während viele darauf warten, dass ihnen jedes Hindernis aus dem Weg geräumt wird, sterben Menschen ohne Hoffnung und ohne Gott. Um weltlicher Vorteile willen und um wissenschaftliche Erkenntnisse zu erlangen sind Menschen bereit, sich selbst in Seuchengebiete zu wagen und Härten und Entbehrung zu erdulden. Wo sind die Menschen, die ebenso viel zu tun bereit sind, um anderen von ihrem Heiland erzählen zu können?

Wenn geistlich starke Menschen unter schwierigen Umständen und maßlosem Druck entmutigt und verzweifelt werden, so dass sie zeitweise nichts Positives mehr im Leben sehen, wofür es sich lohnt einzutreten, ist das weder seltsam noch neu. Solche Menschen sollen sich daran erinnern, dass einer der mächtigsten Propheten vor der Wut einer erzürnten Frau um sein Leben floh.

Der müde und von der Reise erschöpfte Flüchtling, dessen Lebensmut durch die erlebte Enttäuschung fast ausgelöscht worden war, wollte nur noch sterben. Aber gerade dann, als alles hoffnungslos und sein Lebenswerk zum Scheitern verurteilt zu sein schien, bekam er eine der kostbarsten Lektionen seines Lebens. In der Stunde seiner größten Schwachheit lernte er, dass es möglich und notwendig war, Gott selbst unter den unmöglichsten Umständen zu vertrauen.

Wer seine Lebensenergie in selbstaufopfernder Arbeit verausgabt und versucht ist, zu verzweifeln und am Glauben Schiffbruch zu erleiden, kann aus der Erfahrung Elias neuen Mut schöpfen. Gott erweist Seine wachsame Fürsorge, Seine Liebe und Seine Kraft besonders denen unter Seinen Dienern, deren Eifer missverstanden oder nicht geschätzt wird, deren Ratschläge und Tadel missachtet und deren Anstrengungen, eine Reform herbeizuführen, mit Hass und Feindseligkeit belohnt werden.

In der Zeit größter Schwäche bedrängt Satan die Seele mit den härtesten Versuchungen. Auf diese Weise hoffte er auch den Sohn Gottes zu besiegen, weil gerade diese Handlungsweise ihm zu vielen Siegen über die Menschen verholfen hatte. Als ihre Willenskraft und ihr Glauben versagten, gaben sogar diejenigen der Versuchung nach, die lange und heldenhaft für das Recht eingestanden waren. Mose, der in den vierzig Jahren der Wüstenwanderung des Unglaubens müde geworden war, verlor für einen Moment seinen Halt an der unendlichen Macht. Er versagte direkt an den Grenzen des verheißenen Landes. Ähnlich war es bei Elia. Während der Jahre der Dürre und der Hungersnot hatte er an seinem Gottvertrauen festgehalten, war furchtlos vor Ahab gestanden, hatte während des anstrengenden Tages auf dem Karmel als einziger Zeuge des wahren Gottes dem ganzen Volk gegenüber gestanden, um in einem Augenblick der Ermüdung zuzulassen, dass die Todesfurcht seinen Glauben an Gott überwand.

Ebenso ist es auch heute: Wenn wir ratlos durch die Umstände von Zweifeln bedrängt werden oder von Armut oder Notlagen heimgesucht werden, versucht Satan, unser Gottvertrauen zu erschüttern. Er wird uns unsere Fehler vorhalten und uns dazu versuchen, Gott zu misstrauen und Seine Liebe in Frage zu stellen. Satan hofft, so die Seele zu entmutigen und unseren Halt an Gott zu brechen.

Wer vom Heiligen Geist zu einem besonderen Werk getrieben wird und in der vordersten Kampflinie steht, wird oft einen Rückschlag erleiden, wenn der Druck weicht. Verzweiflung kann auch den mutigsten Glauben erschüttern und den standhaftesten Willen schwächen. Aber Gott versteht uns. Er hat noch immer Mitleid mit uns und liebt uns. Er kennt unsere Motive und die Absichten unseres Herzens. Geduldig zu warten und zu vertrauen, wenn alles ringsum finster zu sein scheint ist die Lektion, die Führungskräfte im Werk Gottes lernen müssen. Der

 Himmel wird sie am Tag ihres Unglücks nicht verlassen. Nichts ist offensichtlich hilfloser und dabei doch unbesiegbarer als ein Mensch, der seine Nichtigkeit erkennt und sich völlig auf Gott verlässt.

Die Lektion aus der Erfahrung Elias, Gott in der Stunde der Prüfung neu zu vertrauen, ist nicht nur für Männer in hohen Verantwortungspositionen bestimmt. ER, der Elias Stärke war, ist mächtig genug, um jedes Seiner kämpfenden Kinder zu beschützen, egal wie schwach es auch sein mag. Er erwartet von jedem Treue und gewährt allen ausreichend Kraft für die Notlage, in der sie sich befinden. In seiner eigenen Kraft ist der Mensch schwach, aber in der Macht Gottes ist er stark genug, das Böse zu überwinden und anderen beim Überwinden zu helfen. Satan kann niemals Vorteil über einen Menschen erlangen, der Gott zu seiner Verteidigung macht. »Im HERRN habe ich Gerechtigkeit und Stärke.« Jesaja 45,24

Du Nachfolger Christi, Satan kennt deine Schwächen. Klammere dich deshalb an Jesus. Wenn du in Gottes Liebe bleibst, kannst du jede Prüfung bestehen. Die Gerechtigkeit Christi allein kann dir die Kraft verleihen, den Lauf des Bösen aufzuhalten, das die Welt geradezu überschwemmt. Bringe Glauben in deine Erfahrung, denn er erleichtert jede Last und befreit von jeder Müdigkeit. Was uns jetzt geheimnisvoll und unverständlich an Gottes Fügungen erscheint, wird sich auflösen, wenn wir Gott weiterhin vertrauen. Gehe im Glauben den Weg, den ER dir weist. Prüfungen werden kommen, gehe aber trotzdem vorwärts. Das wird deinen Glauben stärken und dich für den Dienst bereit machen. Die heilige Geschichte wurde nicht nur deshalb aufgeschrieben, dass wir sie lesen und uns wundern, sondern damit derselbe Glaube, der einst in den Dienern Gottes wirkte, auch in uns tätig sei. Wo sich Gott die Herzen im Glauben öffnen, um zu Kanälen Seiner Kraft zu werden, wird der Herr heute genauso mächtig wirken wie damals.

An uns richten sich wie an Petrus die Worte: »Siehe, der Satan hat euch begehrt, um euch zu sichten wie den Weizen; ich aber habe für dich gebetet, dass dein Glaube nicht aufhöre.« Lukas 22,31f Christus wird niemals diejenigen verlassen, für die Er gestorben ist. Wir mögen Ihn vielleicht verlassen und durch Versuchung überwältigt werden, aber Christus kann sich niemals von einem Menschen abwenden, für den Er das Lösegeld Seines eigenen Leben bezahlt hat. Könnte unsere geistliche Sicht geschärft werden, so würden wir Menschen sehen, die vor Entmutigung lieber sterben würden. Sie sind durch Unterdrückung und Leid niedergedrückt wie ein Wagen unter einer schweren Last. Wir würden Engel sehen, die schnell diesen Versuchten zur Hilfe eilen und die sie umgebenden Scharen des Bösen zurückdrängen und ihre Füße wieder auf sicheren Grund stellen. Die zwischen diesen beiden Armeen ausgefochtenen Schlachten sind ebenso wirklich wie Schlachten, die von den Heeren dieser Welt geschlagen werden. Allerdings hängt vom Ausgang dieses geistlichen Kampfes das ewige Schicksal von Menschen ab.

In einer Vision sah der Prophet Hesekiel etwas wie eine Hand zwischen den Flügeln der Cherubim erscheinen. Das soll die Diener Gottes lehren, dass es die Macht Gottes ist, die uns den Erfolg verschafft. Von Gott als Seine Boten eingesetzte Menschen sollten nicht denken, dass Sein Werk von ihnen abhängig ist. Die Last der Verantwortung ist nicht sterblichen Menschen überlassen. ER, der weder schläft noch schlummert, Psalm 121,4 wirkt beständig an der Ausführung Seiner Absichten. ER wird Sein Werk zum Erfolg führen, die Absichten böser Menschen vereiteln und Verwirrung in die Beratungen derer bringen, die Unheil gegen Sein Volk planen. ER ist der König, der Herr der Heerscharen, der zwischen den Cherubim thront und Seine Kinder trotz Kampf und Aufruhr der Völker noch immer beschützt. Wenn die Festungen der Herrscher überwunden werden und Zornespfeile die Herzen Seiner Feinde treffen, wird Sein Volk sicher in Seiner Hand ruhen.

KAPITEL 14

IM GEIST UND IN DER KRAFT ELIAS

Auf Grundlage des biblischen Berichts

In all den Jahrhunderten, die seit der Zeit Elias vergangen sind, hat der Bericht über sein Lebenswerk denen stets Inspiration und Ermutigung gegeben, die berufen wurden, inmitten von Abfall für das Recht einzustehen. Für uns, »die wir am Ende der Zeit leben,« 1.Korinther 10,11 NGÜ hat dieser Bericht eine besondere Bedeutung. Die Geschichte wiederholt sich. Die Welt von heute hat ihre Ahabs und Isebels.

Unsere heutige Zeit ist ebenso von Götzendienst gekennzeichnet wie die Zeit Elias. Man mag zwar keine Götzentempel und keine Götzenbilder erblicken, und doch folgen Tausende den Göttern dieser Welt nach: Reichtum, Ruhm, Vergnügen und gefälligen Fabeln, die es dem Menschen erlauben, den Neigungen seines unbekehrten Herzens zu folgen. Ganze Massen haben ein falsches Verständnis von Gott und Seinem Charakter. Sie dienen genauso einem falschen Gott wie die Baalsanbeter. Sogar viele von denen, die sich selbst für Christen halten, haben sich mit Einflüssen verbündet, die unveränderlich gegen Gott und Seine Wahrheit gerichtet sind. So werden sie dazu verleitet, sich vom Göttlichen abzuwenden und menschliche Vorstellungen zu verherrlichen.

Die vorherrschende Einstellung unserer Zeit ist gekennzeichnet von Untreue und Abfall. Wegen ihrer Kenntnis der Wahrheit bezeichnet sie sich zwar stolz als erleuchtet, aber tatsächlich handelt es sich dabei um die blindeste Anmaßung. Menschliche Theorien werden erhoben und nehmen den Gott und Seinem Gesetz gebührenden Platz ein. Satan verführt Männer und Frauen mit dem Versprechen zum Ungehorsam, sie würden dabei die Freiheit und Ungebundenheit finden, die sie zu Göttern mache. Es ist ein Geist der Auflehnung gegen das klare Wort Gottes zu beobachten, eine abgöttische Verherrlichung menschlicher Weisheit über die göttliche Offenbarung. Durch die Übernahme weltlicher Gewohnheiten und Einflüsse ist der Geist der Menschen so verfinstert und verwirrt worden, dass er jegliche Fähigkeit verloren zu haben scheint, zwischen Licht und Finsternis und Wahrheit und Irrtum zu unterscheiden. Die Menschen sind so weit vom rechten Weg abgewichen, dass sie die Meinung einiger sogenannter [177/178]

Philosophen für vertrauenswürdiger als die Wahrheiten der Bibel halten. Die Einladungen und Verheißungen des Wortes Gottes und seine Drohungen gegen Ungehorsam und Götzendienst scheinen machtlos zu sein, ihre Herzen zu erreichen. Den Glauben, der Paulus, Petrus und Johannes antrieb, halten sie für altmodisch, mystisch und der Intelligenz modernen Denkens für unwürdig.

Der eigentliche Zweck des Gesetzes Gottes besteht darin, der Menschheit Glück und ewiges Leben zu schenken. Satan kann nur dann hoffen, die Absichten Gottes zu vereiteln, wenn er Männer und Frauen dazu verführt, dieses Gesetz zu missachten. Seine beständige Anstrengung ging also dahin, die Lehren des Wortes Gottes falsch darzustellen und ihre Wichtigkeit herunterzuspielen. Sein Meisterstreich war jedoch der Versuch, das Gesetz selbst zu verändern: Menschen bekennen zwar, seinen Vorschriften zu gehorchen, missachten sie aber tatsächlich.

Der Versuch, das Gesetz Gottes zu verändern, wurde treffend mit dem alten, bösartigen Brauch verglichen, Schilder an einer wichtigen Kreuzung in die verkehrte Richtung zu drehen. Diese üble Praxis verursachte schon oft große Verwirrung und großes Elend.

Auch Gott errichtete für alle Menschen, die auf diese Welt geboren werden, einen Wegweiser, ein Schild. Ein Pfeil zeigt auf willigen Gehorsam gegenüber dem Schöpfer als den Weg zu Glück und Leben, während der Pfeil in die entgegengesetzte Richtung auf den Ungehorsam als Weg zu Elend und Tod weist. Der Weg zum Glück war ebenso deutlich ausgewiesen wie der Weg zu den Freistädten zur Zeit der Israeliten. In einer für das Menschengeschlecht schlimmen Stunde drehte der Feind alles Guten das Schild herum. So haben Massen von Menschen den falschen Weg genommen.

Durch Mose unterwies der Herr die Israeliten: »Sage den Israeliten: Haltet meinen Sabbat; denn er ist ein Zeichen zwischen mir und euch von Geschlecht zu Geschlecht, damit ihr erkennt, dass ich der HERR bin, der euch heiligt. Darum haltet meinen Sabbat, denn er soll euch heilig sein. Wer ihn entheiligt, der soll des Todes sterben. Denn wer eine Arbeit am Sabbat tut, der soll ausgerottet werden ... Darum sollen die Israeliten den Sabbat halten, dass sie ihn auch bei ihren Nachkommen halten als ewigen Bund. Er ist ein ewiges Zeichen zwischen mir und den Israeliten. Denn in sechs Tagen machte der HERR Himmel und Erde, aber am siebenten Tage ruhte er und erquickte sich.« 2.Mose 31,13-17

In diesen Worten definierte der Herr Gehorsam ganz deutlich als den einzigen Weg zur Stadt Gottes. Der Mensch der Sünde hat jedoch diesen Wegweiser verändert, so dass er in die falsche Richtung wies. Er hat einen falschen Sabbat eingesetzt und dafür gesorgt, dass alle Menschen denken, dass sie durch das

Ruhen an diesem Tag dem Gebot des Schöpfers folgen.

Gott erklärte den siebten Tag zum Sabbat des Herrn. Als »der Himmel und die Erde vollendet« wurden, erhöhte Er selbst diesen Tag zum Denkmal an Sein schöpferisches Werk. Weil Er an diesem Tag »von allen seinen Werken, die er gemacht hatte,« ruhte, »segnete [Gott] den siebten Tag und heiligte ihn.« 1. Mose 2,1-3

Zur Zeit des Auszugs aus Ägypten wurde der Sabbat dem Volk Gottes deutlich vor Augen gehalten. Als sie noch in Sklaverei lebten, hatten ihre Fronvögte versucht, sie durch eine zunehmende Wochenarbeitslast dazu zu zwingen, am Sabbat zu arbeiten. Immer wieder wurden die Arbeitsbedingungen erschwert und verschärft. Schließlich wurden die Israeliten aus dieser Sklaverei befreit und an einen Ort gebracht, wo sie unbelästigt alle Vorschriften des Herrn einhalten konnten. Am Sinai wurde das Gesetz verkündigt. Mose wurde anschließend eine Abschrift auf steinernen Tafeln übergeben, »beschrieben von dem Finger Gottes.« 2.Mose 31,18 Während der fast 40 Jahre der Wüstenwanderung wurden die Israeliten ständig an den von Gott verordneten Ruhetag erinnert, indem ihnen am jeweils siebten Tag kein Manna gegeben wurde. Dafür fiel am Freitag, dem Rüsttag, die doppelte Menge. vgl. 2.Mose 16

Bevor die Israeliten das verheißene Land betraten, wurden sie von Mose noch einmal ermahnt: »Den Sabbattag sollst du halten, dass du ihn heiligst.« 5.Mose 5,12 Es war die Absicht Gottes, Israel durch ihren treuen Gehorsam gegenüber dem Sabbatgebot ständig an ihre Verantwortlichkeit gegenüber ihrem Schöpfer und Erlöser zu erinnern. Solange sie den Sabbat in der richtigen Geisteshaltung hielten, konnte keine Götzenanbetung aufkommen. Sollte man jedoch die Ansprüche dieses Gebotes als nicht länger bindend beiseite setzen, würde der Schöpfer in Vergessenheit geraten und die Menschen würden andere Götter anbeten. Gott sprach: »Ich gab ihnen auch meine Sabbate zum Zeichen zwischen mir und ihnen, damit sie erkannten, dass ich der HERR bin, der sie heiligt.« Dennoch verachteten sie »meine Gesetze« und lebten »nicht nach meinen Geboten« und entheiligten »meine Sabbate, ... denn sie folgten den Götzen ihres Herzens nach.« Als Gott sie aufforderte, zu Ihm zurückzukehren, lenkte Er ihre Aufmerksamkeit erneut auf die Wichtigkeit der Sabbatheiligung: »Ich bin der HERR, euer Gott. Nach meinen Geboten sollt ihr leben, und meine Gesetze sollt ihr halten und danach tun; und meine Sabbate sollt ihr heiligen, dass sie ein Zeichen seien zwischen mir und euch, damit ihr wisst, dass ich, der HERR, euer Gott bin.« Hesekiel 20,12.16.19f

Als der Herr die Aufmerksamkeit Judas auf die Sünden lenkte, die später zur babylonischen Gefangenschaft führten, sagte er: »Du ... entheiligst meine Sabbate. ... So gieße ich meinen Zorn über sie aus, im Feuer meines Grimms vernichte ich sie, ihren Weg bringe ich auf ihren Kopf, spricht der Herr, HERR.« Hesekiel 22,8.31

Bei der Wiederherstellung Jerusalems in den Tagen Nehemias wurde dem Sabbatbruch mit der strengen Frage begegnet: »Haben eure

Väter nicht ebenso gehandelt, so dass unser Gott all dies Unheil über uns und über diese Stadt brachte? Und ihr steigert die Zornglut über Israel, indem ihr den Sabbat entheiligt!« Nehemia 13,18 ELB

Christus betonte während seines Dienstes auf dieser Erde die Verbindlichkeit des Sabbatgebotes. All Seine Lehren belegten Seine Ehrfurcht für die von Ihm selbst gegebene Einrichtung. Zu Seiner Zeit war der Sabbat so entstellt, dass seine Befolgung eher der Selbstsucht und dem Eigenwillen des Menschen entsprach als dem Charakter Gottes. Christus setzte die falschen Lehren beiseite, wodurch Gott von denjenigen, die Ihn angeblich so gut kannten, falsch dargestellt wurde. Obwohl Jesus deshalb von den Rabbis mit erbarmungsloser Feindschaft verfolgt wurde, gab Er sich nicht einmal den Anschein, als würde Er ihre Anforderungen einhalten. Vielmehr hielt Er den Sabbat unbeirrt nach dem Gesetz Gottes.

In unmissverständlicher Sprache bezeugte Christus Seine Wertschätzung für das Gesetz des Herrn. »Ihr sollt nicht meinen, dass ich gekommen bin, das Gesetz oder die Propheten aufzulösen; ich bin nicht gekommen aufzulösen, sondern zu erfüllen. Denn wahrlich, ich sage euch: Bis Himmel und Erde vergehen, wird nicht vergehen der kleinste Buchstabe noch ein Tüpfelchen vom Gesetz, bis es alles geschieht. Wer nun eines von diesen kleinsten Geboten auflöst und lehrt die Leute so, der wird der Kleinste heißen im Himmelreich; wer es aber tut und lehrt, der wird groß heißen im Himmelreich.« Matthäus 5,17-19

Im christlichen Zeitalter hat der große Feind menschlichen Glücks den Sabbat des vierten Gebots zum Ziel seiner besonderen Angriffe gemacht. Satan erklärt dazu: Ich werde der Absicht Gottes entgegen wirken und meine Nachfolger befähigen, Gottes Denkmal, den Siebenten-Tag-Sabbat, beiseite zu setzen. So werde ich der Welt zeigen, dass der von Gott gesegnete und geheiligte Tag verändert wurde. Dieser Tag soll in den Gedanken der Menschen vergessen werden. Ich werde die Erinnerung an ihn auslöschen und an seine Stelle einen Tag setzen, der nicht die Beglaubigung Gottes besitzt und auch kein Zeichen zwischen Gott und Seinem Volk sein kann. Ich werde die Menschen, die diesen Tag annehmen, so weit bringen, dass sie diesem Tag die Heiligkeit zusprechen, die Gott auf den siebten Tag gelegt hat.

Durch meinen Statthalter werde ich mich selbst verherrlichen. Der erste Tag der Woche wird erhöht werden, und selbst die protestantische Welt wird diesen falschen Sabbat als echt annehmen. Durch die Nichtbeachtung des von Gott selbst eingesetzten Sabbats werde ich für die Missachtung Seines Gesetzes sorgen. Die Worte »ein ewiges Zeichen zwischen mir und euch« werde ich auf meinen Sabbat anwenden.

So wird die Welt mir gehören. Ich werde der Fürst dieser Welt sein, der Herr-
 scher der ganzen Erde. Ich werde die Gedanken der Menschen

so sehr unter meine Kontrolle bringen, dass Gottes Sabbat abgrundtief verachtet wird. Ein Zeichen [soll das Halten des Sabbats sein]? Ich werde das Halten des siebten Tages zum Zeichen des Ungehorsams gegenüber irdischen Autoritäten machen. Die menschlichen Gesetze werden so eingeschärft werden, dass niemand es wagen wird, den Siebten-Tag-Sabbat zu halten. Aus Furcht, dass es ihnen an Nahrung und Kleidung fehlen wird, werden sich alle mit der Welt verbinden und das Gesetz Gottes brechen. Die Erde wird vollständig unter meiner Herrschaft stehen."

Mit dem Aufrichten eines falschen Sabbats beabsichtigte der Feind, Zeiten und Gesetz zu ändern. War er aber tatsächlich erfolgreich in seinem Bemühen, das Gesetz Gottes zu ändern? Die Worte aus 2. Mose 31 geben die Antwort auf diese Frage. ER, der derselbe gestern, heute und in alle Ewigkeit ist, erklärte über den Siebenten-Tags-Sabbat: Er ist »ein Zeichen zwischen mir und euch für all eure Generationen.« »Er ist ein Zeichen ... für ewig.« 2.Mose 31,13.17 ELB Das veränderte Schild weist in die falsche Richtung, aber Gott hat sich nicht verändert. Er ist noch immer der mächtige Gott Israels. »Siehe, die Völker sind geachtet wie ein Tropfen am Eimer und wie ein Sandkorn auf der Waage. Siehe, die Inseln sind wie ein Stäublein. Der Libanon wäre zu wenig zum Feuer und seine Tiere zu wenig zum Brandopfer. Alle Völker sind vor ihm wie nichts und gelten ihm als nichtig und eitel.« Jesaja 40,15-17 ER wacht noch immer so eifersüchtig über Sein Gesetz wie einst in den Tagen Ahabs und Elias.

Aber wie sehr wird dieses Gesetz doch missachtet! Wohin man schaut sieht man die Welt in offener Rebellion gegen Gott. Die jetzige Generation ist in der Tat trotzig, undankbar, formal, unehrlich, stolz und im Abfall. Die Menschen missachten die Bibel und hassen die Wahrheit. Jesus sieht, wie man Sein Gesetz verwirft, Seine Liebe missachtet und Seine Botschafter gleichgültig behandelt. ER hat den Menschen Sein Erbarmen gezeigt, aber sie reagierten nicht; ER hat sie immer wieder gewarnt, aber sie beachteten es nicht. Die menschliche Seele wurde ebenso wie einst die Vorhöfe des Tempels in einen Ort unheiligen Handels verwandelt, an dem Selbstsucht, Neid, Stolz und Heimtücke hoch geschätzt werden. vgl. Matthäus 21,13

Viele verspotten ohne Zögern das Wort Gottes und verlachen diejenigen, die diesem Wort genauso glauben, wie es geschrieben wurde. Eine zunehmende Verachtung für Recht und Ordnung greift um sich, die direkt auf die Missachtung der klaren Gebote des Herrn zurückzuführen ist. Gewalt und Verbrechen sind das Ergebnis davon, dass man sich vom Weg des Gehorsams abwendet. Man kann den elenden und erbärmlichen Zustand der Menschenmassen sehen, die sich vor den Altären ihrer Idole niederwerfen und vergeblich nach Glück und Frieden suchen.

Man sieht auch die fast überall vorherrschende Missachtung des Sabbatgebots und die trotzige Gottlosigkeit derer, die zwar Gesetze in Kraft setzen, um die angebliche Heiligkeit des ersten Wochentags zu schützen, gleichzeitig aber Gesetze machen, um den Verkauf alkoholischer Getränke zu ermöglichen. Sie halten sich für weiser als das geschriebene Wort. Deshalb versuchen sie, dem menschlichen Gewissen Gewalt anzutun und billigen Bosheit und Gewalttat. Diese zerstören die Menschen, die nach dem Bild Gottes geschaffen sind. Es ist Satan höchstpersönlich, der zu solchen Gesetzen anstachelt. Er weiß nur zu gut, dass der Fluch Gottes auf allen ruht, die menschliche Gesetze über die göttlichen erhöhen. Deshalb tut er alles, was in seiner Kraft steht, um die Menschen auf den breiten Weg zu führen, der schließlich in ihrem Untergang endet.

Menschen haben schon solange menschliche Meinungen und menschliche Regelungen angebetet, dass fast die ganze Welt ihren Idolen nachfolgt. Der Feind, der es wagte, das Gesetz Gottes zu verändern, benutzt jede Form der Täuschung, um Männer und Frauen dahin zu bringen, sich gegen Gott und das Zeichen zu stellen, woran die Gerechten zu erkennen sind. Der Herr wird jedoch nicht zulassen, dass Sein Gesetz straflos gebrochen und verachtet wird. Es kommt eine Zeit, in der »die stolzen Augen der Menschen erniedrigt werden und der Hochmut der Männer wird gebeugt werden; der Herr aber wird allein erhaben sein an jenem Tag.« Jesaja 2,11 Der Zweifelgeist mag Witze über die Ansprüche des Gesetzes Gottes reißen, es mit Spott überhäufen und mit Ablehnung behandeln. Der Geist der Weltlichkeit mag viele anstecken und einige tatsächlich auch beherrschen, die Sache Gottes mag sich nur durch große Kraftanstrengung und beständige Opfer behaupten, am Ende jedoch wird die Wahrheit herrlich triumphieren.

Im Abschlusswerk Gottes auf dieser Erde wird Sein Gesetz als Maßstab wieder erhoben werden. Mag falsche Religion die Vorherrschaft gewinnen, die Liebe von vielen erkalten, das Kreuz von Golgatha aus den Augen verloren werden und sich Finsternis wie ein Leichentuch über die Erde verbreiten; mag sich die ganze Macht der öffentlichen Meinung gegen die Wahrheit wenden, mag Anschlag auf Anschlag geschmiedet werden, um das Volk Gottes zu vernichten: in der Stunde der größten Gefahr wird der Gott Elias Menschen als Seine Werkzeuge erwecken, um eine Botschaft zu verkündigen, die nicht zum Schweigen gebracht werden kann. In den dicht bevölkerten Städten und dort, wo Menschen in ihrer Lästerung gegen den Höchsten am weitesten gegangen sind, wird man die Stimme ernsten Tadels hören. Mutig werden von Gott eingesetzte Männer die Vereinigung der Gemeinde mit der Welt öffentlich anprangern. Ernst werden sie Männer und Frauen dazu aufrufen, sich von der Befolgung einer menschlichen Einrichtung zur Befolgung des wahren Sabbats zu wenden. »Fürchtet Gott und gebt ihm die Ehre.« Sie werden »allen Nationen« verkünden:

»Denn die Stunde seines Gerichts ist gekommen! Und betet an den, der gemacht hat Himmel und Erde und Meer und die Wasserquellen! ... Wenn jemand das Tier anbetet und sein Bild und nimmt das Zeichen an seine Stirn oder an seine Hand, der wird von dem Wein des Zornes Gottes trinken, der unvermischt eingeschenkt ist in den Kelch seines Zorns.« Offenbarung 14,7-10

Gott wird weder Seinen Bund brechen noch irgendein Wort verändern, das über Seine Lippen gegangen ist. Sein Wort wird ebenso unveränderlich ewig bestehen wie Sein Thron. Im Gericht wird dieser Bund ans Licht gebracht werden, der vom Finger Gottes höchstpersönlich deutlich sichtbar aufgeschrieben wurde. Die Welt wird vor den Schranken der unendlichen Gerechtigkeit erscheinen müssen, um ihre Strafe zu empfangen.

Die Grenzlinie zwischen Gottes Gebote haltendem Volk und den Nachfolgern anderer Götter ist heute ebenso klar gezogen wie in den Tagen Elias. »Wie lange wollt ihr noch hin- und herschwanken?« Elia rief dem Volk zu: »Wenn der Herr Gott ist, folgt ihm! Wenn aber Baal Gott ist, dann folgt ihm!« 1.Könige 18,21 NLB Die Botschaft für die heutige Zeit lautet: »Sie ist gefallen, sie ist gefallen, Babylon, die Große, ... Geht hinaus aus ihr, mein Volk, dass ihr nicht teilhabt an ihren Sünden und nichts empfangt von ihren Plagen! Denn ihre Sünden reichen bis an den Himmel und Gott denkt an ihren Frevel.« Offenbarung 18,2.4f

Die Zeit ist nicht mehr weit, in der jeder Mensch geprüft wird. Das Halten des falschen Sabbats wird uns aufgezwungen werden. In dieser Auseinandersetzung geht es um [den Unterschied] zwischen den Geboten Gottes und menschlichen Geboten. Wer sich Schritt für Schritt weltlichen Anforderungen unterworfen und an weltliche Gebräuche angepasst hat wird sich dann dem Zwang unterwerfen, anstatt sich Spott, Beleidigung, angedrohter Gefängnishaft oder gar dem Tod auszusetzen. In dieser Zeit wird das echte Gold von den Schlacken getrennt werden. Wahre Frömmigkeit wird sich deutlich vom bloßen Schein und Glitter unterscheiden. Manch ein Stern, den wir wegen seines Glanzes bewunderten, wird dann in Finsternis verlöschen. Wer die Kleidung des Heiligtums nur äußerlich angenommen hat, jedoch nicht mit der Gerechtigkeit Christi bekleidet ist, wird dann in der Schande seiner Nacktheit dastehen.

Unter den Bewohnern dieser Erde befinden sich verstreut in alle Länder Menschen, die ihre Knie nicht vor Baal gebeugt haben. Wie die Sterne des Himmels, die nur in der Nacht sichtbar sind, werden diese Treuen dann hell strahlen, wenn Finsternis die Erde und Dunkel die Völker bedeckt. Im heidnischen Afrika, in den katholischen Ländern Europas und Südamerikas, in China, Indien und den Inseln der Meere und jedem finsteren Winkel der Erde hat Gott einen Sternenhimmel von Auserwählten bereit. Sie offenbaren einer abgefallenen Welt deutlich die umwandelnde Macht des Gehorsams gegenüber dem [188/189] göttlichen Gesetz. Schon jetzt zeigen sie sich in jedem Land, in jeder Sprache und unter jedem Volk. In der Stunde des tiefsten Abfalls, wenn Satans äußerste Anstrengungen dahin gehen, »dass sie allesamt, die Kleinen und Großen, die Reichen und Armen, die Freien und Sklaven,« unter Androhung des Todes das Treuezeichen eines falschen Ruhetags empfangen, werden diese Treuen »ohne Tadel und lauter« als »Gottes Kinder, ohne Makel mitten unter einem verdorbenen und verkehrten Geschlecht,« »als Lichter in der Welt« scheinen. Offenbarung 13,16; Philipper 2,15 Je finsterer die Nacht, umso heller werden sie strahlen.

Wie befremdend wäre es doch es gewesen, wenn Elia Israel gezählt hätte, als die Gerichte Gottes über das abtrünnige Volk hereinbrachen! Er hätte nur eine Person auf der Seite des Herrn zählen können. Als er aber sagte: »Ich allein bin übriggeblieben, und sie trachten danach, mir das Leben zu nehmen,« überraschte ihn das Wort des Herrn: »Ich aber habe in Israel siebentausend übrigbleiben lassen, nämlich alle, die ihre Knie nicht gebeugt haben vor Baal!« 1.Könige 19,14.18

Es soll daher niemand versuchen, Israel heute zu zählen. Vielmehr sollte jeder ein fleischernes Herz haben, ein Herz voll zarten Mitgefühls, das sich wie das Herz Christi für die Errettung einer verlorenen Welt einsetzt.

KAPITEL 15

JOSAPHAT

Auf Grundlage des biblischen Berichts

Bis zu seiner Thronbesteigung im Alter von 35 Jahren hatte Josaphat das gute Beispiel des Königs Asa vor sich, der in fast jeder Krise das getan hatte, »was dem HERRN wohlgefiel.« 1.Könige 15,11 In den 25 Jahren seiner erfolgreichen Herrschaft folgte Josaphat »ganz dem Vorbild seines Vaters Asa und wich nicht davon ab.« 1.Könige 22,43; NLB

Durch seine Anstrengungen, weise zu regieren, gelang es Josaphat, seine Untertanen zu überzeugen, eine feste Haltung gegen den Götzendienst einzunehmen. Viele Bürger seines Reiches »brachten [auf den Opferhöhen] Schlacht- und Räucheropfer dar.« 1.Könige 22,44 NeUE Der König zerstörte diese Heiligtümer nicht gleich, aber er versuchte von Anfang an, Juda vor den Sünden zu bewahren, die das Nordreich unter der Herrschaft Ahabs kennzeichneten, dessen Zeitgenosse er viele Jahre lang war. Josaphat selbst war Gott gegenüber treu. »Er verehrte nicht die Baale, sondern hielt sich an den Gott seines Vaters und befolgte im Gegensatz zu den Israeliten Gottes Gebote.« Wegen seiner Unbestechlichkeit war der Herr mit ihm und »bestätigte Josaphats Königtum.« 2.Chronik 17,3-5 NeUE

»Und ganz Juda gab Josaphat Geschenke und er hatte großen Reichtum und viel Ehre. Und als er in den Wegen des HERRN noch mutiger wurde,« und seine Reformationen Erfolg hatten, »entfernte er wieder die Opferhöhen und die Ascherabilder aus Juda.« 2.Chronik 17,5-6 »Er schaffte auch die Männer, die sich für den Fruchtbarkeitskult prostituiert hatten, aus dem Land, denn es waren noch welche aus der Zeit seines Vaters Asa übrig geblieben.« 1.Könige 22,47 NeUE So wurden die Einwohner Judas allmählich von vielen Gefahren befreit, die ihre geistliche Entwicklung ernsthaft bedroht hätten.

Im ganzen Reich benötigte das Volk Unterweisung im Gesetz Gottes, denn in dessen Verständnis lag ihre Sicherheit. Durch die Anpassung ihres Lebens an die Anforderungen des Gesetzes würden sie gegenüber Gott und den Menschen treu werden. Weil Josaphat dies wusste, unternahm er die notwendigen Schritte, um sicherzustellen, dass sein Volk eine gründliche Unterweisung der Heiligen Schriften bekam. Die für die unterschiedlichen Teile seines Reiches verantwortlichen Fürsten wurden angewiesen, einen zuverlässigen und treuen Lehrdienst der Priester einzurichten. Auf königlichen Befehl standen diese Lehrer unter der direkten Überwachung der Fürsten. Sie »zogen in allen Städten Judas umher und lehrten das Volk.« 2.Chronik 17,7-9 Weil viele sich bemühten, die Anforderungen Gottes zu verstehen und die Sünde zu lassen, wurde eine Erweckung bewirkt.

Josaphat verdankte der weisen Fürsorge für die geistlichen Bedürfnisse seiner Untertanen einen Großteil seines Wohlergehens als Herrscher. Im Gehorsam gegenüber dem Gesetz Gottes liegt großer Gewinn. In der Übereinstimmung mit den göttlichen Anforderungen liegt eine verändernde Macht, die Frieden und Wohlwollen unter den Menschen herbeiführt. Würden die Lehren des Wortes Gottes zum bestimmenden Einfluss im Leben jedes Mannes und jeder Frau gemacht und Geist und Herz unter dessen besänftigende Macht gebracht, gäbe es die jetzt im nationalen und sozialen Leben bestehenden Übel nicht. Jedes Heim würde einen Einfluss ausstrahlen, der Männern und Frauen gute geistliche Einsicht und starke moralische Kraft verleihen würde. So würden Einzelpersonen und ganze Nationen in eine günstige Stellung gebracht.

Viele Jahre lang lebte Josaphat in Frieden und wurde von den umliegenden Reichen nicht belästigt. »Da kam der Schrecken des HERRN über alle Königreiche der Länder, die um Juda herum lagen.« Aus dem Philisterland erhielt er Geld als Abgaben und aus Arabien große Herden von Schafen und Ziegen. »So wurde Joschafat immer mächtiger. Und er baute in Juda Burgen und Städte mit Kornspeichern. ... Kriegsleute, streitbare Männer, dienten dem König außer denen, die der König in die festen Städte von ganz Juda gelegt hatte.« 2.Chronik 17,10.12.13.19 Reich gesegnet mit »großem Reichtum und viel Ehre« war es ihm möglich, einen mächtigen Einfluss für Wahrheit und Gerechtigkeit auszuüben. 2.Chronik 18,1

Einige Jahre nach seiner Thronbesteigung stimmte Josaphat, der sich gerade auf der Höhe seines Wohlstands befand, der Heirat seines Sohnes Joram mit Athalia zu, der Tochter Ahabs und Isebels. Dadurch wurde zwischen den Königreichen Juda und Israel ein Bündnis hergestellt, das nicht nach dem Willen Gottes war und in einer Krisenzeit Unglück über den König und viele seiner Untertanen brachte.

Bei einer Gelegenheit besuchte Josaphat den König von Israel in Samaria. Dem königlichen Gast aus Jerusalem wurde besondere Ehre zuteil, und vor dem Abschluss seines Besuches wurde er überredet, sich mit dem König von Israel zu einem Krieg gegen die Syrer zu verbünden. Ahab hoffte, durch die Vereinigung seiner Streitkräfte mit denen von Juda, die Stadt Ramot wiederzuerlangen, eine der alten Zufluchtsstätten, die, so argumentierte er, rechtmäßig den Israeliten gehöre.

Obwohl Josaphat in einem Augenblick der Schwäche voreilig versprochen hatte, sich mit dem König von Israel in seinem Krieg gegen die Syrer zu verbünden, brachte ihn doch seine bessere Einsicht dazu, Gott nach seinem Willen bezüglich dieser Unternehmung zu fragen. »Frage doch zuerst nach dem Wort des HERRN!« schlug er Ahab vor. Als Reaktion darauf rief Ahab 400 der falschen Propheten Samarias zusammen und fragte sie: »Sollen wir nach Ramot in Gilead in den Kampf ziehen oder soll ich's lassen?« Sie antworteten ihm: »Zieh hinauf! Gott wird es in des Königs Hand geben.« 2.Chronik 18,4f

Mit dieser Antwort unzufrieden versuchte Josaphat, den tatsächlichen Willen Gottes herauszufinden. So fragte er: »Ist hier kein Prophet des Herrn mehr, den wir fragen könnten?« Ahab antwortete ihm: »Es gibt noch einen Mann, durch den man den Herrn befragen kann; aber ich hasse ihn, denn er weissagt mir nichts Gutes, sondern immer nur Böses; das ist Micha, der Sohn Jimlas!« 2.Chronik 18,6f vgl. 1.Könige 22,7f Josaphat hielt jedoch an seiner Bitte fest, den Mann Gottes zu rufen. Er wurde also herbeigerufen und von Ahab beschworen, dass er »nichts als die Wahrheit sagen« solle »im Namen des Herrn.« Daraufhin sagte Micha: »Ich sah ganz Israel auf den Bergen zerstreut, wie Schafe, die keinen Hirten haben; und der Herr sprach: Diese haben keinen Herrn; ein jeder kehre wieder heim in Frieden!« 2.Chronik 18,16f

Die Worte des Propheten sollten den Königen eigentlich ausreichend gezeigt haben, dass ihr Projekt nicht das Wohlgefallen des Himmels besaß, aber keiner der Herrscher fühlte die Neigung, diese Warnung zu beachten. Ahab hatte bereits seinen Kurs festgelegt und war fest entschlossen, diesem auch zu folgen. Joschafat hatte sein Ehrenwort gegeben und gesagt: »Wir wollen mit dir in den Kampf« und war jetzt nach diesem Versprechen abgeneigt, sein Heer zurückzuziehen. 2.Chronik 18,3 »So zogen der König von Israel und Joschafat, der König von Juda, hinauf gegen Ramot in Gilead.« 1.Könige 22,29

In dem sich anschließenden Kampf wurde Ahab durch einen Pfeil getroffen und starb schließlich am Abend. »Und man ließ ausrufen im Heer, als die Sonne unterging: Ein jeder gehe in seine Stadt und in sein Land.« 1.Könige 22,36 So wurde das Wort des Propheten erfüllt.

Nach dieser verheerenden Schlacht kehrt Josaphat wieder nach Jerusalem zurück. Als er sich der Stadt näherte, ging ihm der Prophet Jehu mit dem Tadel entgegen: »Sollst du so dem Gottlosen helfen und die lieben, die den HERRN hassen? Darum kommt über dich der Zorn vom HERRN. Etwas Gutes ist aber doch an dir gefunden, dass du die Bilder der Aschera aus dem Lande ausgetilgt und dein Herz darauf gerichtet hast, Gott zu suchen.« 2.Chronik 19,2f

Die späteren Jahre der Herrschaft Josaphats wurden hauptsächlich dazu verwendet, die nationale und geistliche Verteidigungskraft von Juda zu stärken. »Und er zog wieder im Volk umher von Beerscheba an bis auf das Gebirge Ephraim und brachte sie zurück zu dem HERRN, dem Gott ihrer Väter.« 2.Chronik 19,4

Einer der wichtigen vom König eingeschlagenen Schritte war die Errichtung und Aufrechterhaltung effizienter Gerichtshöfe. »Er bestellte Richter im Lande in allen festen Städten Judas, Stadt für Stadt.« Die Verantwortlichen wies er ernst an: »Seht zu, was ihr tut! Denn ihr haltet Gericht nicht im Namen von Menschen, sondern im Namen des HERRN, und er ist bei euch, wenn ihr Recht sprecht. Darum lasst die Furcht des HERRN bei euch sein, haltet und tut das Recht; denn bei dem HERRN, unserm Gott, ist kein Unrecht, weder Ansehen der Person noch Annehmen von Geschenken.« 2.Chronik 19,5-7

Das Rechtssystem wurde durch die Gründung eines Berufungsgerichts, eines obersten Gerichtshofes in Jerusalem vollendet. Hier »bestellte Josaphat in Jerusalem einige aus den Leviten und Priestern und Sippenhäuptern Israels für das Gericht des HERRN und für die Streitfälle der Einwohner Jerusalems.« 2.Chr. 19,8

Der König forderte nun diese Richter dazu auf, ihrer Verantwortung treu zu sein. »So sollt ihr handeln in der Furcht des Herrn, in Wahrheit und mit ungeteiltem Herzen: In jedem Rechtsstreit, der vor euch gebracht wird von seiten eurer Brüder, die in ihren Städten wohnen, sei es zwischen Blut[tat] und Blut[tat] oder zwischen Gesetz und Gebot, Satzungen und Rechten, sollt ihr sie verwarnen, damit sie sich nicht an dem Herrn versündigen und sein Zorn nicht über euch und eure Brüder komme. So sollt ihr handeln, damit ihr euch nicht schuldig macht!« 2.Chronik 19,9f

»Und siehe, Amarja, der oberste Priester, ist über euch gesetzt für alle Angelegenheiten des Herrn; Sebadja aber, der Sohn Ismaels, der Fürst des Hauses Juda, für alle Angelegenheiten des Königs, und als Vorsteher stehen euch die Leviten zur Verfügung. Seid stark und handelt! Der Herr aber sei mit dem Rechtschaffenen!« 2.Chronik 19,11

Indem Joschafat die Rechte und Freiheiten seines Volkes sorgsam schützte, betonte er die Wertschätzung, die jedes Glied der menschlichen Familie beim Gott der Gerechtigkeit, dem Herrscher des Universums bekommt. »Gott steht in der Gottesversammlung, inmitten der Mächtigen richtet er.« Denjenigen, die eingesetzt sind, um als Richter unter Ihm agieren, sagt ER: »Schafft Recht dem Geringen und der Waise, den Elenden und Armen lasst Gerechtigkeit widerfahren! Befreit den Geringen und Bedürftigen, errettet ihn aus der Hand der Gottlosen!« Psalm 82,1.3f

Gegen Ende der Herrschaft Josaphats wurde das Reich Juda von einer Armee überfallen, vor deren Herannahen die Bewohner des Landes nicht grundlos zitterten. »Danach kamen die Moabiter, die Ammoniter und mit ihnen auch Mëuniter, um gegen Joschafat zu kämpfen.« Ein Bote brachte dem König die Nachricht von dieser Invasion mit den erschütternden Worten: »Es kommt gegen dich eine große Menge von jenseits des Salzmeeres, von Edom, und siehe, sie sind schon in Hazezon-Tamar, das ist En-Gedi.« 2.Chronik 20,1f

Josaphat war ein mutiger und tapferer Mann. Jahrelang hatte er seine Armee und seine befestigten Städte aufgebaut. Er war gut vorbereitet, um fast jedem Feind zu begegnen, dennoch setzte er in dieser Krise sein Vertrauen nicht auf Fleisch und Blut. Nicht durch gut ausgebildete Armeen und befestigte Städte, sondern durch einen lebendigen Glauben an den Gott Israels konnte er hoffen, den Sieg über diese Heiden zu erlangen, die sich ihrer Macht rühmten, das Reich Juda vor den Augen der umliegenden Nationen zu demütigen.

»Josaphat aber fürchtete sich und richtete sein Angesicht darauf, den HERRN zu suchen; und er ließ in ganz Juda ein Fasten ausrufen. Und Juda kam zusammen, den HERRN zu suchen; auch aus allen Städten Judas kamen sie, den HERRN zu suchen.« 2.Chronik 20,3f

Josaphat stand im Vorhof des Tempels und schüttete Gott sein Herz im Gebet aus. Er hielt Gott Seine Verheißungen vor und bekannte gleichzeitig die Hilflosigkeit Israels. »HERR, du Gott unserer Väter, bist du nicht Gott im Himmel und Herrscher über alle Königreiche der Heiden? Und in deiner Hand ist Kraft und Macht, und es ist niemand, der dir zu widerstehen vermag. Hast du, unser Gott, nicht die Bewohner dieses Landes vertrieben vor deinem Volk Israel und hast es den Nachkommen Abrahams, deines Freundes, gegeben für immer? Und sie wohnten darin und haben dir ein Heiligtum für deinen Namen gebaut und gesagt: Wenn Unglück, Schwert, Strafe, Pest oder Hungersnot über uns kommen, werden wir vor diesem Hause und vor dir stehen – denn dein Name ist in diesem Hause – und zu dir schreien in unserer Not und du wirst hören und helfen.« 2.Chronik 20,6-9

»Nun siehe, die Ammoniter, Moabiter und die vom Gebirge Seïr, durch die du Israel nicht hindurchziehen ließest, als sie aus Ägyptenland kamen – sondern sie mussten vor ihnen weichen und durften sie nicht ausrotten – siehe, sie lassen uns das entgelten und kommen, uns auszutreiben aus deinem Eigentum, das du uns gegeben hast. Unser Gott, willst du sie nicht richten? Denn in uns ist keine Kraft gegen dies große Heer, das gegen uns kommt. Wir wissen nicht, was wir tun sollen, sondern unsere Augen sehen nach dir.« 2.Chronik 20,10-12

Zuversichtlich konnte Josaphat dem Herrn sagen: »Unsere Augen sehen nach Dir.« Viele Jahre lang hatte er sein Volk gelehrt, dem Einen zu vertrauen, der in der Vergangenheit schon so oft eingegriffen hatte, um Seine Auserwählten von der völligen Zerstörung zu retten. Daher stand er nun, als das Reich in Gefahr war, nicht allein, sondern »ganz Juda stand vor dem HERRN mit [199/200] seinen Alten, Frauen und Kindern.« 2.Chronik 20,13 Vereint fasteten und beteten sie, vereint baten sie den Herrn darum, ihre Feinde zu verwirren, damit der Name Jehovas gerühmt werde.

»Gott, bleib doch nicht stumm! Schweige nicht und tue etwas, Gott! Sieh doch, wie deine Feinde toben, wie hoch deine Hasser den Kopf erheben!

Gegen dein Volk heckten sie listige Pläne aus, gegen deine Schützlinge berieten sie sich.«

»Kommt!«, sagten sie, »Wir löschen Israel aus; an dieses Volk soll niemand mehr denken! Ja, sie alle hielten einmütig Rat und schlossen einen Bund gegen dich: Das ganze Edom und die Ismaëliten, Moab und die Hagariter, Gebal, Amalek und Ammon, ... Schlage sie wie Midian und Sisera, wie Jabin am Bach Kischon. ... Bedecke mit Schmach ihr Gesicht, damit sie nach dir fragen, Jahwe! Lass sie für immer beschämt und abgeschreckt sein, lass sie zugrunde gehen in Schande! Sie sollen erkennen, dass du allein, der Jahwe heißt, der Höchste in aller Welt bist.« Psalm 83,2-8.10.17-19 NeUE

Als das Volk sich gemeinsam mit ihrem König vor Gott demütigte und Ihn um Hilfe bat, kam der Geist des Herrn über Jahasiël, »den Leviten aus den Söhnen Asaf,« 2.Chronik 20,14 und er sprach: »Merkt auf, ganz Juda und ihr Einwohner von Jerusalem und du, König Joschafat! So spricht der HERR zu euch: Ihr sollt euch nicht fürchten und nicht verzagen vor diesem großen Heer; denn nicht ihr kämpft, sondern Gott. Morgen sollt ihr gegen sie hinabziehen. Wenn sie den Höhenweg von Ziz heraufkommen, werdet ihr auf sie treffen, wo das Tal endet, vor der Wüste Jeruël. Aber nicht ihr werdet dabei kämpfen; tretet nur hin und steht und seht die Hilfe des HERRN, der mit euch ist, Juda und Jerusalem! Fürchtet euch nicht und verzagt nicht! Morgen zieht ihnen entgegen! Der HERR ist mit euch.« 2.Chronik 20,15-17 »Da beugte sich Josaphat mit seinem Antlitz zur Erde, und ganz Juda und die Einwohner von Jerusalem fielen vor dem HERRN nieder und beteten den HERRN an. Und die Leviten von den Söhnen Kehat und von den Söhnen Korach schickten sich an, den HERRN, den Gott Israels, zu loben mit laut schallender Stimme.« 2.Chronik 20,18f

Früh am Morgen machten sie sich auf und gingen in die Wüste Tekoa. Als sie dem Schlachtfeld näherkamen, sagte Josaphat: »Hört mir zu, Juda und ihr Einwohner von Jerusalem! Glaubt an den HERRN, euren Gott, so werdet ihr sicher sein, und glaubt seinen Propheten, so wird es euch gelingen. Und er beriet sich mit dem Volk und bestellte Sänger für den HERRN, dass sie in heiligem Schmuck Loblieder sängen und vor den Kriegsleuten herzögen und sprächen: Danket dem HERRN; denn seine Barmherzigkeit währet ewiglich.« 2. Chronik 20,20f Diese Sänger gingen vor der Armee her und erhoben ihre Stimmen im Lobpreis zu Gott, weil er ihnen den Sieg verheißen hatte.

Das war eine einzigartige Art und Weise gegen die Armee eines Feindes in den Kampf zu ziehen – den Herrn mit Lobgesängen zu preisen und ihn als Gott Israels zu erhöhen. Dies war ihr Schlachtgesang. Sie besaßen die Schönheit der Heiligkeit. Wenn man sich heute mehr damit beschäftigte, Gott zu preisen, würden die Hoffnung, der Mut und der Glaube stetig zunehmen. Würde das nicht auch die Hände der tapferen Soldaten stärken, die heute die Wahrheit verteidigen?

»Und als sie anfingen mit Danken und Loben, ließ der HERR einen Hinterhalt kommen über die Ammoniter und Moabiter und die vom Gebirge Seïr, die gegen Juda ausgezogen waren, und sie wurden geschlagen. Es stellten sich die Ammoniter und Moabiter gegen die Leute vom Gebirge Seïr, um sie auszurotten und zu vertilgen. Und als sie die Leute vom Gebirge Seïr alle aufgerieben hatten, kehrte sich einer gegen den andern und sie wurden einander zum Verderben.« 2.Chronik 20,22f

»Als aber Juda an den Ort kam, wo man in die Wüste sehen kann, und sie sich gegen das Heer wenden wollten, siehe, da lagen nur Leichname auf der Erde; keiner war entronnen.« 2.Chronik 20,24

Gott war die Stärke Judas in dieser Krise. ER ist auch die Stärke Seines Volkes in der heutigen Zeit. Wir sollen nicht auf Fürsten vertrauen oder Menschen an die Stelle Gottes setzen, sondern uns vielmehr daran erinnern, dass Menschen fehlbar und irrend sind und dass ER, der alle Macht hat, unser starker Verteidigungsbunker ist. In jedem Notfall sollten wir wissen, dass der Kampf Seine Sache ist. Seine Ressourcen sind unbegrenzt und die scheinbare Ausweglosigkeit wird den Sieg nur umso größer erscheinen lassen.

»Rette uns, Gott unserer Rettung, sammle uns und befreie uns aus den Nationen, dass dein heiliger Name gepriesen wird und wir uns deines Lobes rühmen!« 1.Chronik 16,35 NeUE

Mit Beute beladen kehrten die Armeen Judas zurück, »voller Freude, denn Jahwe hatte ihnen Freude an ihren Feinden geschenkt. So zogen sie mit Harfen, Zithern und Trompeten in Jerusalem ein bis vor den Tempel.« Sie hatten wirklich Grund, sich zu freuen. Gehorsam gegenüber der Anweisung: »Steht [still] und seht die Hilfe des HERRN, ... Fürchtet euch nicht und verzagt nicht!« hatten sie ihr Vertrauen ganz auf den Herrn gesetzt, und ER hatte sich als ihre Festung und ihr Befreier erwiesen. 2.Chronik 20,27f NeUE Nun konnten sie die inspirierten Lieder Davids tatsächlich mit neuem Verständnis singen:

»Gott ist unsre Zuversicht und Stärke, eine Hilfe in den großen Nöten, ... der Bogen zerbricht, Spieße zerschlägt und Wagen mit Feuer verbrennt. Seid stille und erkennet, dass ich Gott bin! Ich will der Höchste sein unter den Heiden, der Höchste auf Erden. Der Herr Zebaoth ist mit uns, der Gott Jakobs ist unser Schutz.« Psalm 46,2.10-12

»Gott, wie dein Name, so ist auch dein Ruhm bis an der Welt Enden. Deine Rechte ist voll Gerechtigkeit. Dessen freue sich der Berg Zion, und die Töchter Juda seien fröhlich, weil du recht richtest. Wahrlich, das ist Gott, unser Gott für immer und ewig. Er ist's, der uns führet.« Psalm 48,11.12.15

Durch den Glauben des Herrschers Judas und seiner Armeen kam »der Schrecken Gottes ... über alle Königreiche der Länder, als sie hörten, dass der HERR gegen die Feinde Israels gestritten hatte. Also hatte das Königreich Josaphats Frieden, und sein Gott gab ihm Ruhe ringsumher.« 2.Chronik 20,29f

KAPITEL **16**

DER UNTERGANG DES HAUSES AHAB

Auf Grundlage von 1.Könige 21 und 2.Könige 1

Der böse Einfluss, den Isebel von Anfang an über Ahab ausgeübt hatte, setzte sich auch in seinen späteren Lebensjahren noch fort und brachte Früchte, die sich in Schand- und Gewalttaten zeigten, wie sie ansonsten nur selten in der heiligen Geschichte berichtet werden. »Es war niemand, der sich so verkauft hätte, Unrecht zu tun vor dem HERRN, wie Ahab, den seine Frau Isebel verführte.« 1.Könige 21,25

Ahab war schon von Natur aus neidisch. Durch Isebel wurde er in seinen bösen Handlungen ständig bestärkt. Diesen Neigungen seines bösen Herzens war er solange gefolgt, bis er schließlich völlig durch den Geist der Selbstsucht kontrolliert wurde. Eine Ablehnung seiner Wünsche konnte er nicht ertragen, vielmehr war er überzeugt, dass die Dinge, die er wünschte, rechtmäßig ihm gehören sollten.

Der vorherrschende Charakterzug Ahabs, der das Schicksal des Reiches unter seinen Nachfolgern so unheilvoll beeinflusste, zeigt sich an einem Vorfall, der noch zu Elias Zeiten als Prophet in Israel stattfand. Direkt neben dem Palast des Königs lag ein Weinberg, der dem Jesreeliter Nabot gehörte. Ahab war darauf aus, sich diesen Weinberg anzueignen, und schlug vor, ihm diesen abzukaufen oder ihm im Austausch ein anderes Stück Land zu geben. Er sagte zu Nabot: »Gib mir deinen Weinberg; ich will mir einen Kohlgarten daraus machen, weil er so nahe an meinem Hause liegt. Ich will dir einen besseren Weinberg dafür geben oder, wenn dir's gefällt, will ich dir Silber dafür geben, soviel er wert ist.« 1.Könige 21,2

Nabot schätzte seinen Weinberg sehr hoch ein, weil er seinen Vorfahren gehört hatte, und so weigerte er sich, ihn wegzugeben. Er sagte zu Ahab: »Das lasse der HERR fern von mir sein, dass ich dir meiner Väter Erbe geben sollte!« 1.Könige 21,3 Nach levitischen Recht konnte kein Land dauerhaft durch Verkauf oder Tausch weitergegeben werden. Jeder Israelit musste »festhalten an dem Erbe des Stammes seiner Väter.« 4.Mose 36,7 Nabots Weigerung machte den selbstsüchtigen König krank. »Da kam Ahab heim voller Unmut und zornig um des Wortes willen, das Nabot, der Jesreeliter, zu ihm gesagt hatte. ... Und er legte sich auf sein Bett und wandte sein Antlitz ab und aß nicht.« 1.Könige 21,4 Isebel wusste schnell über die Umstände Bescheid. Ungehalten darüber, dass jemand es wagte, dem König einen Wunsch zu verweigern, versicherte sie Ahab, dass er nicht länger traurig zu sein brauche. »Zeige jetzt, dass du König über Israel bist!« sagte sie, »Steh auf und iss etwas und sei guten Muts! Ich will dir den Weinberg Nabots, des Jesreeliten, verschaffen!« 1. Könige 21,7

Ahab machte sich keine Gedanken darüber, mit welchen Mitteln ihm seine Frau diesen Wunsch erfüllen wollte. Isebel ging sofort daran, ihren bösen Vorsatz auszuführen. Sie schrieb Briefe im Namen des Königs, versiegelte sie mit seinem Siegel und sandte sie an die Ältesten und Edlen der Stadt, in der Nabot wohnte. Darin hieß es: »Lasst ein Fasten ausrufen und setzt Nabot obenan im Volk und stellt ihm zwei ruchlose Männer gegenüber, die da zeugen und sprechen: Du hast Gott und den König gelästert! Und führt ihn hinaus und steinigt ihn, dass er stirbt.« 1. Könige 21,9f

Das Gebot wurde befolgt. »Und die Ältesten und Oberen, die mit ihm in seiner Stadt wohnten, taten, wie ihnen Isebel entboten hatte, wie sie in den Briefen geschrieben hatte, die sie zu ihnen sandte.« 1. Könige 21,11 Danach ging Isebel zum König, forderte ihn auf, wieder aufzustehen und den Weinberg in Besitz zu nehmen. Ahab macht sich keine Gedanken um die Konsequenzen, sondern folgte blind ihrem Rat und ergriff Besitz von dem begehrten Gut.

Der König sollte sich jedoch nicht ungetadelt des Besitzes erfreuen dürfen, den er durch Betrug und Blutvergießen erlangt hatte. »Aber das Wort des Herrn erging an Elia, den Tisbiter, folgendermaßen: Mache dich auf und geh hinab, Ahab entgegen, dem König von Israel, der in Samaria ist! Siehe, er ist im Weinberg Nabots, wohin er hinabgegangen ist, um ihn in Besitz zu nehmen. Du sollst aber zu ihm sagen: So spricht der Herr: Hast du gemordet und in Besitz genommen?« 1. Könige 21,17-19 Der Herr unterwies Elia außerdem, Ahab ein schreckliches Strafgericht anzukündigen.

Der Prophet beeilte sich, dem göttlichen Gebot zu folgen. Der schuldige Herrscher, dem der strenge Bote des Herrn nun im Weinberg gegenüberstand, äußerte nur die Befürchtungen seines schlechten Gewissens, als er zu ihm sagte: »Hast du mich gefunden, mein Feind?« 1. Könige 21,20

Ohne Zögern antwortete der Bote des Herrn: »Ja, ich habe dich gefunden, weil du dich verkauft hast, Unrecht zu tun vor dem HERRN. Siehe, ich will Unheil über dich bringen und dich vertilgen samt deinen Nachkommen.« Keine Gnade sollte gezeigt werden. Das Haus Ahab sollte völlig ausgerottet werden »wie das Haus Jerobeams, des Sohnes Nebats, und wie das Haus Baschas, des Sohnes Ahijas,« ließ der Herr durch seinen Diener erklären, »um des Zornes willen, dass du mich erzürnt und Israel sündigen gemacht hast.« 1. Könige 21,20-22 Über
 Isebel ließ der Herr sagen: »Die Hunde sollen Isebel fressen

an der Mauer Jesreels. Wer von Ahab stirbt in der Stadt, den sollen die Hunde fressen, und wer auf dem Felde stirbt, den sollen die Vögel unter dem Himmel fressen.« 1. Könige 21,23f

Als der König diese furchtbare Botschaft hörte, »zerriss er seine Kleider, legte sich einen Sack um und begann zu fasten. Er schlief sogar in Sackleinen und ging sehr bedrückt umher.« 1. Könige 21,27 NLB

»Da bekam Elia aus Tischbe eine weitere Botschaft des Herrn: Hast du gesehen, wie Ahab vor mir Reue gezeigt hat? Weil er das getan hat, werde ich das Unglück nicht geschehen lassen, solange er lebt. Es wird erst seine Nachkommen treffen.« 1. Könige 21,28 NLB

Kaum drei Jahre später fand König Ahab seinen Tod durch die Hand der Syrer. Ahasja, sein Sohn und Nachfolger, »tat, was dem HERRN missfiel, und wandelte in den Wegen seines Vaters und seiner Mutter und in dem Wege Jerobeams, des Sohnes Nebats, der Israel sündigen machte, und diente dem Baal und betete ihn an und erzürnte den HERRN, den Gott Israels, wie sein Vater tat.« 1. Könige 22,52-54 Aber die Strafgerichte folgten schnell auf die Sünden des rebellischen Königs. Ein verheerender Krieg mit Moab und ein Unfall, der sein Leben bedrohte, zeigten den Zorn Gottes gegen ihn.

Nachdem Ahasja »durch das Gitter in seinem Obergemach in Samaria« 2. Könige 1,2 gefallen war und sich ernsthaft verletzt hatte, fürchtete er sich wegen der Folgen und sandte einige seiner Diener, um bei Baal-Sebub, dem Gott von Ekron, nachfragen zu lassen, ob er wieder gesund werden würde oder nicht. Der Gott Ekrons hatte den Ruf, Informationen über zukünftige Ereignisse zu geben. Dabei fungierten die Priester als Medien. Scharen von Menschen gingen dorthin, um das Orakel zu befragen, aber die Vorhersagen und Informationen, die man ihnen gab, stammten vom Fürsten der Finsternis.

Ahasjas Diener trafen auf einen Mann Gottes, der ihnen befahl, mit der Botschaft zum König zurückzukehren: »Gibt es denn keinen Gott in Israel, dass ihr hingeht, um Baal-Sebub, den Gott von Ekron, zu befragen? Und darum spricht der Herr: Du sollst von dem Bett, auf das du dich gelegt hast, nicht herunterkommen, sondern du wirst gewisslich sterben!« 2. Könige 1,3f Nachdem er diese Botschaft ausgerichtet hatte, ging der Prophet weg.

Die erstaunten Diener eilten zurück zum König und wiederholten ihm die Worte des Mannes Gottes. Der König fragte: »Wie sah der Mann aus, der euch begegnete und dies zu euch sagte?« Sie antworteten: »Er hatte langes Haar und einen Ledergurt um seine Lenden.« »Es ist Elia, der Tischbiter!« rief Ahasja aus. 2. Könige 1,7f Er wusste, wenn der Fremde, den seine Boten getroffen hatten, tatsächlich Elia gewesen war, die unheilvollen Worte auch sicher in Erfüllung gehen würden. Da er angstvoll darauf bedacht war, das ange- [207/208] drohte Strafgericht wenn möglich zu vermeiden, entschloss er sich, nach dem Propheten zu schicken.

Zweimal schickte Ahasja eine Gruppe Soldaten, um den Propheten einzuschüchtern, und zweimal zeigte sich der Zorn Gottes in ihrer Vernichtung. Die dritte Gruppe von Soldaten demütigte sich vor Gott. Ihr Hauptmann »beugte ... seine Knie vor Elia und flehte ihn an und sprach zu ihm: Du Mann Gottes, lass mein Leben und das Leben deiner Knechte, dieser fünfzig, vor dir etwas gelten!« 2. Könige 1,13

»Da sprach der Engel des HERRN zu Elia: Geh mit ihm hinab und fürchte dich nicht vor ihm! Und er machte sich auf und ging mit ihm hinab zum König. Und er sprach zu ihm: So spricht der HERR: Weil du Boten hingesandt hast und hast befragen lassen Baal-Sebub, den Gott von Ekron, als wäre kein Gott in Israel, dessen Wort man erfragen könnte, so sollst du von dem Bett nicht mehr herunterkommen, auf das du dich gelegt hast, sondern sollst des Todes sterben.« 2. Könige 1,15f

Während der Herrschaft seines Vaters hatte Ahasja die wunderbaren Werke des Allerhöchsten erlebt. Er hatte die furchtbaren Beweise gesehen, die Gott dem abgefallenen Israel gegeben hatte, um ihnen zu zeigen, wie Er die ansieht, die die bindenden Ansprüche Seines Gesetzes missachten. Ahasja hatte gehandelt, als seien diese furchtbaren Realitäten nur ein Märchen. Anstatt sein Herz vor dem Herrn zu demütigen, war er Baal nachgefolgt. Schließlich hatte er es noch gewagt, seinen Sünden durch diese gottloseste seiner Handlungen die Krone aufzusetzen. Rebellisch und unbußfertig starb Ahasja »nach dem Wort des HERRN, das Elia geredet hatte.« 2. Könige 1,17

Die Geschichte der Sünde und Bestrafung König Ahasjas beinhaltet eine Warnung, die niemand straflos missachten kann. Die Menschen der heutigen Zeit mögen vielleicht keine heidnischen Götter anbeten, und doch beten viele ebenso vor dem Altar Satans wie der König Israels. Der Geist des Götzendienstes ist heute in der Welt weit verbreitet, auch wenn er unter dem Einfluss von Wissenschaft und Bildung anziehendere und kultiviertere Formen angenommen hat als zu der Zeit, als Ahasja den Gott Ekrons befragen wollte. Jeder Tag liefert mehr und mehr Beweise dafür, dass der Glaube an das feste prophetische Wort abnimmt. An seiner Stelle nehmen Aberglaube und satanische Zauberei die Gedanken vieler Menschen gefangen.

Heute ersetzt man die Geheimnisse der heidnischen Religion durch Geheimgesellschaften, spiritistische Sitzungen und finstere Wunder spiritistischer Medien. Die Enthüllungen dieser Medien werden von Tausenden bereitwillig angenommen die sich weigern, sich durch das Wort Gottes oder durch Seinen

 Geist erleuchten zu lassen. Die Nachfolger des Spiritismus

heute mögen mit Verachtung über die Zauberer von früher sprechen, aber der Erzbetrüger lacht nur triumphierend darüber, dass sie einer anderen Form seiner Täuschungen nachgegeben haben. Viele lehnen voller Erschrecken den Gedanken ab, spiritistische Medien zu befragen, fühlen sich aber durch gefälligere Formen des Spiritismus angezogen. Andere wiederum werden durch die Lehren der »Christlichen Wissenschaft« und durch den Mystizismus der Theosophie und anderer orientalischer Religionen in die Irre geleitet.

Die Apostel fast aller Formen des Spiritismus behaupten, die Macht zu haben zu heilen. Sie führen diese Kraft auf elektrische Ströme, Magnetismus oder sogenannte Sympathie-Heilmittel [magische Heilmittel, Anm. d. Übers.] oder die schlafenden Kräfte im Geist des Menschen zurück. Und sogar in diesem christlichem Zeitalter gibt es nicht wenige, die zu diesen Heilern gehen, anstatt sich der Macht des lebendigen Gottes und den Fähigkeiten gut ausgebildeter Ärzte anzuvertrauen. Eine Mutter ruft am Krankenbett ihres Kindes aus: »Es gibt nichts mehr, was ich tun kann. Gibt es keinen Arzt, der die Gesundheit meines Kindes wiederherstellen kann?« Ihr wird dann von den wunderbaren Heilungen eines Hellsehers oder eines Heilers berichtet, der auf der Basis des Magnetismus arbeitet, und sie vertraut ihr liebes Kind seinen Händen an. Damit legt sie es ebenso sicher in die Hand Satans, als würde dieser direkt neben ihr stehen. In vielen Fällen wird das zukünftige Leben des Kindes von einer satanischen Macht kontrolliert, die scheinbar nicht zu brechen ist.

Gott hatte einen Grund, warum er über Ahasjas Gottlosigkeit verärgert war. Was hatte Er nicht alles getan, um die Herzen des Volkes Israel zu gewinnen und das Vertrauen zu Sich aufzubauen? Jahrhundertelang hatte Er sich Seinem Volk freundlich und liebevoll offenbart. Von Anfang an hatte Er gezeigt, dass Er Seine Freude hatte an den Menschenkindern. Sprüche 8,31 Er war eine stets gegenwärtige Hilfe für jeden aufrichtigen Sucher der Wahrheit gewesen. Und doch wandte sich der König Israels von Gott ab, um Hilfe beim schlimmsten Feind des Volkes zu erbitten. Damit erklärte er den Heiden, dass er mehr Vertrauen in ihre Götzen habe als in den Gott des Himmels. Auf dieselbe Weise entehren Ihn Männer und Frauen, wenn sie sich von der Quelle ihrer Stärke und Weisheit abwenden, um Hilfe oder Rat von den Mächten der Finsternis zu erbitten. Wenn Gottes Zorn durch Ahasjas Handlung erregt wurde, wie sieht Er dann diejenigen an, die größeres Licht haben und dennoch einen ähnlichen Weg einschlagen?

Wer sich der Zauberei Satans hingibt, mag sich des empfangenen Nutzens rühmen. Beweist dies jedoch, dass deshalb der eingeschlagene Weg weise oder sicher ist? Selbst wenn das Leben auf diese Weise verlängert oder Reichtümer gewonnen werden sollten – zahlt es sich schlussendlich aus, den Willen Gottes missachtet zu haben? Jeder scheinbare Gewinn wird sich schließlich als unwiderbringlicher Verlust erweisen. Wir können nicht straflos auch nur eine einzige Schranke niederreißen, die Gott zum Schutz Seines Volkes vor der Macht Satans errichtet hat.

Da Ahasja keinen Sohn hatte, folgte ihm sein Bruder Joram auf den Thron. Er herrschte zwölf Jahre über das Zehnstämmereich. Während dieser Zeit lebte seine Mutter Isebel noch, die auch weiterhin ihren bösen Einfluss auf die nationalen Angelegenheiten ausübte. Heidnische Gebräuche wurden noch immer von vielen aus dem Volk ausgeübt. Joram selbst »tat, was böse war in den Augen des Herrn, doch nicht wie sein Vater und seine Mutter, denn er beseitigte den Gedenkstein des Baal, den sein Vater gemacht hatte. Aber er hielt fest an den Sünden, zu denen Jerobeam, der Sohn Nebats, Israel verführt hatte, und ließ nicht davon.« 2. Könige 3,2f

Während Jorams Herrschaft über Israel starb Joschafat. Daraufhin kam sein Sohn, der ebenfalls Joram hieß, auf den Thron des Königreichs Juda. Durch seine Heirat mit der Tochter Ahabs und Isebels war Joram von Juda eng mit dem König Israels verbunden. Auch er folgte in seiner Regierungszeit dem Baal nach, »wie es das Haus Ahabs getan hatte.« »Auch machte er Höhen auf den Bergen Judas und verführte die Bewohner Jerusalems zur Hurerei und brachte Juda auf Abwege.« 2. Chronik 21,6.11

Der König Judas sollte nicht seinen schrecklichen Abfall fortsetzen dürfen, ohne dass er dafür gerügt wurde. Der Prophet Elia war noch nicht entrückt worden und konnte nicht schweigen, als das Reich Juda denselben Kurs verfolgte, der das Nordreich an den Rand des Untergangs gebracht hatte. Der Prophet schickte Joram von Juda eine schriftliche Botschaft, in der der böse König schreckliche Worte lesen musste.

»So spricht der HERR, der Gott deines Vaters David: Weil du nicht gewandelt bist in den Wegen deines Vaters Joschafat und nicht in den Wegen Asas, des Königs von Juda, sondern wandelst in dem Wege der Könige von Israel und verleitest Juda und die Bewohner von Jerusalem zur Abgötterei nach der Abgötterei des Hauses Ahab und weil du dazu erschlagen hast deine Brüder, deines Vaters Haus, die besser waren als du, siehe, so wird dich der HERR mit einer großen Plage schlagen an deinem Volk, an deinen Kindern, an deinen Frauen und an aller deiner Habe. Du aber wirst viel Krankheit haben.« 2. Chronik 21,12-15

In Erfüllung dieser Vorhersage erweckte »der HERR ... gegen Joram den Geist der Philister und Araber, die neben den Kuschitern wohnen. Und sie zogen herauf und brachen in Juda ein und führten alle Habe weg, die vorhanden war im Hause des Königs, dazu seine Söhne und seine Frauen, sodass ihm kein Sohn übrig blieb außer Joahas, seinem jüngsten Sohn.« 2. Chronik 21,16f »Und nach

 dem allen plagte ihn der HERR mit einer Krankheit in seinen Eingeweiden; die war nicht zu heilen. Und als das über Jahr und Tag währte, bis die Zeit von zwei Jahren um war, ... starb [er] unter schlimmen Schmerzen.« 2. Chronik 21,18f »Und sein Sohn Ahasja wurde König an seiner statt.« 2. Könige 8,24

Ahabs Sohn Joram regierte noch immer über das Reich Israel, als sein Neffe Ahasja den Thron Judas bestieg. Er herrschte nur ein Jahr. Unter dem Einfluss seiner Mutter Atalja, seiner »Beraterin zu gottlosem Handeln«, folgte Ahasja »dem Weg des Hauses Ahab und tat, was dem HERRN missfiel.« 2. Chronik 22,3 ELB; 2. Könige 8,27 Seine Großmutter Isebel war zu dieser Zeit noch am Leben, und so verbündete er sich frech mit seinem Onkel Joram von Israel.

Ahasja von Juda fand bald ein tragisches Ende. Die überlebenden Mitglieder des Hauses Ahab waren tatsächlich »nach dem Tod seines Vaters seine Berater zu seinem Verderben.« 2. Chronik 22,4 ELB Während eines Besuchs bei seinem Onkel in Jesreel wurde Elisa von Gott angewiesen, einen Prophetenschüler nach Ramot in Gilead zu schicken, um Jehu zum König von Israel zu salben. Dort befanden sich die vereinigten Heere von Juda und Israel zu dieser Zeit im Kampf gegen die Syrer. Joram war im Kampf verwundet worden und wieder nach Jesreel zurückgekehrt. Den Oberbefehl über das Heer Israels hatte er Jehu übertragen.

Bei der Salbung Jehus erklärte der Bote Elisas: »Ich habe dich zum König gesalbt über Israel, das Volk des HERRN.« Danach beauftragte er Jehu feierlich mit einer speziellen Aufgabe des Himmels. »Und du sollst das Haus Ahabs, deines Herrn, schlagen, dass ich das Blut meiner Knechte, der Propheten, und das Blut aller Knechte des HERRN räche, das die Hand Isebels vergossen hat, sodass das ganze Haus Ahab umkomme. Und ich will von Ahab ausrotten, was männlich ist, bis auf den letzten Mann in Israel.« 2. Könige 9,6-8

Nachdem er vom Heer zum König erklärt worden war, eilte Jehu nach Jesreel, wo er sein Hinrichtungswerk bei denen begann, die die bewusste Entscheidung getroffen hatten, in ihrer Sünde fortzufahren und andere ebenfalls zur Sünde zu verleiten. Joram von Israel, Ahasja von Juda und Isebel, die Königinmutter, ließ Jehu erschlagen, zudem »alle, die vom Haus Ahabs in Jesreel übrig geblieben waren, alle seine Großen und seine Vertrauten und seine Priester.« »Alle Propheten des Baal, alle seine Diener und alle seine Priester,« die im Zentrum der Baalsanbetung nahe Samaria wohnten, wurden mit dem Schwert getötet. Die Götzenbilder wurden zerbrochen und verbrannt, der Baalstempel in Schutt und Asche gelegt. »So tilgte Jehu den Baal aus Israel aus.« 2. Könige 10,11.19.28 ELB

Die Nachricht dieser großangelegten Hinrichtungsaktion erreichte auch Atalja, die Tochter Isebels, die noch immer eine führende Stellung im Königreich Juda einnahm. Als sie sah, dass ihr Sohn, der König Judas, tot war, »da machte sie sich auf und brachte alle königlichen Nachkommen des Hauses Juda um.« Bei diesem Massaker wurden alle Nachkommen Davids vernichtet, die zur Thronfolge berechtigt waren. Nur ein Nachkomme blieb übrig, ein Baby namens Joasch, das von Joscheba, der Frau des Hohepriesters Jojada innerhalb des Tempelbezirks versteckt wurde. Sechs Jahre lang blieb das Kind verborgen, »solange Atalja im Lande Königin war.« 2. Chronik 22,10.12

Am Ende dieser Zeit vereinigten sich »die Leviten und ganz Juda« 2. Chronik 23,8 mit dem Hohepriester Jojada, um das Kind Joasch zu krönen, zu salben und zum König auszurufen. Und sie »klatschten in die Hände und sprachen: Es lebe der König!« 2. Könige 11,12

»Als aber Atalja das Geschrei des Volks hörte, das herzulief und den König umjubelte, ging sie zum Volk in das Haus des HERRN. Und sie sah, und siehe, der König stand an seiner Stätte im Eingang und die Oberen und die Trompeter um den König, und alles Volk des Landes war fröhlich und man blies die Trompeten.« 2. Chronik 23,12f

»Atalja aber zerriss ihre Kleider und rief: Aufruhr, Aufruhr!« 2. Könige 11,14 Jojada aber befahl den Offizieren, Atalja und ihre gesamte Gefolgschaft festzunehmen und sie hinaus aus dem Tempel zur Hinrichtungsstätte zu führen, wo sie getötet werden sollten.

Auf diese Weise starben die letzten Mitglieder des Hauses Ahab. Das furchtbare Übel, das durch seine Verbindung mit Isebel zustande gekommen war, bestand solange, bis der letzte seiner Nachkommen vernichtet war. Sogar im Land Juda, wo die Anbetung des wahren Gottes nie formal aufgehoben worden war, hatte Atalja Erfolg dabei, viele zu verführen. Sofort nach der Hinrichtung der reuelosen Königin, »ging alles Volk des Landes in das Haus Baals und brach seine Altäre ab, und sie zerschlugen alle seine Götzenbilder und töteten Mattan, den Priester Baals, vor den Altären.« 2. Könige 11,18

Darauf folgte eine Reformation. Diejenigen, die Joasch zum König ausgerufen hatten, verpflichteten sich feierlich, »dass sie des HERRN Volk sein sollten.« Als nun der böse Einfluss der Tochter Isebels vom Reich Juda genommen, die Baalspriester tot und ihr Tempel zerstört waren, war »alles Volk des Landes ... fröhlich, aber die Stadt blieb still.« 2. Chronik 23,16.21

KAPITEL 17

Die Berufung von Elisa

Auf Grundlage des biblischen Berichts

Elia war von Gott beauftragt worden, einen anderen zu salben, der seine Stelle als Prophet einnehmen sollte. Er hatte gesagt: »Elisa, den Sohn Schafats, von Abel-Mehola« salbe »zum Propheten an deiner statt.« 1.Könige 19,16 Auf diesen göttlichen Befehl hin machte sich Elisa gehorsam auf, Elisa zu finden. Wie ganz anders sah jetzt doch, als er nach Norden reiste, die Landschaft aus als noch kurz zuvor. Da waren der Boden ausgetrocknet und die Äcker unbearbeitet gewesen waren, weil drei Jahre lang weder Tau noch Regen gefallen waren. Nun war der Pflanzenwuchs überall umso üppiger, als wolle er nachholen, was er in der Zeit der Dürre und Hungersnot versäumt hatte.

Elisas Vater war ein reicher Bauer. Sein Haushalt gehörte zu denen, die in der Zeit fast allgemeinen Abfalls ihre Knie nicht vor Baal gebeugt hatten. In diesem Heim wurde Gott geehrt und die Treue zum Glauben des alten Israels gehörte zum Alltag dazu. In einer solchen Umgebung hatte Elisa seine Kindheit und Jugend verbracht. In der Stille des ländlichen Lebens, wo er von Gott und der Natur lernte und unter dem erzieherischen Einfluss nützlicher Arbeit stand, empfing er seine Ausbildung. Dort machte er sich Einfachheit und Gehorsam gegenüber den Eltern und Gott zur Gewohnheit. Beides half ihm bei seiner Vorbereitung auf die hohe Stellung, die er später einnehmen sollte.

Die Berufung zum Prophetenamt empfing Elisa, als er gemeinsam mit den Knechten seines Vaters das Feld pflügte. Damit hatte er die Arbeit getan, die für ihn am naheliegendsten war. Er besaß sowohl Führungsqualitäten als auch die Bereitschaft und Demut zum Dienen. Trotz seiner ruhigen und freundlichen Einstellung war er tatkräftig und beständig. Rechtschaffenheit, Treue, Liebe zu Gott und Gottesfurcht kennzeichneten sein Leben. Bei der Erfüllung der einfachen täglichen Pflichten erlangte er Willensstärke und einen edlen Charakter. Dabei nahm er beständig zu an Gnade und Erkenntnis. Die Zusammenarbeit mit seinem Vater bei der Erfüllung der häuslichen Pflichten lehrte ihn auch, mit Gott zusammen zu arbeiten. Durch Treue in den kleinen Dingen bereitete sich Elisa auf größere Verantwortung vor. Tag für Tag erlangte er durch praktische Erfahrung eine Befähigung für ein umfassenderes, höheres Werk. Er lernte zu dienen und dabei lernte er auch zu unterweisen und zu führen. Das ist eine Lehre für alle. Keiner weiß, was Gottes Absicht in Seinem erzieherischen Bemühen für uns ist, aber jeder darf wissen, dass Treue in kleinen Dingen der Beweis für eine Eignung für größere Verantwortung ist. Jede Tat unseres Lebens offenbart unseren Charakter. Nur derjenige, der sich als »Arbeiter, der sich nicht zu schämen hat,« erweist, kann von Gott durch einen höheren Dienst geehrt werden. 2. Timotheus 2,15 ELB

Wer glaubt, es sei egal, wie er unbedeutendere Aufgaben erledigt, erweist sich als ungeeignet für eine ehrenvollere Position. Er selbst mag sich zwar für vollständig fähig halten, größere Pflichten zu übernehmen, aber Gott schaut tiefer als nur auf die Oberfläche. Nach der Prüfung und Versuchung wird über ihn das Urteil gefällt: »Du bist auf der Waage gewogen und zu leicht befunden worden.« Daniel 5,27 ELB Seine Untreue fällt auf ihn selbst zurück. Er versagt darin, die Gnade, Kraft und Charakterstärke zu erlangen, die man durch eine vorbehaltlose Übergabe bekommt.

Viele denken, weil sie nicht unmittelbar eine religiöse Aufgabe zu erfüllen haben, dass ihr Leben nutzlos sei und sie nichts für den Fortschritt des Reiches Gottes tun könnten. Wenn nur eine großartige Aufgabe für sie da wäre, wie gern würden sie diese ausführen! Da sie nur in kleinen Dingen dienen können, halten sie es für gerechtfertigt, gar nichts zu tun. Das ist jedoch ein Irrtum. Man kann im aktiven Dienst für Gott stehen, wenn man die gewöhnlichen Alltagspflichten erfüllt: beim Bäumefällen, bei der Urbarmachung des Bodens oder beim Pflügen. Die Mutter, die ihre Kinder für Christus erzieht, arbeitet ebenso für Gott wie der Prediger auf der Kanzel.

Viele sehnen sich nach einer besonderen Begabung und wollen ein wunderbares Werk ausführen, während sie die Pflichten aus den Augen verlieren, die sozusagen vor ihrer Tür liegen und die ihr Leben zu einem Wohlgeruch machen würden. Solche Menschen sollen die Pflichten aufnehmen, die direkt vor ihnen liegen. Erfolg hängt nicht so sehr vom Talent ab wie von der Energie und Bereitwilligkeit. Es ist nicht der Besitz großartiger Talente, der uns dazu befähigt, einen annehmbaren Dienst zu leisten, sondern die bewusste Erfüllung der täglichen Pflichten, Zufriedenheit und ungekünsteltes und aufrichtiges Interesse am Wohlergehen Anderer. Selbst im einfachsten Schicksal lässt sich wahre Größe finden. Die liebevolle und treue Erfüllung der einfachsten Aufgaben findet Gottes Wohlgefallen.

Als Elia im göttlichen Auftrag, einen Nachfolger zu finden, an dem Feld vorüberging, auf dem Elisa gerade pflügte, warf er seinen Mantel als Zeichen der

 Berufung über die Schultern des jungen Mannes. Während

der Zeit der Hungersnot hatte sich die Familie Schafats mit dem Werk und der Mission Elias vertraut gemacht. Nun offenbarte der Geist Gottes dem Herzen Elisas, was die Handlung des Propheten bedeutete. Für ihn war es das Zeichen, dass Gott ihn zum Nachfolger Elias berufen hatte.

»Da verließ Elisa sein Gespann und folgte Elia. Lass mich doch zum Abschied meinen Vater und meine Mutter küssen«, bat er ihn, »dann will ich dir folgen.« – »Geh nur«, erwiderte Elia, »ich habe dich ja nicht gezwungen!« 1. Könige 19,20 NeUE Das war keine Zurückweisung, sondern eine Glaubensprüfung. Elisa musste die Kosten abwägen und für sich entscheiden, die Berufung anzunehmen oder abzulehnen. Wenn er wünschte, weiterhin sein Zuhause mit all seinen Vorteilen zu behalten, war er frei, dort zu bleiben. Elisa verstand jedoch die Bedeutung der Berufung. Er wusste, dass sie von Gott kam und zögerte nicht zu gehorchen. Um keines weltlichen Vorteils willen wollte er die Gelegenheit versäumen, Gottes Bote zu werden oder das Vorrecht verlieren, Gemeinschaft mit Gottes Diener zu haben. Er »nahm ein Joch Rinder und opferte es, und mit den Jochen der Rinder kochte er das Fleisch und gab's den Leuten, dass sie aßen. Und er machte sich auf und folgte Elia nach und diente ihm.« 1. Könige 19,21 Ohne Zögern verließ er sein Zuhause, wo er geliebt wurde, um dem Propheten in dessen unsicheren Leben zu dienen.

Hätte Elisa Elia gefragt, was Gott von ihm erwartete, was seine Aufgabe sein sollte, hätte er ihm geantwortet: ‚Gott weiß es und wird es dir zeigen. Wenn du auf den Herrn vertraust, wird Er dir jede Frage beantworten. Du kannst mit mir kommen, wenn du Beweise dafür hast, dass Gott dich berufen hat. Wisse für dich selbst, dass Gott hinter mir steht und dass es Seine Stimme ist, die du hörst. Wenn du bereit bist, alles andere für Dreck zu achten, um das Wohlgefallen Gottes zu gewinnen, dann komm.'

Ähnlich wie die Berufung Elisas war auch die Antwort, die Christus dem reichen Jüngling gab, der Ihm die Frage stellte: »Was muss ich Gutes tun, um das ewige Leben zu bekommen?« »Wenn du vollkommen sein willst«, sagte Jesus zu ihm, »dann geh, und verkaufe alles, was du hast, und gib den Erlös den Armen – du wirst dann einen Schatz im Himmel haben – und komm, folge mir nach!« Matthäus 19,16.21 NeUE

Elisa nahm die Berufung zum Dienst an. Er warf keinen Blick zurück auf die Freuden und Annehmlichkeiten, die er hinter sich ließ. Als der reiche Jüngling die Worte des Heilands hörte, »ging er traurig weg, denn er hatte ein großes Vermögen.« Matthäus 19,22 NeUE Er war nicht bereit, dieses Opfer zu bringen. Seine Liebe zu seinen Besitztümern war größer als seine Liebe zu Gott. Durch seine Weigerung, alles für Christus hinter sich zu lassen, erwies er sich als unwürdig für einen Platz im Dienst des Meisters.

Der Aufruf, alles auf den Altar des Dienstes zu legen, ergeht an jeden. Nicht jeder von uns wird dazu berufen, so wie Elisa zu dienen, und nicht von jedem von uns wird verlangt, dass wir all unser Eigentum verkaufen. Gott will aber schon, dass wir dem Dienst für Ihn den ersten Platz in unserem Leben einräumen, so dass nicht ein Tag unseres Lebens vergeht, an dem wir nicht irgend etwas zur Förderung Seines Werkes hier auf dieser Erde tun. Er erwartet nicht von allen dieselbe Art des Dienstes. Einer mag zum Dienst im Ausland berufen werden, ein anderer dazu, seine Mittel für die Unterstützung des Evangeliumswerkes zu geben. Gott nimmt die Gabe jedes Einzelnen an. Notwendig ist nur die Weihe des Lebens und all seiner Interessen. Wer diese Weihe vollzieht, der hört und gehorcht dem Ruf des Himmels.

Jedem Teilhaber Seiner Gnade weist der Herr ein Werk für andere zu. Jeder Einzelne muss für sich stehen und sagen: »Hier bin ich, sende mich!«. Jesaja 6,8 Egal, ob ein Mann ein Prediger des Wortes oder ein Arzt, ein Einzelhändler oder ein Landwirt, ein Hochschulabsolvent oder ein Handwerker ist: jeder trägt selbst die Verantwortung für sein Leben. Es ist seine Aufgabe, anderen das Evangelium zu ihrer Erlösung zu bringen. Jede Unternehmung, der man sich widmet, sollte ein Mittel zu diesem Ziel sein.

Es war kein großes Werk, was zuerst von Elisa verlangt wurde, sondern ganz simple Alltagspflichten machten seine Ausbildung aus. Es wird von ihm gesagt, dass er Wasser über die Hände seines Meisters Elia schüttete. Er war bereit, alles zu tun, was der Herr von ihm wollte. Jeder Schritt war eine Lektion der Demut und des Dienstes. Als persönlicher Diener des Propheten erwies er sich weiterhin in kleinen Dingen treu, während er sich täglich entschlossener der Mission zuwandte, für die Gott ihn bestimmt hatte.

Elisas Leben war, seitdem er sich mit Elia vereint hatte, nicht frei von Versuchungen. Prüfungen gab es zur Genüge, aber Elisa verließ sich in jeder Notlage auf Gott. Er wurde versucht, das Heim zu vermissen, das er verlassen hatte, aber er beachtete diese Versuchung nicht. Nachdem er seine Hand an den Pflug gelegt hatte, war er entschlossen, nicht umzukehren. So erwies er sich in Prüfungen und Versuchungen seinem Auftrag als treu.

Der Predigtdienst umfasst weit mehr, als nur das Wort zu predigen. Er bedeutet, wie Elisa von Elia junge Männer auszubilden, indem sie von ihren Alltagspflichten genommen werden und Verantwortung im Werk Gottes übertragen bekommen. Zunächst sind das kleine Verantwortungen, die später dann mit der Stärke und Erfahrung wachsen. Im Predigtdienst sind Männer des Glaubens und des Gebets, die sagen können: »Was von Anfang an war, was wir gehört haben, was wir gesehen haben mit unseren Augen, was wir betrachtet haben und unsre

 Hände betastet haben, vom Wort des Lebens – ... was wir gesehen und gehört haben, das verkündigen wir auch euch.« 1. Johannes 1,1.3 Junge, unerfahrene Arbeiter sollten durch die gemeinsame Bewältigung der gerade anstehenden Arbeit mit diesen erfahrenen Dienern Gottes ausgebildet werden. So werden sie lernen, wie Lasten zu tragen sind.

Wer diese Ausbildung junger Arbeiter auf sich nimmt, leistet einen edlen Dienst. Der Herr selbst arbeitet mit ihren Anstrengungen zusammen, und die jungen Männer, die dazu geweiht wurden und deren Vorrecht es ist, in enge Verbindung mit diesen ernsten, gottesfürchtigen Dienern gebracht zu werden, sollten ihre Gelegenheiten auf Beste nutzen. Gott hat sie geehrt, indem Er sie für Seinen Dienst auswählte und sie dorthin brachte, wo sie eine bessere Befähigung dafür erlangen können. Sie sollten demütig, treu, gehorsam und bereit sein, Opfer zu bringen. Wenn sie sich Gottes Schulung unterwerfen, Seine Anweisungen ausführen und Seine Diener als ihre Ratgeber auswählen, werden sie sich zu gerechten, standhaften Männern mit hohen Grundsätzen entwickeln, denen Gott Verantwortung übertragen kann.

Wenn das Evangelium in seiner Reinheit verkündigt wird, werden Männer und Frauen vom Pflug und sonstigen beruflichen Pflichten hinweg gerufen, die zu einem großen Teil ihre Gedanken beanspruchen, und in Verbindung mit erfahrenen Männern gebracht, die sie ausbilden. Sie lernen effektives Arbeiten kennen und werden daher die Wahrheit mit Macht verkündigen. Durch das wunderbare Wirken der göttlichen Vorhersehung werden Berge von Schwierigkeiten entfernt und in das Meer geworfen. Die Botschaft, die für die Bewohner der Erde so bedeutungsvoll ist, wird gehört und verstanden werden. Menschen werden wissen, was die Wahrheit ist. Das Werk wird immer weiter vorwärts schreiten und Fortschritte machen, bis schließlich die ganze Erde gewarnt sein wird, und dann wird das Ende kommen.

Nach seiner Berufung arbeiteten Elia und Elisa einige Jahre zusammen, wodurch der junge Mann täglich immer besser für sein Werk vorbereitet wurde. Elia war Gottes Werkzeug gewesen, wirklich schlimme Übel zu beseitigen. Dem von Ahab und der heidnischen Isebel geförderten Götzendienst, der das ganze Volk verführt hatte, war in entscheidender Weise Einhalt geboten worden. Die Baalspropheten waren erschlagen worden, das ganze Volk Israel war tief aufgewühlt worden, und viele waren dabei, sich wieder der Anbetung Gottes zuzuwenden. Als Nachfolger Elias musste Elisa durch sorgfältige, geduldige Belehrung versuchen, Israel auf sichere Pfade zu führen. Seine Verbindung mit Elia, dem größten Propheten seit den Tagen Moses, bereitete ihn für das Werk vor, das er schon bald alleine übernehmen sollte.

Während dieser Jahre des gemeinsamen Dienstes wurde Elia von Zeit zu Zeit beauftragt, schamlosen Übeln mit strengem Tadel zu begegnen. Als der gottlose Ahab sich Nabots Weinberg aneignete, war es die Stimme Elias, die seinen Untergang und den seiner gesamten Familie vorhersagte. Als Ahasja nach dem Tod seines Vaters Ahab sich vom lebendigen Gott Baal-Sebub, dem Gott Ekrons, zuwandte, war es wiederum die Stimme Elias, die ernst dagegen protestierte.

Die von Samuel eingerichteten Prophetenschulen waren während der Jahre des Abfalls Israels zugrunde gegangen. Elia gründete diese Schulen wieder neu und traf auf diese Weise Vorsorge für Ausbildung junger Männer, die sie dazu befähigen sollte, das Gesetz zu verherrlichen und zu ehren. Drei dieser Schulen werden in den Aufzeichnungen erwähnt: die in Gilgal, die in Bethel und die in Jericho. Kurz vor der Entrückung Elias in den Himmel besuchten er und Elisa diese Zentren der Ausbildung. Der Prophet Gottes wiederholte die Lektionen, die er ihnen bereits bei vorigen Besuchen gegeben hatte. Besonders unterwies er sie bezüglich ihres hohen Vorrechts, dem Gott des Himmels ihre Treue weiterhin zu bewahren. Er prägte ihnen auch ein, wie wichtig es war, in jedem Aspekt ihrer Ausbildung Einfachheit zu bewahren. Nur so könnten sie den Stempel des Himmels empfangen und hinausgehen, um in den Wegen des Herrn tätig zu werden.

Das Herz Elias war erfreut als er sah, was durch diese Schulen gerade erreicht wurde. Das Werk der Reformation war noch nicht abgeschlossen, aber er konnte im ganzen Reich die Erfüllung des Wortes Gottes sehen: »Ich habe 7000 in Israel übrig gelassen, die sich nicht vor Baal hingekniet und sein Bild nicht geküsst haben.« 1. Könige 19,18 NeUE

Während Elisa den Propheten auf seiner Dienstreise von Schule zu Schule begleitete, wurden sein Glaube und seine Entschlossenheit wieder geprüft. In Gilgal, und später auch in Bethel und Jericho, wurde er vom Propheten aufgefordert umzukehren. »Bleibe du hier,« sagte Elia, »denn der HERR hat mich nach Bethel gesandt.« 2. Könige 2,11 In seiner früheren Arbeit des Pflügens hatte Elisa gelernt, nicht aufzugeben oder sich entmutigen zu lassen. Nun, nachdem er eine andere Verpflichtung eingegangen war, wollte er sich nicht von seiner Absicht abbringen lassen. Er wollte sich solange nicht von seinem Meister trennen, wie er Gelegenheit hatte, weiter für den Dienst befähigt zu werden. Ohne das Wissen Elias war die Kunde, dass er in den Himmel aufgenommen werden sollte, seinen Schülern in den Prophetenschulen, und besonders natürlich Elisa, bekannt gemacht worden. Nun hielt sich der erprobte Diener des Mannes Gottes eng an seiner Seite. So oft die Aufforderung an ihn erging umzukehren, war stets seine Antwort: »So wahr der HERR lebt und du lebst: Ich verlasse dich nicht.« 2. Könige 2,2.4.6

»Und es gingen die beiden miteinander, ... aber die beiden standen am Jordan. Da nahm Elia seinen Mantel und wickelte ihn zusammen und schlug ins
 Wasser; das teilte sich nach beiden Seiten, sodass die beiden

auf trockenem Boden hinübergingen. Und als sie hinüberkamen, sprach Elia zu Elisa: Bitte, was ich dir tun soll, ehe ich von dir genommen werde.« 2. Könige 2,6-9

Elisa bat nicht um weltliche Ehre oder um eine hohe Stellung unter den Großen dieser Erde. Das, wonach er sich sehnte, war ein hohes Maß des Geistes, den Gott so großzügig dem einen geschenkt hatte, der kurz davor stand, durch die Verwandlung ausgezeichnet zu werden. Er wusste, dass nichts außer dem Geist, der auf Elia ruhte, ihn dazu befähigen konnte, den Platz in Israel auszufüllen, zu dem Gott ihn berufen hatte, und so bat er: »Möchte mir doch ein zweifacher Anteil an deinem Geist gegeben werden!« 2. Könige 2,9

Elia antwortete auf diese Bitte: »Du hast etwas Schweres erbeten: Wirst du mich sehen, wenn ich von dir hinweg genommen werde, so wird es dir zuteilwerden, wenn aber nicht, so wird es nicht geschehen! Und es geschah, während sie noch miteinander gingen und redeten, siehe, da kam ein feuriger Wagen mit feurigen Pferden und trennte beide voneinander. Und Elia fuhr im Sturmwind auf zum Himmel.« 2. Könige 2,10f

Elia war ein Vertreter der Heiligen, die zur Zeit der Wiederkunft Christi auf der Erde leben und die »verwandelt werden, plötzlich, in einem Augenblick, zur Zeit der letzten Posaune« ohne den Tod schmecken zu müssen. 1. Korinther 15,51f Als Vertreter derer, die wie Elia verwandelt werden, wurde es ihm gegen Ende des irdischen Dienstes Christi gestattet, mit Mose an der Seite des Heilands auf dem Verklärungsberg zu stehen. In diesen verherrlichten Heiligen sahen die Jünger im Kleinen eine Darstellung des Reiches der Erlösten. Sie sahen, wie Jesus durch das himmlische Licht umstrahlt wurde, sie hörten die »Stimme aus der Wolke«, Lukas 9,35 die Ihn als den Sohn Gottes bestätigte. Sie sahen Mose, der diejenigen darstellt, die zur Zeit der Wiederkunft von den Toten auferstehen. Dort stand auch Elia als Vertreter derer, die am Ende der Geschichte dieser Welt von der Sterblichkeit zur Unsterblichkeit verwandelt und in den Himmel entrückt werden, ohne den Tod zu erleben.

In der Wüste hatte der einsame und entmutigte Elia gesagt, dass er genug habe von diesem Leben und darum gebetet, sterben zu dürfen. Der Herr hatte ihn in Seinem Erbarmen nicht bei seinem Wort genommen. Es gab noch ein großes Werk für Elia zu tun. Als dieses Werk getan war, sollte er nicht entmutigt und einsam sterben und auch nicht hinab ins Grab müssen, sondern gemeinsam mit den Engeln Gottes in die Gegenwart Seiner Herrlichkeit aufsteigen dürfen.

»Elisa aber sah es und schrie: Mein Vater, mein Vater, du Wagen Israels und sein Gespann!, und sah ihn nicht mehr. Da fasste er seine Kleider, zerriss sie in zwei Stücke und hob den Mantel auf, der Elia entfallen war, und kehrte um und trat wieder an das Ufer des Jordans. Und er nahm den Mantel, der Elia entfallen war, und schlug ins Wasser und sprach: Wo ist nun der HERR, der Gott Elias?, und schlug ins Wasser. Da teilte es sich nach beiden Seiten, und Elisa ging hindurch. Und als das die Prophetenjünger sahen, die gegenüber bei Jericho waren, sprachen sie: Der Geist Elias ruht auf Elisa, und sie gingen ihm entgegen und fielen vor ihm nieder zur Erde.« 2. Könige 2,12-15

Wenn der Herr in Seiner Vorsehung es als richtig ansieht, die Männer aus Seinem Werk zu entfernen, denen er Weisheit gegeben hat, hilft und stärkt er ihre Nachfolger, wenn sie Ihn um Hilfe bitten und in Seinen Wegen gehen. Sie können sogar weiser sein als ihre Vorgänger, denn sie können durch deren Erfahrung profitieren und aus ihren Fehlern lernen.

Von nun an stand Elisa an Elias Stelle. Er war im Geringsten treu gewesen und sollte sich auch im Großen als treu erweisen.

KAPITEL 18

Das Wasser wird trinkbar

Auf Grundlage des biblischen Berichts

In patriarchalischen Zeiten war das Jordantal »überall bewässert, wie der Garten des Herrn.« Dieses schöne Tal wählte Lot dazu aus, sein Heim zu werden, als er »sein Zelt ... bis nach Sodom hin« aufschlug. 1. Mose 13.10.12 Als die Städte der Ebene zerstört wurden, veränderte sich die Gegend ringsum zu einer trostlosen Einöde und bildete seither einen Teil der Wüste Judäas.

Ein Teil des schönen Tals blieb mit seinen lebensspendenden Quellen und Flüssen bestehen, um das Herz des Menschen zu erfreuen. In diesem Tal, das reich war an Getreidefeldern und Wäldern von Dattelpalmen und anderen Obstbäumen, hatten die Scharen Israels gelagert, nachdem sie den Jordan überquert und zum ersten Mal von den Früchten des verheißenen Landes gegessen hatten. Vor ihnen hatten die Mauern der heidnischen Festung Jericho gestanden. Diese war ein Zentrum der Anbetung der Aschera gewesen, was die abscheulichste und menschenunwürdigste aller kanaanitischen Formen des Götzendienstes darstellte. Bald darauf waren ihre Mauern niedergerissen und ihre Einwohner getötet worden. Zu dieser Zeit wurde in Gegenwart des ganzen Volkes Israel die feierliche Ankündigung gemacht: »Verflucht vor dem Herrn sei der Mann, der sich aufmachen und diese Stadt Jericho [wieder] bauen wird! Wenn er ihren Grund legt, so soll es ihn seinen erstgeborenen Sohn kosten, und wenn er ihre Tore setzt, so soll es ihn seinen jüngsten Sohn kosten!« Josua 6,26

Fünf Jahrhunderte waren vergangen und der Ort lag verlassen und von Gott verflucht. Sogar die Quellen, die das Wohnen in diesem Teil des Tals so wünschenswert gemacht hatten, litten unter den vernichtenden Folgen des Fluches. In den Tagen des Abfalls Ahabs wurde, als durch den Einfluss Isebels die Anbetung der Aschera wiederbelebt wurde, Jericho wieder aufgebaut, wenn auch zu einem fürchterlichen Preis für seinen Erbauer. Hiël von Bethel baute »Jericho [wieder auf]. Es kostete ihn seinen erstgeborenen Sohn Abiram, als er seinen Grund legte, und seinen jüngsten Sohn Segub, als er seine Tore setzte, nach dem Wort des Herrn.« 1. Könige 16,34 Nicht weit von Jericho befand sich mitten in einem Obsthain eine Prophetenschule. Dorthin ging Elisa nach der Himmelfahrt Elias. Während seines Aufenthalts dort kamen die Männer der Stadt zu dem Propheten und sagten: »Siehe doch, in dieser Stadt ist gut wohnen, wie mein Herr sieht; aber das Wasser ist schlecht, und das Land ist unfruchtbar!« 2. Könige 2,19 Die Quelle, die in früheren Jahren rein und lebensspendend gewesen war und zu einem großen Teil zur Wasserversorgung der Stadt und der Umgebung beigetragen hatte, war inzwischen unbrauchbar.

Elisa antwortete den Männern Jerichos mit den Worten: »Bringt mir eine neue Schale und tut Salz hinein!« Nachdem er sie bekommen hatte, »ging er hinaus zu der Wasserquelle und warf das Salz hinein und sprach: So spricht der Herr: Ich habe dieses Wasser gesund gemacht, es soll fortan weder Tod noch Unfruchtbarkeit daraus kommen!« 2. Könige 2,20f

Die Heilung der Quelle Jerichos wurde nicht durch die Weisheit eines Menschen, sondern durch das wunderbare Eingreifen Gottes bewirkt. Die Erbauer der Stadt hatten diese Gunst des Himmels eigentlich nicht verdient, und doch sah Er es bei dieser Gelegenheit als gut an, der »seine Sonne aufgehen [lässt] über Böse und Gute und lässt es regnen über Gerechte und Ungerechte«, Matthäus 5,45 durch diesen Beweis Seines Mitleids Seine Bereitwilligkeit zu offenbaren, Israel von seiner geistlichen Krankheit zu heilen.

Die Wiederherstellung war dauerhaft. »So wurde das Wasser gesund bis auf diesen Tag nach dem Wort Elisas, das er sprach.« 2. Könige 2,22 Jahrhundertelang ist das Wasser seither geflossen, das diesen Teil des Tals zu einer Oase der Schönheit macht.

Aus der Geschichte von der Heilung des Wassers lassen sich viele geistliche Lehren ziehen. Der neue Krug, das Salz, die Quelle – alle diese Begriffe sind in höchstem Maße symbolisch.

Als er das Salz in die bittere Quelle gab, lehrte Elisa dieselbe geistliche Lektion, die der Heiland Jahrhunderte später seinen Jüngern weitergab, als Er sagte: »Ihr seid das Salz der Erde.« Matthäus 5,13 Das Salz vermischte sich mit der verschmutzten Quelle und reinigte ihr Wasser und brachte so Leben und Segen anstelle von Fluch und Tod. Als Gott Seine Kinder mit dem Salz verglich, wollte Er sie lehren, dass Er sie deshalb zu Empfängern Seiner Gnade macht, damit sie Seine Werkzeuge bei der Errettung Anderer werden. Die Absicht Gottes, Sich vor aller Welt ein Volk zu erwählen, lag nicht nur darin, sie als Seine Söhne und Töchter zu adoptieren, sondern Er wollte durch sie der Welt die Gnade bringen, die zur Erlösung führt. Ebenso erwählte der Herr Abraham nicht nur deshalb, damit er der besondere Freund Gottes sei, sondern um durch ihn die besonderen Vorrechte weiter zu geben, die der Herr den Völkern unbedingt schenken wollte.

Die Welt braucht Beweise wahren Christentums. Das Gift der Sünde wirkt am Herzen der Gesellschaft. Große und kleine Städte sind von Sünde und moralischer Verdorbenheit durchdrungen. Die Welt ist voller Krankheit, Leiden und Ungerechtigkeit. Nah und fern befinden sich Menschen in Armut und Not, sind niedergedrückt vom Bewusstsein ihrer Schuld und gehen verloren, weil es keinen rettenden Einfluss gibt. Das Evangelium der Wahrheit wird ihnen zwar ständig vor Augen gehalten, und doch gehen sie verloren, weil diejenigen, die ein Geruch des Lebens für sie sein sollten, ein Geruch des Todes sind. Ihre Seelen sind voller Bitterkeit, weil die Quellen vergiftet sind, die doch eigentlich ein Brunnquell des Wassers zum ewigen Leben sein sollten.

Das Salz muss sich mit dem Stoff mischen, dem es zugefügt wird, ihn durchdringen und durchziehen, damit er haltbar wird. Ebenso werden durch persönlichen Kontakt und durch individuelle Bindungen Menschen durch die erlösende Macht des Evangeliums erreicht. Menschen werden nicht in Massen gerettet, sondern als Individuen. Persönlicher Einfluss ist eine Macht und bedeutet, sich mit dem Einfluss Christi zu vereinen, dort Lasten abzunehmen, wo es Christus ebenfalls tut, richtige Grundsätze zu vermitteln und den Prozess der Verdorbenheit der Welt aufzuhalten. Es bedeutet, die Gnade weiterzugeben, die allein Christus schenken kann, und durch die Macht eines reinen Beispiels, ernsten Glaubens und wahrer Liebe dem Leben und Charakter Anderer wieder Auftrieb zu geben und sie zu versüßen.

Von den bis dahin verunreinigten Quellen Jerichos sagte der Herr: »Ich habe dies Wasser gesund gemacht; es soll hinfort weder Tod noch Unfruchtbarkeit von ihm kommen.« 2. Könige 2,21 Die verschmutzten Flüsse stellen die Seele dar, die von Gott getrennt ist. Sünde trennt uns nicht nur von Gott, sondern zerstört in der menschlichen Seele sowohl das Verlangen als auch die Fähigkeit, Ihn zu erkennen. Durch die Sünde wird der gesamte menschliche Organismus aus dem Gleichgewicht gebracht, die Gedanken sündhaft, die Vorstellungskraft verdorben und die Fähigkeiten der Seele entwürdigt. Wahre Religion und Herzensheiligkeit fehlen völlig. Die bekehrende Macht Gottes hat noch keine Veränderung des Charakters bewirkt. Die Seele ist schwach und aus Mangel an moralischer Überwinderkraft verdorben und entwürdigt.

In einem gereinigten Herzen hat sich alles verändert. Die Charakterumwandlung bezeugt der Welt den innewohnenden Christus. Der Geist Gottes schafft neues Leben in der Seele und macht Gedanken und Wünsche dem Willen Christi gehorsam. Der innere Mensch wird nach dem Bild Gottes erneuert. Schwache und irrende Männer und Frauen zeigen der Welt, dass die erlösende Macht der Gnade den fehlerhaften Charakter vollkommen und in reichem Maß fruchtbar machen kann.

Das Herz, das das Wort Gottes empfängt, ist nicht wie ein verdunstender See oder eine löchrige Zisterne, die ihren Schatz verlieren. Es ist vielmehr wie der von unversiegbaren Quellen gespeiste Gebirgsbach, dessen perlendes, kaltes Wasser von Fels zu Fels schießt und die Müden, die Durstigen und Schwerbeladenen erfrischt. Es ist wie ein beständig fließender Wasserstrom, der, je weiter er kommt, immer tiefer und breiter wird, bis sich seine lebensspendenden Wasser über die ganze Erde ausbreiten. Dieser Strom geht fröhlich seinen Weg und lässt auf dem Weg hinter sich als Geschenk Grün und Fruchtbarkeit zurück. Das Gras an seinen Ufern ist von einem frischeren Grün, die Bäume haben ein üppigeres Laub und Blüten und Blumen sind in größerer Zahl vorhanden. Wenn die Erde nackt und bloß in ihrer braunen Farbe in der Hitze des Sommers verbrannt ist, markiert ein Streifen Grün den Flusslauf.

Ebenso ist es mit dem wahren Kind Gottes. Die Religion Christi offenbart sich als lebensspendender Grundsatz, als lebendige, tätige geistliche Energie. Wenn sich das Herz dem himmlischen Einfluss der Wahrheit und Liebe öffnet, werden diese Grundsätze wiederum wie Wasserströme in die Wüste hinausfließen und Fruchtbarkeit dort hervorrufen, wo es jetzt nur Unfruchtbarkeit und Dürre gibt.

Wenn sich diejenigen, die durch die Erkenntnis der biblischen Wahrheit gereinigt und geheiligt wurden, von Herzen im Werk der Seelenrettung einbringen, werden sie in der Tat ein Geruch des Lebens zum Leben. Beim täglichen Trinken aus der unerschöpflichen Quelle der Gnade und Erkenntnis werden sie herausfinden, dass ihre eigenen Herzen übervoll mit dem Geist ihres Meisters erfüllt werden und dass durch ihren selbstlosen Dienst viele körperlich, geistig und geistlich profitieren.

Die Müden werden erfrischt, die Kranken wieder gesund gemacht und die Sündenbeladenen von ihrer Last befreit. Selbst in weit entfernten Ländern hört man den Lobpreis von den Lippen der Menschen, deren Herzen sich vom Dienst der Sünde zur Gerechtigkeit gewandt haben. »Gebt, so wird euch gegeben,« denn das Wort Gottes ist »eine Gartenquelle, ein Brunnen lebendigen Wassers, und Bäche, die vom Libanon fließen!« Lukas 6,38; Hoheslied 4,15

KAPITEL 19

Ein Prophet des Friedens

Auf Grundlage von 2. Könige 4

Die Aufgabe, die Elisa als Prophet zu erfüllen hatte, war in einigen Aspekten völlig anders als das des Elia. Elia musste Botschaften der Verurteilung und des Gerichts überbringen. Er war die Stimme des furchtlosen Tadels gewesen, die König und Volk zur Umkehr von ihren bösen Wegen aufgerufen hatte. Elisa hatte eine friedsamere Mission zu erfüllen. Er sollte das von Elia begonnene Werk aufbauen und stärken und das Volk die Wege des Herrn lehren. Die Inspiration stellt ihn dar, wie er, umgeben von Prophetenschülern, mit den Menschen in persönlichen Kontakt kam und durch seine Wunder und seinen Dienst Heilung und Freude brachte.

Elisa war ein Mann von mildem und freundlichem Geist, aber dass er auch streng sein konnte, wird durch seine Handlungsweise deutlich, als er auf seinem Weg nach Bethel von den gottlosen Jugendlichen aus dieser Stadt verspottet wurde. Diese hatten von der Himmelfahrt Elias gehört und machten dieses feierliche Ereignis zum Thema ihres Spotts, indem sie Elisa aufforderten: »Steig hinauf, Kahlkopf, steig hinauf, Kahlkopf!« Beim Klang ihrer Spottworte drehte sich der Prophet um und verkündete unter der Inspiration des Allmächtigen einen furchtbaren Fluch über sie. Das schreckliche Gericht, das folgte, kam von Gott. »Da kamen zwei Bärinnen aus dem Wald und zerrissen 42 von den Kindern.« 2. Könige 2,23f KJV u. NeUE

Hätte Elisa diesen Spott unbeachtet gelassen, wäre er auch weiterhin vom Gesindel lächerlich gemacht und verspottet worden. Seine Mission, in einer Zeit schwerer nationaler Gefahr zu unterweisen und zu retten, wäre vielleicht zum Scheitern verurteilt gewesen. Dieses eine Mal schrecklicher Strenge war ausreichend, um ihm während seines ganzen Lebens Respekt zu verschaffen. 50 Jahre lang ging er durch die Tore Bethels ein und aus, wanderte im Land von einem Ort zum anderen und von einer Stadt zur anderen. Dabei kam er durch Scharen untätiger, ungezogener und zügelloser Jugendlicher, aber keiner verspottete ihn oder wagte es, seine Befähigung als Prophet des Allerhöchsten anzuzweifeln.

Selbst Freundlichkeit sollte ihre Grenzen haben. Autorität muss durch feste Strenge aufrechterhalten werden oder sie wird bei vielen auf Spott und Verachtung treffen. Die sogenannte Zärtlichkeit, das Schmeicheln und die Nachgiebigkeit, die von Eltern und Betreuern gegenüber Jugendlichen verwendet werden, ist eines der schlimmsten Übel, das diesen geschehen kann. In jeder Familie sind Festigkeit, Entschlossenheit und klare Ansagen unbedingt erforderlich.

Ehrerbietung – die Gnadengabe, die den Jugendlichen, die Elisa verspotteten, so sehr fehlte – sollte sorgfältig gepflegt werden. Jedes Kind sollte gelehrt werden, Gott gegenüber wahre Ehrerbietung zu zeigen. Niemals sollte Sein Name leichtfertig oder gedankenlos ausgesprochen werden. Engel verhüllen bei seiner Aussprache ihr Gesicht. Mit welcher Ehrfurcht sollten dann wir, die gefallen und sündhaft sind, ihn auf unsere Lippen nehmen!

Ehrerbietung sollte auch den Beauftragten Gottes erwiesen werden. Dazu gehören Prediger, Lehrer und Eltern, die die Aufgabe haben, an Seiner Stelle zu sprechen und zu handeln. Durch den ihnen erwiesenen Respekt wird Gott geehrt. Höflichkeit ist ebenfalls eine der Gnadengaben des Geistes und sollte von allen gepflegt werden. Sie hat die Macht, menschliche Naturen zu besänftigen, die ansonsten hart und rau werden würden. Wer bekennt, ein Nachfolger Christi zu sein und gleichzeitig rau, unhöflich und unfreundlich ist, hat nicht von Jesus gelernt. Ihre Aufrichtigkeit mag vielleicht nicht zu bezweifeln sein, ihre Geradheit nicht in Frage gestellt werden, aber Aufrichtigkeit und Geradheit können kein Ersatz sein für einen Mangel an Freundlichkeit und Höflichkeit.

Der freundliche Geist Elisas befähigte ihn, einen machtvollen Einfluss über das Leben vieler Menschen in Israel auszuüben und offenbart sich in den Geschichten seiner freundschaftlichen Beziehungen zur Familie in Schunem. Auf seinen Reisen quer durch das Königreich begab es sich »eines Tages, dass Elisa nach Schunem ging. Dort war eine reiche Frau; die nötigte ihn, dass er bei ihr aß. Und sooft er dort durchkam, kehrte er bei ihr ein und aß bei ihr.« 2. Könige 4,8 Die Hausherrin erkannte, dass Elisa ein »heiliger Mann Gottes« war und sagte zu ihrem Ehemann: »Lass uns ihm eine kleine Kammer oben machen und Bett, Tisch, Stuhl und Leuchter hinstellen, damit er dort einkehren kann, wenn er zu uns kommt.« 2. Könige 4,9f Elisa kam oft an diesen Zufluchtsort und war dankbar für seinen ruhigen Frieden. Auch Gott berücksichtigte die Freundlichkeit der Frau. Ihr Heim war bisher kinderlos gewesen, und nun belohnte der Herr ihre Gastfreundschaft mit dem Geschenk eines Sohnes.

Jahre vergingen und das Kind war nun alt genug, um mit den Schnittern hinaus aufs Feld gehen zu können. Eines Tages bekam es einen Hitzschlag und sagte zu seinem Vater: »O mein Kopf, mein Kopf!« Der Vater bat einen Knecht, das Kind zu seiner Mutter zu tragen. »Und der nahm ihn und brachte ihn hinein zu seiner Mutter und sie setzte ihn auf ihren Schoß bis zum Mittag; da starb er. Und sie ging hinauf und legte ihn aufs Bett des Mannes Gottes, schloss zu und ging hinaus.« 2. Könige 4,19-21

In ihrer Verzweiflung entschloss sich die Schunemiterin, zu Elisa zu gehen und ihn um Hilfe zu bitten. Der Prophet war zu dieser Zeit gerade am Berg Karmel. Die Frau brach in Begleitung eines Knechts unverzüglich auf. »Als aber der Mann Gottes sie kommen sah, sprach er zu seinem Diener Gehasi: Siehe, die Schunemiterin ist da! So lauf ihr nun entgegen und frage sie, ob es ihr, ihrem Mann und ihrem Sohn gut gehe.« Der Diener tat wie geheißen, aber erst als die heimgesuchte Mutter Elisa erreichte, offenbarte sie den Grund ihres Schmerzes. Als er von ihrem Verlust erfuhr, fordert Elisa Gehasi auf: »Gürte deine Lenden und nimm meinen Stab in deine Hand und geh hin, und wenn dir jemand begegnet, so grüße ihn nicht, und grüßt dich jemand, so danke ihm nicht, und lege meinen Stab auf des Knaben Antlitz.« 2. Könige 4,25-29

Die Mutter wollte sich jedoch erst zufriedengeben, als Elisa persönlich mit ihr kam. »So wahr der HERR lebt und so wahr du lebst: Ich lasse nicht von dir! Da machte er sich auf und ging ihr nach. Gehasi aber ging vor ihnen hin und legte den Stab dem Knaben aufs Antlitz: da war aber keine Stimme und kein Empfinden. Und er ging zurück Elisa entgegen und sagte ihm: Der Knabe ist nicht aufgewacht.« 2. Könige 4,30f Als sie ihr Heim erreichten, ging Elisa in den Raum, in dem nun das tote Kind lag und »schloss die Tür hinter sich zu und betete zu dem HERRN und stieg aufs Bett und legte sich auf das Kind und legte seinen Mund auf des Kindes Mund und seine Augen auf dessen Augen und seine Hände auf dessen Hände und breitete sich so über ihn; da wurde des Kindes Leib warm. Er aber stand wieder auf und ging im Haus einmal hierhin und dahin und stieg wieder aufs Bett und breitete sich über ihn. Da nieste der Knabe sieben Mal; danach tat der Knabe seine Augen auf.« 2. Könige 4,33-35 Elisa rief Gehasi und bat ihn, die Mutter zu ihm zu schicken. Als sie gekommen war, sagte er zu ihr: »Da, nimm hin deinen Sohn! Da kam sie und fiel nieder zu seinen Füßen und neigte sich zur Erde und nahm ihren Sohn und ging hinaus.« 2. Könige 3,36f

So wurde der Glaube dieser Frau belohnt. Christus, der große Lebensspender, schenkte ihr ihren Sohn wieder zurück. Auf gleiche Art werden seine Treuen belohnt, wenn bei Seiner Wiederkunft der Tod seinen Stachel verliert und das Grab des Sieges, den es für sich beanspruchte, beraubt wird. Dann wird Er Seinen Dienern die Kinder wieder schenken, die durch den Tod von ihnen genommen wurden. »So spricht der Herr: Eine Stimme wird in Rama gehört, bitterliches Klagen und Weinen: Rahel beweint ihre Kinder und will sich nicht trösten lassen wegen ihrer Kinder, weil sie nicht mehr sind! So spricht der Herr: Halte deine Stimme zurück vom Weinen und deine Augen von Tränen! Denn es gibt noch einen Lohn für deine Mühe, spricht der Herr; denn sie sollen aus dem Land des Feindes zurückkehren. Ja, es gibt Hoffnung für deine Zukunft, spricht der Herr, und deine Kinder werden in ihr Gebiet zurückkehren!« Jeremia 31,15-17

Jesus tröstet uns in unserem Schmerz über die Toten mit einer Botschaft unendlicher Hoffnung: »Ich will sie erlösen aus der Gewalt des Totenreichs, vom Tod will ich sie loskaufen. O Tod, ich werde dein Verderben sein. O Totenreich, ich werde deine Vernichtung sein.« Hosea 13,14 KJV »Ich bin ... der Lebendige. ... Jetzt lebe ich in alle Ewigkeit und habe die Schlüssel für Hölle und Tod.« Offenbarung 1,18 NeUE »Denn er selbst, der Herr, wird, wenn der Befehl ertönt, wenn die Stimme des Erzengels und die Posaune Gottes erschallen, herabkommen vom Himmel, und zuerst werden die Toten, die in Christus gestorben sind, auferstehen. Danach werden wir, die wir leben und übrig bleiben, zugleich mit ihnen entrückt werden auf den Wolken in die Luft, dem Herrn entgegen; und so werden wir bei dem Herrn sein allezeit.« 1. Thessalonicher 4,16f

Wie der Erlöser der Menschheit, für den er der Typus war, verband Elisa in seinem Dienst unter den Menschen das Werk des Heilens mit dem des Lehrens. Treu und unermüdlich in seinem langen und effektiven Wirken bemühte sich Elisa, das wichtige Erziehungswerk auszubauen und voranzubringen, das in den Prophetenschulen geleistet wurde. Durch die Vorsehung Gottes wurden seine Worte der Unterweisung an die versammelten ernsten Gruppen junger Männer durch das tiefgründige Wirken des Heiligen Geistes und gelegentlich auch durch andere unmissverständliche Beweise seiner Autorität als Diener des Herrn bestätigt.

Bei einem seiner Besuche der Schule in Gilgal heilte er ein vergiftetes Essen. »Und es war eine Hungersnot im Land. Und die Prophetensöhne saßen vor ihm, und er sprach zu seinem Burschen: Setze den großen Topf auf und koche ein Gericht für die Prophetensöhne! Da ging einer aufs Feld hinaus, um Kräuter zu sammeln, und er fand ein wildes Rankengewächs und sammelte davon sein Gewand voll wilde Gurken; und als er heimkam, zerschnitt er sie in den Gemüsetopf; denn sie kannten sie nicht. Als man es aber den Männern zum Essen vorsetzte und sie von dem Gemüse aßen, schrieen sie und sprachen: Der Tod ist im Topf, Mann Gottes! Und sie konnten es nicht essen. Er aber sprach: So holt Mehl herbei! Und er warf es in den Topf und sprach: Setze es den Leuten vor, dass sie essen! Da war nichts Schlimmes [mehr] im Topf.« 2. Könige 4,38-41

In Gilgal speiste Elisa in der Zeit der Dürre auch einmal 100 Männern mit einer Gabe, die ihm von einem »Mann von Baal-Schalischa« gebracht worden war. Es handelte sich um »Erstlingsbrote, 20 Gerstenbrote und Jungkorn in seinem Sack.« Bei Elisa waren Menschen, die ganz dringend etwas zu essen brauchten. Als die Opfergabe gebracht wurde, sagte er zu seinem Diener: »Wie kann ich das 100 Männern vorsetzen? Er aber sprach: Gib es den Leuten, dass sie essen! Denn so spricht der Herr: Man wird essen, und es wird übrigbleiben! Und er legte es ihnen vor, und sie aßen; und es blieb noch übrig, nach dem Wort des Herrn.« 2. Könige 4,42-44

Welche Herablassung Christi, durch Seinen Boten dieses Wunder zu wirken, um den Hunger zu stillen! Wieder und wieder seit dieser Zeit hat der Herr Jesus dafür gewirkt, wenn auch nicht immer auf so deutlich sichtbare Art und Weise, die menschliche Not zu stillen. Wenn wir ein klareres geistliches Urteilsvermögen hätten, würden wir Gottes mitleidiges Handeln mit den Menschen schneller erkennen als dies jetzt der Fall ist. Es ist die Gnade Gottes auf einer kleinen Portion, die sie für alle ausreichend macht. Gottes Hand kann hundertfach vermehren. Er kann mit seinen Reichtümern einen Tisch in der Wüste decken. Durch die Berührung Seiner Hand kann er eine kärgliche Menge vermehren, dass für alle genügend da ist. Es war Seine Macht, die die Brotlaibe und das Korn in den Händen der Prophetenschüler vermehrten.

Als Christus in den Tagen Seines irdischen Dienstes ein ähnliches Wunder vollbrachte und die Volksmenge speiste, offenbarte sich derselbe Unglaube, der sich auch bei den Gefährten des Propheten von einst gezeigt hatte. »Wie kann ich das 100 Männern vorsetzen?« fragte Elisas Diener. Und als Jesus Seine Jünger aufforderte, der Menge zu essen zu geben, antworteten sie: »Wir haben nicht mehr als fünf Brote und zwei Fische; oder sollen wir hingehen und für diese ganze Menge Speise kaufen?« Lukas 9,13 Was ist das für so viele?

Die Lektion gilt für Gottes Kinder in jedem Zeitalter. Wenn der Herr uns ein Werk zu tun gibt, sollen Menschen nicht innehalten und die Sinnhaftigkeit des Gebotes oder das voraussichtliche Ergebnis, ihrer Bemühungen zu gehorchen, hinterfragen. Der Vorrat in ihren Händen mag angesichts der zu stillenden Not völlig ungenügend erscheinen, aber in der Hand des Herrn wird es sich als mehr denn ausreichend erweisen. Der Diener »legte es ihnen vor, und sie aßen; und es blieb noch übrig, nach dem Wort des Herrn.« 2. Könige 4,44

Die große Not der Gemeinde besteht darin, ein vollkommeneres Verständnis der Beziehung Gottes zu denen, die Er durch die Gabe Seines Sohnes erkauft hat, und einen größeren Glauben an den unaufhaltsamen Fortschritt Seines Werkes auf dieser Erde zu bekommen. Keiner sollte seine Zeit damit vergeuden, sich über die Knappheit seiner sichtbaren Ressourcen zu beklagen. Der äußere Anschein mag nicht vielversprechend sein, aber energisches Handeln und Gottvertrauen werden Ressourcen entwickeln. Er wird die Gabe, die mit Danksagung und Gebet um Seinen Segen vor Ihn gebracht wird, vermehren, so wie Er das Essen vermehrte, das den Prophetenschülern gegeben und der müden Menge [zur Zeit Jesu] wurde.

KAPITEL 20

NAÄMANN

Auf Grundlage von 2. Könige 5

Und Naämann, der Heerführer des Königs von Aram, war ein hochangesehener Mann vor seinem Herrn und geschätzt; denn durch ihn gab der Herr den Aramäern Sieg. Aber dieser gewaltige, tapfere Mann war aussätzig.« 2. Könige 5,1 Benhadad, der König von Syrien, hatte die Armeen Israels in der Schlacht besiegt, die zum Tod Ahabs geführt hatte. Seit dieser Zeit hatten die Syrer gegen Israel einen beständigen Grenzkrieg geführt. Bei einem ihrer Einfälle hatte sie ein kleines Mädchen weggeführt, die im Land ihrer Gefangenschaft »im Dienst von Naämanns Frau war.« Dieses kleine Mädchen war trotz ihres Sklavendaseins weit weg von ihrer Heimat eine Zeugin Gottes, die unbewusst die Absicht ausführte, für die Gott Israel als Volk ausgewählt hatte. Beim Dienst in diesem heidnischen Haushalt wurde sie von Mitgefühl für ihren Herrn erfüllt. Sie erinnerte sich an die wunderbaren Heilungswunder, die durch Elisa vollbracht worden waren, und sagte deshalb zu ihrer Herrin: »Ach, dass mein Herr bei dem Propheten wäre, der in Samaria wohnt; der würde ihn von seinem Aussatz befreien!« 2. Könige 5,2f Sie wusste, dass die Macht des Himmels mit Elisa war, und glaubte, dass Naämann durch diese Kraft geheilt werden könne.

Das Verhalten des gefangenen Mädchens, die Art und Weise, wie sie sich im heidnischen Haushalt benahm, ist ein starkes Zeugnis für die frühe häusliche Ausbildung. Es gibt keine höhere Verantwortung als die, die Vätern und Müttern in der Fürsorge und Ausbildung ihrer Kinder anvertraut ist. Eltern haben es mit den wahren Grundlagen von Gewohnheiten und Charakter zu tun. Durch ihr Beispiel und ihre Unterweisung wird die Zukunft ihrer Kinder in hohem Maße entschieden.

Glücklich sind Eltern, deren Leben ein echtes Abbild Gottes sind, so dass die Verheißungen und Gebote Gottes im Kind Dankbarkeit und Ehrerbietung erwecken. Glücklich sind auch Eltern, deren Zartgefühl, Gerechtigkeit und Mitgefühl für das Kind ein Abbild der Liebe, Gerechtigkeit und Geduld Gottes sind, die, indem sie das Kind lehren, sie zu lieben und ihnen zu vertrauen und zu gehorchen, es damit lehren, Gott zu lieben und ihm als unserem himmlischen Vater zu vertrauen und zu gehorchen. Eltern, die dem Kind ein solches Geschenk mitgeben, haben ihm einen Schatz gegeben, der kostbarer ist als der Reichtum aller Zeitalter und so langanhaltend wie die Ewigkeit.

Wir wissen nicht, zu welchem Dienst unsere Kinder einmal berufen werden. Sie mögen ihr Leben zuhause verbringen oder irgendeinen Beruf ergreifen oder auch als Lehrer des Evangeliums in ein heidnisches Land gehen. Allen gemeinsam ist, dass sie dazu berufen sind, Missionare für Gott zu sein, Prediger der Gnade für die Welt. Sie müssen eine Ausbildung bekommen, die ihnen hilft, in selbstlosem Dienst an der Seite Christi zu stehen.

Die Eltern der hebräischen Sklavin wussten nichts über ihr zukünftiges Schicksal, als sie sie über Gott unterrichteten. Sie waren jedoch ihrer Verantwortung treu und im Heim des syrischen Generals legte ihr Kind Zeugnis über den Gott ab, den sie zu ehren gelernt hatte.

Naämann hörte die Worte, die die Sklavin zu ihrer Herrin gesprochen hatte. Nachdem er die Erlaubnis des Königs bekommen hatte, machte er sich auf den Weg, um Heilung zu finden. Dabei nahm er »zehn Talente Silber und 6 000 Goldstücke und zehn Festgewänder mit sich.« Er brachte auch einen Brief des syrischen Königs an den König von Israel mit sich, in dem stand: »Und nun, ... siehe: ich habe meinen Knecht Naämann zu dir gesandt, damit du ihn von seinem Aussatz befreist!« Als der König von Israel diesen Brief las, »zerriss er seine Kleider und sprach: Bin ich denn Gott, so dass ich töten und lebendig machen könnte, dass dieser von mir verlangt, ich solle einen Mann von seinem Aussatz befreien? Da erkennt ihr doch und seht, dass er einen Anlass zum Streit mit mir sucht!« 2. Könige 5,5-7

Auch Elisa hörte von der Angelegenheit, und so schickte er zum König und ließ ihm sagen: »Warum hast du deine Kleider zerrissen? Er soll zu mir kommen, dann wird er erkennen, dass es einen Propheten in Israel gibt!« 2. Könige 5,8

»So kam Naëman mit seinen Pferden und mit seinen Wagen und hielt vor der Tür des Hauses Elisas.« Durch einen Boten ließ der Prophet ihm ausrichten: »Geh hin und wasche dich siebenmal im Jordan, so wird dir dein Fleisch wiederhergestellt, und du wirst rein werden!« 2. Könige 5,9f

Naämann hatte erwartet, eine wunderbare Offenbarung einer himmlischen Macht zu sehen. »Siehe, ich dachte, er wird sicher zu mir herauskommen und hinzutreten und den Namen des Herrn, seines Gottes, anrufen und mit seiner Hand über die Stelle fahren und so den Aussätzigen befreien!« Als ihm gesagt wurde, er solle sich im Jordan waschen, war sein Stolz verletzt, und er rief gekränkt und enttäuscht aus: »Sind nicht die Flüsse Abana und Parpar in Damaskus besser als alle Wasser in Israel? Kann ich mich nicht darin waschen und rein werden? Und er wandte sich ab und ging zornig davon.« 2.Könige 5,11f

Der stolze Geist Naämanns rebellierte dagegen, der Anweisung Elisas zu folgen. Die von dem syrischen General erwähnten Flüsse waren durch kleine Wäldchen geschmückt und viele kamen an die Ufer dieser wohltuenden Flüsse, um ihre falschen Götzen anzubeten. Es hätte Naämann keine große Demütigung gekostet, sich in einem dieser Flüsse unterzutauchen. Er konnte jedoch nur durch genaues Befolgen der Anweisungen des Propheten Heilung finden. Allein williger Gehorsam würde das ersehnte Ergebnis bringen.

Naämanns Diener baten ihn, Elisas Anweisungen auszuführen: »Lieber Vater, wenn dir der Prophet etwas Großes geboten hätte, hättest du es nicht getan? Wie viel mehr, wenn er zu dir sagt: Wasche dich, so wirst du rein!« Der Glaube Naämanns wurde an diesem Punkt geprüft, während der Stolz noch um die Herrschaft kämpfte. Der Glaube siegte jedoch und der hochmütige Syrer unterwarf sein stolzes Herz und beugte sich demütig dem geoffenbarten Willen des Herrn. Sieben Mal tauchte er sich im Jordan unter »wie der Mann Gottes geboten hatte.« Sein Glaube wurde belohnt und »sein Fleisch wurde wieder heil wie das Fleisch eines jungen Knaben und er wurde rein.« 2. Könige 5,13f

Dankbar kehrte er »zurück zu dem Mann Gottes mit allen seinen Leuten.« Er war bereit anzuerkennen: »Siehe, nun weiß ich, dass kein Gott ist in allen Landen, außer in Israel.« 2. Könige 5,15

Nach der Sitte der damaligen Zeit bat Naämann Elisa nun, ein kostbares Geschenk anzunehmen. Der Prophet weigerte sich jedoch. Er sollte keine Bezahlung für eine Segnung annehmen, die Gott in Seiner Gnade geschenkt hatte. »So wahr der HERR lebt, vor dem ich stehe: Ich nehme es nicht. Und er nötigte ihn, dass er es nehme; aber er wollte nicht.« 2. Könige 5,16

»Da sprach Naämann: Wenn nicht, so könnte doch deinem Knecht gegeben werden von dieser Erde eine Last, so viel zwei Maultiere tragen! Denn dein Knecht will nicht mehr anderen Göttern opfern und Brandopfer darbringen, sondern allein dem HERRN. Nur darin wolle der HERR deinem Knecht gnädig sein: Wenn mein König in den Tempel Rimmons geht, um dort anzubeten, und er sich auf meinen Arm lehnt und ich auch anbete im Tempel Rimmons, dann möge der HERR deinem Knecht vergeben.« 2. Könige 5,17f »Und [Elisa] antwortete ihm: Geh hin in Frieden! Und er zog eine Wegstrecke von ihm fort.« 2. Könige 5,19

Gehasi, der Diener Elisas, hatte jahrelang Gelegenheit gehabt, den Geist der Selbstverleugnung zu entwickeln, der das Lebenswerk seines Meisters kennzeichnete. Es war sein Vorrecht gewesen, ein edler Vorkämpfer im Heer des Herrn zu sein. Die besten Gaben des Himmels waren bereits eine lange Zeit in seiner Reichweite, und doch wandte er sich von diesen ab und begehrte stattdessen das minderwertigere Zahlungsmittel der Welt: Reichtum. Nun

 führten ihn die lang verborgenen Sehnsüchte seines habgierigen Geistes dazu, einer übermächtigen Versuchung nachzugeben. »Siehe,« so argumentierte er mit sich selbst, »mein Herr hat Naämann, diesen Aramäer, geschont, indem er nichts von ihm genommen hat, was er mitbrachte; ... ich will ihm nachlaufen und etwas von ihm nehmen!« 2. Könige 5,20 Und so kam es, dass Gehasi im Geheimen Naëman nachjagte.

»Und als Naämann sah, dass er ihm nachlief, sprang er vom Streitwagen, ihm entgegen, und sprach: Ist alles in Ordnung? Und er sprach: Alles ist in Ordnung!« 2. Könige 5,21f KJV Dann log Gehasi vorsätzlich, als er sagte: »Mein Herr hat mich gesandt, um dir zu sagen: Siehe, eben jetzt sind zwei junge Männer von den Prophetensöhnen aus dem Bergland Ephraim zu mir gekommen. Gib ihnen doch ein Talent Silber und zwei Festgewänder!« Naämann folgte dieser Bitte sehr gern und drängte Gehasi sogar, zwei Talente Silber zu nehmen anstatt nur eines. Auch gab er ihm zwei Festgewänder und befahl seinen Dienern, die wertvollen Gegenstände zurückzutragen. 2. Könige 5,22f

Als Gehasi dem Haus Elisas näherkam, entließ er die Diener und legte das Silber und die Kleider in ein Versteck. Nachdem er dies getan hatte, »trat er vor seinen Herrn.« Um sich vor einem Tadel zu schützen, log er ein zweites Mal. Er antwortete auf die Frage des Propheten: »Woher, Gehasi?« mit den Worten: »Dein Knecht ist weder hierhin noch dorthin gegangen.« 2. Könige 5,24f

Dann kam die strenge Anklage, die zeigte, dass Elisa alles wusste. »Ging mein Herz nicht mit, als ein Mann sich von seinem Wagen herab dir entgegenwandte? Ist es denn Zeit, Silber zu nehmen und Kleider zu nehmen und Olivenbäume und Weinberge und Schafe und Rinder und Knechte und Mägde? So wird der Aussatz Naämanns an dir haften und an deinen Nachkommen für ewig!« Die Vergeltung für den schuldigen Mann kam schnell. Er verließ die Gegenwart Elisas »aussätzig wie Schnee.« 2. Könige 5,26f ELB

Ernst sind die Lektionen, die aus dieser Erfahrung eines Menschen gewonnen werden können, dem hohe und heilige Vorrechte zuteil geworden waren. Der von Gehasi eingeschlagene Kurs war ein solcher, dass er einen Stein des Anstoßes in den Weg von Naëman brachte, über dem ein wunderbares Licht aufgeleuchtet war und der sich offen für den Dienst des lebendigen Gottes zeigte. Für die Täuschung Gehasis konnte es keine Entschuldigung geben. Er blieb bis zu seinem Todestag aussätzig, verflucht von Gott und gemieden von seinen Mitmenschen.

»Ein falscher Zeuge bleibt nicht ungestraft; und wer frech Lügen redet, wird nicht entrinnen.« Sprüche 19,5 Die Menschen glauben vielleicht, ihre bösen Taten mögen menschlichen Augen verborgen sein, aber sie können Gott nicht täuschen. »Und kein Geschöpf ist vor ihm verborgen, sondern alles ist enthüllt und aufgedeckt vor den Augen dessen, dem wir Rechenschaft zu [251/252] geben haben.« Hebräer 4,13 Gehasi dachte, Elisa täuschen zu können, aber Gott offenbarte Seinem Propheten die Worte Gehasis zu Naämann und jedes weitere Detail der Begegnung der beiden Männer.

Die Wahrheit ist von Gott, die Täuschung mit ihren vielen tausend unterschiedlichen Formen kommt von Satan. Wer auch immer im geringsten von der klaren Linie der Wahrheit abweicht, verrät sich selbst in die Macht des Bösen. Wer von Christus gelernt hat, wird keine »Gemeinschaft mit den unfruchtbaren Werken der Finsternis« haben. Epheser 5,11 Er wird in der Sprache ebenso wie im Leben einfach, unkompliziert und wahrhaftig sein, denn er bereitet sich auf die Gemeinschaft der Heiligen vor, in deren Mund kein Falsch gefunden wurde. vgl. Offb. 14,5

Jahrhunderte nachdem Naëman wieder gereinigt am Körper und bekehrt im Geist in sein Heim in Syrien zurückgekehrt war, wurde sein wunderbarer Glaube vom Heiland erwähnt und als beispielhaft für alle empfohlen, die Gott dienen. »Viele Aussätzige waren in Israel zur Zeit des Propheten Elisa, und keiner von ihnen wurde rein als allein Naämann aus Syrien.« Lukas 4,27 Gott ging an vielen Aussätzigen in Israel vorbei, weil ihr Unglaube ihnen die Tür zur Besserung verschloss. Ein heidnischer Edelmann, der aufrichtig seiner Überzeugung von Richtig und Falsch gefolgt war und gefühlt hatte, dass er dieser Hilfe bedurfte, war in den Augen Gottes mehr Seiner Segnungen wert als die Kranken in Israel, die ihre gottgegebenen Vorrechte geringgeschätzt und verachtet hatten. Gott wirkt für diejenigen, die Seine Gaben schätzen und das vom Himmel gesandte Licht annehmen.

Auch heute gibt es in jedem Land Menschen, die in ihrem Herzen aufrichtig sind. Auf sie scheint das Licht des Himmels. Wenn sie weiterhin treu dem nachfolgen, was sie als ihre Pflicht verstehen, wird ihnen mehr Licht gegeben, bis sie wie einst Naämann fast schon gezwungen sind anzuerkennen, »dass es keinen Gott auf der ganzen Erde gibt, außer in Israel« – den lebendigen Gott, den Schöpfer! 2. Könige 5,15

Jedem aufrichtigen Menschen, der »im Finstern wandelt und [dem] kein Licht scheint« wird die Einladung gegeben: So »vertraue er auf den Namen des Herrn und halte sich an seinen Gott!« »Denn von Ewigkeit her hat man nie gehört, nie vernommen, hat kein Auge es gesehen, dass außer dir ein Gott tätig war für die, welche auf ihn harren. Du kommst dem entgegen, der sich daran erfreut, Gerechtigkeit zu tun, denen, die auf deinen Wegen an dich gedenken.« Jesaja 50,10; 64,3f

KAPITEL 21

Die letzten Tage von Elisa

Auf Grundlage des biblischen Berichts

Elisa war noch zur Regierungszeit Ahabs zu seinem Prophetenamt berufen worden und hatte viele Veränderungen im Königreich Israel erleben müssen. Gericht über Gericht war während der Herrschaft Hasaels von Syrien, der als Zuchtrute für das abgefallene Volk zum König gesalbt worden war, über die Israeliten gekommen. Die von Jehu eingeführten harten Reformmaßnahmen hatten zur Auslöschung des Hauses Ahab geführt. In den ständigen Kriegen mit den Syrern hatte Joahas, der Nachfolger Jehus, einige Städte verloren, die östlich des Jordans lagen. Eine Zeitlang schien es sogar, als würden die Syrer die Kontrolle über das gesamte Reich bekommen. Aber die von Elia eingeleiteten Reformen, die von Elisa fortgeführt wurden, hatten viele veranlasst, nach Gott zu suchen. Die Altäre Baals wurden sich selbst überlassen und langsam aber sicher erfüllte sich doch noch Gottes Absicht im Leben derer, die die Wahl trafen, Ihm von ganzem Herzen zu dienen.

Aus Liebe zu dem irrenden Volk Israel ließ Gott zu, dass die Syrer es plagten. Aus Mitleid für die, deren moralische Kraft so schwach war, erweckte Er Jehu, um die böse Isebel und das ganze Haus Ahab zu erschlagen. Einmal mehr wurden durch eine gnädige Vorsehung die Priester Baals und der Aschera beiseite gesetzt und ihre heidnischen Altäre niedergerissen. Gott sah in Seiner Weisheit voraus, dass bei einer Entfernung dieser Versuchung einige ihren heidnischen Glauben verlassen und sich dem Himmel zuwenden würden. Dies ist der Grund, warum Er zuließ, dass Katastrophe über Katastrophe über sie hereinbrach. Seine Gerichte wurden durch Gnade abgemildert, und als Seine Absicht erreicht war, wandte Er das Blatt zugunsten derer, die inzwischen gelernt hatten, Ihn zu suchen.

Während die Einflüsse des Guten und des Bösen um die Vorherrschaft kämpften und Satan alles in seiner Macht tat, um den in der Regierungszeit Ahabs und Isebels bewirkten nationalen Zerfall zu Ende zu führen, legte Elisa weiterhin sein Zeugnis ab. Er traf auf Widerstand, aber keiner konnte seinen Worten widerstehen. Er war im ganzen Königreich geachtet und verehrt. Viele erbaten seinen Rat. Solange Isebel noch lebte, suchte auch Joram, der König Israels, [254/255] seinen Rat. Als er einmal in Damaskus war, bekam er Besuch von einem Boten Benhadads, des Königs von Syrien, der wissen wollte, ob die Krankheit, unter der er gerade litt, zum Tod führen würde. In einer Zeit, in der die Wahrheit überall verdreht wurde und die meisten Menschen sich in offener Rebellion gegen den Himmel befanden, legte der Prophet allen gegenüber ein ehrliches Zeugnis ab.

Und Gott verließ Seinen auserwählten Boten nie. Bei einer Gelegenheit versuchte der König von Syrien mit einer Invasion Elisa zu vernichten, weil er ständig dafür sorgte, dass der König von Israel von den feindlichen Plänen unterrichtet wurde. Der syrische König hatte sich mit seinen Dienern beraten und gesagt: »Wir wollen da und da einen Hinterhalt legen.« Dieser Plan wurde Elisa durch den Herrn offenbart, und »der Mann Gottes sandte zum König von Israel und ließ ihm sagen: Hüte dich, dass du nicht an diesem Ort vorüberziehst, denn die Aramäer lauern dort. So sandte denn der König von Israel hin an den Ort, den ihm der Mann Gottes gesagt und vor dem er ihn gewarnt hatte, und war dort auf der Hut; und tat das nicht nur einmal oder zweimal.« 2. Könige 6,8-10 »Da wurde das Herz des Königs von Aram voller Unmut darüber und er rief seine Obersten und sprach zu ihnen: Wollt ihr mir denn nicht sagen, wer von den Unseren es mit dem König von Israel hält? Da sprach einer seiner Obersten: Nicht doch, mein Herr und König, sondern Elisa, der Prophet in Israel, sagt alles dem König von Israel, auch was du in der Kammer redest, wo dein Lager ist.« 2. Könige 6,11-12

Entschlossen, den Propheten zu beseitigen, befahl der syrische König: »So geht hin und seht, wo er ist, damit ich hinsende und ihn holen lasse.« Als der König erfuhr, dass der Prophet gerade in Dotan war, »da sandte er hin Rosse und Wagen und ein großes Heer. Und als sie bei Nacht hinkamen, umstellten sie die Stadt. Und der Diener des Mannes Gottes stand früh auf und trat heraus, und siehe, da lag ein Heer um die Stadt mit Rossen und Wagen.« 2. Könige 6,13-15

Voller Schrecken eilte Elisas Diener mit diesen Nachrichten zu seinem Herrn. »O weh, mein Herr! Was sollen wir nun tun?«

»Fürchte dich nicht,« war die Antwort des Propheten, »denn derer sind mehr, die bei uns sind, als derer, die bei ihnen sind!« Um den Diener dies auch selbst sehen zu lassen, betete Elisa: »HERR, öffne ihm die Augen, dass er sehe! Da öffnete der HERR dem Diener die Augen und er sah, und siehe, da war der Berg voll feuriger Rosse und Wagen um Elisa her.« 2. Könige 6,16f Zwischen dem Diener Gottes und den Heerscharen der feindlichen Soldaten hatte sich eine Schar himmlischer Engel versammelt. Sie waren in mächtiger Kraft gekommen, aber nicht um zu zerstören oder Anbetung hervorzurufen, sondern um sich rings um die schwachen und hilflosen Diener des Herrn zu versammeln und ihnen zu dienen.

Wenn das Volk Gottes in schwierige Situationen geführt wird und es für sie

 offensichtlich keinen Ausweg mehr gibt, müssen sie sich allein auf den Herrn verlassen. Als die Schar der syrischen Soldaten nun frech vorrückte und nichts von den unsichtbaren himmlischen Scharen wusste, »betete Elisa und sprach: HERR, schlage dies Volk mit Blindheit! Und er schlug sie mit Blindheit nach dem Wort Elisas. Und Elisa sprach zu ihnen: Dies ist nicht der Weg und nicht die Stadt. Folgt mir nach! Ich will euch führen zu dem Mann, den ihr sucht. Und er führte sie nach Samaria.« 2. Könige 6,18f

»Und als sie nach Samaria kamen, sprach Elisa: HERR, öffne diesen die Augen, dass sie sehen! Und der HERR öffnete ihnen die Augen und sie sahen, und siehe, da waren sie mitten in Samaria. Und als der König von Israel sie sah, sprach er zu Elisa: Mein Vater, soll ich sie töten? Er sprach: Du sollst sie nicht töten. Erschlägst du denn die, die du mit Schwert und Bogen gefangen hast? Setze ihnen Brot und Wasser vor, dass sie essen und trinken, und lass sie zu ihrem Herrn ziehen! Da wurde ein großes Mahl bereitet. Und als sie gegessen und getrunken hatten, ließ er sie gehen, dass sie zu ihrem Herrn zogen.« 2. Könige 6,20-23

Nach diesem Vorfall hatte Israel eine Zeitlang Ruhe vor den Attacken der Syrer. Später jedoch umzingelten die Syrer unter der entschlossenen Führung ihres neuen Königs Hasael Samaria und belagerten es. Nie zuvor war Israel in eine derart bedrängte Situation gekommen wie während dieser Belagerung. Nun wurden die Sünden der Väter in der Tat an den Kindern und Kindeskindern heimgesucht. Der Albtraum einer langen Hungersnot veranlasste den König Israels noch zu verzweifelten Maßnahmen, als Elisa bereits die Befreiung für den nächsten Tag ankündigte. Als die Dämmerung des neuen Tages heraufzog, ließ der Herr sie »ein Getümmel von Rossen, Wagen und großer Heeresmacht« hören, so dass sie voller Furcht »die Flucht ergriffen« hatten. »Ihre Zelte, ihre Pferde, ihre Esel und das ganze Lager hatten sie zurückgelassen, wie es war«, vor allem mit reichen Vorräten an Nahrungsmitteln. Sie »waren um ihr Leben gelaufen« und hielten erst an, nachdem sie den Jordan überquert hatten. 2. Könige 7,6f NeUE

In der Nacht der Flucht hatten vier verzweifelt hungrige Aussätzige vor den Toren der Stadt sich vorgenommen, das syrische Lager zu besuchen und sich der Gnade der Belagerer zu ergeben. Sie hofften, auf diese Weise Mitgefühl zu erwecken und Essen bekommen zu können. Wie groß war aber ihre Verwunderung, als sie beim Betreten des Lagers feststellten, dass niemand anwesend war. Da keiner sie hinderte oder es ihnen verbot, »gingen sie in ein Zelt und aßen und tranken; und sie nahmen Silber, Gold und Kleider daraus mit und gingen hin und verbargen es. Und sie kamen wieder und gingen in ein anderes Zelt und plünderten es aus, gingen fort und verbargen es. Aber einer sprach zum anderen: Wir handeln nicht recht. Dieser Tag ist ein Tag guter Botschaft; wenn wir schweigen und warten, bis es heller Morgen wird, so wird uns Strafe treffen.« 2. Könige 7,8f So kehrten sie mit ihren guten Neuigkeiten schnell zur Stadt zurück.

Die Beute und die Vorräte waren so groß, dass an diesem Tag »ein Eimer Feinmehl und zwei Eimer Gerste tatsächlich nur noch ein Silberstück [kosteten]«, wie es von Elisa am vorigen Tag vorhergesagt worden war. Einmal mehr wurde der Name Gottes »nach dem Wort des HERRN« vor den Heiden erhöht. 2. Könige 7,16 NeUE

So setzte der Mann Gottes sein Werk von Jahr zu Jahr fort. Bei seinem treuen Dienst kam er den Menschen nah. In Krisenzeiten war er ein weiser Ratgeber an der Seite der Könige. Die langen Jahre des Abfalls von Herrscher und Volk in den Götzendienst hatte ihr schlimmes Werk getan. Der dunkle Schatten des Abfalls war noch immer überall zu sehen, und doch gab es hier und dort Menschen, die sich standhaft geweigert hatten, ihre Knie vor Baal zu beugen. Durch die Fortsetzung seines Reformwerks konnte Elisa viele aus dem Heidentum zurückgewinnen, die dann lernten, sich froh in den Dienst des wahren Gottes zu stellen. Der Prophet wurde durch diese Wunder der göttlichen Gnade ermutigt und mit großer Sehnsucht erfüllt, alle von Herzen Aufrichtigen zu erreichen. Überall, wo er war, bemühte er sich, ein Lehrer der Gerechtigkeit zu sein.

Aus menschlicher Sicht war die Aussicht auf eine geistliche Wiederbelebung der Nation ebenso hoffnungslos, wie sie sich auch heute den Dienern Gottes darstellt, die an den finsteren Orten dieser Welt wirken. Die Gemeinde Christi ist jedoch Gottes Werkzeug der Verkündigung der Wahrheit. Sie ist von Ihm dazu bevollmächtigt, ein besonderes Werk zu tun. Wenn die Gemeinde Gott treu ist und Seinen Geboten gehorcht, wird sie von der außerordentlichen Fülle göttlicher Kraft erfüllt sein. Wenn sie ihrer Untertanenpflicht treu ist, gibt es keine Macht, die gegen sie bestehen kann. Die Kräfte des Feindes werden sie ebenso wenig überwinden wie die Spreu dem Sturmwind widerstehen kann.

Der Gemeinde steht eine helle und herrliche Zukunft bevor, wenn sie das Kleid der Gerechtigkeit Christi anzieht und sich von jeder Bindung zur Welt befreit.

Gott ruft seine treuen Gläubigen dazu auf, die Ungläubigen und Hoffnungslosen zu ermutigen: Wendet euch zum Herrn, ihr Gefangenen auf Hoffnung! Sucht Kraft bei dem lebendigen Gott! Habt einen unerschütterlichen, demütigen Glauben an Seine Kraft und Seine Bereitschaft, euch zu retten! Wenn wir uns im Glauben Seine Macht zu eigen machen, wird Er die hoffnungslosesten und entmutigendsten Zukunftsaussichten zu Seines Namens Ehre auf wunderbare Weise verändern.

Solange Elisa im Reich Israel von einem Ort zum anderen reisen konnte, nahm er einen aktiven Anteil am Aufbau der Prophetenschulen. Gott war überall mit ihm und gab ihm die richtigen Worte und die Kraft, Wunder zu wirken. Bei einer Gelegenheit »sagten die Prophetenjünger zu Elisa: Der Unterrichtsraum ist zu eng für uns geworden. Könnten wir nicht an den Jordan gehen, damit jeder

von uns einen Balken heranschafft und wir hier einen neuen Versammlungsraum bauen können?« 2. Könige 6,1f NeUE Elisa ging mit ihnen an den Jordan und ermutigte sie durch seine Gegenwart, belehrte sie und vollbrachte sogar ein Wunder, um ihnen bei ihrer Arbeit zu helfen. »Und es geschah, als einer einen Stamm fällte, da fiel das Eisen ins Wasser. Da schrie er und sprach: O weh, mein Herr! Und es ist noch dazu entliehen! Aber der Mann Gottes sprach: Wohin ist es gefallen? Und als er ihm die Stelle zeigte, schnitt er ein Holz ab und warf es dort hinein. Da brachte er das Eisen zum Schwimmen. Und er sprach: Hole es dir heraus! Da streckte er seine Hand aus und nahm es.« 2. Könige 6,5-7

Sein Dienst war so erfolgreich und sein Einfluss so groß, dass der jugendliche König Joas, ein Götzendiener, dem Gott nur wenig bedeutete, den Propheten noch auf seinem Totenbett als Vater in Israel bezeichnete und zugab, dass seine Gegenwart bei ihnen in schwierigen Zeiten wertvoller war als eine Armee von Pferden und Streitwagen. Der Bericht sagt: »Elisa aber wurde von der Krankheit befallen, an der er sterben sollte. Und Joas, der König von Israel, kam zu ihm hinab, weinte vor ihm und sprach: O mein Vater, mein Vater! Der Wagen Israels und seine Reiter!« 2. Könige 13,14 Für viele bedrängte und hilfsbedürftige Menschen hatte sich der Prophet als weiser, mitfühlender Vater erwiesen. Auch bei dieser Gelegenheit wandte er sich nicht von diesem gottlosen Jugendlichen ab, der seiner hohen Vertrauensstellung so unwürdig war und doch den Rat so nötig brauchte. Gott gab in Seiner Vorsehung dem König Gelegenheit, die Fehler der Vergangenheit wieder gut zu machen und seine Herrschaft und sein Reich auf eine günstige Grundlage zu stellen. Der Feind Syrien, der das Gebiet östlich des Jordans besetzt hatte, sollte zurückgeschlagen werden. Einmal mehr sollte sich die Macht Gottes zugunsten des irrenden Israel zeigen.

Der sterbende Prophet forderte den König auf: »Nimm einen Bogen und Pfeile!« Joas gehorchte. Dann sagte der Prophet: »Spanne mit deiner Hand den Bogen!« Joas »spannte ihn mit seiner Hand. Und Elisa legte seine Hände auf die Hände des Königs, und er sprach: Mache das Fenster nach Osten auf!« – in Richtung der Städte jenseits des Jordans, die sich nun im Besitz der Syrer befanden. Nachdem der König das vergitterte Fenster geöffnet hatte, forderte ihn Elisa zum Schießen auf. Als der Pfeil von der Bogensehne schoss, sagte der Prophet auf göttliche Eingebung: »Ein Pfeil der Rettung vom Herrn, ein Pfeil der Rettung gegen die Aramäer! Du wirst die Aramäer schlagen bei Aphek, bis sie aufgerieben sind!« 2. Könige 13,15-17 Nun prüfte der Prophet den Glauben des Königs. Er forderte Joas auf, die Pfeile in die Hand zu nehmen, und sagte zu ihm: »Schlage [damit] auf die Erde!« Der König schlug dreimal auf den Boden und hielt dann inne. »Wenn du fünf- oder sechsmal geschlagen hättest, dann hättest du die Aramäer bis zur Vernichtung geschlagen; nun aber wirst du die Aramäer nur dreimal schlagen!« 2. Könige 13,18f

Diese Lektion richtet sich an alle in verantwortungsvollen Positionen. Wenn Gott uns den Weg öffnet, um ein bestimmtes Werk durchzuführen und uns den Erfolg versichert, müssen Seine auserwählten Werkzeuge alles in ihrer Macht Stehende tun, um das vorhergesagte Ergebnis herbeizuführen. Proportional zu dem Enthusiasmus und der Beharrlichkeit, mit der das Werk durchgeführt wird, schenkt Gott auch den Erfolg. Gott kann nur dann Wunder für Sein Volk wirken, wenn sie ihren Teil mit unermüdlicher Energie ausführen. Er ruft nach Männern, die sich für Sein Werk aufopfern, die mutig für das Recht eintreten, eine brennende Liebe für Seelen haben und einen nie nachlassenden Eifer. Solche Arbeiter werden keine Aufgabe als zu mühsam und keine Lage als zu hoffnungslos ansehen. Sie werden unerschrocken weiterarbeiten, bis sich eine offensichtliche Niederlage in einen herrlichen Sieg wandelt. Nicht einmal Gefängnismauern oder Scheiterhaufen werden sie von ihrer Absicht abbringen, gemeinsam mit Gott für den Aufbau Seines Reichs tätig zu sein.

Mit dem Rat und der Ermutigung für Joas war Elisas Werk beendet. Der Mann, auf den der Geist, der auf Elia geruht hatte, in vollem Maß gekommen war, hatte sich als treu bis zum Ende erwiesen. Nie hatte er geschwankt, nie sein Vertrauen in die Kraft des Allmächtigen verloren. Wenn der vor ihm liegende Weg auch völlig verschlossen zu sein schien, war er doch immer im Glauben vorangeschritten. Gott hatte sein Vertrauen belohnt und den Weg vor ihm geöffnet.

Es war Elisa nicht beschieden, seinem Herrn in einem feurigen Wagen zu folgen. Der Herr ließ zu, dass ihn eine langwierige Krankheit befiel. Während der langen Stunden menschlicher Schwäche und des Leidens klammerte sich sein Glauben fest an die Verheißungen Gottes. Er sah immer die himmlischen Boten um ihn, die ihm Trost und Frieden brachten. So, wie er auf den Höhen Dothans die ihn umgebenden himmlischen Heerscharen als feurige Wagen mit ihren Lenkern gesehen hatte, so war er sich auch jetzt der Gegenwart mitfühlender Engel bewusst und wurde dadurch gestärkt. Während seines ganzen Lebens hatte er einen starken Glauben bewiesen. Mit zunehmender Erkenntnis der Fügungen, Gnade und Freundlichkeit Gottes war sein Glaube zu einem ständigen Vertrauen in seinen Gott herangereift. Als schließlich der Tod sein Leben beendete, war er bereit, von seinen Mühen zu ruhen. »Kostbar ist in den Augen des Herrn der Tod seiner Getreuen.« Psalm 116,15 »Der Gerechte ist noch in seinem Tode geborgen.« Sprüche 14,32 ELB Elisa konnte mit dem Psalmisten voller Vertrauen sagen: »Aber Gott wird mich erlösen aus des Todes Gewalt; denn er nimmt mich auf.« Psalm 49,15 Mit Freuden konnte er bezeugen: »Aber ich weiß, dass mein Erlöser lebt, und als der Letzte wird er über dem Staub sich erheben.« Hiob 19,25 »Ich aber will schauen dein Antlitz in Gerechtigkeit, ich will satt werden, wenn ich erwache, an deinem Bilde.« Psalm 17,15

KAPITEL 22

"NINIVE, DIE GROSSE STADT"

Auf Grundlage des biblischen Berichts

Eine der größten Städte der alten Welt in den Tagen des geteilten Israel war Ninive, die Hauptstadt des assyrischen Reiches. Die auf dem fruchtbaren Ufer des Tigris gelegene Stadt war schon bald nach der Zerstreuung des Turmes von Babel gegründet worden. Jahrhundertelang hatte sie eine Blütezeit erlebt, bis sie schließlich »eine sehr große Stadt ..., drei Tagereisen groß,« geworden war. Jona 3,3

Zur Zeit ihres größten Reichtums war Ninive ein Zentrum des Verbrechens und der Bosheit. Das inspirierte Wort charakterisiert sie als »blutbefleckte Stadt, die voll ist von Lüge und Gewalttat«. Nah. 3,1 In bildreicher Sprache verglich der Prophet Nahum die Niniviten mit einem grausamen, raubgierigen Löwen und fragte: »Denn wen traf nicht deine Schlechtigkeit zu jeder Zeit?« Nahum 3,19 EÜ

Und doch war Ninive bei all ihrer Sündhaftigkeit nicht völlig dem Bösen ergeben. Der Herr »sieht alle Menschenkinder« und »alle, die auf Erden wohnen«. Psalm 33,13f Er wusste, dass es in der Stadt noch viele gab, die sich nach etwas Besserem und Höherem sehnten. Wenn ihnen die Gelegenheit gegeben würde, den lebendigen Gott kennenzulernen, würden sie ihre bösen Taten ablegen und Ihn anbeten. Daher offenbarte sich Gott in Seiner Weisheit auf unmissverständliche Art und Weise, um sie, wenn möglich, zur Umkehr zu führen.

Sein auserwähltes Werkzeug für diese Aufgabe war der Prophet Jona, der Sohn Amittais. An ihn erging das Wort des Herrn: »Mache dich auf, geh nach Ninive, in die große Stadt, und verkündige gegen sie; denn ihre Bosheit ist vor mein Angesicht heraufgekommen!« Jona 1,2f

Als der Prophet an die Schwierigkeiten und die scheinbare Undurchführbarkeit dieses Auftrags dachte, wurde er versucht, die Weisheit des Rufes in Frage zu stellen. Aus menschlicher Sichtweise schien es, als ob durch die Verkündigung einer solchen Botschaft in dieser stolzen Stadt nichts erreicht werden könnte. Er vergaß für einen Augenblick, dass er dem allweisen und allmächtigen Gott diente. Während er voller Zweifel noch zögerte, entmutigte ihn Satan schließlich vollends. Der Prophet wurde von einer [265/266] großen Furcht ergriffen. So machte sich auf und »wollte vor dem Herrn nach Tarsis fliehen«. Jona 1,3 Er ging nach Japho und fand dort ein Schiff, das kurz vor dem Aufbruch nach Tarsis stand. Er bezahlte das »Fahrgeld und trat an Bord, um nach Tarsis mitzufahren«. Jona 1,3 EÜ

Es war eine schwere Verantwortung, die Jona da anvertraut wurde, aber der große Auftraggeber würde Seinem Diener Kraft und Erfolg zu ihrer Durchführung geben. Hätte der Prophet unverzüglich gehorcht, wären ihm viele bittere Erfahrungen erspart geblieben und er wäre stattdessen reichlich gesegnet worden. Dennoch verließ der Herr Jona in der Stunde der Verzweiflung nicht. Durch eine Reihe von Prüfungen und seltsamen Fügungen sollte das Vertrauen des Propheten in Gott und Seine unendliche Rettungsmacht wiederbelebt werden.

Hätte Jona zu dem Zeitpunkt, als er den Ruf das erste Mal hörte, ruhig nachgedacht, hätte er erkennen können, wie dumm jede seiner Anstrengungen sein würde, der ihm auferlegten Verantwortung zu entkommen. Er konnte seine wilde Flucht jedoch nicht lange ungestört fortsetzen. »Aber der Herr ließ auf dem Meer einen heftigen Wind losbrechen; es entstand ein gewaltiger Seesturm und das Schiff drohte auseinanderzubrechen. Die Seeleute bekamen Angst und jeder schrie zu seinem Gott um Hilfe. Sie warfen sogar die Ladung ins Meer, damit das Schiff leichter wurde. Jona war in den untersten Raum des Schiffes hinabgestiegen, hatte sich hingelegt und schlief fest.« Jona 1,4f EÜ

Während die Schiffsleute noch ihre heidnischen Götter um Hilfe anflehten, suchte der überaus verzweifelte Schiffskapitän Jona auf und sprach ihn an: »Wie kannst du schlafen? Steh auf, ruf deinen Gott an; vielleicht denkt dieser Gott an uns, sodass wir nicht untergehen.« Jona 1,6 EÜ

Aber die Gebete des Mannes, der vom Weg der Pflicht abgewichen war, brachten keine Hilfe. Die Schiffsleute waren der Überzeugung, dass die ungewöhnliche Heftigkeit dieses Sturms ein Zeichen der Verärgerung ihrer Götter sei. So schlugen sie als letzten Ausweg vor, zu losen: »damit wir herausbekommen, wer an diesem Unglück Schuld ist! Sie taten es, und das Los fiel auf Jona. Da fragten sie ihn: Sag uns: Warum sind wir in diese Gefahr geraten? Was treibst du eigentlich für Geschäfte? Wo kommst du her, aus welchem Land? Zu welchem Volk gehörst du?« Jona 1,7.8 NeUE

Da bekamen die Männer große Angst und sagten zu ihm: Warum hast du das getan? Denn sie erfuhren, dass er vor Jahwe auf der Flucht war; er hatte es ihnen erzählt. Und sie sagten zu ihm: Was sollen wir mit dir machen, damit das Meer sich beruhigt und uns verschont? Denn das Meer wurde immer stürmischer. Jona antwortete ihnen: Nehmt mich und werft mich ins Meer, damit das Meer sich beruhigt und euch verschont. Denn ich weiß, dass dieser gewaltige Sturm

durch meine Schuld über euch gekommen ist. Die Männer aber

ruderten mit aller Kraft, um wieder an Land zu kommen; doch sie richteten nichts aus, denn das Meer stürmte immer heftiger gegen sie an. Da riefen sie zu Jahwe: Ach Herr, lass uns nicht untergehen wegen dieses Mannes und rechne uns, was wir jetzt tun, nicht als Vergehen an unschuldigem Blut an. Denn wie du wolltest, Herr, so hast du gehandelt. Dann nahmen sie Jona und warfen ihn ins Meer und das Meer hörte auf zu toben. Da ergriff die Männer große Furcht vor Jahwe und sie schlachteten für Jahwe ein Opfer und machten ihm viele Gelübde.

Der Herr aber schickte einen großen Fisch, der Jona verschlang. Jona war drei Tage und drei Nächte im Bauch des Fisches und er betete im Bauch des Fisches zum Herrn, seinem Gott: In meiner Not rief ich zum Herrn und er erhörte mich. Aus der Tiefe der Unterwelt schrie ich um Hilfe und du hörtest mein Rufen. Du hast mich in die Tiefe geworfen, in das Herz der Meere; mich umschlossen die Fluten, all deine Wellen und Wogen schlugen über mir zusammen. Ich dachte: Ich bin aus deiner Nähe verstoßen. Wie kann ich deinen heiligen Tempel wieder erblicken? Das Wasser reichte mir bis an die Kehle, die Urflut umschloss mich; Schilfgras umschlang meinen Kopf. Bis zu den Wurzeln der Berge, tief in die Erde kam ich hinab; ihre Riegel schlossen mich ein für immer. Doch du holtest mich lebendig aus dem Grab herauf, Herr, mein Gott.

Als mir der Atem schwand, dachte ich an den Herrn und mein Gebet drang zu dir, zu deinem heiligen Tempel. Wer nichtige Götzen verehrt, der handelt treulos. Ich aber will dir opfern und laut dein Lob verkünden. Was ich gelobt habe, will ich erfüllen. Vom Herrn kommt die Rettung.« Jona 1,9 bis 2,10 EÜ

Endlich hatte Jona gelernt: »Bei dem Herrn findet man Hilfe.« Psalm 3,9 Mit der Reue und der Anerkennung der rettenden Gnade Gottes kam die Erlösung. Jona wurde aus den Gefahren der großen Tiefe befreit und wurde auf trockenes Land ausgeworfen.

Einmal mehr bekam der Diener Gottes den Auftrag, Ninive zu warnen. »Und es geschah das Wort des HERRN zum zweiten Mal zu Jona: Mach dich auf, geh in die große Stadt Ninive und predige ihr, was ich dir sage!« Diesmal zögerte oder zweifelte er nicht, sondern gehorchte sofort. Er »machte sich ... auf und ging hin nach Ninive, wie der HERR gesagt hatte.« Jona 3,1-3

Als Jona die Stadt betrat, »rief er« sofort seine Botschaft aus: »Noch 40 Tage, und Ninive wird zerstört!« Jona 3,4 Er ging von Straße zu Straße und ließ seine Warnungsbotschaft hören.

Die Botschaft wurde nicht umsonst verkündigt. Der Ruf, der durch die Straßen der gottlosen Stadt hallte, wurde von Mund zu Mund weitergegeben, bis schließlich alle Einwohner die erschreckende Ankündigung vernommen hatten. Der Geist Gottes sorgte dafür, dass die Botschaft jedes Herz beeindruckte und große Volksmengen wegen ihrer Sünden zu zittern begannen [269/270] und in tiefer Demut bereuten. »Da glaubten die Leute von Ninive an Gott und ließen ein Fasten ausrufen und zogen alle, Groß und Klein, den Sack zur Buße an. Und als das vor den König von Ninive kam, stand er auf von seinem Thron und legte seinen Purpur ab und hüllte sich in den Sack und setzte sich in die Asche und ließ ausrufen und sagen in Ninive als Befehl des Königs und seiner Gewaltigen: Es sollen weder Mensch noch Vieh, weder Rinder noch Schafe Nahrung zu sich nehmen, und man soll sie nicht weiden noch Wasser trinken lassen; und sie sollen sich in den Sack hüllen, Menschen und Vieh, und zu Gott rufen mit Macht. Und ein jeder bekehre sich von seinem bösen Wege und vom Frevel seiner Hände! Wer weiß? Vielleicht lässt Gott es sich gereuen und wendet sich ab von seinem grimmigen Zorn, dass wir nicht verderben.« Jona 3,5-9

Weil König und Adel mit dem gesamten Volk Buße taten »nach der Predigt des Jona« Matthäus 12,41 und einmütig zu Gott riefen, wurde ihnen Gnade zuteil. »Und Gott sah ihr Verhalten; er sah, dass sie umkehrten und sich von ihren bösen Taten abwandten. Da reute Gott das Unheil, das er ihnen angedroht hatte, und er führte die Drohung nicht aus.« Jona 3,10 EÜ Ihre Vernichtung wurde abgewendet, der Gott Israels wurde in der ganzen heidnischen Welt erhöht und geehrt und Sein Gesetz wurde befolgt. Erst viele Jahre später sollte Ninive wegen ihres Abfalls von Gott und wegen ihres anmaßenden Stolzes den umliegenden Völkern zur Beute werden.

Als Jona von Gottes Absicht erfuhr, die Stadt zu verschonen, die sich trotz ihrer Bosheit zur Buße in Sack und Asche hatte führen lassen, hätte er der erste sein sollen, der sich über Gottes wunderbare Gnade freute. Anstatt dessen erlaubt er seinen Gedanken, sich mit der Möglichkeit zu befassen, als falscher Prophet angesehen zu werden. Weil er so eifrig auf seinen Ruf bedacht war, verlor er den unendlich größeren Wert der Seelen in dieser bösen Stadt aus den Augen. Das von Gott den Niniviten erwiesene Mitleid „missfiel Jona sehr, und er wurde zornig." So betete er zu Gott und fragte ihn: »Ach, Herr, ist's nicht das, was ich mir sagte, als ich noch in meinem Land war, dem ich auch durch die Flucht nach Tarsis zuvorkommen wollte? Denn ich wusste, dass du ein gnädiger und barmherziger Gott bist, langmütig und von großer Gnade, und das Unheil reut dich!« Jona 4,1f

Einmal mehr gab Jona seiner Neigung nach, alles in Frage zu stellen und zu bezweifeln, und einmal mehr wurde er dadurch völlig enttäuscht. Weil er die Interessen anderer Menschen aus den Augen verlor und dem Gefühl Raum gab, dass es besser sei zu sterben als zu leben und die Stadt verschont zu sehen, rief er aus. So »nimm mir jetzt lieber das Leben, Herr! Denn es ist für mich besser zu sterben als zu leben.« »Da erwiderte der Herr: Ist es recht von dir, zornig zu sein? Da verließ Jona die Stadt und setzte sich östlich vor der

 Stadt nieder. Er machte sich dort ein Laubdach und setzte sich in seinen Schatten, um abzuwarten, was mit der Stadt geschah. Da ließ Gott, der Herr, einen Rizinusstrauch über Jona emporwachsen, der seinem Kopf Schatten geben und seinen Ärger vertreiben sollte. Jona freute sich sehr über den Rizinusstrauch.« Jona 4,3-6 EÜ

Dann erteilte der Herr Jona eine Lektion. Da »schickte Gott einen Wurm, der den Rizinusstrauch annagte, sodass er verdorrte. Und als die Sonne aufging, schickte Gott einen heißen Ostwind. Die Sonne stach Jona auf den Kopf, sodass er fast ohnmächtig wurde. Da wünschte er sich den Tod und sagte: Es ist besser für mich zu sterben als zu leben. Gott aber fragte Jona: Ist es recht von dir, wegen des Rizinusstrauches zornig zu sein? Er antwortete: Ja, es ist recht, dass ich zornig bin und mir den Tod wünsche. Darauf sagte der Herr: Dir ist es leid um den Rizinusstrauch, für den du nicht gearbeitet und den du nicht großgezogen hast. Über Nacht war er da, über Nacht ist er eingegangen. Mir aber sollte es nicht leid sein um Ninive, die große Stadt, in der mehr als hundertzwanzigtausend Menschen leben, die nicht einmal rechts und links unterscheiden können - und außerdem so viel Vieh?« Jona 4,7-11 EÜ

Verwirrt und gedemütigt und nicht in der Lage, die Absicht Gottes in der Verschonung Ninives zu sehen, hatte Jona dennoch den ihm übertragenen Auftrag ausgeführt, die große Stadt zu warnen. Auch wenn das vorhergesagte Ereignis sich nicht erfüllte, kam die Warnungsbotschaft nichtsdestoweniger von Gott und erfüllte die Absicht Gottes. Die Herrlichkeit Seiner Gnade wurde unter den Heiden offenbart. »Die da sitzen mussten in Finsternis und Dunkel, gefangen in Zwang und Eisen ... die dann zum Herrn riefen in ihrer Not, und er half ihnen aus ihren Ängsten und führte sie aus Finsternis und Dunkel und zerriss ihre Bande ... Er sandte sein Wort und machte sie gesund und errettete sie, dass sie nicht starben.« Psalm 107,10.13.14.20 Christus bezog sich während Seines irdischen Dienstes auf die positiven Folgen der Predigt Jonas in Ninive. Er verglich die Einwohner dieser heidnischen Metropole mit dem bekenntlichen Volk Gottes Seiner Tage. »Die Leute von Ninive werden auftreten beim Gericht mit diesem Geschlecht und werden es verdammen; denn sie taten Buße nach der Predigt des Jona. Und siehe, hier ist mehr als Jona.« Matthäus 12,41

Christus kam in eine geschäftige, vom Lärm der Wirtschaft und Gezänk des Handels erfüllte Welt, in der die Menschen nur danach strebten, so viel wie möglich für sich selbst zu bekommen. Über all diesem Getriebe ließ Er Seine Stimme wie die Posaune Gottes hören: »Was nützt es einem Menschen, wenn er die ganze Welt gewinnt, dabei aber sein Leben einbüßt? Um welchen Preis könnte ein Mensch sein Leben zurückkaufen?« Markus 8,36f EÜ

Wie die Predigt des Jona ein Zeichen für die Niniviten war, so war auch Christi Predigt ein Zeichen für Seine Generation. Aber welch ein Unterschied, was die Annahme der Botschaft anging! Doch der Heiland setzte Seine Mission trotz Gleichgültigkeit und Spott fort, bis Er sie schließlich erfüllt hatte.

Dies ist eine Lektion für Gottes Boten der heutigen Zeit, in der die Städte weltweit ebenso sehr eine Kenntnis des Charakters und der Absichten des wahren Gottes bedürfen wie einst die Bewohner Ninives. Christi Botschafter müssen Menschen auf die bessere Welt hinweisen, die die meisten aus den Augen verloren haben. Nach dem Wort der Heiligen Schrift hat nur die Stadt Bestand, deren Baumeister und Schöpfer Gott ist. Mit dem Glaubensauge kann der Mensch über die Schwelle des Himmels blicken, die überströmt ist von der Herrlichkeit des lebendigen Gottes. Durch das Wirken Seiner Diener ruft der Herr Jesus die Menschen jetzt dazu auf, sich mit heiligem Ehrgeiz das unvergängliche Erbe zu sichern. Er drängt sie dazu, sich Schätze am Thron Gottes zu sammeln.

Durch die stetige Zunahme vorsätzlicher Bosheit machen sich die Bewohner der Städte fast überall schnell und sicher schuldig. Die existierende Verdorbenheit kann kaum ein Mensch beschreiben. Jeder Tag bringt erneut Auseinandersetzungen, Bestechung und Betrug ans Licht und einen weiteren bedrückenden Bericht der Gewalt und Gesetzlosigkeit, der Gleichgültigkeit gegenüber menschlichem Leid und der brutalen, teuflischen Zerstörung menschlichen Lebens mit sich. Jeder Tag bezeugt, dass Wahnsinn, Mord und Selbstmord zunehmen.

Von Jahrhundert zu Jahrhundert versuchte Satan, die Menschen in Unwissenheit über die guten Absichten Gottes zu halten. Es war sein Ziel, die großartigen Prinzipien des göttlichen Gesetzes – Gerechtigkeit, Gnade und Liebe – in Vergessenheit geraten zu lassen. Menschen rühmen sich des wunderbaren Fortschritts und der Aufklärung unserer Zeit. Gott hingegen sieht die von Ungerechtigkeit und Gewalt erfüllte Erde. Menschen behaupten, das Gesetz Gottes sei abgeschafft und die Bibel nicht echt. Das Ergebnis davon ist, dass eine Flut des Bösen, wie es sie seit den Tagen Noahs und des abgefallenen Israel nicht gegeben hat, über die Welt fegt. Seelenadel, Freundlichkeit und Frömmigkeit werden beiseite gestoßen, um die Lust auf verbotene Dinge zu befriedigen. Die schwarze Liste der Verbrechen, die zur Bereicherung begangen wurden, ist lang genug, um das Blut in den Adern gefrieren zu lassen und die Seele mit Abscheu zu erfüllen.

Unser Gott ist ein Gott der Gnade. Mit großer Geduld und zartem Mitgefühl behandelt Er den Übertreter Seines Gesetzes. Andererseits haben die Männer und Frauen der Gegenwart so viele Gelegenheiten, sich mit dem göttlichen Gesetz der Heiligen Schrift bekannt zu machen, dass der große Herrscher des Universums nicht mit der geringsten Befriedigung auf die bösen Städte schauen kann, in denen Gewalt und Verbrechen regieren. Gottes Geduld mit

den Menschen, die ihren Ungehorsam nicht aufgeben wollen,

kommt schnell an ihre Grenzen. Die Menschen brauchen also nicht überrascht zu sein, wenn sich die Handlungsweise des Höchsten mit den Bewohnern einer gefallenen Welt plötzlich und unerwartet verändert, wenn auf Übertretung und zunehmende Zahl von Verbrechen Bestrafung folgt, wenn Gott Vernichtung und Tod über die bringt, deren unrechtmäßig erworbene Gewinne durch Täuschung und Betrug zustande kamen. Trotz der Tatsache, dass eine zunehmende Erkenntnis über die Anforderungen Gottes auf ihren Weg leuchtet, weigern sich viele, die Oberherrschaft des Herrn anzuerkennen. Stattdessen haben sie sich entschlossen, unter dem schwarzen Banner des Urhebers aller Rebellion gegen die Regierung des Himmels zu bleiben.

Die Geduld Gottes ist sehr groß gewesen – so groß, dass wir uns nur wundern können, wenn wir die fortgesetzte Missachtung Seiner heiligen Gebote bedenken. Der Allmächtige hat sich Zurückhaltung auferlegt. Er wird jedoch ganz sicher die Bösen bestrafen, die so frech den rechtmäßigen Ansprüchen der zehn Gebote trotzen.

Gott räumt den Menschen eine Zeit der Bewährung ein, aber es gibt eine Grenze der göttlichen Geduld, deren Übertretung zur sicheren Bestrafung führt. Der Herr hat lange Geduld mit Menschen und Städten und lässt gnädig Warnungen an sie ergehen, um sie vor dem göttlichen Zorn zu schützen. Es wird jedoch eine Zeit kommen, in der Bitten um Gnade nicht länger erhört werden. Aus Gnade ihnen und denen gegenüber, die sie sonst durch ihr Beispiel beeinflussen würden, werden die Rebellen, die weiterhin das Licht der Wahrheit verwerfen, ausgetilgt werden.

Wir stehen kurz vor der Zeit, in der die Welt von einem Schmerz erfüllt sein wird, den keine menschliche Salbe heilen kann. Der Geist Gottes wird zurückgezogen. Katastrophen zu Land und zur See werden einander schnell folgen. Wie oft hören wir von Erdbeben und Wirbelstürmen, von Zerstörungen durch Feuer und Wasserfluten, die zu hohen Verlusten an Leben und Eigentum führen! Scheinbar sind solche Katastrophen unberechenbare Ausbrüche chaotischer und ungezügelter Naturkräfte, die sich vom Menschen nicht kontrollieren lassen, aber aus allen lässt sich die Absicht Gottes herauslesen. Sie gehören zu den Mitteln, derer sich Gott bedient, um Männer und Frauen aufzuwecken, so dass sie die Gefahr verspüren, in der sie sich befinden.

Gottes Boten in den großen Städten sollen sich nicht entmutigen lassen wegen der Schlechtigkeit, Ungerechtigkeit und Verdorbenheit, die sie bei der Verkündigung der guten Rettungsbotschaft sehen müssen. Der Herr möchte solche Mitarbeiter gerne mit derselben Botschaft aufrichten, die Er auch dem Apostel Paulus im bösen Korinth gab: »Fürchte dich nicht, sondern rede und schweige nicht! denn ich bin mit dir, und niemand soll sich unterstehen, dir zu schaden; denn ich habe ein großes Volk in dieser Stadt.« Apostelgeschichte 18,9f Wer im Werk der Seelenrettung tätig ist sollte sich erinnern: auch wenn viele von den Ratschlägen in Gottes Wort nichts hören wollen, so wird sich doch nicht die ganze Welt vom Licht und der Wahrheit und von den Einladungen eines geduldigen und nachsichtigen Heilands abwenden. In jeder Stadt, und mag sie noch so sehr von Gewalt und Verbrechen erfüllt sein, gibt es viele, die bei der richtigen Belehrung lernen können, Nachfolger Jesu zu werden. Tausende können so durch die rettende Wahrheit erreicht und dazu gebracht werden, Christus als ihren persönlichen Heiland anzunehmen.

Gottes Botschaft an die heutigen Bewohner der Erde lautet: »Darum haltet auch ihr euch bereit! Denn der Menschensohn kommt zu einer Stunde, in der ihr es nicht erwartet.« Matthäus 24,44 EÜ Die in der Gesellschaft und in den Großstädten weltweit vorherrschenden Zustände verkündigen mit Donnerstimme, dass die Stunde des Gerichtes Gottes gekommen und das Ende aller Dinge nahe bevorsteht. Wir stehen an der Schwelle der größten Krise aller Zeiten. In schneller Abfolge werden einander die Gerichte Gottes folgen: Feuer, Überflutungen, Erdbeben und Kriege, die zu Blutvergießen führen. Wir sollten uns jetzt nicht durch große und bedeutsame Ereignisse überraschen lassen, denn der Engel der Gnade kann die Unbußfertigen nicht länger schützen.

»Denn der Herr verlässt den Ort, wo er ist, um die Erdenbewohner für ihre Schuld zu bestrafen. Dann deckt die Erde das Blut, das sie trank, wieder auf und verbirgt die Ermordeten nicht mehr in sich.« Jesaja 26,21 EÜ Der Sturm des Zornes Gottes zieht sich schon zusammen. Nur diejenigen werden bestehen, die wie die Bewohner Ninives auf die Predigt des Jona hin die Einladung der Gnade annehmen und sich durch den Gehorsam gegenüber den Geboten des göttlichen Königs heiligen lassen. Nur der Gerechte wird mit Christus in Gott verborgen sein, »bis das Strafgericht vorüber ist«. Jesaja 26,20 GN

Deshalb sei es unser Gebet: »Andre Zuflucht hab ich keine, Zagend hoff ich nur auf Dich, Lass, o lass mich nicht alleine, Hebe, Herr, und stärke mich. Birg mich in den Lebensstürmen, Bis vollendet ist mein Lauf; Führe mich zum sichern Hafen, Nimm zuletzt zu Dir mich auf.«

KAPITEL **23**

DIE ASSYRISCHE GEFANGENSCHAFT

Auf Grundlage des biblischen Berichts

Die letzten Jahre des unglücklichen Reiches Israel waren von einer Gewalt und einem Blutvergießen gekennzeichnet, wie sie nicht einmal in den schrecklichsten Zeiten der Auseinandersetzung und Unruhe unter der Herrschaft des Hauses Ahab aufgetreten waren. Mehr als zwei Jahrhunderte lang hatten die Herrscher der zehn Stämme Wind gesät. Nun ernteten sie den Sturm. Ein König nach dem anderen fiel einem Attentat zum Opfer, um Platz zu schaffen für andere, die den Ehrgeiz hatten zu herrschen. Über diese gottlosen Thronräuber sagte Gott: »Sie machen Könige, aber ohne mich. Sie setzen Obere ein, und ich darf es nicht wissen.« Hosea 8,4 Jeder Rechtsgrundsatz wurde beiseite gestoßen, und Israel, das für alle Völker der Erde Verwalter der göttlichen Gnade hätte sein sollen, hatte »treulos gegen den HERRN« Hosea 5,7 und auch gegeneinander gehandelt.

Durch strengsten Tadel versuchte Gott, dem uneinsichtigen Volk die ihm drohende Gefahr der völligen Vernichtung klar zu machen. Durch Hosea und Amos sandte Er den zehn Stämmen eine Warnung nach der anderen, in denen Er sie dazu drängte, umfassend und vollständig zu bereuen und in denen Er ihnen den Untergang als Folge ihrer fortgesetzten Übertretung androhte. Hosea sagte: »Als ihr Gesetzlosigkeit pflügtet, habt ihr Unheil geerntet und die Frucht der Falschheit gegessen. Weil du dich auf deine Wege und die Menge deiner Helden verlassen hast, so soll sich Kriegslärm gegen deine Bevölkerung erheben, und alle deine Festungen sollen zerstört werden ... beim [Anbruch des] Morgenrots wird der König Israels völlig vertilgt sein.« Hosea 10,13-15

Von Ephraim bezeugte der Prophet: »Fremde zehren an seiner Kraft, ohne dass er es merkt. Auch werden seine Haare grau, ohne dass er es merkt.« Hosea 7,9 EÜ »Israel hat das Gute verworfen.« Hosea 8,3 Geschwächt in ihrer Urteilskraft, unfähig, das furchtbare Ende ihres bösen Weges zu erkennen, sollten die zehn Stämme bald »umherirren unter den Völkern«. Hosea 9,17 EÜ

Einige Führer Israels fühlten den Verlust ihres Ansehens sehr deutlich und wollten es wieder zurückgewinnen. Anstatt sich jedoch von den Handlungen abzuwenden, die das Königreich geschwächt hatten, setzten sie ihre Ungerechtigkeit fort und redeten sich dabei noch gegenseitig ein, sie würden bei günstiger Gelegenheit wieder die von ihnen gewünschte politische Macht bekommen, wenn sie sich mit den Heiden verbündeten. »Als Efraim seine Krankheit sah und Juda sein Geschwür, da ging Efraim nach Assur.« »Efraim ist wie eine Taube, leicht zu betören, ohne Verstand. Sie rufen Ägypten zu Hilfe und laufen nach Assur.« »Es schließt mit Assur ein Bündnis.« Hosea 5,13; 7,11; 12,2 EÜ

Durch den Mann Gottes, der zum Altar von Bethel gekommen war, durch Elia und Elisa und durch Amos und Hosea hatte der Herr wiederholt den zehn Stämmen die Boshaftigkeit des Ungehorsams vor Augen gestellt. Trotz dieser Zurechtweisungen und drängenden Bitten hatte sich der Abfall Israels immer weiter vertieft. Gott sagte deshalb: »Denn Israel ist widerspenstig geworden wie eine störrische Kuh«, verkündete der Herr. »Mein Volk hält am Abfall von mir fest. Hosea 4,16; 11,7

Zu manchen Zeiten kamen die Gerichte des Himmels sehr heftig über das rebellische Volk. »Darum habe ich sie behauen durch die Propheten, sie getötet durch die Worte meines Mundes, dass deine Gerichte seien wie ein Licht, das aufgeht. Denn an Liebe habe ich Wohlgefallen und nicht am Opfer, an der Gotteserkenntnis mehr als an Brandopfern. Sie aber haben wie Adam den Bund übertreten; dort sind sie mir untreu geworden.« Hosea 6,5-7

»Höret, ihr Kinder Israel, des Herrn Wort!« lautete die Botschaft, die sie schließlich erreichte. »Du vergisst das Gesetz deines Gottes; darum will auch ich deine Kinder vergessen. Je mehr ihrer werden, desto mehr sündigen sie gegen mich; darum will ich ihre Ehre zuschanden machen ... Darum soll es dem Priester gehen wie dem Volk; denn ich will sein Tun heimsuchen und ihm vergelten, wie er's verdient.« Hosea 4,1.6-9

Die Ungerechtigkeit Israels während der letzten 50 Jahre vor der assyrischen Gefangenschaft glich der in den Tagen Noahs und jeder anderen Zeit, in der die Menschen Gott verwarfen und sich völlig dem Bösen überließen. Schon immer hat die Erhöhung der Natur über den Gott der Natur und die Anbetung der Schöpfung anstelle des Schöpfers zu den widerlichsten Übeln geführt. So war es auch in der Zeit, als das Volk Israel den Baal und die Aschera – und damit die Kräfte der Natur – anbeteten. Damit trennten sie sich von allem Edlen und Erhabenen und wurden eine leichte Beute der Versuchung. Als die innere Schutzwehr erst einmal niedergerissen war, hatten die fehlgeleiteten Anbeter keinen Schutz mehr gegen die Sünde und überließen sich den bösen Leidenschaften des menschlichen Herzens.

Die Propheten erhoben zwar ihre Stimme gegen ausgeprägte Unterdrückung,
 offensichtliche Ungerechtigkeit, nie dagewesenen Luxus und

Ausschweifung, schamloses Feiern und Betrunkenheit, krasse Zügellosigkeit und Auflösung der Sitten in ihrer Zeit, aber ihre Proteste waren ebenso vergeblich wie ihr Anprangern der Sünde. So musste Amos feststellen: »Sie hassen den, der im Tor für das Recht eintritt, und verabscheuen den, der die Wahrheit redet ..., und zahlreich sind eure Sünden, die ihr den Unschuldigen bedrängt und Bestechung nehmt und den Armen im Gericht unterdrückt.« Amos 5,10.12 Zür

Dies waren nur einige der Folgen, die sich auf die Errichtung der zwei goldenen Kälber durch Jerobeam zurückführen lassen. Das erste Abweichen von den bestehenden Formen des Gottesdienstes hatte zur Einführung noch widerlicherer Formen des Götzendiensts geführt, bis sich schließlich fast alle Bewohner des Landes vollständig den betörenden Praktiken der Anbetung der Natur überlassen hatten. Indem sie ihren Schöpfer vergaßen, waren sie »in tiefe Verderbnis ... versunken«. Hosea 9,9

Die Propheten setzten ihren Protest gegen diese Übel fort und forderten das Volk immer wieder zum rechten Tun auf. So wurden sie von Hosea gedrängt: »Säet Gerechtigkeit und erntet nach dem Maße der Liebe! Pflüget ein Neues, solange es Zeit ist, den Herrn zu suchen, bis er kommt und Gerechtigkeit über euch regnen lässt!« Hosea 10,12 »So bekehre dich nun zu deinem Gott, halte fest an Barmherzigkeit und Recht und hoffe stets auf deinen Gott!« Hosea 12,7 »Bekehre dich, Israel, zu dem Herrn, deinem Gott; denn du bist gefallen um deiner Schuld willen ..., und sprecht zu ihm: Vergib uns alle Sünde und tue uns wohl.« Hosea 14,2f

Den Übertretern wurden viele Gelegenheiten zur Reue gegeben. In der Stunde ihres tiefsten Abfalls und ihrer größten Not war Gottes Botschaft an sie voller Vergebung und Hoffnung. »Israel«, so verkündete der Herr, »du bringst dich ins Unglück; denn dein Heil steht allein bei mir. Wo ist dein König, der dir helfen kann ... ?« Hosea 13,9f

»Kommt, wir wollen wieder zum Herrn«, flehte der Prophet; »denn er hat uns zerrissen, er wird uns auch heilen; er hat uns geschlagen, er wird uns auch verbinden. Er macht uns lebendig nach zwei Tagen, er wird uns am dritten Tag aufrichten, dass wir vor ihm leben werden. Lasst uns darauf achthaben und danach trachten, den Herrn zu erkennen; denn er wird hervorbrechen wie die schöne Morgenröte und wird zu uns kommen wie ein Regen, wie ein Spätregen, der das Land feuchtet.« Hosea 6,1-3

Die Menschen hatten den jahrhundertealten Erlösungsplan für alle in der Macht Satans gefangenen Sünder aus den Augen verloren. Ihnen bot der Herr Wiederherstellung und Frieden an, als Er sagte: »So will ich ihre Abtrünnigkeit wieder heilen; gerne will ich sie lieben; denn mein Zorn soll sich von ihnen wenden. Ich will für Israel wie ein Tau sein, dass es blühen soll wie eine Lilie, und seine Wurzeln sollen ausschlagen wie ein Linde und seine

Zweige sich ausbreiten, dass es so schön sei wie ein Ölbaum und so guten Geruch gebe wie die Linde. Und sie sollen wieder unter meinem Schatten sitzen; von Korn sollen sie sich nähren und blühen wie ein Weinstock. Man soll sie rühmen wie den Wein vom Libanon. Ephraim, was sollen dir weiter die Götzen? Ich will dich erhören und führen, ich will sein wie eine grünende Tanne; von mir erhältst du deine Früchte. Wer ist weise, dass er dies versteht, und klug, dass er dies einsieht? Denn, die Wege des Herrn sind richtig, und die Gerechten wandeln darauf; aber die Übertreter kommen auf ihnen zu Fall.« Hosea 14,5-10

Gott machte ihnen die Vorteile deutlich, wenn sie Ihn suchten. Er lud sie ein: »So spricht der Herr zum Hause Israel: Suchet mich, so werdet ihr leben. Suchet nicht Bethel und kommt nicht nach Gilgal und geht nicht nach Beerseba; denn Gilgal wird gefangen weggeführt werden, und Bethel wird zunichte werden ... Suchet das Gute und nicht das Böse, auf dass ihr leben könnt, so wird der Herr, der Gott Zebaoth, bei euch sein, wie ihr rühmt. Hasset das Böse und liebet das Gute, richtet das Recht auf im Tor, vielleicht wird der Herr, der Gott Zebaoth, doch gnädig sein denen, die von Joseph übrigbleiben.« Amos 5,4.5.14.15

Die weitaus größte Zahl derer, die diese Einladungen hörten, weigerte sich, daraus einen Nutzen zu ziehen. Die Worte der Boten Gottes waren den bösen Wünschen der Unbußfertigen so entgegengesetzt, dass der Götzenpriester von Bethel eine Nachricht an den König Israels schickte, in der er sagte: »Amos macht einen Aufruhr gegen dich im Hause Israel; das Land kann seine Worte nicht ertragen.« Amos 7,10

Durch Hosea erklärte der Herr: »Wenn ich meines Volkes Geschick wenden und Israel heilen will, so zeigt sich erst die Sünde Ephraims und die Bosheit Samarias ... Wider Israel zeugt seine Hoffart, dennoch bekehren sie sich nicht zum Herrn, ihrem Gott, fragen auch trotz alledem nicht nach ihm.« Hosea 7,1.10

Generation um Generation hatte der Herr Seine missratenen Kinder ertragen. Sogar jetzt sehnte sich der Herr trotz ihrer Aufsässigkeit und Rebellion noch immer danach, ihnen zu offenbaren, dass Er willig war, sie zu retten. »Was soll ich dir tun, Ephraim?« rief Er aus. »Was soll ich dir tun, Juda? Denn eure Liebe ist wie eine Wolke am Morgen und wie der Tau, der frühmorgens vergeht.« Hosea 6,4

Die Bosheit war im Land weit verbreitet und unheilbar geworden. Daher wurde über Israel das fürchterliche Urteil ausgesprochen: »Ephraim ist an die Götzen gebunden; lass ihn in Ruhe!.« Hosea 4,17

»Die Tage der Abrechnung sind gekommen, gekommen sind die Tage der Vergeltung; Israel wird es erleben.« Hosea 9,7 EÜ

Die zehn Stämme Israels sollten nun die Früchte ihres Abfalls ernten, der mit der Aufrichtung der fremden Altäre in Bethel und Dan begonnen hatte. Gottes
 Botschaft an sie war: »Dein Kalb hat Er verworfen, Samaria! Mein

Zorn ist entbrannt über sie! Wie lange noch sind sie unfähig zur Reinheit? Denn aus Israel stammt es, und ein Künstler hat es gemacht; es ist kein Gott, sondern zu Splittern soll es zerschlagen werden, das Kalb von Samaria!« Hosea 8,5f »Um das Kalb von Beth-Awen wird den Einwohnern von Samaria bange sein; ja, seine Bevölkerung trauert darum, und seine Götzenpriester zittern seinetwegen, wegen seiner Herrlichkeit, weil sie von ihnen weggeführt wird. Ja, es selbst wird nach Assyrien gebracht, als Tribut für den König Jareb [Sanherib].« Hosea 10,5f

»Siehe, die Augen Gottes, des Herrn, sind auf das sündige Königreich gerichtet, dass ich es vom Erdboden vertilge. Aber ich will das Haus Jakob nicht ganz und gar vertilgen, spricht der Herr. Denn siehe, ich lasse das Haus Israel durch alle Heidenvölker sichten, wie Getreide mit einem Sieb gesichtet wird; und es soll nicht ein Körnlein auf die Erde fallen! Durchs Schwert sollen alle Sünder meines Volkes sterben, die sagen: »Kein Unglück wird uns erreichen noch überfallen!« Amos 9,8-10

»Die Elfenbeinhäuser sollen untergehen und die großen Häuser verschwinden, spricht der Herr.« Amos 3,15 »Denn Gott, der Herr Zebaoth, ist es, der die Erde anrührt, dass sie bebt und alle ihre Bewohner trauern müssen.« Amos 9,5 »Deine Söhne und Töchter sollen durchs Schwert fallen, und dein Acker soll mit der Messschnur ausgeteilt werden. Du aber sollst in einem unreinen Lande sterben, und Israel soll aus seinem Lande vertrieben werden.« Amos 7,17 »Darum will ich's weiter so mit dir machen, Israel! Weil ich's denn weiter so mit dir machen will, so bereite dich, Israel, und begegne deinem Gott!« Amos 4,12

Eine Zeitlang wurden diese vorhergesagten Gerichte aufgehalten und die Armeen Israels errangen unter der langen Herrschaft von Jerobeam II. deutliche Siege. Diese Zeit des offensichtlichen Wohlstands bewirkte keine Veränderung in den Herzen der Reuelosen, und so wurde schließlich entschieden: »Jerobeam wird durchs Schwert sterben, und Israel wird aus seinem Lande gefangen weggeführt werden.« Amos 7,11

Die Kühnheit dieser Aussage hinterließ keine Wirkung auf König und Volk, so weit fortgeschritten war ihre Unbußfertigkeit. Doch Amazja, ein Führer der Götzenpriester von Bethel, erregte sich über die klaren Worte des Propheten gegen das Volk und ihren König und sagte zu Amos: »Du, Seher, geh weg und flieh ins Land Juda und iss dort dein Brot und weissage daselbst. Aber weissage nicht mehr in Bethel; denn es ist des Königs Heiligtum und der Tempel des Königreichs.« Amos 7,12f Darauf antwortete der Prophet entschieden: »Darum spricht der Herr: ... Israel soll aus seinem Lande vertrieben werden.« Amos 7,17

Die Worte an die abgefallenen Stämme erfüllten sich buchstäblich, und dennoch kam die Vernichtung des Königreichs nur allmählich. Im Gericht hatte der Herr Erbarmen, und so wurde zunächst, als »Pul, der König von Assyrien, ins Land« kam, Menahem, der damalige König Israels, zunächst nicht gefangengenommen, sondern durfte weiterhin als Vasall des assyrischen Reiches auf dem Thron verbleiben. »Und Menahem gab Pul tausend Zentner Silber, damit er's mit ihm hielte und sein Königtum befestigte. Und Menahem legte eine Steuer auf die Reichsten in Israel, fünfzig Silberstücke auf jeden Mann, um es dem König von Assyrien zu geben.« 2.Könige 15,19f Nachdem die Assyrer die zehn Stämme derart gedemütigt hatten, kehrten sie eine Zeitlang wieder in ihr Land zurück.

Menachem – weit davon entfernt, das Böse zu bereuen, das den Verfall seines Königreichs bewirkt hatte –, beging weiterhin die »Sünden Jerobeams, des Sohnes Nebats, der Israel sündigen machte«. Auch Pekachja und Pekach, seine Nachfolger, taten, »was dem Herrn missfiel«. 2.Könige 15,18.23-25

»Zu der Zeit Pekachs«, der zwanzig Jahre lang regierte, »kam Tiglath-Pileser, der König von Assyrien« 2.Könige 15,29 nach Israel und führte eine große Zahl Gefangener aus den in Galiläa und östlich des Jordan lebenden Stämmen mit hinweg, »die Rubeniter, Gaditer und den halben Stamm Manasse«. 1.Chronik 5,26 Sie und andere Einwohner von »Gilead und Galiläa, das ganze Land Naphtali« 2.Könige 15,29 wurden dadurch in weit von Palästina entfernten Ländern unter die Heiden zerstreut.

Von diesem schrecklichen Schlag erholte sich das Nordreich nie wieder. Zwar behielt der schwache Überrest die äußere Herrschaftsform bei, sie besaß jedoch keine wirkliche Macht mehr. Nur noch ein weiterer Herrscher, Hosea, sollte Pekach folgen, denn bald würde das Reich für immer hinweggefegt werden. In dieser Zeit des Schmerzes und der Verzweiflung war ihnen Gott noch immer gnädig und gab ihnen die Möglichkeit, sich vom Götzendienst abzuwenden. Im dritten Jahr der Herrschaft Hoseas begann im Reich Juda die Herrschaft des guten Königs Hiskia, der sofort wichtige Reformen im Tempeldienst in Jerusalem durchführen ließ. Ein Passafest wurde organisiert, zu dem nicht nur die Stämme Juda und Benjamin eingeladen wurden, über die Hiskia zum König gesalbt worden war, sondern auch alle nördlichen Stämme. Ein Aufruf erging, der in »ganz Israel von Beerseba an bis nach Dan verkündigt werden sollte, dass man kommen sollte, dem Herrn, dem Gott Israels, Passah zu halten in Jerusalem; denn es war nicht von der ganzen Menge gehalten worden, wie es geschrieben steht.

Und die Läufer gingen hin mit den Briefen von der Hand des Königs und seiner Oberen durch ganz Israel und Juda« mit der dringenden Einladung: »Ihr Kinder Israel, kehrt um zu dem Herrn, dem Gott Abrahams, Isaaks und Israels, so wird er sich zu den Erretteten kehren, die die Könige von Assur von euch übriggelassen haben ... So seid nun nicht halsstarrig wie eure Väter, sondern gebt

eure Hand dem Herrn und kommt zu seinem Heiligtum, das er

geheiligt hat für alle Zeit, und dienet dem Herrn, eurem Gott, so wird sich sein grimmiger Zorn von euch wenden; denn wenn ihr euch bekehrt zu dem Herrn, so werden eure Brüder und Kinder Barmherzigkeit finden bei denen, die sie gefangen halten, so dass sie in dies Land zurückkehren. Denn der Herr, euer Gott, ist gnädig und barmherzig und wird sein Angesicht nicht von euch wenden, wenn ihr euch zu ihm bekehrt.« 2.Chronik 30,5-9

»Von einer Stadt zur andern im Land Ephraim und Manasse und bis nach Sebulon« trugen die von Hiskia gesandten Läufer die Botschaft. Israel hätte in dieser Einladung einen Aufruf zur Reue und Umkehr zu Gott erkennen sollen. Aber der Überrest der zehn Stämme, der noch im Gebiet des einst blühenden Nordreichs wohnte, behandelte die königlichen Boten mit Gleichgültigkeit, ja sogar mit Verachtung: »Aber die verlachten und verspotteten sie.« Einige jedoch folgten freudig dem Aufruf. »Einige von Asser und Manasse und Sebulon demütigten sich und kamen nach Jerusalem ... Es kam viel Volk in Jerusalem zusammen, um im zweiten Monat das Fest der ungesäuerten Brote zu halten.« 2.Chronik 30,10-13

Etwa zwei Jahre später wurde Samaria von dem Heer Assyriens unter Salmanassar eingeschlossen. In der darauf folgenden Belagerung starben viele elend an Hunger und Krankheiten oder durch das Schwert. Als die Stadt und damit die Nation gefallen waren, wurde der klägliche Überrest der zehn Stämme gefangen weggeführt und in den Provinzen des assyrischen Reiches zerstreut.

Die Vernichtung des Nordreichs war ein direktes Gericht des Himmels. Die Assyrer waren nur die Werkzeuge, die Gott dazu benutzte, Seine Absicht auszuführen. Durch Jesaja, der kurz vor dem Fall Samarias zu prophezeien begann, bezeichnete der Herr die assyrischen Heere als »Zornes Rute«. »Wehe Assur, der meines Zornes Rute und meines Grimmes Stecken ist!« Jesaja 10,5

Schwer hatten die Kinder Israel »gegen den Herrn, ihren Gott, gesündigt« und »böse Dinge« getrieben. »Sie gehorchten nicht ... Dazu verachteten sie seine Gebote und seinen Bund, den er mit ihren Vätern geschlossen hatte, und seine Warnungen, die er ihnen gab ... Sie verließen alle Gebote des Herrn, ihres Gottes, und machten sich zwei gegossene Kälber und ein Bild der Aschera und beteten alles Heer des Himmels an und dienten Baal.« 2.Könige 17,7.11.14-16

Hartnäckig lehnten sie es ab, sich zu bekehren. Darum »bedrängte« sie der Herr »und gab sie in die Hände der Räuber, bis er sie von seinem Angesicht wegstieß«. Dies entsprach den klaren Warnungen, die er ihnen »durch alle seine Knechte, die Propheten«, gesandt hatte.

Schließlich »wurde Israel aus seinem Lande weggeführt nach Assyrien«, »weil sie nicht gehorcht hatten der Stimme des Herrn, ihres Gottes, und seinen Bund übertreten hatten und alles, was Mose, der Knecht des Herrn, geboten hatte.« 2.Könige 17,20.23; 18,12

Mit den furchtbaren Gerichten, die über die zehn Stämme hereinbrachen, verfolgte der Herr eine weise und gnädige Absicht. Das, was Er im Land ihrer Väter nicht mehr durch sie bewirken konnte, wollte Er nun durch ihre Zerstreuung unter die Heiden erreichen. Gottes Plan zur Errettung aller Menschen, die die Wahl treffen würden, die Vergebung des Erlösers der Menschheit anzunehmen, musste noch erfüllt werden. Durch die über Israel gebrachten Leiden bereitete Er den Weg zu, allen Völkern der Erde Seine Herrlichkeit zu offenbaren. Nicht alle, die in die Gefangenschaft geführt wurden, waren unbußfertig. Unter ihnen gab es einige, die ihrem Gott treu geblieben waren, und andere, die sich nun vor Ihm demütigten. Durch diese »Kinder des lebendigen Gottes« Hosea 2,1 wollte Er viele Menschen im assyrischen Reich zur Erkenntnis Seiner Charaktereigenschaften und der Menschenfreundlichkeit Seines Gesetzes bringen.

KAPITEL 24

MANGEL AN ERKENNTNIS

Auf Grundlage des biblischen Berichts

Das Wohlwollen Gottes gegenüber den Israeliten war immer abhängig gewesen von dessen Gehorsam. Am Fuß des Sinai waren sie als Sein »Eigentum ... vor allen Völkern« in ein Bundesverhältnis zu Ihm eingetreten. Feierlich hatten sie versprochen, dem Weg des Gehorsams zu folgen. »Alles, was der Herr geredet hat, wollen wir tun«, 2.Mose 19,5.8 so hatten sie versprochen. Als nur wenige Tage später Gottes Gesetz vom Sinai verkündigt und zusätzliche Unterweisung in Form von Satzungen und Rechtsbestimmungen durch Mose gegeben wurde, hatten die Israeliten wieder wie mit einer Stimme versprochen: »Alle Worte, die der Herr gesagt hat, wollen wir tun.« Auch bei der Bestätigung des Bundes hatte das gesamte Volk nochmals erklärt: »Alles, was der Herr gesagt hat, wollen wir tun und darauf hören.« 2.Mose 24,3.7 Gott hatte Israel als Sein Volk und sie Ihn als ihren König erwählt.

Kurz vor dem Ende der Wüstenwanderung waren die Bündnisbedingungen wiederholt worden. Bei Baal-Peor, direkt an den Grenzen des Verheißenen Landes, wo viele einer subtilen Versuchung zum Opfer fielen, erneuerten die treu gebliebenen ihr Bündnisversprechen. Durch Mose wurden sie vor den Versuchungen gewarnt, mit denen sie in Zukunft zu kämpfen hätten. Ernsthaft wurden sie dazu aufgerufen, sich von den umliegenden Völkern getrennt zu halten und allein Gott anzubeten. »Nun höre, Israel, die Gebote und Rechte, die ich euch lehre, dass ihr sie tun sollt, auf dass ihr lebet und hineinkommt und das Land einnehmt, das euch der Herr, der Gott eurer Väter, gibt. Ihr sollt nichts dazutun zu dem, was ich euch gebiete, und sollt auch nichts davontun, auf dass ihr bewahrt die Gebote des Herrn, eures Gottes, die ich euch gebiete ... So haltet sie nun und tut sie! Denn dadurch werdet ihr als weise und verständig gelten bei allen Völkern, dass, wenn sie alle diese Gebote hören, sie sagen müssen: Ei, was für weise und verständige Leute sind das, ein herrliches Volk! » 5.Mose 4,1.2.6

Die Israeliten waren in besonderer Weise dazu aufgefordert worden, die Gebote Gottes nicht zu vergessen. Im Gehorsam ihnen gegenüber sollten sie Kraft und Segen empfangen. »Nehmt euch jedoch in Acht! Vergesst [293/294] niemals, was der Herr für euch getan hat. An diese Dinge sollt ihr euch erinnern, solange ihr lebt, und ihr sollt euren Kindern und Enkeln davon erzählen.« 5.Mose 4,9 NL Die ehrfurchtgebietenden Szenen, die mit der Verkündigung des Gesetzes auf dem Sinai verbunden waren, sollten niemals vergessen werden. Klar und deutlich waren die Warnungen, die Israel zum Schutz vor den heidnischen Bräuchen der Völker ringsum gegeben worden waren. Ihnen wurde der Rat gegeben. »Passt deshalb auf, dass ihr nichts Böses tut, indem ihr euch irgendein Götzenbild anfertigt ... dass du deine Augen auch nicht zum Himmel hebst und die Sonne und den Mond und die Sterne und das ganze Heer des Himmels anschaust und dich verführen lässt, sie anzubeten und ihnen zu dienen, die doch der Herr, dein Gott, allen Völkern unter dem ganzen Himmel zugeteilt hat. ... So hütet euch nun, dass ihr den Bund des Herrn, eures Gottes, nicht vergesst, den er mit euch gemacht hat, und euch nicht ein Bildnis macht von irgend einer Gestalt, was der Herr, dein Gott, dir verboten hat!« 5.Mose 4,16.19.23

Mose malte ihnen die schlimmen Folgen vor Augen, die aus einem Abweichen von den Geboten des Herrn resultieren würden. Er rief Himmel und Erde zum Zeugen auf, als er sie warnte: wenn sie erst einmal eine lange Zeit im Land der Verheißung wohnten und dann eine verdorbene Form der Anbetung einführten, sich vor Bildern niederknieten und sich auch noch weigerten, zur Anbetung des wahren Gottes zurückzukehren, so würde der Zorn des Herrn über sie kommen und sie würden als Gefangene weggeführt und unter die Heiden zerstreut werden. Ihr werdet gewiss »bald ausgerottet werden aus dem Land, in das ihr über den Jordan zieht, um es in Besitz zu nehmen; ihr werdet nicht lange darin wohnen, sondern gewiss [daraus] vertilgt werden! Und der Herr wird euch unter die Völker zerstreuen, und es wird eine geringe Zahl von euch übrigbleiben unter den Heiden, zu denen euch der Herr hinwegtreiben wird. Dort werdet ihr den Göttern dienen, die das Werk von Menschenhänden sind, Holz und Stein, die weder sehen noch hören noch essen noch riechen.« 5.Mose 4,26-28

Diese Vorhersage erfüllte sich teilweise zur Zeit der Richter, fand jedoch eine vollständigere und wörtlichere Erfüllung in der Gefangenschaft Israels in Assyrien und Judas in Babylon.

Der Abfall Israels hatte sich allmählich entwickelt. Von Generation zu Generation hatte Satan wiederholt versucht, das auserwählte Volk dazu zu bringen, »die Gesetze und Gebote und Rechte«, 5.Mose 6,1 die es auf ewig zu halten gelobt hatte, unbeachtet zu lassen. Er wusste, wenn er Israel dazu bringen könnte, Gott wirklich zu vergessen und anderen Göttern nachzufolgen und ihnen zu dienen und sie anzubeten, dann würde es »gewiss umkommen.« 5.Mose 8,19

Der Feind der Gemeinde Gottes auf Erden hatte jedoch nicht genug mit der

mitfühlenden Art dessen gerechnet, der zwar niemand »ungestraft lässt, doch dessen Ruhm darin besteht, dass Er »barmherzig und gnädig [ist] und geduldig und von großer Gnade und Treue, der da Tausenden Gnade bewahrt und vergibt Missetat, Übertretung und Sünde ». 2.Mose 34,6.f

Trotz der Anstrengungen Satans, Gottes Absicht für Israel zunichte zu machen, trotz manch sehr dunkler Stunden in Israels Geschichte, in denen die Mächte des Bösen schon kurz vor dem Sieg zu stehen schienen, offenbarte sich der Herr in Seiner Güte. Er schenkte Israel die Dinge, die zum Wohlergehen der Nation dienten. Durch Hosea sprach Er: »Wenn ich ihm auch noch so viele meiner Gebote aufschreibe, so werden sie doch geachtet wie eine fremde Lehre. Hosea 8,12 »Ich lehrte Ephraim gehen und nahm ihn auf meine Arme; aber sie merkten's nicht, wie ich ihnen half.« Hosea 11,3 Der Herr war liebevoll mit ihnen umgegangen und hatte ihnen durch Seine Propheten »Satz auf Satz, Spruch auf Spruch Jesaja 28,10; Zür eingeprägt. Hätte Israel die Botschaften der Propheten beachtet, wäre ihnen die anschließende Demütigung erspart geblieben. Weil sie sich so beharrlich von Seinem Gesetz abwandten, war Gott gezwungen, sie in Gefangenschaft gehen zu lassen. »Mein Volk geht aus Mangel an Erkenntnis zugrunde, lautete seine Botschaft durch Hosea. »Denn du hast die Erkenntnis verworfen, so will ich auch dich verwerfen ... weil du das Gesetz deines Gottes vergessen hast.« Hosea 4,6

Zu allen Zeiten folgte auf die Übertretung des göttlichen Gesetzes dasselbe Ergebnis. In den Tagen Noahs, als jeder Grundsatz richtigen Handelns verletzt wurde und die Ungerechtigkeit so tief und allgemein verbreitet war, dass Gott sie nicht länger ertragen konnte, erging das Urteil: »Ich will die Menschen, die ich geschaffen habe, vertilgen von der Erde.« 1.Mose 6,7 In den Tagen Abrahams forderten die Menschen von Sodom Gott und Sein Gesetz offen heraus. Darauf folgte dieselbe Bosheit, Verdorbenheit und ungezügelte Schwelgerei, die schon die vorsintflutliche Welt gekennzeichnet hatte. Die Einwohner Sodoms überschritten die Grenzen der göttlichen Nachsicht, und so entbrannte das Feuer der Rache Gottes gegen sie.

Die Zeit, die der Gefangenschaft der zehn Stämme vorausging, war von einem ähnlichen Ungehorsam und einer ähnlichen Bosheit gekennzeichnet. Das Gesetz Gottes wurde für nichts geachtet, und das öffnete die Schleusen der Ungerechtigkeit über Israel. Hosea verkündete: »Denn der Herr hat einen Rechtsstreit mit den Bewohnern des Landes, weil es keine Wahrheit, keine Liebe und keine Gotteserkenntnis im Land gibt. Fluchen und Lügen, Morden, Stehlen und Ehebrechen hat überhand genommen, und Blutschuld reiht sich an Blutschuld.« Hosea 4,1.2

Die Voraussagen des Amos und des Hosea über das Gericht wurden begleitet von Vorhersagen über die zukünftige Herrlichkeit. Den zehn Stämmen, die so lange rebellisch und verstockt gewesen waren, wurde kein Versprechen der vollständigen Wiederherstellung ihrer früheren Macht in Palästina gegeben. Bis zum Ende der Zeit sollten sie »unter den Heiden umherirren«. Hosea 9,17 Durch Hosea wurde ihnen jedoch eine Verheißung geschenkt, die ihnen das Vorrecht einräumte, Anteil zu bekommen an der letztendlichen Wiederherstellung des Volkes Gottes am Ende der Geschichte dieser Erde, wenn Christus als König der Könige und Herr der Herren wiederkommen wird. Der Prophet sagte: »Lange Zeit werden die Kinder Israel ohne König und ohne Obere bleiben, ohne Opfer, ohne Steinmal, ohne Ephod und ohne Hausgott. Danach«, so fuhr er fort, »werden sich die Kinder Israel bekehren und den Herrn, ihren Gott, und ihren König David suchen und werden mit Zittern zu dem Herrn und seiner Gnade kommen in der letzten Zeit.« Hosea 3,4f

Hosea legte den zehn Stämmen Gottes Plan vor: Er würde jeder reuigen Seele, die sich Seiner Gemeinde auf dieser Erde anschließen würde, die Segnungen zuteilwerden lassen, die Israel in den Tagen seiner Treue zu Gott im verheißenen Land gewährt wurden. Wie liebend gern der Herr Israel Seine Gnade erweisen wollte, zeigt folgender Vergleich: »Darum siehe, ich will sie locken und will sie in die Wüste führen und freundlich mit ihr reden. Dann will ich ihr von dort her ihre Weinberge geben und das Tal Achor zum Tor der Hoffnung machen. Und dorthin wird sie willig folgen wie zur Zeit ihrer Jugend, als sie aus Ägyptenland zog. Alsdann, spricht der Herr, wirst du mich nennen ‚Mein Mann' und nicht mehr ‚Mein Baal'. Denn ich will die Namen der Baale von ihrem Munde wegtun, dass man ihrer Namen nicht mehr gedenken soll.« Hosea 2,16-19

In den letzten Tagen der Geschichte dieser Welt soll Gottes Bund mit Seinem Gebote haltenden Volk erneuert werden. »Ich will zur selben Zeit für sie einen Bund schließen mit den Tieren auf dem Felde, mit den Vögeln unter dem Himmel und mit dem Gewürm des Erdbodens und will Bogen, Schwert und Rüstung im Lande zerbrechen und will sie sicher wohnen lassen. Ich will mich mit dir verloben für alle Ewigkeit, ich will mich mit dir verloben in Gerechtigkeit und Recht, in Gnade und Barmherzigkeit. Ja, in Treue will ich mich mit dir verloben, und du wirst den Herrn erkennen. Zur selben Zeit will ich erhören, spricht der Herr, ich will den Himmel erhören, und der Himmel soll die Erde erhören, und die Erde soll Korn, Wein und Öl erhören, und diese sollen Jesreel erhören. Und ich will ihn mir in das Land einsäen ..., und ich will sagen ...: ‚Du bist mein Volk', und er wird sagen: ‚Du bist mein Gott.'« Hosea 2,20-25

»Zu der Zeit werden die Übriggebliebenen von Israel und, was entkommen ist vom Hause Jakob ..., sich verlassen auf den Herrn, den Heiligen Israels, in Treue.« Jesaja 10,20 Von allen »Nationen und Geschlechtern und Sprachen und Völkern« werden einige da sein, die freudig empfänglich sein werden für die

 Botschaft: »Fürchtet Gott und gebet ihm die Ehre; denn die

Stunde seines Gerichts ist gekommen!« Sie werden sich von jedem Götzen abwenden, der sie an die Erde fesselt, und werden den anbeten, »der gemacht hat Himmel und Erde und Meer und die Wasserbrunnen«. Offenbarung 14,6f Aus jeder Verstrickung werden sie sich lösen und vor der Welt als Beispiele der Gnade Gottes dastehen. Da sie den Forderungen Gottes gehorchen, werden sie von den Engeln und Menschen als die anerkannt werden, »die da halten die Gebote Gottes und den Glauben an Jesus«. Offenbarung 14,12

»Siehe, es kommt die Zeit, spricht der Herr, dass man zugleich ackern und ernten, zugleich keltern und säen wird. Und die Berge werden von süßem Wein triefen, und alle Hügel werden fruchtbar sein. Denn ich will die Gefangenschaft meines Volks Israel wenden, dass sie die verwüsteten Städte wieder aufbauen und bewohnen sollen, dass sie Weinberge pflanzen und Wein davon trinken, Gärten anlegen und Früchte daraus essen. Denn ich will sie in ihr Land pflanzen, dass sie nicht mehr aus ihrem Land ausgerottet werden, das ich ihnen gegeben habe, spricht der Herr, dein Gott.« Amos 9,13-15

KAPITEL **25**

DIE BERUFUNG VON JESAJA

Auf Grundlage des biblischen Berichts

Die lange Regierungszeit Usias [auch bekannt als Asarja] in Juda und Benjamin war durch einen größeren Wohlstand gekennzeichnet als die aller anderen Herrscher seit dem Tod Salomos vor fast zwei Jahrhunderten. Viele Jahre lang regierte der König mit Umsicht. Unter dem Segen des Himmels eroberten seine Armeen einige der Territorien zurück, die in früheren Jahren verloren gegangen waren. Städte wurde wieder aufgebaut und befestigt, und so wurde die Position des Landes unter den umliegenden Ländern sehr gestärkt. Der Handel belebte sich, und die Reichtümer der Völker flossen nach Jerusalem hinein. Usias Name »drang weit hinaus, weil ihm wunderbar geholfen wurde, bis er sehr mächtig war«. 2.Chronik 26,15

Dieser äußere Wohlstand war jedoch nicht von einer Wiederbelebung geistlicher Kraft begleitet. Der Tempeldienst wurde fortgeführt wie in den Jahren zuvor, und viele Menschen versammelten sich, um den lebendigen Gott anzubeten. Allerdings verdrängten Stolz und Formalität Demut und Aufrichtigkeit immer mehr. Von Usia steht geschrieben: »Als er mächtig geworden war, überhob sich sein Herz zu seinem Verderben; denn er verging sich gegen den Herrn, seinen Gott.« 2.Chronik 26,16

Die Sünde, die so katastrophale Folgen für Usia hatte, war die Anmaßung. Der König verletzte das ausdrückliche Gebot des Herrn, dass niemand außer den Nachkommen Aarons als Priester dienen sollte, und betrat das Heiligtum, »um auf dem Räucheraltar zu räuchern«. Der Hohepriester Asarja und seine Priester protestierten dagegen und baten ihn inständig, von seiner Absicht abzulassen. Mit Nachdruck betonten sie: »Du vergehst dich, und es wird dir keine Ehre bringen«. 2.Chronik 26,16.18

Usia wurde zornig darüber, dass man es wagte, ihn, den König, so zu tadeln. Aber er durfte das Heiligtum gegen den vereinten Protest der Verantwortlichen nicht entweihen. Während er noch wütend und rebellisch dastand, wurde er vom göttlichen Gericht ereilt: Aussatz erschien auf seiner Stirn. Bestürzt floh er vom Tempel, um nie wieder dorthin zurückkehren zu dürfen. Bis zu seinem Todestag einige Jahre später blieb Usia aussätzig. Damit war er ein lebendiges Beispiel dafür, wie töricht es ist, von einem klaren »So spricht der Herr« abzuweichen. Weder seine hohe Stellung noch sein langes Leben des Dienstes konnten seine anmaßende Sünde entschuldigen, durch die er einen dunklen Schatten auf die letzten Jahre seiner Herrschaft und über sich selbst das Gericht des Himmels brachte.

Gott sieht die Person nicht an. »Wer jedoch vorsätzlich gegen eines der Gebote des Herrn verstößt, egal ob es sich um einen Einheimischen oder einen Ausländer handelt, lästert den Herrn und soll daher aus seinem Volk ausgestoßen und getötet werden.« 4.Mose 15,30 NL

Das Strafgericht über Usia schien einen zurückhaltenden Eindruck auf seinen Sohn zu machen. Jotam trug während der späteren Jahre seines Vaters schwere Verantwortung und folgte ihm nach seinem Tod auf den Thron nach. Von Jotam heißt es in der Schrift: »Er tat, was dem Herrn wohlgefiel, ganz wie sein Vater Usia getan hatte, nur, dass die Höhen nicht entfernt wurden; denn das Volk opferte und räucherte noch auf den Höhen.« 2.Könige 15,34f

Die Regierungszeit von Usia neigte sich dem Ende zu und Jotham trug bereits den Großteil der Staatslasten, als Jesaja, ein junger Mann aus der königlichen Familie, zum Prophetenamt berufen wurde. Die Zeit, in der Jesaja wirken sollte, war voller Gefahren für das Volk Gottes. Der Prophet sollte die Invasion Judas durch die verbündeten Heere des Nordreichs Israel und Syriens erleben und er sollte sehen, wie die Heere der Assyrer die wichtigsten Städte des Königreichs belagerten. Zu seinen Lebzeiten sollte Samaria fallen und die zehn Stämme Israels würden unter die Heiden zerstreut werden. Die assyrischen Heere würden wiederholt in Juda einfallen und Jerusalem würde unter einer Belagerung zu leiden haben, die ganz sicher zu ihrem Fall geführt hätte, wenn Gott nicht auf wunderbare Art eingegriffen hätte. Bereits jetzt bedrohten schwere Gefahren den Frieden des Südreichs. Der göttliche Schutz wurde mehr und mehr zurückgezogen, und die assyrischen Streitkräfte standen kurz vor ihrem massiven Einfall ins Land Juda.

Die Gefahren von außen, so überwältigend sie auch zu sein schienen, waren nicht so ernst wie die Gefahren von innen. Vielmehr war es die Verdorbenheit seines Volkes, die den Diener des Herrn am meisten bestürzte und am tiefsten beunruhigte. Durch ihren Abfall und ihre Rebellion beschworen diejenigen, die die Lichtträger unter den Völkern hätten sein sollen, die Strafgerichte Gottes über sich. Viele der Übel, die gerade zur schnellen Vernichtung des Nordreiches führten und die erst kürzlich durch die unmissverständlichen Worte des Hosea und Amos öffentlich verurteilt worden waren, verdarben in hohem Maß das Reich Juda.

Die Aussichten waren besonders entmutigend, wenn man die sozialen Verhältnisse des Volkes betrachtete. In ihrer Gier nach Gewinn häuften sie Häuser über Häuser an. vgl. Jesaja 5,8 Das Recht wurde verdreht und den Armen wurde kein Erbarmen entgegengebracht. Über diese Missstände sagte Gott: »Was ihr den Armen geraubt, ist in eurem Hause. Warum zertretet ihr mein Volk und zerschlagt das Angesicht der Elenden?« Jesaja 3,14f Sogar die Verwaltungsbeamten, deren Pflicht es war, die Hilflosen zu beschützen, waren taub gegenüber den Schreien der Armen, Hilfsbedürftigen, Witwen und Waisen. vgl. Jesaja 10,1f

Mit Unterdrückung und Reichtum kehrten Stolz, Liebe zu Prunk vgl. Jesaja 5,11.12.22 und Trunksucht, sowie die Neigung zu ausgelassener Lustbarkeit ein.« In Jesajas Tagen rief selbst Götzendienst kein Befremden mehr hervor. vgl. Jesaja 2,8f Frevelhafte Gewohnheiten waren unter dem ganzen Volk so verbreitet, dass die Wenigen, die Gott treu blieben, oft versucht waren, den Mut zu verlieren und sich der Entmutigung und der Verzweiflung zu überlassen. Gottes Absicht mit Israel schien kurz vor dem Scheitern zu stehen und anscheinend stand dem rebellischen Volk ein ähnliches Schicksal bevor, wie das von Sodom und Gomorra. Angesichts solcher Zustände überrascht es nicht, dass Jesaja, als er im letzten Jahr Usias berufen wurde, Juda Gottes Botschaften der Warnung und des Tadels zu verkündigen, vor dieser Verantwortung zurückschreckte. Er wusste nur zu gut, welchem verbohrten Widerstand er begegnen würde. Als er sich seiner eigenen Unfähigkeit, mit der Situation umzugehen, bewusst wurde und an die Dickköpfigkeit und den Unglauben des Volkes dachte, für das er tätig sein sollte, schien seine Aufgabe schon von vornherein hoffnungslos zu sein. Sollte er in seiner Verzweiflung seine Aufgabe aufgeben und Juda völlig ungestört seinem Götzendienst überlassen? Sollten die Götter Ninives die Erde beherrschen und dem Gott des Himmels trotzen?

Diese Gedanken schossen durch Jesajas Kopf, als er in der Säulenhalle des Tempels stand. Da schienen auf einmal das Tor und der innere Vorhang des Tempels verschwunden zu sein. Er konnte in das Innere, das Allerheiligste schauen, wohin nicht einmal ein Prophet es wagen durfte zu gehen. Vor sich sah er in einer Vision, wie der Herr auf Seinem hohen und erhabenen Thron saß und der Saum Seiner Herrlichkeit den Tempel erfüllte. Auf jeder Seite des Thrones schwebten Serafim, die ihre Gesichter in Anbetung verhüllten, während sie vor ihrem Schöpfer dienten und sich zum feierlichen Gebet vereinigten: »Heilig, heilig, heilig ist der Herr der Heerscharen; die ganze Erde ist erfüllt von seiner Herrlichkeit!« Jesaja 6,3 Das sangen sie, bis die Säulen, Pfeiler und das Zedernholztor von dem Schall zu erzittern schienen und das Haus mit ihrem Lobpreis erfüllt war.

Als Jesaja sah, wie sich Gott in Herrlichkeit und Majestät offenbarte, über-

 wältigte ihn das Bewusstsein für die Reinheit und Heiligkeit

Gottes. Wie deutlich war da der Kontrast zwischen der unvergleichlichen Vollkommenheit des Schöpfers und dem sündhaften Lebenswandel derer, die wie er selbst seit langem zum auserwählten Volk Israel und Juda zählten! »Wehe mir!« rief er erschrocken aus, »ich bin verloren! denn ich bin ein Mensch mit unreinen Lippen und wohne unter einem Volk mit unreinen Lippen und habe den König, den Herrn der Heerscharen, mit meinen Augen gesehen.« Jesaja 6,5

Als er so gewissermaßen im Allerheiligsten im vollen Licht der göttlichen Gegenwart stand, wurde ihm klar, dass es ihm in seiner eigenen Unvollkommenheit und Schwäche völlig unmöglich sein würde, den Auftrag zu erfüllen, zu dem er berufen worden war. Da wurde einer der Cherubim zu ihm geschickt, um ihn aus seiner Bestürzung zu befreien und für seinen großen Auftrag zu befähigen. Eine brennende Kohle vom Altar wurde mit den Worten auf seine Lippen gelegt: »Siehe, hiermit sind deine Lippen berührt, dass deine Schuld von dir genommen werde und deine Sünde gesühnt sei«. Dann ertönte die Stimme Gottes: »Wen soll ich senden? Wer will unser Bote sein?« Und Jesaja antwortete: »Hier bin ich, sende mich!« Jesaja 6,7f

Der himmlische Besucher forderte den wartenden Propheten auf: »Geh hin und sprich zu diesem Volk: Höret und verstehet's nicht; sehet und merket's nicht! Verstocke das Herz dieses Volkes und lass ihre Ohren taub sein und ihre Augen blind, da sie nicht sehen mit ihren Augen noch hören mit ihren Ohren noch verstehen mit ihrem Herzen und sich nicht bekehren und genesen.« Jesaja 6,9f

Die Pflicht des Propheten war klar: Er sollte seine Stimme zum Protest gegen die herrschenden Missstände erheben. Aber er fürchtete sich, dieses Werk anzupacken, ohne die Zusicherung zu erhalten, dass Grund zur Hoffnung bestehe. »Herr, wie lange?« Jesaja 6,11 fragte er. Soll keiner aus Deinem auserwählten Volk jemals verstehen, bereuen und geheilt werden?

Seine Seelenlast wegen des irrenden Juda sollte er nicht umsonst zu tragen haben. Sein Auftrag sollte nicht ganz ohne Frucht bleiben. Andererseits konnten aber auch die Übel, die sich schon seit vielen Generationen immer wieder vermehrt hatten, nicht zu seiner Zeit beseitigt werden. Während seines ganzen Lebens musste er ein geduldiger und mutiger Lehrer sein – sowohl Prophet der Hoffnung als auch des Untergangs. Schließlich, wenn die göttliche Absicht endlich erfüllt war, würden die vollen Früchte seiner Anstrengungen und der Mühen aller treuen Boten Gottes offensichtlich werden. Ein Überrest würde gerettet werden. Um dies zu erreichen, erklärte der Herr, sollten die Warnungs- und Einladungsbotschaften dem rebellischen Volk gebracht werden, »bis die Städte wüst werden, ohne Einwohner, und die Häuser ohne Menschen und das Feld ganz wüst daliegt. Denn der Herr wird die Menschen weit wegtun, so dass das Land sehr verlassen sein wird.« Jesaja 6,11f

Die schweren Gerichte, die über das reuelose Volk kommen sollten – Krieg, Verbannung, Unterdrückung, der Verlust von Macht und Ansehen unter den Völkern – sollten nur deshalb kommen, dass diejenigen, die in ihnen die Hand eines beleidigten Gottes erkannten, zur Reue geführt würden. Die zehn Stämme des Nordreichs sollten bald unter die Völker verstreut und ihre Städte verwüstet werden. Die Vernichtungsarmeen der feindlichen Völker sollten immer wieder über ihr Land fegen. Selbst Jerusalem sollte schließlich fallen und Juda in Gefangenschaft geführt werden, aber das verheißene Land sollte nicht für immer völlig verlassen bleiben. Die Zusicherung des himmlischen Besuchers an Jesaja war: »Auch wenn nur der zehnte Teil darin bleibt, so wird es abermals verheert werden, doch wie bei einer Eiche und Linde, von denen beim Fällen noch ein Stumpf bleibt. Ein heiliger Same wird solcher Stumpf sein.« Jesaja 6,13

Die Zusicherung der schließlichen Erfüllung der Absicht Gottes ermutigte das Herz Jesajas. Mochten sich auch irdische Mächte gegen Juda aufstellen, mochte dem Boten des Herrn auch Opposition und Widerstand begegnen: Jesaja hatte den König gesehen, den Herrn der Heerscharen. Er hatte das Lied der Seraphim gehört: »Alle Lande sind seiner Ehre voll!« Jesaja 6,3 Er hatte die Verheißung bekommen, dass die Botschaften des Herrn an das abtrünnige Juda von der überzeugenden Kraft des Heiligen Geistes begleitet würden. So war der Prophet gestärkt für das vor ihm liegende Werk. Während seines langen und mühsamen Dienstes trug er die Erinnerung an diese Vision mit sich. Mehr als sechzig Jahre stand er vor dem Volk Juda als Prophet der Hoffnung, der in seinen Vorhersagen immer kühner den zukünftigen Triumph der Gemeinde vorhersagte.

KAPITEL **26**

"Siehe, da ist euer Gott"

Auf Grundlage des biblischen Berichts

Zur Zeit Jesajas war das geistliche Verständnis durch ein falsches Gottesbild verdunkelt. Lange schon hatte Satan dahingehend gewirkt, dass die Menschen den Schöpfer als den Verursacher von Sünde, Leid und Tod ansahen. Die von ihm so Getäuschten hielten Gott für hart und grausam. Sie dachten, Er beobachte sie nur, um sie zu kritisieren und zu verurteilen, und sei absolut nicht dazu bereit, den Sünder anzunehmen, solange Er eine rechtliche Entschuldigung habe, ihm nicht zu helfen. Das im Himmel geltende Gesetz der Liebe war durch den Erzbetrüger derart falsch dargestellt worden, als schränke es das Glück des Menschen ein und sei ein so schweres Joch, dem sie nur allzu gerne entkommen sollten. Er behauptete, dass man seinen Vorschriften nicht gehorchen könne und die Strafen für die Übertretung willkürlich verhängt würden.

Dafür, dass die Israeliten den wahren Charakter Gottes aus den Augen verloren haben, hatten die Israeliten keine Ausrede. Oft hatte sich Gott ihnen offenbart als der, der »barmherzig und gnädig, geduldig und von großer Güte und Treue« Psalm 86,15 ist. »Als Israel jung war, hatte ich ihn lieb und rief ihn, meinen Sohn, aus Ägypten.« Hosea 11,1

Bei ihrer Befreiung aus der ägyptischen Knechtschaft und ihrer Reise ins verheißene Land hatte der Herr gegenüber Israel zärtlich gehandelt. »In all ihren Bedrängnissen fühlte er sich selbst bedrängt. Und der Engel, in dem sich Gottes Angesicht zeigt, rettete sie. Er selbst erlöste sie, weil er sie liebte und Mitleid mit ihnen hatte. Er hob sie auf und trug sie seit Urzeiten unablässig.« Jesaja 63,9 NL »Mein Angesicht soll vorangehen«, 2.Mose 33,14 so war das Versprechen, das Gott ihnen während der Wüstenwanderung gegeben hatte. Diese Zusicherung war von einer wunderbaren Offenbarung des Charakters Gottes begleitet, die es Mose ermöglichte, ganz Israel die Güte Gottes zu verkünden und sie im Hinblick auf die Eigenschaften ihres unsichtbaren Königs zu unterweisen.

»Und der Herr ging vor seinem Angesicht vorüber, und er rief aus: ‚Herr, Herr, Gott, barmherzig und gnädig und geduldig und von großer Gnade und Treue, der da Tausenden Gnade bewahrt und vergibt Missetat, Übertretung und Sünde, aber ungestraft lässt er niemand.'« 2.Mose 34,6f Auf seine Erkenntnis über das Erbarmen Gottes und Seine unendliche Liebe und Sein unendliches Mitleid gründete Mose seine wunderbare Bitte für das Leben Israels, als sie sich an den Grenzen des verheißenen Landes weigerten, auf den Befehl Gottes hin vorwärts zu gehen. Auf dem Höhepunkt ihrer Rebellion hatte der Herr erklärt: »Ich will sie mit der Pest schlagen und sie vertilgen.« Und Er hatte vorgeschlagen, die Nachkommen Moses »zu einem größeren und mächtigeren Volk« als jenes zu machen. 4.Mose 14,12 Aber der Prophet hatte sich auf die wunderbaren Vorhersehungen und Verheißungen Gottes zugunsten des auserwählten Volkes berufen. Schließlich hatte er als stärkstes Argument die Liebe Gottes zu den gefallenen Menschen angeführt. 4.Mose 14,17-19

Gnädig erwiderte der Herr: »Ich habe vergeben, wie du es erbeten hast.« 4.Mose 14,20 Dann teilte Er Mose in einer Prophezeiung Seine Absicht mit, Israel schließlich den Sieg erringen zu lassen. »So wahr ich lebe«, verkündete Er, es soll »alle Welt der Herrlichkeit des Herrn voll werden«. 4.Mose 14,21 Gottes Herrlichkeit, Sein Charakter, Seine freundliche Barmherzigkeit und zärtliche Liebe – auf all das hatte sich Mose zugunsten Israels berufen – sollten der gesamten Menschheit offenbart werden. Diese Prophezeiung des Herrn wurde doppelt zugesichert und durch einen Eid bestätigt. So wahr Gott lebt und herrscht, sollte »unter den Heiden von seiner Herrlichkeit, unter allen Völkern von seinen Wundern« verkündigt werden. Psalm 96,3 Im Hinblick auf die zukünftige Erfüllung dieser Prophezeiung hatte Jesaja die strahlenden Seraphim vor dem Thron singen hören: »Alle Lande sind seiner Ehre voll!« Jesaja 6,3 Der von der sicheren Erfüllung dieser Worte überzeugte Prophet erklärte später mutig denen, die sich vor den Götzenbildern aus Holz und Stein niederbeugten: »Denn sie werden die Herrlichkeit des Herrn, die Pracht unseres Gottes, sehen.« Jesaja 35,2 NL

Heute erfüllt sich diese Prophezeiung in einem rasanten Tempo. Die missionarischen Aktivitäten der Gemeinde Gottes auf Erden bringen reiche Frucht, und bald wird die Evangeliumsbotschaft allen Völkern verkündigt worden sein. »Zum Lob seiner herrlichen Gnade« werden Männer und Frauen aus allen Generationen, Sprachen und Völkern »begnadet ... in dem Geliebten«, Epheser 1,6 »So wird Er für alle Zeiten an uns seine Güte und den Reichtum seiner Gnade sichtbar machen, die sich in allem zeigt, was er durch Christus Jesus für uns getan hat«. Epheser 2,7 NL »Gelobt sei Gott der Herr, der Gott Israels, der allein Wunder tut! Gelobt sei sein herrlicher Name ewiglich, und alle Lande sollen seiner Ehre voll werden!« Psalm 72,18f

In der Vision Jesajas im Hof des Tempels wurde ihm ein klares Bild vom Charakter des Gottes Israels gegeben. »Der Hohe und Erhabene, der ewig wohnt, dessen Name heilig ist«, war vor ihm in prächtiger Majestät erschienen; doch zugleich wurde dem Propheten das barmherzige Wesen seines Herrn verständlich gemacht. Er, der »in der Höhe und im Heiligtum« thront, wohnt auch »bei denen, die zerschlagenen und demütigen Geistes sind«, auf dass er »erquicke den Geist der Gedemütigten und das Herz der Zerschlagenen«. Jesaja 57,15 Der Engel, der beauftragt worden war, Jesajas Lippen anzurühren, hatte ihm die Botschaft gebracht: »Jetzt ist deine Schuld getilgt; deine Sünden sind dir vergeben.« Jesaja 6,7 NL

Beim Betrachten seines Gottes war dem Propheten – ähnlich wie später Saulus von Tarsus vor den Toren von Damaskus – nicht nur seine eigene Unwürdigkeit gezeigt worden, sondern seinem gedemütigtem Herzen war auch die Gewissheit der vollen und kostenlosen Vergebung gegeben worden. Er hatte seinen Herrn gesehen. Er hatte einen kurzen Blick auf die Schönheit des göttlichen Charakters werfen können. Er war ein Zeuge der Verwandlung geworden, die durch das Anschauen der Unendlichen Liebe bewirkt wird. Von nun an war er mit dem sehnsüchtigen Verlangen erfüllt, dass das irrende Israel von der Last und der Strafe der Sünde befreit werde. »Wohin soll man euch noch schlagen?«, fragte der Prophet. »So kommt denn und lasst uns miteinander rechten, spricht der Herr. Wenn eure Sünde auch blutrot ist, soll sie doch schneeweiß werden, und wenn sie rot ist wie Scharlach, soll sie doch wie Wolle werden.« Jesaja 1,5.18 »Wascht euch, reinigt euch, tut eure bösen Taten aus meinen Augen, lasst ab vom Bösen! Lernet Gutes tun.« Jesaja 1,16f

Der Gott, dem sie zu dienen vorgaben, dessen Charakter sie jedoch missverstanden hatten, wurde ihnen als der große Arzt für ihre geistliche Krankheit vor Augen gestellt. Mochte das ganze Haupt wund sein und das ganze Herz krank, mochte es von Kopf bis Fuß keine heile Stelle mehr geben, sondern nur noch Beulen, Striemen, frische Wunden, Jesaja 1,5f so gab es Heilung für den Irrenden, der trotzig dem Weg seines eigenen Herzens gefolgt war, wenn er sich zum Herrn wendete. Der Herr selbst sagte. »Ihre Wege habe ich gesehen, aber ich will sie heilen und sie leiten und ihnen wieder Trost geben; und denen, die da Leid tragen, will ich Frucht der Lippen schaffen. Friede, Friede denen in der Ferne und denen in der Nähe, spricht der Herr; ich will sie heilen.« Jesaja 57,18f

Der Prophet erhöhte Gott als den Schöpfer aller Dinge. Seine Botschaft an die Städte Judas war: »Siehe, da ist euer Gott!« Jesaja 40,9 »So spricht Gott, der Herr, der die Himmel schafft und ausbreitet, der die Erde macht und ihr Gewächs.« Jesaja 42,5 »Ich bin der Herr, der alles schafft.« Jesaja 44,24

»Ich bin der Herr ... der ich das Licht mache und schaffe die Finsternis ... Ich habe die Erde gemacht und den Menschen auf ihr geschaffen. Ich bin's, dessen Hände den Himmel ausgebreitet haben und der seinem ganzen Heer geboten hat.« Jesaja 45,6.7.12 »Mit wem wollt ihr mich also vergleichen, dem ich gleich sei? spricht der Heilige. Hebet eure Augen in die Höhe und seht! Wer hat dies geschaffen? Er führt ihr Heer vollzählig heraus und ruft sie alle mit Namen; seine Macht und starke Kraft ist so groß, dass nicht eins von ihnen fehlt.« Jesaja 40,25f

Denen, die befürchteten, nicht angenommen zu werden, wenn sie zu Gott zurückkehren sollten, sagte der Prophet: »Warum sprichst du denn, Jakob, und du, Israel, sagst: Mein Weg ist dem Herrn verborgen, und mein Recht geht vor meinem Gott vorüber? Weißt du nicht? Hast du nicht gehört? Der Herr, der ewige Gott, der die Enden der Erde geschaffen hat, wird nicht müde noch matt, sein Verstand ist unausforschlich. Er gibt dem Müden Kraft und Stärke genug dem Unvermögenden. Männer werden müde und matt, und Jünglinge straucheln und fallen; aber die auf den Herrn harren, kriegen neue Kraft, dass sie auffahren mit Flügeln wie Adler, dass sie laufen und nicht matt werden, dass sie wandeln und nicht müde werden.« Jesaja 40,27-31

Das Herz der unendlichen Liebe sehnt sich nach Menschen, die sich machtlos fühlen, sich selbst aus den Schlingen Satans zu befreien. Gott bietet ihnen gnädig an, sie so zu stärken, dass sie für Ihn leben. Er fordert sie auf: »Fürchte dich nicht, ich bin mit dir, weiche nicht, denn ich bin dein Gott. Ich stärke dich, ich helfe dir auch, ich halte dich durch die rechte Hand meiner Gerechtigkeit ... Denn ich bin der Herr, dein Gott, der deine rechte Hand fasst und zu dir spricht: Fürchte dich nicht, ich helfe dir! Fürchte dich nicht, du Würmlein Jakob, du armer Haufe Israel. Ich helfe dir, spricht der Herr, und dein Erlöser ist der Heilige Israels.« Jesaja 41,10.13f

Die Bewohner Judas verdienten all das nicht, aber trotzdem wollte Gott sie nicht aufgeben. Durch sie sollte Sein Name unter den Heiden erhöht werden. Viele, die Seine Eigenschaften bisher nicht kannten, sollten noch die Herrlichkeit des göttlichen Charakters schauen. Um Seine gnadenvollen Absichten zu offenbaren, sandte Er immer wieder Propheten mit der Botschaft: »Bekehrt euch, ein jeder von seinem bösen Wege.« Jeremia 25,5 »Um meines Namens willen halte ich lange meinen Zorn zurück«, ließ Er durch Jesaja verkündigen, »und um meines Ruhmes willen bezähme ich mich dir zugut, damit du nicht ausgerottet wirst ... Um meinetwillen, ja, um meinetwillen will ich's tun, dass ich nicht gelästert werde; denn ich will meine Ehre keinem andern lassen.« Jesaja 48,9.11

Der Ruf nach Buße ertönte mit unmissverständlicher Klarheit. Alle wurden zur Umkehr eingeladen. »Suchet den Herrn, solange er zu finden ist«, bat der Prophet, »rufet ihn an, solange er nahe ist. Der Gottlose lasse von seinem Wege und der Übeltäter von seinen Gedanken und bekehre sich zum Herrn, so wird er sich seiner erbarmen, und zu unserm Gott, denn bei ihm ist viel Vergebung.«

 Jesaja 55,6f Hast Du, lieber Leser, Deinen eigenen Weg gewählt?

Bist Du vor Gott weggelaufen? Hast Du versucht, Dich von den Früchten der Übertretung zu nähren, um doch nur erfahren zu müssen, wie sie sich auf Deinen Lippen in Asche verwandelten? Bist Du nun, nachdem Deine Lebenspläne gescheitert sind und Deine Hoffnung gestorben ist, einsam und allein? Die Stimme, die schon lange zu Deinem Herzen spricht, der Du aber nicht zuhören wolltest, erschallt nun laut und klar: »Macht euch auf! Ihr müsst davon, ihr sollt an dieser Stätte nicht bleiben! Um der Unreinheit willen muss sie unsanft zerstört werden.« Micha 2,10 Kehrt um in das Haus eures Vaters. Er lädt euch ein wenn Er sagt: »Kehre dich zu mir, denn ich erlöse dich!« Jesaja 44,22 »Kommt her zu mir! Höret, so werdet ihr leben! Ich will mit euch einen ewigen Bund schließen, euch die beständigen Gnaden Davids zu geben.« Jesaja 55,3

Höre nicht auf die Einflüsterung des Feindes, so lange von Christus fern zu bleiben, bis du dich gebessert hast und gut genug bist, zu Gott zu kommen. Wenn du bis dahin wartest, wirst du nie kommen. Wenn dich Satan auf deine schmutzigen Gewänder hinweist, wiederhole die Verheißung des Heilands: »Wer zu mir kommt, den werde ich nicht hinausstoßen.« Johannes 6,37 Sage dem Feind, dass das Blut Christi von aller Sünde reinigt. Mache das Gebet Davids zu deinem eigenen: »Entsündige mich mit Ysop, dass ich rein werde; wasche mich, dass ich schneeweiß werde.« Psalm 51,9

Die Ermahnungen des Propheten an Juda, den lebendigen Gott zu betrachten und Sein Gnadenangebot anzunehmen, waren nicht vergeblich. Es gab einige, die ernsthaft zuhörten und sich von der Götzenanbetung zur Anbetung des Herrn bekehrten. Sie lernten, ihren Herrn als liebevoll, gnädig und zärtlich mitleidig zu erkennen. In den dunklen Tagen, als nur noch ein Überrest im Land übrig blieb, sollten die Worte des Propheten weiter Frucht bringen und zu einer entschiedenen Reformation führen. »Zu der Zeit«, so versicherte Jesaja, »wird der Mensch blicken auf den, der ihn gemacht hat, und seine Augen werden auf den Heiligen Israels schauen; und er wird nicht mehr blicken auf die Altäre, die seine Hände gemacht haben, und nicht schauen auf das, was seine Finger gemacht haben, auf die Bilder der Aschera und auf die Rauchopfersäulen.« Jesaja 17,7f

Viele sollten den Einen schauen, der ganz holdselig ist, auserkoren unter vielen Tausenden. »Deine Augen werden den König sehen in seiner Schönheit«, war die gnädige Verheißung an sie. Ihre Sünden sollten vergeben werden und sie sollten sich in Gott allein rühmen. An jenem Tag der Erlösung vom Götzendienst würden sie ausrufen: »Der Herr wird dort bei uns mächtig sein, und weite Wassergräben wird es geben ... Denn der Herr ist unser Richter, der Herr ist unser Meister, der Herr ist unser König.« Jesaja 33,17.21f Die von Jesaja an diejenigen verkündigten Botschaften, die sich dazu entschieden hatten, sich von ihren bösen Wegen abzuwenden waren voller Trost und Ermutigung. Hört das Wort des [319/320]

Herrn durch Seinen Propheten: »Gedenke daran, Jakob, und du, Israel, denn du bist mein Knecht. Ich habe dich bereitet, dass du mein Knecht seist. Israel, ich vergesse dich nicht! Ich tilge deine Missetat wie eine Wolke und deine Sünden wie den Nebel. Kehre dich zu mir, denn ich erlöse dich!« Jesaja 44,21f

»Zu der Zeit wirst du sagen: Ich danke dir, Herr, dass du bist zornig gewesen über mich und dein Zorn sich gewendet hat und du mich tröstest. Siehe, Gott ist mein Heil, ich bin sicher und fürchte mich nicht; denn Gott der Herr ist meine Stärke und mein Psalm und ist mein Heil ... Lobsinget dem Herrn, denn er hat sich herrlich bewiesen. Solches sei kund in allen Landen! Jauchze und rühme, du Tochter Zion; denn der Heilige Israels ist groß bei dir!« Jesaja 12, 1-6

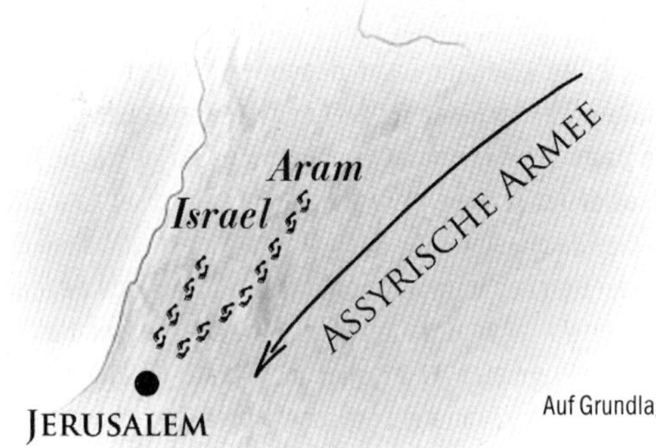

KAPITEL 27

AHAS

Auf Grundlage des biblischen Berichts

Die Thronbesteigung von König Ahas stellte Jesaja und seine Mitarbeiter Situationen gegenüber, die abstoßender waren als alles, was es vorher im Reich Juda gegeben hatte. Viele, die vorher noch dem verführerischen Einfluss der Praktiken des Götzendienstes widerstanden hatten, ließen sich jetzt überzeugen, am Götzendienst dieser heidnischen Götter mitzumachen. Die Fürsten Israels waren untreu, falsche Propheten brachten ihre Botschaften, um zu verführen, und sogar einige der Priester lehrten gegen Geld. Dabei hielten die Führer dieses Abfalls die äußeren Formen des Gottesdienstes noch immer aufrecht und beanspruchten, zum Volk Gottes zu gehören.

Der Prophet Micha, der sein Zeugnis während dieser unruhigen Zeit ablegte, stellte fest, dass Sünder auch weiterhin »Zion mit Blut ... und Jerusalem mit Unrecht« bauten. Während sie behaupteten, sich auf den Herrn zu verlassen, prahlten sie gotteslästerlich: »Ist nicht der Herr unter uns? Es kann kein Unglück über uns kommen.« Micha 3,10f Gegen diese Missstände erhob der Prophet Jesaja seine Stimme in strengem Tadel: »Höret des Herrn Wort, ihr Herren von Sodom! Nimm zu Ohren die Weisung unsres Gottes, du Volk von Gomorra! Was soll mir die Menge eurer Opfer? spricht der Herr ... Wenn ihr kommt, zu erscheinen vor mir – wer fordert denn von euch, dass ihr meinen Vorhof zertretet?« Jesaja 1,10-12

Das inspirierte Wort erklärt: »Der Gottlosen Opfer ist ein Gräuel, wieviel mehr, wenn man's darbringt für eine Schandtat.« Sprüche 21,27 Der Gott des Himmels hat zu reine Augen, »als dass sie Böses mit ansehen könnten«. Er kann »dem Unheil nicht zuschauen«. Habakuk 1,13 Er wendet sich nicht deshalb vom Übertreter ab, weil Er nicht bereit zur Vergebung ist, sondern Gott ist es nicht möglich, von der Sünde zu retten, wenn sich der Sünder weigert, von der reichlich angebotenen Gnade Gebrauch zu machen.

»Des Herrn Arm ist nicht zu kurz, dass er nicht helfen könnte, und seine Ohren sind nicht hart geworden, so dass er nicht hören könnte, sondern eure Verschuldungen scheiden euch von eurem Gott, und eure Sünden verbergen sein Angesicht vor euch, dass ihr nicht gehört werdet.« Jesaja 59,1f

Salomo hatte geschrieben: »Weh dir, Land, dessen König ein Kind ist …!« Prediger 10,16 Genau das geschah im Reich Juda. Durch ihre fortgesetzen Übertretungen waren seine Herrscher wie Kinder geworden. Jesaja lenkte die Aufmerksamkeit des Volkes auf ihre schwache Position unter den Völkern der Erde und zeigte ihnen, dass dies das Resultat der Bosheit von Männern in hohen Positionen war: »Der Herr, der Herr Zebaoth, wird von Jerusalem und Juda wegnehmen Stütze und Stab: allen Vorrat an Brot und allen Vorrat an Wasser, Helden und Kriegsleute, Richter und Propheten, Wahrsager und Älteste, Hauptleute und Vornehme, Ratsherren und Weise, Zauberer und Beschwörer. Und ich will ihnen Knaben zu Fürsten geben, und Mutwillige sollen über sie herrschen … Denn Jerusalem ist gestrauchelt, und Juda liegt da, weil ihre Worte und ihr Tun wider den Herrn sind, dass sie seiner Majestät widerstreben.« Jesaja 3,1-4.8

Der Prophet fügte hinzu: »Deine Führer verführen dich und verwirren den Weg, den du gehen sollst!« Jesaja 3,12 Während der Regierung des Ahas traf dies buchstäblich zu, denn über ihn steht geschrieben: Er »wandelte in den Wegen der Könige von Israel. Dazu machte er den Baalen gegossene Bilder und opferte im Tal Ben-Hinnom.« 2.Chronik 28,2f »Dazu ließ er seinen Sohn durchs Feuer gehen nach den gräulichen Sitten der Heiden, die der Herr vor den Kindern Israel vertrieben hatte.« 2.Könige 16,3 Das war in der Tat eine Zeit großer Gefahr für das auserwählte Volk. In nur wenigen Jahren würden die zehn Stämme des Reiches Israel unter die heidnischen Völker zerstreut werden. Auch für das Reich Juda war der Ausblick finster. Die Mächte des Guten gingen gerade schnell zurück, während sich die Kräfte des Bösen vervielfachten. Der Prophet Micha, der diese Situation sah, fühlte sich gedrängt auszurufen: »Die frommen Leute sind weg in diesem Lande, und die Gerechten sind nicht mehr unter den Leuten … Der Beste unter ihnen ist wie ein Dornstrauch und der Redlichste wie eine Hecke.« Micha 7,2.4 Jesaja versicherte: »Hätte uns der Herr Zebaoth nicht einen geringen Rest übrig gelassen, so wären wir wie Sodom und gleichwie Gomorra.« Jesaja 1,9

Zu allen Zeiten hatte Gott – um der Treuen willen und auch wegen Seiner unendlichen Liebe für die Irrenden – lange Zeit Geduld mit den Rebellen und forderte sie inständig auf, ihren bösen Kurs zu verlassen und zu Ihm zurückzukehren. Durch von Ihm selbst auserwählte Männer und »Vorschrift auf Vorschrift, Satzung auf Satzung …, hier ein wenig, da ein wenig«, Jesaja 28,10 lehrte Gott die Übertreter den Weg der Gerechtigkeit.

So war es während der Regierungszeit des Ahas. Israel wurde eine Einladung nach der anderen geschickt, um sie zur Rückkehr zur Bündnistreue gegenüber dem Herrn zu bewegen. Die dringenden Bitten der Propheten waren voller Zartgefühl. Wenn sie vor dem Volk standen und es ernst zur Buße und zur Reformation aufforderten, brachten ihre Worte zur Ehre Gottes Frucht.

Durch Micha kam der wunderbare Aufruf: »Höret doch, was der Herr sagt: ‚Mach dich auf, führe deine Sache vor den Bergen und lass die Hügel deine Stimme hören!' Höret, ihr Berge, wie der Herr rechten will, und merket auf, ihr Grundfesten der Erde; denn der Herr will mit seinem Volk rechten und mit Israel ins Gericht gehen! ‚Was habe ich dir getan, mein Volk, und womit habe ich dich beschwert? Das sage mir! Habe ich dich doch aus Ägyptenland geführt und aus der Knechtschaft erlöst und vor dir her gesandt Mose, Aaron und Mirjam. Mein Volk, denke doch daran, was Balak, der König von Moab, vorhatte und was ihm Bileam, der Sohn Beors, antwortete; wie du hinüberzogst von Schittim bis nach Gilgal, damit ihr erkennt, wie der Herr euch alles Gute getan hat.'« Micha 6,1-5

Der Gott, dem wir dienen hat viel Geduld, »seine Barmherzigkeit hat noch kein Ende«. Klagelieder 3,22 Solange Gnadenzeit ist, lädt der Geist Gottes die Menschen ein, das Geschenk des Lebens anzunehmen. »So wahr ich lebe, spricht Gott der Herr: ich habe kein Gefallen am Tode des Gottlosen, sondern dass der Gottlose umkehre von seinem Wege und lebe. So kehrt nun um von euren bösen Wegen. Warum wollt ihr sterben, ihr vom Hause Israel?« Hesekiel 33,11 Es ist Satans besondere Absicht, den Menschen in Sünde zu verleiten und ihn dort hilf- und hoffnungslos und voller Furcht zu lassen, anstatt Gott um Vergebung zu bitten. Aber Gott lädt uns ein, bei Ihm Zuflucht zu suchen und mit Ihm Frieden, wahrhaftigen Frieden zu machen. Jesaja 27,5 Durch Christus ist jede Vorsorge getroffen, wird jede Ermutigung angeboten.

In den Tagen des Abfalls in Juda und Israel fragten sich viele: »Womit soll ich mich dem Herrn nahen, mich beugen vor dem hohen Gott? Soll ich mich ihm mit Brandopfern nahen und mit einjährigen Kälbern? Wird wohl der Herr Gefallen haben an viel tausend Widdern, an unzähligen Strömen von Öl?« Die Antwort ist klar und deutlich: »Es ist dir gesagt, Mensch, was gut ist, und was der Herr von dir fordert, nämlich Gottes Wort halten und Liebe üben und demütig sein vor deinem Gott.« Micha 6,6-8

Als der Prophet zur praktischen Frömmigkeit ermahnte, wiederholte er nur den vor Jahrhunderten an Israel gegebenen Rat. Das Wort des Herrn durch Mose an der Grenze zum verheißenen Land war gewesen: »Nun, Israel, was fordert der Herr, dein Gott, noch von dir, als dass du den Herrn, deinen Gott, fürchtest, dass du in allen seinen Wegen wandelst und ihn liebst und dem Herrn, deinem Gott, dienst von ganzem Herzen und von ganzer Seele, dass du die Gebote des Herrn hältst und seine Rechte, die ich dir heute gebiete, auf dass dir's wohlgehe?« 5.Mose 10,12f

Über die Jahrhunderte wurde dieser Rat von den Dienern des Herrn immer wieder gegenüber denen wiederholt, die sich in der Gefahr befanden, in Formalismus zu verfallen und Barmherzigkeit zu vergessen. Als ein Gesetzeslehrer sich Christus während dessen Leben auf dieser Erde mit der Frage annäherte: »Meister, welches ist das größte Gebot im Gesetz?« antwortete Jesus darauf: »‚Du sollst den Herrn, deinen Gott, lieben mit deinem ganzen Herzen und mit deiner ganzen Seele und mit deinem ganzen Denken.' Das ist das größte und erste Gebot. Und das zweite ist ihm vergleichbar: ‚Du sollst deinen Nächsten lieben wie dich selbst.' An diesen zwei Geboten hängen das ganze Gesetz und die Propheten.« Matthäus 22,36-40

Diese klaren Aussagen der Propheten und vom Heiland selbst sollten als Stimme Gottes an jede Menschenseele angenommen werden. Wir sollten keine Gelegenheit verlieren, zugunsten der Sorgenbeladenen und Unterdrückten Taten der Barmherzigkeit, der liebevollen Voraussicht und der christlichen Höflichkeit zu vollbringen. Wenn wir sonst nichts zu tun vermögen, können wir doch zu denen, die Gott nicht kennen und zu denen man über das Mitgefühl und die Liebe am ehesten Zugang findet, ermutigende und hoffnungsvolle Worte sprechen.

Reiche und vielfältige Verheißungen gelten für diejenigen, die aufmerksam die Gelegenheiten nutzen, Freude und Segen in das Leben Anderer zu bringen. »Wenn du ... den Hungrigen dein Herz finden lässt und den Elenden sättigst, dann wird dein Licht in der Finsternis aufgehen, und dein Dunkel wird sein wie der Mittag. Und der Herr wird dich immerdar führen und dich sättigen in der Dürre und dein Gebein stärken. Und du wirst sein wie ein bewässerter Garten und wie eine Wasserquelle, der es nie an Wasser fehlt.« Jesaja 58,10f

Der trotz der ernsten Warnungen der Propheten von Ahas gewählte Weg in den Götzendienst konnte nur zu einem Resultat führen. »Daher ist der Zorn des Herrn über Juda und Jerusalem gekommen, und er hat sie dahingegeben zum Entsetzen und zum Erschrecken, dass man sie verspottet.« 2.Chronik 29,8

Das Königreich erfuhr einen raschen Niedergang, sogar seine Existenz wurde von einfallenden Armeen bedroht. »Damals zogen Rezin, der König von Aram, und Pekach, der Sohn Remaljas, der König von Israel, hinauf, um gegen Jerusalem zu kämpfen, und belagerten Ahas in der Stadt.« 2.Könige 16,5

Wären Ahas und die führenden Männer seines Reichs treue Diener des Allerhöchsten gewesen, hätten sie nichts von der ungewöhnlichen Allianz, die sich gegen sie gebildet hatte, zu fürchten gehabt. Wiederholter Ungehorsam hatte sie jedoch ihrer Kraft beraubt. Von namenlosem Grauen vor den Strafgerichten eines beleidigten Gottes erfüllt, »bebte ihm [Ahas] das Herz und das Herz seines Volks, wie die Bäume im Walde beben vom Winde«. Jesaja 7,2 In dieser Krise erging das Wort des Herrn an Jesaja, der aufgefordert wurde, dem zitternden König zu begegnen und ihm zu sagen: »Hüte dich und bleibe still; fürchte dich nicht, und dein Herz sei unverzagt ... Weil die Aramäer [Syrer] gegen dich Böses

 ersonnen haben samt Ephraim und dem Sohn Remaljas und

sagen: ‚Wir wollen hinaufziehen nach Juda und es erschrecken und für uns erobern und zum König darin machen den Sohn Tabeals', – so spricht Gott der Herr: Es soll nicht geschehen und nicht so gehen.« Jesaja 7,4-7 Der Prophet sagte, dass sowohl das Reich Israel als auch Syrien bald ein Ende finden würden. »Glaubt ihr nicht«, schloss er, »so bleibt ihr nicht.« Jesaja 7,9

Es wäre gut gewesen, wenn Ahas diese Botschaft als vom Himmel kommend angesehen hätte. Er entschied sich jedoch, sich auf Fleisch und Blut zu verlassen und Hilfe bei heidnischen Völkern zu suchen. In seiner Verzweiflung sandte er Tiglat-Pileser, dem assyrischen König die Botschaft: »Ich bin dein Knecht und dein Sohn. Komm herauf und hilf mir aus der Hand des Königs von Aram und des Königs von Israel, die sich gegen mich aufgemacht haben!« 2.Könige 16,7 Diese Bitte war durch ein reiches Geschenk aus dem Schatz des Königs und dem Tempelschatz begleitet. Die erbetene Hilfe wurde gewährt und König Ahas wurde vorübergehend entlastet, aber zu welchem Preis für Juda! Der angebotene Tribut weckte die Begierde Assyriens, und schon bald drohte das verräterische Volk damit, Juda zu überschwemmen und zu berauben. Ahas und seine unglücklichen Untertanen wurden nun von der Furcht geplagt, völlig in die Hand der grausamen Assyrer zu fallen. »Der Herr demütigte Juda« wegen fortwährender Übertretungen. Anstatt sich in dieser Zeit der Züchtigung zu bekehren, »versündigte sich der König Ahas ... noch mehr am Herrn und opferte den Göttern von Damaskus ... und sprach: Die Götter der Könige von Aram helfen ihnen; darum will ich ihnen opfern, dass sie mir auch helfen.« 2.Chronik 28,19.22f

Am Ende seiner Regierungszeit veranlasste der abgefallene König, dass die Tore des Tempels geschlossen wurden. Die heiligen Dienste wurden unterbrochen. Die Flamme auf dem Leuchter vor dem Altar verlöschte, und es wurden auch keine Opfer für die Sünden des Volks dargebracht. Kein süßer Weihrauchduft stieg mehr zur Zeit des Morgen- und Abendopfers in die Höhe. Die Einwohner der gottlosen Stadt verließen die Höfe des Hauses Gottes und verriegelten seine Türen. Anschließend stellten sie an den Straßenecken in ganz Jerusalem Altäre zur Anbetung heidnischer Gottheiten auf. Allem Anschein nach hatte das Heidentum gesiegt und die Mächte der Finsternis fast die Oberhand gewonnen. Es gab jedoch in Juda immer noch einige Menschen, die Gott die Treue bewahrten und sich standhaft weigerten, sich zum Götzendienst verleiten zu lassen. Auf diese blickten Jesaja, Micha und ihre Gefährten voller Hoffnung, als sie das Verderben während der letzten Lebensjahre des Ahas betrachteten. Ihr Heiligtum war zwar geschlossen, aber die Treuen fanden Trost in der Versicherung: »Mit uns ist Gott ... Den Herrn der Heerscharen, den sollt ihr heiligen! er sei eure Furcht und euer Schrecken. So wird er euch zum Heiligtum werden.« Jesaja 8,10.13f

KAPITEL 28

HISKIA

Auf Grundlage des biblischen Berichts

In scharfem Kontrast zur leichtfertigen Regierung des Ahas standen die Reformbestrebungen während der erfolgreichen Herrschaft seines Sohnes. Hiskia bestieg den Thron mit dem festen Entschluss, alles zu tun, was ihm möglich war, um Juda vor dem Schicksal zu bewahren, das soeben das Nordreich ereilt hatte. Die Botschaften der Propheten ließen keine halben Maßnahmen zu. Nur durch entschlossene Reformen konnten die angedrohten Gerichte abgewendet werden.

In der Krise erwies sich Hiskia als Mann der Stunde. Kaum hatte er den Thron bestiegen, als er auch schon zu planen und auszuführen begann. Zuerst richtete er seine Aufmerksamkeit auf die Wiederherstellung des so lange vernachlässigten Tempeldienstes. Bei diesem Werk bat er ernsthaft um die Mitarbeit einer Gruppe von Priestern und Leviten, die ihrer heiligen Berufung treu geblieben waren. Im Vertrauen auf ihre treue Unterstützung sprach er mit ihnen freimütig über seinen Wunsch, sofortige und weitreichende Reformen einzuleiten.

»Unsere Väter haben sich versündigt«, bekannte er, »und getan, was dem Herrn, unserm Gott, missfällt, und haben ihn verlassen und haben ihr Angesicht von der Wohnung des Herrn abgewandt ... Nun habe ich im Sinn, einen Bund zu schließen mit dem Herrn, dem Gott Israels, dass sein Zorn und Grimm sich von uns wende.« 2.Chronik 29,6.10

In wenigen gut gewählten Worten beschrieb der König ihre Situation: der Tempel war geschlossen und alle seine Dienste waren eingestellt worden; auf den Straßen der Stadt und im ganzen Königreich wurde ein abscheulicher Gottesdienst praktiziert; viele Menschen waren von Gott abgefallen, die Ihm vielleicht treu geblieben wären, wenn die Führer Judas ihnen das richtige Vorbild gegeben hätten; das Reich befand sich im Niedergang und hatte bei den umliegenden Völkern an Ansehen verloren. Das Nordreich zerfiel rasant, viele seiner Bewohner starben durch das Schwert, während eine große Anzahl von ihnen bereits in die Gefangenschaft geführt worden waren. Bald würde Israel

vollständig in die Hand der Assyrer fallen und völlig untergehen.

Dieses Schicksal käme auch über Juda, wenn Gott durch Seine auserwählten Vertreter nicht mächtig wirken würde.

Hiskia richtete seinen Aufruf direkt an die Priester, gemeinsam mit ihm die notwendigen Reformen durchzuführen. Er forderte sie auf: »Nun, meine Söhne, seid nicht lässig«, ermahnte er sie: »denn euch hat der Herr erwählt, dass ihr zum Dienst vor ihm stehen sollt und dass ihr seine Diener seid und ihm Opfer bringt!« »Heiligt euch nun, dass ihr weihet das Haus des Herrn, des Gottes eurer Väter.« 2.Chronik 29,11.5

Es war Zeit für rasches Handeln. Die Priester begannen sofort. Sie versicherten sich auch der Mithilfe der Priester, die während dieser Versammlung nicht anwesend gewesen waren, und brachten sich von ganzem Herzen ins Werk der Reinigung und Heiligung des Tempels ein. Durch die Jahre der Entweihung und Vernachlässigung war dies mit vielen Schwierigkeiten verbunden, aber die Priester und Leviten arbeiteten unermüdlich. So konnten sie bemerkenswert kurzer Zeit berichten, dass ihre Aufgabe erfüllt sei. Die Tore des Tempels waren repariert und geöffnet worden. Die heiligen Gefäße waren gesucht und wieder an ihren Platz gestellt worden, und alles war bereit für die Wiedereinrichtung der Heiligtumsdienste.

Den ersten Gottesdienst feierten die Oberen der Stadt zusammen mit König Hiskia und den Priestern und Leviten. Gemeinsam baten sie um Vergebung für die Sünden des Volkes. Auf dem Altar wurden Sündopfer dargebracht »um Sühne zu schaffen für ganz Israel.« »Als nun das Brandopfer verrichtet war, beugten der König und alle, die sich bei ihm befanden, die Knie und beteten an.« 2. Chr. 29,24.29 Wieder einmal hallten die Höfe des Tempels von Lobpreis und Anbetung. Die Lieder Davids und der Söhne Asafs wurden voller Freude gesungen, als sich die Anbetenden klarmachten, dass sie aus der Gefangenschaft der Sünde und des Abfalls befreit worden waren. »Hiskia freute sich samt allem Volk über das, was Gott dem Volk bereitet hatte; denn es war unvermutet schnell gekommen. » 2.Chronik 29,24.29.36

Gott hatte tatsächlich die Herzen der bedeutendsten Männer Judas vorbereitet, so dass sie bei dieser entschiedenen Reformation die führende Rolle spielten, um die Flut des Abfalls aufzuhalten. Durch Seine Propheten hatte Er Seinem auserwählten Volk Botschaft um Botschaft mit dringlichen Einladungen gesandt. Diese Botschaften waren von den zehn Stämmen des Nordreichs Israel, die inzwischen den Feinden ausgeliefert waren, verachtet und abgelehnt worden. In Juda gab es jedoch einen gottesfürchtigen Überrest, an den sich die Propheten in ihren Aufrufen immer wieder wandten. Jesaja drängte sie: »Kehrt um, ihr Kinder Israel, zu dem, von welchem ihr so sehr abgewichen seid!« Jesaja 31,6 Hören wir auch Michas Glaubensworte: »Ich aber will auf den

Herrn schauen und harren auf den Gott meines Heils; mein Gott wird mich erhören. Freue dich nicht über mich, meine Feindin! Wenn ich auch daniederliege, so werde ich wieder aufstehen; und wenn ich auch im Finstern sitze, so ist doch der Herr mein Licht. Ich will des Herrn Zorn tragen – denn ich habe wider ihn gesündigt, bis er meine Sache führe und mir Recht schaffe. Er wird mich ans Licht bringen, dass ich seine Gnade schaue.« Micha 7,7-9 Diese und andere ähnliche Botschaften zeigen die Bereitwilligkeit Gottes zu vergeben und die anzunehmen, die sich mit ganzem Herzen ihm zuwandten, und brachten manch verzweifeltem Menschen in den dunklen Jahren der Tempelschließung Hoffnung. Als jetzt die Führer des Volks eine Reformation begannen, war eine große Zahl Menschen der Knechtschaft der Sünde müde und bereit, darauf zu reagieren.

Alle, die die Tempelhöfe betraten, um Vergebung zu erlangen und ihren Treueid dem Herrn gegenüber zu erneuern, wurden insbesondere durch die prophetischen Teile der Schrift ermutigt. Die durch Mose vor den Ohren ganz Israels verkündigten ernsten Warnungen vor dem Götzendienst waren begleitet gewesen von Vorhersagen über die Willigkeit Gottes, die zu hören und denen zu vergeben, die Ihn in einer Zeit des Abfalls von ganzem Herzen suchen würden. »Wenn du in der Drangsal bist und dich alle diese Dinge getroffen haben am Ende der Tage, so wirst du zu dem Herrn, deinem Gott, umkehren und seiner Stimme gehorsam sein«, hatte Mose gesagt. »Denn der Herr, dein Gott, ist ein barmherziger Gott; er wird dich nicht verlassen noch verderben; er wird auch den Bund, den er deinen Vätern geschworen hat, nicht vergessen.« 5.Mose 4,30f

In dem prophetischen Gebet bei der Einweihung des Tempels, dessen Dienste von Hiskia und seinen Gefährten jetzt wieder eingerichtet wurden, hatte Salomo gebetet: »Wenn dein Volk Israel vor dem Feind geschlagen wird, weil sie gegen dich gesündigt haben, und sie kehren wieder zu dir um und bekennen deinen Namen, beten und flehen zu dir in diesem Haus, so höre du es im Himmel und vergib die Sünde deines Volkes Israel!« 1. Kö. 8,33.34 Dieses Gebet hatte das Siegel der göttlichen Zustimmung durch das Feuer bekommen, das vom Himmel gefallen war und das Brandopfer und die anderen Opfer verzehrt hatte. Anschließend hatte die Herrlichkeit des Herrn den Tempel erfüllt. vgl. 2. Chr. 7,1 Während der Nacht war der Herr dann Salomo erschienen, um ihm zu sagen, dass sein Gebet erhört worden war und dass den im Tempel Anbetenden Gnade gewährt werden würde. Gnadenvoll sicherte Gott ihm zu: »Wenn dann mein Volk, über dem mein Name ausgerufen ist, sich demütigt und zu mir betet, wenn es meine Gegenwart sucht und von seinen bösen Wegen umkehrt, dann werde ich es vom Himmel her hören, ihre Sünden vergeben und ihr Land heilen.« 2. Chr. 7,14 NeUE

Diese Verheißungen erfüllten sich während der Reformation unter Hiskia in
 überreichem Maß. Dem guten Anfang, der zur Zeit der Tempelrei-

nigung gemacht wurde, folgte eine breitere Bewegung, an der sowohl Israel wie Juda teilnahmen. In seinem Eifer, den Tempeldienst wirklich segensreich für das Volk zu gestalten, beschloss Hiskia, die alte Sitte neu zu beleben, nach der sich alle Israeliten zur Feier des Passafestes versammelten.

Viele Jahre lang war das Passa nicht als Fest des ganzen Volkes befolgt worden. Die Teilung des Königreichs nach dem Ende von Salomos Herrschaft ließ dies undurchführbar erscheinen. Die furchtbaren Gerichte, die über die 10 Stämme hereingebrochen waren, erweckten in den Herzen einiger Menschen eine Sehnsucht nach Besserem. Ebenso hatten die aufrüttelnden Botschaften der Propheten ihre Wirkung. Durch die königlichen Boten erging die Einladung zum Passafest in Jerusalem nah und fern, »von einer Stadt zur andern im Lande Ephraim und Manasse und bis nach Sebulon«. Meistens wurden die Überbringer dieser Einladung zurückgewiesen, denn die Unbußfertigen lehnten sie leichtfertig ab. Dennoch gab es einige, die voller Eifer Gott suchten, um Seinen Willen klarer zu erkennen. Sie »demütigten sich und kamen nach Jerusalem«. 2.Chronik 30,10f Überall in Juda war die Resonanz so, denn über ihnen »wirkte die Hand Gottes, dass er ihnen ein einmütiges Herz gab, das Gebot des Königs und der Obersten zu erfüllen«, 2.Chronik 30,12 – ein Gebot, das mit dem Willen Gottes übereinstimmte, wie Er ihn durch Seine Propheten offenbarte.

Dieses Ereignis war von größtem Nutzen für die vielen versammelten Menschen. Die entweihten Straßen der Stadt wurden von den Anbetungsstätten der Götzen befreit, die während der Herrschaft des Ahas aufgerichtet worden waren. Am festgesetzten Tag wurde das Passa gehalten. Das Volk brachte die Woche damit zu, Friedensopfer zu bringen und zu lernen, was der Wille Gottes für sie war. Täglich lehrten die Leviten die gute Erkenntnis des Herrn, und alle, die sich von Herzen darauf vorbereiteten, Gott zu suchen, fanden Vergebung. Eine große Freude ergriff die anbetende Menge, »Und die Leviten und Priester lobten den Herrn alle Tage mit Instrumenten zum Preis der Macht des Herrn«. 2.Chronik 30,21 Alle waren in dem Wunsch vereint, den Herrn zu preisen, der sich so gütig und gnädig erwiesen hatte.

Die sieben Tage, die das Passafest dauerte, waren nur zu schnell vorüber, und so beschlossen die Anbeter, weitere sieben Tage damit zu verbringen, den Weg des Herrn noch vollständiger zu lernen. Die unterrichtenden Priester setzten ihr Werk der Unterweisung aus den fünf Büchern Mose fort, und täglich versammelte sich das Volk am Tempel, um Gott ihren Lobpreis und Dank zu bringen. Als die große Versammlung sich schließlich ihrem Ende näherte, war es offensichtlich, dass Gott auf wunderbare Weise bei der Bekehrung des abtrünnigen Juda gewirkt hatte und die Flut des Götzendienstes zurückgehalten hatte, die zuvor gedroht hatte, das Königreich zu überschwemmen. Die ernsten

Warnungen der Propheten waren nicht vergeblich gewesen. »Und es war eine große Freude in Jerusalem; denn seit der Zeit Salomos, des Sohnes Davids, des Königs von Israel, war solches in Jerusalem nicht geschehen.« 2.Chronik 30,26

Dann kam die Zeit, dass die Anbeter wieder nach Hause zurückkehrten. »Und die Priester und die Leviten standen auf und segneten das Volk, und ihre Stimme wurde erhört, und ihr Gebet kam in Gottes heilige Wohnung im Himmel.« 2.Chronik 30,27 Gott hatte alle angenommen, die sich mit reumütigen Herzen an Ihn gewandt hatten, ihre Sünden bekannten und um Vergebung und Hilfe baten.

Nun gab es für die Zurückgekehrten zuhause ein wichtiges Werk zu tun, das sie aktiv anpacken mussten. Die Durchführung dieses Werks bewies die Echtheit der durchgeführten Reformation. Der biblische Bericht sagt: »Als dies alles vollendet war, zog ganz Israel, soweit es sich versammelt hatte, in die Städte Judas, und sie zerbrachen die Steinmale und hieben die Bilder der Aschera um und brachen ab die Opferhöhen und Altäre in ganz Juda, Benjamin, Ephraim und Manasse, bis sie alles vernichtet hatten. Und die Kinder Israel zogen alle wieder heim zu ihrem Besitz in ihre Städte.« 2.Chronik 31,1

Hiskia und seine Mitarbeiter führten verschiedene Reformen zur Förderung des geistlichen und zeitlichen Wohls des Königreichs durch. »So handelte Hiskia in ganz Juda, und er tat, was gut, recht und getreu war vor dem Herrn, seinem Gott. Und in all seinem Werk, das er im Dienst des Hauses Gottes und nach dem Gesetz und Gebot unternahm, um seinen Gott zu suchen, handelte er von ganzem Herzen, und so gelang es ihm auch.« 2.Chronik 31,20f

»Er vertraute dem Herrn, dem Gott Israels ... und wich nicht von ihm ab und hielt seine Gebote, die der Herr dem Mose geboten hatte. Und der Herr war mit ihm, und alles, was er sich vornahm, gelang ihm.« 2.Könige 18,5-7

Die Herrschaft Hiskias zeichnete sich durch eine Reihe von Ereignissen aus, bei denen Gott wunderbar eingriff. Sie zeigten den Nachbarvölkern, dass der Gott Israels mit Seinem Volk war. Die Tatsache, dass es den Assyrern zu Beginn von Hiskias Herrschaft gelungen war, Samaria zu erobern und den zerstreuten Überrest der zehn Stämme unter die Völker zu vertreiben, hatte viele dazu gebracht, die Macht des Gottes der Hebräer in Frage zu stellen. Durch ihre Erfolge waren die Bewohner Ninives kühn und frech geworden. Sie hatten schon lange die Botschaft Jonas verworfen und waren in ihrer Gegnerschaft zu den Absichten Gottes trotzig geworden. Wenige Jahre nach dem Fall Samarias erschienen nun die siegreichen Armeen wieder in Palästina, um gegen die Städte Judas vorzugehen. Dabei hatten sie einigen Erfolg, mussten sich jedoch aufgrund von Schwierigkeiten in anderen Teilen ihres Reiches eine Zeitlang zurückziehen. Erst einige Jahre später sollte am Ende der Herrschaft Hiskias vor allen Völkern gezeigt werden, ob die Götter der Heiden schließlich triumphieren sollten.

KAPITEL 29

Die Botschafter aus Babylon

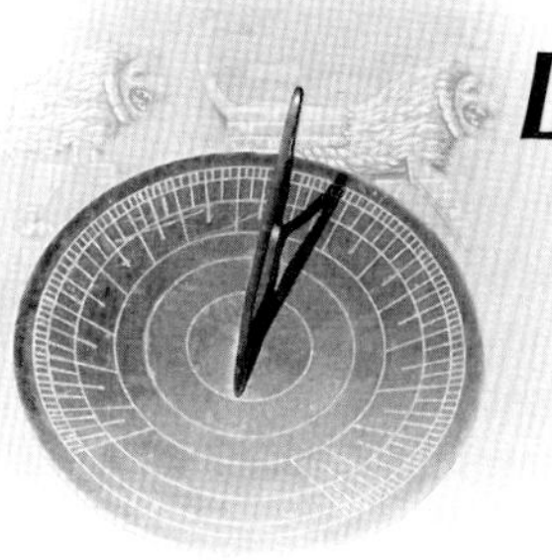

Auf Grundlage des biblischen Berichts

Mitten in seiner erfolgreichen Regierungszeit wurde König Hiskia plötzlich von einer unheilbaren Krankheit befallen. Da er »todkrank« war, lag sein Fall außerhalb der Möglichkeit menschlicher Hilfe. Und auch die letzte Spur von Hoffnung schien zu schwinden, als der Prophet Jesaja mit der Botschaft vor ihm erschien: »So spricht der Herr: Bestelle dein Haus, denn du wirst sterben und nicht am Leben bleiben.« Jesaja 38,1

Die Aussichten schienen völlig finster zu sein. Dennoch konnte der König immer noch zu dem Einen beten, der bis zu diesem Zeitpunkt seine »Zuversicht und Stärke, eine Hilfe in den großen Nöten« Psalm 46,2 gewesen war. Und er »wandte sein Antlitz zur Wand und betete zum Herrn: Ach, Herr, gedenke doch, dass ich vor dir in Treue und mit rechtschaffenem Herzen gewandelt bin und getan habe, was dir wohlgefällt. Und Hiskia weinte sehr.« 2.Könige 20,2f

Seit den Tagen Davids hatte kein König regiert, der sich in einer Zeit des Abfalls und der Entmutigung so sehr für den Aufbau des Reiches Gottes eingesetzt hatte wie Hiskia. Der sterbende Herrscher hatte seinem Gott treu gedient und das Vertrauen seines Volkes in den Herrn als ihren höchsten Herrscher gestärkt, und so konnte er wie David nun beten: »Lass mein Gebet vor dich kommen, neige deine Ohren zu meinem Schreien. Denn meine Seele ist übervoll an Leiden, und mein Leben ist nahe dem Tode.« Psalm 88,3f

»Denn du bist meine Zuversicht, Herr, mein Gott, meine Hoffnung von meiner Jugend an. Auf dich habe ich mich verlassen ... Verlass mich nicht, wenn ich schwach werde ... Gott, sei nicht ferne von mir; mein Gott, eile, mir zu helfen ... Gott, verlass mich nicht ... bis ich deine Macht verkündige Kindeskindern und deine Kraft allen, die noch kommen sollen.« Psalm 71,5.6.9.12.18

Gott, dessen »Barmherzigkeit ... noch kein Ende« Klagelieder 3,22 hat, erhörte das Gebet Seines Dieners. »Als aber Jesaja noch nicht zum mittleren Hof hinausgegangen war, kam des Herrn Wort zu ihm: Kehre um und sage zu Hiskia, dem Fürsten meines Volks: So spricht der Herr, der Gott deines Vaters David: Ich habe dein Gebet gehört und deine Tränen gesehen. Siehe, ich will dich gesund machen – am dritten Tag wirst du hinauf in das Haus des Herrn gehen –, und ich will fünfzehn Jahre zu deinem Leben hinzutun und dich und diese Stadt erretten vor dem König von Assyrien und diese Stadt beschirmen um meinetwillen und um meines Knechtes David willen.« 2.Könige 20,4-6

Froh kehrte der Prophet Jesaja mit diesen Worten der Verheißung und Hoffnung zum König zurück und ordnete an, dass ein »Pflaster von Feigen« 2.Könige 20,7 auf dessen kranke Körperstelle gelegt werden sollte. Zugleich richtete er ihm die Botschaft der Gnade und der schützenden Fürsorge Gottes aus.

Wie Mose im Land Midian, wie Gideon angesichts des himmlischen Boten und wie Elisa kurz vor der Entrückung seines Herrn, so bat auch Hiskia um eine Bestätigung dafür, dass diese Kunde vom Himmel stammte.

»Was ist das Zeichen«, fragte der König den Propheten, »dass mich der Herr gesund machen wird und ich in des Herrn Haus hinaufgehen werde am dritten Tag? Jesaja sprach: Dies Zeichen wirst du vom Herrn haben, dass der Herr tun wird, was er zugesagt hat: Soll der Schatten an der Sonnenuhr zehn Striche vorwärts gehen oder zehn Striche zurückgehen? Hiskia sprach: Es ist leicht, dass der Schatten zehn Striche vorwärts gehe. Das will ich nicht, sondern dass er zehn Striche zurückgehe.« 2.Könige 20,8-10

Nur durch das direkte Eingreifen Gottes konnte der Schatten auf dem Zifferblatt um zehn Striche zurückbewegt werden. Dies sollte das Zeichen für Hiskia sein, dass der Herr sein Gebet erhört hatte. »Da rief der Prophet Jesaja den Herrn an, und der Herr ließ den Schatten an der Sonnenuhr des Ahas zehn Striche zurückgehen, die er vorwärts gegangen war.« 2.Könige 20,11

Wieder zu Kräften gekommen, pries der König von Juda in Liedern die Gnade des Herrn und gelobte, in seiner ihm noch verbleibenden Lebenszeit freudig dem König der Könige dienen zu wollen. Sein dankbares Lob für Gottes mitfühlendes Handeln an ihm begeistert alle, die durch ihr Leben ihren Schöpfer verherrlichen wollen: »Ich sprach: Nun muss ich zu des Totenreiches Pforten fahren in der Mitte meines Lebens, da ich doch gedachte, noch länger zu leben.

Ich sprach: Nun werde ich den Herrn nicht mehr schauen im Lande der Lebendigen, nun werde ich die Menschen nicht mehr sehen mit denen, die auf der Welt sind. Meine Hütte ist abgebrochen und über mir weggenommen wie eines Hirten Zelt. Zu Ende gewebt hab ich mein Leben wie ein Weber; er schneidet mich ab vom Faden. Tag und Nacht gibst du mich preis; bis zum Morgen schreie ich um Hilfe; aber er zerbricht mir alle meine Knochen wie ein Löwe; Tag und Nacht gibst du mich preis. Ich zwitschere wie eine Schwalbe und gurre wie eine Taube. Meine Augen sehen verlangend nach oben: Herr, ich leide Not, tritt für mich ein!

Was soll ich reden und was ihm sagen? Er hat's getan! Entflohen ist all mein Schlaf bei solcher Betrübnis meiner Seele. Herr, lass mich wieder genesen und leben! Siehe, um Trost war mir sehr bange. Du aber hast dich meiner Seele herzlich angenommen, dass sie nicht verdürbe; denn du wirfst alle meine Sünden hinter dich zurück. Denn die Toten loben dich nicht, und der Tod rühmt dich nicht, und die in die Grube fahren, warten nicht auf deine Treue; sondern allein, die da leben, loben dich so wie ich heute. Der Vater macht den Kindern deine Treue kund. Der Herr hat mir geholfen, darum wollen wir singen und spielen, solange wir leben, im Hause des Herrn!« Jesaja 38,10-20

In den fruchtbaren Tälern des Euphrat und des Tigris lebte ein altes Volk. Obwohl es damals Assyrien untertan war, war es dennoch zur Weltherrschaft bestimmt. Unter diesem Volk gab es weise Männer, die dem Studium der Astronomie viel Aufmerksamkeit schenkten. Als sie bemerkten, dass der Schatten an der Sonnenuhr um zehn Striche zurückging, wunderten sie sich sehr. Ihr König Merodach-Baladan erfuhr nun, dass dieses Wunder als Zeichen dafür geschehen war, dass Gott Hiskia, dem König von Juda, eine neue Lebensfrist gewährt habe. Merodach-Baladan schickte daraufhin Gesandte zu Hiskia, um ihn zur Genesung zu beglückwünschen und um mehr über den Gott zu hören, der ein solch großes Wunder tun konnte.

Der Besuch dieser Gesandten bot Hiskia die Gelegenheit, den lebendigen Gott zu rühmen. Wie leicht wäre es für ihn gewesen, ihnen etwas über Gott, den Erhalter alles Geschaffenen, zu erzählen, durch dessen Gunst sein eigenes Leben verschont geblieben war, als alle andere Hoffnung dahin war! Was für bedeutsame Wandlungen hätten wohl eintreten können, wenn diese Wahrheitssucher aus den Ebenen Chaldäas dazu veranlasst worden wären, die Oberherrschaft des lebendigen Gottes anzuerkennen!

Aber Stolz und Eitelkeit nahmen Besitz von Hiskias Herz. Vor lauter Überheblichkeit enthüllte er den gierigen Augen all die Schätze, mit denen Gott sein Volk bereichert hatte. Er »zeigte den Gesandten sein ganzes Schatzhaus, Silber und Gold und Spezerei, kostbare Salben und sein ganzes Zeughaus und alle Schätze, die er hatte. Es gab nichts, was ihnen Hiskia nicht gezeigt hätte in seinem Hause und in seinem ganzen Reich.« Jesaja 39,2 Nicht um Gott zu verherrlichen, tat er dies, sondern um sich selbst in den Augen der fremden Fürsten zu erhöhen. Ihm kam überhaupt nicht der Gedanke, dass diese Männer Vertreter eines mächtigen Volkes waren, deren Herzen weder von Gottesfurcht noch von Gottesliebe erfüllt waren, und dass es unklug war, ihnen anzuvertrauen, über welche irdischen Reichtümer sein Volk verfügte.

Der Besuch der Gesandten bei Hiskia war eine Prüfung seiner Dankbarkeit und Treue. »Als aber die Botschafter der Fürsten von Babel zu ihm gesandt waren, um nach dem Wunder zu fragen, das im Land geschehen war, verließ ihn Gott, um ihn zu versuchen, damit kundwürde alles, was in seinem Herzen war.« 2.Chronik 32,31 Hätte Hiskia diese Gelegenheit genützt, um die Macht, Güte und Barmherzigkeit des Gottes Israels zu bezeugen, so wäre der Bericht der Botschafter wie ein Licht gewesen, das die Dunkelheit durchdringt. Er jedoch verherrlichte sich selbst mehr als den Herrn der Heerscharen.

»Hiskia vergalt nicht nach dem, was ihm geschehen war; denn sein Herz überhob sich.« 2.Chronik 32,25

Wie furchtbar waren die darauf folgenden Resultate! Jesaja wurde gezeigt, dass die heimkehrenden Botschafter einen Bericht über die von ihnen gesehenen Reichtümer mitbrachten. Der König von Babylon und seine Ratgeber würden den Plan fassen, ihr eigenes Land mit den Reichtümern Jerusalems zu bereichern. Hiskia hatte schwer gesündigt. »Darum kam der Zorn über ihn und über Juda und Jerusalem.« 2.Chronik 32,25

»Da kam der Prophet Jesaja zum König Hiskia und sprach zu ihm: Was sagen diese Männer, und von woher kommen sie zu dir? Hiskia sprach: Sie kommen aus fernem Lande zu mir, nämlich aus Babel. Er aber sprach: Was haben sie in deinem Hause gesehen? Hiskia sprach: Alles, was in meinem Hause ist, haben sie gesehen, und es gibt nichts, das ich ihnen nicht gezeigt hätte von meinen Schätzen.« Jesaja 39,3f

»Und Jesaja sprach zu Hiskia: Höre das Wort des Herrn Zebaoth: Siehe, es kommt die Zeit, dass alles, was in deinem Hause ist und was deine Väter gesammelt haben bis auf diesen Tag, nach Babel gebracht werden wird, so dass nichts zurückbleibt, spricht der Herr. Dazu werden sie von deinen Söhnen ... die du zeugen wirst, einige nehmen, dass sie Kämmerer werden müssen am Hofe des Königs von Babel. Und Hiskia sprach zu Jesaja: Das Wort des Herrn ist gut, das du sagst.« Jesaja 39,5-8

Von Gewissensbissen geplagt, »demütigte sich Hiskia darüber, dass sein Herz sich überhoben hatte, samt denen in Jerusalem. Darum kam der Zorn des Herrn nicht mehr über sie, solange Hiskia lebte.« 2.Chronik 32,26 Die böse Saat war jedoch gesät und sollte mit der Zeit eine Ernte der Zerstörung und des Leides hervorbringen. In seinen letzten Jahren wurde der König Judas sehr reich, weil er an seiner Absicht festhielt, die Sünden der Vergangenheit wiedergutzumachen und den Gott, dem er diente, zu ehren. Dennoch wurde sein Glauben schwer geprüft, damit er lernte, dass er nur dann, wenn er dem Herrn vollkommen vertraute, hoffen konnte über die Mächte der Finsternis zu triumphieren, die seinen Untergang und die völlige Vernichtung seines Volkes planten.

Die Geschichte von Hiskias Versagen, seine Verantwortung beim Besuch der Gesandten treu zu erfüllen, ist eine wichtige Lektion für alle. Wir müssen weit mehr, als wir es bisher getan haben, von unseren kostbaren Erfahrungen der

 Vergangenheit, von der Gnade und der liebevollen Fürsorge

Gottes und von der unvergleichlich tiefen Liebe unseres Heilands sprechen. Wenn Herz und Verstand von der Liebe Gottes erfüllt sind, wird es leicht sein, das weiter zu erzählen, was das geistliche Leben voranbringt. Großartige Gedanken, edles Streben, ein klares Verständnis der Wahrheit selbstlose Absichten und die Sehnsucht nach Frömmigkeit und Heiligkeit werden in Worten Ausdruck finden, die den Charakter der Schätze unseres Herzens offenbaren.

Diejenigen, mit denen wir Tag für Tag zusammen sind, brauchen unsere Hilfe und Führung. Sie befinden sich vielleicht gerade in einem solchen Seelenzustand, dass ein Wort zur rechten Zeit wie ein »Pflock, der an dem festen Ort eingeschlagen war«. Jesaja 22,25 Morgen schon können diese Menschen an einem Ort oder in einem Zustand sein, dass wir sie niemals mehr erreichen können. Welchen Einfluss üben wir auf diese Weggefährten aus?

Jeder Tag unseres Lebens ist erfüllt von Verantwortungen, die wir zu tragen haben. Jeden Tag machen unsere Worte und Handlungen einen Eindruck auf die Menschen, mit denen wir zusammen sind. Wie wichtig ist es also, dass wir sorgfältig auf unsere Lippen und unsere Schritte achten! Eine leichtfertige Handlung, ein unüberlegter Schritt, und schon mag die tosende Woge einer Versuchung einen Menschen hinwegspülen und auf den Weg zum Verderben bringen. Wir können die Gedanken, die wir in die Herzen anderer gesät haben, nicht wieder einsammeln. Schlechte Gedanken haben vielleicht eine Kette von Ereignissen, eine Flut des Bösen, in Bewegung gesetzt, die wir nicht aufhalten können.

Andererseits geben wir den Menschen, wenn wir ihnen durch unser Beispiel bei der Entwicklung guter Grundsätze helfen, die Kraft, Gutes zu tun. Diese wiederum üben denselben segensreichen Einfluss über andere aus. So üben wir auf Hunderte und Tausende unbewusst einen positiven Einfluss aus. Der wahre Nachfolger Christi stärkt die guten Absichten all derer, mit denen er in Berührung kommt. Damit offenbart er einer ungläubigen, sündenliebenden Welt die Macht der göttlichen Gnade und die Vollkommenheit Seines Charakters.

KAPITEL **30**

BEFREIUNG VON DEN ASSYRERN

Auf Grundlage des biblischen Berichts

Als die Scharen der Assyrer zahlreich in das Land Juda einfielen, schien nichts Jerusalem noch vor der völligen Zerstörung retten zu können. In dieser schwierigen Zeit nationaler Bedrohung sammelte Hiskia die Scharen seines Reichs hinter sich, damit sie mit nicht erlahmendem Mut ihren heidnischen Bedrängern widerstanden und der Macht des Herrn vertrauten, sie zu befreien. »Seid getrost und unverzagt, fürchtet euch nicht und verzaget nicht vor dem König von Assur noch vor dem ganzen Heer, das bei ihm ist«, ermahnte Hiskia die Männer Judas; »denn mit uns ist ein Größerer als mit ihm. Mit ihm ist ein fleischlicher Arm, mit uns aber ist der Herr, unser Gott, dass er uns helfe und führe unsern Streit.« 2.Chronik 32,7f

Hiskia sprach nicht grundlos von diesem sicheren Ergebnis. Der prahlerische Assyrer, der von Gott eine Zeitlang als Zuchtrute seines Zorns zur Bestrafung der anderen Völker eingesetzt worden war, sollte nicht immer die Oberhand behalten. »Fürchte dich nicht ... vor Assur«, so hatte einige Jahre zuvor die Botschaft Gottes durch Jesaja an die Bewohner Zions gelautet. »Denn es ist nur noch eine kleine Weile ... Alsdann wird der Herr Zebaoth eine Geißel über ihn schwingen wie in der Schlacht Midians am Rabenfelsen und wird seinen Stab, den er am Meer brauchte, aufheben wie in Ägypten. Zu der Zeit wird seine Last von deiner Schulter weichen müssen und sein Joch von deinem Halse.« Jesaja 10,24-27

In einer anderen prophetischen Botschaft aus dem Todesjahr des Königs Ahas erklärte der Prophet Jesaja: »Der Herr der Heerscharen hat geschworen und gesagt: Fürwahr, es soll geschehen, wie ich es mir vorgenommen habe: ... Ich will den Assyrer zerschmettern in meinem Land, und ich will ihn zertreten auf meinen Bergen; so wird sein Joch von ihnen genommen werden und seine Last von ihren Schultern fallen. Das ist der Ratschluß, der beschlossen ist über die ganze Erde, und dies ist die Hand, die ausgestreckt ist über alle Völker! Denn der Herr der Heerscharen hat es beschlossen – wer will es vereiteln? Seine Hand ist ausgestreckt – wer will sie abwenden?« Jesaja 14,24-27 Die Macht des Unterdrückers sollte gebrochen werden. Dennoch hatte Hiskia in den ersten Jahren seiner Herrschaft weiterhin in Übereinstimmung mit der von König Ahas getroffenen Abmachung Tribut an Assyrien bezahlt. Inzwischen hatte sich der König »mit seinen Obersten und Kriegshelden« beraten und alles Menschenmögliche für die Verteidigung seines Reichs getan. Er stellte sicher, dass sich reichlich Wasser innerhalb der Mauern Jerusalems befand, während es außerhalb der Stadt knapp war. »Hiskia ging auch entschlossen daran, die Stadtmauer wieder instand zu setzen, die Risse bekommen hatte, und ihre Türme zu erhöhen; ebenso die andere Mauer draußen. Außerdem befestigte er den Stadtwall der Davidsstadt und ließ eine Menge Wurfgeschosse und Schilde anfertigen. Er setzte Hauptleute über das Volk ein.« 2.Chronik 32,3.5f NeÜ Nichts war unterlassen worden, was zur Vorbereitung einer Belagerung getan werden konnte.

Als Hiskia den Thron Judas bestieg, hatten die Assyrer bereits eine große Anzahl der Israeliten aus dem Nordreich weggeführt. Nur wenige Jahre nach seinem Herrschaftsantritt, als er noch immer dabei war, die Verteidigungsanlagen Jerusalems zu verstärken, hatten die Assyrer Samaria belagert und eingenommen und die zehn Stämme über die vielen Provinzen des assyrischen Großreichs verstreut. Die Grenzen Judas waren nur wenige Kilometer weiter, Jerusalem selbst lag nur etwas 80 Kilometer davon entfernt. Die reiche Beute, die man im Tempel finden konnte, würde den Feind geradezu einladen zurückzukehren.

Der König Judas hatte sich entschlossen, seinen Teil bei der Vorbereitung auf den Feind zu tun, um ihm widerstehen zu können. Nachdem er alles getan hatte, was menschlicher Einfallsreichtum und Energie bewerkstelligen konnten, hatte er seine Streitkräfte versammelt und sie ermutigt, guten Mutes zu sein. »Der Heilige Israels ist groß bei dir«, Jesaja 12,6 so hatte die Botschaft des Propheten Jesaja an Juda gelautet. Nun erklärte der König Judas mit unerschütterlichem Glauben: »Mit uns aber ist der Herr, unser Gott, dass er uns helfe und führe unsern Streit.« 2.Chronik 32,8b Es gibt nichts, was den Glauben schneller belebt als seine Ausübung. Der König Judas hatte sich für den kommenden Sturm vorbereitet und verließ sich nun von ganzem Herzen im ruhigen Glauben auf Gott, dass sich die Prophezeiung über die Assyrer erfüllen würde. »Und das Volk verließ sich auf die Worte Hiskias, des Königs von Juda.« 2.Chronik 32,8

Auch wenn die Armeen, die gerade erst die bedeutendsten Völker der Erde im Kampf besiegt hatten und eben erst über Samaria triumphiert hatten, sich nun gegen Juda wenden würden; auch wenn sie sich brüsten sollten: »Wie meine Hand gefunden hat die Königreiche der Götzen, obwohl ihre Götzen mehr waren, als die zu Jerusalem und Samaria sind: sollte ich nicht Jerusalem tun und seinen Götzen, wie ich Samaria und seinen Götzen getan habe?«, Jesaja 10,10f so hatte Juda doch nichts zu befürchten, denn sie hatten ihr Vertrauen in ihren Gott gesetzt.

Schließlich kam die lange erwartete Krise. Die von Sieg zu Sieg eilenden Streitkräfte Assyriens erschienen in Juda. Siegesbewusst teilten die Generäle ihre Streitkräfte in zwei Armeen: Während sich die eine von ihnen nach Süden gegen das Heer Ägyptens wandte und die andere Jerusalem belagern sollte.

Judas einzige Hoffnung ruhte nun auf Gott: Sie waren von jeder Hilfsleistung abgeschnitten, die Ägypten hätte bringen können, und von den anderen Völkern war keines nahe genug, um helfen zu können.

Die assyrischen Offiziere, die sich der Macht ihres wohldisziplinierten Heeres sicher waren, arrangierten eine Konferenz mit den Regierungsvertretern Judas, in deren Verlauf sie auf unverschämte Weise die Übergabe der Stadt verlangten. Diese Forderung war nicht alles: Außerdem beschimpften sie den Gott der Hebräer auf lästerliche Weise. Weil sowohl Israel als auch Juda schwach und abgefallen waren, wurde der Name Gottes unter den Völkern nicht länger gefürchtet, sondern war zum Objekt ständigen Spotts geworden: »Mein Name wird immer den ganzen Tag gelästert.« Jesaja 52,5 »Sagt doch dem König Hiskia«, sprach der Rabschake, einer der obersten Beamten Sanheribs: »So spricht der große König, der König von Assyrien: Was ist das für ein Vertrauen, das du da hast? Meinst du, bloße Worte seien schon Rat und Macht zum Kämpfen? Auf wen verlässt du dich denn, dass du von mir abtrünnig geworden bist?« 2.Könige 18,19f

Die Offiziere verhandelten zwar außerhalb der Stadttore, aber doch in Hörweite der Wächter auf der Mauer. Als die Vertreter des assyrischen Königs den Regierungsvertretern Judas lautstark ihre Vorschläge aufdrängten, baten diese sie, doch auf Syrisch mit ihnen zu sprechen und nicht auf Hebräisch, weil die Menschen auf der Mauer nicht verstehen sollten, was in dieser Konferenz verhandelt wurde. Der Rabschake, der diesen Vorschlag voller Verachtung ablehnte, sprach daraufhin noch lauter und sagte auf Hebräisch: »Hört die Worte des großen Königs, des Königs von Assyrien! So spricht der König: lasst euch von Hiskia nicht betrügen; denn er kann euch nicht erretten. Und lasst euch von Hiskia nicht vertrösten auf den Herrn, wenn er sagt: Der Herr wird uns erretten, und diese Stadt wird nicht in die Hand des Königs von Assyrien gegeben werden. Hört nicht auf Hiskia! Denn so spricht der König von Assyrien: Schließt Freundschaft mit mir und kommt zu mir heraus, so soll ein jeder von euch von seinem Weinstock und von seinem Feigenbaum essen und aus seinem Brunnen trinken, bis ich komme und hole euch in ein Land, das wie euer Land ist, ein Land, darin Korn und Wein ist, ein Land, darin Brot und Weinberge sind. Lasst euch von Hiskia nicht bereden, wenn er sagt: Der Herr wird uns erretten! Haben etwa die Götter der andern Völker ihr Land errettet aus der Hand des Königs von Assyrien? Wo sind die Götter von Hamath und Arpad? Wo sind die Götter

 von Sepharwajim? Und wo sind die Götter des Landes Samarien? Haben sie Samaria errettet aus meiner Hand? Welcher unter allen Göttern dieser Länder hat sein Land errettet aus meiner Hand, dass allein der Herr Jerusalem erretten sollte aus meiner Hand?« Jesaja 36,13-20 Auf diese Schmähungen schwiegen sie »aber still und antworteten ihm nichts«. Jesaja 36,21 Die Verhandlung war beendet. Die judäischen Abgeordneten kamen »mit zerrissenen Kleidern zu Hiskia und sagten ihm die Worte des Rabschake an«. Jesaja 36,22 Als der König die gotteslästerliche Herausforderung vernahm, »zerriss er seine Kleider und legte einen Sack an und ging in das Haus des Herrn«. 2.Könige 19,1

Ein Bote wurde zu Jesaja geschickt, um ihn über das Ergebnis der Verhandlungen zu informieren. Der König ließ ihm ausrichten: »Das ist ein Tag der Not, der Strafe und der Schmach. »Vielleicht hört der Herr, dein Gott, alle Worte des Rabschake, den sein Herr, der König von Assyrien, gesandt hat, um hohnzusprechen dem lebendigen Gott, und straft die Worte, die der Herr, dein Gott, gehört hat. So erhebe dein Gebet für die Übriggebliebenen, die noch vorhanden sind.« 2.Könige 19,3f »Der König Hiskia und der Prophet Jesaja, der Sohn des Amoz, beteten gegen solche Lästerung und schrien gen Himmel.« 2.Chronik 32,20

Gott beantwortete das Gebet Seiner Diener. Jesaja wurde die Botschaft gegeben: »So spricht der Herr: Fürchte dich nicht vor den Worten, die du gehört hast, mit denen mich die Knechte des Königs von Assyrien gelästert haben. Siehe, ich will einen Geist über ihn bringen, dass er ein Gerücht hören und in sein Land zurückziehen wird, und will ihn durchs Schwert fällen in seinem Lande.« 2.Könige 19,6f Als sie die Regierungsvertreter Judas verlassen hatten, erstatteten die assyrischen Vertreter ihrem König Bericht, der mit seiner Heeresgruppe die Annäherung des ägyptischen Heeres bewachte. Als er den Bericht gehört hatte, schrieb er »einen Brief, um dem Herrn, dem Gott Israels, hohnzusprechen, und redete gegen ihn: Wie die Götter der Völker in den Ländern ihr Volk nicht aus meiner Hand errettet haben, so wird auch der Gott Hiskias sein Volk nicht erretten aus meiner Hand.« 2.Chronik 32,17 Die prahlerische Drohung wurde von der Botschaft begleitet: »Lass dich von deinem Gott nicht betrügen, auf den du dich verlässt und sprichst: Jerusalem wird nicht in die Hand des Königs von Assyrien gegeben werden. Siehe, du hast gehört, was die Könige von Assyrien allen Ländern getan haben, dass sie den Bann an ihnen vollstreckten, und du allein solltest errettet werden? Haben die Götter der Völker, die von meinen Vätern vernichtet sind, sie errettet: Gosan, Haran, Rezeph und die Leute von Eden, die zu Telassar waren? Wo ist der König von Hamath, der König von Arpad und der König der Stadt Sepharwajim, von Hena und Iwwa?« 2.Könige 19,10-13

Als der König Judas diesen höhnischen Brief gelesen hatte, brachte er ihn in den Tempel und »breitete ihn aus vor dem Herrn und betete« 2.Könige 19,14f Voller Glauben bat er um Hilfe vom Himmel, damit die Völker der

Erde erkennen sollten, dass der Gott der Hebräer noch immer lebte und regierte. Gottes Ehre stand auf dem Spiel, und Er allein konnte die Befreiung bewirken.

Hiskia betete: »Herr, Gott Israels, der du über den Cherubim thronst, du bist allein Gott über alle Königreiche auf Erden, du hast Himmel und Erde gemacht. Herr, neige deine Ohren und höre, tu deine Augen auf und sieh und höre die Worte Sanheribs, der hergesandt hat, um dem lebendigen Gott hohnzusprechen. Es ist wahr, Herr, die Könige von Assyrien haben die Völker mit dem Schwert umgebracht und ihre Länder verwüstet und haben ihre Götter ins Feuer geworfen, denn es waren nicht Götter, sondern Werk von Menschenhänden, Holz und Stein; darum haben sie sie vertilgt. Nun aber, Herr, unser Gott, errette uns aus seiner Hand, damit alle Königreiche auf Erden erkennen, dass du, Herr, allein Gott bist!« 2.Könige 19,15-19 »Du Hirte Israels, höre, der du Joseph hütest wie Schafe! Erscheine, der du thronst über den Cherubim, vor Ephraim, Benjamin und Manasse! Erwecke deine Kraft und komm uns zu Hilfe! Gott, tröste uns wieder und lass leuchten dein Antlitz, so genesen wir. Herr, Gott Zebaoth, wie lange willst du zürnen, während dein Volk zu dir betet? Du speisest sie mit Tränenbrot und tränkest sie mit einem großen Krug voll Tränen. Du lässest unsre Nachbarn sich um uns streiten, und unsre Feinde verspotten uns. Gott Zebaoth, tröste uns wieder; lass leuchten dein Antlitz, so genesen wir.

Du hast einen Weinstock aus Ägypten geholt, hast vertrieben die Völker und ihn eingepflanzt. Du hast vor ihm Raum gemacht und hast ihn lassen einwurzeln, dass er das Land erfüllt hat. Berge sind mit seinem Schatten bedeckt und mit seinen Reben die Zedern Gottes. Du hast seine Ranken ausgebreitet bis an das Meer und seine Zweige bis an den Strom. Warum hast du denn seine Mauer zerbrochen, dass jeder seine Früchte abreißt, der vorübergeht? Es haben ihn zerwühlt die wilden Säue und die Tiere des Feldes ihn abgeweidet. Gott Zebaoth, wende dich doch! Schaue vom Himmel und sieh darein, nimm dich dieses Weinstocks an! Schütze doch, was deine Rechte gepflanzt hat, den Sohn, den du dir großgezogen hast! ... Lass uns leben, so wollen wir deinen Namen anrufen. Herr, Gott Zebaoth, tröste uns wieder; lass leuchten dein Antlitz, so genesen wir.« Psalm 80,2-16.19f

Hiskias Bitten für Juda und die Ehre seines höchsten Herrschers stimmten mit den Absichten Gottes überein. Salomo hatte in seinen Segenswünschen bei der Tempeleinweihung gebetet, Gott möge die Sache Seines Volkes Israel vertreten, »damit er Recht schaffe seinem Knecht und seinem Volk Israel alle Tage, damit alle Völker auf Erden erkennen, dass der Herr Gott ist, und sonst keiner mehr«. 1.Könige 8,59f Dieses Wohlwollen sollte der Herr ganz besonders in Zeiten des Krieges oder der Unterdrückung durch feindliche Armeen zeigen, wenn die Fürsten Israels das Gebetshaus betreten und um Befreiung bitten würden. 1.Könige 8,33f Hiskia wurde nicht ohne Hoffnung gelassen. Jesaja ließ ihm ausrichten: »So spricht der Herr, der Gott Israels: Was du zu mir gebetet hast um Sanheribs willen, des Königs von Assyrien, das habe ich gehört. Das ist's, was der Herr über ihn geredet hat: Die Jungfrau, die Tochter Zion, verachtet dich und spottet deiner. Die Tochter Jerusalem schüttelt ihr Haupt hinter dir her. Wen hast du gehöhnt und gelästert? Über wen hast du deine Stimme erhoben? Du hast deine Augen erhoben wider den Heiligen Israels! Du hast den Herrn durch deine Boten verhöhnt und gesagt: Ich bin mit der Menge meiner Wagen auf die Höhen der Berge gestiegen, in den innersten Libanon. Ich habe seine hohen Zedern und auserlesenen Zypressen abgehauen und bin gekommen bis zur äußersten Herberge darin im dichtesten Walde. Ich habe gegraben und getrunken die fremden Wasser und werde austrocknen mit meinen Fußsohlen alle Flüsse Ägyptens. – Hast du nicht gehört, dass ich es lange zuvor bereitet und von Anfang an geplant habe? Nun aber habe ich's kommen lassen, dass du feste Städte zerstörtest zu wüsten Steinhaufen. Und die darin wohnen, wurden ohne Kraft und fürchteten sich und wurden zuschanden. Sie wurden wie das Gras auf dem Felde und wie das grüne Kraut, wie das Gras auf den Dächern, das verdorrt, ehe es reif wird. Ich weiß von deinem Aufstehen und Sitzen, deinem Ausziehen und Einziehen, und dass du tobst gegen mich. Weil du denn gegen mich tobst und dein Übermut vor meine Ohren gekommen ist, so will ich dir meinen Ring in deine Nase legen und meinen Zaum in dein Maul und will dich den Weg wieder zurückführen, den du hergekommen bist.« 2.Könige 19,20-28

Das Land Juda war durch die Belagerungsarmee verwüstet worden, aber Gott hatte versprochen, wunderbar für die Nöte Seines Volkes zu sorgen. Hiskia erhielt die Botschaft: »Das sei dir, Hiskia, ein Zeichen: In diesem Jahr iss, was von selber nachwächst, im nächsten Jahr, was auch dann noch wächst, im dritten Jahr sät und erntet und pflanzt Weinberge und esst ihre Früchte. Und was vom Hause Juda errettet und übrig geblieben ist, wird von neuem nach unten Wurzeln schlagen und oben Frucht tragen. Denn von Jerusalem werden ausgehen, die übrig geblieben sind, und die Erretteten vom Berge Zion. Der Eifer des Herrn Zebaoth wird solches tun. Darum spricht der Herr über den König von Assyrien: Er soll nicht in diese Stadt kommen und keinen Pfeil hineinschießen und mit keinem Schild davorkommen und soll keinen Wall gegen sie aufschütten, sondern er soll den Weg wieder zurückziehen, den er gekommen ist, und soll in diese Stadt nicht kommen; der Herr sagt's. Und ich will diese Stadt beschirmen, dass ich sie errette um meinetwillen und um meines Knechtes David willen.« 2.Könige 19,29-34

Noch in derselben Nacht kam die Rettung; denn es »fuhr aus der Engel des Herrn und schlug im Lager von Assyrien hundertfünfundachtzigtausend Mann«. 2.Könige 19,35 »Der vertilgte alle Kriegsleute und Obersten und Hauptleute im Lager des Königs von Assur.« 2.Chronik 32,21

Die Nachricht von diesem furchtbaren Gericht über die Armee, die ausgesandt worden war, um Jerusalem einzunehmen, erreichte bald auch Sanherib, der noch immer den ägyptischen Vormarsch nach Judäa überwachte. Voller Furcht beeilte er sich bei seiner Rückkehr, so »dass er mit Schanden wieder in sein Land zog«. 2.Chronik 32,21 Seine Herrschaft fand jedoch ein schnelles Ende. In Übereinstimmung mit der Prophezeiung über sein plötzliches Ende wurde er von seinen eigenen Söhnen umgebracht. »Und sein Sohn Asar-Haddon wurde König an seiner Statt.« Jesaja 37,38

Der Gott der Hebräer war Sieger geblieben über den stolzen Assyrer. Die Ehre des Herrn wurde vor den Augen der umliegenden Völker wiederhergestellt. In Jerusalem waren die Herzen des Volkes mit heiliger Freude erfüllt. Ihre ernsten Bitten waren von Sündenbekenntnissen und vielen Tränen begleitet gewesen. In ihrer großen Not hatten sie sich ganz auf die Macht Gottes verlassen, sie zu erretten – und Er hatte sie nicht enttäuscht. Nun erschallten in den Tempelhöfen die feierlichen Loblieder. »Gott gab sich zu erkennen in Juda, sein Name ist groß in Israel. Sein Zelt erstand in Salem, seine Wohnung auf dem Zion. Dort zerbrach er die blitzenden Pfeile des Bogens, Schild und Schwert, die Waffen des Krieges. Du bist furchtbar und herrlich, mehr als die ewigen Berge. Ausgeplündert sind die tapferen Streiter, sie sinken hin in den Schlaf; allen Helden versagen die Hände. Wenn du drohst, Gott Jakobs, erstarren Rosse und Wagen. Furchtbar bist du. Wer kann bestehen vor dir, vor der Gewalt deines Zornes? Vom Himmel her machst du das Urteil bekannt; Furcht packt die Erde, und sie verstummt, wenn Gott sich erhebt zum Gericht, um allen Gebeugten auf der Erde zu helfen. Denn auch der Mensch voll Trotz muss dich preisen und der Rest der Völker dich feiern. Legt Gelübde ab und erfüllt sie dem Herrn, eurem Gott! Ihr alle ringsum, bringt Gaben ihm, den ihr fürchtet. Er nimmt den Fürsten den Mut; Furcht erregend ist er für die Könige der Erde.« Psalm 76, 2-13

Der Aufstieg und Fall des assyrischen Reichs ist reich an Lektionen für die Völker, die heute auf der Erde leben. Das inspirierte Wort verglich die Herrlichkeit Assyriens auf der Höhe ihres Wohlstands mit einem edlen Baum im Garten Gottes, der alle anderen Bäume der Umgebung überragte. Der Ausspruch Gottes über den Pharao kann auch auf Assur angewendet werden: Er verglich ihn mit »einem Zedernbaum auf dem Libanon, mit schönen Ästen und dichtem Laub und sehr hoch, so dass sein Wipfel in die Wolken ragte ... Unter seinem Schatten wohnten alle großen Völker. Er war schön geworden in seiner Größe mit seinen langen Ästen; denn seine Wurzeln hatten viel Wasser. So war ihm kein Zedernbaum gleich in Gottes Garten, und die Zypressen waren seinen Ästen nicht zu vergleichen, und die Platanen waren nichts gegen seine

Zweige. Ja, er war so schön wie kein Baum im Garten Gottes

…, dass ihn alle Bäume von Eden im Garten Gottes beneideten.« Hesekiel 31,3-9 Anstatt jedoch ihre ungewöhnlichen Segnungen zum Wohl der Menschheit zu gebrauchen, wurden sie zur Geißel vieler Länder. Ohne einen Gedanken an Gott oder ihre Mitmenschen zu verschwenden, folgten sie erbarmungslos der von ihnen festgelegten Politik, alle Völker zur Anerkennung der Überlegenheit der Götter Ninives zu zwingen, die sie über den Allerhöchsten setzten. Gott hatte Jona mit einer Warnungsbotschaft zu ihnen geschickt, und eine gewisse Zeit hatten sie sich vor dem Herrn der Heerscharen gedemütigt und Ihn um Vergebung gebeten. Nur zu bald jedoch wandten sie sich wieder der Götzenanbetung und ihrem Streben nach Weltherrschaft zu.

Der Prophet Nahum rief in seiner Anklage gegen die Bösewichte Ninives aus: »Weh der mörderischen Stadt, die voll Lügen und Räuberei ist und von ihrem Rauben nicht lassen will! Denn da wird man hören die Peitschen knallen und die Räder rasseln und die Rosse jagen und die Wagen rollen. Reiter rücken herauf mit glänzenden Schwertern und blitzenden Spießen. Da liegen viele Erschlagene … Siehe, ich will an dich, spricht der Herr Zebaoth.« Nahum 3,1-5 Noch immer führt der Unendliche mit unfehlbarer Genauigkeit über die Völker Buch.

Solange Er Seine Gnade anbietet und zur Umkehr aufruft, bleibt dieses Konto noch offen. Wenn aber die Zahlen eine von Gott festgelegte Grenze überschreiten, bricht Sein Zorn los. Das Konto ist geschlossen, die göttliche Geduld an ihr Ende gekommen und die Gnade bittet nicht länger zu ihren Gunsten.

»Der HERR ist geduldig und von großer Kraft, vor dem niemand unschuldig ist. Er ist der HERR, dessen Weg in Wetter und Sturm ist; Wolken sind der Staub unter seinen Füßen. Er schilt das Meer und macht es trocken; alle Wasser lässt er versiegen. Baschan und Karmel verschmachten, und was auf dem Berge Libanon blüht, verwelkt. Die Berge erzittern vor ihm, und die Hügel zergehen; das Erdreich bebt vor ihm, der Erdkreis und alle, die darauf wohnen. Wer kann vor seinem Zorn bestehen, und wer kann vor seinem Grimm bleiben? Sein Zorn brennt wie Feuer, und die Felsen zerspringen vor ihm.« Nahum 1,3-6

So geschah es, dass Ninive, »die fröhliche Stadt, die so sicher wohnte und in ihrem Herzen sprach: ‚Ich bin's, und sonst keine mehr'…, wüst geworden« Zephanja 2,15 ist, »verheert und geplündert … die Wohnung der Löwen und die Höhle der jungen Löwen, wo der Löwe und die Löwin mit den jungen Löwen herumliefen, und niemand wagte sie zu scheuchen«. Nahum 2,11f

Vorausschauend auf die Zeit, wenn der Stolz Assyriens erniedrigt werden sollte, prophezeite Zefanja über Ninive »dass Herden sich darin lagern werden, allerlei Tiere des Feldes. Auch Rohrdommeln und Eulen werden wohnen in ihren Säulenknäufen, das Käuzchen wird im Fenster schreien und auf der Schwelle der Rabe.« Zephanja 2,14

Groß war die Herrlichkeit Assyriens und tief sein Fall. Der Prophet Hesekiel führte das Bild vom edlen Zedernbaum weiter aus und kündigte den Sturz Assyriens als Gottes Strafe für Stolz und Grausamkeit wie folgt an: »Darum – so spricht Gott der Herr: Weil ... sein Wipfel bis in die Wolken ragte, und weil sein Herz sich erhob, da er so hoch geworden war, darum gab ich ihn dem Mächtigsten unter den Völkern in die Hände, dass der mit ihm umginge, wie er verdient hat mit seinem gottlosen Tun, und ihn vertriebe. Fremde hieben ihn um, die Gewalttätigsten unter den Völkern, und ließen ihn liegen. Seine Äste fielen auf die Berge und in alle Täler, und seine Zweige lagen zerbrochen an allen Bächen im Lande, so dass alle Völker auf Erden wegziehen mussten und ihn liegen ließen ... Alle Vögel des Himmels saßen auf seinem gefällten Stamm, und alle Tiere des Feldes legten sich auf seine Äste, damit sich fortan kein Baum am Wasser wegen seiner Höhe überhebe ... So spricht Gott der Herr: An dem Tage, an dem er hinunter zu den Toten fuhr, da ließ ich die Fluten der Tiefe um ihn trauern ... dass alle Bäume auf dem Felde um seinetwillen verdorrten. Ich erschreckte die Völker, als sie ihn fallen hörten.« Hesekiel 31,10-16

Assyriens Hochmut und Fall sollen als Anschauungsunterricht für die Endzeit dienen. Auch heute fragt Gott die Völker der Erde, die sich in Überheblichkeit und Stolz gegen ihn zusammenschließen: »Wem bist du gleich, Pharao, mit deiner Pracht und Herrlichkeit unter den Bäumen von Eden? Und du musst mit den Bäumen von Eden unter die Erde hinabfahren.« Hesekiel 31,18 »Der Herr ist gütig und eine Feste zur Zeit der Not und kennt die, die auf ihn trauen. Er schirmt sie, wenn die Flut überläuft. Er macht ein Ende mit seinen Widersachern«, Nahum 1,7f mit all denen, die sich über den Höchsten erheben wollen.

»Der Hochmut Assyriens wird gebrochen und die Herrschaft Ägyptens beendet werden.« Sacharja 10,11 NL Das gilt nicht nur für die Völker, die sich damals gegen Gott erhoben haben, sondern auch denen, die heute den Zielen Gottes im Weg stehen. Wenn der gerechte Richter am Tag der Endabrechnung die Völker der ganzen Erde richten vgl. Jesaja 30,28 und alle jene, die an der Wahrheit festgehalten haben, einladen wird, in die Stadt Gottes einzugehen, dann werden die Himmelsgewölbe widerhallen von den Triumphgesängen der Erlösten. »Da werdet ihr singen wie in der Nacht des heiligen Festes und euch von Herzen freuen, wie wenn man mit Flötenspiel geht zum Berge des Herrn, zum Hort Israels. Und der Herr wird seine herrliche Stimme erschallen lassen ... Da wird Assur erschrecken vor der Stimme des Herrn, der ihn schlägt mit dem Stock. Jedesmal, wenn ein Schlag daherfährt, wird der Stock zur Zuchtrute, die der Herr auf ihn niedersausen lässt; und so bekämpft er ihn, dass er ihn als Opfer schwingt unter Pauken und Zitherspiel.« Jesaja 30,29-32

KAPITEL 31

HOFFNUNG FÜR DIE HEIDEN

Auf Grundlage des biblischen Berichts

Während seines Dienstes legte Jesaja ein klares Zeugnis über Gottes Absicht mit den Heiden ab. Andere Propheten erwähnten den göttlichen Plan ebenfalls, aber ihre Sprache wurde nicht immer verstanden. Jesaja aber wurde es gegeben, Juda die Wahrheit zu verdeutlichen, dass nicht nur die Nachkommen Abrahams nach dem Fleisch zu Israel zählten, sondern auch noch viele andere. Diese Lehre stimmte nicht mit der Theologie seiner Zeit überein. Dennoch verkündete Jesaja furchtlos die ihm von Gott gegebenen Botschaften und brachte vielen sehnsüchtigen Herzen Hoffnung, die sich nach den geistlichen Segnungen sehnten, die den Nachkommen Abrahams versprochen worden waren.

Im Römerbrief lenkt der Heidenapostel unsere Aufmerksamkeit auf gerade dieses Merkmal der Lehre Jesajas. So sagt er: »Jesaja aber wagt es und sagt: ‚Ich bin gefunden von denen, die mich nicht gesucht haben, und ich bin erschienen denen, die nicht nach mir gefragt haben.'« Römer 10,20

Oft schienen die Israeliten unfähig oder unwillig zu sein, Gottes Absicht für die Heiden zu verstehen. Und doch war es gerade diese Absicht gewesen, die sie zu einem abgesonderten und unabhängigen Volk unter den Völkern der Erde gemacht hatte. Abraham, dem zuerst die Verheißung gegeben wurde, war dazu berufen worden, aus seiner Verwandtschaft auszugehen und in ein weit entlegenes Gebiet zu ziehen, um auf diese Weise ein Lichtträger für die Heiden zu sein. Die Verheißung an Abraham schloss zwar auch eine Nachkommenschaft so zahlreich wie den Sand am Meer ein, dennoch war es kein Selbstzweck, dass er der Ahnherr eines großen Volkes im Land Kanaan werden sollte. Gottes Bund mit ihm schloss alle Völker der Erde ein. Der Herr hatte gesagt. »Ich ... will dich segnen und dir einen großen Namen machen, und du sollst ein Segen sein. Ich will segnen, die dich segnen, und verfluchen, die dich verfluchen; und in dir sollen gesegnet werden alle Geschlechter auf Erden.« 1.Mose 12,2f

Bei der Erneuerung des Bundes kurz vor der Geburt Isaaks wurde Gottes Absicht für die Menschheit erneut offenbart: »alle Völker der Erde werden durch ihn gesegnet werden«, 1.Mose 18,18 NL so lautete die Zusicherung des Herrn, die den Sohn der Verheißung betraf. Später erklärte der himmlische Besucher noch einmal: »Durch dein Geschlecht sollen alle Völker auf Erden gesegnet werden.« 1.Mose 22,18

Die allumfassenden Bedingungen dieses Bundes waren Abrahams Kindern und Kindeskindern vertraut. Die Israeliten wurden aus der ägyptischen Sklaverei befreit, damit sie ein Segen für die Völker sein konnten und Gottes Name »verkündigt werde in allen Landen«. 2.Mose 9,16 Wenn sie Seinen Anforderungen gehorsam wären, sollten sie alle anderen Völker an Weisheit und Verständnis weit übertreffen. Diese Überlegenheit sollte Israel aber nur erreichen, damit durch sie die Absicht Gottes für »alle Völker der Erde« erfüllt werden könnte.

Die mit der Befreiung aus der ägyptischen Sklaverei und der Einnahme des verheißenen Landes verbundenen großen Wunder ließen viele Heiden den Gott Israels als obersten Herrscher anerkennen. Die Verheißung lautete: »Die Ägypter sollen innewerden, dass ich der Herr bin, wenn ich meine Hand über Ägypten ausstrecken und die Kinder Israel aus ihrer Mitte wegführen werde.« 2.Mose 7,5 Selbst der stolze Pharao war gezwungen, die Macht des Herrn anzuerkennen. Er drängte Mose und Aaron: »Geht hin und dienet dem Herrn ... und bittet auch um Segen für mich.« 2.Mose 12,31f

Die vorrückenden Heere Israels stellten fest, dass das Wissen um das mächtige Wirken des Gottes der Hebräer ihnen vorausgeeilt war und einige Heiden dabei waren zu lernen, dass Er allein der wahre Gott war. Im bösen Jericho gab es das Zeugnis einer heidnischen Frau: »Der Herr, euer Gott, ist Gott oben im Himmel und unten auf Erden.« Josua 2,11 Damit erwies sich die Gotteserkenntnis, die sie erlangt hatte, als ihre Rettung. »Durch den Glauben ward die Hure Rahab nicht umgebracht mit den Ungehorsamen.« Hebräer 11,31 Ihre Bekehrung war kein Einzelfall beim gnädigen Umgang Gottes mit Götzendienern, die Seine göttliche Autorität anerkannten. Mitten in Kanaan legten die Gibeoniter, ein zahlreiches Volk, ihren heidnischen Glauben ab und vereinten sich mit Israel und wurden so zu Teilhabern der Segnungen des Bundes.

Gott unterscheidet nicht nach Nationalität, Rasse oder Gesellschaftsschicht. Er ist der Schöpfer aller Menschen. Sie alle gehören durch Schöpfung und Erlösung zu einer Familie. Christus kam, um jede Trennungsmauer einzureißen und jede Abteilung des Tempels weit zu öffnen, damit alle Menschen freien Zugang zu Gott haben können. Seine Liebe ist so weit, tief und voll, dass sie alles durchdringt. Sie entzieht die von Satan getäuschten und verführten Menschen seinem Einfluss und versetzt sie in Reichweite des Thrones Gottes, der vom Regenbogen der Verheißung umgeben ist. In Christus gibt es weder Juden noch Griechen, weder Sklaven noch Freie.

In den Jahren nach der Eroberung des verheißenen Landes verlor man die segensvollen Absichten Gottes für die Errettung der Heiden fast vollständig aus den Augen. Es wurde notwendig, dass der Herr Seinen Plan aufs Neue darlegte. Der Psalmist wurde zum folgenden Lied inspiriert: »Es werden gedenken und sich zum Herrn bekehren aller Welt Enden und vor ihm anbeten alle Geschlechter der Heiden.« Psalm 22,28 »Aus Ägypten werden Gesandte kommen; Mohrenland wird seine Hände ausstrecken zu Gott.« Psalm 68,32 »Dann werden die Heiden den Namen des Herrn fürchten und alle Könige auf Erden deine Herrlichkeit ... Das wird man aufschreiben für das spätere Geschlecht, und das Volk, das geschaffen werden soll, wird den Herrn loben; denn er hat herabgeschaut von der Höhe seines Heiligtums, der Herr hat vom Himmel zur Erde geblickt, um zu hören das Seufzen der Gefangenen und loszumachen die dem Tod Geweihten, damit sie den Namen des Herrn verkündigen in Zion und sein Lob in Jerusalem, wenn die Völker sich versammeln allesamt und die Königreiche, um dem Herrn zu dienen.« Psalm 102,16.19-23 Bruns Wäre Israel seinem Auftrag treu gewesen, hätten alle Völker der Erde an ihren Segnungen teil haben können. Aber die Herzen derer, denen die Erkenntnis der rettenden Wahrheit anvertraut worden war, blieben von den Nöten ihrer Umgebung unberührt. In gleichem Maße wie sie die Absicht Gottes vergaßen meinten sie, die Heiden stünden außerhalb der Gnade Gottes. Das Licht der Wahrheit wurde anderen vorenthalten und die Finsternis siegte. Die Völker waren von einem Schleier der Unwissenheit bedeckt: man kannte die Liebe Gottes fast nicht und Irrtum und Aberglauben fanden regen Zulauf.

Das waren die Zustände, die sich Jesaja boten, als er zu seinem Prophetenamt berufen wurde. Dennoch ließ er sich nicht entmutigen, denn in seinen Ohren klang noch der triumphierende Gesang der Engel nach, die den Thron Gottes umgaben: »Alle Lande sind seiner Ehre voll!« Jesaja 6,3 Sein Glauben wurde noch weiter gestärkt durch die Visionen der herrlichen Siege der Gemeinde Gottes: »Das Land wird voll Erkenntnis des Herrn sein, wie Wasser das Meer bedeckt.« Jesaja 11,9 »Und er wird auf diesem Berge die Hülle wegnehmen, mit der alle Völker verhüllt sind, und die Decke, mit der alle Heiden zugedeckt sind.« Jesaja 25,7 Der Geist Gottes würde über alles Fleisch ausgegossen werden, und diejenigen, die nach Gerechtigkeit hungerten und dürsteten, würden zum Israel Gottes hinzugerechnet werden, »dass sie wachsen sollen wie das Gras zwischen Wassern, wie die Weiden an den Wasserbächen«, erklärte der Prophet. »Dieser wird sagen: ‚Ich bin des Herrn', und jener wird genannt werden mit dem Namen ‚Jakob'. Und wieder ein anderer wird in seine Hand schreiben: ‚Dem Herrn eigen' und wird mit dem Namen ‚Israel' genannt werden.« Jesaja 44,4f

Dem Propheten wurde offenbart, welche segensreichen Absichten Gott verfolgte, als er das reuelose Juda unter die Völker der Erde verstreute. Der Herr sagte. »Darum soll an jenem Tag mein Volk meinen Namen erkennen, dass ich es bin, der da spricht: Hier bin ich!« Jesaja 52,6 Sie selbst sollten nicht nur Gehorsam und Vertrauen lernen, sondern an ihren Verbannungsorten auch anderen die Kenntnis vom lebendigen Gott übermitteln. Viele Fremde sollten ihn als ihren Schöpfer und Erlöser lieben lernen. Sie sollten anfangen, den Sabbat als heiligen Erinnerungstag an Gottes Schöpferkraft zu feiern; und wenn der Herr »seinen heiligen Arm vor den Augen aller Völker« offenbarte, um sein Volk aus der Gefangenschaft zu befreien, sollte »aller Welt Enden sehen das Heil« Gottes. Jesaja 52,10 Viele dieser aus dem Heidentum Bekehrten würden sich ganz mit den Israeliten verbinden und sie auf der Rückreise nach Judäa begleiten. Niemand unter ihnen sollte sagen: »Der Herr wird mich getrennt halten von seinem Volk.« Jesaja 56,3 Denn das Wort Gottes durch den Mund Seines Propheten an jene, die sich Ihm unterwerfen und Seine Gebote halten würden, lautete, dass sie von nun an zum geistlichen Israel – Seiner Gemeinde auf der Erde – dazugezählt werden sollten. »Die Fremden, die sich dem Herrn zugewandt haben, ihm zu dienen und seinen Namen zu lieben, damit sie seine Knechte seien, alle, die den Sabbat halten, dass sie ihn nicht entheiligen, und die an meinem Bund festhalten, die will ich zu meinem heiligen Berge bringen und will sie erfreuen in meinem Bethaus, und ihre Brandopfer und Schlachtopfer sollen mir wohlgefällig sein auf meinem Altar; denn mein Haus wird ein Bethaus heißen für alle Völker. Gott der Herr, der die Versprengten Israels sammelt, spricht: Ich will noch mehr zu der Zahl derer, die versammelt sind, sammeln.« Jesaja 56,6-8

Dem Propheten wurde es gestattet, seinen Blick durch die Jahrhunderte hindurch auf die Ankunft des verheißenen Messias zu werfen. Zuerst sah er nur »Trübsal und Finsternis«. Jesaja 8,22 Viele, die sich nach dem Licht der Wahrheit sehnten, würden durch falsche Lehrer in die Irre geführt, in das verwirrende Labyrinth der Philosophie und des Spiritismus. Andere würden ihr Vertrauen auf eine äußere Form der Frömmigkeit setzen, wahre Heiligkeit jedoch nicht in ihr Alltagsleben bringen. Der Ausblick schien hoffnungslos zu sein. Bald veränderte sich jedoch das Bild, und vor den Augen des Propheten entfaltete sich eine wunderbare Vision. Er sah die Sonne der Gerechtigkeit mit Heil unter ihren Flügeln aufgehen. Voller Bewunderung rief er aus: »‚Es wird nicht dunkel bleiben über denen, die in Angst sind.' Hat er in früherer Zeit in Schmach gebracht das Land Sebulon und das Land Naphthali, so wird er hernach zu Ehren bringen den Weg am Meer, das Land jenseits des Jordan, das Galiläa der Heiden. Das Volk, das im Finstern wandelt, sieht ein großes Licht, und über denen, die da wohnen im finstern Lande, scheint es hell.« Jesaja 8,23-9,1

Dieses herrliche Licht der Welt sollte allen Nationen, Stämmen, Sprachen

und Völkern Errettung bringen. Über das vor ihm liegende Werk hörte der Prophet den ewigen Vater sagen: »Es ist zu wenig; dass du mein Knecht bist, die Stämme Jakobs aufzurichten und die Zerstreuten Israels wiederzubringen, sondern ich habe dich auch zum Licht der Heiden gemacht, dass du seist mein Heil bis an die Enden der Erde ... Ich habe dich erhört zur Zeit der Gnade und habe dir am Tage des Heils geholfen und habe dich behütet und zum Bund für das Volk bestellt, dass du das Land aufrichtest und das verwüstete Erbe zuteilst, zu sagen den Gefangenen: Geht heraus! und zu denen in der Finsternis: Kommt hervor ... Siehe, diese werden von ferne kommen, und siehe, jene vom Norden und diese vom Meer und jene vom Lande Sinim.« Jesaja 49,6.8.9.12

Als sein Blick noch weiter durch die Jahrhunderte ging, sah der Prophet die wörtliche Erfüllung dieser herrlichen Verheißungen. Er sah die Boten mit der guten Botschaft der Erlösung bis an die Enden der Erde zu allen Stämmen und Völkern gehen. Er hörte, wie der Herr von der Evangeliumsgemeinde sagte: »Siehe, ich breite aus bei ihr den Frieden wie einen Strom und den Reichtum der Völker wie einen überströmenden Bach.« Jesaja 66,12 Und er vernahm den Auftrag: »Mache den Raum deines Zeltes weit und breite aus die Decke deiner Wohnstatt; spare nicht! Spann deine Seile lang und stecke deine Pflöcke fest! Denn du wirst dich ausbreiten zur Rechten und zur Linken, und deine Nachkommen werden Völker beerben.« Jesaja 54,2f

Der Herr teilte dem Propheten mit, Er werde Seine Zeugen »zu den Völkern senden, nach Tarsis, nach Put und Lud, ... nach Tubal und Jawan und zu den fernen Inseln«. Jesaja 66,19 »Wie lieblich sind auf den Bergen die Füße der Freudenboten, die da Frieden verkündigen, Gutes predigen, Heil verkündigen, die da sagen zu Zion: Dein Gott ist König! » Jesaja 52,7

Der Prophet hörte, wie die Stimme Gottes Seine Gemeinde zu dem ihr bestimmten Werk berief, damit der Weg für die Ankündigung Seines ewigen Reiches bereitet würde. Die Botschaft war unmissverständlich deutlich: »Mache dich auf, werde licht; denn dein Licht kommt, und die Herrlichkeit des Herrn geht auf über dir! Denn siehe, Finsternis bedeckt das Erdreich und Dunkel die Völker; aber über dir geht auf der Herr, und seine Herrlichkeit erscheint über dir. Und die Heiden werden zu seinem Lichte ziehen und die Könige zum Glanz, der über dir aufgeht. Hebe deine Augen auf und sieh umher: Diese alle sind versammelt und kommen zu dir. Deine Söhne werden von ferne kommen und deine Töchter auf dem Arme hergetragen werden ... Fremde werden deine Mauern bauen, und ihre Könige werden dir dienen. Denn in meinem Zorn habe ich dich geschlagen, aber in meiner Gnade erbarme ich mich über dich. Deine Tore sollen stets offen stehen und weder Tag noch Nacht zugeschlossen werden, dass der Reichtum der Völker zu dir gebracht und ihre Könige herzugeführt werden.« Jesaja 60,1-4.10f

»Wendet euch zu mir, so werdet ihr gerettet, aller Welt Enden; denn ich bin Gott, und sonst keiner mehr.« Jesaja 45,22

Diese Weissagungen einer großen geistlichen Erweckung in einer Zeit dichter Finsternis erfüllen sich heute im Vorwärtsgehen zahlreicher Missionsstationen bis in die dunklen Regionen der Erde hinein. Der Prophet hat die Missionarsgruppen in den Heidenländern mit Feldzeichen verglichen, aufgepflanzt zur Wegweisung derer, die nach dem Licht der Wahrheit suchen.

Jesaja beschreibt dies mit den Worten: »Es wird geschehen zu der Zeit, dass das Reis aus der Wurzel Isais dasteht als Zeichen für die Völker. Nach ihm werden die Heiden fragen, und die Stätte, da er wohnt, wird herrlich sein. Und der Herr wird zu der Zeit zum zweiten Mal seine Hand ausstrecken, dass er den Rest seines Volks loskaufe, der übrig geblieben ist ... Und er wird ein Zeichen aufrichten unter den Völkern und zusammenbringen die Verjagten Israels und die Zerstreuten Judas sammeln von den vier Enden der Erde.« Jesaja 11,10-12

Der Tag der Befreiung ist nahe. »Denn des Herrn Augen schauen über alle Lande, dass er stärke, die mit ganzem Herzen bei ihm sind.« 2.Chronik 16,9 Unter allen Völkern, Geschlechtern und Sprachen sieht er solche Menschen, die um Licht und Erkenntnis beten. Ihre Herzen sind unbefriedigt: lange haben sie sich gleichsam von »Asche« ernährt. vgl. Jesaja 44,20 Der Feind aller Gerechtigkeit hat sie auf Abwege gebracht, so dass sie herumtasten wie Blinde. Sie sind in ihren Herzen jedoch ehrlich und sehnen sich danach, einen besseren Weg kennenzulernen. Obwohl sie sich in der Finsternis des Heidentums befinden und weder das geschriebene Gesetz Gottes noch Seinen Sohn Jesus kennen, zeigt sich in ihren Gedanken und ihrem Charakter das Wirken der göttlichen Kraft auf vielfältige Weise.

Manches Mal waren Menschen, die von Gott nichts wussten außer dem, was ihnen durch das Wirken der göttlichen Gnade offenbart wurde, freundlich zu den Dienern Gottes und beschützten sie unter Einsatz ihres eigenen Lebens. Der Heilige Geist pflanzt die Gnade Christi in das Herz manches edlen Wahrheitssuchers ein, indem sein Mitleid entgegen seiner eigentlichen Natur und seiner früheren Erziehung erregt wird. Das »Licht, welches alle Menschen erleuchtet, die in diese Welt kommen«, Johannes 1,9 scheint in seine Seele hinein; und dieses Licht wird ihn, wenn er es beachtet, ins Reich Gottes geleiten. Der Prophet Micha sagte: »Wenn ich auch im Finstern sitze, so ist doch der Herr mein Licht ... Er wird mich ans Licht bringen, dass ich seine Gnade schaue.« Micha 7,8f

Der Plan des Himmels zur Erlösung ist groß genug, um die ganze Welt zu umfassen. Gott sehnt sich danach, der gefallenen Menschheit den Atem des Lebens einzuhauchen. Er wird nicht zulassen, dass auch nur ein Mensch

enttäuscht wird, der sich aufrichtig nach etwas Höherem und

Edleren sehnt, als was die Welt anbieten kann. Gott schickt ständig Seine Engel zu denen aus, die selbst unter den entmutigendsten Umständen im Glauben zu einer höheren Macht beten, dass sie Besitz von ihnen ergreift und ihnen Befreiung und Frieden bringt. Auf unterschiedlichen Wegen wird sich Gott ihnen offenbaren und sie mit Seinen Vorsehungen in Verbindung bringen, die ihr Vertrauen in den Einen aufbauen, der sich selbst zum Lösegeld für alle gab, »... dass sie setzten auf Gott ihre Hoffnung und nicht vergäßen die Taten Gottes, sondern seine Gebote hielten«. Psalm 78,7

»Kann man auch einem Starken den Raub wegnehmen? Oder kann man einem Gewaltigen seine Gefangenen entreißen? So aber spricht der Herr: Nun sollen die Gefangenen dem Starken weggenommen werden, und der Raub soll dem Gewaltigen entrissen werden.« Jesaja 49,24f »Aber die sich auf Götzen verlassen und sprechen zum gegossenen Bilde: ‚Ihr seid unsre Götter!', die sollen zurückweichen und zuschanden werden.« Jesaja 42,17

»Wohl dem, dessen Hilfe der Gott Jakobs ist, der seine Hoffnung setzt auf den Herrn, seinen Gott.« Psalm 146,5 »So kehrt heim zur festen Stadt, die ihr auf Hoffnung gefangen liegt.« Sacharja 9,12 Allen aufrichtigen Menschen in den Heidenländern gilt: »Den Frommen geht das Licht auf in der Finsternis.« Psalm 112,4 Gott hat verheißen: »Die Blinden will ich auf dem Wege leiten, den sie nicht wissen; ich will sie führen auf den Steigen, die sie nicht kennen. Ich will die Finsternis vor ihnen her zum Licht machen und das Höckerige zur Ebene. Das alles will ich tun und nicht davon lassen.« Jesaja 42,16

KAPITEL 32

MANASSE UND JOSIA

Auf Grundlage des biblischen Berichts

Als während der langen Jahre der bösen Herrschaft Manasses das Heidentum wieder auflebte und viele Menschen zum Götzendienst verleitet wurden, erfuhr das zur Zeit Hiskias noch so wohlhabende Königreich Juda wieder einmal einen Niedergang. »Manasse verführte Juda und die Einwohner von Jerusalem, dass sie es ärger trieben als die Heiden.« 2.Chronik 33,9 Dem herrlichen Licht früherer Generationen folgte die Finsternis des Aberglaubens und des Irrtums. Schwere Übel entstanden und nahmen Überhand, darunter Tyrannei, Unterdrückung und Hass auf alles Gute. Die Gerechtigkeit wurde verdreht und pervertiert und Gewalt war an der Tagesordnung.

Dennoch waren diese bösen Zeiten nicht ohne Zeugen für Gott und das Recht. Die bitteren Erfahrungen, durch die Juda während Hiskias Herrschaft sicher gegangen war, hatten in den Herzen vieler Menschen eine Charakterfestigkeit entwickelt, die jetzt als Bollwerk gegen die vorherrschende Ungerechtigkeit diente. Ihr Zeugnis zugunsten von Wahrheit und Gerechtigkeit erregten den Zorn Manasses und seiner mächtigen Gefolgsleute, die sich nach Kräften bemühten, ihr böses Tun ungestört fortsetzen zu können, indem sie die Stimme des Tadels zum Schweigen brachten. »Auch vergoss Manasse sehr viel unschuldiges Blut, bis Jerusalem ganz voll davon war.« 2.Könige 21,16

Eines der ersten Opfer war Jesaja, der mehr als ein halbes Jahrhundert lang als der von Gott bestimmte Bote vor Juda gestanden hatte. »Etliche haben Spott und Geißeln erlitten, dazu Ketten und Gefängnis; sie wurden gesteinigt, gefoltert, zersägt, durchs Schwert getötet; sie sind umhergezogen in Schafpelzen und Ziegenfellen, mit Mangel, mit Trübsal, mit Ungemach. Deren die Welt nicht wert war, die sind im Elend umhergeirrt in den Wüsten, auf den Bergen und in den Klüften und Löchern der Erde.« Hebräer 11,36-38

Einige von denen, die unter der Herrschaft Manasses Verfolgung erduldeten, wurden damit beauftragt, besondere Botschaften des Tadels und des Gerichts zu bringen. Der König Judas, so erklärten diese Propheten, habe »Gräuel getan ... die ärger sind als alle Gräuel ... die vor ihm gewesen sind«.

Wegen dieser Bosheit geriet sein Reich immer mehr in die Krise, und bald sollten seine Bewohner als Gefangene nach Babylon gebracht werden, um »Raub und Beute aller ihrer Feinde« 2.Könige 21,11.14 zu werden. Der Herr würde jedoch diejenigen nicht verlassen, die Ihn in der Fremde als ihren Herrscher anerkennen würden. Sie müssten zwar große Schwierigkeiten erdulden, aber zu Seiner Zeit würde Er ihnen die Befreiung bringen. Wer sein Vertrauen ganz auf den Herrn setzte, würde in ihm eine sichere Zuflucht finden.

Treu setzten die Propheten ihre Mahnungen und Warnungen fort; furchtlos sprachen sie zu Manasse und seinem Volk, aber ihre Botschaften wurden verachtet, weil das rückfällig gewordene Juda nicht hören wollte. Als Vorgeschmack dessen, was über das Volk kommen würde, wenn sie weiterhin unbußfertig bleiben sollten, ließ der Herr zu, dass ihr König durch eine Schar assyrischer Soldaten gefangen genommen wurde, Sie »legten ihn in Ketten und brachten ihn nach Babel«, ihrer vorübergehenden Hauptstadt. Diese Notlage brachte den König zur Vernunft, und so flehte er »zu dem Herrn, seinem Gott, und demütigte sich vor dem Gott seiner Väter. Und als er bat, ließ sich der Herr erbitten und erhörte sein Flehen und brachte ihn wieder nach Jerusalem in sein Königreich. Da erkannte Manasse, dass der Herr Gott ist.« 2.Chronik 33,11-13 So bemerkenswert diese Umkehr auch war, so kam sie doch zu spät, um das Reich vor den verderblichen Einflüssen der vielen Jahre des Götzendienstes zu bewahren. Viele waren bereits gestolpert und gefallen, die nie wieder aufstehen würden.

Unter den Menschen, deren Lebenserfahrung unwiderruflich durch den verhängnisvollen Abfall Manasses bestimmt worden war, befand sich sein eigener Sohn, der im Alter von 22 Jahren den Thron bestieg. Von König Amon heißt es: »Er ... wandelte ganz in dem Wege, den sein Vater gewandelt war, und diente den Götzen, denen sein Vater gedient hatte, und betete sie an und verließ den Herrn, den Gott seiner Väter.« 2.Könige 21,20-22 »Aber er demütigte sich nicht vor dem Herrn, wie sich sein Vater Manasse gedemütigt hatte, sondern häufte noch mehr Schuld auf.« Der böse König durfte nicht lange regieren. Mitten in seiner dreisten Gottlosigkeit wurde er, nachdem er erst zwei Jahre geherrscht hatte, im Palast von seinen eigenen Dienern getötet. »Und das Volk des Landes machte seinen Sohn Josia zum König an seiner Statt.« 2.Chronik 33,23.25

Als Josia, der 31 Jahre lang herrschte, den Thron bestieg, schöpften die Menschen neue Hoffnung, die die Reinheit ihres Glaubens bewahrt hatten. Sie hofften, dass nun der Niedergang des Reiches gestoppt sei, denn der neue König war gottesfürchtig, auch wenn er erst acht Jahre alt war. Von Anfang an tat er, »was dem Herrn wohl gefiel, und wandelte ganz in dem Wege seines Vaters David und wich nicht davon ab, weder zur Rechten noch zur Linken«. 2.Könige 22,2 Obwohl er als Sohn eines bösen Königs in der Versuchung stand, in die

Fußstapfen seines Vaters zu treten, und obwohl er nur wenige Ratgeber hatte, die ihn ermutigten, den richtigen Weg zu gehen, war Josia dennoch dem Gott Israels treu. Gewarnt durch die Fehler früherer Generationen wählte er das Recht anstatt sich auf das niedrige Niveau der Sünde und Erniedrigung zu begeben wie sein Vater und Großvater. Er wich »weder zur Rechten noch zur Linken«. Da er eine verantwortungsvolle Position einnehmen sollte, entschloss er sich, der Unterweisung zu folgen, die als Richtschnur für die Herrscher Israels gegeben worden war. Sein Gehorsam ermöglichte es Gott, ihn als Gefäß zu Seiner Ehre einzusetzen.

Zur Zeit seines Regierungsantritts und schon viele Jahre zuvor hatten sich die Aufrichtigen in Juda gefragt, ob Gottes Verheißungen an das alte Israel sich jemals erfüllen könnten. Aus menschlicher Sicht schien die göttliche Absicht für das auserwählte Volk fast nicht erreichbar zu sein. Der Abfall der früheren Jahrhunderte war mit dem Verstreichen der Zeit immer stärker geworden und die zehn Stämme waren schließlich unter die Heiden zerstreut worden. Nur die Stämme Juda und Benjamin waren noch übriggeblieben, und selbst diese schienen sich nun am Rand des moralischen und nationalen Untergangs zu befinden. Die Propheten hatten bereits damit begonnen, die völlige Zerstörung ihrer schönen Stadt mitsamt des Tempels Salomos anzukündigen, auf den sich alle ihre irdischen Hoffnungen nationaler Größe konzentrierten. Konnte es sein, dass Gott dabei war, sich von Seiner erklärten Absicht abzuwenden, denen Befreiung zu bringen, die sich auf Ihn verließen? Konnten diejenigen, die Gott treu geblieben waren, angesichts der langen Verfolgung der Gerechten und des offensichtlichen Wohlergehens der Bösen überhaupt noch auf bessere Tage hoffen?

Diese sorgenvollen Fragen wurden durch den Propheten Habakuk ausgesprochen. Mit Blick auf die Situation der Treuen seiner Zeit drückte er die Last seines Herzens in der folgenden Frage aus: »Herr, wie lange soll ich schreien, und du willst nicht hören? Wie lange soll ich zu dir rufen: ‚Frevel!', und du willst nicht helfen? Warum lässt du mich Bosheit sehen und siehst dem Jammer zu? Raub und Frevel sind vor mir; es geht Gewalt vor Recht. Darum ist das Gesetz ohnmächtig, und die rechte Sache kann nie gewinnen; denn der Gottlose übervorteilt den Gerechten; darum ergehen verkehrte Urteile.« Habakuk 1,2-4

Gott beantwortete den Schrei Seiner treuen Kinder. Durch Sein auserwähltes Sprachrohr offenbarte Er Seine Entschlossenheit, das Volk zu strafen, das sich von Ihm abgewandt hatte, um den Göttern der Heiden zu dienen. Noch zu Lebzeiten einiger derer, die sich gerade zu dieser Zeit Fragen über die Zukunft machten, würde Er die Angelegenheiten der herrschenden Nationen dieser Erde so wenden, dass das Reich Babylon aufstieg. Die Chaldäer, »grausam und schrecklich«, Habakuk 1,7 sollten als göttliche Geißel plötzlich über das Land Juda hereinbrechen. Die

 Fürsten Judas und die herausragendsten Leute sollten gefangen nach Babylon geführt, die jüdischen Städte, Dörfer und Felder sollten verwüstet werden. Nichts sollte verschont werden.

Mit der Zuversicht, dass selbst in diesem schrecklichen Gericht die Absicht Gottes für Sein Volk irgendwie erfüllt werden würde, beugte sich Habakuk demütig vor dem offenbarten Willen des Herrn. »Bist du nicht, o Herr, von Urzeiten her mein heiliger Gott?« rief er aus. Und als sich sein Glaube dann über den verborgenen Aspekt der unmittelbaren Zukunft hinaus erstreckte und er sich fest an die kostbaren Verheißungen klammerte, die Gottes Liebe für Seine Ihm vertrauenden Kinder offenbaren, fügte der Prophet hinzu: »Wir werden nicht sterben.« Habakuk 1,12 Mit diesem Beweis seines Glaubens legte er sein Schicksal und das jedes gläubigen Israeliten in die Hand eines barmherzigen Gottes.

Dies war nicht die einzige Erfahrung Habakuks, bei der er starken Glauben bewies. Als er bei einer anderen Gelegenheit gerade über die Zukunft nachdachte, sagte er: »Hier stehe ich auf meiner Warte und stelle mich auf meinen Turm und schaue und sehe zu, was er mir sagen und antworten werde.« Gnädig antwortete ihm der Herr: »Schreib auf, was du geschaut hast, deutlich auf eine Tafel, dass es lesen könne, wer vorüberläuft! Die Weissagung wird ja noch erfüllt werden zu ihrer Zeit und wird endlich frei an den Tag kommen und nicht trügen. Wenn sie sich auch hinzieht, so harre ihrer; sie wird gewiss kommen und nicht ausbleiben. Siehe, wer halsstarrig ist, der wird keine Ruhe in seinem Herzen haben, der Gerechte aber wird durch seinen Glauben leben.« Habakuk 2,1-4

Der Glaube, der Habakuk und alle Heiligen und Gerechten in jenen Tagen schwerer Prüfung stärkte, ist derselbe Glaube, der das Volk Gottes auch heute noch erhält. In den dunkelsten Stunden und unter den schwierigsten Umständen kann der gläubige Christ seine Seele in Verbindung halten mit der Quelle allen Lichts und aller Kraft. Tag für Tag kann durch den Glauben an Gott seine Hoffnung und sein Mut erneuert werden. »Der Gerechte aber wird durch seinen Glauben leben.« Im Dienst für Gott braucht es keinen Schlingerkurs, keine Furcht und keine Verzweiflung zu geben. Der Herr wird die höchsten Erwartungen derer erfüllen, die ihr Vertrauen in Ihn setzen. Er wird ihnen die Weisheit geben, die in den unterschiedlichen Lebensumständen nötig ist. Die überreiche Vorsorge, die für jeden versuchten Menschen getroffen wird, beschreibt der Apostel Paulus in einem beredten Zeugnis. Ihm wurde die göttliche Zusicherung gegeben: »Lass dir an meiner Gnade genügen; denn meine Kraft ist in den Schwachen mächtig.« Dankbar und voller Vertrauen antwortete der geprüfte Diener Gottes: »Darum will ich mich am allerliebsten rühmen meiner Schwachheit, auf dass die Kraft Christi bei mir wohne. Darum bin ich guten Mutes in Schwachheit, in Misshandlungen, in Nöten, in Verfolgungen, in Ängsten, um Christi willen; denn wenn ich schwach bin, so bin ich stark.« 2.Korinther 12,9f

Wir müssen den Glauben, von dem die Apostel und Propheten Zeugnis abgelegt haben, wertschätzen und pflegen. Damit ist der Glauben gemeint, der die Verheißungen Gottes für sich beansprucht und auf die Befreiung wartet, die zu Seiner Zeit und auf Seine Weise geschehen. Das feste Wort der Prophetie wird seine endgültige Erfüllung in der herrlichen Wiederkunft unseres Herrn und Heilands Jesus Christus als König der Könige und Herr der Herren finden. Die Zeit des Wartens mag lang erscheinen, die Seele von den entmutigenden Umständen bedrückt sein, und viele, auf die man das Vertrauen gesetzt hatte, mögen neben dem Weg gefallen sein, aber wir wollen mit dem Propheten, der es auf sich nahm, Juda in einer Zeit noch nie dagewesenen Abfalls zu ermutigen, zuversichtlich erklären: »Der Herr ist in seinem heiligen Tempel. Es sei vor ihm stille alle Welt!« Habakuk 2,20

Erinnern wir uns immer an die ermutigende Botschaft: »Die Weissagung wird ja noch erfüllt werden zu ihrer Zeit und wird endlich frei an den Tag kommen und nicht trügen. Wenn sie sich auch hinzieht, so harre ihrer; sie wird gewiss kommen und nicht ausbleiben ... Der Gerechte aber wird durch seinen Glauben leben.« Habakuk 2,3f

»Herr, ich habe die Kunde von dir gehört, ich habe dein Werk gesehen, Herr! Mache es lebendig in naher Zeit, und lass es kund werden in naher Zeit. Im Zorn denke an Barmherzigkeit! Gott kam von Teman und der Heilige vom Gebirge Paran ... Seines Lobes war der Himmel voll, und seiner Ehre war die Erde voll. Sein Glanz war wie Licht; Strahlen gingen aus von seinen Händen. Darin war verborgen seine Macht. Pest ging vor ihm her, und Seuche folgte, wo er hintrat. Er stand auf und ließ erbeben die Erde; er schaute und ließ erzittern die Heiden. Zerschmettert wurden die uralten Berge, und bücken mussten sich die uralten Hügel, als er wie vor alters einherzog ... Du zogst aus, deinem Volk zu helfen, zu helfen deinem Gesalbten ... Da wird der Feigenbaum nicht grünen, und es wird kein Gewächs sein an den Weinstöcken. Der Ertrag des Ölbaums bleibt aus, und die Äcker bringen keine Nahrung; Schafe werden aus den Hürden gerissen, und in den Ställen werden keine Rinder sein. Aber ich will mich freuen des Herrn und fröhlich sein in Gott, meinem Heil. Denn der Herr ist meine Kraft.« Habakuk 3,2-6.13.17-19

Habakuk war nicht der einzige, dem sowohl eine Botschaft strahlender Hoffnung und zukünftigen Triumphs als auch des gegenwärtigen Gerichts gegeben wurde. Während der Herrschaft Josias erging das Wort des Herrn an Zefania. Darin wurde ganz deutlich auf die Folgen des fortgesetzten Abfalls hingewiesen und die Aufmerksamkeit der wahren Gemeinde auf die herrlichen Aussichten in der Zukunft gelenkt. Seine Vorhersagen des drohenden Gerichts über Juda lassen sich mit gleicher Kraft auch auf die Gerichte anwenden, die zur Zeit der Wiederkunft Christi über eine reulose Welt ergehen sollen.

»Des Herrn großer Tag ist nahe, er ist nahe und eilt sehr. Horch, der bittere Tag des Herrn! Da werden die Starken schreien. Denn dieser Tag ist ein Tag des Grimmes, ein Tag der Trübsal und der Angst, ein Tag des Wetters und des Ungestüms, ein Tag der Finsternis und des Dunkels, ein Tag der Wolken und des Nebels, ein Tag der Posaune und des Kriegsgeschreis gegen die festen Städte und die hohen Zinnen.« Zephanja 1,14-16

»Ich will die Menschen ängstigen, dass sie umhergehen sollen wie die Blinden, weil sie wider den Herrn gesündigt haben. Ihr Blut soll vergossen werden, als wäre es Staub ... Es wird sie ihr Silber und Gold nicht erretten können am Tage des Zorns des Herrn, sondern das ganze Land soll durch das Feuer seines Grimms verzehrt werden; denn er wird plötzlich ein Ende machen mit allen, die im Lande wohnen.« Zephanja 1,17f

»Sammelt euch und kommt her, du Volk, das keine Scham kennt, ehe denn ihr werdet wie Spreu, die vom Winde dahinfährt; ehe denn des Herrn grimmiger Zorn über euch kommt; ehe der Tag des Zorns des Herrn über euch kommt! Suchet den Herrn, all ihr Elenden im Lande, die ihr seine Rechte haltet! Suchet Gerechtigkeit, suchet Demut! Vielleicht könnt ihr euch bergen am Tage des Zorns des Herrn!« Zephanja 2,1-3

»Siehe, zur selben Zeit will ich mit allen denen ein Ende machen, die dich bedrängen, und will den Hinkenden helfen und die Zerstreuten sammeln und will sie zu Lob und Ehren bringen in allen Landen, wo man sie verachtet. Zur selben Zeit will ich euch heimbringen und euch zur selben Zeit sammeln; denn ich will euch zu Lob und Ehren bringen unter allen Völkern auf Erden, wenn ich eure Gefangenschaft wenden werde vor euren Augen, spricht der Herr.« Zephanja 3,19f

»Jauchze, du Tochter Zion! Frohlocke, Israel Freue dich und sei fröhlich von ganzem Herzen, du Tochter Jerusalem! Denn der Herr hat deine Strafe weggenommen und deine Feinde abgewendet. Der Herr, der König Israels, ist bei dir, dass du dich vor keinem Unheil mehr fürchten musst. Zur selben Zeit wird man sprechen zu Jerusalem: Fürchte dich nicht, Zion! Lass deine Hände nicht sinken! Denn der Herr, dein Gott, ist bei dir, ein starker Heiland. Er wird sich über dich freuen und dir freundlich sein, er wird dir vergeben in seiner Liebe und wird über dich mit Jauchzen fröhlich sein.« Zephanja 3,14-17

KAPITEL 33

Das Buch des Gesetzes

Auf Grundlage des biblischen Berichts

Die Botschaften der Propheten bezüglich der babylonischen Gefangenschaft übten einen stillen und dabei doch mächtigen Einfluss aus. Dieser trug viel dazu bei, den Weg für die Reformation im achten Jahr der Herrschaft Josias vorzubereiten. Die Reformbewegung, durch die die angedrohten Gerichte eine Zeitlang abgewendet wurden, entstand auf eine völlig unerwartete Weise durch die Entdeckung und das Studium eines Teils der Heiligen Schrift. Dieses Gesetzbuch war seltsamerweise viele Jahre lang am falschen Ort aufbewahrt worden und schließlich verloren gegangen.

Während des ersten Passafestes, das unter König Hiskia etwa hundert Jahre zuvor gefeiert wurde, war Vorsorge dafür getroffen worden, dass lehrende Priester dem Volk täglich öffentlich aus dem Gesetzbuch vorlasen. Die Befolgung dieser Anordnungen, die vor allem im Buch des Bundes, das einen Teil des fünften Buches Mose ausmacht, zu finden sind, machten die Herrschaft Hiskias erst so erfolgreich. Manasse hatte es jedoch gewagt, diese Anordnungen beiseite zu setzen. Während seiner Herrschaft war dann auch das Gesetzbuch des Tempels durch Sorglosigkeit und Vernachlässigung verloren gegangen. So war das Volk dieser Unterweisung beraubt worden. Diese vor langer Zeit verlorene Handschrift wurde vom Hohepriester Hilkia im Tempel wiedergefunden, als umfangreiche Bauarbeiten vorgenommen wurden, um das heilige Gebäude im Einklang mit den Plänen Josias zu erhalten. Der Hohepriester händigte das kostbare Buch dem Schriftgelehrten Schafan aus, der es las und dann dem König brachte. Dabei erzählte er ihm die Geschichte seiner Entdeckung.

Josia war tief bewegt, als er zum ersten Mal die Ermahnungen und Warnungen hörte, die in dieser alten Handschrift aufgeschrieben waren. Nie zuvor war es ihm so klar geworden, in welcher Eindeutigkeit Gott den Israeliten »Leben und Tod, Segen und Fluch« 5.Mose 30,19 vorgelegt hatte und wie oft Er sie gedrängt hatte, den Weg des Lebens zu wählen, damit sie zum Lobpreis und Segen aller Völker der Erde würden: »Seid getrost und unverzagt, fürchtet euch nicht und lasst euch nicht vor ihnen grauen; denn der Herr, dein Gott, wird selber mit dir ziehen und wird die Hand nicht abtun und dich nicht verlassen.« 5.Mose 31,6 Das Buch war voller Zusicherungen Gottes darüber, wie bereitwillig Er ist, diejenigen ganz und gar zu retten, die ihr Vertrauen allein auf Ihn setzten. So mächtig, wie Er bei der Befreiung aus der ägyptischen Knechtschaft gewirkt hatte, so wollte Er auch weiterhin wirken, damit sie sich im Land der Verheißung festsetzen und an der Spitze der Völker der Erde stehen könnten.

Die Ermutigung, die als Belohnung für den Gehorsam verheißen wurde, war begleitet von Ankündigungen des Gerichts über die Ungehorsamen. Als der König diese inspirierten Worte hörte, erkannte er in dem ihm vorgelegten Bild eine Beschreibung des tatsächlichen Zustands seines Königreichs. Er fand jedoch nicht nur eine prophetische Darstellung des Abweichens von Gott vor, sondern zu seiner Bestürzung auch sehr deutliche Aussagen, dass darauf schnell der Tag der Vergeltung folgen würde, an dem es keine Rettung mehr gäbe. Die Sprache war so klar, dass man diese Worte nicht missverstehen konnte. Am Ende dieses Buches schließlich, als Gottes Handlungsweise mit Israel noch einmal dargestellt wurde und die zukünftigen Ereignisse wiederholt wurden, sind diese Angelegenheiten noch einmal sehr deutlich bekräftigt worden. In der Gegenwart ganz Israels hatte Mose gesagt: »Merkt auf, ihr Himmel, ich will reden, und die Erde höre die Rede meines Mundes. Meine Lehre rinne wie der Regen, und meine Rede riesele wie Tau, wie der Regen auf das Gras und wie die Tropfen auf das Kraut. Denn ich will den Namen des Herrn preisen. Gebt unserm Gott allein die Ehre! Er ist ein Fels. Seine Werke sind vollkommen; denn alles, was er tut, das ist recht. Treu ist Gott und kein Böses an ihm, gerecht und wahrhaftig ist er.« 5.Mose 32,1-4

»Gedenke der vorigen Zeiten und hab acht auf die Jahre von Geschlecht zu Geschlecht. Frage deinen Vater, der wird dir's verkünden, deine Ältesten, die werden dir's sagen. Als der Höchste den Völkern Land zuteilte und der Menschen Kinder voneinander schied, da setzte er die Grenzen der Völker nach der Zahl der Kinder Israel. Denn des Herrn Teil ist sein Volk, Jakob ist sein Erbe. Er fand ihn in der Wüste, in der dürren Einöde sah er ihn. Er umfing ihn und hatte acht auf ihn. Er behütete ihn wie seinen Augapfel.« 5.Mose 32,7-10

Aber Israel »verwarf den Gott, der ihn geschaffen hat, und er verachtete den Fels seines Heils. Sie erregten seine Eifersucht durch fremde Götter; durch Gräuel erzürnten sie ihn. Sie opferten den Dämonen, die nicht Gott sind, Göttern, die sie nicht kannten, neuen Göttern, die erst vor kurzem aufgekommen waren, die eure Väter nicht verehrten. Den Fels, der dich gezeugt hat, hast du außer Acht gelassen; und du hast den Gott vergessen, der dich hervorbrachte!

Als der Herr es sah, verwarf er sie, aus Unwillen über seine Söhne und seine Töchter. Und er sprach: Ich will mein Angesicht vor ihnen verbergen; ich will sehen, was ihr Ende sein wird, denn sie sind ein verkehrtes Geschlecht, sie sind Kinder, in denen keine Treue ist. Sie haben mich zur Eifersucht gereizt mit dem, was kein Gott ist, durch ihre nichtigen Götzen haben sie mich erzürnt; so will auch ich sie zur Eifersucht reizen durch das, was kein Volk ist, durch ein törichtes Volk will ich sie erzürnen ... Ich will Unheil über sie häufen, ich will meine Pfeile gegen sie abschießen. Sie sollen vor Hunger verschmachten und von der Pest aufgezehrt werden, und von der bitteren Seuche.« 5.Mose 32,15-21.23f

»Denn Israel ist ein Volk, dem man nicht mehr raten kann, und kein Verstand wohnt in ihnen. O, dass sie weise wären und dies verstünden, dass sie merkten, was ihnen hernach begegnen wird! Wie geht's zu, dass einer tausend verjagt und zwei sogar zehntausend flüchtig machen? Kommt's nicht daher, dass ihr Fels sie verkauft hat und der Herr sie dahin gegeben hat? Denn unserer Feinde Fels ist nicht wie unser Fels; so müssen sie selber urteilen ... Ist dies nicht bei mir verwahrt und versiegelt in meinen Schatzkammern? Die Rache ist mein, ich will vergelten zur Zeit, da ihr Fuß gleitet; denn die Zeit ihres Unglücks ist nahe, und was über sie kommen soll, eilt herzu.« 5.Mose 32,28-31.34f

Diese und ähnliche Passagen offenbarten Josia Gottes Liebe zu Seinem Volk, aber auch Seinen Abscheu vor der Sünde. Als der König diese Vorhersagen des baldigen Gerichts über jene las, die in ihrer Rebellion beharrten, zitterte er vor der Zukunft. Die Verdorbenheit Judas war wirklich groß gewesen. Was würde das Ergebnis ihres fortgesetzten Abfalls sein?

Schon in früheren Jahren war der König gegenüber dem vorherrschenden Abfall nicht gleichgültig geblieben. »Im achten Jahr seiner Herrschaft« hatte er sich, »obwohl er noch jung war«, völlig dem Dienst für Gott geweiht. Vier Jahre später machte er im Alter von zwanzig Jahren ernste Anstrengungen, die Versuchungen von seinen Untertanen zu entfernen. Er begann, »Juda und Jerusalem zu reinigen von den Opferhöhen und den Bildern der Aschera, von den Götzen und gegossenen Bildern. Und er ließ vor seinen Augen abbrechen die Altäre der Baale, und die Rauchopfersäulen oben darauf hieb er ab, und die Bilder der Aschera und die geschnitzten und gegossenen Götzenbilder zerbrach er und machte sie zu Staub und streute ihn auf die Gräber derer, die ihnen geopfert hatten, und verbrannte die Gebeine der Priester auf ihren Altären und reinigte so Juda und Jerusalem.« 2.Chronik 34,3-5

Unzufrieden damit, dieses ernste Werk nur im Land Juda durchzuführen, hatte der jugendliche Herrscher seine Anstrengungen auf die Teile Palästinas ausgedehnt, die früher von den zehn Stämmen Israels bewohnt wurden, von denen jetzt nur noch ein unbedeutender Rest übrig geblieben war. Der Bericht sagt: »So tat er auch ringsumher in den Städten Manasses, Ephraims, Simeons und bis nach Naphtali auf ihren Plätzen.« Erst als er längs und quer durch diese Gegend mit ihren zerstörten Häusern gezogen war und im ganzen Land

»die Altäre und Bilder der Aschera abgebrochen und die Götzenbilder zertrümmert und zermalmt und alle Rauchopfersäulen umgehauen hatte, kehrte er zurück nach Jerusalem«. 2.Chronik 34,6f

So hatte Josia schon vom frühesten Mannesalter an seine Position als König dafür genutzt, die Grundsätze von Gottes heiligem Gesetz zu erheben. Als ihm nun der Schriftgelehrte Schafan aus dem Gesetzesbuch vorlas, entdeckte der König darin einen Schatz an Erkenntnissen und einen mächtigen Verbündeten für sein Herzensanliegen, das Reformwerk, das im Lande durchgeführt werden sollte. Er entschloss sich darauf, im Licht dieser Ratschläge zu handeln und alles in seiner Macht Stehende zu tun, um sein Volk mit den göttlichen Lehren bekannt zu machen. Er wollte sie, wenn möglich, dazu bringen, das Gesetz des Himmels zu achten und zu lieben.

War es aber noch möglich, die notwendige Reform herbeizuführen? Israel hatte fast die Grenzen göttlicher Geduld erreicht. Bald würde Gott sich erheben, um die zu bestrafen, die Seinen Namen verunehrt hatten. Der Zorn des Herrn war bereits über das Volk entbrannt. Voller Trauer und Bestürzung zerriss Josia seine Kleider und beugte sich in seiner Seelenqual vor Gott und bat Ihn um Vergebung für die Sünden des unbußfertigen Volks.

Nahe am Tempel lebte zu dieser Zeit die Prophetin Hulda. Der König, der von ängstlichen Vorahnungen erfüllt war, erinnerte sich wieder an sie, und er beschloss, den Herrn durch Seine auserwählte Botin zu befragen. Er wollte wenn möglich wissen, ob es irgendein Mittel in seiner Reichweite gäbe, um das irrende Juda zu retten, das sich am Rande des Untergangs befand.

Der Ernst der Lage und der Respekt, den er vor der Prophetin hatte, ließen ihn die wichtigsten Männer des Reichs als Boten aussuchen. »Geht hin«, befahl er ihnen, »und befragt den Herrn für mich, für das Volk und für ganz Juda über die Worte dieses Buches, das gefunden ist; denn groß ist der Grimm des Herrn, der über uns entbrannt ist, weil unsere Väter nicht den Worten dieses Buches gehorcht haben und nicht alles taten, was darin geschrieben ist.« 2.Könige 22,13

Durch Hulda ließ der Herr Josia ausrichten, dass Jerusalems Untergang nicht abgewendet werden könnte. Selbst wenn das Volk sich nun vor Gott demütigen sollte, könnten sie dennoch ihrer Bestrafung nicht entrinnen. Ihre Sinne waren so lange durch ihre falsche Handlungsweise abgestumpft worden, dass sie, wenn das Gericht nicht über sie käme, sich doch bald wieder ihrem sündhaften Weg zuwenden würden. Die Prophetin sagte ihnen: »So spricht der HERR, der Gott Israels: Sagt dem Mann, der euch zu mir gesandt hat: So spricht der Herr: Siehe, ich will Unheil über diese Stätte und ihre Einwohner bringen, alle Worte des Buches, das der König von Juda hat lesen lassen, weil sie mich verlassen

 und andern Göttern geopfert haben, mich zu erzürnen mit allen

Werken ihrer Hände; darum wird mein Grimm gegen diese Stätte entbrennen und nicht ausgelöscht werden.« 2.Könige 22,15-17

Weil aber der König sein Herz vor Gott gedemütigt hatte, wollte der Herr seine Bereitwilligkeit anerkennen, Vergebung und Gnade zu erlangen. Ihm wurde die Botschaft gesandt: »Weil du im Herzen betroffen bist und dich gedemütigt hast vor dem Herrn, als du hörtest, was ich geredet habe gegen diese Stätte und ihre Einwohner, dass sie sollen zum Entsetzen und zum Fluch werden, und weil du deine Kleider zerrissen hast und vor mir geweint hast, so habe ich's auch erhört, spricht der Herr. Darum will ich dich zu deinen Vätern versammeln, damit du mit Frieden in dein Grab kommst und deine Augen nicht sehen all das Unheil, das ich über diese Stätte bringen will.« 2.Könige 22,19f

Der König musste zwar Gott die zukünftigen Ereignisse überlassen, denn er konnte die ewigen Entschlüsse des Herrn nicht ändern, aber mit der Ankündigung der Strafgerichte hatte der Herr ihnen nicht die Möglichkeit zu Reue und Reformation entzogen. Josia, der darin auf der Seite Gottes die Willigkeit erkannte, Seine Gerichte mit Gnade abzumildern, entschloss sich, alles in seiner Kraft stehende zu tun, um entscheidende Reformen herbeizuführen. Er ließ sofort eine große Versammlung einberufen, zu der die Ältesten und die Beamten Jerusalems und Judäas zusammen mit dem einfachen Volk eingeladen wurden. Diese alle und die Priester und Leviten trafen den König dann auf dem Tempelvorhof.

Der König höchstpersönlich las dieser riesigen Versammlung »vor ihren Ohren alle Worte aus dem Buch des Bundes, das im Hause des Herrn gefunden war«. 2.Könige 23,12 Der königliche Vorleser war tief berührt und trug seine Botschaft mit der Ergriffenheit eines gebrochenen Herzens vor. Seine Hörer waren zutiefst bewegt. Die tiefen Gefühle, die sich im Gesicht des Königs widerspiegelten, der Ernst der Botschaft selbst und die Warnung vor bevorstehenden Gerichten, trugen alle dazu bei, dass sich viele entschlossen, gemeinsam mit dem König um Vergebung zu bitten.

Josia schlug nun vor, dass sich die höchsten Würdenträger mit dem Volk darin vereinten, einen feierlichen Bund vor Gott zu schließen, gemeinsam darin zusammenzuarbeiten, entschiedene Veränderungen herbeizuführen. »Der König trat an die Säule und schloss einen Bund vor dem Herrn, dass sie dem Herrn nachwandeln sollten und seine Gebote, Ordnungen und Rechte halten von ganzem Herzen und von ganzer Seele, um zu erfüllen die Worte dieses Bundes, die geschrieben stehen in diesem Buch.« Die Reaktion darauf war tiefgründiger als er es zu hoffen gewagt hatte: »Alles Volk trat in den Bund.« 2.Könige 23,3

In der nun folgenden Reformation wandte der König seine Aufmerksamkeit auf die Zerstörung jeder Spur des Götzendienstes, die noch vorhanden war. Die Einwohner des Landes waren solange den Bräuchen der umliegenden Völker gefolgt, indem sie Götzenbilder aus Holz und Stein angebetet hatten, dass es über die Kraft eines Menschen hinauszugehen schien, alle Spuren dieses Übels auszurotten. Josia jedoch setzte auch weiterhin beharrlich seine Anstrengungen fort, das Land zu reinigen. Er trat dem Götzendienst hart entgegen und ließ »alle Priester der Höhen, die dort waren, schlachten«. »Auch rottete Josia aus alle Geisterbeschwörer, Zeichendeuter, Abgötter und Götzen und alle Gräuel, die im Lande Juda und in Jerusalem zu sehen waren, damit er erfüllte die Worte des Gesetzes, die geschrieben standen in dem Buch, das der Priester Hilkia im Hause des Herrn gefunden hatte.« 2.Könige 23,20.24

In den Tagen der Reichsteilung hatte Jerobeam, der Sohn Nebats, Jahrhunderte zuvor Gott frech herausgefordert, dem Israel gedient hatte. Er hatte sich nach Kräften bemüht, die Herzen des Volkes vom Tempeldienst in Jerusalem weg auf eine neue Form der Anbetung zu lenken, indem er einen ungeweihten Altar in Bethel errichtet hatte. Bei der Einweihung dieses Altars, durch den viele Menschen in den folgenden Jahren zu gottlosen Handlungen verführt werden sollten, erschien plötzlich ein Mann Gottes aus Juda, der das frevelhafte Treiben hart verurteilte. Er hatte »gegen den Altar ausgerufen: »Altar, Altar, So spricht der Herr: Siehe, es wird ein Sohn dem Hause David geboren werden, mit Namen Josia; der wird auf dir schlachten die Priester der Höhen, die auf dir opfern, und wird Menschengebein auf dir verbrennen.« 1.Könige 13,2 Diese Ankündigung wurde von einem Wunder begleitet, um zu zeigen, dass sie vom Herrn kam.

Drei Jahrhunderte waren seitdem vergangen. Bei seiner Reformation kam der König auch nach Bethel, wo der alte Altar stand. Die Vorhersage, die so viele Jahre zuvor in der Gegenwart Jerobeams ausgesprochen worden war, sollte sich nun wortwörtlich erfüllen.

»Auch den Altar in Bethel, die Höhe, die Jerobeam gemacht hatte, der Sohn Nebats, der Israel sündigen machte, diesen Altar brach er ab, zerschlug seine Steine und machte sie zu Staub und verbrannte das Bild der Aschera.

Und Josia wandte sich um und sah die Gräber, die auf dem Berge waren, und sandte hin und ließ die Knochen aus den Gräbern holen und verbrannte sie auf dem Altar und machte ihn unrein nach dem Wort des Herrn, das der Mann Gottes ausgerufen hatte, als er es verkündete.

Und er sprach: Was ist das für ein Grabmal, das ich sehe? Und die Leute in der Stadt sprachen zu ihm: Es ist das Grab des Mannes Gottes, der von Juda kam und ausrief, was du getan hast an dem Altar in Bethel. Und er sprach: Lasst ihn liegen, niemand rühre seine Gebeine an! Und so blieben mit seinen Gebeinen auch die Gebeine des Propheten unberührt, der von Samaria gekommen war.« 2.Könige 23,15-18 Gegenüber dem schönen auf dem Berg Morija gelegenen Tempel

 des Herrn befanden sich auf den südlichen Hängen des Ölbergs die Anbetungsstätten und Götzenbilder, die von Salomo errichtet worden waren, weil er seinen gottlosen Frauen gefallen wollte . vgl. 1.Könige 11,6-8

Mehr als drei Jahrhunderte lang waren diese großen, missgestalteten Götzenbilder als stumme Zeugen für den Abfall von Israels weisesten König auf dem »Berg des Ärgernisses« gestanden. Auch sie wurden von Josia entfernt und zerstört.

Der König bemühte sich, den Glauben Judas an den Gott ihrer Väter weiterhin zu festigen, indem er ein großes Passahfest in Übereinstimmung mit den Vorschriften des Gesetzbuches abhalten ließ. Die Verantwortlichen für die heiligen Gottesdienste trafen Vorbereitungen, und am großen Tag des Festes wurden großzügige Opfer dargebracht. »Es war kein Passah so gehalten worden wie dies von der Zeit der Richter an, die Israel gerichtet haben, und in allen Zeiten der Könige von Israel und der Könige von Juda.« 2.Könige 23,22 Der Eifer Josias, so angenehm er Gott war, konnte jedoch die Sünden vorangegangener Generationen nicht sühnen. Ebenso wenig konnte die Frömmigkeit, die von den Nachfolgern des Königs an den Tag gelegt wurde, eine Herzensveränderung bewirken bei den vielen Menschen, die sich weiterhin stur weigerten, vom Götzendienst zur Anbetung des wahren Gottes zurückzukehren.

Josia regierte noch mehr als ein Jahrzehnt nach der Feier des Passafestes. Im Alter von 39 Jahren wurde er im Kampf gegen die Armeen Ägyptens getötet und »begraben in den Gräbern seiner Väter. Und ganz Juda und Jerusalem trugen Leid um Josia. Und Jeremia sang ein Klagelied über Josia, und alle Sänger und Sängerinnen klagten in ihren Liedern über Josia bis auf diesen Tag, und das wurde zum festen Brauch in Israel. Siehe, diese Lieder stehen geschrieben unter den Klageliedern.« 2.Chronik 35,24f

Wie Josia »war vor ihm kein König gewesen, der so von ganzem Herzen, von ganzer Seele, von allen Kräften sich zum Herrn bekehrte, ganz nach dem Gesetz des Mose, und nach ihm kam seinesgleichen nicht auf. Doch kehrte sich der Herr nicht ab von dem Grimm seines großen Zorns ... um all der Ärgernisse willen, durch die ihn Manasse erzürnt hatte.« 2.Könige 23,25f Rasch nahte die Zeit, in der Jerusalem völlig zerstört und die Einwohner des Landes als Gefangene nach Babylon gebracht werden sollten, um dort die Lektionen zu lernen, die sie unter günstigeren Verhältnissen nicht hatten lernen wollen.

KAPITEL 34

JEREMIA

Auf Grundlage des biblischen Berichts

Auch Jeremia gehörte zu den Menschen, die darauf gehofft hatten, dass die Reformation Josias eine anhaltende geistliche Erweckung zur Folge haben würde. Er war im dreizehnten Jahr der Herrschaft Josias als Jugendlicher zum Prophetenamt berufen worden. Als Angehöriger der levitischen Priesterschaft war er schon von Kind an zum heiligen Dienst ausgebildet worden. In diesen glücklichen Jahren der Vorbereitung wurde er sich kaum darüber klar, dass er schon von Geburt an dazu berufen worden war »zum Propheten für die Völker« ausersehen zu werden. Als der göttliche Ruf kam, überwältigte ihn das Bewusstsein der eigenen Unwürdigkeit. »Ach, Herr Herr«, rief er aus, »ich tauge nicht zu predigen; denn ich bin zu jung.« Jeremia 1,5f

Gott sah in dem jugendlichen Jeremia einen Menschen, der die ihm anvertraute Aufgabe treu erfüllen und auch angesichts großer Widerstände für das Recht eintreten würde. In seiner Kindheit hatte er sich als treu erwiesen, und nun sollte er als guter Soldat des Kreuzes Schwierigkeiten ertragen. Der Herr forderte Seinen auserwählten Boten auf: »Sage nicht: ‚Ich bin zu jung'«, gebot der Herr Seinem auserwählten Boten, »sondern du sollst gehen, wohin ich dich sende, und predigen alles, was ich dir gebiete. Fürchte dich nicht vor ihnen; denn ich bin bei dir und will dich erretten ... So gürte nun deine Lenden und mache dich auf und predige ihnen alles, was ich dir gebiete. Erschrick nicht vor ihnen, auf dass ich dich nicht erschrecke vor ihnen, denn ich will dich heute zur festen Stadt, zur eisernen Säule, zur ehernen Mauer machen im ganzen Lande wider die Könige Judas, wider seine Großen, wider seine Priester, wider das Volk des Landes, dass, wenn sie auch wider dich streiten, sie dir dennoch nichts anhaben können; denn ich bin bei dir, spricht der Herr, dass ich dich errette.« Jeremia 1,7.8.17-19

Vierzig Jahre lang sollte Jeremia vor dem Volk ein Zeuge für Wahrheit und Gerechtigkeit sein. In einer Zeit noch nie dagewesenen Abfalls sollte er im Leben und Charakter die Anbetung des einzig wahren Gottes beispielhaft darstellen.

Während der furchtbaren Belagerung Jerusalems sollte er das

Sprachrohr des Herrn sein. Er sollte den Niedergang des Hauses David und die Zerstörung des schönen salomonischen Tempels vorhersagen. Als er wegen seiner furchtlosen Äußerungen ins Gefängnis gesperrt wurde, sollte er auch weiterhin deutlich die Sünden ansprechen, die an höchster Stelle begangen wurden. Verachtet, gehasst und von den Menschen abgelehnt sollte er schließlich die wörtliche Erfüllung seiner eigenen Vorhersagen des drohenden Gerichts erleben und den Schmerz und die Sorgen teilen, die der Zerstörung der unglückseligen Stadt folgen sollten. Und doch wurden Jeremia trotz des allgemeinen Verderbens, in den das Volk immer schneller hineinschlidderte, oft Blicke weit hinaus über die erschütternden Szenen der Gegenwart in eine herrliche Zukunft gestattet, wenn Gottes Volk aus dem Land des Feindes befreit und wieder in Zion eingepflanzt werden würde. Er sah die Zeit voraus, in der der Herr Seine Bündnisbeziehung mit ihnen erneuern würde: »Ihre Seele wird sein wie ein gewässerter Garten; sie werden nicht mehr hungern.« Jeremia 31,12 Bruns

Von seiner Berufung zum Prophetenamt schrieb Jeremia selbst: »Der Herr streckte seine Hand aus und rührte meinen Mund an und sprach zu mir: Siehe, ich lege meine Worte in deinen Mund. Siehe, ich setze dich heute über Völker und Königreiche, dass du ausreißen und einreißen, zerstören und verderben sollst und bauen und pflanzen.« Jeremia 1,9f

Gott sei Dank für die Worte »bauen und pflanzen«. Durch sie wurde Jeremia versichert, dass es Gottes Absicht war wiederaufzubauen und zu heilen. Es waren ernste Botschaften, die Jeremia in den folgenden Jahren bringen musste. Prophezeiungen des baldigen Gerichts sollten furchtlos verkündigt werden. Von den Ebenen Sinears aus würde »über alle, die im Lande wohnen«, Unheil losbrechen. »Und ich will mein Gericht über sie ergehen lassen um all ihrer Bosheit willen«, verkündete der Herr, »dass sie mich verlassen und andern Göttern opfern und ihrer Hände Werk anbeten.« Jeremia 1,14-16 Der Prophet sollte jedoch diese Botschaften gemeinsam mit der Zusicherung der Vergebung an alle verkünden, die sich von ihrem bösen Tun abwenden würden.

Als weiser Baumeister versuchte Jeremia von Beginn seines Lebenswerkes an, die Männer Judas dazu zu ermutigen, durch eine gründliche Bekehrung die Fundamente ihres geistlichen Lebens breit und tief zu legen. Lange hatten sie mit Materialien gearbeitet, die der Apostel Paulus mit Holz, Heu und Stroh vergleicht und Jeremia selbst mit Schlacke. »Darum heißen sie ‚Verworfenes Silber'«, sagte er über das unbußfertige Volk; »denn der Herr hat sie verworfen.« Jeremia 6,30 Sie wurden nun gedrängt, weise für die Ewigkeit zu bauen, den Müll ihres Unglaubens und Abfalls beiseite zu räumen und als Fundament reines Gold, veredeltes Silber und Edelsteine zu verwenden – Glauben, Gehorsam und gute Werke, denn nur sie haben in den Augen Gottes Bestand.

Die Botschaft, die der Herr durch Jeremia an Sein Volk richtete, lautete: »Kehre zurück, du abtrünniges Israel ... so will ich nicht zornig auf euch blicken. Denn ich bin gnädig, spricht der Herr, und will nicht ewiglich zürnen. Allein erkenne deine Schuld, dass du wider den Herrn, deinen Gott, gesündigt hast ... Kehrt um, ihr abtrünnigen Kinder, spricht der Herr, denn ich bin euer Herr!« Jeremia 3,12-14 »Ich dachte, du würdest mich dann ‚Lieber Vater' nennen und nicht von mir weichen ... Kehrt zurück, ihr abtrünnigen Kinder, so will ich euch heilen von eurem Ungehorsam.« Jeremia 3,19.22

Diesen wunderbaren Bitten fügte der Herr für Sein irrendes Volk sogar noch die Worte hinzu, mit denen sie sich an Ihn wenden konnten: »Siehe, wir kommen zu dir; denn du bist der Herr, unser Gott. Wahrlich, es ist ja nichts als Betrug mit den Hügeln und mit dem Lärm auf den Bergen. Wahrlich, es hat Israel keine andere Hilfe als am Herrn, unserem Gott ... So müssen wir uns betten in unsere Schande, und unsre Schmach soll uns bedecken. Denn wir haben gesündigt wider den Herrn, unseren Gott, wir und unsere Väter, von unsrer Jugend an bis auf den heutigen Tag, und haben nicht gehorcht der Stimme des Herrn, unseres Gottes.« Jeremia 3,22-25

Die Reformation unter Jeremia hatte das Land von den Götzenaltären gereinigt, aber die Herzen der Menge waren nicht umgewandelt worden. Die Samen der Wahrheit, die aufgegangen waren und eine reiche Ernte versprochen hatten, waren von den Dornen erstickt worden. Ein weiterer Abfall dieser Art würde verhängnisvoll sein, und so versuchte der Herr, sein Volk aufzurütteln, damit sie die Gefahr erkannten, in der sie sich befanden. Nur wenn sie ihrem Herrn treu wären, könnten sie auf das göttliche Wohlgefallen und Wohlergehen hoffen.

Jeremia lenkte die Aufmerksamkeit wiederholt auf die Ratschläge im fünften Buch Mose. Mehr als andere Propheten betonte er die Lehren des mosaischen Gesetzes und zeige ihnen, wie diese dem Volk und jedem Einzelnen die höchsten geistlichen Segnungen bringen könnten. »Fragt nach den Wegen der Vorzeit, welches der gute Weg sei und wandelt darin«, bat er sie, »so werdet ihr Ruhe finden für eure Seele!« Jeremia 6,16

Bei einer Gelegenheit stellte sich der Prophet auf den Befehl des Herrn an eines der Haupttore der Stadt auf und wies sie dringend auf die Wichtigkeit hin, den Sabbat heilig zu halten. Die Einwohner Jerusalems befanden sich in der Gefahr, die Heiligkeit des Sabbats aus den Augen zu verlieren. Sie wurden daher dringend davor gewarnt, an diesem Tag ihren weltlichen Beschäftigungen nachzugehen. Der Segen wurde ihnen verheißen, wenn sie gehorsam wären. Der Herr versprach: »Wenn ihr nun auf mich hören werdet, spricht der Herr, dass ihr am Sabbattag keine Last durch die Tore dieser Stadt tragt, sondern ihn heiligt, dass

 ihr an diesem Tag keine Arbeit tut, so sollen auch durch die Tore dieser Stadt aus- und eingehen Könige, die auf dem Thron Davids sitzen und die mit Ross und Wagen fahren, sie und ihre Großen samt allen, die in Juda und Jerusalem wohnen; und es soll diese Stadt immerdar bewohnt werden.« Jeremia 17,24f Dieses Versprechen des Wohlergehens als Belohnung für Treue war begleitet von der Ankündigung furchtbarer Gerichte, die auf die Stadt kämen, wenn sich ihre Bewohner gegenüber Gott und Seinem Gesetz untreu verhielten. Sollten sie die Ermahnung, dem Herrn, dem Gott ihrer Väter zu gehorchen und Seine Sabbate zu heiligen, nicht gehorchen, würden die Stadt und ihre Paläste durch Feuer vollständig zerstört werden.

So trat der Prophet entschlossen für die vernünftigen Grundsätze der richtigen Lebensweise ein, die im Gesetzbuch so deutlich beschrieben ist. Die Zustände im Land Juda waren so schlimm, dass eine Veränderung zum Besseren nur noch durch die entschiedensten Maßnahmen herbeigeführt werden konnte. Aus diesem Grund wirkte Jeremia ernsthaft für die reuelosen Menschen. Er forderte sie auf: »Pflügt ein Neues und säet nicht unter die Dornen!« »So wasche nun, Jerusalem, dein Herz von der Bosheit, auf dass dir geholfen werde.« Jeremia 4,3.14

Die Allermeisten aus dem Volk beachteten den Ruf zur Bekehrung und zur Reformation überhaupt nicht. Seit dem Tod des guten Königs Josia waren die Führer des Volks ihrer Verantwortung untreu gewesen und hatten viele in die Irre geleitet. Auf Joahas, der durch das Eingreifen des ägyptischen Pharaos vom Thron entfernt worden war, folgte Jojakim, ein älterer Sohn Josias. Von Beginn seiner Herrschaft an hatte Jeremia nur wenig Hoffnung, sein geliebtes Land vor der Zerstörung und sein Volk vor der Gefangenschaft retten zu können. Gott erlaubte ihm jedoch nicht, still zu bleiben, wo doch völliger Untergang das Reich bedrohte. Die Wenigen, die Gott treu geblieben waren, mussten ermutigt werden, weiterhin das Rechte zu tun, während die Sünder – wenn möglich – dazu gebracht werden sollten, sich von der Ungerechtigkeit abzuwenden.

Die Krise verlangte öffentliche und weitreichende Anstrengungen. Jeremia wurde vom Herrn befohlen, sich in den Hof des Tempels zu stellen und zu allen Bewohnern Judas zu sprechen, die gerade ein- und ausgingen. Von den ihm gegebenen Botschaften durfte er nicht ein Wort abändern, so dass die Sünder in Zion die beste Möglichkeit hatten zu hören und sich von ihren bösen Wegen abzuwenden.

Der Prophet gehorchte. Er stellte sich ins Tor zum Haus Gottes und erhob dort seine warnende und flehende Stimme. Unter der Inspiration des Höchsten erklärte er: »Höret des Herrn Wort, ihr alle von Juda, die ihr zu diesen Toren eingeht, den Herrn anzubeten! So spricht der Herr Zebaoth, der Gott Israels: ‚Bessert euer Leben und euer Tun, so will ich bei euch wohnen an diesem Ort.' Verlasst euch nicht auf Lügenworte, wenn sie sagen: Hier ist des Herrn Tempel, hier ist des Herrn Tempel, hier ist des Herrn Tempel! Sondern bessert euer Leben und euer Tun, dass ihr recht handelt einer gegen den andern und keine Gewalt übt gegen Fremdlinge, Waisen und Witwen und nicht unschuldiges Blut vergießt an diesem Ort und nicht anderen Göttern nachlauft zu eurem eigenen Schaden, so will ich immer und ewig bei euch wohnen an diesem Ort, in dem Lande, das ich euren Vätern gegeben habe.« Jeremia 7,2-7

Hier zeigt sich sehr deutlich, wie ungern der Herr straft. Er hält Seine Gerichte zurück, um auf die Sünder einwirken zu können. Er, der »Barmherzigkeit, Recht und Gerechtigkeit übt auf Erden«, Jeremia 9,23 bangt um Seine irrenden Kinder. Auf jede nur mögliche Weise versucht Er, ihnen den Weg zum ewigen Leben zu lehren. Er hatte die Israeliten aus der Knechtschaft befreit, damit sie Ihm, dem allein wahren und lebendigen Gott, dienen könnten. Obwohl sie lange Götzendienst praktiziert und Seine Warnungen gering geschätzt hatten, erklärte Gott ihnen nun Seine Bereitschaft, die Strafe aufzuschieben und ihnen noch eine weitere Gelegenheit zur Reue und Umkehr einzuräumen. Er machte allerdings die Tatsache deutlich, dass nur durch eine tiefgründige und von Herzen kommende Reformation das ihnen drohende Schicksal abgewendet werden könne. Ansonsten würde es ihnen gar nichts bringen, sich auf den Tempel und die Durchführung der Zeremonien zu verlassen. Riten und Zeremonien konnten die Sünde nicht sühnen. Trotz ihres Anspruchs, das auserwählte Volk Gottes zu sein, konnte nur eine von Herzen kommende und im Leben praktisch umgesetzte Reformation sie vor dem unvermeidlichen Ergebnis fortgesetzter Übertretung retten.

So kam es, dass »in den Städten Judas und auf den Gassen Jerusalems« die Botschaft Jeremias lautete: »Hört die Worte dieses Bundes« – die klaren Vorschriften unseres Gottes, wie sie in der Heiligen Schrift überliefert sind – »und tut danach«! Jeremia 11,6 Und diese Botschaft verkündigte er zu Beginn der Herrschaft Jojakims im Tempelvorhof. Israels Erfahrung seit den Tagen des Auszugs wurde in groben Zügen wiederholt. Gottes Bund mit ihnen war gewesen: »Gehorcht meinem Wort, so will ich euer Gott sein, und ihr sollt mein Volk sein; wandelt ganz auf dem Wege, den ich euch gebiete, auf dass es euch wohlgehe.« Jeremia 7,23 Schamlos hatten sie immer wieder diesen Bund gebrochen. Vom auserwählten Volk heißt es, sie sind »nach den Ratschlägen, nach dem Starrsinn ihres bösen Herzens gewandelt, indem sie mir den Rücken und nicht mehr das Angesicht zukehrten«. Jeremia 7,24 Menge

»Warum will denn dies Volk zu Jerusalem irregehen für und für?« Jeremia 8,5 fragte der Herr. Nach den Worten des Propheten war es deshalb, weil sie der Stimme des Herrn, ihres Gottes, nicht gehorcht hatten und sich weigerten, sich korrigieren zu lassen. vgl. Jeremia 5,3 »Die Wahrheit ist dahin«, klagte er. Jeremia

 7,28 »Der Storch unter dem Himmel weiß seine Zeit, Turteltaube,

Kranich und Schwalbe halten die Zeit ein, in der sie wiederkommen sollen; aber mein Volk will das Recht des Herrn nicht wissen.« Jeremia 8,7 »Sollte ich das nicht heimsuchen an ihnen, spricht der Herr, und sollte ich mich nicht rächen an einem Volk wie diesem?« Jeremia 9,8

Die Zeit für ein tiefgründiges Erforschen des Herzens war gekommen. Als Josia noch ihr König gewesen war, hatte das Volk einen Grund zur Hoffnung gehabt. Aber dieser konnte nicht länger für sie vermitteln, denn er war im Kampf gefallen. Die Sünden des Volkes waren so schwerwiegend, dass die Zeit einer Vermittlung völlig vorüber war. »Wenn auch Mose und Samuel vor mir stünden«, erklärte der Herr, »so habe ich doch kein Herz für dies Volk. Treibe sie weg von mir, und lass sie weggehen! Und wenn sie zu dir sagen: Wo sollen wir hin?, dann antworte ihnen: So spricht der Herr: Wen der Tod trifft, den treffe er; wen das Schwert trifft, den treffe es; wen der Hunger trifft, den treffe er; wen die Gefangenschaft trifft, den treffe sie!« Jeremia 15,1f

Falls die unbußfertige Nation Gottes nochmalige gnädige Aufforderung nicht beachten sollte, würde dies dieselben Strafgerichte zur Folge haben, die das Nordreich Israel ein Jahrhundert früher ereilt hatten. Die Botschaft an sie lautete: »Werdet ihr mir nicht gehorchen und nicht nach meinem Gesetz wandeln, das ich euch vorgelegt habe, und nicht hören auf die Worte meiner Knechte, der Propheten, die ich immer wieder zu euch sende und auf die ihr doch nicht hören wollt, so will ich's mit diesem Hause machen wie mit Silo und diese Stadt zum Fluchwort für alle Völker auf Erden machen.« Jeremia 26,4-6

Die Menschen, die Jeremias Ausführungen im Vorhof des Tempels zuhörten, verstanden den Hinweis auf Silo und die Tage Elis sehr gut, als die Philister Israel besiegt und die Bundeslade verschleppt hatten. Die Sünde Elis hatte darin bestanden, den Frevel seiner Söhne im heiligen Amt und die überall im Land vorherrschenden Übel leichtfertig zu übergehen. Sein Versäumnis, diese Übel zurechtzurücken hatte eine furchtbare Niederlage für Israel gebracht. Seine Söhne waren im Kampf gefallen, Eli selbst war gestorben, die Lade Gottes war aus dem Land Israel entführt worden und 30 000 Menschen waren getötet worden – und alles nur deshalb, weil sich die Sünde ungetadelt und ungehindert hatte ausbreiten dürfen. Israel hatte in seiner Arroganz gedacht, dass die Bundeslade ihnen trotz ihrer sündhaften Handlungsweise den Sieg über die Philister garantieren würde. Auf ähnliche Weise wollten die Einwohner Judas glauben, dass eine strenge Einhaltung der göttlich verordneten Tempeldienste sie vor der gerechten Strafe für ihre böse Handlungsweise bewahren würde.

Welch eine Lektion liegt darin für Männer, die heute in der Gemeinde Gottes verantwortungsvolle Ämter bekleiden! Welche ernste Warnung, gewissenhaft gegen die Übel vorzugehen, die Unehre über die Sache der Wahrheit bringen! Niemand, der beansprucht, ein Verwalter des Gesetzes Gottes zu sein, sollte sich mit dem Gedanken beruhigen, eine rein äußerliche Beachtung der Gebote könne vor der Ausübung der göttlichen Gerechtigkeit bewahren. Niemand sollte sich weigern, sich für Böses tadeln zu lassen, oder gar die Diener Gottes anklagen, übereifrig dabei zu sein, das Lager vom bösen Tun zu reinigen. Gott, der die Sünde hasst, ruft alle auf, die beanspruchen, Sein Gesetz zu halten, sich von jeder Ungerechtigkeit zu trennen. Werden Reue und williger Gehorsam unterlassen, werden ebenso ernste Folgen über die Menschen unserer Zeit hereinbrechen wie über das alte Israel. Es gibt eine Grenze, über die hinaus die Gerichte des Herrn nicht länger zurückgehalten werden können. Die Zerstörung Jerusalems in den Tagen Jeremias ist eine deutliche Warnung an das moderne Israel, dass die durch Gottes auserwählte Werkzeuge erteilten Ratschläge und Ermahnungen nicht ungestraft missachtet werden können.

Jeremias Botschaft an Priester und Volk rief den Widerstand vieler Menschen hervor. In rebellischer Ablehnung riefen sie: »Wie kannst du behaupten, im Namen des Herrn zu sprechen, wenn du ankündigst, dass der Tempel genauso zerstört werden soll wie das Heiligtum in Silo? Wie kannst du es wagen, uns anzudrohen, dass Jerusalem vollständig verwüstet werden soll, sodass keiner mehr darin wohnen wird? Und das ganze Volk rottete sich im Tempel des Herrn gegen Jeremia zusammen.« Jeremia 26,9 NL So wurde die Botschaft Gottes missachtet und sein Diener mit dem Tod bedroht.

Die Nachricht von Jeremias Worten wurde auch den Fürsten Judas gebracht. Sie eilten vom Palast des Königs in den Tempel, um sich selbst mit der Angelegenheit vertraut zu machen. »Die Priester und Propheten sprachen vor den Oberen und allem Volk: Dieser Mann ist des Todes schuldig; denn er hat geweissagt gegen diese Stadt, wie ihr mit eigenen Ohren gehört habt.« Jeremia 26,11 Jeremia stand jedoch mutig vor den Fürsten und dem Volk und rief aus: »Der Herr hat mich gesandt, dass ich dies alles, was ihr gehört habt, weissagen sollte gegen dies Haus und gegen diese Stadt. So bessert nun eure Wege und euer Tun und gehorcht der Stimme des Herrn, eures Gottes, dann wird den Herrn auch gereuen das Übel, das er gegen euch geredet hat. Siehe, ich bin in euren Händen, ihr könnt mit mir machen, wie es euch recht und gut dünkt. Doch sollt ihr wissen: wenn ihr mich tötet, so werdet ihr unschuldig Blut auf euch laden, auf diese Stadt und ihre Einwohner. Denn wahrlich, der Herr hat mich zu euch gesandt, dass ich dies alles vor euren Ohren reden soll.« Jeremia 26,12-15

Hätte sich der Prophet durch die drohende Haltung der hohen Würdenträger einschüchtern lassen, wäre seine Botschaft ohne Wirkung geblieben und er hätte sein Leben verloren. Der Mut, mit dem er die ernste Warnung verkündigte, rief

 den Respekt des Volkes hervor und brachte die Fürsten Israels auf seine Seite. Sie argumentierten mit den Priestern und falschen Propheten und zeigten ihnen, wie unklug die von ihnen vertretenen extremen Maßnahmen wären. Diese Worte überzeugten auch das Volk. So erweckte Gott Verteidiger für Seinen Diener.

Auch die Ältesten stimmten ihnen zu und protestierten gegen die Entscheidung der Priester über das Schicksal Jeremias. Sie verwiesen auf einen Micha, der ebenfalls Gerichte über Jerusalem vorhergesagt hatte: »Zion wird umgepflügt zu Ackerland, Jerusalem wird zum Trümmerhaufen, der Tempelberg zur überwucherten Höhe.« Dann stellten sie einige Fragen: »Haben ihn etwa Hiskia, der König von Juda, und ganz Juda deshalb hingerichtet? Hat er nicht Gott gefürchtet und den Zorn des Herrn besänftigt, sodass den Herrn das Unheil reute, das er ihnen angedroht hatte? Und wir sollten ein so großes Unrecht tun zu unserem eigenen Schaden?« Jeremia 26,18f EÜ

Durch diese Fürsprache wurde das Leben des Propheten verschont, obwohl viele der Priester und falschen Propheten, die die von ihm ausgesprochenen verurteilenden Wahrheiten nicht aushalten konnten, ihn gerne wegen Volksverhetzung zum Tode verurteilt gesehen hätten.

Vom Tag seiner Berufung bis zum Ende seines Dienstes stand Jeremia wie »eine feste, eherne Mauer«. Menschlicher Zorn konnte gegen ihn keinen Erfolg haben. »Wenn sie auch wider dich streiten, sollen sie dir doch nichts anhaben«, hatte der Herr seinem Diener angekündigt; »denn ich bin bei dir, dass ich dir helfe und dich errette, spricht der Herr, und ich will dich erretten aus der Hand der Bösen und erlösen aus der Hand der Tyrannen.« Jeremia 15,20f

Jeremia, der von Natur aus furchtsam und scheu war, sehnte sich nach dem Frieden und der Ruhe eines zurückgezogenen Lebens, bei dem er nicht die fortgesetzte Verstocktheit seines geliebten Volkes erleben musste. Sein Herz war von Seelenqual erfüllt angesichts des durch die Sünde herbeigeführten Untergangs. »Ach dass ich Wasser genug hätte in meinem Haupte und meine Augen Tränenquellen wären«, klagte er, »dass ich Tag und Nacht beweinen könnte die Erschlagenen meines Volks!« Jeremia 8,23 »Ach dass ich eine Herberge hätte in der Wüste, so wollte ich mein Volk verlassen und von ihnen ziehen!« Jeremia 9,1

Der Spott, den er erdulden musste, war grausam. Seine sensible Seele wurde immer wieder durch die Pfeile des Hohns durchdrungen, die diejenigen auf ihn abschossen, die seine Botschaften verachteten und sich über seine Last für ihre Bekehrung lustig machten. So sagte er. »Ich bin ein Hohn für mein ganzes Volk«, klagte er, »und täglich ihr Spottlied.« Klagelieder 3,14 »Ich bin darüber zum Spott geworden täglich, und jedermann verlacht mich ... Alle meine Freunde und Gesellen lauern, ob ich nicht falle: ‚Vielleicht lässt er sich überlisten, dass wir ihm beikommen können und uns an ihm rächen.‘« Jeremia 20,7.10

Der treue Prophet wurde jedoch täglich gestärkt, weiter auszuhalten. Im Glauben sagte er: »Der Herr ist bei mir wie ein starker Held, darum werden meine Verfolger fallen und nicht gewinnen. Sie müssen ganz zuschanden werden, weil es ihnen nicht gelingt. Ewig wird ihre Schande sein und nie vergessen werden ... Singet dem Herrn, rühmet den Herrn, der des Armen Leben aus den Händen der Boshaften errettet!« Jeremia 20,11.13

Die Erfahrungen, die Jeremia in den Tagen seiner Jugend und auch in den späteren Jahren seines Dienstes machte, lehrten ihn die folgende Lektion, »dass des Menschen Tun nicht in seiner Gewalt steht, und es liegt in niemandes Macht, wie er wandle oder seinen Gang richte«. Und er lernte beten: »Züchtige mich, Herr, doch mit Maßen und nicht in deinem Grimm, auf dass du mich nicht ganz zunichte machst.« Jeremia 10,23f

Als er dazu aufgerufen wurde, den Becher der Trübsal und des Leids zu trinken, als er in seinem Elend versucht war zu sagen: »Mein Ruhm und meine Hoffnung auf den Herrn sind dahin«, Klagelieder 3,18 da erinnerte er sich an die Fügungen Gottes zu seinen Gunsten und rief triumphierend aus:

»‚Die Güte des Herrn ist's, dass wir nicht gar aus sind, seine Barmherzigkeit hat noch kein Ende, sondern sie ist alle Morgen neu, und deine Treue ist groß. Der Herr ist mein Teil, spricht meine Seele; darum will ich auf ihn hoffen.' Denn der Herr ist freundlich dem, der auf ihn harrt, und dem Menschen, der nach ihm fragt. ‚Es ist ein köstlich Ding, geduldig sein und auf die Hilfe [ELB die Rettung] des Herrn hoffen.'« Klagelieder 3,22-26

KAPITEL 35

Das Gericht naht

Auf Grundlage des biblischen Berichts

Die ersten Jahre der Herrschaft Jojakims waren voller Warnungen über das herannahende Verhängnis. Das Wort des Herrn sollte – wie es von den Propheten angekündigt war – bald erfüllt werden. Die assyrische Macht im Norden, die so lange über alle geherrscht hatte, sollte die Völker nicht länger beherrschen. Ägypten im Süden, in dessen Macht der König Judas vergeblich sein Vertrauen setzte, sollte bald empfindlich geschlagen werden. Völlig unerwartet erhob sich gegen Osten hin eine neue Weltmacht, das babylonische Weltreich, das bald alle anderen Völker überflügelte.

In nur wenigen Jahren sollte der König Babylons als Werkzeug des Zornes Gottes gegen das reuelose Juda benutzt werden. Wieder und wieder sollte Jerusalem belagert und von den Armeen Nebukadnezars eingenommen werden. Schar um Schar – zuerst nur wenige, später jedoch Tausende und Zehntausende – sollten als Gefangene ins Land Sinear gebracht werden, um dort zwangsweise im Exil zu leben. Die jüdischen Könige Jojakim, Jojachin und Zedekia sollten zu Vasallen des babylonischen Herrschers werden. Jeder Einzelne von ihnen würde deswegen rebellieren. Härtere und immer härtere Züchtigungen sollte das rebellische Volk erfahren, bis schließlich das ganze Land verwüstet sein würde: Jerusalem sollte vernichtet und verbrannt, der von Salomo erbaute Tempel zerstört werden und das Reich Juda fallen, um nie wieder seine frühere Stellung unter den Völkern der Erde einzunehmen.

Diese für das Volk Israel so gefahrvollen Zeiten der Veränderung waren gekennzeichnet durch viele Botschaften, die der Himmel durch Jeremia schickte. So gab der Herr den Einwohnern Judas mehr als genug Gelegenheiten, sich von den verstrickenden Bündnissen mit Ägypten zu lösen und den Konflikt mit den Herrschern Babylons zu vermeiden. Als die angekündigte Gefahr immer näherkam, belehrte Jeremia das Volk durch eine Reihe von praktisch umgesetzten Gleichnissen. Er hoffte, sie auf diese Weise für ihre Pflichten gegenüber Gott zu sensibilisieren und sie dazu zu ermutigen, freundliche Beziehungen zur babylonischen Regierung aufzunehmen.

Um die Bedeutung sofortigen Gehorsams gegenüber den Anforderungen Gottes zu illustrieren, versammelte Jeremia die Rechabiter in eine der Tempelkammern und setzte ihnen Wein zum Trinken vor. Wie zu erwarten gewesen war, traf er auf Widerstand und absolute Verweigerung. Sie erklärten fest: »Wir trinken keinen Wein, denn unser Vater Jonadab, der Sohn Rechabs, hat uns geboten: Ihr und eure Nachkommen sollt niemals Wein trinken.« Jeremia 35,6

»Da geschah des Herrn Wort zu Jeremia: So spricht der Herr Zebaoth, der Gott Israels: Geh hin und sprich zu den Männern von Juda und zu den Bürgern von Jerusalem: Wollt ihr euch denn nicht bessern und meinen Worten gehorchen? spricht der Herr. Die Worte Jonadabs, des Sohnes Rechabs, der seinen Nachkommen geboten hat, dass sie keinen Wein trinken sollen, werden gehalten, und sie trinken keinen Wein bis auf diesen Tag; denn sie gehorchen ihres Vaters Gebot.« Jeremia 35,12-14 So versuchte Gott, den scharfen Gegensatz zwischen dem Gehorsam der Rechabiter und dem Ungehorsam und der Rebellion Seines Volks herauszustellen. Die Rechabiter hatten dem Gebot ihres Vaters gehorcht und weigerten sich nun, sich zu dessen Übertretung verführen zu lassen. Die Männer Judas hingegen hatten nicht auf die Worte des Herrn gehört und sollten in der Folge bald seine strengsten Strafgerichte erleiden.

Daher erklärte der Herr:»Ich aber habe euch immer wieder predigen lassen«, sagte der Herr, »doch gehorchtet ihr mir nicht. Ich habe auch immer wieder alle meine Knechte, die Propheten, zu euch gesandt und sagen lassen: Kehrt um, ein jeder von seinem bösen Wege, und bessert euer Tun und folgt nicht andern Göttern nach, ihnen zu dienen, so sollt ihr in dem Lande bleiben, das ich euch und euren Vätern gegeben habe. Aber ihr wolltet eure Ohren nicht zu mir kehren und mir nicht gehorchen. Ja, die Nachkommen Jonadabs, des Sohnes Rechabs, haben ihres Vaters Gebot gehalten, das er ihnen geboten hat. Aber dies Volk gehorcht mir nicht! Darum spricht der Herr, der Gott Zebaoth, der Gott Israels: Siehe, ich will über Juda und über alle Bürger Jerusalems kommen lassen all das Unheil, das ich gegen sie geredet habe, weil ich zu ihnen redete und sie nicht hören wollten, weil ich rief und sie mir nicht antworten wollten.« Jeremia 35,14-17

Wenn die Herzen der Menschen durch den bezwingenden Einfluss des Heiligen Geistes weich gemacht und unterworfen sind, werden sie auf Ratschläge hören. Wenn sie sich jedoch von der Ermahnung abwenden bis ihre Herzen verhärtet sind, lässt der Herr zu, dass sie durch andere Einflüsse geführt werden. Weigern sie sich jedoch, die Wahrheit anzunehmen, akzeptieren sie die Lüge, die ihnen zu einem Fallstrick wird, in dem sie umkommen.

Gott hatte Juda wiederholt gebeten, Ihn nicht zum Zorn zu reizen, aber sie hatten nicht gehört. Schließlich wurde das Urteil über sie ausgesprochen. Sie sollten als Gefangene nach Babylon geführt werden und die

Chaldäer als Werkzeuge eingesetzt werden, durch die Gott Sein ungehorsames Volk züchtigen wollte. Die Leiden der Juden sollten dem Licht entsprechen, das sie gehabt hatten und den Warnungen, die sie verachtet und verworfen hatten. Lange Zeit hatte Gott seine Strafgerichte aufgeschoben, aber nun wollte Er sie Sein Missfallen spüren lassen als letzten Versuch, um sie von ihrem bösen Kurs abzuhalten.

Über das Geschlecht der Rechabiter wurde ein unaufhörlicher Segen ausgesprochen. Der Prophet verkündete: »Weil ihr dem Gebot eures Vaters Jonadab gehorcht habt und alle seine Gebote gehalten und alles getan, was er euch geboten hat, darum spricht der Herr Zebaoth, der Gott Israels: Es soll dem Jonadab, dem Sohn Rechabs, niemals an einem Mann fehlen, der vor mir steht.« Jeremia 35,18f So lehrte Gott Sein Volk, dass Treue und Gehorsam als Segen auf sie zurückfallen würden wie auf die Rechabiter, die aufgrund ihres Gehorsams gegenüber dem Gebot ihres Ahnherrn gesegnet wurden.

Diese Lektion gilt uns. Wenn die Anforderungen eines guten und weisen Vaters, der die besten und effektivsten Mittel einsetzte, um Seine Nachkommenschaft vor den Übeln der Unmäßigkeit zu bewahren, strengen Gehorsam wert waren, wie viel mehr sollte dann Gottes Autorität wertgeschätzt werden, weil er so viel heiliger ist als die Menschen. Unser Schöpfer und Kommandant, der unendlich mächtig ist, furchtbar in Seinen Gerichten, versucht durch jedes Mittel, die Menschen dazu zu bringen, ihre Sünden zu sehen und zu bereuen. Durch den Mund Seiner Diener sagt Er die Gefahren des Ungehorsams voraus. Er warnt und tadelt jede Sünde zuverlässig. Sein Volk verdankt sein Wohlergehen nur Seiner Gnade und der wachsamen Fürsorge Seiner auserwählten Werkzeuge. Er kann kein Volk erhalten und beschützen, das Seinen Rat verwirft und Seinen Tadel verachtet. Eine Zeitlang mag Er Seine Strafgerichte zurückhalten, doch Er kann Seine strafende Hand nicht ewig zurückhalten.

Die Kinder Juda gehörten zu den Menschen, von denen Gott erklärt hatte: »Ihr sollt mir ein Königreich von Priestern und ein heiliges Volk sein.« 2.Mose 19,6 Jeremia verlor in seinem Dienst niemals die lebenswichtige Bedeutung von Herzensheiligkeit in den unterschiedlichen Beziehungen des Lebens aus dem Auge, vor allem nicht beim Dienst für den allerhöchsten Gott. Deutlich sah er den Niedergang des Reiches und die Zerstreuung der Einwohner Judas unter die Völker voraus. Mit dem Glaubensauge sah er jedoch über all diese Dinge hinweg bis zur Zeit der Wiederherstellung. In seinem Ohr klang das göttliche Versprechen noch nach: »Ich will die Übriggebliebenen meiner Herde sammeln aus allen Ländern, wohin ich sie verstoßen habe, und will sie wiederbringen zu ihren Weideplätzen ... Siehe, es kommt die Zeit, spricht der Herr, dass ich dem David einen gerechten Spross erwecken will. Der soll ein König sein, der wohl regieren und Recht und Gerechtigkeit im Lande üben wird. Zu seiner Zeit soll Juda geholfen werden und Israel sicher wohnen. Und dies wird sein Name sein: ‚Der Herr, unsere Gerechtigkeit!'« Jeremia 23,3-6

So wurden Prophezeiungen des kommenden Gerichts vermischt mit Verheißungen der schließlich herrlichen Befreiung. Wer die Wahl treffen würde, mit Gott Frieden zu schließen und inmitten des vorherrschenden Abfalls ein heiliges Leben zu führen, würde Kraft für jede Prüfung bekommen und befähigt werden, ein vollmächtiger Zeuge für Ihn zu sein. Und die in fernen Zeiten für sie bewirkte Rettung würde die für die Kinder Israel bei dem Auszug aus Ägypten an Bekanntheit übertreffen. Die Tage würden kommen, erklärte der Herr durch Seinen Propheten, »dass man nicht mehr sagen wird: ‚So wahr der Herr lebt, der die Kinder Israel aus Ägyptenland geführt hat!', sondern: ‚So wahr der Herr lebt, der die Nachkommen des Hauses Israel herausgeführt und hergebracht hat aus dem Lande des Nordens und aus allen Landen, wohin er sie verstoßen hatte.' Und sie sollen in ihrem Lande wohnen.« Jeremia 23,7 Solche wunderbaren Verheißungen wurden von Jeremia während der letzten Jahre des Reiches Juda verkündigt, als die Babylonier gerade die Vorherrschaft antraten, und sogar noch dann, als sie ihre Belagerungsarmeen gegen die Mauern Zions führten.

Diese Verheißungen der Befreiung waren wie die süßeste Musik in den Ohren derer, die standhaft an der Anbetung des Herrn festhielten. In den Heimen der Familien hohen und niedrigen Standes, wo die Ratschläge eines bündnistreuen Gottes noch in Ehrfurcht gehalten wurden, wiederholte man die Worte des Propheten immer wieder. Sogar die Kinder wurden mächtig bewegt, und auf ihre jungen und aufnahmefähigen Gemüter wurden bleibende Eindrücke gemacht.

Ihre gewissenhafte Befolgung der Gebote der Heiligen Schrift brachte Daniel und seinen Freunden in den Tagen Jeremias Gelegenheiten, den wahren Gott vor den Völkern zu erhöhen. Die Unterweisung, die diese hebräischen Jugendlichen in den Heimen ihrer Eltern erhalten hatten, machte sie glaubensstark und befähigte sie, dem lebendigen Gott, dem Schöpfer Himmels und der Erde, beständig zu dienen. Als Nebukadnezar zu Beginn der Herrschaft Jojakims Jerusalem das erste Mal eroberte und einnahm, da führte er neben Daniel und seinen Freunden noch andere besonders ausgewählte junge Menschen für den Dienst am Hof von Babylon weg. Dabei wurde der Glaube der hebräischen Gefangenen bis zum Äußersten geprüft. Diejenigen jedoch, die es gelernt hatten, auf die Verheißungen Gottes zu vertrauen, fanden sie in vollem Umfang ausreichend für jede Erfahrung, die sie während ihres Aufenthalts in einem fremden Land machen mussten. Die heiligen Schriften waren ihnen Führer und Halt.

Als Ausleger der Bedeutung der Strafgerichte, die nach und nach über Juda
 hereinbrachen, war Jeremia ein edler Verteidiger der Gerechtig-

keit Gottes und Seiner barmherzigen Absichten selbst in den härtesten Strafen. Unermüdlich war der Prophet tätig. Er hatte den Wunsch, alle Gesellschaftsschichten von Menschen zu erreichen, und dehnte daher durch häufige Besuche in unterschiedlichen Teilen des Königreichs seine Einflusssphäre über Jerusalem hinaus auf die umliegenden Bezirke aus.

In seinen Zeugnissen an die Gemeinde bezog sich Jeremia stets auf die Lehren des Gesetzbuches, das während der Herrschaft Josias so sehr verehrt und geachtet gewesen war. Er betonte erneut die Wichtigkeit, eine Bündnisbeziehung mit dem allbarmherzigen und mitleidigen Gott aufrecht zu erhalten, der auf den Höhen des Sinai die Vorschriften der zehn Gebote verkündigt hatte. Jeremias Warnungen und Einladungen erreichten jeden Teil des Königreichs, und alle hatten die Möglichkeit, den Willen Gottes für das Volk zu kennen.

Der Prophet verdeutlichte die Tatsache, dass unser himmlischer Vater Seine Gerichte fallen lässt, damit »die Heiden erkennen, dass sie Menschen sind«. Psalm 9,21 Der Herr hatte sein Volk im voraus gewarnt: »Wenn ihr mir zuwiderhandelt und mich nicht hören wollt, so will ich euch ... unter die Völker zerstreuen und mit gezücktem Schwert hinter euch her sein, dass euer Land soll wüst sein und eure Städte zerstört.« 3.Mose 26,21.33 Zu der Zeit, als den Fürsten und dem Volk gerade Botschaften des bevorstehenden Untergangs nahe gebracht wurden, verbrachte ihr Herrscher Jojakim, der ein weiser geistlicher Führer und beim Sündenbekenntnis, einer Reformation und guten Werken der Erste hätte sein sollen, seine Zeit mit selbstsüchtigen Vergnügungen. Er dachte: »Ich will mir ein großes Haus bauen und weite Gemächer.« Und dieses Haus, das er »mit Zedern täfeln und rot malen« Jeremia 22,14 ließ, wurde mit Geld und Arbeitskraft erbaut, die er durch Betrug und Unterdrückung beschafft hatte.

Der Zorn des Propheten wurde dadurch entfacht und er wurde dazu inspiriert, Strafgerichte über den treulosen Herrscher zu verkünden. »Weh dem, der sein Haus mit Sünden baut und seine Gemächer mit Unrecht«, rief er aus, »der seinen Nächsten umsonst arbeiten lässt und gibt ihm seinen Lohn nicht ... Meinst du, du seist König, weil du mit Zedern prangst? Hat dein Vater nicht auch gegessen und getrunken und hielt dennoch auf Recht und Gerechtigkeit, und es ging ihm gut? Er half dem Elenden und Armen zum Recht, und es ging ihm gut. Heißt dies nicht, mich recht erkennen? spricht der Herr. Aber deine Augen und dein Herz sind auf nichts anderes aus als auf unrechten Gewinn und darauf, unschuldig Blut zu vergießen, zu freveln und zu unterdrücken. Darum spricht der Herr über Jojakim, den Sohn Josias, den König von Juda: Man wird ihn nicht beklagen: ‚Ach, Bruder! Ach, Schwester!‘ Man wird ihn nicht beklagen: ‚Ach, Herr! Ach, Edler!‘ Er soll wie ein Esel begraben werden, fortgeschleift und hinausgeworfen vor die Tore Jerusalems.« Jeremia 22,13-19

Innerhalb weniger Jahre sollte Jojakim von diesem furchtbaren Strafgericht heimgesucht werden, aber zunächst informierte der Herr in Seiner Gnade das reuelose Volk über Seine festen Absichten. Im vierten Jahr der Herrschaft Jojakims sprach »der Prophet Jeremia ... zu dem ganzen Volk von Juda und zu allen Bürgern Jerusalems« Er wies darauf hin, dass er seit zwanzig Jahren, »vom dreizehnten Jahr des Josia ... bis auf diesen Tag« Jeremia 25,2f Zeugnis darüber abgelegt habe, wie sehr es Gottes Wunsch sei, Sein Volk zu retten, aber seine Botschaften wären verachtet worden. Nun lautet das Wort des Herrn an sie: »Darum spricht der Herr Zebaoth: Weil ihr denn meine Worte nicht hören wollt, siehe, so will ich ausschicken und kommen lassen alle Völker des Nordens, spricht der Herr, auch meinen Knecht Nebukadnezar, den König von Babel, und will sie bringen über dies Land und über seine Bewohner und über alle diese Völker ringsum und will an ihnen den Bann vollstrecken und sie zum Bild des Entsetzens und zum Spott und zur ewigen Wüste machen und will wegnehmen allen fröhlichen Gesang, die Stimme des Bräutigams und der Braut, das Geräusch der Mühle und das Licht der Lampe, so dass dies ganze Land wüst und zerstört liegen soll. Und diese Völker sollen dem König von Babel dienen siebzig Jahre.« Jeremia 25,8-11

Obwohl das Vernichtungsurteil unmissverständlich verkündigt worden war, konnten die Menschenmassen, die zuhörten, ihre furchtbare Wichtigkeit kaum verstehen. Um einen noch tieferen Eindruck auf sie zu machen, versuchte der Herr, die gesprochenen Worte zu illustrieren. Er forderte Jeremia dazu auf, das Schicksal des Volkes mit dem Leeren eines Bechers zu vergleichen, der mit dem Wein des göttlichen Zorns angefüllt sei. Unter den Ersten, die von diesem Leidenskelch trinken sollten, waren »Jerusalem, die Städte Judas, ihre Könige und Fürsten«. Andere sollten aus diesem Becher trinken – »Pharao«, der »König von Ägypten, mit seinen Großen und mit seinen Fürsten, mit seinem ganzen Volk«, sowie viele andere Völker der Erde –, bis schließlich Gottes Absicht erfüllt sei. Jeremia 25,17-29 Um die Art dieser sich rasch nähernden Strafgerichte noch weiter zu illustrieren, wurde der Prophet aufgefordert: »Nimm mit etliche von den Ältesten des Volks und von den Ältesten der Priester und geh hinaus ins Tal Ben-Hinnom«. Dort sollte er, nachdem er den Abfall Judas noch einmal aufgezeigt hatte, »einen irdenen Krug vom Töpfer« zerschmettern und im Namen des Herrn, dessen Diener er war, erklären: »Wie man eines Töpfers Gefäß zerbricht, dass es nicht wieder ganz werden kann, so will ich dies Volk und diese Stadt zerbrechen.« Jeremia 19,1.2.10f

Der Prophet tat, was ihm befohlen worden war. Als er dann in die Stadt zurückkehrte, stellte er sich in den Vorhof des Tempels und erklärte in Gegenwart des ganzen Volkes: »So spricht der Herr Zebaoth, der Gott Israels: Siehe, ich will

 über diese Stadt und über alle ihre Ortschaften all das Unheil kommen lassen, das ich gegen sie geredet habe, weil sie halsstarrig sind und meine Worte nicht hören wollen.« Jeremia 19,15

Die Worte des Propheten erregten, anstatt dass sie zu Sündenbekenntnissen und Reue führten, den Ärger hochgestellter Personen. In der Folge wurde Jeremia seiner Freiheit beraubt. Eingekerkert und in den Stock gespannt, fuhr der Prophet dennoch damit fort, den Vorübergehenden die Botschaften des Himmels zu verkündigen. Seine Stimme konnte durch Verfolgung nicht zum Schweigen gebracht werden. Das Wort der Wahrheit, so sagte er: Es »ward in meinem Herzen wie ein brennendes Feuer, in meinen Gebeinen verschlossen, dass ich's nicht ertragen konnte; ich wäre schier vergangen.« Jeremia 20,9

Um diese Zeit etwa befahl der Herr Jeremia, die Botschaften aufzuschreiben, die er zu denen tragen wollte, nach deren Rettung sein mitleidiges Herz sich sehnte. »Nimm eine Schriftrolle«, forderte der Herr seinen Diener auf, »und schreibe darauf alle Worte, die ich zu dir geredet habe über Israel, über Juda und alle Völker von der Zeit an, da ich zu dir geredet habe, nämlich von der Zeit Josias an bis auf diesen Tag. Vielleicht wird das Haus Juda, wenn sie hören von all dem Unheil, das ich ihnen zu tun gedenke, sich bekehren, ein jeder von seinem bösen Wege, damit ich ihnen ihre Schuld und Sünde vergeben kann.« Jeremia 36,2f

Im Gehorsam gegen diesen Befehl des Herrn rief Jeremia einen treuen Freund, den Schreiber Baruch, zu seiner Hilfe und diktierte ihm »alle Worte des Herrn, die er zu Jeremia geredet hatte«. Jeremia 36,4 So wurden sie sorgfältig auf eine Pergamentrolle geschrieben. Sie waren ein feierlicher Tadel der Sünde, eine Warnung vor den sicheren Folgen fortgesetzten Abfalls und ein ernster Aufruf, sich von allem Bösen zu trennen. Als die Handschrift vollendet war, schickte der noch immer gefangene Jeremia Baruch als Vorleser der Buchrolle hinaus zu den Menschenmassen, die sich wegen eines nationalen Fastentages »im fünften Jahr Jojakims, des Sohnes Josias, des Königs von Juda, im neunten Monat« am Tempel versammelt hatten. Es war die Hoffnung des Propheten, dass sie sich: »Vielleicht ... mit Beten vor dem Herrn demütigen und sich bekehren, ein jeder von seinem bösen Wege; denn der Zorn und Grimm ist groß, den der Herr diesem Volk angedroht hat.« Jeremia 36,9.7

Baruch gehorchte, und »las aus der Schriftrolle ... vor dem ganzen Volk«. Jeremia 36,10 Danach wurde der Schreiber vor die Fürsten befohlen, um die Worte auch ihnen vorzulesen. Sie hörten mit großem Interesse zu und versprachen, den König über all das zu informieren, was sie gehört hatten. Gleichzeitig gaben sie dem Schreiber aber auch den Rat, sich zu verstecken, denn sie fürchteten, der König würde das Zeugnis ablehnen und versuchen, diejenigen zu töten, die die Botschaft vorbereitet und vorgelesen hatten. Als König Jojakim von den Fürsten mitgeteilt worden war, was Baruch vorgelesen hatte, befahl er, dass die Buchrolle unverzüglich zu ihm gebracht und in seiner Gegenwart vorgelesen würde. Ein königlicher Diener namens Jehudi holte die Rolle und begann, die Worte des Tadels und der Warnung vorzulesen. Es war gerade Winter, und der König und seine Regierungsbeamten, die Fürsten Judas, waren um ein offenes Feuer versammelt. »Wenn nun Judi drei oder vier Spalten gelesen hatte, schnitt« der König sie – weit davon entfernt, sich wegen der ihm und seinem Volk drohenden Gefahr ängstigen – in einem Wutanfall »ab mit einem Schreibmesser und warf sie ins Feuer, das im Kohlenbecken war, bis die Schriftrolle ganz verbrannt war.« Jeremia 36,23 Weder der König noch seine Fürsten erschraken darüber. »Und niemand ... zerriss seine Kleider.« Obwohl einige Fürsten den König dringend baten, »er möge die Schriftrolle nicht verbrennen, hörte er nicht auf sie«. Nachdem die Handschrift zerstört worden war, richtete sich der Zorn des Königs gegen Jeremia und Baruch, und er ließ sie suchen um sie festzunehmen, »aber der Herr hatte sie verborgen.« Jeremia 36,24-26

Gott richtete die Aufmerksamkeit des ganzen Volkes – der Anbeter im Tempel, der Fürsten und des Königs – auf die Ermahnungen, die in der Buchrolle aufgeschrieben waren. Damit versuchte Er in Seiner Gnade, die Menschen Judas zu ihrem Besten zu warnen. »Vielleicht wird das Haus Juda, wenn sie hören von all dem Unheil, das ich ihnen zu tun gedenke, sich bekehren, ein jeder von seinem bösen Wege, damit ich ihnen ihre Schuld und Sünde vergeben kann.« Jeremia 36,3 Gott hat Mitleid mit den Menschen, die sich in der Blindheit ihrer Verirrungen abkämpfen. Er versucht, ihr verfinstertes Verständnis zu erleuchten, indem Er sie tadelt und ihnen droht. Dadurch beabsichtigt Er, dass die stolzesten Menschen ihre Unwissenheit verspüren und ihre Irrtümer bedauern. Er bemüht sich, den Selbstgefälligen dabei zu helfen, unzufrieden mit ihren nutzlosen Leistungen zu werden und durch eine enge Verbindung mit dem Himmel nach geistlichen Segnungen zu suchen.

Gottes Plan besteht nicht darin, Boten zu schicken, die den Sündern schmeicheln und sie zufriedenzustellen suchen. Er lässt keine Botschaften des Friedens überbringen, um die Ungeheiligten in eine fleischliche Sicherheit zu wiegen. Vielmehr legt Er schwere Lasten auf das Gewissen des Übeltäters und durchbohrt seine Seele mit den scharfen Pfeilen des Schuldbewusstseins. Dienende Engel eröffnen ihm die furchtbaren Gerichte Gottes, um das Gefühl der Not zu verstärken und ihn zu dem gequälten Schrei zu bringen: »Was soll ich tun, dass ich gerettet werde?« Apg. 16,30 Aber die Hand, die bis in den Staub erniedrigt, die Sünde tadelt und Stolz und Ehrgeiz beschämt, ist dieselbe Hand, die den Reuigen und Gebeutelten wieder aufrichtet. Mit dem tiefsten Mitgefühl fragt ER, der zulässt, dass die Züchtigung erfolgt: »Was willst du, das ich dir tun soll?« Wenn

 ein Mensch gegen den heiligen und barmherzigen Gott sündigt, kann er keinen edleren Weg einschlagen, als aufrichtig zu bereuen und seine Fehler zerknirscht und unter Tränen zu bekennen. Das verlangt Gott von ihm, denn Er nimmt nicht weniger an als ein zerbrochenes Herz und einen geängstigten Geist. vgl. Ps. 51,19 König Jojakim und seine Vertrauten lehnten die Einladung Gottes ab. Sie wollten nicht auf die Warnung hören und bereuen. Die gnädige Gelegenheit, die ihnen angeboten wurde, als sie die Schriftrolle verbrannten, war ihre letzte. Gott hatte erklärt, dass wenn sie zu diesem Zeitpunkt noch immer sich weigerten, auf Seine Stimme zu hören, Seine furchtbare Vergeltung über sie hereinbrechen würde. Sie weigerten sich tatsächlich, und so verkündigte Er endgültig Seine Gerichte über Juda. Den Mann, der sich stolz gegen den Allmächtigen erhoben hatte, würde Er Seinen besonderen Zorn verspüren lassen.

»Darum spricht der Herr über Jojakim, den König von Juda: Es soll keiner von den Seinen auf dem Thron Davids sitzen, und sein Leichnam soll hingeworfen liegen, am Tag in der Hitze und nachts im Frost. Und ich will ihn und seine Nachkommen und seine Großen heimsuchen um ihrer Schuld willen, und ich will über sie und über die Bürger Jerusalems und über die in Juda kommen lassen all das Unheil, von dem ich zu ihnen geredet habe.« Jeremia 36,30f

Das Verbrennen der Buchrolle war nicht das Ende der Angelegenheit. Der geschriebenen Worte konnte man sich leichter entledigen als des in ihnen enthaltenen Tadels und der Warnung und der schnell herannahenden Bestrafung, die Gott über das rebellische Israel ausgesprochen hatte. Aber sogar die Buchrolle wurde neu erstellt: »Nimm dir eine neue Schriftrolle«, gebot ihm der Herr, »und schreibe auf sie alle vorigen Worte, die auf der ersten Schriftrolle standen, die Jojakim, der König von Juda, verbrannt hat.« Jeremia 36,28 Die Aufzeichnung der Gerichte über Juda und Jerusalem war zu Asche verbrannt worden, aber die Worte lebten noch immer im Herzen Jeremias »wie ein brennendes Feuer«. Dem Propheten war es somit möglich, das wiederherzustellen, was menschlicher Zorn gerne zerstört hätte. Jeremia nahm also eine andere Rolle und gab sie Baruch. »Der schrieb darauf, so wie ihm Jeremia vorsagte, alle Worte, die auf der Schriftrolle gestanden hatten, die Jojakim, der König von Juda, im Feuer hatte verbrennen lassen; und es wurden zu ihnen noch viele ähnliche Worte hinzugetan.« Jeremia 36,32 Menschlicher Zorn hatte versucht, die Arbeit des Propheten Gottes zu vereiteln, aber gerade die Mittel, womit Jojakim versucht hatte, den Einfluss des Dieners Gottes einzuschränken, boten eine weitere Möglichkeit, die göttlichen Anforderungen zu verdeutlichen.

Den Geist des Widerstands gegenüber Tadel, der dazu führte, dass Jeremia verfolgt und eingesperrt wurde, gibt es noch heute. Viele weigern sich, auf wiederholte Warnungen zu hören und ziehen es vor, falschen Lehrern zu lauschen, die ihrer Eitelkeit schmeicheln und ihre bösen Taten übersehen. Am

Tag der Trübsal werden solche Menschen keine sichere Zuflucht und keine Hilfe vom Himmel haben. Gottes auserwählte Diener sollten den Prüfungen und Leiden, die durch Tadel, Geringschätzung und falschen Darstellungen über sie kommen, mit Mut und Geduld begegnen. Sie sollten das ihnen von Gott gegebene Werk weiterhin treu tun und sich immer an die alten Propheten, den Erlöser der Menschheit und Seine Apostel erinnern, die auch um des Wortes willen Beleidigungen und Verfolgung erdulden mussten.

Es war Gottes Absicht, dass Jojakim auf die Ratschläge Jeremias hören sollte. Dann hätte er Gnade in den Augen Nebukadnezars gefunden und sich damit viel Kummer erspart. Der jugendliche König hatte dem babylonischen Herrscher nämlich Treue geschworen. Wäre er seinem Versprechen treu geblieben, hätte er sich den Respekt der Heiden verdient und dadurch kostbare Gelegenheiten erhalten zur Bekehrung von Menschenseelen.

Judas König verachtete jedoch die ungewöhnlichen Vorrechte, die ihm gewährt wurden und folgte eigenwillig dem Weg seiner eigenen Wahl. Er verletzte sein Ehrenwort gegenüber dem babylonischen Herrscher und rebellierte. Dies brachte ihn und sein Reich in eine sehr schwierige Position. »Scharen von Kriegsleuten ... aus Chaldäa, aus Aram, aus Moab und aus Ammon« 2.Könige 24,2 wurden gegen ihn entsandt. Er war machtlos gegenüber diesen Plünderern und konnte nichts dagegen tun, dass sie sein Land überrannten. Innerhalb weniger Jahre beendete er seine verhängnisvolle Herrschaft in Schande, verworfen vom Himmel, ungeliebt von seinem Volk und verachtet von den Herrschern Babylons, deren Vertrauen er verraten hatte. All das war zurückzuführen auf seinen fatalen Fehler, sich vom Willen Gottes abzuwenden, der durch den von Ihm erwählten Boten offenbart wurde.

Jojachin [auch bekannt als Jechonja und Konja], der Sohn Jojakims, hatte nur drei Monate und zehn Tage regiert, als er sich den chaldäischen Armeen ergab, die infolge der Rebellion des jüdischen Herrschers wieder einmal die dem Untergang geweihte Stadt belagerten. Bei dieser Gelegenheit führte er Jojachin »weg nach Babel ... und die Mutter des Königs, die Frauen des Königs und seine Kämmerer; dazu die Mächtigen im Lande«, ferner »von den besten Leuten siebentausend und von den Zimmerleuten und Schmieden tausend«. Zugleich mit ihnen nahm der König von Babylon »alle Schätze im Hause des Herrn und im Hause des Königs« weg. 2.Könige 24,15.16.13

Dem in seiner Macht gebrochenen Reich Juda, das seiner Männer und seiner Schätze beraubt worden war, wurde es dennoch gestattet, weiterhin eine eigenständige Regierung zu haben. An ihre Spitze setzte Nebukadnezar Mattanja, einen jüngeren Sohn Josias, und veränderte seinen Namen in Zedekia.

KAPITEL 36

Der letzte König von Juda

Auf Grundlage des biblischen Berichts

Zedekia besaß bei seinem Herrschaftsantritt das volle Vertrauen des Königs von Babylon. Als erprobten Ratgeber hatte er den Propheten Jeremia. Hätte er gegenüber den Babyloniern einen ehrenwerten Kurs verfolgt und die Botschaften des Herrn durch Jeremia beachtet, so hätte er den Respekt vieler hochgestellter Personen behalten und die Gelegenheit gehabt, ihnen eine Kenntnis des wahren Gottes zu vermitteln. So wären die bereits Gefangenen in Babylon in eine vorteilhafte Position gekommen und ihnen wären viele Freiheiten eingeräumt worden. Der Name Gottes wäre nah und fern geehrt worden und den im Land Juda Zurückgebliebenen wären die schrecklichen Schicksalsschläge erspart geblieben, die schließlich über sie kamen. Durch Jeremia bekamen Zedekia und ganz Juda – einschließlich der nach Babylon Weggeführten – den Rat, sich still der vorübergehenden Herrschaft ihrer Eroberer unterzuordnen. Besonders wichtig war es, dass die bereits Gefangenen sich um den Frieden des Landes bemühten, in das sie gebracht worden waren. Dies war jedoch völlig gegen die natürlichen Neigungen des menschlichen Herzens. Satan nutzte die Gunst der Umstände und ließ sowohl in Jerusalem als auch in Babylon falsche Propheten unter dem Volk aufstehen, die verkündigten, dass das Joch der Knechtschaft bald gebrochen und das frühere Ansehen der Nation wiederhergestellt werden sollte.

Die Beachtung solch schmeichelhafter Prophezeiungen hätte zu fatalen Entscheidungen des Königs und der Exilanten geführt und damit die barmherzigen Pläne Gottes zu ihren Gunsten vereitelt. Um einen Aufstand und die daraus folgenden Leiden zu vereiteln, befahl der Herr Jeremia, ohne Zögern der Krise entgegenzutreten und den König Judas vor den sicheren Folgen einer solchen Rebellion zu warnen. Die Gefangenen wurden auch durch Briefe ermahnt, sich nicht verleiten zu lassen zu glauben, ihre Befreiung stehe nahe bevor. »Lasst euch durch die Propheten, die bei euch sind, und durch die Wahrsager nicht betrügen«, Jeremia 29,8 schärfte Jeremia ihnen ein. In Verbindung damit wurde auch die Absicht des Herrn erwähnt, Israel nach den von Gottes Boten angekündigten siebzig Jahren der Gefangenschaft wiederherzustellen.

Mit welch zartem Mitleid informierte Gott Sein gefangenes Volk über Seine Pläne für Israel! Er wusste, wenn sie sich durch falsche Propheten täuschen lassen würden, nach einer schnellen Befreiung Ausschau zu halten, würde ihre Situation in Babylon dadurch sehr schwierig werden. Jede Art von Demonstration oder Aufstand ihrerseits würde die Wachsamkeit der chaldäischen Behörden wecken und zu einer weiteren Einschränkung ihrer Freiheiten führen. Leid und Unglück wären das Ergebnis. Gott wollte, dass sie sich still ihrem Schicksal unterwarfen und ihre Gefangenschaft so angenehm wie nur möglich machten. Sein Rat an sie lautete: »Baut Häuser und wohnt darin; pflanzt Gärten und esst ihre Früchte! ... Suchet der Stadt Bestes, dahin ich euch habe wegführen lassen, und betet für sie zum Herrn; denn wenn's ihr wohl geht, so geht's auch euch wohl.« Jeremia 29,5-7

Unter den falschen Lehrern in Babylon waren zwei Männer, die behaupteten, heilig zu sein, deren Leben aber verdorben war. Jeremia hatte den bösen Weg dieser Männer verurteilt und sie vor der Gefahr gewarnt, in der sie sich befanden. Verärgert über den Tadel versuchten sie, sich dem Werk des wahren Propheten entgegenzustellen, indem sie das Volk aufhetzten, seine Worte anzuzweifeln und sich gegensätzlich zu dem Rat Gottes zu verhalten, sich dem König von Babylon unterzuordnen. Der Herr bezeugte durch Jeremia, dass diese falschen Propheten in die Hand Nebukadnezars ausgeliefert und vor seinen Augen getötet werden sollten. Nicht lange danach erfüllte sich diese Vorhersage wortwörtlich.

Am Ende der Zeit werden Menschen aufstehen, um Verwirrung und Rebellion unter denen anzuzetteln, die von sich behaupten, Vertreter des wahren Gottes zu sein. Diese Lügenpropheten werden die Menschen ermutigen, die Sünde als eine Kleinigkeit anzusehen. Wenn die furchtbaren Folgen ihrer bösen Taten sich offen zeigen, werden sie versuchen, wenn möglich – wie damals die Juden den Propheten Jeremia für ihr Unglück – diejenigen für ihre Schwierigkeiten verantwortlich zu machen, die sie treu gewarnt haben. Aber ebenso sicher, wie einst die Worte des Herrn durch Seinen Propheten ihre Rechtfertigung fanden, wird sich auch die Zuverlässigkeit Seiner Botschaften heute erweisen.

Von Anfang an hatte Jeremia beständig den Kurs verfolgt, den Menschen zu raten, sich den Babyloniern zu unterwerfen. Dieser Rat wurde nicht nur Juda gegeben, sondern auch vielen umliegenden Völkern. In der ersten Zeit der Regierung Zedekias besuchten Botschafter der Herrscher von Edom, Moab, Tyrus und anderer Länder den König von Juda, um zu erfahren, ob er die Zeit für einen gemeinsamen Aufstand als günstig ansehe und ob er sie in ihrem Kampf gegen den König von Babylon unterstützen würde. Während die Botschafter noch auf eine Antwort warteten, erging das Wort des Herrn an Jeremia. Ihm wurde gesagt: »Mache dir ein Joch und lege es auf deinen Nacken und schicke Botschaft zum König von Edom, zum König von Moab, zum König der Ammoniter, zum König von Tyrus und zum König von Sidon durch die Boten, die zu Zedekia, dem König von Juda, nach Jerusalem gekommen sind!« Jeremia 27,2f

Jeremia wurde angewiesen, die Botschafter zu unterweisen, ihre Herrscher zu informieren, dass Gott sie alle in die Hand Nebukadnezars, des Königs von Babylon, gegeben hatte. »Es sollen alle Völker ihm dienen und seinem Sohn und seines Sohnes Sohn, bis auch für sein Land die Zeit kommt.« Jeremia 27,7

Weiter wurden die Botschafter unterwiesen, ihren Herrschern mitzuteilen, dass wenn diese sich weigerten, dem babylonischen König zu dienen, sie bestraft werden sollten »mit Schwert, Hunger und Pest«, bis sie vernichtet wären. Besonders sollten sie sich von falschen Propheten fernhalten, die ihnen eventuell anderweitigen Rat geben könnten. »So hört doch nicht auf eure Propheten, Wahrsager, Traumdeuter, Zeichendeuter und Zauberer, die euch sagen: Ihr werdet nicht untertan sein müssen dem König von Babel. Denn sie weissagen euch Lüge, auf dass sie euch aus eurem Lande fortbringen und ich euch verstoße und ihr umkommt. Aber das Volk, das seinen Nacken unter das Joch des Königs von Babel beugt und ihm untertan ist, das will ich in seinem Land lassen, dass es dasselbe bebaue und bewohne, spricht der Herr. Jeremia 27,8-11

Die leichteste Bestrafung, die ein barmherziger Gott über ein rebellisches Volk bringen könnte, wäre die Unterwerfung unter die Herrschaft Babylons. Wenn sie sich aber gegen dies Los der Dienstbarkeit auflehnten, müssten sie das volle Maß der Strafe Gottes über sich ergehen lassen. Die Überraschung der Teilnehmer in diesem Völkerrat kannte keine Grenzen, als Jeremia, der das Joch der Unterwerfung um seinen Nacken trug, ihnen den Willen Gottes mitteilte.

Jeremia stand fest gegen die entschlossene Opposition für eine Politik der Unterwerfung. Unter denen, die sich anmaßten, den Ratschlägen des Herrn zu widerstehen, nahm Hananja eine herausragende Position ein. Er war einer der falschen Propheten, vor dem das Volk gewarnt worden war. Weil er dachte, auf diese Weise die Gunst des Königs und des königlichen Hofes zu erlangen, erhob er seine Stimme im Protest und erklärt, dass Gott ihm Worte der Ermutigung für die Juden gegeben habe. So sagte er: »So spricht der Herr Zebaoth, der Gott Israels: Ich habe das Joch des Königs von Babel zerbrochen, und ehe zwei Jahre um sind, will ich alle Geräte des Hauses des Herrn, die Nebukadnezar, der König von Babel, von diesem Ort weggenommen und nach Babel geführt hat, wieder an diesen Ort bringen; auch Jechonja, den Sohn Jojakims, den König von Juda, samt allen Weggeführten aus Juda, die nach Babel gekommen sind, will ich wieder an diesen Ort bringen, spricht der Herr, denn ich will das Joch des Königs von Babel zerbrechen.« Jeremia 28,2-4

Jeremia bat sie in der Gegenwart der Priester und des Volkes ernstlich darum, sich dem König von Babylon solange zu unterwerfen, wie der Herr [444/445]

es festgelegt hatte. Er zitierte den Juden die Prophezeiungen Hoseas, Habakkuks, Zephanias und anderer, deren Botschaften des Tadels und der Warnung der seinen ähnlich gewesen waren. Er verwies sie auf bereits stattgefundene Ereignisse, die eine Erfüllung der Vorhersagen waren, eine Vergeltung für nicht bereute Sünden. In der Vergangenheit waren die Strafgerichte Gottes genau wie von Seinen Boten vorhergesagt über die Unbußfertigen hereingebrochen.

Abschließend sagte Jeremia: »Wenn aber ein Prophet von Heil weissagt, ob ihn der Herr wahrhaftig gesandt hat, wird man daran erkennen, dass sein Wort erfüllt wird.« Jeremia 28,9 Wenn Israel die Wahl traf, dieses Risiko einzugehen, würden zukünftige Ereignisse sehr deutlich zeigen, wer der wahre Prophet war.

Die Worte Jeremias, die eine Unterwerfung anrieten, reizten Hananja zu einer dreisten Herausforderung der Zuverlässigkeit der verkündigten Botschaft. Er nahm also das symbolische Joch vom Nacken Jeremias, zerbrach es und sprach: »So spricht der Herr: Ebenso will ich zerbrechen das Joch Nebukadnezars, des Königs von Babel, ehe zwei Jahre um sind, und es vom Nacken aller Völker nehmen.« »Und der Prophet Jeremia ging seines Weges.« Jeremia 28,11

Offensichtlich konnte er nicht mehr tun, als sich vom Ort des Streits zurückzuziehen. Jeremia wurde jedoch eine andere Botschaft gegeben: »Geh hin und sage Hananja: So spricht der Herr: Du hast das hölzerne Joch zerbrochen, aber du hast nun ein eisernes Joch an seine Stelle gesetzt. Denn so spricht der Herr Zebaoth, der Gott Israels: Ein eisernes Joch habe ich allen diesen Völkern auf den Nacken gelegt, dass sie untertan sein sollen Nebukadnezar, dem König von Babel, und ihm dienen ... Und der Prophet Jeremia sprach zum Propheten Hananja: Höre doch, Hananja! Der Herr hat dich nicht gesandt; aber du machst, dass dies Volk sich auf Lügen verlässt. Darum spricht der Herr: Siehe, ich will dich vom Erdboden nehmen; dies Jahr sollst du sterben, denn du hast sie mit deiner Rede vom Herrn abgewendet. Und der Prophet Hananja starb im selben Jahr im siebenten Monat.« Jeremia 28,13-17

Der falsche Prophet hatte den Unglauben des Volkes an Jeremia und seine Botschaft gestärkt. Er hatte sich selbst böswilliger Weise zum Boten des Herrn erklärt. Als Folge davon musste er sterben. Im fünften Monat prophezeite Jeremia den Tod Hananjas, und im siebten Monat wurden seine Worte durch ihre Erfüllung als wahr erwiesen.

Die Unruhe, die durch die Darstellungen des falschen Propheten verursacht wurde, brachte Zedekia unter den Verdacht des Hochverrats. Nur durch seine schnelle und entschiedene Handlungsweise wurde es ihm erlaubt, weiterhin als Vasall zu regieren. Die Gelegenheit für solche Handlungen wurde kurz nach der Rückkehr der Botschafter von Jerusalem zu den umliegenden Völkern ergriffen,

 als der König Judas den Quartiermeister Seraja. Jeremia 51,59 auf einer wichtigen Mission nach Babylon begleitete. Während seines Besuches am babylonischen Hof erneuerte Zedekia seinen Treueeid gegenüber Nebukadnezar. Durch Daniel und die anderen hebräischen Gefangenen war der babylonische Herrscher mit der Macht und absoluten Autorität des wahren Gottes bekannt gemacht worden. Als Zedekia einmal mehr feierlich versprach, treu zu bleiben, verlangte Nebukadnezar von ihm, dass er diesen Eid im Namen des Herrn, des Gottes Israels, leistete. Hätte Zedekia die Erneuerung dieses Bündniseides ernst genommen, hätte sich seine Treue als tiefgreifender Einfluss auf die Gedanken vieler Menschen ausgewirkt, die das Verhalten derjenigen beobachteten, die für sich beanspruchten, den Namen des Herrn zu ehren und die Ehre des Gottes der Hebräer hochzuhalten.

Aber Zedekia, Judas letzter König, verlor das hohe Vorrecht, dem Namen des lebendigen Gottes Ehre zu bringen, aus den Augen. Von ihm heißt es: »Zedekia ... tat, was dem Herrn, seinem Gott, missfiel und demütigte sich nicht vor dem Propheten Jeremia, der da redete, wie der Herr zu ihm gesprochen hatte. Auch wurde er abtrünnig von Nebukadnezar, dem König von Babel, der einen Eid bei Gott von ihm genommen hatte, und wurde halsstarrig und verstockte sein Herz, so dass er sich nicht bekehrte zu dem Herrn, dem Gott Israels.« 2.Chronik 36,11-13 Während Jeremia weiterhin im Land Juda sein Zeugnis ablegte, wurde unter den Gefangenen in Babylon der Prophet Hesekiel berufen, um die Vertriebenen zu warnen und zu trösten und auch die Worte zu bestätigen, die der Herr durch Jeremia sprach. In den letzten Jahren der Herrschaft Zedekias zeigte Hesekiel deutlich, wie dumm es war, den falschen Vorhersagen derer zu vertrauen, die den Gefangenen die Hoffnung auf eine baldige Rückkehr nach Jerusalem geben wollten. Er wurde auch unterwiesen, die Belagerung und die schließliche völlige Zerstörung Jerusalems durch eine Vielzahl von Symbolen und ernsten Botschaften zu verkündigen.

Im sechsten Jahr der Herrschaft Zedekias offenbarte der Herr dem Hesekiel in einer Vision einige der Gräuel, die in Jerusalem und innerhalb der Tore des Tempels und sogar im inneren Vorhof praktiziert wurden. Die Kammern mit verschiedenen Götzenbildern – »lauter Bilder von Gewürm und scheußlichem Getier und allen Götzen des Hauses Israel« Hesekiel 8,10 – zogen in rascher Folge vor dem erstaunten Blick des Propheten vorüber.

Diejenigen, die geistliche Führer des Volkes hätten sein sollen, »siebzig Männer von den Ältesten des Hauses Israel«, sah er Weihrauch opfern vor den Götzenbildern, die in verborgenen Kammern im heiligen Bezirk des Tempelhofes untergebracht waren. Während die Männer von Juda sich ihren heidnischen Bräuchen hingaben, glaubten sie: »Der Herr sieht uns nicht.« Und frevelnd behaupteten sie: »Der Herr hat das Land verlassen.« Hesekiel 8,11f Der Prophet bekam aber noch »größere Gräuel« zu sehen. Am Tor, [448/449] das vom äußeren zum inneren Vorhof führte, wurden ihm Frauen gezeigt, »die den Tammus beweinten«, und im »inneren Vorhof am Hause des Herrn ... vor dem Eingang zum Tempel des Herrn, zwischen der Vorhalle und dem Altar, standen etwa fünfundzwanzig Männer, die ihren Rücken gegen den Tempel des Herrn und ihr Gesicht gegen Osten gewendet hatten und beteten gegen Osten die Sonne an«. Hesekiel 8,13-16

Und nun fragte das herrliche Wesen, das Hesekiel bei seiner erstaunlichen Vision der Gottlosigkeit der Oberen im Land Juda begleitete, den Propheten: »Hast du das gesehen, Menschenkind?«, fragte er. »Ist es für die Bewohner von Juda denn zu wenig, diese abscheulichen Taten hier zu begehen? Müssen sie auch noch das Land mit Gewalttätigkeit füllen und mich ständig missachten? Schau nur, wie sie sich die Weinranke an die Nase halten. Aber ich werde meinem Zorn freien Lauf lassen. Ich werde sie nicht verschonen und kein Mitleid mit ihnen haben. Selbst wenn sie laut zu mir schreien, werde ich sie nicht erhören.« Hesekiel 8,17f NL

Durch Jeremia hatte der Herr von den bösen Männern gesagt, die es in ihrer Anmaßung gewagt hatten, in Seinem Namen vor dem Volk zu stehen: »Propheten wie Priester sind ruchlos; auch in meinem Hause finde ich ihre Bosheit.« Jeremia 23,11 In der furchtbaren Anklageschrift, die im Schlusskapitel des Chronisten der Herrschaft Zedekias verzeichnet ist, wird dieser Vorwurf, die Heiligkeit des Tempels verletzt zu haben, wiederholt. Im heiligen Bericht heißt es: »Auch alle Oberen Judas und die Priester und das Volk versündigten sich noch mehr mit all den gräulichen Sitten der Heiden und machten unrein das Haus des Herrn, das er geheiligt hatte in Jerusalem.« 2.Chronik 36,14

Der Tag des Untergangs des Königreichs Juda nahte sich schnell. Der Herr konnte ihnen nicht länger Hoffnung machen, Seine schwersten Gerichte abzuwenden. »Ihr solltet ungestraft bleiben?« fragte er. »Ihr sollt nicht ungestraft bleiben.« Jeremia 25,29

Selbst diese Worte wurden mit Hohn und Spott aufgenommen. »Es dauert so lange, und es wird nichts aus der Weissagung«, verkündigten die Unbußfertigen. Aber durch Hesekiel wurde diese Ablehnung des sicheren prophetischen Wortes schwer gerügt. Gott sprach: »Sage zu ihnen: ... Ich will diesem Gerede ein Ende machen, dass man es nicht mehr im Munde führen soll in Israel. Sage vielmehr zu ihnen: Die Zeit ist nahe, und alles kommt, was geweissagt ist. Denn es soll hinfort keine trügenden Gesichte und keine falsche Offenbarung mehr geben im Hause Israel. Denn ich bin der Herr. Was ich rede, das soll geschehen und sich nicht lange hinausziehen, sondern in eurer Zeit, du Haus des Widerspruchs, rede ich ein Wort und tue es auch. Des Herrn

 Wort geschah zu mir: Du Menschenkind, siehe, das Haus Israel spricht: Mit den Gesichten, die dieser schaut, dauert's noch lange, und er weissagt auf Zeiten, die noch ferne sind. Darum sage ihnen: So spricht Gott der Herr: Was ich rede, soll sich nicht lange hinausziehen, sondern es soll geschehen, spricht Gott der Herr.« Hesekiel 12,21-28

An der Spitze derer, die das Volk schnell in den Untergang führten, stand ihr König Zedekia. Er wandte sich völlig von den Ratschlägen des Herrn ab, die ihm durch die Propheten erteilt wurden, und vergaß die Dankesschuld, in der er bei Nebukadnezar stand. Er verletzte seinen feierlichen Treueeid, den er im Namen des Herrn, des Gottes Israels, geschworen hatte, und rebellierte gegen die Propheten und seinen Wohltäter und gegen seinen Gott. In der Aufgeblasenheit seiner eigenen Weisheit wandte er sich an den alten Feind des Wohlergehens Israels »und sandte seine Boten nach Ägypten, dass man ihm Rosse und viel Kriegsvolk schicken sollte.« Hesekiel 17,15a

»Sollte es ihm gelingen? Sollte er davonkommen, wenn er das tut?« fragte der Herr im Hinblick auf ihn, der jede heilige Verpflichtung so niederträchtig verraten hatte. »Sollte er, der den Bund bricht, davonkommen? So wahr ich lebe, spricht Gott der Herr: an dem Ort des Königs, der ihn als König eingesetzt hat, dessen Eid er verachtet und dessen Bund er gebrochen hat, da soll er sterben, mitten in Babel. Auch wird ihm der Pharao nicht beistehen im Kriege mit einem großen Heer und viel Volk ... Denn weil er den Eid verachtet und den Bund gebrochen hat, weil er seine Hand darauf gegeben und doch dies alles getan hat, wird er nicht davonkommen.« Hesekiel 17,15-18

Für diesen Fürsten, den »unheiligen Frevler«, war der Tag der Abrechnung gekommen. »Tu weg den Kopfbund«, ordnete der Herr an, »und nimm ab die Krone!« Erst als Christus Sein Reich aufrichtete, sollte Juda wieder einen König haben dürfen. »Zu Trümmern, zu Trümmern, zu Trümmern will ich sie machen«, lautete Gottes Entscheidung über den Thron Davids.

»Aber auch dies wird nicht bleiben – bis der kommt, der das Recht hat; dem will ich es geben.« Hesekiel 21,30-32

KAPITEL 37

GEFANGEN NACH BABEL

Auf Grundlage des biblischen Berichts

Im neunten Jahr der Herrschaft von Zedekia »... zog heran Nebukadnezar, der König von Babel, mit seiner ganzen Macht gegen Jerusalem«, um die Stadt zu belagern. 2.Könige 25,1 Die Aussichten für Juda waren hoffnungslos. »Siehe, ich will an dich«, verkündete der Herr durch Hesekiel; »ich will mein Schwert aus der Scheide ziehen ... es soll nicht wieder eingesteckt werden.« Es »werden alle Herzen verzagen und alle Hände sinken, allen der Mut entfallen und alle Knie weich werden«. Hesekiel 21,8.10-12 Die Ägypter bemühten sich, der belagerten Stadt zur Hilfe zu kommen. Um sie zurückzuschlagen, ließen die Chaldäer einige Zeit ab von ihrer Belagerung der jüdischen Hauptstadt. Da keimte wieder Hoffnung auf im Herzen Zedekias, und er sandte einen Boten zu Jeremia, um ihn darum zu bitten, zugunsten der Hebräer Fürbitte bei Gott einzulegen.

Die furchterregende Antwort des Propheten lautete, dass die Chaldäer zurückkehren und die Stadt zerstören würden. Der Urteilsspruch war ergangen und das unbußfertige Volk konnte die göttlichen Strafgerichte nicht mehr abwenden. »Betrügt euch nicht ...«, warnte der Herr Sein Volk, »die Chaldäer ... werden nicht abziehen. Und wenn ihr auch das ganze Heer der Chaldäer schlüget, die gegen euch kämpfen, und es blieben von ihnen nur etliche Verwundete übrig, so würde doch ein jeder in seinem Zelt aufstehen und diese Stadt mit Feuer verbrennen.« Jeremia 37,9f Der Überrest von Juda sollte in die Gefangenschaft gehen, um durch Not das zu lernen, was er unter günstigeren Verhältnissen nicht lernen wollte. Gegen diesen Erlass des heiligen Wächters gab es keine Berufung.

Unter den Gerechten, die immer noch in Jerusalem waren und denen die göttliche Absicht klar gemacht worden war, gab es einige, die entschlossen waren, die heilige Bundeslade mit den steinernen Tafeln, auf denen die zehn Gebote standen, aus der Reichweite skrupelloser Hände zu bringen. Dies taten sie auch. Traurig und klagend versteckten sie die Bundeslade in einer Höhle, wo sie vor dem Volk Israel und Juda wegen ihrer Sünden verborgen bleiben und ihnen nie wieder zurückgegeben werden sollte. Die heilige Lade ist noch immer versteckt. Seit dieser Zeit wurde sie nie mehr in ihrer Ruhe gestört.

Viele Jahre lang war Jeremia als treuer Zeuge für Gott vor dem Volk gestanden. Als nun die verurteilte Stadt kurz davor stand, in die Hände der Heiden zu fallen, sah er sein Werk als abgeschlossen an und versuchte, die Stadt zu verlassen. Dies wurde jedoch durch den Sohn eines falschen Propheten verhindert, der berichtete, dass Jeremia beabsichtige, zu den Babyloniern zu gehen. Er habe ja schließlich die ganze Zeit die Menschen dazu gedrängt, sich ihnen zu unterwerfen. Der Prophet wies diese lügenhafte Unterstellung zurück, aber dennoch waren »die Oberen ... zornig über Jeremia und ließen ihn schlagen und warfen ihn ins Gefängnis«. Jeremia 37,15

Neue Hoffnung keimte auf in den Herzen der Fürsten und des Volkes, als sich die Armeen Nebukadnezars nach Süden wandten, um den Ägyptern entgegenzutreten, aber diese Hoffnung zerschlug sich nur zu bald. Das Wort des Herrn hatte gelautet: »Siehe, ich will an dich, Pharao, du König von Ägypten.« Hesekiel 39,3 Die Macht Ägyptens glich nur einem zerbrochenen Schilfrohr. »Dann werden alle Ägypter erkennen, dass ich der Herr bin. Eine Stütze aus Schilfrohr bist du für das Haus Israel.« Hesekiel 29,6 EÜ »Ja, ich will die Arme des Königs von Babel stärken, aber die Arme des Pharao sollen sinken, damit sie erfahren, dass ich der Herr bin, wenn ich mein Schwert dem König von Babel in die Hand gebe, damit er's gegen Ägyptenland zücke.« Hesekiel 30,25f

Während sich die Fürsten Judas noch immer vergeblich auf ägyptische Hilfe verließen, dachte Zedekia mit unguten Vorahnungen daran, dass der Prophet Gottes ins Gefängnis geworfen worden war. Nach vielen Tagen ließ der König ihn holen und fragte ihn heimlich: »Ist wohl ein Wort vom Herrn vorhanden?« Jeremia antwortete: »Ja! Du wirst dem König von Babel in die Hände gegeben werden.

Und Jeremia sprach zum König Zedekia: Was hab ich gegen dich, gegen deine Großen und gegen dies Volk gesündigt, dass sie mich in den Kerker geworfen haben? Wo sind nun eure Propheten, die euch weissagten und sprachen: Der König von Babel wird nicht über euch noch über dies Land kommen? Und nun, mein Herr und König, höre mich und lass meine Bitte vor dir gelten! Lass mich nicht wieder in Jonathans, des Schreibers Haus, bringen, dass ich dort nicht sterbe. Da befahl der König Zedekia, dass man Jeremia im Wachthof behalten sollte, und ließ ihm täglich aus der Bäckergasse einen Laib Brot geben, bis alles Brot in der Stadt aufgezehrt war. So blieb Jeremia im Wachthof.« Jeremia 37,17-21

Der König wagte es nicht, öffentlich Vertrauen zu Jeremia zu zeigen. Obwohl ihn seine Furcht dazu trieb, privat von ihm Informationen einzuholen, war er doch zu schwach, um sich der Missbilligung seiner Fürsten und seines Volkes zu stellen, indem er sich dem Willen Gottes fügte, wie ihn der Prophet verkündigt hatte.

Aus dem Gefängnishof heraus gab Jeremia weiterhin den Rat, sich der babylonischen Herrschaft zu unterwerfen. Widerstand zu leisten würde bedeuten, den sicheren Tod herauszufordern. Die Botschaft des Herrn an Juda lautete: »Wer in dieser Stadt bleibt, der wird durch Schwert, Hunger und Pest sterben müssen; wer aber hinausgeht zu den Chaldäern, der soll am Leben bleiben und wird sein Leben wie eine Beute davonbringen.« Die Worte des Propheten waren klar und deutlich. Kühn erklärte er im Namen des Herrn: »Diese Stadt soll übergeben werden dem Heer des Königs von Babel, und es soll sie einnehmen.« Jeremia 38,2f

Wütend über die wiederholten Ratschläge Jeremias, die ihrer eigenen Widerstandspolitik entgegen standen, legten die Fürsten schließlich heftigen Protest beim König ein. Dabei behaupteten sie, der Prophet sei ein Volksfeind und seine Reden hätten das Volk geschwächt und ins Unglück gestürzt. Deshalb solle er hingerichtet werden.

Der feige König wusste, dass die Anklagen falsch waren, aber um die Großen und Einflussreichen Seines Reiches gnädig zu stimmen, gab er vor, ihren falschen Anschuldigungen zu glauben und übergab Jeremia in ihre Hände, damit sie mit ihm das machten, was sie wollten. »Da nahmen sie Jeremia und warfen ihn in die Zisterne Malkias, des Königssohnes, die am Wachthof war, und ließen ihn an Seilen hinab. In der Zisterne aber war kein Wasser, sondern Schlamm, und Jeremia sank in den Schlamm.« Jeremia 38,6 Gott erweckte ihm jedoch Freunde, die zu seinen Gunsten ein Gesuch an den König richteten und ihn wieder in den Gefängnishof bringen ließen.

Noch einmal ließ der König heimlich Jeremia holen und bat ihn, ihm Gottes Pläne mit Jerusalem treu zu berichten. Jeremia antwortete: »Sage ich dir etwas, so tötest du mich doch; gebe ich dir aber einen Rat, so gehorchst du mir nicht.« Der König ging eine geheime Abmachung mit dem Propheten ein und versprach ihm: »So wahr der Herr lebt, der uns dies Leben gegeben hat: ich will dich nicht töten noch den Männern in die Hände geben, die dir nach dem Leben trachten.« Jeremia 38,15f

Es gab noch Gelegenheiten für den König, bereitwillig die Warnungen des Herrn zu beachten und auf diese Weise die Strafgerichte mit Gnade vermischt zu bekommen, die schon jetzt auf die Stadt und das Volk fielen. Er bekam die Botschaft: »Wirst du hinausgehen zu den Obersten des Königs von Babel, so sollst du am Leben bleiben, und diese Stadt soll nicht verbrannt werden, sondern du und dein Haus sollen am Leben bleiben; wirst du aber nicht hinausgehen zu den Obersten des Königs von Babel, so wird diese Stadt den Chaldäern in die Hände gegeben, und sie werden sie mit Feuer verbrennen, und auch du wirst ihren Händen nicht entrinnen.

Der König Zedekia sprach zu Jeremia: Ich habe aber die Sorge, dass ich den
 Judäern, die zu den Chaldäern übergelaufen sind, übergeben

werden könnte, dass sie mir übel mitspielen. Jeremia sprach: Man wird dich nicht übergeben!« Und er fügte die ernste Bitte hinzu: »Gehorche doch der Stimme des Herrn, die ich dir verkünde, so wird dir's wohlgehen, und du wirst am Leben bleiben.« Jeremia 38,17-20

So bewies Gott selbst in dieser letzten Stunde, dass Er bereit war, denen Gnade zu erweisen, die die Entscheidung trafen, sich Seinen gerechten Anforderungen zu unterwerfen. Hätte der König sich entschieden zu gehorchen, hätte das Leben des Volkes verschont und die Stadt vor der Plünderung gerettet werden können. Er dachte jedoch, dass er bereits zu weit gegangen sei, um wieder umzukehren. Er fürchtete sich vor den Juden, vor Spott und hatte Angst um sein Leben. Nach Jahren der Rebellion gegen Gott hielt Zedekia es für zu demütigend, seinem Volk zu sagen: Ich nehme das Wort Gottes an, das er durch den Propheten Jeremia gesprochen hat. Ich wage es nicht, angesichts all dieser Warnungen gegen den Feind zu kämpfen.

Mit Tränen in den Augen flehte Jeremia Zedekia an, sich selbst und sein Volk zu retten. In Seelenqual machte er ihm klar, dass er, sollte er nicht auf den Rat Gottes hören, er nicht mit seinem Leben davonkäme und alle seine Besitztümer an die Babylonier fielen. Der König hatte jedoch einmal den falschen Weg gewählt und wollte nicht umkehren. Er entschloss sich, dem Rat der falschen Propheten und dem jener Männer zu folgen, die er verachtete und die ihn wegen seiner Schwachheit, so schnell ihren Wünschen nachzugeben, auslachten. Er opferte die edle Freiheit seiner Manneswürde und wurde ein unterwürfiger Sklave der öffentlichen Meinung. Ohne feste Absicht, das Böse zu tun, war er jedoch ebenso ohne Entschlossenheit, mutig für das Recht einzustehen. Obwohl er von der Richtigkeit des Rates Jeremias überzeugt war, hatte er nicht die Charakterstärke, diesem auch zu folgen. Die Folge war, dass er sich ständig weiter in die falsche Richtung bewegte.

Der König war selbst zu schwach, seine Hofleute und sein Volk wissen zu lassen, dass er eine Zusammenkunft mit Jeremia gehabt hatte. So sehr hatte die Menschenfurcht von ihm Besitz ergriffen. Wenn Zedekia mutig aufgestanden wäre und erklärt hätte, dass er den Worten des Propheten glaube, die sich schon halb erfüllt hatten, welches Elend hätte dann verhindert werden können! Er hätte sagen sollen: »Ich will dem Herrn gehorchen und die Stadt vor dem völligen Untergang retten. Menschenfurcht oder Menschengunst sollen mich nicht dazu verleiten, die Befehle Gottes zu missachten. Ich liebe die Wahrheit, hasse die Sünde und will dem Rat des Mächtigen in Israel folgen.«

Das Volk hätte seinen Mut bewundert, und diejenigen, die zwischen Glauben und Unglauben schwankten, hätten sich fest auf die Seite des Rechts gestellt. Allein schon die Furchtlosigkeit und Richtigkeit dieses

Tuns hätte seine Untertanen mit Bewunderung erfüllt und dazu bewogen, treu zu ihm zu stehen. Er hätte mehr als genug Unterstützung bekommen, und Juda wäre das unbeschreibliche Leid des Massakers, der Hungersnot und des Feuers erspart geblieben.

Die Schwäche Zedekias war eine Sünde, für die er einen furchtbaren Preis bezahlen musste. Der Feind überschwemmte die Stadt wie eine ruhelose Lawine und verwüstete sie. Die hebräischen Armeen wurden in völligem Durcheinander zurückgeschlagen. Zedekia wurde gefangen genommen und seine Söhne wurden vor seinen Augen erschlagen. Der König wurde als Gefangener von Jerusalem weggeführt, nachdem ihm zuvor das Augenlicht genommen worden war. Nach seiner Ankunft in Babylon starb er elendig. Der wunderschöne Tempel, der mehr als vier Jahrhunderte lang den Berg Zion gekrönt hatte, wurde von den Chaldäern nicht verschont. »Sie verbrannten das Haus Gottes und rissen die Mauer Jerusalems ein, und alle ihre Burgtürme brannten sie mit Feuer aus, so dass alle ihre kostbaren Geräte zerstört wurden.« 2.Chronik 36,19

Als Jerusalem durch Nebukadnezar endgültig fiel, waren viele dem Grauen der langen Belagerung nur entgangen, um schließlich durch das Schwert zu sterben. Von den Übriggebliebenen wurden einige, besonders die obersten Priester, die Generäle und die Fürsten des Königreichs nach Babylon gebracht und dort als Verräter hingerichtet. Andere wurden in die Gefangenschaft geführt, um als Diener für Nebukadnezar und seine Söhne weiterzuleben, »bis das Königtum der Perser zur Herrschaft kam, damit erfüllt würde das Wort des Herrn durch den Mund Jeremias«. 2.Chronik 36,20f

Von Jeremia selbst wird berichtet: »Nebukadnezar, der König von Babel, hatte Nebusaradan, dem Obersten der Leibwache, Befehl gegeben wegen Jeremia und gesagt: Nimm ihn und lass ihn dir befohlen sein und tu ihm kein Leid, sondern wie er's von dir begehrt, so mach's mit ihm.« Jeremia 39,11f

Nachdem ihn die babylonischen Offiziere aus dem Gefängnis entlassen hatten, zog es der Prophet vor, sein Los mit dem schwachen Überrest, einigen kleinen Leuten in Juda, zu teilen, die von den Chaldäern als Winzer und Landwirte zurückgelassen worden waren. Über diese setzten die Babylonier Gedalja als Statthalter ein. Nur einige Monate vergingen, da wurde der neu ernannte Statthalter heimtückisch ermordet. Nachdem das bedauernswerte Volk nun durch viele Heimsuchungen gegangen war, wurde es schließlich von seinen Führern überredet, in Ägypten Zuflucht zu nehmen. Gegen diesen Plan erhob Jeremia seine Stimme: »Ihr sollt nicht nach Ägypten ziehen!« Aber man hörte nicht auf den vom Geist Gottes eingegebenen Rat, und »der ganze Rest Judas ... nämlich Männer, Frauen und Kinder ... zogen nach Ägypten, weil sie nicht auf die Stimme des Herrn hörten, und kamen bis Tachpanhes«. Jeremia 43,2.5-7 EÜ

Die von Jeremia verkündeten Vorhersagen des Untergangs über die Übrigen, die gegen Nebukadnezar rebelliert hatten, indem sie nach Ägypten flohen, waren vermischt mit Verheißungen der Vergebung für diejenigen, die ihre Torheit bereuten und sich bereit machten, umzukehren. Andererseits würde der Herr jene nicht verschonen, die sich von Seinem Rat abwandten und den verführerischen Einflüssen des ägyptischen Götzendienstes erlagen. Dennoch wollte Er denen gnädig sein, die sich als treu und wahrhaftig erweisen sollten. »Die aber dem Schwert entrinnen, werden aus Ägyptenland ins Land Juda zurückkommen als ein geringes Häuflein«, erklärte er. »So werden dann alle, die übrig geblieben sind von Juda und die nach Ägyptenland gezogen waren, dort zu wohnen, erkennen, wessen Wort wahr geworden ist, meines oder ihres.« Jeremia 44,28

Die Trauer des Propheten über die völlige Verderbtheit jener, die eigentlich das geistliche Licht der Welt hätten sein sollen, sein Schmerz über das Schicksal Zions und über die Menschen, die gefangen nach Babylon geschafft worden waren, wird in den Klageliedern deutlich. Sie sind uns als Erinnerung an die Torheit überliefert, sich vom Rat des Herrn ab und menschlicher Weisheit zuzuwenden. In all der angerichteten Zerstörung konnte Jeremia immer noch sagen: »Die Güte des Herrn ist's, dass wir nicht gar aus sind.« Und sein beständiges Gebet lautete: »Lasst uns erforschen und prüfen unsern Wandel und uns zum Herrn bekehren.« Klagelieder 3,22.40 Als Juda noch ein Königreich unter den Völkern war, hatte er seinen Gott gefragt: »Hast du denn Juda verworfen oder einen Abscheu gegen Zion?« Und er hatte sich die Freiheit genommen zu bitten: »Aber um deines Namens willen verwirf uns nicht!« Jeremia 14,19.21 Der völlige Glaube an Gottes ewige Absicht, Ordnung in das Chaos zu bringen und den Völkern der Erde und dem ganzen Universum Seinen Charakter der Gerechtigkeit und der Liebe zu zeigen, führte ihn nun dazu, voller Vertrauen für jene zu bitten, die sich vielleicht vom Bösen zur Gerechtigkeit bekehren würden.

Zion war aber jetzt völlig zerstört und das Volk Gottes befand sich in Gefangenschaft. Überwältigt von seinem Kummer rief der Prophet aus: »Wie liegt die Stadt so verlassen, die voll Volks war! Sie ist wie eine Witwe, die Fürstin unter den Völkern, und die eine Königin in den Ländern war, muss nun dienen. Sie weint des Nachts, dass ihr die Tränen über die Backen laufen. Es ist niemand unter allen ihren Liebhabern, der sie tröstet. Alle ihre Freunde sind ihr untreu und ihre Feinde geworden. Juda ist gefangen in Elend und schwerem Dienst, es wohnt unter den Heiden und findet keine Ruhe; alle seine Verfolger kommen heran und bedrängen es. Die Straßen nach Zion liegen wüst, weil niemand auf ein Fest kommt. Alle Tore der Stadt stehen öde, ihre Priester seufzen, ihre Jungfrauen sehen jammervoll drein, und sie ist betrübt. Ihre Widersacher sind obenauf, ihren Feinden geht's gut; denn der Herr hat über die Stadt Jammer gebracht um ihrer großen Sünden willen, und ihre Kinder sind gefangen vor dem Feind dahingezogen.« Klagelieder 1,1-5

»Wie hat der Herr die Tochter Zions mit seinem Zorn überschüttet! Er hat die Herrlichkeit Israels vom Himmel auf die Erde geworfen; er hat nicht gedacht an seinen Fußschemel am Tage seines Zorns. Der Herr hat alle Wohnungen Jakobs ohne Erbarmen vertilgt, er hat die Burgen der Tochter Juda abgebrochen in seinem Grimm und geschleift. Er hat entweiht ihr Königreich und ihre Fürsten. Er hat alle Macht Israels in seinem grimmigen Zorn zerbrochen, er hat seine rechte Hand zurückgezogen, als der Feind kam, und hat in Jakob gewütet wie ein flammendes Feuer, das alles ringsum verzehrt. Er hat seinen Bogen gespannt wie ein Feind; seine rechte Hand hat er geführt wie ein Widersacher und hat alles getötet, was lieblich anzusehen war im Zelt der Tochter Zion, und hat seinen Grimm wie Feuer ausgeschüttet.« Klagelieder 2,1-4

»Ach du Tochter Jerusalem, wem soll ich dich vergleichen, und wie soll ich dir zureden? Du Jungfrau, Tochter Zion, wem soll ich dich vergleichen, damit ich dich tröste? Denn dein Schaden ist groß wie das Meer. Wer kann dich heilen?« Klagelieder 2,13

»Gedenke, Herr, wie es uns geht; schau und sieh an unsre Schmach! Unser Erbe ist den Fremden zuteil geworden und unsre Häuser den Ausländern. Wir sind Waisen und haben keinen Vater; unsre Mütter sind wie Witwen ... Unsere Väter haben gesündigt und leben nicht mehr, wir aber müssen ihre Schuld tragen. Knechte herrschen über uns, und niemand ist da, der uns von ihrer Hand errettet ... Darum ist auch unser Herz krank, und unsre Augen sind trübe geworden ... Aber du, Herr, der du ewiglich bleibest und dein Thron von Geschlecht zu Geschlecht, warum willst du uns so ganz vergessen und uns lebenslang so ganz verlassen? Bringe uns, Herr, zu dir zurück, dass wir wieder heimkommen; erneue unsre Tage wie vor alters! » Klagelieder 5,1-3.7.8.17.19-21

KAPITEL **38**

Das Licht in der Finsternis

Auf Grundlage des biblischen Berichts

Die finsteren Jahre der Vernichtung und des Todes, die das Ende des Reiches Juda kennzeichneten, hätten selbst das tapferste Herz mit Verzweiflung erfüllt, wenn es in den Prophezeiungen der Boten Gottes keine Ermutigungen gegeben hätte. Durch Jeremia in Jerusalem, durch Daniel am Hof von Babylon und durch Hesekiel an den Ufern des Chebar machte der Herr in Seiner Gnade Seine ewige Absicht klar. Er versicherte, dass Er willig sei, die Verheißungen an Sein auserwähltes Volk zu erfüllen, wie sie in den Schriften Moses zu finden waren. Was Er versprochen hatte, würde Er auch ganz sicher für die tun, die Ihm treu seien, denn »Des Herrn Wort bleibt in Ewigkeit.« 1.Petrus 1,25; Jesaja 40,8

Während der Wüstenwanderung hatte der Herr reichlich Vorsorge getroffen, dass Seinen Kindern die Worte des Gesetzes in Erinnerung blieben. Nachdem sie in Kanaan sesshaft geworden waren, sollten die göttlichen Vorschriften täglich in jedem Heim wiederholt werden und deutlich auf die Türpfosten und die Tore und auf Erinnerungstafeln geschrieben werden. Sie sollten vertont werden und von Jung und Alt gesungen werden. Die Priester sollten diese heiligen Vorschriften in öffentlichen Versammlungen lehren, und die Herrscher des Landes sie zu ihrem täglichen Studium machen: »Betrachte es Tag und Nacht«, befahl der Herr dem Josua, »dass du hältst und tust in allen Dingen nach dem, was darin geschrieben steht. Dann wird es dir auf deinen Wegen gelingen, und du wirst es recht ausrichten.« Josua 1,8 Josua lehrte ganz Israel die Schriften Moses. »Es war kein Wort, das Mose geboten hatte, das Josua nicht hätte ausrufen lassen vor der ganzen Gemeinde Israel und vor den Frauen und Kindern und Fremdlingen, die mit ihnen zogen.« Josua 8,35 Dies war in Übereinstimmung mit dem ausdrücklichen Gebot des Herrn, das alle sieben Jahre zu einer öffentlichen Vorlesung der Worte des Gesetzbuches beim Laubhüttenfest aufforderte: »Versammle das Volk, die Männer, Frauen und Kinder und den Fremdling, der in deinen Städten lebt, damit sie es hören und lernen und den Herrn, euren Gott, fürchten und alle Worte dieses Gesetzes halten und tun und dass ihre Kinder, die es nicht kennen, es auch hören und lernen, den Herrn, euren Gott, zu fürchten alle Tage, die ihr in dem Land lebt, in das ihr zieht über den Jordan, um es einzunehmen.« 5.Mose 31,12f Wäre dieser Rat in den folgenden Jahrhunderten beachtet worden, wie anders hätte doch Israels Geschichte verlaufen können! Nur wenn das Volk Gottes heiliges Wort mit Andacht und von Herzen wertschätzte, konnten sie auch hoffen, die göttliche Absicht zu erfüllen. Es war die Hochachtung für das Gesetz Gottes, die Israel während der Regierungszeit Davids und in den frühen Jahren Salomos Macht verlieh. Durch den Glauben an das lebendige Wort wurde die Reformation in den Tagen Elias und Josias herbeigeführt. Es waren gerade diese Schriften der Wahrheit, Israels reichstes Erbe, auf die Jeremia verwies in seinen Anstrengungen, eine Reform herbeizuführen. Überall, wo er diente, bat er die Menschen ernstlich: »Höret die Worte dieses Bundes«, Jeremia 11,2 Diese Worte sollten ihnen ein volles Verständnis der göttlichen Absicht bringen, allen Völkern die Erkenntnis der rettenden Wahrheit weiterzugeben.

In den letzten Jahren des Abfalls erzielten die Ermahnungen der Propheten offensichtlich kaum eine Wirkung. Als die Armeen der Chaldäer ein drittes und letztes Mal kamen, um Jerusalem zu belagern, verloren alle die Hoffnung. Jeremia prophezeite völlige Zerstörung. Weil er darauf beharrte, dass sie sich ergeben sollten, wurde er schließlich ins Gefängnis geworfen. Gott überließ jedoch die treuen Übrigen, die es noch immer in der Stadt gab, nicht hoffnungsloser Verzweiflung. Selbst als Jeremia unter scharfer Beobachtung durch diejenigen stand, die seine Botschaften verachteten, bekam er neue Offenbarungen, die die Bereitwilligkeit des Himmels zu vergeben und zu retten zeigten. Sie waren eine unfehlbare Quelle des Trostes für die Gemeinde Gottes von diesen Tagen an bis heute.

Fest auf die Verheißungen Gottes gestützt, erläuterte Jeremia den Einwohnern der Schicksalsstadt durch ein Gleichnis, wie sehr er an die endgültige Erfüllung der Absicht Gottes für sein Volk glaubte. In Gegenwart von Zeugen und unter sorgfältiger Beachtung aller notwendigen gesetzlichen Formen erwarb er für 17 Lot Silber einen Erbacker, der in dem benachbarten Dorf Anathoth lag.

Menschlich gesehen musste man diesen Landkauf in einem Gebiet, das schon unter der Herrschaft der Babylonier stand, für töricht halten. Der Prophet selbst hatte die Zerstörung Jerusalems prophezeit, die Verwüstung Judäas, den völligen Untergang des Königreiches sowie eine lange Gefangenschaft im fernen Babylon. Da er bereits alt war, konnte er nicht erwarten, aus seinem Kauf persönlichen Nutzen zu ziehen. Sein Studium der Weissagungen der heiligen Schriften hatte ihn jedoch fest davon überzeugt, dass der Herr den Gefangenen ihren ehemaligen Besitz, das Land der Verheißung, zurückgeben wollte. Im Glauben sah Jeremia die Verbannten am Ende der Leidensjahre heimkehren und das Land ihrer Väter wieder einnehmen. Durch den Landkauf in Anatot tat er das in seinen

 Möglichkeiten Stehende, um in anderen die Hoffnung zu wecken, die seinem eigenen Herzen so viel Trost brachte. Als Jeremia die Kaufurkunden unterzeichnet und die Mitunterschriften von Zeugen beschafft hatte, beauftragte er seinen Sekretär Baruch: »Nimm diese Briefe, den versiegelten Kaufbrief samt dieser offenen Abschrift, und lege sie in ein irdenes Gefäß, dass sie lange erhalten bleiben. Denn so spricht der Herr Zebaoth, der Gott Israels: Man wird wieder Häuser, Äcker und Weinberge kaufen in diesem Land.« Jeremia 32,14f

Die Zukunft Judas sah zur Zeit dieses ungewöhnlichen Geschäftes so niederdrückend aus, dass der bisher unerschütterliche Glaube Jeremias unmittelbar nach Erledigung der Kaufformalitäten und der Maßnahmen zur Erhaltung der Niederschriften angefochten wurde. Hatte er aus lauter Eifer, Juda aufzurichten, vermessen gehandelt? Hatte er durch seinen Wunsch, das Vertrauen auf die Verheißung des Wortes Gottes zu gründen, Anlass zu falschen Hoffnungen gegeben? Israel, das in ein Bundesverhältnis zu Gott eingetreten war, verschmähte schon lange Gottes vorsorgliche Hilfe. Konnten sich die Verheißungen für das auserwählte Volk jemals völlig erfüllen? Verwirrt und niedergedrückt vom Kummer über die Leiden derer, die sich geweigert hatten, ihre Sünden zu bereuen, bat der Prophet Gott um weitere Aufklärung über seinen Plan mit der Menschheit. »Ach, Herr Herr«, betete er, »siehe, du hast Himmel und Erde gemacht durch deine große Kraft und durch deinen ausgereckten Arm, und es ist kein Ding vor dir unmöglich; der du Gnade erweist vielen Tausenden und die Schuld der Väter kommen lässt auf das Haupt ihrer Kinder, du großer und starker Gott – Herr Zebaoth ist dein Name –, groß von Rat und mächtig von Tat, und deine Augen stehen offen über allen Wegen der Menschenkinder, einem jeden zu geben nach seinen Wegen und nach der Frucht seines Tuns; der du in Ägyptenland hast Zeichen und Wunder getan bis auf diesen Tag an Israel und an den Menschen und hast dir einen Namen gemacht, wie es heute am Tage ist, und hast dein Volk Israel aus Ägyptenland geführt durch Zeichen und Wunder, mit mächtiger Hand, mit ausgerecktem Arm und mit großem Schrecken, und hast ihnen dies Land gegeben, wie du ihren Vätern geschworen hattest, dass du es ihnen geben wolltest, ein Land, darin Milch und Honig fließt; aber als sie hineinkamen und es in Besitz nahmen, gehorchten sie deiner Stimme nicht, wandelten auch nicht nach deinem Gesetz, und alles, was du ihnen gebotest, dass sie tun sollten, taten sie nicht; darum ließest du ihnen auch all dies Unheil widerfahren.« Jeremia 32,17-23

Nebukadnezars Armeen standen kurz davor, die Mauern Zions im Sturm zu nehmen. Tausende starben in einem letzten verzweifelten Versuch, die Stadt zu verteidigen. Viele weitere Tausende starben an Hunger und Krankheit. Das Schicksal Jerusalems war schon besiegelt. Die Belagerungstürme des feindlichen Heeres ragten bereits über die Mauern. »Siehe, die Wälle reichen schon bis an die Stadt«, betete der Prophet weiter zu Gott, »dass sie [470/471] erobert werde, und sie muss wegen Schwert, Hunger und Pest in die Hände der Chaldäer gegeben werden, die sie belagern; und wie du geredet hast, so ist's geschehen; du siehst es ja selbst. Aber du, Herr Herr, sprichst zu mir: ‚Kaufe dir einen Acker um Geld und nimm Zeugen dazu', obwohl doch die Stadt in die Hände der Chaldäer gegeben wird?« Jeremia 32,24f

Das Gebet des Propheten wurde gnädig beantwortet: »Und des Herrn Wort geschah zu Jeremia« Jeremia 32,26 in jener Stunde der Not, als der Glaube des Wahrheitsboten eine Feuerprobe erlebte: »Siehe, ich, der Herr, bin der Gott alles Fleisches, sollte mir etwas unmöglich sein?« Jeremia 32,27 Die Stadt sollte bald in die Hand der Chaldäer fallen und ihre Tore und Paläste angesteckt und verbrannt werden. Obwohl die Vernichtung unmittelbar bevorstand und die Einwohner Jerusalems gefangen weggeführt werden sollten, würde dennoch die ewige Absicht des Herrn für Israel noch erfüllt werden. In einer weiteren Antwort auf das Gebet Seines Dieners sagte der Herr hinsichtlich jener Menschen, über die seine Strafgerichte gerade fielen. »Siehe, ich will sie sammeln aus allen Ländern, wohin ich sie verstoße in meinem Zorn, Grimm und großem Unmut, und will sie wieder an diesen Ort bringen, dass sie sicher wohnen sollen. Sie sollen mein Volk sein, und ich will ihr Gott sein. Und ich will ihnen einerlei Sinn und einerlei Wandel geben, dass sie mich fürchten ihr Leben lang, auf dass es ihnen wohlgehe und ihren Kindern nach ihnen. Und ich will einen ewigen Bund mit ihnen schließen, dass ich nicht ablassen will, ihnen Gutes zu tun, und will ihnen Furcht vor mir ins Herz geben, dass sie nicht von mir weichen. Es soll meine Freude sein, ihnen Gutes zu tun, und ich will sie in diesem Lande einpflanzen, ganz gewiss, von ganzem Herzen und von ganzer Seele. So spricht der Herr: Gleichwie ich über dies Volk all dies große Unheil habe kommen lassen, so will ich auch alles Gute über sie kommen lassen, das ich ihnen zugesagt habe. Und es sollen Äcker gekauft werden in diesem Lande, von dem ihr sagt: ‚Eine Wüste ist's ohne Menschen und Vieh; es ist in der Chaldäer Hände gegeben.' Man wird Äcker um Geld kaufen und verbriefen, versiegeln und Zeugen dazu nehmen im Lande Benjamin und um Jerusalem her und in den Städten Judas, in den Städten auf dem Gebirge, in den Städten des Hügellandes und in den Städten des Südlandes; denn ich will ihr Geschick wenden, spricht der Herr.« Jeremia 32,37-44

Als Bestätigung der Zusicherung von Befreiung und Wiederherstellung erging das Wort des Herrn »zu Jeremia ... So spricht der Herr, der alles macht, schafft und ausrichtet – Herr ist sein Name – : Rufe mich an, so will ich dir antworten und will dir kundtun große und unfassbare Dinge, von denen du nichts weißt. Denn so spricht der Herr, der Gott Israels, von den Häusern dieser Stadt und von den Häusern der Könige Judas, die abgebrochen wurden, um Bollwerke zu machen ... Siehe, ich will sie heilen und gesund machen und will ihnen dauernden Frieden gewähren. Denn ich will das Geschick Judas und das Geschick Israels wenden und will sie bauen wie im Anfang und will sie reinigen von aller Missetat, womit sie wider mich gesündigt haben; und will ihnen vergeben alle Missetaten … Und das soll mein Ruhm und meine Wonne, mein Preis und meine Ehre sein unter allen Völkern auf Erden, wenn sie all das Gute hören, das ich Jerusalem tue. Und sie werden sich verwundern und entsetzen über all das Gute und über all das Heil, das ich der Stadt geben will. So spricht der Herr: An diesem Ort, von dem ihr sagt: ‚Er ist wüst, ohne Menschen und Vieh', in den Städten Judas und auf den Gassen Jerusalems, die so verwüstet sind …, wird man dennoch wieder hören den Jubel der Freude und Wonne, die Stimme des Bräutigams und der Braut und die Stimme derer, die da sagen: ‚Danket dem Herrn Zebaoth; denn er ist freundlich, und seine Güte währet ewiglich', wenn sie Dankopfer bringen zum Hause des Herrn. Denn ich will das Geschick des Landes wenden, dass es werde, wie es im Anfang war, spricht der Herr.

So spricht der Herr Zebaoth: An diesem Ort, der so wüst ist, dass weder Menschen noch Vieh darin sind, und in allen ihren Städten werden dennoch wieder Auen sein für die Hirten, die da Herden weiden. In den Städten auf dem Gebirge und in den Städten des Hügellandes und in den Städten des Südlandes, im Lande Benjamin und um Jerusalem her und in den Städten Judas sollen dennoch wieder die Herden gezählt aus- und einziehen, spricht der Herr.

Siehe, es kommt die Zeit, spricht der Herr, dass ich das gnädige Wort erfüllen will, das ich zum Hause Israel und zum Hause Juda geredet habe.« Jer. 33,1-14

So wurde die Gemeinde Gottes in einer der finstersten Stunden ihres langen Kampfes mit den Mächten des Bösen getröstet. Satan hatte ganz offensichtlich in seinen Anstrengungen, Israel zu vernichten, den Sieg davongetragen. Der Herr jedoch wirkte über die Ereignisse der Gegenwart hinaus, und während der folgenden Jahre sollte Sein Volk die Gelegenheit bekommen, die Vergangenheit wiedergutzumachen. Seine Botschaft an die Gemeinde lautete: »Fürchte du dich nicht, mein Knecht Jakob, … und entsetze dich nicht, Israel. Denn siehe, ich will dich erretten aus fernen Landen und deine Nachkommen aus dem Lande ihrer Gefangenschaft, dass Jakob zurückkehren soll und in Frieden und Sicherheit leben, und niemand soll ihn schrecken. Denn ich bin bei dir, spricht der Herr, dass ich dir helfe … Dich will ich wieder gesund machen und deine Wunden heilen.« Jeremia 30,10.11.17

Am frohen Tag der Erneuerung sollten die Stämme des geteilten Israel wieder zu einem Volk vereint werden. Dann werde man den Herrn als den Herrscher »aller Geschlechter Israels« anerkennen. »Sie sollen mein Volk sein«, versicherte er. »Jubelt über Jakob mit Freuden und jauchzet über das Haupt unter den Völkern. Ruft laut, rühmt und sprecht: Der Herr hat seinem Volk geholfen, dem Rest Israels! Siehe, ich will sie aus dem Lande des Nordens bringen und will sie sammeln von den Enden der Erde, auch Blinde und Lahme ... Sie werden weinend kommen, aber ich will sie trösten und ... sie zu Wasserbächen führen auf ebenem Weg, dass sie nicht zu Fall kommen; denn ich bin Israels Vater, und Ephraim ist mein erstgeborener Sohn.« Jeremia 31,1.7-9

Sie, die einst von den anderen Völkern als ein von Gott besonders begünstigtes Volk anerkannt worden waren, galten jetzt als gedemütigt. In der Verbannung sollten sie gehorchen lernen, denn Gehorsam war für ihr künftiges Glück notwendig. Erst wenn sie diese Lehre erfasst hatten, konnte Gott all das für sie tun, was er eigentlich mit ihnen im Sinne hatte. »Ich will dich mit Maßen züchtigen, doch ungestraft kann ich dich nicht lassen«, Jeremia 30,11 verkündete er zur Erläuterung seiner Absicht, sie um ihres geistlichen Wohlergehens willen zu strafen. Ihnen hatte seine gütige Liebe gegolten, und sie wurden nicht für immer verworfen. Vor allen Völkern der Erde wollte er seinen Plan darlegen und eine offensichtliche Niederlage in Sieg verwandeln. Er wollte retten und nicht vernichten. Folgende Botschaft wurde dem Propheten gegeben: »Der Israel zerstreut hat, der wird's auch wieder sammeln und wird es hüten wie ein Hirte seine Herde; denn der Herr wird Jakob erlösen und von der Hand des Mächtigen erretten. Sie werden kommen und auf der Höhe des Zion jauchzen und sich freuen über die Gaben des Herrn, über Getreide, Wein, Öl und junge Schafe und Rinder, dass ihre Seele sein wird wie ein wasserreicher Garten und sie nicht mehr bekümmert sein sollen ... denn ich will ihr Trauern in Freude verwandeln und sie trösten und sie erfreuen nach ihrer Betrübnis. Und ich will der Priester Herz voller Freude machen, und mein Volk soll meiner Gaben die Fülle haben, spricht der Herr ... So spricht der Herr Zebaoth, der Gott Israels: ,Man wird dies Wort wieder sagen im Lande Juda und in seinen Städten, wenn ich ihr Geschick wenden werde: Der Herr segne dich, du Wohnung der Gerechtigkeit, du heiliger Berg! Auch Juda samt allen seinen Städten soll darin wohnen, die Ackersleute und die mit Herden umherziehen; denn ich will die Müden erquicken und die Verschmachteten sättigen' ...

Siehe, es kommt die Zeit, spricht der Herr, da will ich mit dem Hause Israel und mit dem Hause Juda einen neuen Bund schließen, nicht wie der Bund gewesen ist, den ich mit ihren Vätern schloss, als ich sie bei der Hand nahm, um sie aus Ägyptenland zu führen, ein Bund, den sie nicht gehalten haben, ob ich gleich ihr Herr war, spricht der Herr; sondern das soll der Bund sein, den ich mit dem Hause Israel schließen will nach dieser Zeit, spricht der Herr: Ich will mein Gesetz in ihr Herz geben und in ihren Sinn schreiben, und sie sollen mein Volk sein, und ich will ihr Gott sein. Und es wird keiner den andern noch ein Bruder den andern lehren und sagen: ,Erkenne den Herrn', sondern sie sollen mich alle erkennen, beide, klein und groß, spricht der Herr; denn ich will ihnen ihre Missetat vergeben und ihrer Sünde nimmermehr gedenken.« Jeremia 31,10-14.23-25.31-34

KAPITEL 39

Am Hof von Babylon

Auf Grundlage von Daniel 1

Unter den Israeliten, die zu Beginn der 70-jährigen Knechtschaft gefangen nach Babylon geführt wurden, befanden sich »christliche« Patrioten, Männer mit stählerner Grundsatztreue, Männer, die sich nicht durch die Selbstsucht verderben lassen und Gott selbst dann ehren wollten, wenn sie dadurch alles verloren. Diese Männer sollten im Land ihrer Gefangenschaft Gottes Absichten ausführen, indem sie den Heiden die Segnungen vermittelten, die durch eine Erkenntnis des Herrn kommen. Sie sollten seine Stellvertreter sein. Niemals sollten sie mit dem Glauben von Götzendienern irgendwelche Kompromisse eingehen: ihr Glaube und ihr Name sollten sie als Anbeter Gottes wie eine hohe Ehre tragen. Dies taten sie auch. Im Wohlstand wie auch unter widrigen Umständen ehrten sie Gott, und Gott ehrte sie.

Die Tatsache, dass diese Anbeter Gottes in Babylon gefangen waren und die Gefäße aus dem Haus Gottes in die Tempel der babylonischen Götter gestellt worden waren, wurde von den Siegern triumphierend als Beweis dafür angeführt, dass ihre Religion und ihre Bräuche der Religion und denen der Hebräer überlegen seien. Dennoch bewies Gott gerade durch die Demütigungen, die durch Israels Abweichen von Ihm hervorgerufen worden waren, den Babyloniern Seine Vorrangstellung, die Heiligkeit Seiner Gebote und die sicheren Folgen des Gehorsams. Und wie es auch nicht anders sein konnte, lieferte Er diesen Beweis durch diejenigen, die Ihm treu ergeben waren.

Unter jenen, die Gott die Treue hielten, befanden sich auch Daniel und seine drei Freunde. Sie sind leuchtende Beispiele dafür, was Menschen werden können, die sich mit dem Gott der Weisheit und der Macht vereinen. Aus ihren vergleichsweise einfachen jüdischen Heimen wurden diese Jugendlichen königlicher Abstammung in die prachtvollste aller Städte gebracht und an den Hof des bedeutendsten Königs der Welt. Nebukadnezar befahl »Aschpenas, seinem obersten Kämmerer, er sollte einige von den Kindern Israel auswählen, und zwar von königlichem Stamm und von edler Herkunft, junge Leute, die keine Gebrechen hätten, sondern schön, begabt, weise, klug und verständig [479/480] wären, also fähig, an des Königs Hof zu dienen ... Unter ihnen waren aus Juda Daniel, Hananja, Mischael und Asarja.« Daniel 1,3.4.6

Weil er in diesen Jugendlichen Anlagen außerordentlicher Fähigkeiten sah, entschied Nebukadnezar, dass sie dazu ausgebildet werden sollten, wichtige Positionen in seinem Königreich einzunehmen. Um sie für diese Lebensaufgabe bestens zu qualifizieren, sorgte er dafür, dass sie die Sprache der Chaldäer erlernten und drei Jahre lang die ungewöhnlichen Bildungsvorrechte genießen durften, die man sonst den Prinzen des Königreichs zugestand.

Die Namen von Daniel und seinen Freunden wurden verändert. Ihre neuen Namen bezogen sich auf chaldäische Gottheiten. Hebräische Eltern gaben ihren Kindern Namen, die eine große Bedeutung hatten. Oft standen sie für Charaktermerkmale, die die Eltern in ihrem Kind entwickelt zu sehen wünschten. Der Fürst, unter dessen Aufsicht die gefangenen Jugendlichen standen, »nannte Daniel Beltschazar und Hananja Schadrach und Mischael Meschach und Asarja Abed-Nego«. Daniel 1,7

Der König zwang die hebräischen Jugendlichen nicht, ihren Glauben aufzugeben und Götzenanbeter zu werden, sondern hatte die Hoffnung, diese Veränderung allmählich herbeizuführen. Man gab ihnen Namen, die deutlich an den Götzendienst erinnerten und man brachte sie täglich in enge Verbindung mit götzendienerischen Handlungen und unter den Einfluss verführerischer heidnischer Bräuche. Der König hoffte, sie so zu bewegen, die Religion ihres Volkes abzulegen und sich mit den Babyloniern in deren Gottesdienst zu vereinen.

Gleich zu Beginn ihrer Karriere wurde eine entscheidende Charakterprüfung von ihnen verlangt. Es war vorgesehen, dass sie das Essen von der Tafel des Königs essen und den Wein des Königs trinken sollten. Dies war seitens des Königs ein Ausdruck seiner Gunst und seiner Besorgnis für ihr Wohlergehen. Weil aber ein Teil der Nahrung von der Tafel des Königs den Göttern geopfert wurde, galt das ganze Essen den Göttern geweiht. Die Teilnahme daran wurde als Huldigung für die Götter Babylons angesehen. Die Treue zu Gott verbot Daniel und seinen Freunden eine solche Art der Huldigung. Selbst wenn sie nur scheinbar die Nahrung gegessen oder den Wein getrunken hätten, wäre das eine Verleugnung ihres Glaubens gewesen. Sie hätten sich damit sozusagen mit dem Heidentum verbunden und die Grundsätze des göttlichen Gesetzes verletzt.

Sie wollten jedoch auch nicht den aufreibenden Effekt von Luxus und Verschwendung auf ihre körperliche, geistige und geistliche Entwicklung riskieren. Sie waren zudem mit der Geschichte von Nadab und Abihu vertraut, deren Unmäßigkeit und ihre Folgen in den Rollen der fünf Bücher Mose 3. Mose 10 verzeichnet standen. Auch wussten sie, dass der Genuss von Alkohol ihre

 körperlichen und geistigen Kräfte schädigen würde.

Daniel und seine Freunde waren von ihren Eltern zu Gewohnheiten strikter Mäßigkeit erzogen worden. Sie wurden gelehrt, dass Gott sie für ihre Fähigkeiten verantwortlich machen würde und sie ihre Kräfte niemals schädigen oder schwächen durften. Diese Erziehung bewahrte Daniel und seine Freunde unter den demoralisierenden Einflüssen des babylonischen Hofes. Die Versuchungen, die sie an diesem verdorbenen und verschwenderischen Hof umgaben, waren stark, aber sie verunreinigten sich nicht. Keine Macht und kein Einfluss konnte sie von den Grundsätzen abbringen, die sie im frühen Leben durch ein Studium des Wortes und der Werke Gottes gelernt hatten.

Würde Daniel dies so gewollt haben, hätte er seine Umgebung als plausible Entschuldigung für das Abweichen von strengen Gewohnheiten der Mäßigkeit anführen können. Er hätte argumentieren können, dass es für ihn aufgrund seiner Abhängigkeit von der Gunst des Königs und seiner Verpflichtungen als Untertan keinen anderen Weg gegeben hätte, als die Nahrung des Königs zu essen und seinen Wein zu trinken, denn ansonsten würde er den König beleidigen und vielleicht sogar seine Position und sein Leben verlieren. Würde er hingegen das Gebot des Herrn missachten, könnte er die Gunst des Königs behalten und sich Vorteile und schmeichelhafte weltliche Zukunftsaussichten verschaffen.

Daniel zögerte jedoch nicht. Das Wohlgefallen Gottes war ihm wichtiger als die Gunst des mächtigsten irdischen Herrschers – wichtiger sogar noch als sein eigenes Leben. Er entschloss sich, rechtschaffen und integer zu bleiben, komme, was da wolle. Er »nahm sich in seinem Herzen vor, dass er sich mit des Königs Speise und mit seinem Wein nicht unrein machen wollte«. Daniel 1,8 In diesem Entschluss wurde er von seinen drei Freunden unterstützt.

Bei dieser Entscheidung handelten die jungen Hebräer nicht anmaßend, sondern sie verließen sich fest auf Gott. Sie taten dies nicht, um sich von den anderen zu unterscheiden, sondern deshalb, weil sie lieber Außenseiter sein wollten als Gott zu entehren. Im Falle eines Kompromisses mit dem Unrecht, würde ihr Abweichen von den Grundsätzen ihre Auffassung über das Richtige und ihren Abscheu vor dem Bösen schwächen. Ihr erster falscher Schritt würde zu weiteren führen, bis sie schließlich ihre Verbindung mit dem Himmel völlig gelöst hätten und von der Versuchung hinweggerissen würden.

»Gott gab es Daniel, dass ihm der oberste Kämmerer günstig und gnädig gesinnt wurde«, und die Bitte, sich nicht verunreinigen zu müssen, wurde respektvoll entgegengenommen. Doch der hohe Herr zögerte, sie zu erfüllen. »Ich fürchte mich vor meinem Herrn, dem König, der euch eure Speise und euern Trank bestimmt hat«, erklärte er Daniel. »Wenn er merken würde, dass euer Aussehen schlechter ist als das der andern jungen Leute eures Alters, so brächtet ihr mich bei dem König um mein Leben.« Daniel 1,9f

Daniel wandte sich dann an den Beamten, unter dessen besonderer Aufsicht die hebräischen Jugendlichen standen und bat ihn, nicht vom Fleisch des Königs essen und von seinem Wein trinken zu müssen. Er ersuchte um eine Testphase von zehn Tagen, in der die hebräischen Jugendlichen mit einfachem Essen versorgt würden, während ihre Gefährten von den Leckerbissen des Königs aßen.

Obwohl der Aufseher fürchtete, dass er, wenn er diese Bitte gewährte, sich das Missfallen des Königs zuziehen könnte, stimmte er dennoch zu. Daniel wusste, dass seine Sache gewonnen war. Am Ende der zehn Tage zeigte sich, dass das Ergebnis völlig anders war, als der Fürst befürchtet hatte. Die jungen Männer sahen »schöner und kräftiger aus als alle jungen Leute, die von des Königs Speise aßen«. Daniel 1,15 Ihre äußere Erscheinung war der ihrer Gefährten deutlich überlegen. Als Folge davon, wurde es Daniel und seinen Freunden erlaubt, ihre einfache Ernährung während der gesamten Zeit ihrer Ausbildung beizubehalten.

Drei Jahre lang studierten die jungen Hebräer, um sich »Schrift und Sprache der Chaldäer« Daniel 1,4 anzueignen. Während dieser Zeit blieben sie Gott stets treu und verließen sich immer auf Seine Kraft. Zu ihrer Gewohnheit der Selbstverleugnung kamen noch ihre festen Absichten, ihre Sorgfalt und ihre Beständigkeit hinzu. Es war weder Stolz noch Ehrgeiz, der sie an den Hof des Königs und in die Gesellschaft mit Menschen gebracht hatte, die Gott weder kannten noch fürchteten. Sie waren Gefangene in einem fremden Land, die in der unendlichen Weisheit Gottes an diesen Ort gestellt worden waren. Getrennt von den Einflüssen ihres Heims und ihrer geheiligten Umgebung versuchten sie, sich zur Ehre ihres unterdrückten Volkes und zur Verherrlichung des Einen, dessen Diener sie waren, achtbar zu verhalten.

Der Herr sah mit Wohlgefallen die Festigkeit und die Selbstverleugnung dieser hebräischen Jugendlichen und ihre reinen Motive. Sein Segen begleitete sie. Er gab ihnen »Einsicht und Verstand für jede Art von Schrift und Weisheit. Daniel aber verstand sich auf Gesichte und Träume jeder Art.« Daniel 1,17 Die Verheißung: »Wer mich ehrt, den will ich auch ehren«, 1.Samuel 2,30 erfüllte sich. Als Daniel sich mit unerschütterlichem Vertrauen an Gott klammerte, kam der Geist mit prophetischer Kraft über ihn. So wurde er von den Menschen in den Pflichten des Lebens am Hof unterwiesen und von Gott gleichzeitig gelehrt, die Geheimnisse der Zukunft zu lesen und für zukünftige Generationen die Ereignisse der Weltgeschichte bis zum Ende der Zeit in Bildern und Symbolen aufzuschreiben.

Als die Zeit des Examens für die Jugendlichen in Ausbildung gekommen war, wurden die Hebräer gemeinsam mit den anderen Kandidaten für den Dienst im Königreich geprüft. »Und es wurde unter allen niemand gefunden, der Daniel, Hananja, Mischael und Asarja gleich war.« Daniel 1,19 Ihre klare Auffassungsgabe, ihr breites Wissen und ihre gewählte und genaue Sprache bezeugten die unbeeinträchtigte Kraft und Vitalität ihrer geistigen Fähigkeiten. »Der König fand sie in allen Sachen, die er sie fragte, zehnmal klüger und verständiger als alle Zeichendeuter und Weisen in seinem ganzen Reich.« »Und sie wurden des Königs Diener.« Daniel 1,20.19

Am Hof von Babylon trafen sich Vertreter aller Länder, lauter höchst begabte Menschen, die sehr reich mit natürlichen Gaben ausgestattet waren und über die umfassendste Bildung verfügten, die die Welt bieten konnte. Doch unter ihnen allen war keiner den jungen Hebräern gleich. Ihrer körperlichen Kraft und Schönheit, ihrer geistigen Energie und ihren literarischen Kenntnissen stand nichts Ebenbürtiges zur Seite. Die aufrechte Gestalt und der feste, elastische Schritt, der klare Gesichtsausdruck, die ungetrübten Sinne, der reine Atem – all das waren Zeugnisse guter Gewohnheiten, Zeichen des Adels, mit dem die Natur die ehrt, die ihren Gesetzen gehorchen.

Bei der Aneignung der Weisheit der Babylonier waren Daniel und seine Freunde weit erfolgreicher als ihre Mitstudenten. Ihre Bildung verdankten sie jedoch nicht dem Zufall. Sie erlangten ihr Wissen durch den treuen Gebrauch ihrer Kräfte unter der Führung des Heiligen Geistes. Sie setzten sich selbst in Verbindung mit der Quelle aller Weisheit und machten die Erkenntnis Gottes zu Grundlage ihrer gesamten Bildung. Im Glauben baten sie um Weisheit, und dann lebten sie ihr Gebet. Sie gingen an die Orte, wo Gott sie segnen konnte. Sie vermieden alles, was ihre Kräfte verminderte und nutzten jede Gelegenheit, um sich in allen Bereichen Wissen anzueignen. Sie folgten den Lebensgesetzen, was unweigerlich ihre intellektuellen Kräfte vergrößerte. Sie wollten ihr Wissen nur aus dem einen Grund erlangen – um Gott zu ehren. Sie waren sich im Klaren, dass sie, um als Vertreter der wahren Religion unter den falschen Religionen des Heidentums bestehen zu können, einen klaren Geist brauchten und ihren christlichen Charakter vervollkommnen mussten. Gott selbst war ihr Lehrer. Indem sie beständig beteten, gewissenhaft studierten und in enger Verbindung mit dem Unsichtbaren blieben, führten sie ein Leben mit Gott, wie Henoch es getan hatte.

Wahrer Erfolg bei irgendeiner Tätigkeit ist nicht das Produkt von Zufall oder Schicksal. Er kommt vielmehr durch die Vorsehung Gottes als Belohnung für Glauben und Umsicht, für Tugend und Ausdauer. Glänzende geistige Fähigkeiten und eine hohe Moral sind nicht das Ergebnis des Zufalls. Gott schenkt die Gelegenheiten, der Erfolg hängt dann von ihrem Gebrauch ab.

Während Gott in Daniel und seinen Gefährten »das Wollen und das Vollbringen, zu seinem Wohlgefallen« Philipper 2,13 wirkte, taten sie alles, um selig zu werden. Hier zeigt sich die Auswirkung des göttlichen Prinzips der Zusammenarbeit, ohne die kein wahrer Erfolg erlangt werden kann. Menschliche Anstrengung nützt nichts ohne göttliche Kraft. Ohne menschlichen Einsatz nützt die göttliche Anstrengung bei vielen nichts. Um uns Gottes Gnade anzueignen, müssen wir unseren Teil tun. Seine Gnade ist uns gegeben, um in uns das Wollen und das Vollbringen zu bewirken, niemals jedoch als Ersatz für unsere eigene Anstrengung.

Wie der Herr mit Daniel und seinen Freunden zusammenarbeitete, wird Er es auch bei allen tun, die darum kämpfen, Seinen Willen zu tun. Wenn Er Seinen Geist verleiht, wird dieser jede wahre Absicht und jeden edlen Entschluss stärken. Wer auf dem Pfad des Gehorsams geht, wird vielen Hindernissen begegnen. Starke und subtile Einflüsse binden viele an die Welt, aber der Herr kann jede Macht zum Scheitern bringen, die zur Niederlage Seiner Auserwählten führen könnte. In Seiner Kraft können sie jede Versuchung überwinden und jede Schwierigkeit bewältigen.

Gott brachte Daniel und seine Freunde in Kontakt mit den großen Männern Babylons, um inmitten einer Nation von Götzendienern Seinen Charakter darzustellen. Was befähigte sie zu einer Position so großer Verantwortung und Ehre? Es war die Treue in den kleinen Dingen, die ihr ganzes Leben kennzeichnete. Sie ehrten Gott in den kleinsten und den verantwortungsvollsten Pflichten.

Wie Gott Daniel berief, für Ihn in Babylon ein Zeuge zu sein, so beruft Er auch uns, damit wir heute in der Welt Seine Zeugen sind. In den kleinsten wie den größten Angelegenheiten des Lebens wünscht Er sich, dass wir den Menschen die Grundsätze Seines Reichs offenbaren. Viele warten darauf, dass ihnen ein großes Werk übertragen wird, während sie die täglichen Gelegenheiten versäumen, um Gott ihre Treue zu zeigen. Sie versagen täglich darin, die kleinen Pflichten des Lebens von ganzem Herzen zu tun. Während sie noch auf irgendeine große Aufgabe warten, in der sie ihre angeblich so großen Talente ausüben könnten, um ihre ehrgeizigen Sehnsüchte zu befriedigen, gleitet ihnen ihr Leben davon. Im Leben des wahren Christen gibt es keine unwichtigen Dinge: in den Augen des Allmächtigen ist jede Pflicht wichtig. Der Herr beurteilt genau jede Möglichkeit, die wir zum Dienst haben. Die nicht genutzten Fähigkeiten werden genauso in Berechnung mit einbezogen wie die genutzten. Wir werden danach gerichtet, was wir eigentlich hätten tun sollen, aber nicht getan haben, weil wir unsere Kräfte nicht dazu nutzten, um Gott zu verherrlichen.

Ein edler Charakter ist nicht das Ergebnis von Zufall, er beruht auch nicht auf besonderer Gunst Gottes oder besonderer von Ihm verliehener Fähigkeiten. Er ist das Ergebnis von Selbstdisziplin, der Unterordnung der Triebe unter den Verstand und der Übergabe des Ichs zum Dienst für Gott und die Menschen.

Durch Treue der hebräischen Jugendlichen gegenüber den Grundsätzen der Mäßigkeit spricht Gott zu den Jugendlichen von heute. Heute werden Menschen

gebraucht, die wie Daniel für die richtige Sache alles tun und wagen. Ein reines Herz, starke Hände und ein furchtloser Mut werden benötigt, denn die Auseinandersetzung zwischen Lasterhaftigkeit und Tugend macht eine ständige Wachsamkeit nötig. Satan kommt zu allen Menschen, um sie auf vielerlei verlockende Arten zur Befriedigung ihres Appetits zu verführen.

Der Körper ist das so überaus wichtige Medium, in dem sich Geist und Seele entwickeln, um den Charakter zu bilden. Daher zielt der Feind der Seelen durch seine Versuchungen auf die Schwächung und Erniedrigung der körperlichen Kräfte. Sein Erfolg in dieser Hinsicht bedeutet oft die Unterwerfung des ganzen Wesens unter das Böse. Wenn die Neigungen des Körpers nicht unter der Herrschaft des Verstandes stehen, sind Ruin und Tod ganz sicher die Folge. Der Körper muss den Verstandeskräften des Menschen unterworfen werden. Die Leidenschaften müssen durch den Willen kontrolliert werden, der selbst wiederum unter der Kontrolle Gottes stehen muss. Die königliche Macht des Verstandes muss, geheiligt durch die Gnade Gottes, die Herrschaft im Leben ausüben. Intellektuelle Kräfte, körperliche Ausdauer und die Länge des Lebens hängen von unveränderlichen Gesetzen ab. Durch den Gehorsam gegenüber diesen Gesetzen wird der Mensch zum Überwinder des Ichs, der eigenen Neigungen und zum Sieger über die »Mächtigen und Gewaltigen«, über die »Herren der Welt, die in dieser Finsternis herrschen«, über die bösen Geister unter dem Himmel. Epheser 6,12

Im Opferritual der alttestamentlichen Zeit, welches das Evangelium in Symbolsprache darstellt, durfte kein fehlerhaftes Opfer auf dem Altar Gottes dargebracht werden. Das Opfer, das Christus symbolisieren sollte, musste fehlerlos sein. Das Wort Gottes weist auf diese Tatsache als Illustration dafür hin, was Seine Kinder sein sollen: »ein lebendiges ... Opfer« Römer 12,1 »heilig und makellos«. Epheser 5,27

Die hebräischen Helden waren Menschen mit Leidenschaften wie wir selbst. Doch trotz aller verführerischer Einflüsse am Hof von Babylon standen sie fest, weil sie sich auf die Stärke verließen, die unendlich ist. In ihnen sah eine heidnische Nation das Bild der Güte und Freundlichkeit Gottes und der Liebe Christi. In ihrer Erfahrung haben wir ein Beispiel für den Triumph der Grundsätze über die Versuchung, der Reinheit über die Verdorbenheit, der Hingabe und Treue über Atheismus und Götzendienst.

Die heutige Jugend kann vom selben Geist erfüllt sein wie Daniel und aus derselben Quelle ihre Kraft beziehen wie er, dieselbe Kraft der Selbstkontrolle haben wie er und dieselbe Gnade in ihrem Leben offenbaren wie er, selbst wenn die Umstände alles andere als günstig sind. Auch wenn die Jugend von Versuchungen zur Befriedigung des Ichs umgeben ist, besonders in unseren großen Städten, in denen jede Art von Befriedigung der Sinne leicht und einladend ist, kann sie doch durch die göttliche Gnade in ihrer Absicht, Gott zu ehren, fest bleiben. Durch feste Entschlossenheit und ständige Wachsamkeit können sie jeder Versuchung widerstehen, die auf die Seele einstürmt. Nur der jedoch, der sich entschließt, das Rechte zu tun, weil es richtig ist, wird den Sieg erlangen.

Welch ein Lebenswerk vollbrachten diese edlen Hebräer! Als sie sich vom Heim ihrer Kindheit verabschiedeten, ahnten sie kaum, welch hohe Bestimmung auf sie wartete. Treu und beständig unterwarfen sie sich der göttlichen Führung, so dass Gott durch sie Seine Absicht erfüllen konnte.

Dieselben mächtigen Wahrheiten, die durch diese Männer offenbart wurden, möchte Gott durch die Jugendlichen und Kinder der heutigen Zeit offenbaren. Das Leben Daniels und seiner Freunde zeigt anschaulich, was Gott für den tun will, der sich Ihm übergibt und von ganzem Herzen versucht, Seine Absichten umzusetzen.

KAPITEL 40

DER TRAUM DES NEBUKADNEZAR

Auf Grundlage von Daniel 2

Bald nachdem Daniel und seine Freunde ihren Dienst beim König von Babylon angetreten hatten, traten Ereignisse ein, die dieser götzendienerischen Nation die Macht und Treue des Gottes Israels offenbarten. Nebukadnezar hatte einen bemerkenswerten Traum, »über den er so erschrak, dass er aufwachte«. Daniel 2,1 Obwohl jedoch die Gedanken des Königs tief beeindruckt gewesen waren, war es ihm unmöglich, sich beim Erwachen noch an die Einzelheiten zu erinnern. In seiner Ratlosigkeit rief Nebukadnezar seine weisen Männer zusammen, »alle Zeichendeuter und Weisen und Zauberer«, Daniel 2,2 und bat um ihre Hilfe. »Ich hab einen Traum gehabt«, sagte er, »der hat mich erschreckt, und ich wollte gerne wissen, was es mit dem Traum gewesen ist.« Daniel 2,3 In seiner Ratlosigkeit forderte er sie auf, ihm das zu offenbaren, was sein Gemüt erleichtern konnte. Die Weisen erwiderten: »Der König lebe ewig! Sage deinen Knechten den Traum, so wollen wir ihn deuten.« Daniel 2,4

Der König war unzufrieden mit dieser ausweichenden Antwort und wurde misstrauisch, weil sie trotz ihrer anmaßenden Behauptungen, die Geheimnisse des Menschen offenbaren zu können, nicht wirklich bereit schienen, ihm helfen zu wollen. Er befahl ihnen nun – wobei er ihnen einerseits Reichtum und Ehre versprach, während er sie andererseits mit dem Tod bedrohte – ihm nicht nur die Auslegung des Traums zu sagen, sondern auch den Traum selbst: »Mein Wort ist deutlich genug. Werdet ihr mir nun den Traum nicht kundtun und deuten, so sollt ihr in Stücke gehauen und eure Häuser sollen zu Schutthaufen gemacht werden. Werdet ihr mir aber den Traum kundtun und deuten, so sollt ihr Geschenke, Gaben und große Ehre von mir empfangen.« Daniel 2,5f

Immer noch antworteten die Weisen: »Der König sage seinen Knechten den Traum, so wollen wir ihn deuten.« Daniel 2,7

Nebukadnezar, verärgert und aufgeregt durch die offensichtliche Hinterlist derer, denen er bisher vertraut hatte, sagte: »Wahrlich, ich merke, dass ihr Zeit gewinnen wollt, weil ihr seht, dass mein Wort deutlich genug ist. Aber werdet ihr mir den Traum nicht sagen, so ergeht ein Urteil über euch alle, [491/492] weil ihr euch vorgenommen habt, Lug und Trug vor mir zu reden, bis die Zeiten sich ändern. Darum sagt mir den Traum; so kann ich merken, dass ihr auch die Deutung trefft.« Daniel 2,8f

Voller Furcht wegen der Folgen ihres Versagens bemühten sie die Zauberer, dem König zu zeigen, dass seine Bitte unvernünftig sei und sein Test weit über das hinausginge, was jemals von irgendeinem Menschen verlangt worden sei. Sie wandten ein: »Es ist kein Mensch auf Erden, der sagen könnte, was der König fordert. Ebenso gibt es auch keinen König, wie groß oder mächtig er sei, der solches von irgendeinem Zeichendeuter, Weisen oder Wahrsager fordern würde. Denn was der König fordert, ist zu hoch, und es gibt auch sonst niemand, der es vor dem König sagen könnte, ausgenommen die Götter, die nicht bei den Menschen wohnen. Da wurde der König sehr zornig und befahl, alle Weisen von Babel umzubringen.« Daniel 2,10-12

Auch Daniel und seine Freunde waren unter denen, die von den Vollzugsbeamten des königlichen Dekrets gesucht wurden. Als ihnen eröffnet wurde, dass sie nach dem Dekret ebenso zum Tod verurteilt waren, »da wandte sich Daniel klug und verständig an Arjoch, den Obersten der Leibwache des Königs«, und fragte: »Warum ist ein so strenges Urteil vom König ergangen?« Daniel 2,14f

Arjoch erzählte ihm, dass der König einen bemerkenswerten Traum hatte, über den er bestürzt war, und wie dann diejenigen, denen er bisher voll vertraut hatte, ihm keine Hilfe gaben. Als er das hörte, nahm Daniel die Verantwortung für sein Leben in die eigene Hand und wagte sich in die Gegenwart des Königs. Er bat inständig »um etwas Zeit«, damit er seinen Gott darum bitten könne, ihm den Traum und seine Deutung zu offenbaren. Daniel 2,16

Diese Bitte wurde ihm vom Herrscher gewährt. »Und Daniel ging heim und teilte es seinen Gefährten Hananja, Mischael und Asarja mit.« Daniel 2,17 Gemeinsam suchten sie Weisheit bei der Quelle des Lichts und der Erkenntnis. Ihr Glaube war stark in dem Bewusstsein, dass Gott sie an ihren jetzigen Platz gestellt hatte, damit sie Sein Werk dort vollbrachten und ihre Pflichten zuverlässig erledigten. In Zeiten der Ratlosigkeit und Gefahr hatten sie sich stets an Ihn gewandt, um von Ihm Führung und Schutz zu bekommen, und Er hatte sich ihnen immer als allgegenwärtige Hilfe erwiesen. Mit einem zerschlagenen Herzen unterwarfen sie sich nun erneut dem Richter der ganzen Welt und baten ihn inständig, sie in dieser besonderen Stunde der Not zu erretten. Sie baten nicht umsonst. Der Gott, den sie geehrt hatten, ehrte nun sie. Der Geist des Herrn kam über sie, und Daniel wurde »durch ein Gesicht in der Nacht« Daniel 2,19 der Traum des Königs und seine Bedeutung offenbart. Daniels erste Handlung war, Gott für die Offenbarung zu danken, die ihm gegeben worden war. Er rief aus:

»Gelobet sei der Name Gottes von Ewigkeit zu Ewigkeit, denn

ihm gehören Weisheit und Stärke! Er ändert Zeit und Stunde; er setzt Könige ab und setzt Könige ein; er gibt den Weisen ihre Weisheit und den Verständigen ihren Verstand, er offenbart, was tief und verborgen ist; er weiß, was in der Finsternis liegt, denn bei ihm ist lauter Licht. Ich danke dir und lobe dich, Gott meiner Väter, dass du mir Weisheit und Stärke verliehen und jetzt offenbart hast, was wir von dir erbeten haben; denn du hast uns des Königs Sache offenbart.« Daniel 2,20-23 Darauf ging Daniel sofort zu Arjoch, dem der König befohlen hatte, alle Weisen zu töten, und sprach: »Du sollst die Weisen von Babel nicht umbringen, sondern führe mich hinein zum König, ich will dem König die Deutung sagen.« Rasch brachte der Beamte Daniel zum König und sagte: »Ich habe einen Mann gefunden unter den Gefangenen aus Juda, der dem König die Deutung sagen kann.« Daniel 2,24f

Man stelle sich vor, wie der jüdische Gefangene voller Ruhe und mit beherrschten Gefühlen in der Gegenwart des Königs des mächtigen Reichs der Welt stand. In seinen ersten Worten lehnte er alle Ehre für sich selbst ab und lobte Gott als Quelle aller Weisheit. Auf die ängstliche Frage des Königs: »Bist du es, der mir den Traum, den ich gesehen habe, und seine Deutung kundtun kann?«, Daniel 2,26 antwortete er: »Das Geheimnis, nach dem der König fragt, vermögen die Weisen, Gelehrten, Zeichendeuter und Wahrsager dem König nicht zu sagen. Aber es ist ein Gott im Himmel, der kann Geheimnisse offenbaren. Der hat dem König Nebukadnezar kundgetan, was in künftigen Zeiten geschehen soll.

Mit deinem Traum und deinen Gesichten, als du schliefst«, erklärte Daniel, »verhielt es sich so: Du, König, dachtest auf deinem Bett, was dereinst geschehen würde; und der, der Geheimnisse offenbart, hat dir kundgetan, was geschehen wird. Mir aber ist dies Geheimnis offenbart worden, nicht als wäre meine Weisheit größer als die Weisheit aller, die da leben, sondern damit dem König die Deutung kund würde und du deines Herzens Gedanken erführest.

Du, König, hattest einen Traum, und siehe, ein großes und hohes und hell glänzendes Bild stand vor dir, das war schrecklich anzusehen. Das Haupt dieses Bildes war von feinem Gold, seine Brust und seine Arme waren von Silber, sein Bauch und seine Lenden waren von Kupfer, seine Schenkel waren von Eisen, seine Füße waren teils von Eisen und teils von Ton.

Das sahst du, bis ein Stein herunterkam, ohne Zutun von Menschenhänden; der traf das Bild an seinen Füßen, die von Eisen und Ton waren, und zermalmte sie. Da wurden miteinander zermalmt Eisen, Ton, Kupfer, Silber und Gold und wurden wie Spreu auf der Sommertenne, und der Wind verwehte sie, dass man sie nirgends mehr finden konnte. Der Stein aber, der das Bild zerschlug, wurde zu einem großen Berg, so dass er die ganze Welt füllte.« Daniel 2,27-35 »Das ist der Traum«, Daniel 2,36 erklärte Daniel zuversichtlich. Der König hörte sehr aufmerksam jedem Detail zu. Er wusste, dass dies der Traum war, der ihn so beunruhigt hatte. So wurde er vorbereitet, die Auslegung wohlwollend aufzunehmen. Der König aller Könige stand kurz davor, dem babylonischen Monarchen große Wahrheiten mitzuteilen. Gott wollte ihm offenbaren, dass Er die Macht über die Reiche der Welt hat, Macht, Könige einzusetzen und wieder abzusetzen. Nebukadnezars Geist sollte, wenn möglich, zum Bewusstsein seiner Verantwortung gegenüber dem Himmel erweckt werden. Die Ereignisse der Zukunft, die sich bis zum Ende der Zeit erstreckten, sollten ihm eröffnet werden.

»Du, König, bist ein König aller Könige«, fuhr Daniel fort, »dem der Gott des Himmels Königreich, Macht, Stärke und Ehre gegeben hat und dem er alle Länder, in denen Leute wohnen, dazu die Tiere auf dem Felde und die Vögel unter dem Himmel in die Hände gegeben und dem er über alles Gewalt verliehen hat. Du bist das goldene Haupt.

Nach dir wird ein anderes Königreich aufkommen, geringer als deines, danach das dritte Königreich, das aus Kupfer ist und über alle Länder herrschen wird. Und das vierte wird hart sein wie Eisen; denn wie Eisen alles zermalmt und zerschlägt, ja, wie Eisen alles zerbricht, so wird es auch alles zermalmen und zerbrechen. Dass du aber die Füße und Zehen teils von Ton und teils von Eisen gesehen hast, bedeutet: das wird ein zerteiltes Königreich sein; doch wird etwas von des Eisens Härte darin bleiben, wie du ja gesehen hast Eisen mit Ton vermengt. Und dass die Zehen an seinen Füßen teils von Eisen und teils von Ton sind, bedeutet: zum Teil wird's ein starkes und zum Teil ein schwaches Reich sein. Und dass du gesehen hast Eisen mit Ton vermengt, bedeutet: sie werden sich zwar durch Heiraten miteinander vermischen, aber sie werden doch nicht aneinander festhalten, so wie sich Eisen mit Ton nicht mengen lässt. Aber zur Zeit dieser Könige wird der Gott des Himmels ein Reich aufrichten, das nimmermehr zerstört wird; und sein Reich wird auf kein anderes Volk kommen. Es wird alle diese Königreiche zermalmen und zerstören; aber es selbst wird ewig bleiben, wie du ja gesehen hast, dass ein Stein ohne Zutun von Menschenhänden vom Berg herunterkam, der Eisen, Kupfer, Ton, Silber und Gold zermalmte. So hat der große Gott dem König kundgetan, was dereinst geschehen wird. Der Traum ist zuverlässig, und die Deutung ist richtig.« Daniel 2,37-45

Der König war von der Richtigkeit der Deutung überzeugt. In Demut und Ehrfurcht fiel er nieder auf sein Angesicht und betete an und sagte:

»Es ist kein Zweifel, euer Gott ist ein Gott über alle Götter und ein Herr über alle Könige, der Geheimnisse offenbaren kann, wie du dies Geheimnis hast offenbaren können.« Daniel 2,46f

Nebukadnezar hob sein Dekret bezüglich der Vernichtung der Weisen nun
 auf. Ihr Leben wurde verschont wegen Daniels Verbindung zum

Offenbarer der Geheimnisse. »Und der König erhöhte Daniel und gab ihm große und viele Geschenke und machte ihn zum Fürsten über das ganze Land Babel und setzte ihn zum Obersten über alle Weisen in Babel. Und Daniel bat den König, über die einzelnen Bezirke im Lande Babel Schadrach, Meschach und Abed-Nego zu setzen. Daniel aber blieb am Hof des Königs.« Daniel 2,48f

In den Annalen der menschlichen Geschichte sieht es so aus, als ob das Aufkommen von Völkern und der Aufstieg und Fall von Weltreichen vom Willen und Können der Menschen abhängig sei. Die Entwicklung der Ereignisse scheint zu einem großen Grad durch menschliche Macht, Ehrgeiz oder Willkür bestimmt zu sein. Im Wort Gottes wird jedoch der Vorhang zur Seite gezogen und wir sehen, dass über, hinter und durch all die Wechselspiele menschlicher Interessen, Machtpolitik und Leidenschaften das Wirken des Allbarmherzigen steht, der still und geduldig den Entschluss Seines Willens umsetzt.

In Worten unübertrefflicher Schönheit und Feinfühligkeit erläuterte der Apostel Paulus vor den Weisen Athens die göttliche Absicht bei der Erschaffung und Verteilung der Rassen und Völker: »Gott, der die Welt gemacht hat und alles, was darinnen ist, ... hat gemacht, dass von Einem aller Menschen Geschlechter stammen, die auf dem ganzen Erdboden wohnen, und hat bestimmt, wie lange und wie weit sie wohnen sollen, damit sie Gott suchen sollten, ob sie wohl ihn fühlen und finden möchten.« Apostelgeschichte 17,24-27

Gott hat klar gemacht, dass jeder, der es will, »in das Band des Bundes« Hesekiel 20,37 ELB eintreten kann. Bei der Schöpfung war es Seine Absicht, dass die Erde von Wesen bewohnt werde, deren Leben ein Segen für sie selbst und andere und eine Ehre für ihren Schöpfer sein sollte. Alle, die es wollen, können sich mit dieser Absicht identifizieren. Von ihnen heißt es: »Das Volk, das ich mir bereitet habe, soll meinen Ruhm verkündigen.« Jesaja 43,21

In Seinem Gesetz hat Gott die Grundsätze offenbart, die allem wahren Wohlergehen sowohl von Völkern als auch Einzelpersonen zugrunde liegen. Den Israeliten verkündigte Mose dieses Gesetz: »Darin besteht eure Weisheit und Einsicht.« 5.Mose 4,6 NeÜ »Denn es ist kein kraftloses Wort für euch, sondern es ist euer Leben.« 5.Mose 32,47 ZÜR Die Israel so zugesicherten Segnungen gelten unter denselben Bedingungen und im selben Maß jedem Volk und jeder Person unter dem weiten Himmel.

Hunderte von Jahren bevor bestimmte Völker auf die Bühne der Geschichte traten, überschaute der Allwissende die Zeitalter und sagte den Aufstieg und Fall universaler Königreiche voraus. Gott erklärte Nebukadnezar, dass das Reich Babylon fallen und ein zweites Reich sich erheben würde, das auch wiederum seine Prüfungszeit bekäme. Wenn sie darin versagten, den wahren Gott zu erhöhen, würde ihre Herrlichkeit verblassen, und ein drittes Reich ihre Stelle einnehmen. Auch dieses würde vergehen, und ein viertes würde, stark wie Eisen, die Völker der Welt unterwerfen. Hätten die Herrscher Babylons, des reichsten aller irdischen Königreiche, Gott immer gefürchtet, wäre ihnen Weisheit und Macht gegeben worden, die sie an Ihn gebunden und stark erhalten hätte. Sie machten Gott jedoch nur dann zu ihrer Zuflucht, wenn sie beunruhigt und ratlos waren. Zu solchen Zeiten, wenn sie keine Hilfe von ihren großen Männern finden konnten, suchten sie Männer wie Daniel auf; Männer, von denen sie wussten, dass sie den lebendigen Gott ehrten und von Ihm geehrt wurden. An diese Männer wandten sie sich dann, damit sie ihnen die Geheimnisse der Vorsehung enträtselten. Auch wenn die Herrscher des stolzen Babylons Männer von hoher Intelligenz waren, so hatten sie sich doch durch ihre Übertretungen so weit von Gott getrennt, dass sie Seine Offenbarungen und Warnungen hinsichtlich der Zukunft nicht verstehen konnten. Wer das Wort Gottes eifrig erforscht, kann in der Geschichte der Völker die buchstäbliche Erfüllung der göttlichen Weissagung beobachten. Babylon, das zuletzt zerschlagen und zerbrochen war, ging unter, weil seine Herrscher in ihrem Wohlstand sich selbst als von Gott unabhängig angesehen hatten und die Herrlichkeit ihres Reiches menschlicher Leistung zuschrieben. Das medo-persische Reich zog den Zorn des Himmels auf sich, weil darin Gottes Gesetz mit Füßen getreten wurde. Die Furcht Gottes fand in den Herzen der großen Mehrheit des Volkes keinen Platz. Bosheit, Gotteslästerung und Verdorbenheit herrschten vor. Die folgenden Reiche waren noch gemeiner und verdorbener und sanken immer tiefer auf der Skala moralischen Wertes.

Die Macht, die ein Herrscher auf Erden ausübt, ist ihm vom Himmel gegeben. Sein Erfolg hängt davon ab, wie er die ihm zugewiesene Macht gebraucht. Ihm – wie jedem andern – gilt das Wort des göttlichen Wächters: »Ich habe dich gerüstet, obgleich du mich nicht kanntest.« Jesaja 45,5 Und für jeden sind die Worte, die damals zu Nebukadnezar gesprochen wurden, lebenswichtig: »Mache dich los und ledig von deinen Sünden durch Gerechtigkeit und von deiner Missetat durch Wohltat an den Armen, so wird es dir lange wohl ergehen.« Daniel 4,24

Diese Dinge zu verstehen – zu begreifen: »Gerechtigkeit erhöht ein Volk«, Sprüche 14,34 »durch Gerechtigkeit wird der Thron befestigt«, Sprüche 16,12 und er »besteht durch Güte«, Sprüche 20,28 – die Auswirkung dieser Grundsätze in der Machtbekundung dessen zu erkennen, der Könige absetzt und Könige einsetzt, heißt, den wahren Sinn der Geschichte zu verstehen. Daniel 2,21

Allein im Wort Gottes wird darauf deutlich hingewiesen. Hier wird gezeigt, dass die Stärke von Nationen und Einzelpersonen weder in ihren Gelegenheiten oder Fertigkeiten liegt, die sie scheinbar unbesiegbar machen, noch in der von ihnen gerühmten Größe. Sie ist vielmehr an der Treue zu messen, mit der sie Gottes Absicht erfüllen.

KAPITEL 41

Der Feuerofen

Auf Grundlage von Daniel 3

Der Traum vom großen Standbild diente dazu, Nebukadnezar die Ereignisse bis zum Ende der Zeit zu zeigen, damit er seine Rolle in der Weltgeschichte verstand und die Beziehung erkannte, die sein Reich zum Himmelreich aufrechterhalten sollte. Bei der Auslegung des Traumes war er klar über die Aufrichtung des ewigen Reiches Gottes unterwiesen worden. »Aber zur Zeit dieser Könige«, so hatte Daniel ihm erklärt, »wird der Gott des Himmels ein Reich aufrichten, das nimmermehr zerstört wird; und sein Reich wird auf kein anderes Volk kommen. Es wird alle diese Königreiche zermalmen und zerstören; aber es selbst wird ewig bleiben ... Der Traum ist zuverlässig, und die Deutung ist richtig.« Daniel 2,44f

Der König hatte die Macht Gottes anerkannt, als er zu Daniel sagte: »Es ist kein Zweifel, euer Gott ist ein Gott über alle Götter ..., der Geheimnisse offenbaren kann.« Daniel 2,47 Danach ließ sich Nebukadnezar noch eine Zeitlang durch die Gottesfurcht beeinflussen, aber sein Herz war nicht von weltlichem Ehrgeiz und dem Wunsch nach Selbsterhöhung gereinigt worden. Der Wohlstand unter seiner Herrschaft erfüllte ihn mit Stolz. Mit der Zeit hörte er auf, Gott zu ehren, und nahm seine Götzenanbetung mit größerem Eifer und Fanatismus wieder auf.

Die Worte »Du bist das goldene Haupt« Daniel 2,38 hatten den Herrscher tief beeindruckt. Die Weisen seines Reiches machten sich dies und seine Rückkehr zum Götzendienst zunutze und schlugen ihm vor, ein Standbild zu schaffen, das dem im Traum gesehenen gleiche, und es an einer Stelle zu errichten, wo alle das goldene Haupt sehen könnten, das als Sinnbild seines Reiches gedeutet worden war.

Zufrieden mit dem schmeichelhaften Vorschlag, beschloss er, ihn gleich auszuführen und sogar noch darüber hinauszugehen. Anstatt das Standbild so nachzubilden, wie er es gesehen hatte, wollte er das Original übertreffen. Sein Standbild sollte nicht vom Kopf bis an die Füße an Wert abnehmen, sondern ganz aus Gold sein. Damit sollte symbolisiert werden, dass Babylon ein ewiges, unzerstörbares und allmächtiges Reich sei, das alle anderen Reiche in Stücke zerbrechen und selbst ewig bestehen sollte.

Der Gedanke, ein Weltreich und eine Dynastie zu gründen, die ewig dauern sollten, gefiel dem mächtigen Herrscher sehr, vor dessen Waffen die Völker der Erde nicht hatten standhalten können. Mit einer Begeisterung, die grenzenlosem Ehrgeiz und selbstsüchtigem Hochmut entsprang, begann er sich mit seinen Weisen zu beraten, wie dies zu bewerkstelligen sei. Vergessen war die einzigartige Fügung, mit der der Traum vom großen Standbild verknüpft war; vergessen auch, dass der Gott Israels die Bedeutung des Bildes durch Seinen Knecht Daniel erklärt hatte und dass den großen Männern des Reiches infolge dieser Auslegung ein schmählicher Tod erspart geblieben war. Alles war vergessen, nur nicht der Wunsch, die eigene Macht und Herrschaft aufzurichten. So beschlossen der König und seine Ratgeber, Babylon mit allen nur möglichen Mitteln zur größten Weltmacht zu erheben, die die Untertanentreue aller verdiente.

Die Symbolik, durch die Gott dem König und dem Volk Seine Absicht bezüglich der Nationen der Erde offenbart hatte, sollte nun der Verherrlichung menschlicher Macht dienen. Daniels Auslegung sollte verworfen und vergessen werden und die Wahrheit falsch gedeutet und falsch angewandt werden. Das Symbol, durch das der Himmel den Menschen wichtige Ereignisse der Zukunft hatte enthüllen wollen, sollte dazu genutzt werden, die Verbreitung der Erkenntnis zu hindern, die Gott der Welt vermitteln wollte. So versuchte Satan durch die List ehrgeiziger Männer den Plan Gottes für die Menschheit zu durchkreuzen. Der Feind Gottes wusste, dass die Wahrheit, die nicht mit Irrtum vermischt ist, eine Kraft enthält, die retten kann. Wird sie jedoch zur Selbsterhöhung und zur Förderung menschlicher Vorhaben missbraucht, so wird aus ihr eine Macht zum Bösen.

Nebukadnezar ordnete an, dass aus den reichen von ihm gehorteten Schätzen ein großes goldenes Standbild gemacht werde, das in seiner Art dem glich, das er in der Vision gesehen hatte – bis auf das Material, aus dem es bestand. Auch wenn sie großartige Darstellungen ihrer heidnischen Gottheiten gewohnt waren, hatten die Chaldäer doch zuvor noch niemals etwas so imposantes und majestätisches wie diese prächtige Statue errichtet, die sechzig Ellen hoch und sechs Ellen breit war. Es überrascht nicht, dass in einem Land, in dem die Götzenanbetung ganz allgemein vorherrschte, das wunderschöne und ungeheuer kostbare Standbild in der Ebene von Dura, das die Herrlichkeit Babylons und all seine Pracht und Macht darstellte, zu einem Objekt der Anbetung geweiht werden sollte. Dafür sorgte man durch ein Dekret, das besagte, dass am Tag der Weihe alle ihre höchste Treue zur babylonischen Macht dadurch beweisen sollten, indem sie sich vor dem Standbild niederknieten.

Der festgesetzte Tag kam, und eine gewaltige Versammlung aller »Völker und Leute aus so vielen verschiedenen Sprachen«, versammelte sich auf der Ebene
 Dura. Als Musik ertönte, warfen sich, wie es der König befohlen

hatte, all die Scharen nieder »und beteten an das goldene Bild«. Daniel 3,4.7 An diesem ereignisreichen Tag schienen die Mächte der Finsternis einen entschiedenen Triumph davonzutragen. Die Anbetung des goldenen Standbilds war gut dazu geeignet, langfristig ein Teil der etablierten und als Staatsreligion im Lande anerkannten Formen des Götzendiensts zu werden. Satan hoffte, auf diese Weise Gottes Absicht zu durchkreuzen, die Anwesenheit des gefangenen Israel in Babylon zum Segen für alle heidnischen Völker zu machen. Aber Gott entschied anders. Nicht alle hatten ihre Knie vor dem götzendienerischen Symbol menschlicher Macht gebeugt. Mitten unter der Masse der Anbetenden gab es drei Männer, die sich fest vorgenommen hatten, den Gott des Himmels nicht zu entehren. Ihr Gott war der König der Könige und der Herr der Herren. Vor einem anderen wollten sie sich nicht niederknien.

Nebukadnezar, der sich in seinem Triumph badete, wurde berichtet, dass es unter seinen Untertanen einige gäbe, die es gewagt hatten, seinen Befehl zu missachten. Einige der Weisen, die auf die Ehren neidisch waren, die den treuen Freunden Daniels zuteil geworden waren, berichteten nun dem König, wie seine Wünsche schamlos verletzt worden seien »Der König lebe ewig!« riefen sie aus. »Nun sind da jüdische Männer, die du über die einzelnen Bezirke im Land Babel gesetzt hast, nämlich Schadrach, Meschach und Abed-Nego. Die verachten dein Gebot und ehren deinen Gott nicht und beten das goldene Bild nicht an, das du hast aufrichten lassen.« Daniel 3,9.12

Der König befahl, die Männer vor ihn zu bringen. Stimmt das, fragte er: »wollt ihr ... meinen Gott nicht ehren und das goldene Bild nicht anbeten, das ich habe aufrichten lassen?« Daniel 3,14 Durch Drohungen versuchte er sie zu bewegen, sich der Menge anzuschließen. Er deutete auf den brennenden Schmelzofen und erinnerte sie an die Bestrafung, die sie erwartete, sollten sie bei ihrer Weigerung bleiben, seinem Willen zu gehorchen. Die Hebräer bezeugten jedoch fest ihre Treue zu dem Gott des Himmels und in Seine Macht, sie zu befreien. Sich niederzuknien, das sahen sie als einen Akt der Anbetung an und eine solche Huldigung konnten sie nur Gott allein bringen.

Als die drei Hebräer vor dem König standen, war er überzeugt, dass sie etwas besaßen, was die anderen Weisen seines Reiches nicht hatten. Sie hatten bisher treu jede Pflicht erledigt. Er wollte ihnen eine neue Chance geben. Es wäre ja schon gut gewesen, wenn sie nur ihre Willigkeit demonstriert hätten, sich mit der Menge bei der Anbetung des Standbilds zu vereinen. So fügte er noch hinzu: »Werdet ihr's aber nicht anbeten, dann sollt ihr sofort in den glühenden Ofen geworfen werden.« Er wies mit seiner Hand herausfordernd gen Himmel und sagte: »Lasst sehen, wer der Gott ist, der euch aus meiner Hand erretten könnte!« Daniel 3,15

Die Drohungen des Königs brachten nichts. Er konnte die Männer nicht von ihrer Treue gegenüber dem Herrscher des Universums abbringen. Sie hatten aus der Geschichte ihrer Vorfahren gelernt, dass Ungehorsam gegenüber Gott zu Unehre, Unheil und Tod führt und die Gottesfurcht der Anfang der Weisheit ist und die Grundlage allen echten Wohlstands. Ruhig standen sie vor dem Schmelzofen und sagten: »Es ist nicht nötig, dass wir dir darauf antworten. Wenn unser Gott, den wir verehren, will, so kann er uns erretten; aus dem glühenden Ofen und aus deiner Hand, o König, kann er erretten.«

Ihr Glaube wuchs noch, als sie erklärten, dass Gott dadurch verherrlicht würde, wenn er sie befreite. Mit triumphierender Gewissheit, die aus ihrem bedingungslosen Vertrauen in Gott kam, fügten sie hinzu: »Und wenn er's nicht tun will, so sollst du dennoch wissen, dass wir deinen Gott nicht ehren und das goldene Bild, das du hast aufrichten lassen, nicht anbeten wollen.« Daniel 3,16-18

Der Zorn des Königs war grenzenlos. »Da wurde Nebukadnezar voll Grimm, und der Ausdruck seines Angesichts veränderte sich gegenüber Schadrach, Meschach und Abed-Nego«, den Vertretern eines verachteten und gefangenen Volkes. Er ordnete an, »man sollte den Ofen siebenmal heißer machen« als gewöhnlich, und befahl den Großen seines Heeres, die Anbeter des Gottes Israels für eine unverzügliche Hinrichtung zu fesseln. »Da wurden diese Männer in ihren Mänteln, Hosen, Hüten, in ihrer ganzen Kleidung, gebunden und in den glühenden Ofen geworfen. Weil das Gebot des Königs so streng war, schürte man das Feuer im Ofen so sehr, dass die Männer, die Schadrach, Meschach und Abed-Nego hinaufbrachten, von den Feuerflammen getötet wurden.« Daniel 3,19-22

Der Herr vergaß jedoch die Seinen nicht. Als sie als Zeugen für Ihn in den Schmelzofen geworfen wurden, offenbarte sich ihnen der Heiland selbst in eigener Person. Gemeinsam bewegten sie sich mitten im Feuer. In der Gegenwart des Herrn der Hitze und Kälte verloren die Flammen ihre verzehrende Kraft. Von seinem Thron schaute der König zu und erwartete zu sehen, wie die Männer, die ihn so herausgefordert hatten, völlig vernichtet wurden. Seine Gefühle des Triumphs veränderten sich jedoch plötzlich. Die Fürsten, die nahe bei ihm standen, sahen, wie sein Gesicht blass wurde und er vom Thron aufsprang und wie gebannt in die lodernden Flammen starrte. Voller Schrecken wandte sich der König an seine Großen und fragte sie: »Haben wir nicht drei Männer gebunden mitten in das Feuer werfen lassen? ... Ich sehe aber vier Männer frei mitten im Feuer umhergehen, und sie sind unversehrt; und die Gestalt des vierten gleicht der des Sohnes Gottes.« Daniel 3,24f KJV Woher wusste der heidnische König, wie der Sohn Gottes aussah? Die hebräischen Gefangenen, die in Babylon Vertrauensstellungen bekleideten, hatten ihm durch ihr Leben und ihren Charakter die Wahrheit verkündigt. Als er

 sie nach den Grundlagen ihres Glaubens befragte, hatten sie ihm ohne Zögern geantwortet. Klar und einfach hatten sie die Grundsätze der Gerechtigkeit erklärt und ihre Umgebung so über den Gott belehrt, den sie anbeteten. Sie hatten über Christus, den kommenden Erlöser gesprochen, und nun erkannte der König in der Gestalt des Vierten mitten im Feuer den Sohn Gottes.

Da vergaß Nebukadnezar seine Größe und Würde, stieg von seinem Thron herab und rief, als er an die Tür des Schmelzofens trat laut: »Ihr Knechte Gottes des Höchsten, tretet heraus und kommt her!« Daniel 3,26 »Da traten Schadrach, Meschach und Abed-Nego heraus« vor die gewaltige Menschenmenge und zeigten, dass sie unverletzt waren. Die Gegenwart ihres Heilands hatte sie von allem Schaden bewahrt und nur ihre Fesseln waren verbrannt. »Und die Fürsten, Würdenträger, Statthalter und Räte des Königs kamen zusammen und sahen, dass das Feuer den Leibern dieser Männer nichts hatte anhaben können und ihr Haupthaar nicht versengt und ihre Mäntel nicht versehrt waren; ja, man konnte keinen Brand an ihnen riechen.« Daniel 3,26f

Vergessen war das große goldene Standbild, das mit solchem Pomp aufgestellt worden war. In der Gegenwart des lebendigen Gottes fürchteten sich die Menschen und zitterten. Der gedemütigte König fühlte sich gedrungen anzuerkennen: »Gelobt sei der Gott Schadrachs, Meschachs und Abed-Negos, der seinen Engel gesandt und seine Knechte errettet hat, die ihm vertraut und des Königs Gebot nicht gehalten haben, sondern ihren Leib preisgaben; denn sie wollten keinen andern Gott verehren und anbeten als allein ihren Gott!« Daniel 3,28

Die Erfahrungen dieses Tages veranlassten Nebukadnezar, folgenden Erlass herauszugeben: »Wer unter allen Völkern und Leuten aus so vielen verschiedenen Sprachen den Gott Schadrachs, Meschachs und Abed-Negos lästert, der soll in Stücke gehauen und sein Haus zu einem Schutthaufen gemacht werden. Denn«, so hob er nachdrücklich als Begründung für den Erlass hervor, »es gibt keinen andern Gott als den, der so erretten kann.« Daniel 3,29 In diesen und ähnlichen Worten bemühte sich der König Babylons, vor allen Völkern der Erde seine Überzeugung zu verbreiten, dass die Macht und Autorität des Gottes der Hebräer der höchsten Anbetung würdig war. Gott gefielen die Anstrengungen des Königs, Ihm Ehrfurcht zu erweisen und das königliche Treuebekenntnis in den Grenzen des gesamten babylonischen Reiches bekannt zu machen.

Es war richtig, dass der König ein öffentliches Bekenntnis ablegte und versuchte, den Gott des Himmels über alle Götter zu erhöhen, aber der Versuch, seine Untertanen zu zwingen, ein ähnliches Bekenntnis ihres Glaubens abzulegen und eine ähnliche Ehrfurcht an den Tag zu legen, überschritt die Rechte Nebukadnezars als irdischer Herrscher. Er hatte kein ziviles oder moralisches Recht, Menschen mit dem Tod zu bedrohen, weil sie Gott nicht anbeteten, und auch keines, alle den Flammen zu überantworten, die sich weigerten, das goldene Standbild anzubeten. Gott erzwingt niemals den Gehorsam der Menschen, sondern lässt allen die Freiheit zu wählen, wem sie dienen wollen.

Durch die Befreiung Seiner treuen Diener machte der Herr deutlich, dass Er auf der Seite der Unterdrückten steht und alle irdischen Mächte zurechtweist, die sich gegen die Autorität des Himmels auflehnen. Die drei Hebräer bezeugten dem ganzen babylonischen Reich ihren Glauben an den Gott, den sie anbeteten. Sie verließen sich auf Ihn. In der Stunde der Prüfung erinnerten sie sich an die Verheißung: »Wenn du durch Wasser gehst, will ich bei dir sein, dass dich die Ströme nicht ersäufen sollen; und wenn du ins Feuer gehst, sollst du nicht brennen, und die Flamme soll dich nicht versengen.« Jesaja 43,2 Auf wunderbare Weise war ihr Glaube an das lebendige Wort vor den Augen aller geehrt worden. Die Nachricht ihrer wunderbaren Rettung wurde durch die Vertreter der unterschiedlichen Völker, die von Nebukadnezar zur Einweihung eingeladen worden waren, in viele Länder getragen. Durch die Treue Seiner Kinder wurde Gott auf der ganzen Erde verherrlicht. Aus der Erfahrung der hebräischen Jugendlichen in der Ebene von Dura gibt es wichtige Lektionen zu lernen. In unserer heutigen Zeit werden viele Diener Gottes, auch wenn sie nichts Böses getan haben, in die Lage kommen, gedemütigt und misshandelt zu werden durch die Hände von Menschen, die – von Satan inspiriert – von Neid und blindem religiösem Eifer erfüllt sind. Der Zorn wird ganz besonders über jene losbrechen, die den Sabbat des vierten Gebotes halten. Schließlich wird ein allgemeiner Erlass ergehen, durch den angeprangert wird, dass sie den Tod verdienen. Die Trübsalszeit vor dem Volk Gottes wird einen unerschütterlichen Glauben erfordern. Seine Kinder müssen es deutlich klar machen, dass Er der Einzige ist, den sie anbeten, und dass keine Bedenken, selbst nicht die für das Leben selbst, sie dazu verleiten können, der falschen Anbetung auch nur das geringste Zugeständnis zu machen. Für das treue Herz werden die Gebote sündiger, sterblicher Menschen bedeutungslos sein neben dem Wort des ewigen Gottes. Der Wahrheit wird gehorcht werden, selbst wenn das Ergebnis Gefangenschaft, Verbannung oder Tod sein sollte.

Wie schon in den Tagen Schadrachs, Meschachs und Abed-Negos wird der Herr auch vor Abschluss der Weltgeschichte denen beistehen, die unbeirrbar für das Recht eintreten. Er, der mit den heldenhaften Hebräern im Feuerofen weilte, wird auch bei Seinen Nachfolgern sein, wo immer sie sind. Seine ständige Gegenwart wird sie trösten und aufrichten. Mitten in der Zeit der Not – wie nie zuvor, seitdem es Völker gibt – werden Seine Auserwählten unerschütterlich standhalten. Mit all seinem bösen Heer kann Satan nicht einmal die Schwächsten der Heiligen Gottes verderben. Engel werden sie schützen, und um ihretwillen wird sich der Herr als »Gott aller Götter« Daniel 11,36 offenbaren, der diejenigen retten kann, die sich Ihm anvertraut haben.

KAPITEL 42

WAHRE GRÖSSE

Auf Grundlage von Daniel 4

Obwohl auf den Gipfel weltlicher Ehren erhoben und vom inspirierten Wort sogar als ein »König der Könige« Hesekiel 26,7 anerkannt, hatte Nebukadnezar doch gelegentlich die Herrlichkeit seines Reiches und den Glanz seiner Herrschaft dem Wohlgefallen des Herrn zugeschrieben. Dies war auch der Fall nach seinem Traum von dem großen Standbild. Sein Geist war durch diese Vision und den Gedanken grundlegend beeinflusst worden, dass das babylonische Weltreich, so umfassend es auch war, doch schließlich fallen sollte, worauf andere Reiche die Herrschaft übernehmen würden, bis schließlich zuletzt alle irdischen Mächte durch das vom Gott des Himmels aufgerichtete Reich abgelöst werden sollten, welches niemals vergehen würde.

Nebukadnezar verlor seine edle Vorstellung von der Absicht Gottes hinsichtlich der Völker in seiner späteren Erfahrung. Doch als er vor den Menschenmassen in der Ebene von Dura gedemütigt wurde, hatte er einmal mehr anerkannt: Gottes »Reich ist ein ewiges Reich, und seine Herrschaft währet für und für«. Daniel 3,33 Obwohl er von Geburt an und durch seine Erziehung ein Götzendiener gewesen war und an der Spitze eines götzendienerischen Volkes stand, hatte er dennoch einen angeborenen Sinn für Gerechtigkeit und Recht. Gott konnte ihn so als Werkzeug für die Bestrafung Seines rebellischen Volkes und zur Erfüllung der göttlichen Absichten gebrauchen. Nach Jahren geduldiger und mühevoller Anstrengungen gelang es Nebukadnezar und seinem Volk – »die Gewalttätigsten unter den Völkern« Hesekiel 28,7 –, Tyrus zu erobern. Auch Ägypten fiel seinen siegreichen Heeren als Beute zu. Und als er ein Volk nach dem andern dem babylonischen Reich hinzufügte, vermehrte er ständig seinen Ruhm als größter Herrscher seiner Zeit.

Es überrascht nicht, dass der so erfolgreiche ehrgeizige und stolze Monarch versucht war, den Weg der Demut zu verlassen, der allein zu wahrer Größe führt. In der Zeit zwischen seinen Eroberungskriegen dachte er viel über die Verstärkung und Verschönerung seiner Hauptstadt nach, bis die Stadt Babylon schließlich zum Glanzstück seines Reiches wurde, zur goldenen Stadt,

»die in aller Welt Berühmte«. Jeremia 51,41 Seine Leidenschaft als Baumeister und sein außerordentlicher Erfolg, Babylon zu einem Weltwunder zu machen, nährten seinen Stolz, bis er in schwerer Gefahr stand, seinen Ruf als weiser Herrscher, den Gott weiterhin als Sein Werkzeug zur Ausführung der göttlichen Absichten verwenden konnte, zu schädigen.

In Seiner Gnade gab Gott dem König einen weiteren Traum, um ihn vor der Gefahr zu warnen, in der er stand, und vor der Falle zu bewahren, die zu seinem Untergang ausgelegt worden war. In einer nächtlichen Vision sah Nebukadnezar einen großen Baum, der mitten auf der Erde wuchs und dessen Wipfel bis in den Himmel aufragten und dessen Äste sich bis ans Ende der Erde erstreckten. Herden unterschiedlicher Art genossen den Schutz seines Schattens, und die Vögel des Himmels bauten in seinen Zweigen ihre Nester. »Sein Laub war dicht und seine Frucht reichlich, und er gab Nahrung für alle ... und alles Fleisch nährte sich von ihm.« Daniel 4,9 Als der König den erhabenen Baum betrachtete, sah er einen »heiligen Wächter«, der sich dem Baum näherte und mit lauter Stimme rief: »Haut den Baum um und schlagt ihm die Äste weg, streift ihm das Laub ab und zerstreut seine Frucht, dass die Tiere, die unter ihm liegen, weglaufen und die Vögel von seinen Zweigen fliehen. Doch lasst den Stock mit seinen Wurzeln in der Erde bleiben; er soll in eisernen und ehernen Ketten auf dem Felde im Grase und unter dem Tau des Himmels liegen und nass werden und soll sein Teil haben mit den Tieren am Gras auf der Erde. Und das menschliche Herz soll von ihm genommen und ein tierisches Herz ihm gegeben werden, und sieben Zeiten sollen über ihn hingehen. Dies ist im Rat der Wächter beschlossen und ist Gebot der Heiligen, damit die Lebenden erkennen, dass der Höchste Gewalt hat über die Königreiche der Menschen und sie geben kann, wem er will, und einen Niedrigen darüber setzen.« Daniel 4,10-14

Der König, der durch diesen Traum, der offensichtlich eine negative Vorhersage darstellte, sehr erschüttert worden war, erzählte ihn weiter an die Zeichendeuter, Weisen, Gelehrten und Wahrsager. Daniel 4,4 Doch obwohl der Traum sehr deutlich war, konnte ihn keiner der weisen Männer deuten. Einmal mehr sollte dieser götzendienerischen Nation Zeugnis über die Tatsache gegeben werden, dass nur diejenigen, die Gott lieben und fürchten, die Geheimnisse des Himmelreichs verstehen können. Der König ließ in seiner Ratlosigkeit schließlich seinen Diener Daniel holen, einen Mann, der für seine Integrität, Beständigkeit und für seine unübertroffene Weisheit geschätzt wurde.

Als Daniel, der dem königlichen Befehl zu erscheinen sofort gehorcht hatte, in der Gegenwart des Königs erschien, sprach Nebukadnezar zu ihm: »Beltschazar, du Oberster unter den Zeichendeutern, von dem ich weiß, dass du

den Geist der heiligen Götter hast und dir nichts verborgen

ist, sage, was die Gesichte meines Traumes, die ich gesehen habe, bedeuten.« Nachdem Nebukadnezar den Traum erzählt hatte, forderte er Daniel auf: »Sage, was er bedeutet. Denn alle Weisen in meinem Königreich können mir nicht kundtun, was er bedeutet; du aber kannst es, denn der Geist der heiligen Götter ist bei dir.« Daniel 4,6.15

Daniel war die Bedeutung des Traums klar, doch seine Bedeutung erschreckte ihn. Er »war eine Zeitlang starr vor Entsetzen; seine Gedanken ängstigten ihn«. Der König, der Daniels Zögern und innere Not sah, fühlte mit seinem Diener und sagte: »Du brauchst dich über den Traum und seine Deutung nicht zu ängstigen.« Doch Daniel erwiderte: »Mein Herr, ich wünschte mir, dass der Traum denen gilt, die dich hassen, und dass die Deutung deine Feinde betrifft.« Daniel 4,16 NL Der Prophet war sich im Klaren darüber, dass Gott ihm die feierliche Pflicht auferlegt hatte, Nebukadnezar das Strafgericht mitzuteilen, das in Bälde über ihn kommen sollte wegen seines Stolzes und seiner Anmaßung. Daniel musste den Traum auf eine Weise auslegen, dass der König ihn verstand. Auch wenn der entsetzliche Inhalt ihn in dumpfem Erstaunen zögern ließ, musste er dem König dennoch die Wahrheit mitteilen, ganz gleich, welche Folgen das für ihn haben würde.

Dann machte Daniel ihm den Auftrag des Allmächtigen bekannt: »Der Baum, den du gesehen hast, der groß und mächtig wurde und dessen Höhe an den Himmel reichte und der zu sehen war auf der ganzen Erde, dessen Laub dicht und dessen Frucht reichlich war, so dass er Nahrung für alle gab, unter dem die Tiere des Feldes wohnten und auf dessen Ästen die Vögel des Himmels saßen – das bist du, König, der du so groß und mächtig bist; denn deine Macht ist groß und reicht bis an den Himmel und deine Gewalt bis ans Ende der Erde.

Dass aber der König einen heiligen Wächter gesehen hat vom Himmel herabfahren, der sagte: ‚Haut den Baum um und zerstört ihn, doch den Stock mit seinen Wurzeln lasst in der Erde bleiben; er soll in eisernen und ehernen Ketten auf dem Felde im Grase und unter dem Tau des Himmels liegen und nass werden und mit den Tieren des Feldes zusammenleben, bis über ihn sieben Zeiten hingegangen sind‘; das, König, bedeutet – und zwar ergeht es als Ratschluss des Höchsten über meinen Herrn, den König – : man wird dich aus der Gemeinschaft der Menschen verstoßen, und du musst bei den Tieren des Feldes bleiben, und man wird dich Gras fressen lassen wie die Rinder, und du wirst unter dem Tau des Himmels liegen und nass werden, und sieben Zeiten werden über dich hingehen, bis du erkennst, dass der Höchste Gewalt hat über die Königreiche der Menschen und sie gibt, wem er will. Wenn aber gesagt wurde, man solle dennoch den Stock des Baumes mit seinen Wurzeln übrig lassen, das bedeutet: dein Königreich soll dir erhalten bleiben, sobald du erkannt hast, dass der Himmel die Gewalt hat.« Daniel 4,17-23

Als Daniel den Traum treu ausgelegt hatte, drängte er den stolzen Monarchen, zu bereuen und sich Gott zuzuwenden, damit er durch eine richtige Handlungsweise die angedrohte Katastrophe abwenden könnte. Der Prophet bat ihn: »Mein König, lass dir meinen Rat gefallen und mache dich los und ledig von deinen Sünden durch Gerechtigkeit und von deiner Missetat durch Wohltat an den Armen, so wird es dir lange wohlergehen.« Daniel 4,24

Der Eindruck der Warnung und des Rates des Propheten wirkten eine ganze Zeitlang stark auf Nebukadnezar, aber die durch den Heiligen Geist gewirkten Eindrücke verlieren bald ihre Kraft auf das Herz, das nicht durch die Gnade Gottes umgewandelt wurde. Nachgiebigkeit sich selbst gegenüber und Ehrgeiz waren nicht aus dem Herzen des Königs ausgerottet, und so traten diese Charakterzüge später wieder hervor. Trotz der ihm so gnädig erteilten Unterweisung und der Warnungen vergangener Erfahrungen ließ sich Nebukadnezar aufs Neue von einem Geist der Eifersucht auf die nachfolgenden Reiche kontrollieren. Seine Herrschaft, die bis zu diesem Zeitpunkt in hohem Maße gerecht und gnädig gewesen war, wurde tyrannisch. Er verhärtete sein Herz und nutzte die von Gott gegebenen Talente aus, um sich selbst zu verherrlichen und sich über den Gott zu erheben, der ihm das Leben und seine Macht gegeben hatte.

Monatelang verzögerten sich die Strafgerichte Gottes. Der König wurde durch diese Nachsicht jedoch nicht zur Reue geführt, sondern gab seinem Stolz vielmehr noch stärker nach, bis er den Glauben an die Auslegung des Traums schließlich verlor und sich über seine früheren Befürchtungen belustigte.

Ein Jahr, nachdem er die Warnung bekommen hatte, wanderte Nebukadnezar durch seinen Palast und dachte mit Stolz an seine Macht als Herrscher und seinen Erfolg als Baumeister. So rief er aus: »Das ist das große Babel, das ich erbaut habe zur Königsstadt durch meine große Macht zu Ehren meiner Herrlichkeit.« Daniel 4,27

Noch war die stolze Prahlerei auf den Lippen des Königs, als eine Stimme vom Himmel ankündigte, dass die von Gott festgelegte Zeit des Gerichts gekommen war. Seine Ohren mussten das Urteil des Herrn hören: »Dir, König Nebukadnezar, wird gesagt: Dein Königreich ist dir genommen, man wird dich aus der Gemeinschaft der Menschen verstoßen, und du sollst bei den Tieren des Feldes bleiben; Gras wird man dich fressen lassen wie die Rinder, und sieben Zeiten sollen hingehen, bis du erkennst, dass der Höchste Gewalt hat über die Königreiche der Menschen und sie gibt, wem er will.» Daniel 4,28f

Augenblicklich wurde ihm der von Gott gegebene Verstand entzogen. Sein Urteilsvermögen, das der König für vollkommen hielt, und seine Weisheit, der er sich gerühmt hatte: beides wurde ihm genommen, und der einst so mächtige Herrscher wurde wahnsinnig. Seine Hand konnte das Zepter nicht länger führen. Er hatte die Warnungen in den Wind geschlagen. Nebukadnezar, nun der Macht beraubt, die sein Schöpfer ihm verliehen hatte und »aus der Gesellschaft der Menschen ausgestoßen, nährte sich vom Gras wie die Rinder, und sein Leib wurde vom Tau des Himmels benetzt, bis sein Haar so lang war wie Adlerfedern und seine Nägel wie Vogelkrallen«. Daniel 4,30 Bruns

Sieben Jahre lang verwunderten sich alle seine Untertanen über Nebukadnezar; sieben Jahre lang wurde er vor der ganzen Welt gedemütigt. Dann wurde ihm sein Verstand zurückgegeben. Demütig blickte er nun zum Gott des Himmels empor und anerkannte die göttliche Hand in seiner Bestrafung. In einem Erlass anerkannte er seine Schuld und die Gnade des Gottes öffentlich, der ihn wieder in sein Amt eingesetzt hatte. »Nach dieser Zeit hob ich, Nebukadnezar, meine Augen auf zum Himmel und mein Verstand kam mir wieder, und ich lobte den Höchsten. Ich pries und ehrte den, der ewig lebt, dessen Gewalt ewig ist und dessen Reich für und für währt, gegen den alle, die auf Erden wohnen, für nichts zu rechnen sind. Er macht's, wie er will, mit den Mächten im Himmel und mit denen, die auf Erden wohnen. Und niemand kann seiner Hand wehren noch zu ihm sagen: Was machst du?

Zur selben Zeit kehrte mein Verstand zu mir zurück, und meine Herrlichkeit und mein Glanz kamen wieder an mich zur Ehre meines Königreichs. Und meine Räte und Mächtigen suchten mich auf, und ich wurde wieder über mein Königreich eingesetzt und gewann noch größere Herrlichkeit.« Daniel 4,31-33

Der einst so stolze Monarch war zum demütigen Gotteskind geworden und der tyrannische, überhebliche Herrscher zum weisen und mitleidigen König. Der Mann, der einst dem Gott des Himmels getrotzt und ihn gelästert hatte, anerkannte nun die Macht des Allerhöchsten und versuchte ernsthaft, die Gottesfurcht unter seinen Untertanen zu verbreiten und ihr Glück zu vermehren. Unter der Zurechtweisung dessen, der König der Könige und Herr der Herren ist, hatte Nebukadnezar schließlich die Lektion gelernt, die alle Herrscher lernen müssen – dass wahre Größe in echter Güte besteht. Er anerkannte den Herrn als den lebendigen Gott und sagte: »Darum lobe, ehre und preise ich, Nebukadnezar, den König des Himmels; denn all sein Tun ist Wahrheit, und seine Wege sind recht, und wer stolz ist, den kann er demütigen.« Daniel 4,34

Gottes Absicht, dass das mächtigste Reich in der Welt Seinen Lobpreis verkündigen sollte, war nun erreicht. Die öffentliche Bekanntmachung, in der Nebukadnezar die Gnade, Güte und Autorität Gottes anerkannte, war die letzte Tat seines Lebens, die in der Heiligen Schrift überliefert ist.

KAPITEL 43

DER UNSICHTBARE WÄCHTER

Auf Grundlage von Daniel 5

Zum Ende der Lebenszeit Daniels fanden große Veränderungen in dem Land statt, in das etwa sechzig Jahre zuvor er und seine hebräischen Gefährten als Gefangene gebracht worden waren. Nebukadnezar, der Bedränger der Nationen, war gestorben, und Babylon, »die in aller Welt Berühmte«, Jeremia 51,41 war unter das unweise Regime seiner Nachfolger geraten. Das Ergebnis war die allmähliche, aber sichere Auflösung des Reiches.

Durch die Torheit und Schwäche Belsazars, des Enkels Nebukadnezars, stand das stolze Babylon vor seinem baldigen Fall. Belsazar, dem es schon in seiner Jugend gestattet worden war, an der königlichen Macht teilzuhaben, rühmte sich seiner Macht und erhob sein Herz gegen den Gott des Himmels. Er hatte viele Gelegenheiten gehabt, den göttlichen Willen kennenzulernen und seine Verantwortung zu verstehen, Ihm Gehorsam zu leisten. Er wusste Bescheid über die Verbannung seines Großvaters aus der menschlichen Gesellschaft, die auf die göttliche Entscheidung hin erfolgt war. Ebenso war er mit Nebukadnezars Bekehrung und wunderbarer Wiedereinsetzung vertraut. Aber Belsazar ließ zu, dass die Liebe zum Vergnügen und zur Selbstverherrlichung die Lektionen austilgte, die er niemals hätte vergessen dürfen. Er vergeudete die ihm so gnädig gewährten Gelegenheiten und missachtete die Mittel in seiner Reichweite, um sich besser mit der Wahrheit vertraut zu machen. An dem, was Nebukadnezar schließlich durch unsagbares Leid und Demütigung erlangte, ging Belsazar gleichgültig vorüber.

Es dauerte gar nicht lang, bis die Niederlagen kamen. Babylon wurde durch Kyrus, den Neffen des Meders Darius, belagert. Dieser war der Oberbefehlshaber der vereinigten Armeen der Meder und Perser. Innerhalb der scheinbar unbezwingbaren Festung mit ihren massiven Mauern und ehernen Toren, die vom Fluss Euphrat geschützt war und über sehr reichhaltige Vorräte verfügte, fühlte sich der wolllüstige Monarch sicher und verbrachte seine Zeit fröhlich mit wüsten Gelagen. In seinem Stolz und seiner Arroganz und seinem unverantwortlichem Gefühl der Sicherheit veranstaltete Belsazar »ein herrliches Mahl für seine tausend Mächtigen und soff sich voll mit ihnen«.

Daniel 5,1 Alles, was Reichtum und Macht anbieten konnten, war aufgeboten, um dem Fest Glanz zu verleihen. Wunderschöne, bezaubernde Frauen waren unter den Gästen des königlichen Festmahls. Kluge und gebildete Männer waren anwesend, Prinzen und Staatsleute tranken dort Wein wie Wasser und feierten lärmend unter dessen Einfluss.

Nun, als der Verstand des Königs durch schamlose Betrunkenheit entthront war und die niederen Impulse und Leidenschaften immer stärker wurden, war er selbst der erste bei dieser zügellosen Orgie. Im Verlauf des Feierns »ließ er die goldenen und silbernen Gefäße herbringen, die ... Nebukadnezar aus dem Tempel zu Jerusalem weggenommen hatte, damit der König mit seinen Mächtigen, mit seinen Frauen und mit seinen Nebenfrauen daraus tränke«. Der König wollte beweisen, dass nichts zu heilig war, um nicht mit seinen Händen berührt zu werden. »Da wurden die goldenen und silbernen Gefäße herbeigebracht ... und der König, seine Mächtigen, seine Frauen und Nebenfrauen tranken daraus. Und als sie so tranken, lobten sie die goldenen, silbernen, ehernen, eisernen, hölzernen und steinernen Götter.« Daniel 5,2-4

Belsazar dachte kaum daran, dass es einen himmlischen Zeugen dieser götzendienerischen Orgie geben könnte und ein göttlicher Wächter unerkannt auf diese Szene der Entheiligung schaute, die frevelhafte Ausgelassenheit hörte und den Götzendienst sah. Bald jedoch machte der nicht eingeladene Gast Seine Gegenwart sichtbar. Als sich die Orgie auf ihrem Höhepunkt befand, kam eine blutlose Hand und schrieb auf die Mauern des Palastes Buchstaben, die wie Feuer glühten - Worte, die der großen Menschenmenge zwar unbekannt waren, aber für den von seinem Gewissen jetzt gequälten König und seine Gäste ein Omen des Untergangs waren.

Die lärmende Ausgelassenheit war verstummt, und die von unsagbarem Schrecken ergriffenen Männer und Frauen schauten zu, wie die Hand langsam die geheimnisvollen Buchstaben schrieb. Vor ihnen zogen wie in einer Panoramaschau die Taten ihres bösen Lebens vorüber. Sie standen wie Angeklagte vor dem Richterstuhl des ewigen Gottes, dessen Macht sie gerade erst herausgefordert hatten. Wo noch wenige Augenblicke zuvor ausgelassene Fröhlichkeit und gotteslästerliche Witze zu hören gewesen waren, da waren nun bleiche Gesichter und Angstschreie.

Belsazar fürchtete sich am meisten von allen. Er war es gewesen, der mehr als alle anderen für die Rebellion gegenüber Gott verantwortlich war, die in dieser Nacht ihren Höhepunkt im Reich Babylon erreichten. In der Gegenwart des unsichtbaren Zuschauers, des Vertreters des Gottes, dessen Macht herausgefordert und dessen Name verlästert worden war, verließen den König vor lauter Angst die Kräfte. Sein Gewissen war erwacht. »Alle Kraft wich aus seinen [524/525]

Gliedern, und seine Knie schlotterten.« Daniel 5,6 Belsazar hatte sich frevelhaft gegen den Gott des Himmels erhoben und auf seine eigene Macht vertraut. Er hatte nie gedacht, dass ihn jemand einmal fragen könnte: »Was machst du?« Daniel 4,32 Da wurde ihm klar, dass er genaue Rechenschaft über das ihm anvertraute Amt ablegen musste. Er wusste, dass er für die von ihm verschenkten Gelegenheiten und seine trotzige Haltung keine Entschuldigung vorbringen konnte.

Vergeblich versuchte der König, die Flammenschrift zu lesen, aber hier war ein Geheimnis, das er nicht ergründen konnte, eine Macht, die er weder verstehen noch der er widersprechen konnte. Sein wilder Schrei gellte über die versammelten Menschen, man solle »die Beschwörer, die Sterndeuter und die Zeichendeuter« herbeiholen, um die Schrift zu lesen. Ihnen versprach er: »Derjenige, der diese Schrift lesen kann und mir sagt, was sie bedeutet, der soll mit Purpur gekleidet werden und eine goldene Kette um den Hals tragen und der Dritte in meinem Königreich sein.« Daniel 5,7 Aber der Aufruf an seine vertrauten Ratgeber war vergebens, selbst die reiche Belohnung änderte nichts daran. Himmlische Weisheit kann weder gekauft noch verkauft werden. »Alle Weisen des Königs ... konnten weder die Schrift lesen noch die Deutung dem König kundtun.« Daniel 5,8 Sie konnten die mysteriösen Buchstaben ebenso wenig lesen, wie es den Weisen einer früheren Generation möglich gewesen war, die Träume Nebukadnezars auszulegen.

Dann erinnerte sich die Königinmutter an Daniel, der mehr als ein halbes Jahrhundert zuvor König Nebukadnezar seinen Traum und dessen Auslegung verkündigt hatte. »Der König lebe ewig!« sagte sie. »Lass dich von deinen Gedanken nicht so erschrecken, und entfärbe dich nicht! Es ist ein Mann in deinem Königreich, der den Geist der heiligen Götter hat. Denn zu deines Vaters Zeiten fand sich bei ihm Erleuchtung, Klugheit und Weisheit wie der Götter Weisheit. Und dein Vater, der König Nebukadnezar, setzte ihn über die Zeichendeuter, Weisen, Gelehrten und Wahrsager, weil ein überragender Geist bei ihm gefunden wurde, dazu Verstand und Klugheit, Träume zu deuten, dunkle Sprüche zu erraten und Geheimnisse zu offenbaren. Das ist Daniel, dem der König den Namen Beltschazar gab. So rufe man nun Daniel; der wird sagen, was es bedeutet.« Daniel 5,10-12

»Da wurde Daniel vor den König geführt.« Daniel 5,13 Belsazar bemühte sich, seine Fassung wiederzugewinnen, und sprach zu dem Propheten: »Bist du Daniel, einer der Gefangenen aus Juda, die der König, mein Vater, aus Juda hergebracht hat? Ich habe von dir sagen hören, dass du den Geist der heiligen Götter habest und Erleuchtung, Verstand und hohe Weisheit bei dir zu finden sei. Nun hab ich vor mich rufen lassen die Weisen und Gelehrten, damit sie mir diese Schrift lesen und kundtun sollen, was sie bedeutet; aber sie können mir nicht

 sagen, was sie bedeutet. Von dir aber höre ich, dass du Deutungen zu geben und Geheimnisse zu offenbaren vermagst. Kannst du nun die Schrift lesen und mir sagen, was sie bedeutet, so sollst du mit Purpur gekleidet werden und eine goldene Kette um deinen Hals tragen und der Dritte in meinem Königreich sein.« Daniel 5,13-16

Daniel stand vor der vom Schrecken ergriffenen Menge, ohne durch die Versprechungen des Königs auch nur im Geringsten bewegt zu werden, in der stillen Würde eines Dieners des Allerhöchsten. Er kam nicht, um schmeichelnde Worte zu sprechen, sondern eine Botschaft des Gerichts auszulegen. »Behalte deine Gaben und gib dein Geschenk einem andern«, sagte er; »ich will dennoch die Schrift dem König lesen und kundtun, was sie bedeutet.« Daniel 5,17

Der Prophet erinnerte Belsazar zunächst an Dinge, mit denen er gut vertraut war, die ihn aber nicht die Lektion der Demut gelehrt hatten, die ihn hätte retten können. Er sprach von Nebukadnezars Sünde und Fall und führte aus, wie er vom Herrn behandelt worden war: wie er ihm Herrschaft und Glanz gab, wie er für seinen Stolz von Gott bestraft wurde und wie er anschließend die Macht und die Gnade des Gottes Israels anerkannte. Anschließend tadelte er Belsazar in freimütigen und eindringlichen Worten für seine große Bosheit. Er hielt dem König seine Sünden vor und zeigte ihm die Lektionen, die er hätte lernen können, aber nicht gelernt hatte. Belsazar hatte die Erfahrung seines Großvaters nicht richtig verstanden und auch die Warnung durch die Ereignisse nicht beachtet, die so bedeutungsvoll für ihn waren. Ihm war die Gelegenheit gegeben worden, den wahren Gott zu erkennen und ihm zu gehorchen, aber er hatte sie sich nicht zu Herzen genommen. Nun sollte er bald die Folgen seiner Rebellion ernten.

»Du, Belsazar ...«, so erklärte der Prophet, »hast dein Herz nicht gedemütigt, obwohl du das alles wusstest, sondern hast dich gegen den Herrn des Himmels erhoben, und die Gefäße seines Hauses hat man vor dich bringen müssen, und du, deine Mächtigen, deine Frauen und deine Nebenfrauen, ihr habt daraus getrunken; dazu hast du die silbernen, goldenen, ehernen, eisernen, hölzernen, steinernen Götter gelobt, die weder sehen noch hören noch fühlen können. Den Gott aber, der deinen Odem und alle deine Wege in seiner Hand hat, hast du nicht verehrt. Darum wurde von ihm diese Hand gesandt und diese Schrift geschrieben.« Der Prophet wandte sich nun zu der vom Himmel gesandten Botschaft an der Wand und las: »Mene mene tekel u-parsin.« Die Hand, die diese Buchstaben geschrieben hatte, war nicht länger sichtbar, aber diese vier Worte glühten immer noch mit furchtbarer Klarheit an der Wand. Alle hielten nun den Atem an, als sie zuhörten, was der alte Prophet zu sagen hatte: »Sie bedeutet dies: Mene, das ist, Gott hat dein Königtum gezählt und beendet. Tekel, das ist, man hat dich auf der Waage gewogen und zu leicht befunden. Peres, das ist, dein Reich ist zerteilt und den Medern und Persern gegeben.« Daniel 5,22-28

In dieser letzten Nacht verrückter Ausgelassenheit hatten Belsazar und seine Großen das Maß ihrer Schuld und das Maß des chaldäischen Reiches voll gemacht. Gottes schützende Hand konnte das drohende Unheil nicht länger abhalten. Durch vielfache Vorsehungen hatte Gott versucht, sie Ehrfurcht vor Seinem Gesetz zu lehren. »Wir sollten Babel heilen«, hatte er über die ausgesagt, deren Schuld nun bis zum Himmel reichte; »aber es wollte nicht geheilt werden.« Jeremia 51,9 Wegen der seltsamen Verkehrtheit des menschlichen Herzens, hatte Gott es schließlich als notwendig angesehen, ein unwiderrufliches Urteil zu sprechen. Belsazar sollte fallen, und sein Königreich sollte in andere Hände übergehen. Als der Prophet zu sprechen aufhörte, befahl der König, ihm die versprochenen Auszeichnungen zu verleihen. Dementsprechend kleidete man Daniel in ein Purpurgewand und legte »ihm eine goldene Kette um den Hals«. Und der König ließ öffentlich »von ihm verkünden, dass er der Dritte im Königreich sei«. Daniel 5,29

Mehr als ein Jahrhundert zuvor hatte die Inspiration vorhergesagt, dass »die Nacht meiner Lust«, Jesaja 21,4 KJV in der König und Ratgeber einander in der Gotteslästerung übertreffen würden, sich plötzlich in eine Zeit der Furcht und Vernichtung verwandeln würde. Und nun reihten sich in schneller Folge einige bedeutsame Ereignisse genauso aneinander, wie sie von den Propheten Jahre vorher, bevor die Hauptakteure in diesem Drama überhaupt geboren waren, vorhergesagt worden waren.

Noch in der Festhalle und umgeben von denen, deren Untergang ebenfalls besiegelt war, wurde der König durch einen Boten davon informiert, dass durch den Feind, vor dessen Plänen er sich bisher so sicher gefühlt hatte, »seine Stadt genommen sei«. Die Furten seien schon besetzt ... »und die Kriegsleute verzagt«. Jeremia 51,31f Als er und seine Großen noch aus den heiligen Gefäßen des Herrn tranken und ihre Götter aus Silber und Gold lobten, marschierten die Meder und Perser, die den Euphrat aus seinem Bett umgeleitet hatten, bereits ins Herz der unbewachten Stadt hinein. Die Armee des Kyrus stand nun vor den Mauern des Palastes, die Stadt war schon »wie mit Heuschrecken« Jeremia 51,14 voller feindlicher Soldaten, und ihre triumphierenden Schreie konnte man über die verzweifelten Rufe der erstaunten Zecher hören. »In derselben Nacht wurde Belsazar, der König der Chaldäer, getötet« Daniel 5,30 und ein fremder Herrscher nahm den Thron ein.

Klar und deutlich hatten die hebräischen Propheten von der Art und Weise gesprochen, wie Babylon fallen sollte. Als Gott ihnen in Visionen die Ereignisse der Zukunft enthüllt hatte, riefen sie aus: »Wie ist Scheschach gefallen und die in aller Welt Berühmte eingenommen! Wie ist Babel zum Bild des Entsetzens geworden unter den Heiden!« Jeremia 51,41 »Wie ist der Hammer der ganzen Welt zerbrochen

und zerschlagen! Wie ist Babel zum Bild des Entsetzens geworden unter allen Völkern! ... Die Erde wird beben von dem Ruf: Babel ist genommen! und sein Wehgeschrei wird unter den Völkern erschallen.« Jeremia 50,23.46

»Wie plötzlich ist Babel gefallen und zerschmettert! ... Denn es ist über Babel der Verwüster gekommen. Seine Helden werden gefangen, seine Bogen werden zerbrochen; denn der Gott der Vergeltung, der Herr, zahlt es ihnen heim. Ich will seine Fürsten, Weisen, Herren und Hauptleute und seine Krieger trunken machen, dass sie zu ewigem Schlaf einschlafen sollen, von dem sie nie mehr aufwachen, spricht der König, der da heißt Herr Zebaoth.« Jeremia 51,8.56f

»Ich habe dir Fallen gestellt, Babel, und du hast dich darin gefangen, ehe du dich's versahst; du bist getroffen und ergriffen, denn du hast den Herrn herausgefordert. Der Herr hat sein Zeughaus aufgetan und die Waffen seines Zorns hervorgeholt; denn Gott, der Herr Zebaoth, hat etwas auszurichten in der Chaldäer Lande ... So spricht der Herr Zebaoth: Siehe, die Kinder Israel samt den Kindern Juda müssen Gewalt und Unrecht leiden; alle, die sie gefangen weggeführt haben, halten sie fest und wollen sie nicht loslassen. Aber ihr Erlöser ist stark, der heißt Herr Zebaoth; der wird ihre Sache so hinausführen, dass er das Land erbeben und die Einwohner von Babel erzittern lässt.« Jeremia 50,24.25.33f

So wurden »die Mauern des großen Babel ... geschleift und seine hohen Tore mit Feuer verbrannt«. Jeremia 51,58 So machte der Herr der Heerscharen »dem Hochmut der Stolzen ein Ende« und schlug »die Hoffart der Gewaltigen«. Jesaja 13,11 Und so wurde »Babel, das schönste unter den Königreichen, die herrliche Pracht der Chaldäer« Jesaja 13,19 – wie Sodom und Gomorra – zu einem für immer verfluchten Ort. Göttliche Eingebung hatte verkündigt, »dass man hinfort nicht mehr da wohne noch jemand da bleibe für und für, dass auch Araber dort keine Zelte aufschlagen noch Hirten ihre Herden lagern lassen, sondern Wüstentiere werden sich da lagern, und ihre Häuser werden voll Eulen sein; Strauße werden da wohnen, und Feldgeister werden da hüpfen, und wilde Hunde werden in ihren Palästen heulen und Schakale in den Schlössern der Lust. Ihre Zeit wird bald kommen, und ihre Tage lassen nicht auf sich warten.« Jesaja 13,20-22 »Und ich will Babel machen zum Erbe für die Igel und zu einem Wassersumpf und will es mit dem Besen der Verderbens wegfegen, spricht der Herr Zebaoth.« Jesaja 14,23

An den letzten Herrscher Babylons war – wie schon vorausdeutend an den ersten – der Richterspruch des göttlichen Wächters ergangen: »Dir, König ..., wird gesagt: Dein Königreich ist dir genommen.« Daniel 4,28

»Herunter, Jungfrau, du Tochter Babel, setze dich in den Staub! Setze dich auf die Erde, wo kein Thron ist ... Setze dich stumm hin, geh in die Finsternis, du Tochter der Chaldäer! Denn du sollst nicht mehr heißen ‚Herrin über Königreiche'. Als ich über mein Volk zornig war und mein Erbe entheiligte, gab ich sie in deine Hand; aber du erwiesest ihnen keine Barmherzigkeit *[532/533]*

... Du dachtest: Ich bin eine Herrin für immer. Du hattest noch nicht zu Herzen genommen noch daran gedacht, wie es hernach werden könnte.

So höre nun dies, die du in Wolllust lebst und so sicher sitzest und sprichst in deinem Herzen: ‚Ich bin's, und sonst keine; ich werde keine Witwe werden noch ohne Kinder sein': Dies beides wird plötzlich über dich kommen auf einen Tag, dass du Witwe und ohne Kinder bist. Ja, es wird in vollem Maße über dich kommen trotz der Menge deiner Zaubereien und trotz der großen Macht deiner Beschwörungen. Denn du hast dich auf deine Bosheit verlassen, als du dachtest: Niemand sieht mich!

Deine Weisheit und Kunst hat dich verleitet, dass du in deinem Herzen sprachst: Ich bin's und sonst keine! Aber nun wird über dich Unglück kommen, das du nicht wegzuzaubern weißt, und Unheil wird auf dich fallen, das du nicht durch Sühne abwenden kannst. Und es wird plötzlich ein Verderben über dich kommen, dessen du dich nicht versiehst.

So tritt nun auf mit deinen Beschwörungen und der Menge deiner Zaubereien, um die du dich von deiner Jugend auf bemüht hast, ob du dir helfen und es abwenden kannst.

Du hast dich müde gemacht mit der Menge deiner Pläne. Es sollen hertreten und dir helfen die Meister des Himmelslaufs und die Sterngucker, die an jedem Neumond kundtun, was über dich kommen werde! Siehe, sie sind wie Stoppeln ... sie können ihr Leben nicht erretten vor der Flamme Gewalt ... und du hast keinen Retter.« Jesaja 47,1.5-15

Jedem Volk, das auf die Bühne der Welt trat, wurde es erlaubt, seinen Platz hier einzunehmen, damit seine Handlungen offenbaren konnten, ob es die Absichten des Heiligen Wächters erfüllte oder nicht. Die Prophetie hat den Aufstieg und die Entwicklung der großen Weltreiche Babylon, Medo-Persien, Griechenland und Rom vorher aufgeschrieben. Mit jeder dieser Nationen hat sich, wie auch mit den Nationen, die geringere Macht hatten, die Geschichte wiederholt. Jede Macht hatte eine Zeit der Prüfung, und jede versagte – ihre Herrlichkeit verblasste und ihre Macht verging.

Selbst wenn die Nationen und Völker Gottes Grundsätze verwarfen und durch diese Ablehnung ihren eigenen Untergang besiegelten, war ganz offensichtlich während all der Jahrhunderte eine alles überstimmende Absicht am Werk. Der Prophet Hesekiel durfte dies in einem wunderbaren Bild sehen, das ihm in der Verbannung im Land der Chaldäer gezeigt wurde. Seinem erstaunten Blick wurde symbolisch gezeigt, wie sich eine alles überstimmende Macht offenbarte und in die Angelegenheiten der irdischen Herrscher einmischte.

Am Ufer des Flusses Chebar sah Hesekiel einen Wirbelwind, der von Norden

her zu kommen schien, »eine mächtige Wolke und loderndes

Feuer, und Glanz war rings um sie her, und mitten im Feuer war es wie blinkendes Kupfer«. Hesekiel 1,4 Mehrere Räder, wo »eines in das andere hineingreifen«, Hesekiel 1,16 NL wurden von vier Lebewesen bewegt. Hoch über diesen »sah es aus wie ein Saphir, einem Thron gleich, und auf dem Thron saß einer, der aussah wie ein Mensch«. Hesekiel 1,26 »Und es erschien an den Cherubim etwas wie eines Menschen Hand unter ihren Flügeln.« Hesekiel 10,8 Die Räder waren so kompliziert angeordnet, dass es zuerst so aussah, als seien sie durcheinandergeraten, und doch bewegten sie sich vollkommen harmonisch. Himmlische Wesen, unterstützt und geführt durch die Hand unter den Flügeln der Cherubim, trieben diese Räder an. Über ihnen, auf dem Thron aus Saphir, befand sich der Ewige. Rund um den Thron stand ein Regenbogen, das Wahrzeichen der göttlichen Gnade.

So wie sich die radähnlichen, komplizierten Gebilde unter der Führung der Hand unter den Flügeln der Cherubim befanden, so ist auch das komplizierte Spiel menschlichen Geschehens unter göttlicher Kontrolle. In all dem Streit und Durcheinander der Nationen lenkt noch immer derjenige, der über den Cherubim sitzt, die Angelegenheiten dieser Erde.

Die Geschichte der Völker spricht heute zu uns. Jeder Nation und jeder einzelnen Person hat Gott ihren Platz in Seinem großen Plan zugewiesen. Auch heute noch werden Menschen und Nationen auf der Waage in den Händen dessen gewogen, der keinen Fehler macht. Jeder entscheidet durch seine eigene Wahl sein Schicksal, und Gott herrscht über allem, um Seine Absichten durchzuführen.

Die Prophezeiungen, die der große ICH BIN in Seinem Wort gegeben hat, verbinden Glied um Glied in der Kette der Ereignisse – von der Ewigkeit in weiter Vergangenheit bis hin zur Ewigkeit in der Zukunft. Sie sagen uns, wo wir uns heute im Ablauf der Jahrhunderte befinden und was wir von der Zukunft zu erwarten haben. Alles, was die Prophetie an Ereignissen vorhergesagt hat bis zur Gegenwart, ist auf den Seiten der Geschichtsbücher zu finden. Wir können sicher sein, dass all das, was noch kommen soll, sich auch in seiner Reihenfolge erfüllen wird.

Heute weisen uns die Zeichen der Zeit darauf hin, dass wir an der Schwelle großer und feierlicher Ereignisse stehen. Alles in unserer Welt ist in Bewegung. Vor unseren Augen erfüllen sich die vom Heiland prophezeiten Ereignisse, die Seinem Kommen vorausgehen: »Ihr werdet hören von Kriegen und Kriegsgeschrei; sehet zu und erschrecket nicht ... Denn es wird sich empören ein Volk wider das andere und ein Königreich wider das andere, und werden sein teure Zeit und Erdbeben hin und her.« Matthäus 24,6f

Die Gegenwart ist von überwältigendem Interesse für alle Menschen. Herrscher und Staatsmänner, Menschen in Vertrauensstellungen und an den Schaltstellen der Macht und denkende Männer und Frauen aller Schichten haben ihre Aufmerksamkeit auf die Ereignisse gerichtet, [536/537]

die rings um uns her geschehen. Sie beobachten die Beziehungen zwischen den einzelnen Ländern. Sie bemerken die innere Anspannung, die von jedem irdischen Wesen Besitz ergreift und erkennen, dass bald etwas Großes und Entscheidendes stattfinden wird – dass sich die Welt am Rand einer gewaltigen Krise befindet. Die Bibel, und nur die Bibel vermittelt eine richtige Sichtweise dieser Dinge. Hier sind die großen Abschluss-Szenen der Geschichte unserer Welt offenbart. Die Ereignisse werfen bereits ihre Schatten voraus, und das Geräusch ihres Kommens lässt die Erde zittern und das Herz der Menschen vor Furcht den Mut verlieren.

»Siehe, der Herr macht die Erde leer und wüst und wirft um, was auf ihr ist und zerstreut ihre Bewohner ... denn sie übertreten das Gesetz und ändern die Gebote und brechen den ewigen Bund. Darum frisst der Fluch die Erde, und büßen müssen's, die darauf wohnen.« Jesaja 24,1.5f

»O weh des Tages! Denn der Tag des Herrn ist nahe und kommt wie ein Verderben vom Allmächtigen ... Der Same ist unter der Erde verdorrt, die Kornhäuser stehen wüst, die Scheunen zerfallen; denn das Getreide ist verdorben. O wie seufzt das Vieh! Die Rinder sehen kläglich drein, denn sie haben keine Weide, und die Schafe verschmachten« Joel 1,15.17f

»Der Weinstock ist verdorrt, der Feigenbaum verwelkt, Granatbäume, Palmen und Apfelbäume – alle Bäume des Feldes sind verdorrt, ja, den Menschenkindern ist die Freude vergangen.« Joel 1,12

»Wie ist mir so weh! ... Ich habe keine Ruhe; denn ich höre der Posaune Hall, den Lärm der Feldschlacht; Niederlage auf Niederlage wird gemeldet. Denn das ganze Land wird verheert.« Jeremia 4,19f »Wehe, es ist ein gewaltiger Tag, und seinesgleichen ist nicht gewesen, und es ist eine Zeit der Angst für Jakob; doch soll ihm daraus geholfen werden.« Jeremia 30,7

»Denn der Herr ist deine Zuversicht, der Höchste ist deine Zuflucht. Es wird dir kein Übel begegnen, und keine Plage wird sich deinem Hause nahen.« Psalm 91,9f »Du Tochter Zion ... dort wird dich der Herr erlösen von deinen Feinden. Nun aber werden sich viele Heiden wider dich zusammenrotten und sprechen: Sie ist dahin gegeben; wir wollen auf Zion herabsehen! Aber sie wissen des Herrn Gedanken nicht und kennen seinen Ratschlag nicht.« Micha 4,10-12

Gott wird seine Gemeinde in der Stunde ihrer größten Gefahr nicht im Stich lassen. Er hat erklärt: »Ich will das Geschick der Hütten Jakobs wenden und mich über seine Wohnungen erbarmen.« Jeremia 30,18

Dann wird der Plan Gottes erfüllt sein, die Grundsätze Seines Reiches werden von allen unter der Sonne geachtet werden.

KAPITEL **44**

IN DER LÖWENGRUBE

Auf Grundlage von Daniel 6

Als der Meder Darius den Thron übernahm, den zuvor die babylonischen Herrscher innegehabt hatten, ging er sofort daran, die Regierung zu reorganisieren. Er setzte »über das ganze Königreich 120 Statthalter ... Über sie setzte er drei Fürsten, von denen einer Daniel war. Ihnen sollten die Statthalter Rechenschaft ablegen, damit der König der Mühe enthoben wäre. Daniel aber übertraf alle Fürsten und Statthalter, denn es war ein überragender Geist in ihm. Darum dachte der König daran, ihn über das ganze Königreich zu setzen.« Daniel 6,2-4 Die Daniel zuteil gewordene Ehre erregte den Neid der führenden Männer des Reichs, und sie suchten nach einem Anlass der Klage gegen ihn. Sie konnten jedoch nichts finden, »denn er war treu, so dass man keine Schuld und kein Vergehen bei ihm finden konnte«. Daniel 6,5 Daniels tadelloses Benehmen erregte noch mehr Neid bei seinen Feinden: »Wir werden keinen Grund zur Anklage gegen Daniel finden, es sei denn wegen seiner Gottesverehrung.« Daniel 6,6

Daraufhin berieten sich die Satrapen und die Minister und entwickelten einen Plan, durch den sie die Vernichtung des Propheten herbeizuführen hofften. Sie entschlossen sich, den König darum zu bitten, einen Erlass zu unterzeichnen, den sie vorbereiten wollten. Dieser sollte jeder Person im Reich dreißig Tage lang verbieten, irgend etwas von einem Menschen oder Gott zu erbitten – außer von König Darius. Eine Übertretung dieses Erlasses sollte damit bestraft werden, dass der Übertreter in die Löwengrube geworfen wurde.

Dementsprechend verfassten die Minister einen solchen Erlass und legten ihn Darius zur Unterzeichnung vor. Sie schmeichelten seiner Eitelkeit und überzeugten ihn dann damit, dass dieser Erlass seine Ehre und seine Autorität beträchtlich steigern würde. Der König, der von den subtilen Absichten seiner Minister nichts wusste, sah nicht die Feindseligkeit dieses Erlasses. Ihren Schmeicheleien nachgebend unterschrieb er schließlich.

Die Feinde Daniels verließen Darius voller Freude über die Falle, die sie nun so sicher für den Diener Gottes ausgelegt hatten. In dieser Verschwörung hatte Satan eine wichtige Rolle gespielt. Der Prophet übte eine hohe

Regierungsfunktion aus, und die bösen Engel befürchteten, sein Einfluss würde ihre Kontrolle über die Herrscher schwächen. Es waren diese dämonischen Kräfte, die die Minister zu ihrer Eifersucht und ihrem Neid anstachelten. Sie waren es, die sich den Plan zur Vernichtung Daniels ausgedacht hatten. Die Fürsten ließen sich nur als Werkzeuge des Bösen gebrauchen und setzten den Plan um.

Für den Erfolg ihres Planes rechneten die Feinde des Propheten fest mit Daniels Grundsatztreue. Sie täuschten sich nicht in ihrer Einschätzung seines Charakters. Er verstand sofort die bösartige Absicht bei der Verfassung des Erlasses, aber er änderte sein Verhalten nicht im Geringsten. Warum sollte er gerade jetzt aufhören zu beten, wenn es am nötigsten war? Eher würde er sein Leben opfern als seine Hoffnung auf Hilfe von Gott. Still verrichtete er seine Pflichten als Ministerpräsident. Zur Stunde des Gebets ging er in sein Zimmer, das »Fenster hatte, die nach Jerusalem hin offen standen« und richtete seine Bitten an den Gott des Himmels, »wie er es auch zuvor regelmäßig getan hatte«. Daniel 6,10 Menge Er versuchte gar nicht, seine Handlung zu verstecken. Obwohl er die Konsequenzen seiner Treue zu Gott sehr wohl kannte, wankte er nicht in seiner Überzeugung. Vor denen, die seinen Untergang planten, wollte er nicht einmal den Anschein erwecken, als ob seine Verbindung zum Himmel unterbrochen sei. In allen Angelegenheiten, in denen der König das Recht hatte zu befehlen, wollte Daniel gehorsam sein. Aber weder der König noch sein Erlass konnten ihn in seiner Treue gegenüber dem König der Könige schwankend machen.

Damit erklärte der Prophet mutig, aber still und demütig, dass keine irdische Macht das Recht habe, sich zwischen den Menschen und Gott zu stellen. In einer Umgebung von Götzendienern war er ein treuer Zeuge für diese Wahrheit. Sein furchtloses Festhalten am Recht war ein helles Licht in der moralischen Finsternis des heidnischen Hofes. Daniel ist für die Welt heute ein würdiges Beispiel christlicher Furchtlosigkeit und Treue.

Einen ganzen Tag lang beobachteten die Minister Daniel. Dreimal sahen sie ihn in sein Zimmer gehen und dreimal hörten sie seine Stimme, die er in ernstem Gebet zu Gott erhob. Am nächsten Morgen brachten sie ihre Klagen vor den König: Daniel, sein geehrtester und treuester Staatsmann, habe den königlichen Erlass missachtet. »Hast du nicht ein Gebot erlassen«, so erinnerten sie ihn, »dass jeder, der in dreißig Tagen etwas bitten würde von irgendeinem Gott oder Menschen außer von dir, dem König, allein, zu den Löwen in die Grube geworfen werden solle?« »Das ist wahr, und das Gesetz der Meder und Perser kann niemand aufheben«, antwortete der König. Daniel 6,13

Triumphierend informierten sie nun Darius über das Verhalten seines vertrautesten Ratgebers. »Daniel, einer der Gefangenen aus Juda, der achtet weder

 dich noch dein Gebot, das du erlassen hast; denn er betet dreimal am Tage«, Daniel 6,14 riefen sie aus. Als der Herrscher diese Worte hörte, sah er auf einmal die Falle, die für seinen treuen Diener ausgelegt worden war. Er sah ein, dass es nicht der Eifer für die königliche Herrlichkeit und Ehre war, sondern der Neid auf Daniel, die zum Vorschlag für den königlichen Erlass geführt hatten. Er wurde »sehr betrübt« wegen seines Anteils an diesem bösen Spiel »und mühte sich, bis die Sonne unterging«, Daniel 6,15 seinen Freund zu retten. Die Minister, die diese Bemühungen seitens des Königs vorausgesehen hatten, kamen mit den Worten zu ihm: »Du weißt doch, König, es ist das Gesetz der Meder und Perser, dass alle Gebote und Befehle, die der König beschlossen hat, unverändert bleiben sollen.« Daniel 6,16 Obwohl übereilt erlassen, galt das Gebot unverändert und musste ausgeführt werden.

»Da befahl der König, Daniel herzubringen. Und sie warfen ihn zu den Löwen in die Grube. Der König aber sprach zu Daniel: Dein Gott, dem du ohne Unterlass dienst, der helfe dir! Und sie brachten einen Stein, den legten sie vor die Öffnung der Grube; den versiegelte der König mit seinem eigenen Ring und mit dem Ring seiner Mächtigen, damit nichts anderes mit Daniel geschähe. Und der König ging weg in seinen Palast und fastete die Nacht über und ließ kein Essen vor sich bringen und konnte auch nicht schlafen.« Daniel 6,17-19

Gott hinderte Daniels Feinde nicht daran, ihn in die Löwengrube zu werfen. Er ließ zu, dass böse Engel und böse Menschen ihre Absicht so weit verwirklichen konnten, aber nur deshalb, damit Er die Errettung Seines Dieners umso auffälliger und die Niederlage der Feinde der Wahrheit und Gerechtigkeit umso vollkommener machen konnte. »Wenn Menschen wider dich wüten, bringt es dir Ehre«, Psalm 76,11 hat der Psalmist bezeugt. Durch den Mut dieses einen Menschen, der die Entscheidung traf, lieber das Rechte zu tun als Politik zu betreiben, sollte Satan besiegt und der Name Gottes erhöht und geehrt werden.

Früh am nächsten Morgen eilte König Darius zu der Grube und rief mit angsterfüllter Stimme: »Daniel, du Knecht des lebendigen Gottes, hat dich dein Gott, dem du ohne Unterlass dienst, auch erretten können von den Löwen?«

Der Prophet antwortete: »Der König lebe ewig! Mein Gott hat seinen Engel gesandt, der den Löwen den Rachen zugehalten hat, so dass sie mir kein Leid antun konnten; denn vor ihm bin ich unschuldig, und auch gegen dich, mein König, habe ich nichts Böses getan.

Da wurde der König sehr froh und ließ Daniel aus der Grube herausziehen. Und sie zogen Daniel aus der Grube heraus, und man fand keine Verletzung an ihm, denn er hatte seinem Gott vertraut. Da ließ der König die Männer, die Daniel verklagt hatten, holen und zu den Löwen in die Grube werfen samt ihren Kindern und Frauen. Und ehe sie den Boden erreichten, ergriffen die Löwen sie und zermalmten alle ihre Knochen.« Daniel 6,20-25

Einmal mehr wurde eine Proklamation von einem heidnischen Herrscher herausgegeben, die den Gott Daniels als den wahren Gott erhob. »Da ließ der König Darius allen Völkern und Leuten aus so vielen verschiedenen Sprachen auf der ganzen Erde schreiben: Viel Friede zuvor! Das ist mein Befehl, dass man in meinem ganzen Königreich den Gott Daniels fürchten und sich vor ihm scheuen soll. Denn er ist der lebendige Gott, der ewig bleibt, und sein Reich ist unvergänglich, und seine Herrschaft hat kein Ende. Er ist ein Retter und Nothelfer, und er tut Zeichen und Wunder im Himmel und auf Erden. Der hat Daniel von den Löwen errettet.« Daniel 6,26-28

Der bösartige Widerstand gegen den Diener Gottes war nun völlig gebrochen. »Und Daniel hatte große Macht im Königreich des Darius und auch im Königreich des Kyrus von Persien.« Daniel 6,29 Durch die Verbindung mit ihm waren diese heidnischen Monarchen genötigt, seinen Gott als den lebendigen Gott anzuerkennen, »der ewig bleibt, und sein Reich ist unvergänglich, und seine Herrschaft hat kein Ende«. Daniel 6,27

Von der Geschichte der Befreiung Daniels können wir lernen, dass Gottes Kinder in Zeiten der Prüfung und der Finsternis genauso sein sollen wie zu der Zeit, als ihre Aussichten hell und voller Hoffnung und ihre Umstände genauso, wie sie es sich wünschten. Der Daniel in der Löwengrube war derselbe Daniel wie der, der als oberster Minister des Staates und als Prophet des Allerhöchsten vor dem König stand. Ein Mensch, dessen Herz sich auf Gott verlässt, wird in der Stunde der härtesten Prüfung derselbe sein wie unter guten Umständen, als das Licht und die Gunst Gottes und der Menschen auf ihn strahlten. Der Glaube streckt sich nach dem Unsichtbaren aus und klammert sich an ewige Tatsachen.

Der Himmel ist denen, die um der Gerechtigkeit willen leiden, sehr nahe. Christus identifiziert sich mit den Interessen Seines treuen Volks, und Er leidet in der Person Seiner Heiligen. Alle, die Seine Auserwählten anrühren, rühren ihn an. Die Macht, die dem Diener nahe ist, um ihn vor größerem Übel zu bewahren, ermöglicht es ihm auch, seine Integrität unter allen Umständen zu bewahren und durch die Gnade Gottes zu triumphieren.

Die Erfahrung Daniels als Staatsmann in den Diensten des babylonischen und medo-persischen Reichs veranschaulicht die Wahrheit, dass ein Geschäftsmann kein intriganter Taktierer sein muss. Er kann ein Mann sein, der von Gott bei jedem Schritt unterrichtet wird. Daniel, der Premierminister der größten irdischen Reiche war zur selben Zeit auch ein Prophet Gottes, der das Licht himmlischer Inspiration empfing. Im inspirierten Bericht wird er als fehlerlos beschrieben, obwohl er ein Mensch war wie wir mit den gleichen Leidenschaften. Seine geschäftlichen Handlungen wurden bei der genauesten Überprüfung durch

 seine Feinde als fehlerlos befunden. Er war ein Beispiel dafür, was jeder Geschäftsmann werden kann, wenn sein Herz bekehrt und geheiligt ist und seine Motive richtig sind in den Augen Gottes.

Die strikte Befolgung der himmlischen wie auch der weltlichen Anforderungen bringt sowohl weltlichen als auch geistlichen Segen. Daniel, der in seiner Treue zu Gott unerschütterlich und in seiner Selbstbeherrschung unnachgiebig war, erwarb sich durch seine edle Würde und seine unerschütterliche Integrität schon als junger Mann die »Gnade und Barmherzigkeit« Daniel 1,9 des heidnischen Beamten, in dessen Obhut er gestellt worden war. Dieselben Charaktereigenschaften kennzeichneten auch sein späteres Leben. Er stieg schnell zur Position des Premierministers des Königs von Babylon auf. Während der Herrschaft mehrerer aufeinander folgender Herrscher, dem Niedergang einer Nation und dem Aufstieg eines anderen Weltreichs waren seine Weisheit, seine staatsmännischen Fähigkeiten, sein vollkommenes Taktgefühl, seine Höflichkeit, seine echte Herzensgüte und seine Prinzipientreue derart, dass sogar seine Feinde gezwungen waren zu sagen, dass sie »keinen Grund zur Anklage finden« konnten, »es sei denn wegen seiner Gottesverehrung«. Daniel 6,6

Daniel wurde von Menschen dadurch geehrt, dass sie ihn mit der Verantwortung für den Staat und mit den Geheimnissen von universal herrschenden Reichen betrauten, während er von Gott als Sein Botschafter geehrt wurde, dem viele Geheimnisse kommender Jahrhunderte offenbart wurden. Seine wunderbaren Prophezeiungen, die in den Kapiteln 7 - 12 des Buches zu finden sind, das seinen Namen trägt, wurden vom Propheten selbst nicht völlig verstanden. Bevor sein Lebenswerk abgeschlossen war, bekam er noch einmal die herrliche Versicherung, dass er zur »letzten Zeit« – beim Abschluss der Geschichte dieser Welt – zu seinem Erbteil auferstehen dürfe. Es wurde ihm kein Verständnis für alles geschenkt, was Gott von Seinem göttlichen Ratschluss offenbart hatte. Bezüglich seiner prophetischen Schriften wurde er angewiesen. »Verbirg diese Worte, und versiegle dies Buch«. Sie sollten »bis auf die letzte Zeit« versiegelt werden. Und wiederum forderte der Engel den treuen Boten des Herrn auf: »Geh hin, Daniel; denn es ist verborgen und versiegelt bis auf die letzte Zeit ... Geh hin, bis das Ende kommt, und ruhe, bis du auferstehst zu deinem Erbteil am Ende der Tage!« Daniel 12,10

Wenn wir uns dem Ende der Geschichte dieser Welt nähern, benötigen die von Daniel aufgezeichneten Prophezeiungen unsere besondere Aufmerksamkeit, denn sie beziehen sich auf gerade die Zeit, in der wir leben. Gemeinsam mit ihnen sollten die Lehren des letzten Buches des Neuen Testaments studiert werden. Satan hat viele zu dem Glauben gebracht, dass die prophetischen Teile Daniels und der Offenbarung des Johannes nicht verstanden werden können. Aber die Verheißung sagt deutlich, dass eine besondere

Segnung das Studium dieser Prophezeiungen begleitet. »Die Verständigen werden's verstehen«, Jeremia 51,14 das wurde über die Visionen Daniels ausgesagt, die in den letzten Tagen entsiegelt werden sollten. Und der Offenbarung, die Christus Seinem Knecht Johannes gab, um Gottes Volk durch alle Jahrhunderte zu führen, gilt die Verheißung: »Selig ist, der da liest und die da hören die Worte der Weissagung und behalten, was darin geschrieben ist.« Offenbarung 1,3

Vom Aufstieg und Fall der Nationen, wie sie in den Büchern Daniel und Offenbarung klar beschrieben werden, müssen wir lernen, wie wertlos rein äußerlicher weltlicher Glanz ist. Wie vollständig ist doch Babylon mit all seiner großartigen Pracht verschwunden, wie sie die Welt seither nicht mehr gesehen hat, und einer Macht und Pracht, die den Menschen ihrer Zeit als so stabil und dauerhaft erschienen! Wie die »Blume des Grases«, Jakobus 1,10 ist es dahingeschwunden. Ebenso sind auch das medo-persische Reich und die Reiche Griechenland und Rom untergegangen, und ebenso wird auch alles untergehen, was nicht auf Gott gegründet ist. Nur das, was mit Seiner Absicht verbunden ist und Seinen Charakter ausdrückt, kann bleiben. Seine Grundsätze sind das einzig Beständige, was unsere Welt kennt.

Ein sorgfältiges Studium, wie sich die Absicht Gottes in der Geschichte der Völker und in der Offenbarung der zukünftigen Dinge auswirkt, wird uns helfen, den wahren Wert der sichtbaren und unsichtbaren Dinge einzuschätzen und zu lernen, was das wahre Ziel des Lebens ist. Wenn wir also die vergänglichen Dinge im Licht der Ewigkeit betrachten, können wir wie Daniel und seine Freunde für das Wahre, Edle und Beständige leben. Wenn wir in diesem Leben bereit sind, die Grundsätze des Reiches unseres Herrn und Heilands zu erlernen, dessen wunderbares Reich ewig bestehen soll, können wir bei Seinem Kommen bereit sein, es gemeinsam mit Ihm in Besitz zu nehmen.

KAPITEL 45

Rückkehr aus der Gefangenschaft

Auf Grundlage des biblischen Berichts

Die Ankunft der Armee des Kyrus vor den Mauern von Babylon war für die Juden ein Zeichen, dass ihre Befreiung aus der Gefangenschaft näherrückte. Mehr als ein Jahrhundert vor der Geburt des Kyrus, hatte die Inspiration ihn namentlich erwähnt. Gleichzeitig war bereits aufgeschrieben, was er einmal tun sollte: nämlich unerwartet die Stadt Babylon einnehmen und den Weg für die Befreiung der Kinder der Gefangenschaft öffnen. Durch Jesaja hieß es im göttlichen Wort: »So spricht der Herr zu seinem Gesalbten, zu Kyrus, den ich bei seiner rechten Hand ergriff, dass ich Völker vor ihm unterwerfe und Königen das Schwert abgürte, damit vor ihm Türen geöffnet werden und Tore nicht verschlossen bleiben: Ich will vor dir hergehen und das Bergland eben machen, ich will die ehernen Türen zerschlagen und die eisernen Riegel zerbrechen und will dir heimliche Schätze geben und verborgene Kleinode, damit du erkennst, dass ich der Herr bin, der dich beim Namen ruft, der Gott Israels.« Jesaja 45,1-3

Im unerwarteten Vordringen der Armee des persischen Eroberers in das Herz der babylonischen Hauptstadt durch das kanalisierte Flussbett, dessen Wasser abgeleitet worden waren, und durch die inneren Tore, die in sorgloser Sicherheit offen und ungeschützt geblieben waren, hatten die Juden reichlich Beweise für die wörtliche Erfüllung der Prophezeiung Jesajas hinsichtlich des plötzlichen Sturzes ihrer Unterdrücker. Dies hätte ihnen ein unmissverständliches Zeichen sein müssen, dass Gott die Politik der Völker zu ihren Gunsten lenkte. Untrennbar verbunden mit der Prophezeiung, die darüber sprach, wie Babylon eingenommen werden und fallen sollte, waren auch die folgenden Worte: »So spricht der HERR, ... der zu Kyrus sagt: Mein Hirte! Er soll all meinen Willen vollenden und sagen zu Jerusalem: Werde wieder gebaut! und zum Tempel: Werde gegründet!« Jesaja 44,28 »Ich habe ihn erweckt in Gerechtigkeit, und alle seine Wege will ich eben machen. Er soll meine Stadt wieder aufbauen und meine Gefangenen loslassen, nicht um Geld und nicht um Geschenke, spricht der Herr Zebaoth.« Jesaja 45,13

Dies waren aber nicht die einzigen Vorhersagen, auf die die Verbannten ihre Hoffnung auf baldige Befreiung setzen konnten. Sie hatten die [551/552]

Schriften Jeremias, in denen deutlich die Länge der Zeit vorausgesagt war, die bis zur Wiederherstellung Israels vergehen sollte. Der Herr hatte durch Seinen Boten prophezeit: »Wenn aber die siebzig Jahre um sind, will ich heimsuchen den König von Babel und jenes Volk, spricht der Herr, um ihrer Missetat willen, dazu das Land der Chaldäer und will es zur ewigen Wüste machen.« Jeremia 25,12 Als Antwort auf ihre Gebete würde den Übrigen von Juda Gnade erwiesen werden: »So will ich mich von euch finden lassen, spricht der Herr, und will eure Gefangenschaft wenden und euch sammeln aus allen Völkern und von allen Orten, wohin ich euch verstoßen habe, spricht der Herr, und will euch wieder an diesen Ort bringen, von wo ich euch habe wegführen lassen.« Jeremia 29,14

Oft hatten Daniel und seine Freunde diese und ähnliche Prophezeiungen studiert, die Gottes Absicht für Sein Volk beschrieben. Nun, als die schnelle Abfolge der Ereignisse das Wirken der mächtigen Hand Gottes unter den Nationen verkündete, widmete Daniel seine besondere Aufmerksamkeit den Prophezeiungen, die Israel gegeben worden waren. Sein Glaube an das prophetische Wort ließ ihn Erfahrungen machen, die durch die Schreiber des göttlichen Wortes vorhergesagt waren: »So spricht der Herr: Wenn für Babel siebzig Jahre voll sind, so will ich euch heimsuchen und will mein gnädiges Wort an euch erfüllen, dass ich euch wieder an diesen Ort bringe. Denn ich weiß wohl, was ich für Gedanken über euch habe, spricht der Herr: Gedanken des Friedens und nicht des Leides, dass ich euch gebe das Ende, des ihr wartet. Und ihr werdet mich anrufen und hingehen und mich bitten, und ich will euch erhören. Ihr werdet mich suchen und finden; denn wenn ihr mich von ganzem Herzen suchen werdet, so will ich mich von euch finden lassen.« Jeremia 29,10-13

Kurz vor dem Fall Babylons, als Daniel über diese Prophezeiungen nachdachte und Gott um ein Verständnis der Zeit bat, wurde ihm eine Reihe von Visionen bezüglich des Aufstiegs und Falls der Reiche gegeben. Zur ersten Vision, die im 7. Kapitel des Buches Daniel aufgeschrieben ist, wurde ihm eine Auslegung gegeben. Dennoch wurde dem Propheten nicht alles erklärt. Er schrieb von der Erfahrung dieser Zeit: »Ich, Daniel, wurde sehr beunruhigt in meinen Gedanken, und jede Farbe war aus meinem Antlitz gewichen; doch behielt ich die Rede in meinem Herzen.« Daniel 7,28 Durch eine andere Vision wurde weiteres Licht auf die Ereignisse der Zukunft geworfen. Am Ende dieser Vision hörte Daniel »einen Heiligen reden, und ein anderer sprach zu dem, der da redete: Wie lange gilt dieses Gesicht?« Die Antwort, die gegeben wurde, erfüllte Daniel mit Ratlosigkeit: »Bis zweitausenddreihundert Abende und Morgen vergangen sind; dann wird das Heiligtum wieder geweiht werden.« Daniel 8,13-14 Dies verwirrte ihn sehr. Ernst suchte er nach der Bedeutung dieser Vision. Er konnte nicht den

 Zusammenhang zwischen den von Jeremia vorhergesagten siebzig Jahren der Gefangenschaft und den 2300 Jahren verstehen, von denen der himmlische Besucher in der Vision gesagt hatte, dass diese Zeitperiode vor der Reinigung des göttlichen Heiligtums vergehen würde. Der Engel Gabriel gab ihm eine teilweise Auslegung, doch als der Prophet die Worte hörte: »Es ist noch eine lange Zeit bis dahin«, wurde er ohnmächtig. »Ich, Daniel«, so berichtet er selbst, »war erschöpft und lag einige Tage krank. Danach stand ich auf und verrichtete meinen Dienst beim König. Und ich wunderte mich über das Gesicht, und niemand konnte es mir auslegen.« Daniel 8,26f

Immer noch bedrückt im Herzen von der Last für Israel, studierte Daniel erneut die Prophezeiungen Jeremias. Sie waren klar – so klar, dass er anhand dieser in den Büchern aufgeschriebenen Zeugnisse »die Zahl der Jahre, von denen der Herr geredet hatte zum Propheten Jeremia, dass nämlich Jerusalem siebzig Jahre wüst liegen sollte«. Daniel 9,2

Mit einem Glauben, der sich auf das feste prophetische Wort gründete, vgl. 2.Petrus 1,19.20 bat Daniel den Herrn inständig, diese Verheißungen schnell zu erfüllen. Er flehte, dass die Ehre Gottes bewahrt werden möge. In seinem Bittgebet identifizierte sich Daniel vollständig mit denen, die die göttliche Absicht nicht erfüllt hatten und bekannte ihre Sünden als seine eigenen.

»Ich kehrte mich zu Gott, dem Herrn«, erklärte der Prophet, »um zu beten und zu flehen unter Fasten und in Sack und Asche. Ich betete aber zu dem Herrn, meinem Gott, und bekannte ...« Daniel 9,3f Obwohl Daniel schon lange im Dienst Gottes gestanden hatte und vom Himmel als »von Gott geliebt« Daniel 9,23 bezeichnet wurde, kam er nun als Sünder vor Gott und bedrängte Gott mit der großen Not seines geliebten Volks. Sein Gebet war in seiner Schlichtheit und außergewöhnlichen Ernsthaftigkeit beredt. Lasst uns seinem Gebet zuhören: »Ach, Herr, du großer und heiliger Gott, der du Bund und Gnade bewahrst denen, die dich lieben und deine Gebote halten! Wir haben gesündigt, Unrecht getan, sind gottlos gewesen und abtrünnig geworden; wir sind von deinen Geboten und Rechten abgewichen. Wir gehorchten nicht deinen Knechten, den Propheten, die in deinem Namen zu unsern Königen, Fürsten, Vätern und zu allem Volk des Landes redeten. Du, Herr, bist gerecht, wir aber müssen uns alle heute schämen, die von Juda und von Jerusalem und vom ganzen Israel, die, die nahe sind, und die zerstreut sind in allen Ländern, wohin du sie verstoßen hast um ihrer Missetat willen, die sie an dir begangen haben ... Bei dir aber, Herr, unser Gott, ist Barmherzigkeit und Vergebung. Denn wir sind abtrünnig geworden ... Ach Herr, um aller deiner Gerechtigkeit willen wende ab deinen Zorn und Grimm von deiner Stadt Jerusalem und deinem heiligen Berg. Denn wegen unserer Sünden und wegen der Missetaten unserer Väter trägt Jerusalem und dein Volk Schmach bei allen, die um uns her wohnen.

Und nun, unser Gott, höre das Gebet deines Knechtes und sein Flehen. Lass leuchten dein Antlitz über dein zerstörtes Heiligtum um deinetwillen, Herr! Neige dein Ohr, mein Gott, und höre, tu deine Augen auf und sieh an unsere Trümmer und die Stadt, die nach deinem Namen genannt ist. Denn wir liegen vor dir mit unserm Gebet und vertrauen nicht auf unsre Gerechtigkeit, sondern auf deine große Barmherzigkeit. Ach Herr, höre! Ach Herr, sei gnädig! Ach Herr, merk auf! Tu es und säume nicht – um deinetwillen, mein Gott! Denn deine Stadt und dein Volk ist nach deinem Namen genannt.« Daniel 9,4-9.16-19

Der Himmel beugte sich nieder, um das ernste Flehen des Propheten zu hören. Noch bevor er damit aufgehört hatte, um Gnade und Wiederherstellung zu bitten, erschien ihm erneut der mächtige Gabriel und lenkte seine Aufmerksamkeit auf die Vision, die er vor dem Fall Babylons und dem Tod Belsazars gesehen hatte. Dann erläuterte ihm der Engel detailliert die Zeitperiode der siebzig Wochen, die zu dem Zeitpunkt beginnen sollte, als »das Wort erging, Jerusalem werde wieder aufgebaut werden«. Daniel 9,25

So hatte Daniel »im ersten Jahr des Darius« Daniel 9,1 gebetet, des medischen Königs, dessen General Kyrus Babylon das Zepter der Weltherrschaft abgerungen hatte. Die Herrschaft des Darius wurde von Gott geehrt. Diesem König wurde der Engel Gabriel gesandt, »um ihm zu helfen und ihn zu stärken«. Daniel 11,1 Nach seinem Tod, etwa zwei Jahre nach dem Fall Babylons folgte ihm Kyrus auf dem Thron nach. Der Beginn seiner Herrschaft bedeutete, dass die siebzig Jahre nun vollständig waren, die begonnen hatten, als Nebukadnezar die erste Gruppe von Hebräern aus ihren Heimen in Juda nach Babylon weggeführt hatte.

Die Befreiung Daniels aus der Löwengrube hatte Gott dazu benutzt, einen positiven Eindruck auf Kyrus den Großen zu machen. Die herausragenden und bewährten Fähigkeiten des Mannes Gottes als eines weitblickenden Staatsmanns führten dazu, dass der persische Herrscher ihm großen Respekt erwies und sein Urteil schätzte. Gerade zu der von Gott vorhergesagten Zeit, in der Sein Tempel in Jerusalem wieder aufgebaut werden sollte, wirkte Er nun auf Kyrus als Sein Werkzeug ein. Er sollte die ihn betreffenden Prophezeiungen entdecken, die Daniel so gut kannte, und dem jüdischen Volk seine Freiheit zurückgeben.

Als der König die prophetischen Worte las, die mehr als hundert Jahre vor Seiner Geburt aufgeschrieben worden waren und genau voraussagten, auf welche Weise Babylon eingenommen werden sollte; als er die Botschaft zur Kenntnis nahm, die vom Herrscher des Universums an ihn gerichtet worden waren: »Ich habe dich gerüstet, obgleich du mich nicht kanntest, damit man erfahre in Ost und West, dass außer mir nichts ist«, Jesaja 45,5f da sah er die Aussage des ewigen Gottes vor sich: »Um Jakobs, meines Knechts, und um Israels, meines Auserwählten, willen, rief ich dich bei deinem Namen und gab dir Ehrennamen, obgleich du mich nicht kanntest.« Jesaja 45,4 Und er entdeckte das von Gott eingegebene Zeugnis: »Ich habe ihn erweckt in Gerechtigkeit, und alle seine Wege will ich eben machen. Er soll meine Stadt wieder aufbauen und meine Gefangenen loslassen, nicht um Geld und nicht um Geschenke.« Jesaja 45,13 Da wurde sein Herz tief bewegt, und er beschloss, seine göttlich verordnete Aufgabe zu erfüllen. Er war bereit, die jüdischen Gefangenen freizulassen und ihnen zu helfen, den Tempel des Herrn wieder aufzurichten.

In einer schriftlichen Erklärung, die in seinem ganzen Reich proklamiert wurde, gab Kyrus seinen Wunsch bekannt, für die Rückkehr der Hebräer und für den Wiederaufbau ihres Tempels zu sorgen: »Der Herr, der Gott des Himmels, hat mir alle Königreiche der Erde gegeben, und er hat mir befohlen, ihm ein Haus zu Jerusalem in Juda zu bauen. Wer nun unter euch von seinem Volk ist, mit dem sei sein Gott, und er ziehe hinauf nach Jerusalem in Juda und baue das Haus des Herrn, des Gottes Israels; das ist der Gott, der zu Jerusalem ist. Und wo auch immer einer übrig geblieben ist, dem sollen die Leute des Orts, an dem er als ein Fremdling gelebt hat, helfen mit Silber und Gold, Gut und Vieh außer dem, was sie aus freiem Willen für das Haus Gottes zu Jerusalem geben.« Esra 1,2-4

Bezüglich des Tempelbaus befahl Kyrus weiter: »das Haus Gottes in Jerusalem soll wieder aufgebaut werden als eine Stätte, wo man opfert, und seinen Grund zu legen: seine Höhe sechzig Ellen und seine Breite auch sechzig Ellen, und drei Schichten von behauenen Steinen und eine Schicht von Holz, und die Mittel sollen vom Hause des Königs gegeben werden. Auch soll man zurückgeben die goldenen und silbernen Geräte des Hauses Gottes, die Nebukadnezar aus dem Tempel zu Jerusalem weggenommen und nach Babel gebracht hat; man soll sie zurückbringen in den Tempel zu Jerusalem an ihre Stätte im Hause Gottes.« Esra 6,3-5

Die Kunde über diesen Erlass erreichte selbst die fernsten Provinzen des Königreichs. Überall herrschte große Freude unter den Kindern Israel in der Zerstreuung. Viele hatten wie Daniel die Prophezeiungen studiert und Gott darum gebeten, wie verheißen für Zion einzuschreiten, und nun waren ihre Gebete erhört. Mit einer Freude, die aus dem tiefsten Herzen kam, konnten sie gemeinsam singen: »Wenn der Herr die Gefangenen Zions erlösen wird, so werden wir sein wie die Träumenden. Dann wird unser Mund voll Lachens und unsre Zunge voll Rühmens sein. Dann wird man sagen unter den Heiden: Der Herr hat Großes an ihnen getan! Der Herr hat Großes an uns getan; des sind wir fröhlich.« Psalm 126,1-3

»Da machten sich auf die Häupter der Sippen aus Juda und Benjamin und die Priester und Leviten, alle, deren Geist Gott erweckt hatte« – sie bildeten, etwa 50 000 an Zahl, den stattlichen Überrest aus den Juden im Lande der Verbannung, der beschloss, die ihnen angebotene wunderbare Gelegenheit zu nutzen – , »um hinaufzuziehen und das Haus des Herrn zu Jerusalem zu bauen.« Esra 1,5 Ihre Freunde ließen es nicht zu, dass sie mit leeren Händen weggingen. »Und alle, die um sie her wohnten, halfen ihnen mit allem, mit Silber und Gold, mit Gut und Vieh und Kleinoden.« Diesen und vielen anderen freiwilligen Gaben wurden auch »die Geräte des Hauses des Herrn« hinzugefügt, »die Nebukadnezar aus Jerusalem genommen ... hatte. Und Cyrus, der König von Persien, übergab sie dem Schatzmeister Mithredath ... fünftausendvierhundert« an der Zahl. Esra 1,6-11 Sie sollten in dem wiederaufzubauenden Tempel Verwendung finden.

Serubbabel, der auch unter dem Namen Scheschbazar bekannt und ein Nachkomme König Davids war, bekam von Kyrus die Aufgabe, als Statthalter der Rückkehrer nach Judäa zu amtieren, wobei der Hohepriester Josua eng mit ihm verbunden war. Die lange Reise durch öde Wüsten wurde sicher zurückgelegt, und die glückliche Schar, die Gott für Seine große Gnade dankbar war, fing sofort damit an, das wiederaufzubauen, was vernichtet und zerstört gewesen war. Die Oberhäupter der Sippen gingen beispielhaft voran, indem sie von ihrem Eigentum als Opfer spendeten, um die Kosten für den Wiederaufbau des Tempels decken zu helfen. Das Volk folgte ihrem Beispiel, und sie gaben reichlich von ihrem geringen Besitz. vgl. Esra 2,64-70

So schnell wie möglich wurde ein Altar an der Stelle des alten Altars im Vorhof des Tempels errichtet. Zu den mit der Weihe dieses Altars verbundenen Handlungen »versammelte sich das ganze Volk wie ein Mann«, Esra 3,1 Sie vereinten sich zur Wiedereinsetzung der heiligen Dienste, die zur Zeit der Zerstörung Jerusalems durch Nebukadnezar unterbrochen worden waren. Bevor sie auseinandergingen, um in ihren Häusern zu wohnen. »Und sie hielten das Laubhüttenfest.« Esra 3,4

Die Errichtung des Brandopferaltars munterte die treuen Übrigen sehr auf. Von Herzen gingen sie an die zum Wiederaufbau des Tempels notwendigen Vorbereitungen. Der Fortschritt dieser Vorbereitungen von Monat zu Monat ermutigte sie sehr, denn sie hatten seit vielen Jahren die sichtbaren Zeichen der Gegenwart Gottes entbehren müssen. Als sie nun von den vielen traurigen Ruinen an den Abfall ihrer Väter erinnert wurden, sehnten sie sich umso mehr nach einem bleibenden Zeichen der göttlichen Vergebung und Gunst. Wichtiger als persönliches Eigentum und alte Vorrechte zurückzubekommen war ihnen die Zustimmung Gottes. Er hatte wunderbar zu ihren Gunsten gewirkt, und sie spürten die Gewissheit Seiner Gegenwart bei ihnen. Voller Vorfreunde sehnten sie sich nach der Zeit, in der sie Seine Herrlichkeit aus dem Innern des wiedererbauten Tempels hervorstrahlen sehen würden.

Die Arbeiter, die mit der Vorbereitung des Baumaterials beschäftigt waren,

fanden unter den Ruinen einige der riesigen Steine, die in den

Tagen Salomos zum Tempelplatz gebracht worden waren. Diese wurden gebrauchsfertig gemacht. Auch wurde viel neues Material bereitgestellt. Bald waren die Arbeiten so weit fortgeschritten, dass der Grundstein gelegt werden konnte. Dies geschah in der Gegenwart vieler Tausender, die sich versammelten, um den Fortschritt der Arbeiten zu begutachten und ihrer Freude darüber Ausdruck verliehen, dass sie daran teilhatten. Während der Grundstein in Position gebracht wurde, stimmte das Volk, begleitet von den Trompeten der Priester und den Zimbeln der Söhne Asaf »den Lobpreis an und dankten dem Herrn: Denn er ist gütig, und seine Barmherzigkeit währt ewiglich über Israel.« Esra 3,11

Das Haus, das hier aufs Neue entstehen sollte, war das Thema vieler Prophezeiungen gewesen, in denen es um die Gunst ging, die Gott Zion so gern erweisen wollte. Alle Anwesenden bei der Grundsteinlegung hätten von Herzen in die Freude dieses Anlasses einstimmen sollen. Doch mischte sich in den Lobpreis und die Freudenschreie, die an diesem glücklichen Tag zu hören waren, auch ein Misston. »Viele von den betagten Priestern, Leviten und Sippenhäuptern, die das frühere Haus noch gesehen hatten, weinten laut, als nun dies Haus vor ihren Augen gegründet wurde.« Esra 3,12 Es war ganz natürlich, dass die Herzen dieser alten Männer von Traurigkeit erfüllt waren, als sie an die Folgen der so lange fortgesetzten Reuelosigkeit dachten. Hätten sie und ihre Generation Gott gehorcht, wäre der von Salomo erbaute Tempel nicht zerstört worden und die Gefangenschaft nicht notwendig gewesen. Gerade wegen ihrer Undankbarkeit und Untreue waren sie unter die Heiden zerstreut worden.

Nun waren die Verhältnisse verändert. Der Herr hatte sich in zartem Erbarmen wieder Seinem Volk zugewandt und ihnen erlaubt, in ihr Land zurückzukehren. Die Traurigkeit über die Fehler der Vergangenheit hätte jetzt einem Gefühl großer Freude weichen müssen. Gott hatte das Herz des Kyrus dazu bewegt, sie beim Wiederaufbau des Tempels zu unterstützen, und das hätte tiefe Dankbarkeit auslösen müssen. Einige jedoch erkannten die gerade stattfindenden Fügungen Gottes nicht. Anstatt sich zu freuen, hielten sie an ihren Gedanken der Unzufriedenheit und Entmutigung fest. Sie hatten die Herrlichkeit des salomonischen Tempels gesehen und klagten nun über den geringeren Wert des nun zu errichtenden Gebäudes.

Das Murren und das Klagen und die negativ ausfallenden Vergleiche mit dem alten Tempel hatten einen entmutigenden Einfluss auf die Gedanken vieler Menschen und schwächten die Hände der Bauenden. Die Arbeiter stellten sich nun die Frage, ob sie überhaupt mit dem Wiederaufbau fortfahren sollten, der schon zu Beginn so heftig kritisiert wurde und Anlass zu so vielen Klagen war.

Es gab jedoch auch viele unter den Versammelten, deren größerer Glaube und weiterreichende Vision sie nicht dazu verführte, diese geringere

Herrlichkeit mit solcher Unzufriedenheit zu betrachten. »Viele aber jauchzten mit Freuden, so dass das Geschrei laut erscholl. Und man konnte das Jauchzen mit Freuden und das laute Weinen im Volk nicht unterscheiden; denn das Volk jauchzte laut, so dass man den Schall weithin hörte.« Esra 3,12f

Hätten diejenigen, die sich bei der Grundsteinlegung des Tempels nicht freuten, die Folgen ihres Glaubensmangels an diesem Tag sehen können, so wären sie entsetzt gewesen. Sie machten sich kaum klar, wie schwer ihre missbilligenden und enttäuschten Worte wogen, und verstanden nun wenig, wie sehr ihre zum Ausdruck gebrachte Unzufriedenheit die Fertigstellung des Hauses Gottes verzögern würde. Die Herrlichkeit des ersten Tempels und die beeindruckenden Bräuche der Gottesdienste waren ein Grund für Israels Stolz vor ihrer Gefangenschaft gewesen. Ihrer Anbetung hatten jedoch häufig gerade die Qualitäten gefehlt, die von Gott als so wichtig angesehen werden. Die Herrlichkeit des ersten Tempels und die ganze Pracht seiner Dienste konnte sie bei Gott nicht angenehm machen, denn das, was allein in Seinen Augen zählt, brachten sie Ihm nicht: das Opfer eines demütigen und zerschlagenen Geistes.

Wenn man die Grundsätze des Reiches Gottes aus den Augen verliert, werden die Zeremonien zahlreich und extravagant. Wenn der Charakter des Baus vernachlässigt wird, wenn der Schmuck der Seele fehlt und einfache Frömmigkeit verachtet wird, dann verlangen Stolz und Liebe zur Darstellung großartige Kirchengebäude, grandiose Ausschmückungen und imposante Zeremonien. In all dem wird Gott jedoch nicht geehrt. Er schätzt Seine Gemeinde nicht wegen ihrer äußerlichen Vorzüge, sondern wegen ihrer aufrichtigen Gottesfurcht, die sie von der Welt unterscheidet. Er beurteilt sie nach dem Wachstum ihrer Glieder in der Erkenntnis Christi und nach den Fortschritten in ihrer geistlichen Erfahrung. Er hält Ausschau nach den Grundsätzen der Liebe und Güte. Alle Schönheit der Kunst kann sich nicht vergleichen mit der Schönheit im Wesen und Charakter derer, die Christi Vertreter sind.

Eine Gemeinde mag die ärmste im ganzen Land sein und äußerlich nichts bieten können, was anziehend ist. Wenn die Glieder jedoch die Grundsätze des Charakters Christi offenbaren, werden sich Engel mit ihnen zu ihren Gottesdiensten vereinigen. Der Lobpreis und Dank aus dankbaren Herzen werden wie ein süßer Wohlgeruch zu Gott emporsteigen. »Danket dem Herrn; denn er ist freundlich, und seine Güte währet ewiglich. So sollen sagen, die erlöst sind durch den Herrn, die er aus der Not erlöst hat.« Psalm 107,1f

»Singet und spielet ihm, redet von allen seinen Wundern! Rühmet seinen heiligen Namen; es freue sich das Herz derer, die den Herrn suchen!« Psalm 105,2f
»Sie sollen den Herrn preisen ..., Denn er hat die durstende Seele gesättigt, die hungernde Seele mit Gutem erfüllt..« Psalm 107,9 rev. ELB

KAPITEL **46**

"Die Propheten Gottes halfen ihnen"

Auf Grundlage des biblischen Berichts

In unmittelbarer Nachbarschaft der Israeliten, die sich vorgenommen hatten, den Tempel wieder aufzubauen, wohnten die Samariter, ein Mischvolk, das aus den Ehen zwischen den heidnischen Kolonisten aus Assyrien und den Übriggebliebenen der zehn Stämme, die man in Samaria und Galiläa gelassen hatte, entstanden war. In späteren Jahren behaupteten die Samariter, den wahren Gott anzubeten, aber im Herzen und nach ihrem Tun waren sie Götzendiener. Es ist wahr, dass sie behaupteten, ihre Götzen existierten nur, um sie an den lebendigen Gott, den Herrscher des Universums, zu erinnern. Dennoch neigte das Volk dazu, Götzenbilder zu verehren.

In der Zeit des Wiederaufbaus wurden diese Samariter als »die Widersacher Judas und Benjamins« bekannt. Als sie »hörten, dass die, die aus der Gefangenschaft zurückgekommen waren, dem Herrn, dem Gott Israels, den Tempel bauten, kamen sie zu Serubabel ... und den Sippenhäuptern« und wollten sich gerne an dem Bau beteiligen. »Wir wollen mit euch bauen«, schlugen sie vor; »denn auch wir suchen euren Gott und haben ihm geopfert seit der Zeit Asar-Haddons, des Königs von Assur, der uns hierher gebracht hat.« Esra 4,1f Aber das Vorrecht, um das sie baten, wurde ihnen verweigert. »Es ziemt sich nicht, dass ihr und wir miteinander das Haus unseres Gottes bauen«, erklärte der Führer der Israeliten. »Wir allein wollen bauen dem Herrn, dem Gott Israels, wie es uns Kyrus, der König von Persien, geboten hat.« Esra 4,3

Nur ein Überrest hatte sich entschlossen, aus Babylon zurückzukehren. Nun, als sie sich an ein Werk machten, das offensichtlich ihre Kräfte überstieg, kamen ihre Nachbarn mit ihrem Hilfsangebot. Die Samariter verwiesen auf ihre Anbetung des wahren Gottes und drückten ihren Wunsch aus, an den mit dem Tempeldienst verbundenen Vorrechten und Segnungen Anteil zu bekommen. »Auch wir suchen euren Gott«, sagten sie. »Wir wollen mit euch bauen.« Hätten die jüdischen Führer dieses Hilfsangebot angenommen, wäre dem Götzendienst Tür und Tor geöffnet worden. Sie sahen die Unaufrichtigkeit der Samariter und erkannten, dass die Hilfe, die sie von einem Bündnis mit diesen [567/568]

Menschen bekommen könnten, nichts im Vergleich zu den Segnungen war, die sie empfangen konnten, wenn sie den klaren Befehlen des Herrn folgten.

Hinsichtlich der Beziehungen, die Israel zu seinen Nachbarn haben sollte, hatte der Herr durch Mose erklärt: »Du sollst keinen Bund mit ihnen schließen und keine Gnade gegen sie üben und sollst dich mit ihnen nicht verschwägern ... Denn sie werden eure Söhne mir abtrünnig machen, dass sie anderen Göttern dienen. So wird dann des Herrn Zorn entbrennen über euch.« 5.Mose 7,2-4 »Denn du bist ein heiliges Volk dem Herrn, deinem Gott, und der Herr hat dich erwählt, dass du sein Eigentum seist, aus allen Völkern, die auf Erden sind.« 5.Mose 14,2

Die Ergebnisse, die einer Bündnisbeziehung mit den umliegenden Völkern folgen würden, waren klar vorhergesagt. Mose hatte gesagt: »Der Herr wird dich zerstreuen unter alle Völker von einem Ende der Erde bis ans andere. Du wirst dort andern Göttern dienen, die du nicht kennst noch deine Väter: Holz und Steinen. Dazu wirst du unter jenen Völkern keine Ruhe haben, und deine Füße werden keine Ruhestatt finden. Denn der Herr wird dir dort ein bebendes Herz geben und erlöschende Augen und eine verzagende Seele, und dein Leben wird immerdar in Gefahr schweben; Nacht und Tag wirst du dich fürchten und deines Lebens nicht sicher sein. Morgens wirst du sagen: Ach dass es Abend wäre! und abends wirst du sagen: Ach dass es Morgen wäre! vor Furcht deines Herzens, die dich schrecken wird, und vor dem, was du mit deinen Augen sehen wirst.« 5.Mose 28,64-67 »Wenn du aber dort den Herrn, deinen Gott, suchen wirst«, lautete die Verheißung, »so wirst du ihn finden, wenn du ihn von ganzem Herzen und von ganzer Seele suchen wirst.« 5.Mose 4,29

Serubbabel und seine Gefährten waren mit diesen und vielen ähnlichen Schrifttexten vertraut. In ihrer erst kurze Zeit zurückliegenden Gefangenschaft hatten sie Beweis um Beweis für deren Erfüllung erlebt. Nachdem sie nun das Böse bereuten, das über sie und ihre Väter die Strafgerichte gebracht hatte, die von Mose so deutlich vorhergesagt waren, und nachdem sie sich von ganzem Herzen Gott wieder zugewandt und ihre Bündnisbeziehung mit ihm erneuert hatten, war ihnen jetzt erlaubt worden, nach Judäa zurückzukehren, damit sie das wieder aufbauten, was zerstört worden war. Sollten sie nun gleich zu Beginn ihres Unternehmens einen Bund mit Götzendienern eingehen?

»Du sollst keinen Bund mit ihnen schließen«, hatte Gott gesagt. 5.Mose 5,2-4 Sie hatten sich erst neulich dem Herrn an dem vor den Ruinen Seines Tempels aufgebauten Altar geweiht und waren sich darüber klar, dass die Trennlinie zwischen Seinem Volk und der Welt immer unmissverständlich deutlich gehalten werden muss. Sie weigerten sich, eine Allianz mit denen einzugehen, die sich, obwohl sie mit den Anforderungen der Gebote Gottes vertraut waren, nicht dessen Ansprüchen unterwarfen.

Die im fünften Buch Mose niedergeschriebenen Grundsätze zur Unterweisung Israels sollten von Gottes Volk am Ende der Zeit befolgt werden. Wahres Wohlergehen hängt von der Fortführung unserer Bundesbeziehung mit Gott ab. Wir können es uns nie leisten, Grundsätze dadurch aufs Spiel zu setzen, indem wir ein Bündnis mit denjenigen eingehen, die Ihn nicht fürchten. Für bekenntliche Christen besteht immer die Gefahr, dass sie meinen, sie müssten sich bis zu einem gewissen Grad der Welt anpassen, um einen Einfluss auf Weltmenschen zu bekommen. Auch wenn ein solcher Kurs scheinbar große Vorteile bietet, endet er immer in geistlichem Verlust. Gottes Volk muss sich vor jedem noch so subtilen Einfluss gewissenhaft schützen, der durch die schmeichelhaften Angebote der Feinde der Wahrheit Eingang zu finden hofft. Sie sind Pilger und Fremde in dieser Welt, die auf einem Pfad gehen, der von Gefahren nur so wimmelt, und dürfen die raffinierten Ausflüchte und verlockenden Anreize nicht beachten, die vorgebracht werden, um sie von ihrer Bündnistreue abzubringen.

Nicht die offenen und erklärten Feinde der Sache Gottes müssen am meisten gefürchtet werden. Wer wie die Feinde Judas und Benjamins mit süßen Worten und glatten Reden kommt, um scheinbar eine freundliche Verbindung mit den Kindern Gottes einzugehen, hat größere Macht zu täuschen. Gegen solche Menschen sollte jeder wachsam sein, damit er nicht durch eine sorgfältig versteckte und meisterhaft gelegte Schlinge unerwartet gefangen wird. Besonders heute, am Ende der Geschichte dieser Welt, verlangt der Herr von Seinen Kindern eine Wachsamkeit, die nicht nachlassen darf. Obwohl wir uns ständig in diesem Kampf befinden, muss keiner ihn alleine führen. Engel helfen denen, die demütig mit ihrem Gott gehen, und beschützen sie. Niemals wird der Herr einen Menschen im Stich lassen, der Ihm vertraut. Wenn Seine Kinder Ihm ganz nahe kommen, um von Ihm vor dem Bösen beschützt zu werden, wird Er mitleidig und voller Liebe den Feind für sie in die Flucht schlagen. Er sagt: Rühre sie nicht an! Sie sind mein! In meine Hände habe ich sie gezeichnet. vgl. Jesaja 49,16

Das Volk der Samariter war unermüdlich in seinem Widerstand und machte »die Juden mutlos und schreckte sie vom Bauen ab. Und sie stellten Ratgeber ein gegen sie und hinderten ihr Vorhaben, solange Kyrus, der König von Persien, lebte, bis zur Herrschaft des Darius, des Königs von Persien.« Esra 4,4f Durch falsche Berichte erweckten sie Verdacht bei Menschen, die leicht Verdacht schöpften. Viele Jahre lang wurden jedoch die Mächte des Bösen in Schach gehalten und das Volk in Judäa konnte frei seine Arbeit fortsetzen.

Während Satan darum kämpfte, die höchsten Mächte im Reich Medo-Persien so zu beeinflussen, dass das Volk Gottes bei ihnen in Ungnade fiel, wirkten Engel zugunsten der Verbannten. Der ganze Himmel nahm lebhaften Anteil an diesem Kampf. Durch den Propheten Daniel wird uns ein kurzer Blick auf dieses gewaltige Ringen zwischen den Mächten des Guten und den Mächten des Bösen gewährt. Drei Wochen lang kämpfte Gabriel mit den Mächten der Finsternis und versuchte, den Einflüssen, die auf Kyrus einwirkten, entgegenzuarbeiten. Vor dem Ende dieser Auseinandersetzung kam Christus persönlich Gabriel zu Hilfe. »Aber der Engelfürst des Königreichs Persien hat mir einundzwanzig Tage widerstanden«, erklärte Gabriel; »und siehe, Michael, einer der Ersten unter den Engelfürsten, kam mir zu Hilfe, und ihm überließ ich den Kampf mit dem Engelfürsten des Königreichs Persien.« Daniel 10,13

Alles, was der Himmel zugunsten des Volkes Gottes tun konnte, wurde getan. Schließlich wurde der Sieg erlangt, und die Mächte des Feindes wurden während der ganzen Regierungszeit des Kyrus und seines Sohnes Kambyses, der ungefähr 7 ½ Jahre regierte, in Schach gehalten. Dies war eine Zeit voll wunderbarer Gelegenheiten für die Juden. Die höchsten Kräfte des Himmels wirkten an den Herzen der Könige. Sie taten dies, damit das Volk Gottes mit äußerster Energie ans Werk ging, den Erlass des Kyrus in die Tat umzusetzen. Sie hätten keine Anstrengung scheuen dürfen, den Tempel und seine Gottesdienste wiederherzustellen und ihre eigenen Häuser in Judäa wieder aufzubauen. Doch in den Tagen göttlicher Machtbezeugung erwiesen sich viele unwillig. Der Widerstand seitens ihrer Feinde war stark und entschieden, und allmählich verloren die Bauarbeiter ihren Mut. Einige konnten die Szene bei der Grundsteinlegung nicht vergessen, als viele ihrem mangelnden Vertrauen in das Unternehmen Ausdruck verliehen hatten. Je frecher die Samariter vorgingen, fragten sich viele der Juden, ob jetzt tatsächlich die Zeit des Wiederaufbaus gekommen sei. Dieser Eindruck verbreitete sich sehr rasch. Viele Arbeiter kehrten entmutigt und niedergeschlagen in ihre Häuser zurück, um dort die täglichen Pflichten des Lebens zu tun.

Während der Regierung des Kambyses machte der Bau des Tempels nur langsame Fortschritte. Als der falsche Smerdis regierte, der in Esra 4,7 auch Artaxerxes genannt wird, veranlassten die Samariter den skrupellosen Betrüger, einen Erlass herauszugeben, der den Juden verbat, weiterhin am Tempel und an der Stadt zu bauen.

Über ein Jahr lang wurde der Tempel vernachlässigt und fast sogar vergessen. Die Menschen wohnten in ihren Häusern und strebten danach, irdischen Wohlstand zu erlangen, aber ihre Lage war erbärmlich. Wie viel sie auch arbeiteten, sie kamen nicht voran. Sogar die Elemente der Natur schienen sich gegen sie verschworen zu haben. Weil sie den Tempel wüst liegen ließen, sandte der Herr über ihren Besitz eine verheerende Dürre. Gott hatten ihnen als Zeichen Seiner Gunst die Früchte des Feldes und Gartens, das Getreide, den Wein und das Öl geschenkt. Weil sie jedoch diese reichen Geschenke so selbstsüchtig für sich verwendet hatten, wurden ihnen diese Segnungen genommen.

So waren die Zustände während der ersten Zeit der Regierung von Darius Hystaspes. Hinsichtlich ihres geistlichen Zustandes und auch ihres Besitzes ging es den Israeliten erbärmlich. Sie hatten so lange gezweifelt und geklagt, so lange ihre persönlichen Interessen an die erste Stelle gesetzt, während sie die Ruinen des Tempels Gottes gleichgültig betrachteten, dass viele Gottes Absicht bei ihrer Wiedereinsetzung in Judäa aus den Augen verloren hatten, so dass sie sagten: »Die Zeit ist noch nicht da, dass man des Herrn Haus baue.« Haggai 1,2

Sogar diese finstere Stunde war nicht ohne Hoffnung für diejenigen, die auf Gott vertrauten. Die Propheten Haggai und Sacharja wurden erweckt, um dieser Krise zu begegnen. In bewegenden Zeugnissen offenbarten diese berufenen Boten dem Volk die Ursache ihrer Schwierigkeiten. Der Mangel an irdischem Wohlstand war die Folge davon, dass sie es vernachlässigt hatten, Gottes Interessen an die erste Stelle zu setzen, sagten die Propheten. Hätten die Israeliten Gott geehrt und ihm den Ihm gebührenden Respekt und die Ihm zustehende Achtung erwiesen, indem sie den Bau Seines Hauses zu ihrer ersten Pflicht machten, hätten sie damit Seine Gegenwart und Seinen Segen eingeladen.

An die Entmutigten richtete Haggai die forschende Frage: »Eure Zeit ist da, dass ihr in getäfelten Häusern wohnt, und dies Haus muss wüst stehen! Nun, so spricht der Herr Zebaoth: Achtet doch darauf, wie es euch geht: Ihr säet viel und bringt wenig ein; ihr esst und werdet doch nicht satt; ihr trinkt und bleibt doch durstig; ihr kleidet euch und könnt euch doch nicht erwärmen; und wer Geld verdient, der legt's in einen löchrigen Beutel.« Haggai 1,4-6

Dann offenbarte ihnen der Herr in Worten, die sie gar nicht missverstehen konnten, die Ursache, die zu all ihrem Mangel geführt hatte: »Ihr erwartet wohl viel, aber siehe, es wird wenig; und wenn ihr's schon heimbringt, so blase ich's weg. Warum das? spricht der Herr Zebaoth. Weil mein Haus so wüst dasteht und ein jeder nur eilt, für sein Haus zu sorgen. Darum hat der Himmel über euch den Tau zurückgehalten und das Erdreich sein Gewächs. Und ich habe die Dürre gerufen über Land und Berge, über Korn, Wein, Öl und über alles, was aus der Erde kommt, auch über Mensch und Vieh und über alle Arbeit der Hände.« Haggai 1,9-11

»Achtet doch darauf, wie es euch geht!« forderte der Herr sie auf. »Geht hin auf das Gebirge und holt Holz und baut das Haus! Das soll mir angenehm sein, und ich will meine Herrlichkeit erweisen, spricht der Herr.« Haggai 1,7f

Das Volk Israel und seine Führer nahmen sich die Botschaft des Rates und Tadels zu Herzen, die ihnen Haggai überbrachte. Sie spürten, dass Gott wahrhaftig mit ihnen war. Sie wagten es nicht, die an sie ergangene erneute Belehrung zu missachten, wonach ihr zeitliches und geistliches Wohl von ihrem treuen Gehorsam gegen die Befehle Gottes abhing. Aufge- [574/575] rüttelt durch die Warnungen des Propheten gehorchten »Serubbabel ... und Josua ... und alle übrigen vom Volk der Stimme des Herrn, ihres Gottes, und den Worten des Propheten Haggai.« Haggai 1,12

Sobald sich Israel dazu entschloss gehorsam zu sein, folgte den Worten des Tadels eine Botschaft der Ermutigung: »Da sprach Haggai ...: Ich bin mit euch, spricht der Herr. Und der Herr erweckte den Geist Serubbabels ... und den Geist Josuas ... und den Geist aller Übrigen vom Volk, dass sie kamen und arbeiteten am Hause des Herrn Zebaoth, ihres Gottes.« Haggai 1,13f

In weniger als einem Monat nach der Wiederaufnahme der Arbeiten am Tempel empfingen die Bauenden eine weitere tröstende Botschaft. Der Herr selbst forderte sie durch Seinen Propheten auf: »Serubbabel, sei getrost, »sei getrost, Josua ... Sei getrost, alles Volk im Lande, spricht der Herr, und arbeitet! Denn ich bin mit euch, spricht der Herr Zebaoth.« Haggai 2,4

Den am Fuß des Berges Sinai lagernden Israeliten hatte Gott sagen lassen: »Ich will unter den Kindern Israel wohnen und ihr Gott sein, dass sie erkennen sollen, ich sei der Herr, ihr Gott, der sie aus Ägyptenland führte, damit ich unter ihnen wohne, ich, der Herr, ihr Gott.« 2.Mose 29,45f

Trotz der Tatsache, dass sie wiederholt »widerspenstig« gewesen waren und »seinen heiligen Geist« betrübt hatten, Jesaja 63,10 streckte Gott nun durch die Botschaften Seiner Propheten einmal mehr Seine Hand aus, um zu retten. Als Anerkennung ihrer Zusammenarbeit mit Seinem Plan erneuerte Er Seinen Bund, dass Sein Geist unter ihnen bleiben sollte, und forderte sie dazu auf: »Fürchtet euch nicht.« Haggai 2,5

Seine Kinder der heutigen Zeit fordert Gott dazu auf: »Seid getrost ... und arbeitet! Denn ich bin mit euch.« Haggai 2,4 Der Christ hat immer einen starken Helfer in dem Herrn. Wir mögen den Weg nicht kennen, wie uns der Herr helfen wird, aber wir wissen Eines: Er wird niemals jemanden verlassen, der Sein Vertrauen in Ihn legt. Wären sich die Christen darüber im Klaren, wie oft der Herr ihren Weg berichtigt hat, damit die Absichten des Feindes gegen sie nicht zur Ausführung kamen, würden sie nicht so murrend dahinstolpern. Ihr Glaube wäre auf Gott gerichtet, und keine Prüfung hätte die Macht, sie zu bewegen. Sie würden Ihn als ihre Weisheit und ihre Tauglichkeit anerkennen, und Er würde das erfüllen, was Er durch sie bewirken möchte.

Die durch Haggai erteilten ernsten Bitten und Ermutigungen wurden durch Sacharja betont und ergänzt. Gott hatte ihn dazu erweckt, an Haggais Seite zu stehen und Israel zu drängen, Sein Gebot auszuführen, sich zu erheben und zu bauen. Sacharjas erste Botschaft war eine Zusicherung, dass Gottes Wort niemals versagt, und eine Verheißung des Segens für diejenigen, die auf das feste prophetische Wort hören würden.

Auch wenn ihre Felder wüst lagen, ihre kärglichen Vorräte rapide abnahmen und sie von feindlichen Völkern umgeben waren, gingen die Israeliten dennoch im Glauben vorwärts. Damit reagierten sie auf die Aufrufe der Boten Gottes. Sie arbeiteten sorgfältig, um den in Trümmern liegenden Tempel wiederaufzubauen. Es war ein Werk, das ein festes Vertrauen auf Gott verlangte. Während das Volk sich bemühte, ihren Teil zu tun und eine Erneuerung der Gnade Gottes in ihrem Herzen und Leben erstrebten, bekamen sie eine Botschaft nach der anderen durch Haggai und Sacharja, die ihnen immer wieder versicherten, dass ihr Glaube reich belohnt würde und dass sich das Wort Gottes in Bezug auf die zukünftige Herrlichkeit des Tempels, dessen Wände sie gerade errichteten, ganz sicher erfüllen würde. In genau dieses Haus würde, wenn die Zeit erfüllt wäre, die »Sehnsucht aller Völker« vgl. Haggai 2,7 »das Ersehnte aller Heidenvölker« als Lehrer und Erlöser der Menschheit erscheinen. So wurden die Erbauer nicht sich selbst überlassen. »Mit ihnen« waren »die Propheten Gottes, die sie stärkten«. Esra 5,2 Und der Herr der Heerscharen selbst hatte versichert: Seid getrost ... und arbeitet! Denn ich bin mit euch. Haggai 2,4

Weil sie von Herzen bereuten und bereit waren, im Glauben vorwärts zu gehen, erhielten sie auch die Verheißung irdischen Wohlstands. So erklärte der Herr: »Von diesem Tage an will ich Segen geben.« Haggai 2,19

Ihrem Führer Serubbabel, der während all der Jahre seit ihrer Rückkehr von Babylon so schwer geprüft worden war, wurde eine sehr wertvolle Botschaft gegeben. Der Tag würde kommen, versprach der Herr, an dem alle Feinde Seines auserwählten Volkes niedergeworfen werden würden. »Zur selben Zeit, spricht der Herr Zebaoth, will ich dich, Serubbabel ... meinen Knecht, nehmen, spricht der Herr, und dich wie einen Siegelring halten; denn ich habe dich erwählt.« Haggai 2,23 Nun konnte der Statthalter Israels die Bedeutung der Vorsehungen erkennen, die ihn durch Entmutigung und Ratlosigkeit geführt hatte. In allem konnte er Gottes Absicht sehen. Dieses persönliche Wort an Serubbabel wurde zur Ermutigung der Kinder Gottes aller Zeiten aufgeschrieben. Gott hat eine Absicht, wenn er Seinen Kindern Prüfungen schickt. Er führt sie nie anders, als sie selbst geleitet werden wollten, wenn sie das Ende von Anfang an sehen und die herrliche Absicht erkennen würden, die sie gerade erfüllen. Alle Prüfungen und Schwierigkeiten, die er über sie bringt, dienen dem Zweck, dass sie stark werden, für Ihn zu wirken und zu leiden.

Die von Haggai und Sacharja überbrachten Botschaften stachelten das Volk dazu an, jede nur mögliche Anstrengung zu machen, um den Tempel wieder aufzubauen. Bei ihrer Arbeit wurden sie jedoch leider von den Samaritern und anderen drangsaliert, die sich immer wieder neue Hindernisse ausdachten. Bei einer Gelegenheit besuchten die Provinzialbeamten [577/578] des medo-persischen Reichs Jerusalem und verlangten, den Namen dessen zu erfahren, der sie zum Wiederaufbau des Gebäudes autorisiert habe. Wenn die Juden zu dieser Zeit sich nicht auf die Führung des Herrn verlassen hätten, wäre das Ergebnis dieser Nachfrage vielleicht übel für sie ausgegangen. »Aber das Auge ihres Gottes war über den Ältesten der Juden, so dass ihnen nicht gewehrt wurde, bis man den Bericht an Darius gelangen ließe.« Esra 5,5 Den Beamten wurde so weise geantwortet, dass sie sich entschlossen, einen Brief an Darius Hystaspes zu schreiben, dem damaligen Herrscher Medo-Persiens, um seine Aufmerksamkeit auf den originalen Erlass des Kyrus zu lenken, der angeordnet hatte, dass das Haus Gottes in Jerusalem wieder aufgebaut und alle anfallenden Unkosten aus dem Schatz des Königs bezahlt werden sollten.

Darius suchte und fand diesen Erlass. Daraufhin wies er diejenigen an, die die Anfrage gestellt hatten, den weiteren Wiederaufbau des Tempels zu gestatten. Er befahl: »Lasst sie arbeiten am Hause Gottes, damit der Statthalter der Juden und ihre Ältesten das Haus Gottes an seiner früheren Stätte wieder aufbauen.« Esra 6,7 Darius fuhr fort: »Auch ist von mir befohlen worden, was ihr den Ältesten der Juden darreichen sollt, um das Haus Gottes zu bauen, nämlich dass man aus des Königs Schatz von dem, was einkommt aus der Landschaft jenseits des Euphrat, mit Sorgfalt nehme und gebe den Leuten regelmäßig, was sie bedürfen. Und was sie bedürfen an Stieren, Widdern und Lämmern zum Brandopfer für den Gott des Himmels, an Weizen, Salz, Wein und Öl nach dem Wort der Priester in Jerusalem, das soll man ihnen täglich geben, und es soll nicht lässig geschehen, damit sie opfern zum lieblichen Geruch dem Gott des Himmels und bitten für das Leben des Königs und seiner Söhne.« Esra 6,8-10

Der König verfügte weiter, dass diejenigen schwer bestraft werden sollten, die irgendwie versuchten, diesen Erlass zu verändern. Er schloss dann mit der bemerkenswerten Aussage: »Der Gott aber, der seinen Namen dort wohnen lässt, bringe jeden König um und jedes Volk, das seine Hand ausreckt, diesen Erlass zu übertreten und das Haus Gottes in Jerusalem zu zerstören. Ich, Darius, habe diesen Befehl gegeben, damit er sorgfältig befolgt werde.« Esra 6,12 So bereitete der Herr den Weg für die Fertigstellung des Tempels vor.

Monate vor diesem Erlass hatten die Israeliten bereits im Glauben weiter gearbeitet. Sie wurden von den Propheten Gottes darin unterstützt durch zeitgemäße Botschaften, durch die die göttliche Absicht für Israel den Arbeitenden vor Augen gehalten wurde. Zwei Monate nach der letzten überlieferten Botschaft Haggais hatte Sacharja eine Reihe von Visionen. Darin ging es um das Werk Gottes auf dieser Erde. Diese Botschaften wurden in der Form von Gleichnissen und Symbolen gegeben. Sie erreichten Israel in einer Zeit großer Unsicherheit und Sorge und waren von besonderer Bedeutung für die Männer, die im Namen des Gottes Israel vorwärts gingen. Die Führer der Juden hatten den Eindruck, als würde ihnen die Erlaubnis zum Wiederaufbau bald entzogen. Die Zukunft schien sehr finster zu sein. Gott sah, dass Sein Volk unbedingt durch eine Offenbarung Seiner unendlichen Gnade und Liebe gestärkt und ermuntert werden musste.

In einer Vision hörte Sacharja den Engel des Herrn fragen: »Herr Zebaoth, wie lange noch willst du dich nicht erbarmen über Jerusalem und über die Städte Judas, über die du zornig bist schon siebzig Jahre? Und der Herr antwortete dem Engel, der mit mir redete, freundliche Worte und tröstliche Worte. Und der Engel, der mit mir redete, sprach zu mir: Predige und sprich: So spricht der Herr Zebaoth: Ich eifere für Jerusalem und Zion mit großem Eifer und bin sehr zornig über die stolzen Völker; denn ich war nur ein wenig zornig, sie aber halfen zum Verderben. Darum spricht der Herr: Ich will mich wieder Jerusalem zuwenden mit Barmherzigkeit, und mein Haus soll darin wieder aufgebaut werden ... und die Messschnur soll über Jerusalem gespannt werden.« Sacharja 1,12-16

Der Prophet wurde nun angewiesen vorauszusagen: »So spricht der Herr Zebaoth: Es sollen meine Städte wieder Überfluss haben an Gutem, und der Herr wird Zion wieder trösten und wird Jerusalem wieder erwählen.« Sacharja 1,17

Sacharja sah dann die Mächte, »die Juda, das ist Israel, und Jerusalem zerstreut haben«, symbolisch dargestellt durch vier Hörner. Gleich darauf erblickte er vier Schmiede. Sie verkörperten die Werkleute, die der Herr bei der Wiederherstellung seines Volks und seines Bethauses benutzte. Sacharja 2,1-4

»Und ich hob meine Augen auf und sah«, so erklärte Sacharja dann »und siehe, ein Mann hatte eine Messschnur in der Hand. Und ich sprach: Wo gehst du hin? Er sprach zu mir: Jerusalem auszumessen und zu sehen, wie lang und breit es werden soll. Und siehe, der Engel, der mit mir redete, stand da, und ein anderer Engel ging heraus ihm entgegen und sprach zu ihm: Lauf hin und sage diesem jungen Mann: Jerusalem soll ohne Mauern bewohnt werden wegen der großen Menge der Menschen und des Viehs, die darin sein wird. Doch ich will, spricht der Herr, eine feurige Mauer rings um sie her sein und will mich herrlich darin erweisen.« Sacharja 2,5-9

Gott hatte befohlen, dass Jerusalem wieder aufgebaut werden soll. Die Vision von der Vermessung der Stadt war die Zusicherung, dass Er Seine betrübten Kinder trösten und stärken würde. Er würde an ihnen die Verheißungen Seines ewigen Bundes erfüllen. Seine Fürsorge und Sein Schutz, so sagte der Herr, würden wie »eine feurige Mauer rings um sie her« sein. Durch sie würde Seine Herrlichkeit allen Menschenkindern offenbart werden. Was Er für Sein Volk tun wollte, sollte auf der ganzen Erde bekannt gemacht werden. »Jauchze und rühme, du Tochter Zion; denn der Heilige Israels ist groß bei dir!« Jesaja 12,6

KAPITEL 47

JOSUA UND DER ENGEL

Auf Grundlage des biblischen Berichts

Der stetige Fortschritt der Bauarbeiter am Tempel verunsicherten und alarmierten die Scharen des Bösen sehr. Satan entschloss sich, eine noch größere Anstrengung zu machen, Gottes Volk zu schwächen und zu entmutigen, indem er ihnen die Unvollkommenheit ihres Charakters vor Augen hielt. Wenn die Menschen, die unter den Folgen der Übertretung lange gelitten hatten, wiederum dazu gebracht werden konnten, Gottes Gebote zu missachten, würden sie erneut unter die Knechtschaft der Sünde fallen.

Weil die Israeliten dazu erwählt worden waren, die Erkenntnis Gottes auf Erden zu bewahren, waren sie schon immer der besondere Gegenstand der Feindschaft Satans gewesen. Er war fest entschlossen, ihren Untergang herbeizuführen. Solange sie gehorsam waren, konnte er ihnen keinen Schaden zufügen. Deshalb setzte er all seine Macht und List dafür ein, sie zur Sünde zu verleiten. Verstrickt in seine Versuchungen, übertraten sie das Gesetz Gottes und fielen dadurch ihren Feinden zum Opfer.

Obwohl sie als Gefangene nach Babylon gebracht worden waren, verließ Gott sie nicht. Er sandte Seine Propheten zu ihnen, um sie zu tadeln und zu warnen, und bewegte sie dazu, ihre Schuld einzusehen. Als sie sich vor Gott demütigten und in wahrer Reue zu Ihm zurückkehrten, sandte Er ihnen ermutigende Botschaften, in denen Er ihnen klar machte, dass Er sie aus der Gefangenschaft befreien, ihnen wieder Seine Gunst schenken und sie noch einmal in ihrem Land einsetzen würde. Als nun dieser Wiederaufbau begann und die Übrigen von Israel wieder nach Judäa zurückgekehrt waren, war Satan entschlossen, die Ausführung der göttlichen Absicht zu verhindern. Zu diesem Zweck versuchte er, die heidnischen Völker dazu zu bewegen, sie völlig zu zerstören.

In dieser Krise stärkte der Herr jedoch Sein Volk mit »gütigen Worten, mit tröstlichen Worten«. Sacharja 1,13 Durch eine eindrucksvolle Darstellung des Werkes Satans und des Werkes Christi zeigte Er ihnen die Macht ihres Mittlers, den Verkläger Seines Volkes zum Schweigen zu bringen. In einer Vision sah der Prophet den Hohepriester Josua [auch Jeschua oder Joschua genannt]. Er hat »unreine Kleider an«, Sacharja 3,1.3 während er vor dem Engel des Herrn steht und Gott für Sein bedrängtes Volk um Gnade bittet. Als er um die Erfüllung der Verheißungen Gottes fleht, steht Satan frech auf, um ihm zu widerstehen. Er weist auf die Übertretungen Israels als Grund dafür hin, warum sie nicht wieder die Gunst Gottes bekommen sollten. Er beansprucht sie als seine Beute und verlangt, dass sie in seine Hand gegeben werden.

Der Hohepriester kann weder sich selbst noch sein Volk vor Satans Anklagen verteidigen. Er behauptet nicht, dass Israel frei von Schuld sei. Er steht in schmutzigen Kleidern, die die Sünden des Volkes symbolisieren, die er als ihr Stellvertreter trägt, vor dem Engel des Herrn und bekennt ihre Schuld. Er weist jedoch auch auf ihre Reue und Demütigung hin und verlässt sich auf die Gnade eines Sünden vergebenden Heilands. Im Glauben beansprucht er die Verheißungen Gottes. Dann bringt der Engel, der Christus selbst darstellt, den Heiland und Erlöser der Sünder, den Verkläger Seines Volkes zum Schweigen, indem Er sagt: »Der Herr schelte dich, du Satan! Ja, der Herr, der Jerusalem erwählt hat, schelte dich! Ist dieser nicht ein Brandscheit, das aus dem Feuer gerettet ist?« Sacharja 3,2 Lange war Israel im Schmelzofen des Leides gewesen. Wegen ihrer Sünden waren sie beinahe von den Flammen verzehrt worden, die von Satan zu ihrer Vernichtung angezündet worden waren, aber Gott holte sie nun mit Seiner Hand heraus.

Weil die Fürbitte Josuas angenommen wird, ergeht nun der Befehl: »Tut die unreinen Kleider von ihm!« Und der Engel sagt zu Josua: »Sieh her, ich nehme deine Sünde von dir und lasse dir Feierkleider anziehen ... Und sie setzten ihm einen reinen Kopfbund auf das Haupt und zogen ihm reine Kleider an.« Seine eigenen Sünden und die des Volkes werden vergeben. Israel wurden »Feierkleider« angezogen – das heißt, die Gerechtigkeit Christi wurde ihnen zugerechnet. Der Kopfbund, der Josua auf den Kopf gesetzt wurde, war von der Art, wie er von den Priestern getragen wurde und hatte die Inschrift »Heilig dem Herrn«. 2.Mose 28,36 Dies bedeutete, dass er trotz seiner früheren Übertretungen nun berechtigt war, vor Gott in Seinem Heiligtum zu dienen. Sacharja 3,4f Der Engel des Herrn sagte nun zu Josua: »So spricht der Herr Zebaoth: Wirst du in meinen Wegen wandeln und meinen Dienst recht versehen, so sollst du mein Haus regieren und meine Vorhöfe bewahren. Und ich will dir Zugang zu mir geben mit diesen, die hier stehen.« Sacharja 3,7 Wenn er gehorsam war, sollte er als der Richter oder Herrscher über den Tempel und alle seine Dienste geehrt werden. Er sollte sogar schon in diesem Leben unter dienenden Engeln umhergehen, und zuletzt sollte er ein Teil der verherrlichten Schar rund um den Thron Gottes sein.

»Höre nun, Josua, du Hohepriester: Du und deine Brüder, die vor dir sitzen, sind miteinander ein Zeichen; denn siehe, ich will meinen

Knecht, den ‚Spross', kommen lassen.« Sacharja 3,8 Auf diesen »Spross«, den zukünftigen Befreier, gründete sich die Hoffnung Israels. Durch den Glauben an den kommenden Erlöser hatten Josua und sein Volk Vergebung empfangen. Sie hatten durch den Glauben an Christus wieder die Gunst Gottes bekommen. Aufgrund Seiner Verdienste würden sie, wenn sie in Seinen Wegen gingen und Seine Gebote hielten, »Männer [sein], die als Zeichen dienen,« und als Auserwählte des Himmels unter den Völkern der Erde geehrt werden.

Wie Satan Josua und sein Volk anklagte, so klagt er zu allen Zeiten die an, die nach der Gnade und Gunst Gottes trachten. Er ist »der Verkläger unsrer Brüder ..., der sie verklagte Tag und Nacht vor unsrem Gott«. Offenbarung 12,10 Bei jedem Menschen, der aus der Macht des Bösen befreit und dessen Name im Lebensbuch des Lammes eingetragen wird, wiederholt sich diese Auseinandersetzung. Niemand wird in die Familie Gottes aufgenommen, ohne dass dies auf den entschiedenen Widerstand des Feindes stößt. Er, der damals die Hoffnung Israels war, ihr Verteidiger, ihre Rechtfertigung und Erlösung, der ist auch heute noch die Hoffnung der Gemeinde.

Satans Anschuldigungen gegen jene, die den Herrn suchen, werden nicht durch sein Missfallen über ihre Sünden hervorgerufen. Er jubelt über ihren unvollkommenen Charakter, denn er weiß, dass er nur dann Macht über sie erlangen kann, wenn sie Gottes Gesetz übertreten. Seine Anklagen entspringen allein seiner Feindschaft gegenüber Christus. Durch den Erlösungsplan bricht Jesus Satans Griff auf die menschliche Familie und befreit Seelen aus seiner Macht. Der ganze Hass und die ganze Boshaftigkeit des Erzrebellen werden erregt, wenn er Beweise der Überlegenheit Christi sieht. Er wirkt dann mit teuflischer Macht und List daran, die Menschen aus der Hand Christi zu winden, die die Erlösung angenommen haben. Er bringt sie zum Zweifeln, damit sie ihr Vertrauen in Gott verlieren und sich von Seiner Liebe trennen. Er verführt sie dazu, das Gesetz zu brechen. Dann beansprucht er sie als seine Gefangenen und bestreitet Christi Recht, sie ihm zu entreißen.

Satan weiß, dass diejenigen, die Gott um Vergebung und Gnade bitten, diese auch bekommen. Darum führt er ihnen ihre Sünden vor Augen, um sie zu entmutigen. Er sucht ständig nach Gelegenheiten zu Klage über diejenigen, die sich bemühen, Gott zu gehorchen. Sogar ihre besten und annehmbarsten Dienste versucht er verdorben darzustellen. Durch zahllose sehr subtile und auch sehr grausame Methoden bemüht er sich, ihre Verurteilung sicherzustellen.

In seiner eigenen Kraft kann der Mensch den Anklagen des Feindes nicht gegenübertreten. Er steht in sündenbefleckten Kleidern vor Gott und bekennt seine Schuld. Jesus hingegen, unser Rechtsanwalt, bittet effektiv für alle, die

sich Ihm voller Reue und Glauben anvertraut haben. Er führt ihre

Sache und besiegt durch die mächtigen Argumente von Golgatha ihren Verkläger. Christi vollkommener Gehorsam gegenüber dem Gesetz Gottes hat Ihm alle Macht im Himmel und auf der Erde gebracht. Er verlangt von Seinem Vater Gnade und Versöhnung für den schuldigen Menschen. Dem Verkläger Seines Volkes sagt Er: »Der Herr schelte dich, du Satan! ... Ist dieser nicht ein Brandscheit, das aus dem Feuer gerettet ist?« Sacharja 3,2 Und denen, die sich gläubig auf ihn verlassen, versichert Er: »Sieh her, ich nehme deine Sünde von dir und lasse dir Feierkleider anziehen.« Sacharja 3,4

Alle, die das Kleid der Gerechtigkeit Christi angezogen haben, werden vor Ihm als Seine Auserwählten, Gläubigen und Treuen stehen. Satan hat keine Macht, sie aus der Hand des Heilands zu reißen. Kein Mensch, der reuig und gläubig Seinen Schutz beansprucht, wird Christus unter die Macht des Feindes kommen lassen. Er hat Sein Wort verpfändet: »Sie suchen Zuflucht bei mir und machen Frieden mit mir, ja, Frieden mit mir.« Jesaja 27,5

Die Josua gegebene Verheißung gilt allen: »Wirst du in meinen Wegen wandeln und meinen Dienst recht versehen, ... will [ich] dir Zugang zu mir geben mit diesen, die hier stehen.« Sacharja 3,7 Engel Gottes werden sie auf beiden Seiten begleiten, sogar schon in dieser Welt, und schließlich werden sie einmal unter den Engeln sein, die den Thron Gottes umgeben.

Sacharjas Vision von Josua und dem Engel des Herrn lässt sich in besonderer Weise auf die Erfahrung des Volkes Gottes in den Abschluss-Szenen des großen Versöhnungstages anwenden. Die Gemeinde der Übrigen wird dann in große Prüfungen und Schwierigkeiten geraten. Wer die Gebote Gottes hält und den Glauben Jesu hat, wird den Zorn des Drachen und seiner Scharen zu spüren bekommen. Satan zählt die Bewohner der Welt zu seinen Untertanen und er hat sogar über viele bekenntliche Christen die Kontrolle erlangt. Hier ist jedoch eine kleine Gruppe, die seiner Herrschaft widerstehen. Wenn er sie von dieser Erde auslöschen könnte, wäre sein Triumph vollkommen. Wie er die heidnischen Völker beeinflusste, Israel zu vernichten, so wird er auch in der nahen Zukunft die bösen Mächte dieser Welt dazu anstacheln, das Volk Gottes zu vernichten. Menschen werden gezwungen werden, unter Verletzung des göttlichen Gesetzes menschlichen Regelungen und Gesetzen zu gehorchen.

Wer Gott treu ist, der wird bedroht, verleumdet und schließlich geächtet werden. Sie werden »überantwortet werden von den Eltern, Brüdern, Verwandten und Freunden«. Lukas 21,16 Ihr einzige Hoffnung liegt in der Gnade Christi, ihre einzige Verteidigung wird das Gebet sein. Wie Josua vor dem Engel des Herrn flehte, wird es auch die Gemeinde der Übrigen mit einem gebrochenen Herzen und unerschütterlichem Glauben tun: sie werden inständig um Gnade und Befreiung durch Jesus, ihren Verteidiger, bitten. Sie sind sich der Sündhaftigkeit ihres Lebens voll bewusst, sie sehen ihre Schwäche und Unwürdigkeit und stehen kurz davor zu verzweifeln.

Der Versucher steht bei ihnen, um sie anzuklagen, wie er auch bei Josua war, um ihm zu widerstehen. Er weist auf ihre schmutzigen Kleider hin, ihren unvollkommenen Charakter. Er präsentiert ihre Schwächen und Dummheiten, die Sünde ihrer Undankbarkeit und ihre Christus-Unähnlichkeit, womit sie ihren Heiland verunehrten. Er bemüht sich, sie mit dem Gedanken zu erschrecken, dass ihr Fall hoffnungslos sei und ihre Schmutzflecken niemals abgewaschen werden könnten. Er hofft, auf diese Weise ihren Glauben zu zerstören, damit sie in seinen Versuchungen fallen und sich von ihrer Treue zu Gott abwenden.

Satan hat eine sehr genaue Kenntnis der Sünden, zu denen er das Volk Gottes durch seine Versuchungen verleitet hat. Nun bringt er seine Anklagen gegen sie vor und erklärt, dass sie sich durch ihre Sünden den göttlichen Schutz verscherzt hätten. Er beansprucht das Recht, sie zu vernichten und erklärt sie für so schuldig, wie sich selbst; sie hätten es verdient, von der Gunst Gottes ausgeschlossen zu werden. »Ist dies das Volk, das meinen Platz im Himmel und den Platz der Engel, die mit mir verbunden sind, einnehmen soll?« so fragt er. »Sie geben vor, dem Gesetz Gottes zu gehorchen, aber haben sie denn seine Vorschriften befolgt? Haben sie nicht sich selbst mehr als Gott geliebt? Haben sie nicht ihre eigenen Interessen über den Dienst für Ihn gestellt? Haben sie nicht die Dinge der Welt geliebt? Schau einmal auf die Sünden, die ihr Leben kennzeichnen. Schau dir ihre Selbstsucht, ihre Boshaftigkeit und ihren Hass an. Will Gott mich und meine Engel aus Seiner Gegenwart verbannen und andererseits diejenigen belohnen, die derselben Sünden schuldig sind? O Herr, Du kannst so etwas nicht tun und dabei gerecht bleiben. Die Gerechtigkeit verlangt, dass sie verurteilt werden.«

Wenn die Nachfolger Christi auch gesündigt haben, so haben sie sich selbst nicht aufgegeben, um von den satanischen Mächten kontrolliert zu werden. Sie haben ihre Sünden bereut und den Herrn in aller Demut und Reue gesucht, und ihr göttlicher Verteidiger plädiert zu ihren Gunsten. Er, der am allermeisten durch ihre Undankbarkeit beleidigt wurde, der ihre Sünden und auch ihre Reue kennt, sagt: »Der Herr schelte dich, Satan! Ich gab mein Leben für diese Menschen. Sie sind in meine Hände gezeichnet. Sie mögen charakterliche Mängel aufweisen und in ihrem Streben versagt haben. Doch sie haben bereut, und ich habe ihnen vergeben und sie angenommen.«

Die Angriffe Satans sind stark, seine Täuschungen sehr subtil, aber das Auge des Herrn ruht auf Seinem Volk. Ihre Leiden sind groß, die Flammen des Schmelzofens scheinen sie fast zu verzehren, aber Jesus möchte sie wie im Feuer geläutertes Gold hervorbringen. Ihr irdisches Wesen wird ihnen genommen, damit das Bild Christi durch sie vollständig offenbart werden möge.

Manchmal mag es so scheinen, als habe der Herr die Gefahren Seiner Gemeinde vergessen und das Unrecht aus den Augen verloren, das ihr durch ihre Feinde angetan wird. Gott hat aber nicht vergessen. Nichts steht dem Herzen Gottes in dieser Welt so nahe wie Seine Gemeinde. Es ist nicht Sein Wille, dass menschliche Politik ihre Beurteilung verdirbt. Er überlässt Sein Volk nicht sich selbst, damit sie so durch Satans Versuchungen überwunden werden können. Er wird die bestrafen, die Ihn falsch darstellen, aber allen gnädig sein, die aufrichtig bereuen. Jenen, die Ihn anrufen, damit Er ihnen Kraft zur Entwicklung eines christlichen Charakters gibt, wird Er alle Hilfe geben, die sie benötigen.

In der Zeit des Endes wird das Volk Gottes seufzen und weinen über die Gräuel, die im Land geschehen. Mit Tränen in den Augen werden sie die Gottlosen vor der Gefahr warnen, das göttliche Gesetz mit Füßen zu treten. In unaussprechlichem Leid werden sie sich voller Reue vor dem Herrn demütigen. Die Gottlosen werden ihr Leid verspotten und sich über ihre ernsten Aufrufe lustig machen. Der Seelenschmerz und die Demütigung des Volkes Gottes sind unmissverständliche Beweise dafür, dass sie die edle Charakterstärke zurückerlangen, die als Folge der Sünde verlorenging. Weil sie immer näher zu Christus kommen und weil ihre Augen auf Seine vollkommene Reinheit fixiert sind, erkennen sie so deutlich die außerordentliche Sündhaftigkeit der Sünde. Sanftmut und Demut sind die Bedingungen des Erfolgs und des Sieges. Eine Krone der Herrlichkeit erwartet jene, die am Fuß des Kreuzes knien.

Gottes treue, betende Schar ist sozusagen mit Ihm eingeschlossen. vgl. Jesaja 26,20 Sie wissen selbst nicht, wie sicher sie beschützt sind. Auf den Druck Satans hin versuchen die Herrscher der Welt, sie zu vernichten. Könnten die Augen der Kinder Gottes so geöffnet werden wie die Augen von Elisas Diener in Dothan, vgl. 2.Könige 6,17 da würden sie rings um sich die Engel Gottes sehen, die die Scharen der Finsternis in Schach halten.

Während das Volk Gottes sich vor Ihm demütigt und um Herzensreinheit fleht, wird der Befehl gegeben: »Tut die unreinen Kleider von ihm!«, dem noch die ermutigenden Worte folgen: »Ich nehme deine Sünde von dir und lasse dir Feierkleider anziehen.«

Das fleckenlose Kleid der Gerechtigkeit Christi wird den geprüften, versuchten, treuen Kindern Gottes angelegt. Die verachteten Übrigen bekommen herrliche Kleider angetan, die nie mehr durch die Verdorbenheit der Welt beschmutzt wird. Ihre Namen bleiben unter den Treuen aller Zeitalter im Lebensbuch des Lammes aufgeschrieben. Sie haben den Listen des Betrügers widerstanden und sich vom Brüllen des Drachen nicht von ihrer Treue abbringen lassen. Nun sind sie auf ewig sicher vor den Schlichen des Versuchers. Ihre Sünden werden auf den Urheber der Sünde übertragen und ein »reiner Kopfbund« Sacharja 3,5 wird auf ihr Haupt gesetzt. Während Satan noch seine Anklagen vorbrachte, eilten heilige Engel unsichtbar hin und her und drückten den Treuen das Siegel des lebendigen Gottes auf. Diese werden gemeinsam mit dem Lamm auf dem Berg Zion stehen. Der Name des Vaters steht auf ihren Stirnen, und sie singen ein neues Lied vor dem Thron. Es ist ein Lied, das niemand außer den 144 000 lernen kann, die von der Erde erkauft sind. »Diese ... folgen dem Lamme nach, wo es hingeht. Diese sind erkauft aus den Menschen zu Erstlingen Gott und dem Lamm, und in ihrem Munde ist kein Falsch gefunden; sie sind unsträflich.« Offenbarung 14,4f

Nun ist die Erfüllung der Worte des Engels an Josua komplett: »Höre nun, Josua, du Hohepriester: Du und deine Brüder, die vor dir sitzen, sind miteinander ein Zeichen; denn siehe, ich will meinen Knecht, den ‚Spross' kommen lassen.« Sacharja 3,8 Christus hat sich als Erlöser und Befreier Seines Volkes offenbart. Nun sind die Erlösten tatsächlich »ein Zeichen«, wenn die Freude und Ehre über die Gegenwart Gottes an die Stelle der Tränen und Demütigungen ihrer Pilgerreise treten. »Zu der Zeit wird, was der Herr sprießen lässt, lieb und wert sein und die Frucht des Landes herrlich und schön bei denen, die erhalten bleiben in Israel. Und wer da wird übrig sein in Zion und übrig bleiben in Jerusalem, der wird heilig heißen, ein jeder, der aufgeschrieben ist zum Leben in Jerusalem.« Jesaja 4,2f

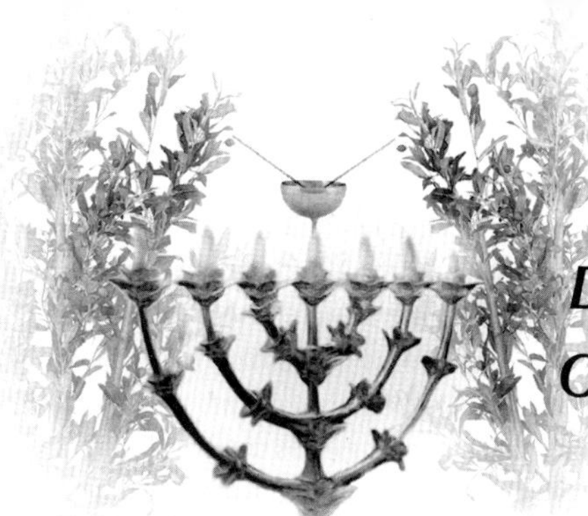

KAPITEL 48

"Nicht durch Heer oder Kraft"

Auf Grundlage des biblischen Berichts

Unmittelbar nach der Vision von Josua und dem Engel des Herrn empfing der Prophet eine Botschaft über das Werk Serubbabels. »Der Engel, der mit mir redete, weckte mich abermals auf, wie man vom Schlaf erweckt wird«, berichtet Sacharja, »und sprach zu mir: Was siehst du? Ich aber sprach: Ich sehe, und siehe, da steht ein Leuchter, ganz aus Gold, mit einer Schale oben darauf, auf der sieben Lampen sind und sieben Schnauzen an jeder Lampe, und zwei Ölbäume dabei, einer zu seiner Rechten, der andere zu seiner Linken.

Und ich hob an und sprach zu dem Engel, der mit mir redete: Mein Herr, was ist das? ... Und er antwortete und sprach zu mir: Das ist das Wort des Herrn an Serubbabel: ‚Es soll nicht durch Heer oder Kraft, sondern durch meinen Geist geschehen', spricht der Herr Zebaoth ... Und ich hob an und sprach zu ihm: Was sind die zwei Ölbäume zur Rechten und zur Linken des Leuchters? Und ich sprach weiter zu ihm: Was sind die beiden Zweige der Ölbäume bei den zwei goldenen Röhren, aus denen das goldene Öl herabfließt? ... Und er sprach: Es sind die zwei Gesalbten, die vor dem Herrscher aller Lande stehen.« Sacharja 4,1-6.11-14

In dieser Vision werden die zwei Olivenbäume vor Gott so dargestellt, als ließen sie das goldene Öl aus sich heraus durch goldene Röhren in das Gefäß des Leuchters fließen, aus dem die Lampen des Heiligtums gespeist werden, damit sie ständig ein helles Licht geben. Ebenso ergießt sich von den Gesalbten in der Gegenwart Gottes die Fülle göttlichen Lichts und göttlicher Liebe auf Sein Volk, damit sie anderen Licht, Freude und Erquickung weitergeben können. Wer auf diese Weise bereichert wird muss andere mit dem Schatz der Liebe Gottes bereichern. Beim Wiederaufbau des Hauses Gottes hatte Serubbabel trotz vielfacher Schwierigkeiten sein Werk getan. Von Anfang an hatten es sich die Gegner zum Ziel gemacht, »die Heimgekehrten mutlos zu machen und vom Bauen abzuschrecken.« Zudem »hinderten [sie] die Juden mit Waffengewalt am Weiterbau«. Esra 4,4.23 NeÜ Der Herr hatte jedoch zugunsten der Bauenden eingegriffen. Nun sprach er durch Seinen Propheten zu Serubbabel: »Wer bist du, großer Berg? Vor Serubbabel wirst du zur Ebene! Ja, mit lautem Jubel wird er den Schlussstein in den Tempel einsetzen: Die Gnade, die Gnade sei mit ihm!« Sacharja 4,7 NeÜ

In der Geschichte des Volkes Gottes erhoben sich große Berge voller Schwierigkeiten, die unüberwindbar erschienen, vor denen, die sich darum bemühten, die Absichten des Himmels auszuführen. Solche Hindernisse werden vom Herrn zur Prüfung des Glaubens zugelassen. Wenn wir rundherum davon umgeben sind, ist das mehr als sonst die Zeit, in der wir Gott und der Macht Seines Geistes vertrauen müssen. Lebendigen Glauben auszuüben bedeutet eine Zunahme an geistlicher Stärke und die Entwicklung eines unerschütterlichen Vertrauens. So wird die Seele zu einer alles überwindenden Macht. Wenn sie den Glauben in Anspruch nimmt, werden die von Satan mitten in unseren Weg gelegten Hindernisse verschwinden, denn die Mächte des Himmels kommen ihr zur Hilfe. »Euch wird nichts unmöglich sein.« Matthäus 17,20

Die Art der Welt beginnt mit Pomp und Angeberei. Gottes Weg macht den Tag der geringen Dinge zum Anfang des herrlichen Triumphs von Wahrheit und Gerechtigkeit. Manchmal bildet Er Seine Arbeiter dadurch aus, dass Er Enttäuschung und scheinbares Versagen zulässt. Es ist Seine Absicht, dass sie alle Schwierigkeiten zu meistern lernen. Oft sind Menschen versucht, vor den Schwierigkeiten und Hindernissen, denen sie gegenüberstehen, zu schwanken und zu zögern. Wenn sie jedoch die kleinen Anfänge ihres Vertrauens festhalten bis zum Ende, wird Gott den Weg ebnen. Der Erfolg kommt, wenn sie gegen Schwierigkeiten kämpfen. Vor dem unerschrockenen Geist und unerschütterlichen Glauben eines Serubbabel werden große Berge von Schwierigkeiten zur Ebene. Er, dessen Hände das Fundament gelegt haben, dessen »Hände sollen es auch vollenden.« »Und er wird den Schlussstein hervorbringen unter lautem Zuruf: Gnade, Gnade mit ihm!« Sacharja 4,9.7

Menschliche Kraft oder Macht bauten weder die Gemeinde Gottes auf noch können sie sie vernichten. Die Gemeinde wurde nicht auf dem Felsen menschlicher Stärke gegründet, sondern auf Jesus Christus, dem Felsen des Heils, »und die Pforten des Totenreiches sollen sie nicht überwältigen«. Matthäus 16,18 Menge Die Gegenwart Gottes verleiht seiner Sache Standfestigkeit. »Verlasst euch nicht auf Fürsten; sie sind Menschen«, Psalm 146,3 lautet das Wort an uns. »Im Stillsein und Vertrauen liegt eure ganze Kraft.« Jesaja 30,15 NeÜ Das herrliche Werk Gottes, das auf die ewigen Grundsätze der Gerechtigkeit gegründet ist, wird niemals zunichte werden. Es wird mit immer größerer Kraft vorangehen«, nicht durch Heer oder Kraft, sondern durch meinen Geist ..., spricht der Herr Zebaoth«. Sacharja 4,6

Die Zusage: »Die Hände Serubbabels haben dies Haus gegründet, seine Hände sollen's auch vollenden«, Sacharja 4,9 erfüllte sich buchstäblich. »Die Ältesten der Juden bauten, und es ging voran durch die Weissagung der Propheten Haggai und Sacharja, des Sohnes Iddos, und sie bauten und vollendeten es nach dem Befehl des Gottes Israels und nach dem Befehl des Cyrus, Darius und Arthahsastha, der Könige von Persien, und sie vollendeten das Haus bis zum dritten Tag des Monats Adar im sechsten Jahr der Herrschaft des Königs Darius.« Esra 6,14f Kurz danach wurde der wieder errichtete Tempel geweiht. »Und die Kinder Israel, die Priester, die Leviten und die andern, die aus der Gefangenschaft zurückgekommen waren, hielten die Einweihung des Hauses Gottes mit Freuden.« Esra 6,16 Und sie »hielten Passah am vierzehnten Tage des ersten Monats«. Esra 6,19

Der zweite Tempel kam dem ersten an Pracht weder gleich, noch wurde er durch sichtbare Zeichen der göttlichen Gegenwart geehrt, wie dies für den ersten Tempel galt. Es gab keine Offenbarung einer übernatürlichen Macht, um die Weihe hervorzuheben. Keine Wolke der Herrlichkeit war zu sehen, die das neu errichtete Heiligtum erfüllte. Kein Feuer fiel vom Himmel herab, um das Opfer auf dem Altar zu verzehren. Die Schechina wohnte nicht länger zwischen den Cherubim im Allerheiligsten, und auch die Bundeslade, der Gnadenstuhl und die Tafeln des Zeugnisses waren dort nicht zu finden. Kein Zeichen vom Himmel machte dem fragenden Priester den Willen des Herrn bekannt.

Und doch war dies das Gebäude, von dem der Herr durch den Propheten Haggai gesagt hatte: »Es soll die Herrlichkeit dieses neuen Hauses größer werden, als die des ersten gewesen ist.« Haggai 2,9 »Dann will ich ... alle Völker in Bewegung bringen. Dann wird kommen der von allen Völkern Ersehnte, und ich erfülle diesen Tempel mit Herrlichkeit, spricht der Herr der Heerscharen.« Haggai 2,7 Henne Jahrhundertelang versuchten gelehrte Männer zu zeigen, inwiefern sich die Verheißung Gottes durch Haggai erfüllt habe. Als Jesus von Nazareth, die wahre »Sehnsucht aller Völker«, kam, heiligte Er durch Seine persönliche Gegenwart den Tempelbereich. Viele weigerten sich, darin irgendeine besondere Bedeutung zu sehen. Stolz und Unglauben machten sie blind für die wahre Bedeutung der Worte des Propheten.

Der zweite Tempel wurde nicht mit der Wolke der Gegenwart des Herrn geehrt, sondern durch die Gegenwart des Einen, in dem »die ganze Fülle der Gottheit leibhaftig« Kolosser 2,9 wohnte, also durch Gott selbst, »offenbart im Fleisch«. 1.Timotheus 3,16 Dadurch, dass der zweite Tempel durch die persönliche Gegenwart Christi während Seines Dienstes auf dieser Erde geehrt wurde, und nur dadurch, überstieg die Herrlichkeit des zweiten Tempels die des ersten. Die »Sehnsucht aller Völker« war tatsächlich in dem Mann aus Nazareth, der in den heiligen Höfen lehrte und heilte, in Seinen Tempel gekommen.

KAPITEL 49

Zur Zeit der Königin Esther

Auf Grundlage des biblischen Berichts

Unter der Gunst des Kyrus hatten fast 50 000 der gefangenen Kinder Israel die Chance ergriffen und waren, wie vom Erlass erlaubt, zurückgekehrt. Sie waren aber, verglichen mit den Hunderttausenden, die über die Provinzen von Medo-Persien verstreut waren, nur ein kleiner Überrest. Die große Mehrheit der Israeliten wollte lieber im Land ihrer Verbannung bleiben als die Schwierigkeiten der Rückreise und des Wiederaufbaus ihrer zerstörten Städte und Häuser auf sich zu nehmen.

Zwanzig oder mehr Jahre vergingen, bis ein zweiter, ebenso günstiger Erlass wie der erste durch Darius Hystaspes erging, der zu dieser Zeit herrschte. So handelte Gott in Seiner Gnade und gab den Juden im medo-persischen Reich eine weitere Möglichkeit zur Rückkehr ins Land ihrer Väter. Der Herr sah die schwierigen Zeiten schon im Voraus, die unter der Herrschaft des Xerxes – oder des Ahasveros des Buches Esther – folgen sollten. Er wirkte nicht nur an den Gefühlen und Herzen der maßgeblichen Männer, sondern inspirierte auch Sacharja, die Verbannten eindringlich zu bitten zurückzukehren.

»Auf, auf! Flieht aus dem Lande des Nordens!« lautete die Botschaft an die zerstreuten Stämme Israels, die sich in vielen Ländern fern von ihrer früheren Heimat niedergelassen hatten. »Ich habe euch in die vier Winde unter dem Himmel zerstreut, spricht der Herr. Auf, Zion, die du wohnst bei der Tochter Babel, entrinne! Denn so spricht der Herr Zebaoth, der mich gesandt hat, über die Völker, die euch beraubt haben: Wer euch antastet, der tastet meinen Augapfel an. Denn siehe, ich will meine Hand über sie schwingen, dass sie eine Beute derer werden sollen, die ihnen haben dienen müssen. – Und ihr sollt erkennen, dass mich der Herr Zebaoth gesandt hat.« Sacharja 2,10-13

Wie von Anfang an war es noch immer die Absicht des Herrn, dass Sein Volk zur Ehre Seines Namens ein Lobpreis auf der ganzen Erde sein sollte. Während der langen Jahre ihres Exils hatte Er ihnen viele Möglichkeiten gegeben, zu ihrer Treue Ihm gegenüber zurückzukehren. Einige entschieden sich, zuzuhören und zu lernen. Andere hatten ihr Heil mitten unter Schwierigkeiten [598/599] gefunden. Viele dieser Menschen würden zu den Übrigen gehören, die zurückkehrten. Im inspirierten Wort werden sie verglichen mit »dem Wipfel der Zeder«, die Gott »auf einen hohen und erhabenen Berg pflanzen« will. »Auf den hohen Berg Israels will ich's pflanzen.« Hesekiel 17,22f

Alle, »deren Geist Gott erweckt hatte«, Esra 1,5 waren unter dem ersten Erlass des Kyrus zurückgekehrt. Gott hörte jedoch nicht auf, an denen zu wirken, die freiwillig im Land ihrer Verbannung zurückgeblieben waren. Durch vielfache Mittel machte Er es ihnen möglich, ebenfalls zurückzukehren. Allerdings ließen sich die meisten von denen, die auf den Erlass des Kyrus nicht reagiert hatten, auch später nicht dazu beeindrucken. Als Sacharja sie sogar noch warnte, nicht mehr zu zögern, sondern zu fliehen, beachteten sie die Einladung nicht.

Unterdessen veränderten sich die Bedingungen im medo-persischen Reich rapide. Auf Darius Hystaspes, unter dessen Herrschaft den Juden besondere Gunst erwiesen worden war, folgte Xerxes der Große. Unter seiner Herrschaft mussten die Juden, die es versäumt hatten, die Botschaft zur Flucht zu beachten, sich einer schrecklichen Krise stellen. Nachdem sie den von Gott bereitgestellten Ausweg nicht benutzt hatten, mussten sie nun dem Tod ins Auge schauen.

Satan benutzte den Agagiter Haman, einen skrupellosen Mann in einer hohen Regierungsposition in Medo-Persien, um den Absichten Gottes entgegenzuwirken. Haman wollte in seiner Verbitterung Mardochai, den Juden, böswillig schädigen. Mardochai hatte Haman nichts Böses getan, sondern sich nur geweigert, ihm anbetungsähnliche Ehrerbietung zu erweisen. Weil er es verschmähte, »nur an Mardochai die Hand« zu legen, plante er, »alle Juden, die im ganzen Königreich des Ahasveros waren, zu vertilgen«. Ester 3,6 Durch die falschen Aussagen Hamans wurde Xerxes dazu veranlasst, einen Erlass herauszugeben, der einen Massenmord an allen Juden vorsah, die »zerstreut und abgesondert unter allen Völkern in allen Ländern« Ester 3,8 des medo-persischen Reiches wohnten. Ein bestimmter Tag wurde festgesetzt, an dem die Juden vernichtet und ihr Besitz eingezogen werden sollte. Der König war sich kaum bewusst, welche weitreichenden Folgen die vollständige Ausführung dieses Erlasses gehabt hätte: Satan selbst, der geheime Anstifter dieses Planes, versuchte, die Erde von denen zu befreien, die die Kenntnis des wahren Gottes bewahrten.

»In allen Ländern, wohin des Königs Wort und Gebot gelangte, war ein großes Klagen unter den Juden, und viele fasteten, weinten, trugen Leid und lagen in Sack und Asche.« Ester 4,3 Der Erlass der Meder und Perser konnte nicht widerrufen werden. Offensichtlich gab es keine Hoffnung, und alle Israeliten waren zum Untergang verurteilt. Die Intrigen des Feindes wurden durch eine Macht vereitelt, die unter den Menschenkindern herrscht. Durch die Vorsehung

 Gottes war Esther, eine Jüdin, die den Allerhöchsten fürchtete, zur Königin des medo-persischen Reiches gemacht worden. Mardochai war ein naher Verwandter von ihr. In ihrer äußersten Notlage entschlossen sie sich, an Xerxes zugunsten ihres Volkes zu appellieren. Esther sollte als Vermittlerin zum König gehen. »Wer weiß«, so sagte Mardochai, »ob du nicht gerade um dieser Zeit willen zur königlichen Würde gekommen bist?« Ester 4,14

Die Krise, die Esther zu meistern hatte, verlangte schnelles und entschiedenes Handeln, aber sowohl sie selbst als auch Mardochai wussten, dass ihre Anstrengungen nur dann von Erfolg gekrönt sein würden, wenn Gott mächtig zu ihren Gunsten eingriff. So nahm sich Esther Zeit für die Gemeinschaft mit Gott, der Quelle ihrer Kraft. Dann wies sie Mardochai an: »Geh hin und versammle alle Juden, die in Susa sind, und fastet für mich, dass ihr nicht esst und trinkt drei Tage lang, weder Tag noch Nacht. Auch ich und meine Dienerinnen wollen so fasten. Und dann will ich zum König hineingehen entgegen dem Gesetz. Komme ich um, so komme ich um.« Ester 4,16

Die nun in schnellem Ablauf folgenden Ereignisse – das Erscheinen Esthers vor dem König, die deutliche Gunstbezeugung für sie, die Festmahle des Königs und der Königin mit Haman als einzigem Gast, der gestörte Schlaf des Königs, die öffentliche Ehrung für Mardochai und schließlich die Demütigung und der Fall Hamans nach der Entdeckung seiner boshaften Intrige – sie alle sind Teile einer bekannten Geschichte. Gott wirkte wunderbar für Sein reuiges Volk. Ein vom König herausgegebener Gegenerlass, der den Juden erlaubte, für ihr Leben zu kämpfen, wurde rasch in jedem Teil des Königreichs durch berittene Boten bekannt gemacht, die »schnell und eilends nach dem Wort des Königs« unterwegs waren. »In allen Ländern und Städten, an welchen Ort auch immer des Königs Wort und Gesetz gelangte, da war Freude und Wonne unter den Juden, Gastmahl und Festtag; und viele aus den Völkern im Lande wurden Juden; denn die Furcht vor den Juden war über sie gekommen.« Ester 8,14.17

Am festgesetzten Tag ihrer Vernichtung »versammelten sich die Juden in ihren Städten in allen Ländern des Königs Ahasveros, um Hand anzulegen an die, die ihnen übel wollten. Und niemand konnte ihnen widerstehen; denn die Furcht vor ihnen war über alle Völker gekommen.« Ester 9,2 Gott sandte besonders starke Engel mit dem Auftrag aus, Sein Volk zu beschützen, während sie zusammenkamen, »um ihr Leben zu verteidigen.« Ester 9,2.16

Mardochai wurde die einflussreiche Position verliehen, die zuvor Haman innegehabt hatte. Er »war der Erste nach dem König Ahasveros und groß unter den Juden und beliebt unter der Menge seiner Brüder, weil er für sein Volk Gutes suchte und redete, was seinem ganzen Geschlecht zum Besten diente«. Ester 10,3 Er versuchte, das Wohlergehen Israels zu vergrößern. So brachte Gott Sein auserwähltes Volk einmal mehr in die Gunst des medo-persischen

Hofes, und machte es dadurch möglich, Seine Absicht auszuführen, sie wieder in ihr eigenes Land zurückzubringen. Allerdings kehrte erst eine ganze Reihe von Jahren später im siebten Jahr Artaxerxes I., dem Nachfolger Xerxes des Großen, eine beträchtliche Zahl von ihnen unter Esra nach Jerusalem zurück.

Die Erfahrung der Prüfung, die in den Tagen Esthers über das Volk Gottes kam, waren kein Einzelfall nur dieser Zeit. Johannes, der Schreiber der Offenbarung, erklärte, als er über die Jahrhunderte bis hin zum Ende der Zeit schaute: »Und der Drache wurde zornig über die Frau und ging hin, zu kämpfen gegen die Übrigen von ihrem Geschlecht, die Gottes Gebote halten und haben das Zeugnis Jesu.« Offenbarung 12,17 Einige, die heute auf der Erde leben, werden erleben, wie sich diese Worte erfüllen. Derselbe Geist, der in vergangenen Zeiten Menschen dazu veranlasste, die wahre Gemeinde zu verfolgen, wird auch in der Zukunft dazu führen, dass ein ähnlicher Kurs gegenüber denen eingeschlagen wird, die Gott gegenüber treu bleiben wollen. Schon jetzt werden die Vorbereitungen für diesen letzten großen Kampf getroffen. Der Erlass, der schließlich gegen das Volk der Übrigen ergeht, wird dem des Ahasveros gegen die Juden ähnlich sein. Heute sehen die Feinde der wahren Gemeinde in der kleinen Schar, die das Sabbatgebot hält, einen Mardochai im Tor. Die Ehrfurcht des Volkes Gottes vor Seinem Gesetz ist ein ständiger Tadel für diejenigen, die die Furcht des Herrn von sich geworfen haben und Seinen Sabbat mit Füßen treten.

Satan wird Empörung über die Minderheit erzeugen, die sich weigert, die populären Bräuche und Traditionen anzunehmen. Einflussreiche Männer mit gutem Ruf werden sich mit den Gesetzlosen und Niederträchtigen vereinen, um einen Plan gegen das Volk Gottes zu machen. Reichtum, Genie und Bildung werden sich vereinen, um sie mit Verachtung zu überhäufen. Herrscher, Geistliche und Mitglieder der Kirchen und Gemeinden werden sich zur Verfolgung miteinander verschwören. Durch Prahlerei, Drohungen und Spott werden sie mündlich und schriftlich versuchen, diesen Glauben umzustoßen. Männer werden durch falsche Darstellungen und zornige Aufrufe versuchen, die Leidenschaften des Volkes aufzuhetzen. Da sie kein »So sagt die Schrift« gegen die Verteidiger des biblischen Sabbats vorzubringen haben, werden sie auf Verordnungen zur Unterdrückung zurückgreifen, um diesen Mangel auszugleichen. Um Popularität und Zustimmung zu erlangen, werden sich die Gesetzgeber der Forderung nach Sonntagsgesetzen beugen. Die Gottesfürchtigen können jedoch keine Regelung annehmen, die eine Vorschrift der zehn Gebote verletzt. Auf diesem Schlachtfeld wird die letzte Auseinandersetzung im Kampf zwischen Wahrheit und Irrtum ausgefochten werden. Wir werden hinsichtlich dieser Angelegenheit nicht im Zweifel gelassen. Wie in den Tagen Esthers und Mardochais wird der Herr auch heute Seine Wahrheit und Sein Volk verteidigen.

KAPITEL 50

Esra, der Priester und Schriftgelehrte

Auf Grundlage des biblischen Berichts

Ungefähr 70 Jahre nach der ersten Gruppe von Rückkehrern unter Serubbabel und Josua bestieg Artaxerxes Longimanus den Thron von Medo-Persien. Der Name dieses Königs ist mit der heiligen Geschichte durch eine Anzahl von bemerkenswerten Fügungen Gottes verbunden. Während seiner Herrschaft lebten und wirkten Esra und Nehemia. Er ist derjenige, der im Jahr 457 v.Chr. den dritten und entscheidenden Erlass für die Wiederherstellung Jerusalems erließ. Unter seiner Herrschaft kehrte eine Gruppe von Juden unter Esra zurück. Die Mauern Jerusalems wurden durch Nehemia und seine Gefährten fertiggestellt. Es erfolgte eine Neuorganisation der Tempeldienste, und große religiöse Reformationen wurden durch Esra und Nehemia in Gang gesetzt. Während seiner langen Herrschaft bewies er Gottes Volk oft seine Gunst. In seinen vertrauten und sehr geschätzten jüdischen Freunden Esra und Nehemia erkannte er von Gott eingesetzte Männer, die für ein besonderes Werk berufen worden waren.

Die Erfahrung von Esra unter den Juden in Babylon war so ungewöhnlich, dass sie die wohlwollende Aufmerksamkeit von König Artaxerxes auf sich zog, mit dem er offen über die Macht des Gottes des Himmels sprach und dessen Absicht, die Juden wieder nach Jerusalem zurückzubringen.

Als Nachkomme Aarons hatte Esra eine Ausbildung zum Priester bekommen. Zudem hatte er sich eine Kenntnis der Schriften der Magier, Astrologen und der weisen Männer des medo-persischen Reiches angeeignet. Er war mit seinem geistlichen Zustand jedoch nicht zufrieden, sondern sehnte sich vielmehr danach, in völlige Übereinstimmung mit Gott zu kommen. So verlangte es ihn nach Weisheit, den göttlichen Willen auszuführen. Und Esra war »von ganzem Herzen bestrebt, das Gesetz des Herrn zu erforschen und zu befolgen«. Esra 7,10 ZÜR Dies brachte ihn dazu, ein sorgfältiges Studium der Geschichte des Volkes Gottes zu beginnen, die in den Schriften der Propheten und Könige aufgezeichnet war. Er erforschte die historischen und poetischen Bücher der Bibel, um herauszufinden, warum der Herr zugelassen hatte, dass Jerusalem zerstört und Sein Volk als Gefangenen in ein heidnisches Land gebracht worden waren.

Speziell achtete Esra auf die Erfahrungen Israels von da an, als Abraham die Verheißung gegeben worden war. Er studierte die Unterweisungen, die am Berg Sinai und während der langen Zeit der Wüstenwanderung erteilt worden waren. Als er immer mehr über das Handeln Gottes an Seinen Kindern erfuhr und die Heiligkeit des am Sinai gegebenen Gesetzes erfasste, wurde er innerlich bewegt und erlebte eine neue, tiefgreifende Bekehrung. Da beschloss er, die Berichte der heiligen Geschichte weise beherrschen zu lernen, dass er seine Kenntnisse dazu gebrauchen könnte, Seinem Volk Licht und Segen zu bringen.

Esra bemühte sich, von Herzen auf das im Glauben vor ihm liegende Werk vorbereitet zu sein. Er suchte Gott ernsthaft, um ein weiser Lehrer in Israel zu sein. Als er lernte, seinen Geist und seinen Willen der göttlichen Kontrolle zu unterwerfen, wurden die Grundsätze wahrer Heiligung in sein leben gebracht, die in späteren Jahren nicht nur auf die Jugendlichen einen Einfluss hatte, die von ihm unterrichtet werden wollten, sondern auf alle, die mit ihm zusammenkamen. Gott erwählte Esra als Werkzeug des Segens für Israel, damit Er wiederum die Priesterschaft ehren konnte, deren Herrlichkeit in der Zeit der Gefangenschaft sehr nachgelassen hatte. Esra entwickelte sich zu einem Mann von außerordentlicher Gelehrsamkeit und wurde »ein Schriftgelehrter, gut bewandert im Gesetz des Moses«. Esra 7,6 Diese Fähigkeiten machten ihn im medo-persischen Reich zu einem berühmten Mann. Esra wurde zum Sprachrohr Gottes und unterwies die Menschen in seiner Umgebung in den Grundsätzen, die den Himmel regieren. Während der restlichen Jahre seines Lebens bestand seine hauptsächliche Arbeit in der eines Lehrers, ob nun beim Hof des Königs von Medo-Persien oder in Jerusalem. Beim Weitergeben der von ihm gelernten Wahrheiten an andere wuchs seine Befähigung für sein Werk. Er wurde ein frommer und eifriger Mann.

Die Anstrengungen Esras, das Interesse am Studium der Schrift zu wecken, bekamen einen dauerhaften Wert durch sein gewissenhaftes, lebenslanges Werk, die Heilige Schrift zu erhalten und zu vervielfältigen. Er sammelte alle Exemplare des Gesetzbuches, die er finden konnte und ließ sie abschreiben und verteilen. Das reine Wort, das so vervielfältigt in die Hand vieler Menschen gelegt wurde, vermittelte ein Wissen von unschätzbarem Wert.

Esras Glaube, dass Gott ein mächtiges Werk für Sein Volk tun würde, brachte ihn dazu, Artaxerxes von seinem Wunsch zur Rückkehr nach Jerusalem zu erzählen. Er wollte dort das Interesse am Studium des Wortes Gottes wiederbeleben und seinen Brüdern beim Wiederaufbau der Heiligen Stadt helfen. Als Esra seine völlige Überzeugung äußerte, dass der Gott Israels Sein Volk mehr als ausreichend schützen und versorgen könne, war der König tief beeindruckt. Er verstand gut, dass die Israeliten nach Jerusalem zurückkehren wollten, um dem Herrn

 zu dienen. Sein Vertrauen in die Integrität Esras war so groß, dass er ihm eine auffallende Gunst erwies. Der König gewährte seine Bitte und schenkte ihm reiche Gaben für den Tempeldienst. Er machte ihn zum außerordentlichen Vertreter des medo-persischen Reiches und verlieh ihm umfangreiche Befugnisse, sein Herzensanliegen umzusetzen.

Der Erlass des Artaxerxes Longimanus, Jerusalem wiederherzustellen und aufzubauen war der dritte Erlass, der seit dem Ende der 70-jährigen Gefangenschaft herausgegeben worden war. Er ist besonders bemerkenswert wegen seiner ausdrücklichen Erwähnung Gottes des Himmels, seiner Anerkennung der Leistungen Esras und seiner großzügigen Schenkungen an Gottes Volk der Übrigen. Artaxerxes nennt Esra den »Priester und Schriftgelehrten, der kundig war in den Worten der Gebote und Satzungen des Herrn für Israel«, einen »Beauftragten für das Gesetz des Gottes des Himmels«. Der König gab gemeinsam mit seinen Ratgebern freiwillig dem »Gott Israels, dessen Wohnung zu Jerusalem ist«. Außerdem sorgte er für die Bestreitung vieler großer Ausgaben durch die Anordnung, sie »aus den Schatzhäusern des Königs« zu bezahlen. Esra 7,11.12.15.20

Artaxerxes machte Esra klar: »Du bist vom König und seinen sieben Räten gesandt, eine Untersuchung über die Verhältnisse in Juda und Jerusalem anzustellen nach dem Gesetz deines Gottes, das du bei dir hast.« Weiterhin verfügte er: »Alles, was nach dem Befehl des Gottes des Himmels erforderlich ist, soll für das Haus des Gottes des Himmels sorgfältig geleistet werden, damit nicht ein Zorngericht das Reich des Königs und seine Familie treffe.« Esra 7,14.23 Bruns

Artaxerxes gab den Israeliten nicht nur die Erlaubnis zur Rückkehr, sondern sorgte auch für die Wiederherstellung des Priestertums gemäß ihrer alten Riten und Vorrechte. »Ferner sollt ihr wissen,« ließ er mitteilen, »dass ihr nicht berechtigt seid, Steuern, Zoll und Weggeld irgend einem Priester, Leviten, Sänger, Torhüter, Tempeldiener und Diener im Haus dieses Gottes aufzuerlegen.« Er sorgte für die Ernennung ziviler Beamten, die das Volk gerecht und in Übereinstimmung mit den jüdischen Gesetzen regieren sollten und ordnete an: »Du aber, Esra, setze nach dem weisen Gesetz deines Gottes, das in deiner Hand ist, Richter und Rechtspfleger ein, die alles Volk richten sollen, das jenseits des Stromes ist, alle, welche die Gesetze deines Gottes kennen; und wer sie nicht kennt, den sollt ihr sie lehren. Und jeder, der das Gesetz deines Gottes und das Gesetz des Königs nicht tun wird, über den soll gewissenhaft Gericht gehalten werden, es sei zum Tode oder zur Verbannung, zur Geldbuße oder zum Gefängnis!.« Esra 7,25f

So hatte Esra, »weil die gnädige Hand Gottes über ihm war«, den König dafür gewonnen, reichliche Vorkehrung zu treffen für die Rückkehr des ganzen Volkes Israel sowie der Priester und Leviten im medo-persischen Reich, die bereit waren, »nach Jerusalem zu ziehen«. Esra 7,9.13 Damit wurde den verbannten Israeliten die Möglichkeit gegeben, in das Land zurückzukehren, dessen Besitz so eng mit den Verheißungen für das Haus Israel verknüpft war. Dieser Erlass brachte große Freude für die, die gemeinsam mit Esra Gottes Absichten für Sein Volk studiert hatten. Esra rief aus »Gelobt sei der Herr, der Gott unserer Väter, »der solches dem König eingegeben hat, dass er das Haus des Herrn in Jerusalem so herrlich mache, und der mir die Gunst des Königs und seiner Räte und aller mächtigen Oberen des Königs zugewandt hat!« Esra 7,27f

In der Erstellung dieses Erlasses durch Artaxerxes offenbarte sich Gottes Vorsehung. Einige sahen dies und nahmen froh das Vorrecht an, unter so günstigen Bedingungen zurückzukehren. Ein allgemeiner Treffpunkt wurde bekanntgegeben, und zur festgelegten Zeit versammelten sich diejenigen für die lange Reise, die den Wunsch hatten, nach Jerusalem zurückzukehren. Esra sagt: »Ich versammelte sie am Fluss, der nach Ahawa fließt, und wir blieben dort drei Tage.« Esra 8,15 Esra hatte erwartet, dass eine große Zahl nach Jerusalem zurückziehen wollte, doch die Schar, die tatsächlich auf den Aufruf reagierte, war enttäuschend gering. Viele, die sich Häuser und Land gekauft hatten, verspürten nicht den Wunsch, diesen Besitz zu opfern. Sie liebten ihren Wohlstand und Luxus und waren damit zufrieden und wollten bleiben. Ihr Beispiel wirkte sich negativ auf andere aus, die ansonsten vielleicht ihr Schicksal mit der Schar vereint hätte, die im Glauben vorwärts schritten.

Als Esra auf die versammelte Schar schaute, stellte er erstaunt fest, dass er keinen Leviten entdecken konnte. Wo waren die Angehörigen dieses Stammes, die für den heiligen Tempeldienst ausgesondert worden waren? Auf den Ruf: »Wer gehört dem Herrn an?« hätten die Leviten zuerst reagieren sollen. Während ihrer Gefangenschaft und auch danach waren ihnen viele Vorrechte eingeräumt worden. Sie hatten die volle Freiheit gehabt, den geistlichen Bedürfnissen ihrer Brüder im Exil zu dienen. Synagogen waren gebaut worden, in denen Priester den Gottesdienst durchgeführt und das Volk unterwiesen hatten. Die Heilighaltung des Sabbats und die Durchführung der heiligen Bräuche, die den jüdischen Glauben auszeichneten, waren ihnen großzügig gestattet worden.

In den Jahren nach dem Ende der Gefangenschaft hatten sich jedoch die Bedingungen verändert, und viele neue Verantwortungen ruhten nun auf den Führern Israels. Der Tempel in Jerusalem war wieder aufgebaut und geweiht worden, und weitere Priester wurden benötigt, um die Dienste dort durchzuführen. Männer Gottes wurden dringend gebraucht, um als Lehrer für das Volk zu wirken. Zudem bestand für die in Babylon bleibenden Juden die Gefahr, dass ihre religiöse Freiheit eingeschränkt wurde. Durch den Propheten Sacharja wie auch durch die erst kurze Zeit zurückliegende Erfahrung zur Zeit Esthers und Mardochais waren die Juden in Medo-Persien deutlich gewarnt worden, in ihr eigenes Land zurückzukehren. Die

 Zeit war gekommen, in der es für sie gefährlich wurde, mitten unter heidnischen Einflüssen zu wohnen. Angesichts dieser veränderten Bedingungen hätten die Priester in Babylon als erste in der Ausfertigung des Erlasses einen besonderen Aufruf sehen müssen, nach Jerusalem zurückzukehren.

Der König und seine Fürsten hatten mehr als ihren Teil getan, den Weg zur Rückkehr zu öffnen. Sie hatten für ausreichend Mittel gesorgt, aber wo waren die Menschen? Die Söhne Levi versagten in einer Zeit, in der ihre Entscheidung, ihre Brüder zu begleiten, andere dazu beeinflusst hätte, ihrem Beispiel zu folgen. Ihre seltsame Gleichgültigkeit offenbart in trauriger Weise die Einstellung der Israeliten in Babylon zu Gottes Absichten mit Seinem Volk.

Einmal mehr appellierte Esra an die Leviten, indem er sie dringend dazu einlud, sich mit seiner Schar zu vereinen. Um die Wichtigkeit schnellen Handelns zu verdeutlichen, schickte er seine schriftliche Bitte durch einige »verständige Sippenhäupter und Lehrer« Esra 8,16 aus. Während die Reisenden gemeinsam mit Esra warteten, eilten diese vertrauenswürdigen Boten mit der Aufforderung zurück, »damit sie uns Männer mitgaben, die den Dienst am Haus unseres Gottes verrichten konnten.« Esra 8,17 NeÜ Die Aufforderung wurde beachtet, und einige, die bisher gezögert hatten, trafen nun die Entscheidung zurückzukehren. Insgesamt wurden vierzig Priester und 220 Tempeldiener mit zurückgebracht. Dies waren Männer, auf die sich Esra als weise Geistliche und gute Lehrer und Helfer verlassen konnte. Alle waren nun bereit zum Aufbruch. Vor ihnen lag eine Reise, die mehrere Monate in Anspruch nehmen würde. Die Männer hatten ihre Frauen und Kinder bei sich, zudem ihren Besitz und nicht zuletzt auch große Schätze für den Tempel und seine Dienste. Esra war sich sehr wohl darüber im Klaren, dass Feinde am Weg nur darauf warteten, ihn und seine Schar auszuplündern und zu vernichten. Dennoch bat er den König nicht um eine bewaffnete Schutztruppe. Er erklärt. »Ich schämte mich, vom König Geleit und Reiter zu fordern, um uns auf dem Weg vor Feinden zu helfen, denn wir hatten dem König gesagt: ‚Die Hand unseres Gottes ist zum Besten über allen, die ihn suchen, und seine Stärke und sein Zorn gegen alle, die ihn verlassen.‘« Esra 8,22

Esra und seine Gefährten sahen hier die Gelegenheit, den Namen Gottes vor den Heiden zu verherrlichen. Der Glaube an die Macht des lebendigen Gottes würde gestärkt werden, wenn die Israeliten selbst nun ein unbedingtes Vertrauen in ihren göttlichen Führer zeigten. Darum entschlossen sie sich, ihr Vertrauen völlig auf Ihn zu setzen. Sie wollten keine Soldaten zu ihrem Schutz, denn sie wollten den Heiden keine Gelegenheit geben, die Herrlichkeit, die Gott allein gebührt, sterblichen Menschen zuzuschreiben. Sie konnten es sich nicht leisten, im Kopf ihrer heidnischen Freunde auch nur den geringsten Zweifel aufkommen zu lassen, ob sie als Sein Volk ihrem Gott aufrichtig vertrauten. Stärke beruhte nicht auf Wohlstand oder der Macht und dem Einfluss von Heiden, sondern auf der Gunst Gottes. Nur wenn sie sich das Gesetz Gottes vor Augen hielten und sich bemühten, ihm zu gehorchen, würden sie beschützt werden.

Diese Erkenntnis der Umstände, unter denen sie sich auch weiterhin ihres Wohlergehens aus der Hand Gottes erfreuen könnten, führte dazu, dass der von Esra und seiner gläubigen Schar kurz vor ihrem Aufbruch abgehaltenen Weihegottesdienst feierlicher als gewöhnlich war. Esra beschrieb diese Erfahrung so: »Ich ließ dort am Fluss bei Ahawa ein Fasten ausrufen, damit wir uns vor unserm Gott demütigten, um von ihm eine Reise ohne Gefahren zu erbitten für uns und unsere Kinder und alle unsere Habe ... So fasteten wir und erbaten solches von unserm Gott; und er erhörte uns.« Esra 8,21.23

Dennoch machte der Segen Gottes Klugheit und Vorsorge nicht überflüssig. Als besondere Vorsichtsmaßnahme, um den Schatz zu schützen, wählte ich »zwölf der obersten Priester aus« – Männer, deren Ehrlichkeit und Treue erwiesen war – »und wog ihnen dar das Silber und Gold und die Geräte als Abgabe für das Haus unseres Gottes, die der König und seine Räte und Oberen und ganz Israel, soviel ihrer waren, gegeben hatten«. Diese Männer wurden feierlich dazu verpflichtet, als Haushalter der ihnen anvertrauten Schätze wachsam zu sein. »Ihr seid heilig dem Herrn«, sprach Esra, »und die Geräte sind heilig, und das Silber und Gold sind eine freiwillige Gabe für den Herrn, den Gott eurer Väter. Seid nun wachsam und bewahrt es, bis ihr es darwägt in Jerusalem in den Schatzkammern des Herrn vor den obersten Priestern und Leviten ... in Israel.« Esra 8,24.25.28f

Die von Esra ausgeübte Sorgfalt für den Transport und die Sicherheit des Schatzes Gottes ist eine Lektion, die man gedankenvoll studieren sollte. Nur die, deren Vertrauenswürdigkeit erwiesen war, wurden ausgewählt. Sie wurden sorgfältig über die auf ihnen ruhende Verantwortung unterwiesen. Durch die Ernennung von treuen Beamten, die als Schatzmeister der Güter des Herrn agieren sollten, anerkannte Esra, wie notwendig und wertvoll Ordnung und Organisation für das Werk Gottes sind.

In den letzten Tagen ihres Aufenthalts am Fluss vervollständigten die Israeliten ihre Verpflegung für die lange Reise. Esra schrieb weiter: »Dann brachen wir auf von dem Fluss bei Ahawa am zwölften Tage des ersten Monats, um nach Jerusalem zu ziehen. Und die Hand unseres Gottes war über uns und errettete uns vor Feinden und vor solchen, die uns auf dem Wege nachstellten.« Esra 8,31 Etwa vier Monate dauerte die Reise, die Esra mit der ihn begleitenden Menge von einigen Tausenden machte. Dazu gehörten Frauen und Kinder, wegen denen man nur langsam vorwärts kam. Alle wurden jedoch sicher bewahrt. Ihre Feinde wurden davon abgehalten, ihnen zu schaden. Die Reise verlief erfolgreich, und so kamen sie schließlich am ersten Tag des fünften Monats in Jerusalem an, welches das siebte Jahr des Artaxerxes war.

KAPITEL 51

Eine geistliche Erweckung

Auf Grundlage des biblischen Berichts

Die Ankunft von Esra in Jerusalem kam zum richtigen Zeitpunkt, und sein Einfluss und seine Gegenwart waren wirklich notwendig. Sein Kommen ermutigte die Herzen von Vielen dort, die sich lange unter den Schwierigkeiten abgemüht hatten. Seit der Rückkehr der ersten Gruppe von Verbannten unter der Führung von Serubbabel und Josua, mehr als siebzig Jahre zuvor, war viel erreicht worden. Der Tempel war fertiggestellt und die Mauern der Stadt waren teilweise repariert. Dennoch blieb noch viel zu tun.

Unter den früheren Rückkehrern nach Jerusalem hatte es viele gegeben, die Gott ihr ganzes Leben lang treu geblieben waren, aber eine bedeutende Zahl ihrer Kinder und Kindeskinder hatten die Heiligkeit des Gesetzes Gottes aus den Augen verloren. Sogar einige der verantwortlichen Männer lebten in offener Sünde. Ihr Kurs neutralisierte in großem Maß die Anstrengungen anderer, die versuchten, das Werk Gottes voranzubringen. Solange nämlich derart offensichtliche Verletzungen des Gesetzes ungetadelt geschehen durften, konnte der Segen des Himmels nicht auf dem Volk ruhen. Durch die Vorsehung Gottes hatten die Rückkehrer mit Esra besondere Gelegenheiten erlebt, in denen sie den Herrn gesucht hatten. Die Erfahrungen, die sie auf ihrer Reise von Babylon ohne allen menschlichen Schutz gerade gemacht hatten, hatte sie wertvolle geistliche Lektionen gelehrt. Viele von ihnen waren im Glauben erstarkt, und als sie sich unter die Entmutigten und Gleichgültigen in Jerusalem mischten, war ihr Einfluss ein mächtiger Faktor in der bald darauf eingeleiteten Reformation.

Am vierten Tag nach ihrer Ankunft wurden die silbernen und goldenen Schätze samt der Gefäße für den Heiligtumsdienst von den Schatzmeistern in Anwesenheit von Zeugen peinlichst genau in die Hände der Tempelbeauftragten abgezählt und übergeben. Jedes Teil wurde »nach Zahl und Gewicht« geprüft. Esra 8,34 Die Kinder der Gefangenen, die mit Esra zurückgekehrt waren, »opferten ... Brandopfer dem Gott Israels« als Sündopfer und Zeichen ihrer Dankbarkeit, und sie lobten und priesen Gott für den Schutz heiliger Engel auf ihrer Reise. »Und sie übergaben die Befehle des Königs den Amtleuten des Königs und den Statthaltern jenseits des Euphrat. Und diese halfen dem Volk und dem Hause Gottes.« Esra 8,35f Nur sehr kurze Zeit später traten einige der führenden Männer Israels mit einer ernsten Beschwerde an Esra heran. Einige vom »Volk Israel und die Priester und Leviten« hatten die heiligen Gebote des Herrn so sehr missachtet, dass sie sich mit den benachbarten Völkern verheirateten. Esra wurde gesagt: »Sie haben deren Töchter genommen für sich und für ihre Söhne. Und das heilige Volk hat sich vermischt mit den Völkern des Landes. Und die Oberen und Ratsherren waren die ersten bei diesem Treubruch.« Esra 9,1f

In seinem Studium der Ursachen, die zur babylonischen Gefangenschaft geführt hatten, war Esra klar geworden, dass der Abfall Israels sich größtenteils auf ihre Vermischung mit den heidnischen Völkern zurückführen ließ. Er hatte eingesehen, dass ihnen, wenn sie sich abgesondert von den Völkern in ihrer Umgebung gehalten hätten, viele traurige und demütigende Erfahrungen erspart geblieben wären. Als er nun erfuhr, dass trotz der Lektionen der Vergangenheit führende Männer es gewagt hatten, die Gesetze zu übertreten, die ihnen als Schutz vor dem Abfall gegeben worden waren, wurde er zutiefst erregt. Er dachte an die Güte Gottes, Sein Volk in ihrem Land wieder Fuß fassen zu lassen. Dabei wurde er überwältigt von gerechter Entrüstung und Schmerz über ihre Undankbarkeit. »Als ich dies hörte«, berichtet er, »zerriss ich mein Kleid und meinen Mantel und raufte mir Haupthaar und Bart und setzte mich bestürzt hin. Und es versammelten sich bei mir alle, die über die Worte des Gottes Israel erschrocken waren wegen des Treubruchs derer, die aus der Gefangenschaft gekommen waren; und ich saß bestürzt da bis zum Abendopfer.« Esra 9,3f

Um die Zeit des Abendopfers erhob sich Esra und zerriss noch einmal sein Unter- und sein Obergewand. Dann fiel er auf seine Knie und redete sich im Gebet zum Himmel die Last von seiner Seele. Er breitete seine Hände zum Herrn aus und schrie: »Mein Gott, ich schäme mich und scheue mich, meine Augen aufzuheben zu dir, mein Gott; denn unsere Missetat ist über unser Haupt gewachsen, und unsere Schuld ist groß bis an den Himmel.« Er setzte sein Bittgebet mit den Worten fort: »Von der Zeit unserer Väter an sind wir in großer Schuld gewesen bis auf diesen Tag, und um unserer Missetat willen sind wir und unsere Könige und Priester in die Hand der Könige der Länder gegeben worden, ins Schwert, ins Gefängnis, zum Raub und zur Schmach, so wie es heute ist. Nun aber ist uns einen kleinen Augenblick Gnade von dem Herrn, unserm Gott geschehen, dass er uns noch Errettete übrig gelassen und uns einen festen Halt an seiner heiligen Stätte gegeben hat, um unsere Augen aufleuchten und uns ein wenig aufleben zu lassen in unserer Knechtschaft. Denn wir sind Knechte, aber unser Gott hat uns nicht verlassen in unserer Knechtschaft und hat uns die Gunst der Könige

 von Persien zugewandt, dass er uns wieder aufleben lässt, um das Haus unseres Gottes aufzubauen und es aus seinen Trümmern wieder aufzurichten, damit er uns ein Bollwerk in Juda und Jerusalem gebe. Und nun, unser Gott, was sollen wir nach alledem sagen? Wir haben deine Gebote verlassen, die du durch deine Knechte, die Propheten, gegeben hast ... Aber nach allem, was über uns gekommen ist um unserer bösen Werke und großer Schuld willen – und du, unser Gott, hast unsere Missetat nicht bestraft, wie wir's verdient hätten, und hast uns diese Schar von Erretteten gegeben –, sollten wir wiederum deine Gebote übertreten, dass wir uns vermischten mit den Völkern, die diese Gräuel tun? Wirst du nicht über uns zürnen, bis es ganz aus ist, so dass es weder einen Rest noch Entronnene gibt? Herr, Gott Israels, du bist getreu; denn wir sind übrig geblieben als Errettete, wie es heute ist. Siehe, hier sind wir vor dir in unserer Schuld; darum können wir nicht bestehen vor deinem Angesicht.« Esra 9.6-15

Das Leid Esras und seiner Gefährten über die Übel, die sich heimtückisch direkt ins Zentrum des Werkes Gottes eingeschlichen hatten, führte zur Reue. Viele derer, die gesündigt hatten, wurden tief bewegt. »Das Volk weinte sehr.« Esra 10,1 In gewissem Maße wurden sie sich der Abscheulichkeit der Sünde und des Abscheus bewusst, mit der Gott sie ansieht. Sie erkannten die Heiligkeit des auf Sinai verkündigten Gesetzes, und viele zitterten bei dem Gedanken an ihre Übertretungen. Einer der Anwesenden namens Schechanja bestätigte die Wahrheit aller Worte Esras: »Wir haben unserm Gott die Treue gebrochen, als wir uns fremde Frauen von den Völkern des Landes genommen haben. Nun, es ist trotz allem noch Hoffnung für Israel!« Schechanja schlug vor, dass alle, die des Treuebruchs schuldig waren, einen Bund mit Gott schließen sollten, ihrer Sünde abzusagen und »nach dem Gesetz« beurteilt zu werden. »So steh nun auf«, bat er Esra, »denn dir gebührt's zu handeln, und wir wollen mit dir sein. Sei getrost und tu es! Da stand Esra auf und nahm einen Eid von den obersten Priestern, den Leviten und ganz Israel, dass sie nach diesem Wort tun sollten.« Esra 10,2-5

Dies war der Beginn einer wunderbaren Reformation. Mit unendlicher Geduld und viel Einfühlungsvermögen wurden die Rechte und das Wohlergehen jedes Einzelnen sorgfältig abgewogen. So bemühten sich Esra und seine Gefährten, die reuigen Israeliten auf den rechten Weg zu bringen. Mehr als alles Andere war Esra ein Gesetzeslehrer, und so versuchte er bei der persönlichen Untersuchung jedes Falls, den Menschen die Heiligkeit des göttlichen Gesetzes zu zeigen und sie auf die Segnungen hinzuweisen, die man durch den Gehorsam bekommen kann.

Überall, wo Esra tätig war, entstand ein neu erwachtes Interesse am Studium der Heiligen Schrift. Lehrer wurden eingesetzt, um die Menschen zu unterweisen. Das Gesetz des Herrn wurde geschätzt und in Ehren gehalten. Man erforschte die Bücher der Propheten. Die Schriftstellen, die das Kommen des Messias vorhersagten, brachten vielen Traurigen und Entmutigten Hoffnung und

Trost. Mehr als zweitausend Jahre sind vergangen, seit Esra darüber nachdachte, »das Gesetz des Herrn zu erforschen und danach zu tun«. Esra 7,10 Trotz all der Zeit, die seither vergangen ist, hat sich der Einfluss seines frommen Beispiels nicht verringert. In all den Jahrhunderten hat der Bericht seines Lebens der Hingabe viele mit Entschlossenheit inspiriert, ebenfalls das Gesetz des Herrn zu erforschen und zu tun. Esras Motive waren edel und heilig. Alle seine Taten wurden durch die tiefe Liebe zu anderen Menschen angetrieben. In seiner mitleidvollen und zärtlichen Verhaltensweise gegenüber denen, die – bewusst oder unwissend – gesündigt hatten, liegt eine gleichnishafte Lehre für alle, die um eine Reform kämpfen. Die Diener Gottes sollen felsenfest stehen, wo es um Grundsätze geht, doch darüber hinaus sollen sie Mitgefühl und Nachsicht zeigen. Wie Esra sollen sie die Übertreter den Weg des Lebens lehren, indem sie sich an die Prinzipien halten, die die Grundlage allen rechten Handelns sind.

In dieser heutigen Zeit, in der Satan auf unterschiedlichste Art versucht, die Augen von Männern und Frauen für die Gültigkeit der Ansprüche des Gesetzes Gottes blind zu machen, werden Männer benötigt, die dafür sorgen, dass viele »zittern vor dem Gebot unseres Gottes. Esra 10,3 ELB

Es werden echte Reformer benötigt, die die Übertreter auf den großen Gesetzgeber hinweisen und sie lehren: »Das Gesetz des Herrn ist vollkommen und erquickt die Seele. Psalm 19,8 Es werden Männer benötigt, die »in der Schrift bewandert« sind, Apostelgeschichte 18,24 EÜ bei denen jedes Wort und jede Handlung die Ordnungen des Herrn verherrlicht; Männer, die sich darum bemühen, den Glauben zu stärken. Lehrer werden so sehr benötigt, die die Herzen mit Ehrfurcht und Liebe für die Bibel inspirieren.

Die heute vorherrschende weitverbreitete Ungerechtigkeit lässt sich in großem Maß auf das Versäumnis zurückführen, die Schrift zu studieren und ihr zu gehorchen. Wenn das Wort Gottes beiseite gesetzt wird, wird auch seine Macht abgelehnt, die bösen Leidenschaften zurückzuhalten. Die Menschen säen auf das Fleisch und ernten Verderben vom Fleisch. Wenn die Bibel beiseite gesetzt wird, folgt eine Abwendung vom Gesetz Gottes. Die Lehre, dass Menschen vom Gehorsam gegenüber den göttlichen Vorschriften entbunden sind, hat die Macht moralischer Verpflichtung geschwächt und die Schleusen der Ungerechtigkeit geöffnet. Gesetzlosigkeit, Ausschweifung und Verdorbenheit überschwemmen die Welt wie eine alles niederreißende Flut. Überall kann man Neid, böse Unterstellung, Heuchelei, Entfremdung, Wetteifern, Streit, Verrat an heiligen Gütern und Befriedigung der Lust sehen. Das ganze System religiöser Grundsätze und Lehren, die die Grundlage und den Rahmen des sozialen Lebens bilden sollten, scheinen nur ein schwankender Haufen zu sein, der zusammenzufallen droht. In den letzten Tagen der Geschichte dieser Welt ruft dieselbe Stimme, die einst vom Sinai sprach, den Menschen noch immer zu: »Du sollst keine anderen Götter haben neben mir.« 2.Mose 20,3 Der Mensch hat seinen Willen dem Willen Gottes entgegen gestellt, kann aber das gebietende Wort nicht zum Schweigen bringen. Der Menschengeist wird seiner Verpflichtung einer höheren Macht gegenüber nicht entgehen. Trotz der Überfülle an Theorien und Spekulationen und trotz des menschlichen Versuchs, die Wissenschaft gegen die Offenbarung zu stellen und so Gottes Gesetz zu beseitigen, ertönt immer lauter der Befehl: »Du sollst anbeten Gott, deinen Herrn, und ihm allein dienen.« Matthäus 4,10

Der Mensch kann das Gesetz des Herrn weder schwächen noch stärken. So, wie es immer gewesen war, ist es auch jetzt und wird es immer bleiben: heilig, gerecht und gut und vollständig in sich selbst. Es kann weder aufgehoben noch verändert werden. Es zu »ehren« oder zu »entehren«, das entspricht nur einer menschlichen Ausdrucksweise.

Zwischen menschlichen Gesetzen und den Vorschriften des Herrn wird es zum letzten großen Konflikt zwischen Wahrheit und Irrtum kommen. Wir treten jetzt in diesen Kampf ein – ein Kampf, der nicht zwischen unterschiedlichen Kirchen geführt wird, die sich um Oberherrschaft streiten, sondern zwischen der Religion der Bibel und den Religionen der Märchen und Tradition. Die Mächte, die sich gegen die Wahrheit verbündet haben, sind jetzt aktiv am Werk. Gottes heiliges Wort, das unendlich viel Leid und Blutvergießen kostete, damit wir es haben können, wird nur wenig geschätzt. Es gibt nur wenige, die es wirklich als Lebensregel annehmen. Der Unglaube hat sich nicht nur in der Welt, sondern auch in der Gemeinde in alarmierendem Maß durchgesetzt. Viele sind soweit gegangen, dass sie die Lehren ablehnen, die die eigentlichen Säulen des christlichen Glaubens sind. Die großartigen Tatsachen der Schöpfung, wie sie uns von den inspirierten Schreibern vorgestellt werden, der Fall des Menschen, das Sühnopfer, die ewige Gültigkeit des Gesetzes – sie alle werden von der Mehrheit der bekenntlich christlichen Welt praktisch abgelehnt. Tausende, die sich wegen ihrer Kenntnisse rühmen, sehen es als einen Beweis der Schwachheit an, einen unbedingten Glauben an die Bibel zu haben, und als Bestätigung ihrer Bildung, die Bibel zu bekritteln und ihre wichtigsten Wahrheiten zu vergeistigen und hinweg zu argumentieren. Christen sollten sich darauf vorbereiten, was bald wie eine überwältigende Überraschung über die Welt hereinbrechen wird. Diese Vorbereitung besteht darin, das Wort Gottes sorgfältig zu erforschen und das Leben in Übereinstimmung mit seinen Vorschriften zu bringen. Die großen Entscheidungsfragen der Ewigkeit verlangen von uns mehr als nur eine eingebildete Religion der Worte und Formen, bei der die Wahrheit außen vor bleibt. Gott ruft nach einer Erweckung und Reformation. Die Worte der Bibel und der Bibel allein sollten von der Kanzel zu hören sein. Aber die Bibel wurde ihrer Kraft beraubt. Das Ergebnis ist eine abnehmende Spannkraft geistlichen Lebens. In vielen Predigten der heutigen Zeit gibt es nicht diese Bekundung göttlicher Macht, die das Gewissen erweckt und der Seele Leben bringt. Die Hörer können nicht sagen: »Brannte nicht unser Herz in uns, da er mit uns redete auf dem Weg, als er uns die Schrift öffnete?« Lukas 24,32 Viele schreien nach dem lebendigen Gott und sehnen sich nach der göttlichen Gegenwart. Lasst das Wort Gottes zum Herzen sprechen. Lasst diejenigen, die nur Traditionen, menschliche Theorien und Weisheiten kennenlernten, die Stimme dessen hören, der die Menschen für das ewige Leben erneuern kann.

Die Patriarchen und Propheten ließen ein helles Licht erstrahlen. Herrliche Dinge wurden über Zion, die Stadt Gottes, gesprochen. Ebenso soll nach der Absicht Gottes das Licht durch Seine Nachfolger der heutigen Zeit erstrahlen. Wenn die Heiligen des Alten Testaments ein so strahlendes Zeugnis ihrer Treue bringen konnten, sollten dann nicht diejenigen, auf die das gesammelte Licht der Jahrtausende scheint, ein noch deutlicheres Zeugnis für die Macht der Wahrheit ablegen? Die herrlichen Prophezeiungen werfen ihr Licht auf unseren Pfad. Schatten und Wesen haben sich im Tod des Sohnes Gottes getroffen. Christus ist von den Toten auferstanden und ruft laut über das geöffnete Grab: »Ich bin die Auferstehung und das Leben.« Johannes 11,25 Er hat Seinen Geist in die Welt gesandt, uns an alle diese Dinge zu erinnern. Durch ein Wunder Seiner Macht hat Er Sein geschriebenes Wort durch alle Zeit hindurch bewacht.

Die Reformer, deren Protest uns den Namen Protestanten gab, fühlten, dass Gott sie dazu berufen hatte, das Licht des Evangeliums an die Welt zu geben. In ihrem Bemühen, dies zu tun, waren sie bereit, ihren Besitz zu opfern, ihre Freiheit und sogar ihr Leben. Trotz Verfolgung und Tod wurde das Evangelium nah und fern verkündigt. Das Wort Gottes wurde zu den Menschen gebracht, und alle Schichten, ob hoch oder niedrig, arm oder reich, gebildet oder ungebildet studierten es eifrig für sich. Sind wir in diesem letzten Konflikt des großen Kampfes unserer Verantwortung ebenso treu wie die frühen Reformer? »Blast die Posaune zu Zion, sagt ein heiliges Fasten an, ruft die Gemeinde zusammen! Versammelt das Volk, ... Der Bräutigam gehe aus seiner Kammer und die Braut aus ihrem Gemach! Lasst die Priester, des Herrn Diener, weinen zwischen Vorhalle und Altar und sagen: Herr, schone dein Volk und lass dein Erbteil nicht zuschanden werden, dass Heiden über sie spotten! Warum willst du unter den Völkern sagen lassen: Wo ist nun ihr Gott?« »Doch auch jetzt noch, spricht der Herr, bekehrt euch zu mir von ganzem Herzen mit Fasten, mit Weinen, mit Klagen! Zerreißet eure Herzen und nicht eure Kleider und bekehret euch zu dem Herrn, eurem Gott! Denn er ist gnädig, barmherzig, geduldig und von großer Güte, und es gereut ihn bald die Strafe. Wer weiß, ob es ihn nicht wieder gereut und er einen Segen zurücklässt.« Joel 2,15-17.12-14

KAPITEL 52

Ein Mann der Stunde

Auf Grundlage von Nehemia 1 und 2

Nehemia, einer der hebräischen Verbannten, hatte am persischen Hof eine einflussreiche und ehrenvolle Stellung inne. Als Mundschenk des Königs durfte er immer in die königliche Gegenwart kommen. Durch seine Position, seine Fähigkeiten und Treue war er zum Freund und Ratgeber des Königs geworden. Er vergaß jedoch auch als Günstling des Königs in einer prunkvollen und herrlichen Umgebung weder seinen Gott noch sein Volk. Mit dem tiefsten Interesse wandte er sein Herz Jerusalem zu. Seine Hoffnungen und auch seine Freude waren mit ihrem Wohlergehen verbunden. Durch diesen Mann, der durch seine Anwesenheit am persischen Hof für das Werk vorbereitet wurde, zu dem er berufen war, beabsichtigte Gott, Seinem Volk im Land ihrer Väter einen Segen zu bringen.

Durch Boten aus Judäa erkannte der hebräische Patriot, dass Tage der Prüfung über Jerusalem, die auserwählte Stadt, gekommen waren. Die aus ihrer Verbannung zurückgekehrten Menschen litten unter Bedrängnis und Verachtung. Der Tempel und Teile der Stadt waren zwar wieder aufgebaut, aber durch die Tatsache, dass die Mauern der Stadt noch größtenteils in Ruinen lagen, wurde das Aufbauwerk gehindert, die Tempeldienste gestört und die Menschen in ständiger Alarmbereitschaft gehalten.

Überwältigt von seinem Schmerz konnte Nehemia weder essen noch trinken. Er »weinte und trug Leid tagelang und fastete«. In seinem Leid wandte er sich an den göttlichen Helfer und »betete vor dem Gott des Himmels«. Nehemia 1,4 Treu bekannte er seine Sünden und die Sünden seines Volks. Er bat darum, dass Gott die Sache Israels weiter führen möge, ihnen wieder Mut und Kraft schenken und ihnen helfen möge, die verwüsteten Orte in Juda wieder aufzubauen.

Beim Beten wuchsen der Glaube und Mut von Nehemia. Sein Mund wurde mit heiligen Argumenten für die Sache des Volkes Gottes erfüllt. Er wies auf die Unehre hin, die Gott zugefügt würde, wenn Sein Volk, das gerade zu Ihm zurückgekehrt sei, der Schwäche und dem Widerstand überlassen werde. Er drängte den Herrn, Seine Verheißung zu erfüllen: »Wenn ihr euch aber zu mir bekehrt und meine Gebote haltet und sie tut, so will ich, auch wenn ihr versprengt wäret bis an des Himmels Ende, euch doch von da sammeln und will euch bringen an den Ort, den ich erwählt habe, damit mein Name dort wohne.« Nehemia 1,9 vgl. 5.Mose 4,29-31

Diese Verheißung war Israel durch Mose gegeben worden, bevor sie nach Kanaan gekommen waren. Während all der Jahrhunderte blieb sie unverändert bestehen. Gottes Volk war nun in Reue und Glauben zu ihm zurückgekehrt, und Seine Verheißung würde nicht versagen. Nehemia hatte oft sein Herz für sein Volk vor Gott ausgeschüttet. Als er aber jetzt betete, bildete sich in seinen Gedanken ein heiliger Entschluss: Er wollte, wenn er das Einverständnis des Königs und Unterstützung bei der Beschaffung der notwendigen Geräte und des benötigten Arbeitsmaterials bekäme, selbst die Aufgabe übernehmen, die Mauern Jerusalems wiederaufzubauen und Israels nationale Stärke wiederherzustellen. Er bat den Herrn darum, ihm Gunst beim König zu geben, damit sein Plan ausgeführt werden könnte. »Lass es deinem Knecht heute gelingen«, flehte er«, und gib ihm Gnade vor diesem Mann!« Nehemia 1,11

Vier Monate lang wartete Nehemia auf eine günstige Gelegenheit, um dem König seine Bitte vorzutragen. Auch wenn sein Herz schwer von Kummer niedergedrückt war, versuchte er in dieser Zeit, fröhlich in der Gegenwart des Königs zu sein, denn in diesen Hallen des Luxus und der Pracht mussten alle Bediensteten heiter und unbeschwert erscheinen. Sorge und Schmerz durften keinen Schatten auf das Gesicht eines königlichen Mitarbeiter werfen. Wenn Nehemia sich jedoch zurückzog und kein menschliches Auge ihn beobachtete, sondern nur Gott und die Engel ihn hörten und sahen, betete und weinte er viel und bekannte oft seine und des Volkes Sünden.

Schließlich konnte der Schmerz, der auf dem Herz dieses Patrioten lastete, nicht länger verborgen bleiben. Schlaflose Nächte und mit Sorgen erfüllte Tage hinterließen ihre Spuren auf seinem Gesicht. Der eifrig auf seine Sicherheit bedachte König war es gewohnt, Gesichter zu lesen und Verstellung zu durchschauen, und so sah er, dass ein geheimes Problem seinen Mundschenk überbeanspruchte. »Warum siehst du so traurig drein? Du bist doch nicht krank?« fragte er. »Das ist's nicht, sondern sicher bedrückt dich etwas.« Nehemia 2,2

Diese Frage erfüllte Nehemia mit Sorge. Würde der König nicht zornig sein, wenn er hörte, dass die Gedanken seines Höflings beim Dienst für den König weit weg bei seinem bedrängten Volk waren? Wäre sein Leben damit nicht verwirkt? Wäre damit nicht sein Lieblingsplan, die Stärke Jerusalems wiederherzustellen, zum Scheitern verurteilt?

»Ich aber fürchtete mich sehr«, Nehemia 2,2 schreibt er. Mit zitternden Lippen und Tränen in den Augen offenbarte er dem König den Grund seiner Trauer. »Der König lebe ewig!«, antwortete er. »Sollte ich nicht traurig dreinsehen? Die Stadt, in der meine Väter begraben sind, liegt wüst, und ihre Tore sind vom Feuer verzehrt.« Nehemia 2,3

Ohne Vorurteile hervorzurufen erweckte der Bericht über den Zustand Jerusalems das Mitgefühl des Königs. Eine weitere Frage brachte Nehemia die Gelegenheit, auf die er so lange gewartet hatte: »Was begehrst du denn?« Nehemia 2,4 Der Mann Gottes wagte es nicht zu antworten, bevor er den Einen befragt hatte, der über Artaxerxes stand. Er hatte eine heilige Aufgabe, zu deren Erfüllung er die Hilfe des Königs erbat. Es war ihm klar, wie viel davon abhing, dass er die Angelegenheit auf eine Weise präsentierte, dass er die Zustimmung des Königs gewann und sich seiner Hilfe versicherte. »Da betete ich zu dem Gott des Himmels,« Nehemia 2,4 erklärte er. In diesem kurzen Gebet drängte sich Nehemia in die Gegenwart des Königs der Könige und gewann eine Macht für seine Sache, die Herzen wie Wasserströme lenken kann.

Ein Stoßgebet zu Gott zu schicken wie Nehemia es in der Stunde der Not tat, ist eine Hilfsquelle, die dem Christen zur Verfügung steht, wenn andere Formen des Gebetes vielleicht unmöglich sind. Vielbeschäftigte Arbeitende bei ihren täglichen Pflichten, die von Ratlosigkeit fast überwältigt werden, können eine Bitte um göttliche Führung nach oben schicken. Reisende zu Wasser und zu Land, die vielleicht gerade von einer großen Gefahr bedroht werden, können sich dem Schutz des Himmels anbefehlen. In Zeiten, in denen plötzlich Schwierigkeiten oder Gefahren auftreten, kann man seinen Hilfeschrei an den Einen richten, der versprochen hat, selbst zur Hilfe Seiner treuen Gläubigen zu kommen, wann immer sie ihn rufen. Unter allen Umständen und Bedingungen kann die von Schmerz und Sorge gebeugte Seele Sicherheit, Unterstützung und Hilfe in der nie versagenden Liebe und Macht eines Gottes finden, der Seinen Bund hält.

In diesem kurzen Augenblick des Gebets zum König der Könige sammelte Nehemia genügend Mut, um Artaxerxes seinen Wunsch mitzuteilen, eine Zeitlang von seinen Pflichten am Hof entbunden zu werden. Er bat ihn um Vollmacht, die wüsten Plätze Jerusalems wieder aufzubauen und es erneut zu einer starken und befestigten Stadt machen zu dürfen. Bedeutsame Folgen für die jüdische Nation hingen von dieser Bitte ab. Nehemia berichtet dazu: »Und der König bewilligte mir dies«, berichtet Nehemia, »weil die gütige Hand meines Gottes über mir war.« Nehemia 2,8 EÜ

Nachdem er die Hilfe bekommen hatte, die er haben wollte, ergriff Nehemia klug und vorausschauend die notwendigen Maßnahmen, um den Erfolg seines Vorhabens sicherzustellen. Er versäumte keine Vorsichtsmaßnahme, die diesen Erfolg gefährden konnte. Nicht einmal seinen eigenen Landsleuten erzählte er von seinen Absichten. Er wusste zwar, dass sich viele über seinen Erfolg freuen würden, fürchtete aber, dass einige durch unüberlegte Handlungen den Neid ihrer Feinde erregen und so das ganze Unternehmen gefährden könnten.

Seine Bitte wurde vom König derart gut aufgenommen, dass Nehemia es wagte, um weitere Unterstützung zu bitten. Um seiner Mission die nötige Würde und Autorität zu verleihen und auf der Reise Schutz zu haben, bat er um eine militärische Eskorte, die ihm auch gewährt wurde. Er bekam königliche Briefe für die Statthalter der Provinzen jenseits des Euphrats mit, durch deren Gebiet er auf seinem Weg nach Judäa ziehen musste. Einen weiteren Brief bekam er für den verantwortlichen Förster für die Berge des Libanon, in dem dieser angewiesen wurde, das benötigte Bauholz zu liefern. Um jeder möglichen Beschwerde vorzubeugen, er habe seine Kompetenzen oder Privilegien überschritten, bemühte sich Nehemia sorgfältig darum, dass diese genau definiert wurden.

Dieses Beispiel weiser Vorausplanung und entschiedener Handlungsweise stellt eine Lektion für alle Christen dar. Gottes Kinder sollen nicht nur im Glauben beten, sondern auch sorgfältig und vorausschauend an die Arbeit gehen. Sie begegnen vielen Schwierigkeiten, und oft hindern sie das Wirken der Vorsehung zu ihren Gunsten, weil sie der Ansicht sind, dass Besonnenheit und gewissenhafte Anstrengung nur wenig mit Religion zu tun hätten. Nehemia sah seine Pflicht nicht als getan an, als er vor dem Herrn geweint und gebetet hatte. Zu seinen Bitten kamen noch heilige Anstrengungen hinzu, indem er sich ernsthaft und unter Gebet für den Erfolg des Vorhabens bemühte, dem er verpflichtet war. Um die heiligen Unternehmungen des heutigen Tages zum Erfolg zu führen, sind sorgfältige Überlegungen und gut ausgereifte Pläne heute ebenso wie beim Wiederaufbau der Mauern Jerusalems unbedingt erforderlich.

Nehemia verließ sich nicht auf Eventualitäten. Die ihm fehlenden Mittel erbat er sich von denen, die sie geben konnten. Der Herr ist noch immer bereit, um der Sache der Wahrheit willen auf die Herzen derer einzuwirken, die Seine Güter besitzen. Wer für Ihn arbeitet, soll sich der Hilfe versichern, zu denen Gott die Menschen bewegt. Diese Gaben können Wege eröffnen, durch die das Licht der Wahrheit in viele finstere Länder gelangt. Die Geber mögen nicht einmal an Christus glauben und auch nicht mit Seinem Wort vertraut sein, aber ihre Gaben sollten deshalb nicht abgelehnt werden.

KAPITEL **53**

Die Bauleute auf der Mauer

Auf Grundlage von Nehemia 2 bis 4

Nehemia hatte eine sichere Reise nach Jerusalem. Die königlichen Briefe an die Statthalter der Provinzen entlang seiner Route sorgten für ehrenvolle Aufnahme und sofortige Unterstützung. Kein Feind wagte es, den Gesandten zu belästigen, der unter dem Schutz der Macht des persischen Königs stand und von den Provinzstatthaltern mit ausgesuchter Zuvorkommenheit behandelt wurde. Seine Ankunft in Jerusalem mit einer militärischen Eskorte, die die Wichtigkeit seiner Mission unterstrich, erregte jedoch den Neid der umliegenden heidnischen Stämme, die ihre Feindschaft gegen die Juden schon so oft gezeigt hatten, indem sie diese mit Beleidigungen und Beschuldigungen überhäuften. Bei diesem bösen Werk standen bestimmte Stammesführer wie der Horoniter Sanballat, der Ammoniter Tobia und der Araber Geschem an erster Stelle. Von Anfang an beobachteten diese Stammesfürsten Nehemia sehr kritisch und versuchten mit allen ihnen zur Verfügung stehenden Mitteln, seine Pläne zu vereiteln und sein Werk zu behindern.

Nehemia ging auch weiterhin so vorsichtig und besonnen vor wie bisher. Da er wusste, dass ihm bittere und entschiedene Feinde gegenüberstanden, die bereit waren, ihm Widerstand zu leisten, verbarg er den eigentlichen Grund seiner Mission vor ihnen, bis eine Sondierung der Situation ihn die Lage gesetzt hatte, Pläne zu machen. Er wollte sich so der Mitarbeit des Volkes versichern und hoffte, sie bereits an der Arbeit zu haben, bevor der Widerstand seiner Feinde überhaupt erst einsetzte. Nehemia wählte einige Männer aus, von denen er wusste, dass sie vertrauenswürdig waren. Er erzählte ihnen über die Umstände, die dazu geführt hatten, dass er nach Jerusalem gekommen war, welche Ziele er zu erreichen wünschte und welche Pläne er vorschlug. Ihr Interesse in sein Unternehmen war sofort geweckt, und sie sicherten ihm ihre Unterstützung zu.

In der dritten Nacht nach seiner Ankunft stand Nehemia um Mitternacht auf und brach mit einigen wenigen Vertrauten auf, um sich selbst ein Bild der Zerstörung Jerusalems zu machen. Auf seinem Maultier ritt er von einem Stadtteil zum nächsten und nahm die niedergerissenen Mauern und Tore der Stadt [635/636] seiner Vorfahren in Augenschein. Schmerzhafte Überlegungen erfüllten die Gedanken des jüdischen Patrioten, als er mit sorgenvollem Herzen die zerstörten Verteidigungsanlagen seines geliebten Jerusalem betrachtete. Die Erinnerungen an Israels einstige Größe waren in scharfem Kontrast mit den Beweisen seiner Demütigung. Still und heimlich vollendete Nehemia seine Umrundung der Mauern. Er beschreibt das folgendermaßen: »Die Ratsherren wussten nicht, wohin ich gegangen war und was ich gemacht hatte«, schrieb er; »denn ich hatte bis dahin den Juden, nämlich den Priestern, den Vornehmen und den Ratsherren und den andern, die am Werk arbeiten sollten, nichts gesagt.« Nehemia 2,16 Den Rest der Nacht verbrachte er im Gebet, denn er wusste, dass am Morgen ernste Anstrengungen anstanden, seine entmutigten und zerstrittenen Landsleute aufzurütteln und zu einigen.

Nehemia hatte zwar eine königliche Vollmacht, die die Einwohner dazu verpflichtete, mit ihm beim Wiederaufbau der Stadtmauern zusammenzuarbeiten, aber er wollte sich nicht auf die Ausübung von Zwang verlassen. Ihm war es vielmehr wichtig, das Vertrauen und die Sympathie des Volkes zu erringen, weil er wusste, dass Herz und Hand nur vereint das große vor ihm liegende Werk bewältigen konnten. Als er am Morgen eine Volksversammlung einberief, präsentierte er absichtlich solche Argumente, die ihre schlafenden Energien aufwecken und die zersplitterten Interessensgruppen einigen sollten. Seine Hörer wussten allerdings nichts von seinem mitternächtlichen Rundritt in der letzten Nacht, und er sprach auch nicht darüber. Die Tatsache allein, dass er diesen Rundritt gemacht hatte, trug viel zu seinem Erfolg bei, denn er konnte seinen erstaunten Zuhörern nun genau und detailliert über den Zustand der Stadt erzählen. Der Eindruck, den die Schwäche und der Zerfall Jerusalems auf ihn gemacht hatten, verlieh seinen Worten Ernst und Macht.

Nehemia machte dem Volk klar, wie sehr sie unter den Heiden zum Spott geworden waren: ihre Religion war entehrt und ihr Gott wurde verlästert. Er erzählte ihnen, wie er an weit entferntem Ort von ihrer Bedrängnis gehört hatte, wie er um ihretwillen den Himmel um die Gunst Gottes angefleht und sich im Gebet entschlossen hatte, den König um Erlaubnis zu bitten, ihnen beistehen zu dürfen. Er hatte Gott nicht nur darum gebeten, dass der König ihm die Erlaubnis zu diesem Werk geben, sondern ihn auch mit Autorität ausstatten und ihm die nötige Unterstützung geben möge. Sein Gebet war auf eine Weise beantwortet worden, die ihm zeigte, dass der Plan vom Herrn eingegeben worden war.

All dies berichtete Nehemia. Als er gezeigt hatte, dass er mit der vereinten Autorität des Gottes Israels und des persischen Königs ausgestattet war, fragte Nehemia das Volk direkt, ob sie die Gelegenheit nutzen, sich aufmachen und die Mauer wieder aufbauen wollten.

Dieser Aufruf erreichte ihre Herzen ganz unmittelbar. Der Gedanke, wie sehr

 ihnen die Gunst des Himmels erwiesen worden war, beschämte

all ihre Ängste und erfüllte sie mit neuem Mut, so dass sie wie mit einer Stimme erklärten: »‚Ja, wir wollen darangehen und bauen!' Und sie ermutigten sich gegenseitig dazu, das gute Werk in Angriff zu nehmen«. Nehemia 2,18 Menge

Nehemia war mit ganzem Herzen und ganzer Seele bei dem Unternehmen, das er auf sich genommen hatte. Seine Hoffnung, Energie, Begeisterung und Entschlossenheit waren ansteckend und inspirierten andere zu demselben großen Mut und demselben edlen Entschluss. Jeder Zuhörer wurde sozusagen selbst zum Nehemia und half so dabei mit, das Herz und die Hand seines Nächsten zu stärken. Als die Feinde Israels hörten, was die Juden zu tun hofften, lachten sie voller Hohn über sie und sagten: »Was ist das, was ihr da macht? Wollt ihr von dem König abfallen?« Nehemia 2,19 Doch Nehemia antwortete: »Der Gott des Himmels wird es uns gelingen lassen; denn wir, seine Knechte, haben uns aufgemacht und bauen wieder auf. Für euch gibt es keinen Anteil, kein Anrecht noch Gedenken in Jerusalem.« Nehemia 2,20

Unter den ersten, auf die Nehemias Eifer und Begeisterung übersprang, waren die Priester. Aufgrund ihrer einflussreichen Stellung konnten diese Männer viel dazu beitragen, das Werk voranzubringen oder auch zu hindern. Ihre bereitwillige Mitarbeit von Anfang trug nicht wenig zum Erfolg bei. Die Mehrheit der Fürsten und Oberen bekannten sich edel zu ihrer Pflicht, und so wurden diese treuen Männer auch im Buch Gottes erwähnt. Es gab einige Wenige, wie die Vornehmen von Tekoa, von denen es heißt: »aber die Vornehmen unter ihnen beugten ihren Nacken nicht unter den Dienst ihres Herrn«. Nehemia 3,5 Die Erinnerung an diese faulen Diener ist mit Schande gebrandmarkt und wurde als Warnung für zukünftige Generationen aufgeschrieben.

In jeder religiösen Bewegung gibt es Menschen, die nicht verleugnen können, dass es sich um das Werk Gottes handelt. Dennoch distanzieren sie sich davon und verweigern jede Bemühung zur Hilfe. Solchen Menschen täte es gut, sich daran zu erinnern, dass in den Büchern im Himmel ein Bericht ohne Lücken und Fehler aufgeschrieben wird, nach dem sie gerichtet werden. Versäumte Gelegenheiten, Gott einen Dienst zu tun, werden dort aufgeschrieben, aber ebenso wird auch jede Tat des Glaubens und der Liebe ewig in Erinnerung behalten.

Gegenüber dem inspirierenden Einfluss Nehemias hatte das Beispiel der Vornehmen von Tekoa allerdings nur wenig Gewicht, und im Allgemeinen ließen sich die Menschen vom Patriotismus und Eifer anstecken. Fähige und einflussreiche Männer teilten die unterschiedlichen Gesellschaftsschichten von Bürgern in Gruppen ein, wobei jeweils ein Gruppenführer die Verantwortung für den Aufbau eines gewissen Mauerteils übernahm. Von dem einen oder anderen heißt es, dass er »gegenüber seinem Haus« Nehemia 3,10 baute. Auch jetzt, als das Werk tatsächlich anfing, ließ Nehemias Energie nicht nach. Mit unermüd- [639/640] licher Wachsamkeit beaufsichtigte er das Bauen, indem er Arbeiter anleitete, Hindernisse zur Kenntnis nahm und Vorsorge für Notfälle traf. Auf der ganzen Länge der Mauer von fünf Kilometern war sein Einfluss ständig zu verspüren. Mit einem Wort zur rechten Zeit ermutigte er die Ängstlichen, scheuchte die Langsamen auf und lobte die Fleißigen. Dabei behielt er die Aktionen der Feinde immer im Auge, die sich von Zeit zu Zeit in der Ferne versammelten, als ob sie irgendeine Bosheit planten. Anschließend kamen sie näher und näher an die Arbeiter und versuchten ihre Aufmerksamkeit abzulenken. Bei all seinen vielen Aktivitäten vergaß Nehemia die Quelle seiner Kraft jedoch nicht. Sein Herz war beständig auf Gott gerichtet, den großen Wächter über alle Dinge. »Der Gott des Himmels wird es uns gelingen lassen!« Nehemia 2,20 rief er aus. Diese Worte fanden in den Herzen der Bauleute auf der Mauer immer wieder ihr Echo und trieben sie an.

Der Wiederaufbau der Verteidigungsanlagen Jerusalems ging jedoch nicht ungehindert vor sich. Satan wirkte, um Widerstand zu erwecken und Entmutigung hervorzurufen. Sanballat, Tobia und Geschem, die hierin seine wichtigsten Helfer waren, nahmen sich nun vor, das Werk des Wiederaufbaus aktiv zu hindern, indem sie versuchten, Uneinigkeit unter den Bauleuten zu schaffen. Außerdem verspotteten sie die Bemühungen der Bauenden, indem sie das Unternehmen als unmöglich darstellten und ein Misslingen vorhersagten.

»Was machen die ohnmächtigen Juden?« rief Sanballat spöttisch. »Wird man sie gewähren lassen? ... Werden sie aus den Schutthaufen die Steine lebendig machen, die doch verbrannt sind?« Und Tobia fügte noch abfälliger hinzu: »Lass sie nur bauen; wenn ein Fuchs auf ihre steinerne Mauer hinaufspringt, reißt er sie ein.« Nehemia 3,34f Die Bauenden mussten sich bald mit einem aktiveren Widerstand auseinandersetzen. Sie waren gezwungen, sich ständig gegen die Intrigen ihrer Feinde vorzusehen, die nach außen hin zwar Freundschaft heuchelten, aber heimtückisch auf unterschiedliche Wiese versuchten, Verwirrung, Sorgen und sogar Misstrauen in die Sache hervorzurufen. Sie bemühten sich regelrecht, den Mut der Juden zu untergraben. Sie bildeten Verschwörungen, um Nehemia in ihre Falle zu locken. Zu diesem Verrat fanden sich schnell Juden mit einer falschen Gesinnung. So wurde das Gerücht ausgestreut, Nehemia plane eine Verschwörung gegen den persischen König, um selbst König über Israel zu werden. Alle, die ihn unterstützten, seien demzufolge Verräter.

Nehemia verließ sich jedoch weiterhin auf Gottes Führung und Unterstützung und ermutigte das Volk, weiter zu arbeiten. vgl. Nehemia 3,38 Das Unternehmen machte immer weitere Fortschritte, bis schließlich die Lücken gefüllt und die Mauer bis zur Hälfte ihrer geplanten Höhe aufgebaut war.

Als die Feinde Israels sahen, wie ineffektiv ihre bisherigen Anstrengungen

 waren, wurden sie zornig. Bis jetzt hatten sie es nicht gewagt, gewaltsame Maßnahmen zu ergreifen, denn sie wussten, dass Nehemia und seine Gefährten im Auftrag des Königs handelten. Sie hatten gefürchtet, dass eine offene Feindschaft gegen ihn das Missfallen des Königs über sie bringen könnte. Nun aber wurden sie in ihrem Ärger selbst des Verbrechens schuldig, dessen sie Nehemia angeklagt hatten. Sie kamen zusammen, um sich zu beraten und sie »verschworen sich, gegen Jerusalem in den Krieg zu ziehen und dort Unruhe zu stiften«. Nehemia 4,2 EÜ

Zur selben Zeit wie die Samariter sich gegen Nehemia und sein Werk verschworen, versuchten einige führende Juden, die sich von ihm entfremdet hatten, ihn dadurch zu entmutigen, indem sie die Schwierigkeiten des Werkes übertrieben darstellten. Sie sprachen: »Den Trägern geht die Kraft aus, denn es liegt zu viel Schutt da; es wird uns nie gelingen, die Mauer aufzubauen.« Nehemia 4,4 EÜ

Die Entmutigung kam aber auch noch aus anderer Quelle: »Die Juden, die in ihrer Nachbarschaft wohnten«, Nehemia 4,6 Menge und nicht mitarbeiteten, übernahmen die Aussagen und Berichte ihrer Feinde und benutzten diese dazu, den Mut der Bauleute zu schwächen und Entfremdung zu schaffen.

Spott und Hohn, Widerstand und Drohungen schienen jedoch Nehemia nur mit größerer Entschlossenheit zu erfüllen und ihn zu größerer Wachsamkeit zu veranlassen. Er erkannte die Gefahren, denen er in dieser Auseinandersetzung mit Israels Feinden begegnen musste, aber sein Mut war ungebrochen. »Wir aber beteten zu unserm Gott«, bekannte er, »und stellten gegen sie Tag und Nacht Wachen auf ... Da stellte man sich auf unten hinter der Mauer an den offenen Stellen, und ich ließ das Volk antreten nach seinen Geschlechtern mit Schwertern, Spießen und Bogen. Und als ich ihre Furcht sah, machte ich mich auf und sprach zu den Vornehmen und Ratsherren und dem übrigen Volk: Fürchtet euch nicht vor ihnen; gedenket an den Herrn, der groß und furchtbar ist, und streitet für eure Brüder, Söhne, Töchter, Frauen und Häuser!« Nehemia 4,3.7f

»Als aber unsere Feinde hörten, dass es [ihr Plan] uns kundgeworden war, und Gott so ihren Rat zunichte gemacht hatte, kehrten wir alle wieder zur Mauer zurück, ein jeder zu seiner Arbeit. Und es geschah hinfort, dass die Hälfte meiner Leute am Bau arbeitete, die andere Hälfte aber hielt Spieße, Schilde, Bogen und Panzer bereit ... Die da Lasten trugen, arbeiteten so: mit der einen Hand taten sie die Arbeit, und mit der andern hielten sie die Waffe. Und ein jeder, der baute, hatte sein Schwert um die Lenden gegürtet und baute so.« Nehemia 4,9-12

Neben Nehemia stand ein Trompeter und an den verschiedenen Teilen der Mauer waren Priester aufgestellt, die heilige Trompeten trugen. Das Volk war beim Arbeiten weit verstreut, aber wenn sich irgendeine Gefahr nahte, ließ man das Signal ertönen, das sie dorthin rief. »So arbeiteten wir am Bau«, berichtet Nehemia, »während die Hälfte die Spieße bereit hielt, vom Aufgang der Morgenröte, bis die Sterne hervorkamen.« Nehemia 4,15 Von denen, die bisher in den Städten und Dörfern außerhalb Jerusalems gewohnt hatten, wurde nun verlangt, dass sie innerhalb der Mauern übernachteten und so am Morgen für ihre Pflichten bereit waren. Dies würde unnötige Verzögerungen verhindern und dem Feind jede Möglichkeit nehmen, die Arbeiter auf ihrem Weg von und zu ihren Häusern zu überfallen. Nehemia und seine Gefährten schreckten nicht vor Entbehrungen und harter Arbeit zurück. Weder am Tag noch in der Nacht, nicht einmal in der kurzen Zeit, die sie zum Schlafen hatten, legten sie ihre Kleidung oder ihre Rüstung ab. Der Widerstand und die Entmutigung, dem die Bauleute in den Tagen Nehemias durch offene Feinde oder angebliche Freunde begegnen mussten, kennzeichnet auch die Erfahrung derer, die heute für Gott arbeiten. Christen werden nicht nur durch Ärger, Verachtung und Grausamkeit ihrer Feinde geprüft, sondern auch durch Gleichgültigkeit, Unbeständigkeit, Lauheit und Verrat erklärter Freunde und Helfer. Spott und Hohn werden auf sie gehäuft, und der Feind, der jetzt Verachtung über sie bringt, wird bei günstiger Gelegenheit grausamere und gewaltsamere Methoden einsetzen.

Satan nützt jeden ungeheiligten Menschen für die Verwirklichung seiner Absichten. Es gibt unter denen, die von sich selbst sagen, dass sie das Werk Gottes unterstützen, solche Menschen, die sich mit Seinen Feinden vereinen und damit das Werk Gottes für die Angriffe Seiner bittersten Feinde verletzlich machen. Sogar einige von denen, die wollen, dass Gottes Werk Fortschritte macht, schwächen die Hände Seiner Diener, indem sie den Verleumdungen, Prahlereien und Bosheiten der Feinde Gottes zuhören, sie weitergeben und selbst zur Hälfte glauben. Satan wirkt mit wunderbarem Erfolg durch seine Werkzeuge. Alle, die sich deren Einfluss überlassen, unterwerfen sich einer bezaubernden Macht, die die Weisheit der Weisen und das Verständnis der Verständigen zerstört. Wie Nehemia soll sich das Volk Gottes vor ihren Feinden weder fürchten noch sie verachten. Vielmehr sollen sie Gott vertrauen und stetig vorwärtsgehen, indem sie Sein Werk selbstlos tun und das Werk, für das sie stehen, Seiner Vorsehung anvertrauen.

Unter großen Entmutigungen vertraute Nehemia seinem Gott und machte ihn zu seiner Verteidigung. Gottes Volk konnte sich zu allen Zeiten auf Ihn verlassen, der damals Seinen Diener unterstützte. In jeder Notlage kann Sein Volk zuversichtlich erklären: »Ist Gott für uns, wer mag wider uns sein?« Römer 8,31 Und wenn Satan und seine Werkzeuge auch noch so durchtriebene Pläne legen mögen, Gott kann sie entdecken und all ihre Weisheit zunichtemachen. Die Antwort des Glaubens wird heute dieselbe sein wie die von Nehemia: »Unser Gott wird für uns streiten.« Nehemia 4,14 Denn Gott ist in Seinem Werk, dessen guten Abschluss niemand verhindern kann.

KAPITEL 54

WUCHER WIRD GETADELT

Auf Grundlage von Nehemia 5

Die Stadtmauer Jerusalems war noch nicht fertiggestellt, als Nehemias Aufmerksamkeit auf den unglücklichen Zustand der Armen im Volk gelenkt wurde. Bei den unsicheren Verhältnissen im Land war der Nahrungsmittelanbau ziemlich vernachlässigt worden. Weil außerdem einige Rückkehrer sehr selbstsüchtig gehandelt hatten, ruhte der Segen des Herrn nicht auf ihrem Land. So gab es einen Mangel an Getreide.

Um Nahrungsmittel für ihre Familien zu bekommen, waren die Armen gezwungen, zu außerordentlich hohen Preisen auf Kredit zu kaufen. Um die hohen Steuern, die ihnen von den Königen Persiens auferlegt waren, waren sie auch genötigt, sich auf Zinsen Geld zu leihen. Die Not der Armen wurde noch durch die Tatsache vergrößert, dass die reicheren Juden aus ihrer Zwangslage Vorteil zogen und sich daran bereicherten.

Der Herr hatte Israel durch Mose geboten, dass jedes dritte Jahr ein Zehnter für die Armen erhoben wurde. Als weitere Vorsorge ruhte in jedem siebten Jahr alle Feldarbeit und man ließ das Land brach liegen. Die wildwachsenden Erzeugnisse wurden denen überlassen, die in Not waren. Wenn das Volk treu diese Opfergaben zur Unterstützung der Armen und anderen wohltätigen Zwecken gegeben hätte, so wäre ihm immer wieder die Wahrheit vor Augen gehalten worden, dass alles Gott gehört und sie Kanäle des Segens sein sollten. Es war die Absicht des Herrn, dass die Israeliten zur Selbstlosigkeit und zur Entwicklung eines freigebigen und edlen Charakters erzogen werden sollten.

Gott hatte sie auch durch Mose unterwiesen: »Wenn du Geld verleihst an einen aus meinem Volk, an einen Armen neben dir, so sollst du an ihm nicht wie ein Wucherer handeln.« 2.Mose 22,24 – »Du sollst von deinem Bruder nicht Zinsen nehmen, weder für Geld noch für Speise noch für alles, wofür man Zinsen nehmen kann.« 5.Mose 23,20 Zudem hatte Gott gefordert: »Wenn einer deiner Brüder arm ist in irgendeiner Stadt in deinem Lande, das der Herr, dein Gott, dir geben wird, so sollst du dein Herz nicht verhärten und deine Hand nicht zuhalten gegenüber deinem armen Bruder, sondern sollst sie ihm auftun und ihm leihen, soviel er Mangel hat ... Dafür wird dich der Herr, dein Gott, segnen ... Es werden allezeit Arme sein im Lande; darum gebiete ich dir und sage, dass du deine Hand auftust deinem Bruder, der bedrängt und arm ist in deinem Lande.« 5.Mose 15,7.8.10f

Nur zu oft nach der Rückkehr der Exilanten aus Babylon hatten die reichen Juden gerade entgegengesetzt zu diesen ausdrücklichen Geboten gehandelt. Als die Armen gezwungen waren, sich Geld zu leihen, um ihre Abgaben für den König zu bezahlen, hatten die Reichen ihnen zwar Geld geliehen, aber gleichzeitig hohe Zinsen von ihnen gefordert. Dadurch, dass die Armen durch die Reichen gezwungen wurden, Hypotheken auf ihr Land aufzunehmen, wurden diese unglücklichen Schuldner in die tiefste Armut gestoßen. Viele waren genötigt, ihre Söhne und Töchter als Sklaven zu verkaufen. Es schien keine Hoffnung zu geben, dass sich ihr Zustand besserte, und keine Möglichkeit, dass sie ihre Kinder oder ihr Land wieder auslösen konnten. Sie hatten keine Aussicht auf Besserung, sondern nur auf sich stetig vergrößerndes Elend, permanenten Mangel und Sklaverei. Dabei waren sie doch aus demselben Volk und Kinder desselben Bundes wie ihre besser gestellten Brüder.

Schließlich klärte das Volk Nehemia über ihren Zustand auf. »Siehe, wir müssen unsere Söhne und Töchter als Sklaven dienen lassen«, sagten sie, »und schon sind einige unserer Töchter erniedrigt worden, und wir können nichts dagegen tun, und unsere Äcker und Weinberge gehören andern.« Nehemia 5,5

Als Nehemia von dieser grausamen Unterdrückung hörte, war seine Empörung groß. »Als ich ihre Klage und diese Worte hörte, wurde ich sehr zornig«, Nehemia 5,6 EÜ sagte er. Er erkannte, dass er sich entschieden für Gerechtigkeit einsetzen musste, wenn er die Zumutung dieser unseligen Gewohnheit durchbrechen wollte. Mit der für ihn charakteristischen Energie und Entschlossenheit ging er ans Werk, die Lage seiner Brüder zu erleichtern. Die Tatsache, dass die Unterdrücker reiche Männer waren, deren Unterstützung bei dem Werk des Wiederaufbaus der Stadt dringend benötigt wurde, beeinflusste Nehemia nicht einen Augenblick. Er tadelte die Fürsten und Edlen hart. Er berief eine Volksversammlung ein und legte ihnen Gottes Anforderungen in dieser Sache vor.

Er erinnerte sie an die Ereignisse, die unter der Herrschaft von König Ahas geschehen waren, und wiederholte ihnen die Botschaft, die Gott den Juden zu dieser Zeit geschickt hatte, um ihre Grausamkeit und Unterdrückung zu tadeln. Die Juden waren wegen ihres Götzendiensts schließlich in die Hand des Volkes Israel, das noch abgöttischer war als sie selbst, ausgeliefert worden. Ihre Brüder hatten ihrer Feindschaft so sehr nachgegeben, dass im Kampf viele Tausende Männer Judas erschlagen und alle Frauen und Kinder mit der Absicht in Gefan-
 genschaft gebracht worden waren, sie entweder selbst als Skla-

ven zu halten oder sie den Heiden als solche zu verkaufen. Wegen der Sünden Judas war der Herr nicht eingeschritten, um diesen Kampf zu verhindern, aber Er tadelte durch den Propheten Oded die grausamen Absichten der siegreichen Armee: »Nun gedenkt ihr, die Leute von Juda und Jerusalem zu unterwerfen, dass sie eure Sklaven und Sklavinnen seien. Ist denn das nicht Schuld bei euch gegenüber dem Herrn, eurem Gott?« 2.Chronik 28,10

Oded warnte das Volk Israel davor, dass der Zorn des Herrn über ihnen sei und dass ihre Ungerechtigkeit und Unterdrückung Seine Gerichte über sie selbst bringen würde. Als sie diese Worte hörten, gaben die Soldaten die Gefangenen und die Beute frei vor den Fürsten und der ganzen Versammlung. Dann nahmen einige Familienoberhäupter aus dem Stamm Ephraim die Gefangenen »und bekleideten alle, die bloß unter ihnen waren, mit Kleidern aus der Beute und zogen ihnen Schuhe an und gaben ihnen zu essen und zu trinken und salbten sie, und alle, die schwach waren, führten sie auf Eseln und brachten sie nach Jericho ... zu ihren Brüdern«. 2.Chronik 28,15

Nehemia und andere hatten einige der Juden, die bereits an die Heiden verkauft worden waren, wieder freigekauft. Er stellte nun diese Handlungsweise dem Verhalten derer gegenüber, die um weltlichen Gewinn zu erlangen, ihre Brüder versklavt hatten. »Es ist nicht gut, was ihr tut«, sagte er. »Solltet ihr nicht in der Furcht Gottes wandeln um des Hohnes der Heiden willen, die ja unsere Feinde sind?« Nehemia 5,12

Nehemia zeigte ihnen, dass er, der vom persischen König mit Autorität versehen worden war, große Abgaben zu seinem eigenen Nutzen hätte verlangen können. Doch anstelle dessen hatte er nicht einmal das verlangt, was ihm rechtlich zustand, sondern freigebig an die Armen verteilt, um ihre Not zu lindern. Er drängte jene jüdischen Fürsten, die sich der Ausbeutung schuldig gemacht hatten, diese Ungerechtigkeit zu unterlassen, den Armen ihr Land und auch die Zinsen zurückzugeben, die sie von ihnen verlangt hatten, und ihnen ohne Sicherheiten oder Zinsen Geld zu leihen.

Diese Worte wurden vor der ganzen Versammlung gesprochen. Hätten die Fürsten es gewollt, hätten sie sich rechtfertigen können, denn sie hatten die Gelegenheit dazu. Sie entschuldigten ihr Verhalten jedoch nicht, sondern erklärten: »Wir wollen es zurückgeben«, erklärten sie, »und wollen nichts von ihnen fordern und wollen tun, wie du gesagt hast.« Nehemia 5,12 Da nahm Nehemia in Abwesenheit der Priester »einen Eid von ihnen, dass sie so tun sollten ... Und die ganze Gemeinde sprach: Amen! und lobte den Herrn. Und das Volk tat so.« Nehemia 5,12f

Dieser Bericht enthält eine wichtige Lehre: »Habsucht ist eine Wurzel alles Übels.« 1.Timotheus 6,10 In dieser Generation ist das Verlangen nach Gewinn die alles überschattende Leidenschaft. Reichtum wird oft durch Betrug erlangt. Es gibt viele Menschen, die mit der Armut kämpfen, die gezwungen sind, für einen geringen Lohn zu arbeiten und sich nicht einmal das Notwendigste im Leben leisten können. Mühe und Entbehrung machen ihr Leben zu einer schweren Last, und sie haben keine Hoffnung, dass sich die Dinge jemals bessern. Von Sorgen zerfressen und bedrückt wissen sie nicht, wohin sie sich um Hilfe wenden sollen. All dies ist so, damit die Reichen ihren Luxus finanzieren oder sich ihrem Wunsch hingeben können, immer mehr zu horten.

Die Liebe zum Geld und die Liebe zur äußeren Darstellung haben diese Welt zu einer Diebes- und Räuberhöhle gemacht. Die Schrift beschreibt die Gier und die Unterdrückung, die kurz vor Christi Wiederkunft vorherrschen: »Wohlan nun, ihr Reichen, weinet und heulet über das Elend, das über euch kommen wird! ... Euer Gold und Silber ist verrostet, und ihr Rost wird wider euch Zeugnis geben und wird euer Fleisch fressen wie Feuer. Ihr habt euch Schätze gesammelt am Ende der Tage! Siehe, der Arbeiter Lohn, die euer Land abgeerntet haben, der von euch vorenthalten ist, der schreit, und das Rufen der Schnitter ist gekommen vor die Ohren des Herrn Zebaoth. Ihr habt wohlgelebt auf Erden und eure Lust gehabt und eure Herzen geweidet am Schlachttag! Ihr habt verurteilt den Gerechten und getötet, und er hat euch nicht widerstanden.« Jakobus 5,1.3-6

Sogar unter denen, die für sich beanspruchen, Gottesfurcht zu haben, gibt es einige, die denselben Kurs eingeschlagen haben wie die Fürsten Israels. Weil sie die Macht dazu haben, fordern sie mehr als gerechtfertigt ist und werden dadurch zu Unterdrückern. Weil Geldgier und Verrat im Leben derer zu sehen ist, die den Namen Christi tragen, und weil in den Gemeindebüchern noch immer die Namen von Menschen stehen, die ihren Besitz durch Ungerechtigkeit erlangt haben, wird die Religion Christi verachtet. Extravaganz, Übervorteilung und Erpressung verderben den Glauben von vielen und zerstören ihr geistliches Leben. Die Gemeinde ist zu einem großen Teil verantwortlich für die Sünden ihrer Glieder und gibt dem Bösen ein Gesicht, wenn sie versagt, ihre Stimme dagegen zu erheben.

Die Gewohnheiten der Welt sind kein Kriterium für den Christen. Er soll ihre harten Praktiken, ihr Übervorteilen und ihre Erpressung nicht nachahmen. Jede ungerechte Handlung gegenüber einem Mitmenschen ist eine Verletzung der goldenen Regel. vgl. Matthäus 7,12

Jedes Unrecht an den Kindern Gottes wird Christus selbst in Person Seiner Heiligen angetan. Jeder Versuch, Vorteil aus der Unwissenheit, Schwäche oder dem Unglück anderer zu ziehen, wird in den himmlischen Büchern als Betrug eingetragen. Wer Gott aufrichtig fürchtet, würde sich eher Tag und Nacht abrackern und das Brot der Armut essen als der Leidenschaft zum

Gewinn nachzugeben, wodurch Witwen, Waise oder Fremde etwa um ihr Recht gebracht werden könnten.

Die geringste Abweichung vom Recht reißt die Hindernisse nieder und bereitet das Herz darauf vor, noch schlimmeres Unrecht zu tun. In dem Maß, wie ein Mensch sich seinen Vorteil auf Kosten anderer verschafft, wird seine Seele unempfänglich für den Einfluss des Geistes Gottes. Gewinn, der zu einem solchen Preis erlangt wird, ist ein furchtbarer Verlust.

Wir sind alle Schuldner der göttlichen Gerechtigkeit, die jedoch nichts hatten, womit sie diese Schuld hätten bezahlen können. Dann beglich der Sohn Gottes, der Mitleid mit uns hatte, den Preis für unsere Erlösung. Er wurde arm, damit wir durch Seine Armut reich würden. Durch Freigebigkeit gegenüber Seinen Armen können wir zeigen, wie aufrichtig unser Dank für die uns zuteil gewordene Gnade ist: »Lasset uns Gutes tun an jedermann, allermeist aber an des Glaubens Genossen.« Galater 6,10 Und seine Worte stimmen mit denen des Erlösers überein: »Ihr habt allezeit Arme bei euch, und wenn ihr wollt, könnt ihr ihnen Gutes tun.« Markus 14,7 – »Alles nun, was ihr wollt, dass euch die Leute tun sollen, das tut ihnen auch! Das ist das Gesetz und die Propheten.« Matthäus 7,12

KAPITEL 55

HEIDNISCHE ANSCHLÄGE

Auf Grundlage von Nehemia 6

Sanballat und seine Verbündeten wagten keinen offenen Krieg mit den Juden, sondern setzen stattdessen mit zunehmender Boshaftigkeit ihre geheimen Anstrengungen fort, diese zu entmutigen, zu verwirren und zu schädigen. Die Mauer um Jerusalem näherte sich mit großer Geschwindigkeit ihrer Fertigstellung. Als die Bauarbeiten abgeschlossen und die Tore eingesetzt werden sollten, konnten diese Feinde Israels nicht mehr hoffen, Eingang in die Stadt zu finden. Umso wichtiger war es ihnen daher, die Arbeiten ohne weitere Verzögerung zu stoppen. Schließlich entwickelten sie einen Plan, durch den sie hofften, Nehemia von seinem Posten wegzulocken, in ihre Gewalt zu bringen und dann zu töten oder einzusperren.

Sie gaben vor, einen Kompromiss zwischen beiden Seiten zu suchen, und wollten zu diesem Zweck eine Konferenz mit Nehemia abhalten. Sie luden ihn also ein, sie in einem Dorf in der Ebene von Ono zu treffen. Weil er jedoch durch den Heiligen Geist über ihre wahren Absichten aufgeklärt worden war, weigerte er sich zu kommen. Nehemia schreibt darüber: »Ich aber sandte Boten zu ihnen und ließ ihnen sagen: Ich hab ein großes Werk auszurichten, ich kann nicht hinabkommen; es könnte das Werk liegen bleiben, wenn ich die Hand abtäte und zu euch hinabkäme.« Nehemia 6,3 Sie versuchten aber weiterhin beharrlich, ihn zu einem solchen Treffen zu verleiten, und schickten vier Mal eine Botschaft diesen Inhalts. Jedes Mal bekamen sie dieselbe Antwort.

Als sich dieser Plan als nicht durchführbar erwies, nahmen sie ihre Zuflucht zu einer dreisteren List. Sanballat sandte Nehemia einen offenen Brief, in dem es hieß: »Unter den Leuten geht das Gerücht, und Geschem hat's gesagt, dass du und die Juden abfallen wollen, dass du darum auch die Mauer baust, und du wollest ihr König werden; und du habest dir Propheten bestellt, die in Jerusalem von dir ausrufen und sagen sollen: Er ist der König in Juda! Nun, das wird vor den König kommen. So komm nun und lass uns miteinander Rat halten!« Nehemia 6,6f Wären die erwähnten Gerüchte tatsächlich in Umlauf gesetzt worden, so hätte es

 Grund zur Besorgnis gegeben, denn sie wären bald bis zum König gedrungen, den schon ein kleiner Verdacht dazu hätte verleiten können, die strengsten Maßnahmen zu ergreifen. Nehemia war jedoch überzeugt, dass der Brief eine einzige Fälschung und nur dazu geschrieben worden war, ihn in Angst zu versetzen und in eine Falle zu locken. Diese Schlussfolgerung wurde durch die Tatsache erhärtet, dass der Brief offen geschickt wurde. Offensichtlich sollte das Volk seinen Inhalt lesen, in Furcht versetzt und eingeschüchtert werden.

Nehemia antwortete unverzüglich: »Es ist nichts von dem geschehen, was du da sagst; du hast es dir in deinem Herzen ausgedacht.« Nehemia 6,8 Nehemia kannte die Schliche Satans. Er wusste, dass diese Bemühungen nur dem einen Zweck dienen sollten, die Hände der Arbeiter zu schwächen und ihre Anstrengungen zu vereiteln.

Immer wieder war Satan besiegt worden. Nun legte er mit noch größerer Boshaftigkeit und Schläue eine sehr subtile und gefährliche Schlinge für den Diener Gottes. Sanballat und seine Gefährten bezahlten Männer, die vorgaben, Freunde Nehemias zu sein, damit sie ihm im Namen des Herrn böse Ratschläge gaben. Der bedeutendste Mann bei diesem schändlichen Werk war Schemaja, der vorher bei Nehemia in gutem Ruf gestanden war. Dieser Mann schloss sich in seine Kammer beim Heiligtum ein, als ob er fürchtete, dass sein Leben in Gefahr sei. Der Tempel war zu dieser Zeit durch Mauern und Tore geschützt, während die Stadttore noch nicht eingesetzt worden waren. Er gab große Besorgnis für Nehemias Sicherheit vor und gab ihm nun den Rat, Zuflucht im Tempel zu suchen. »Lass uns zusammenkommen im Hause Gottes, im Innern des Tempels, und die Türen des Tempels zuschließen«, schlug er vor, »denn sie werden kommen, dich zu töten, in der Nacht werden sie kommen, damit sie dich töten.« Nehemia 6,10

Wäre Nehemia diesem trügerischen Rat gefolgt, hätte er damit seinen Glauben an Gott verleugnet, und in den Augen des Volkes wäre er feige und verachtenswert erschienen. Sich furchtsam zu verstecken wäre mit dem wichtigen Werk, das er sich vorgenommen hatte, und dem Vertrauen, das er in die Macht Gottes zu haben bekannte, völlig unvereinbar gewesen. Furcht hätte sich dann im Volk ausgebreitet, jeder hätte sich nur noch um seine eigene Sicherheit gekümmert und die Stadt wäre ungeschützt geblieben und so ihren Feinden als Beute zugefallen. Nur diese eine unkluge Handlung Nehemias hätte die Aufgabe all des bisher Erreichten bedeutet.

Nehemia brauchte nicht lange, um den wahren Charakter und das Ziel seines Ratgebers herauszufinden. »Ich merkte, dass nicht Gott ihn gesandt hatte«, sprach er. »Denn er sagte die Weissagung über mich, weil Tobia und Sanballat ihm Geld gegeben hatten; damit ich mich fürchten und so handeln und mich verfehlen sollte, dass ein böses Gerücht aufkäme, damit sie mich verhöhnen könnten.« Nehemia 6,12f

Dieser schändliche Rat Schemajas wurde von mehr als einem Mann von hohem Ansehen unterstützt. Sie gaben zwar vor, Nehemias Freunde zu sein, waren aber insgeheim mit seinen Feinden verbündet. Ihre Falle nützte ihnen jedoch gar nichts. Nehemia antwortete furchtlos: »Sollte ein Mann wie ich fliehen? Sollte ein Mann wie ich in den Tempel gehen, um am Leben zu bleiben? Ich will nicht hineingehen.« Nehemia 6,11

Obwohl die Feinde ihre bösen Pläne offen und geheim vorantrieben, machten die Bauarbeiten stetige Fortschritte. In weniger als zwei Monaten nach der Ankunft Nehemias in Jerusalem war die Stadt durch Verteidigungsanlagen geschützt. Die Bauleute konnten auf den Mauern laufen und dabei auf ihre geschlagenen und erstaunten Feinde herabschauen. Nehemia schreibt: »Als alle unsere Feinde das hörten, fürchteten sich alle Völker, die um uns her wohnten, und der Mut entfiel ihnen; denn sie merkten, dass dies Werk von Gott war.« Nehemia 6,16

Doch selbst dieser Beweis, dass die Hand des Herrn alles unter Kontrolle hatte, reichte nicht aus, um Unzufriedenheit, Rebellion und Verrat unter den Israeliten in Schranken zu halten. »Auch sandten viele Vornehme aus Juda in jenen Tagen Briefe an Tobia, und von Tobia kamen Briefe zu ihnen. Es gab nämlich viele in Juda, die sich ihm verschworen hatten; denn er war ein Schwiegersohn Schechanjas.« Nehemia 6,17f Hier kann man negative Folgen sehen, die eine Heirat mit Ungläubigen mit sich bringt. Eine Familie in Juda hatte sich mit den Feinden Gottes verbunden, und diese Verbindung war zum Fallstrick geworden. Viele andere hatten dasselbe getan. Sie waren vergleichbar mit dem Mischvolk, das mit Israel aus Ägypten ausgezogen war, und machten ständig Schwierigkeiten. Sie dienten Gott nicht mit ganzem Herzen, und als Gottes Werk Opfer erforderte, verletzten sie bereitwillig den Eid, in dem sie sich feierlich zur Zusammenarbeit und Unterstützung verpflichtet hatten.

Einige der ärgsten Feinden der Juden gaben nun vor, den Wunsch zu haben, freundschaftliche Beziehungen zu ihnen zu unterhalten. Die vornehmen Juden, die sich in heidnische Ehen verstrickt, in verräterischer Weise mit Tobia korrespondiert und ihm sogar geschworen hatten, ihm zu dienen, stellten ihn nun als einen fähigen und weitsichtigen Mann dar. Ein Bündnis mit ihm wäre, so sagten sie, für die Juden ein großer Vorteil. Gleichzeitig verrieten sie ihm Nehemias Pläne und Handlungen. Auf diese Weise wurde das Werk des Volkes Gottes verwundbar für die Attacken ihrer Feinde und es gab Möglichkeiten, Nehemias Worte und Handlungen in falschem Licht darzustellen und damit sein Werk zu hindern.

Als sich die Armen und die Unterdrückten an Nehemia gewandt hatten, um das ihnen zugefügte Unrecht zu beseitigen, hatte er sie mutig verteidigt und die Übeltäter dazu veranlasst, den gegen sie vorgebrachten Vorwürfen abzuhelfen. Die Autorität, die er zugunsten seiner unterdrückten

Landsleute ausgeübt hatte, übte er jedoch nicht in eigener Sache aus. Seine Anstrengungen waren bei einigen auf Undankbarkeit und Verrat gestoßen, aber er gebrauchte seine Macht nicht, um die Verräter ihrer Bestrafung zuzuführen. Ruhig und selbstlos ging er im Dienst für sein Volk voran. Nie war er in seinen Bemühungen nachlässig, nie ließ er sein Interesse für sie erlahmen.

Satans Angriffe haben sich schon immer gegen die gerichtet, die sich darum bemühten, das Werk und die Sache Gottes voranzubringen. Sooft seine Bemühungen auch durchkreuzt werden mögen, erneuert er seine Attacken mit neuer Kraft und setzt bisher unversuchte Mittel dabei ein. Am meisten ist jedoch sein geheimes Wirken durch Menschen zu fürchten, die erklärte Freunde des Werkes Gottes sind. Offener Widerstand mag grimmig und grausam sein, ist jedoch weit ungefährlicher für die Sache Gottes als die geheime Feindschaft derer, die zwar vorgeben, Gott zu dienen, im Herzen jedoch Diener Satans sind. In ihrer Macht steht es nämlich, jeden Vorteil in die Hände derer zu spielen, die ihr Wissen zur Behinderung des Werkes Gottes und zum Schaden seiner Kinder benutzen.

Jedes Mittel, das sich der Fürst der Finsternis ausdenken kann, wird eingesetzt werden, Gottes Diener zu einem Bündnis mit den Vertretern Satans zu bewegen. Immer wieder werden sie Angebote bekommen, um sie ihre Pflicht vergessen zu lassen. Wie Nehemia sollten sie jedoch standhaft antworten: »Ich hab ein großes Werk auszurichten, ich kann nicht hinabkommen.« Nehemia 6,3 Gottes Arbeiter können getrost ihre Arbeit fortsetzen. Sie werden durch ihre Bemühungen alle Verleumdungen zurückweisen, die boshaft ersonnen wurden, um ihnen zu schaden. Wie die Bauarbeiter auf den Mauern Jerusalems dürfen sie sich nicht durch Drohungen, Spott oder Lügen von ihrem Werk ablenken lassen. Nicht einen Augenblick dürfen sie in ihrer Aufmerksamkeit oder Wachsamkeit nachlassen. Sie müssen stets zu Gott beten und »Tag und Nacht Wachen ... zum Schutz vor ihnen« Nehemia 4,3 aufstellen.

Da die Zeit des Endes immer näher kommt, werden Satans Versuchungen auch immer schwerer und heftiger auf den Mitarbeitern Gottes lasten. Er wird menschliche Werkzeuge einsetzen, um diejenigen zu verspotten und lächerlich zu machen, die »an der Mauer bauen.« Würden jedoch die Arbeiter herabkommen, um den Angriffen ihrer Feinde zu begegnen, würde dies das Werk aufhalten. Sie sollten sich zwar darum bemühen, die Absichten ihrer Gegner zunichte zu machen, jedoch nicht zulassen, dass irgend etwas sie von ihrem Werk abruft. Die Wahrheit ist stärker als der Irrtum und das Recht wird über das Unrecht siegen.

Sie sollten jedoch auch nicht zulassen, dass ihre Feinde ihre Freundschaft und ihre Zuneigung bekommen, damit sie nicht auf diese Weise vom Posten ihrer Pflicht weggelockt werden. Wer durch irgendeine unbedachte Handlung das Werk Gottes der Schande aussetzt oder die Hände seiner Mitarbeiter schwächt, bringt einen Flecken auf seinen Charakter, der sich nicht so leicht abwaschen lässt, und gefährdet ernsthaft seine zukünftige Brauchbarkeit.

»Die [Leute], die das Gesetz verlassen, loben den Gottlosen.« Sprüche 28,4 Wenn Menschen sich mit der Welt vereinen und dabei noch behaupten, rein zu bleiben, sich für ein Bündnis mit denen einsetzen, die schon immer Gegner der Sache der Wahrheit waren, sollten wir sie ebenso entschieden fürchten und meiden wie Nehemia es tat. Ein solcher Rat ist durch den Feind alles Guten eingegeben. Es ist das Argument von Opportunisten, dem man heute ebenso entschieden wie damals widerstehen sollte. Jedem Einfluss, der dazu führt, den Glauben des Volkes Gottes in Seine Macht zu untergraben, sollte standhaft widerstanden werden.

In Nehemias fester Hingabe für das Werk Gottes und seinem ebenso festen Vertrauen in Gott lag der Grund für das Scheitern seiner Feinde, ihn in ihre Macht zu bekommen. Träge Menschen sind eine leichte Beute für die Versuchung. Ein Leben mit einem edlen Ziel und einer alles überschattenden Absicht hingegen bietet dem Bösen nur wenig Handhabe. Der Glaube eines Menschen, der beständig vorwärts geht, wird nicht schwächer, denn er erkennt hinter und über allem die unendliche Liebe, die ganz sicher zur Erfüllung von Gottes guten Absichten führt. Wahre Diener Gottes arbeiten mit einer nicht nachlassenden Entschlossenheit, deren Stütze der Gnadenthron ist.

Gott hat uns für alle Notfälle, für die unsere menschlichen Ressourcen nicht ausreichen, göttlichen Beistand versprochen. Er schenkt den Heiligen Geist, um uns in jeder Schwierigkeit zu helfen, um unsere Hoffnung und Zuversicht zu stärken, unseren Geist zu erleuchten und unsere Herzen zu reinigen. Er sorgt für Gelegenheiten und öffnet uns Kanäle, durch die wir tätig sein können. Wenn Sein Volk auf die Anzeichen Seiner Vorsehung achtet und bereit ist, mit Ihm zu kooperieren, werden sie mächtige Ergebnisse sehen.

KAPITEL 56

Unterwiesen im Gesetz des Herrn

Auf Grundlage von Nehemia 8 bis 10

Es war zur Zeit des Festes des Posaunenblasens. Da hatten sich viele in Jerusalem versammelt. Die Szenerie erregte trauriges Interesse. Zwar waren die Mauern Jerusalems wieder aufgebaut und die Tore eingesetzt worden, aber ein großer Teil der Stadt lag noch immer in Trümmern.

In einer der breitesten Straßen wurde eine hölzerne Bühne errichtet. Sie war auf allen Seiten von den traurigen Zeugen Judas vergangener Herrlichkeit umgeben. Auf dieser Bühne stand Esra, der nun schon ein alter Mann war, und auf seiner rechten Seite waren seine Brüder, die Leviten. Sie schauten auf ein Meer von Menschen – die Kinder des Bundes – hinab, die sich aus allen umliegenden Ländern versammelt hatten. »Und Esra lobte den Herrn, den großen Gott. Und alles Volk antwortete: Amen! Amen! und sie ... neigten sich und beteten den Herrn an mit dem Antlitz zur Erde.« Nehemia 8,6

Doch zeigten sich sogar hier Beweise der Sünde Israels. Durch die Mischehen des Volkes mit den anderen Nationen war die hebräische Sprache verdorben worden. Die Sprecher mussten das Gesetz mit großer Sorgfalt in der Sprache des Volkes erklären, damit es von allen verstanden werden konnte. Einige der Priester und Leviten erklärten gemeinsam mit Esra die Grundsätze des Gesetzes. »Sie legten das Buch des Gesetzes Gottes klar und verständlich aus, so dass man verstand, was gelesen worden war.« Nehemia 8,8

»Und die Ohren des ganzen Volkes waren dem Gesetzbuch zugekehrt.« Nehemia 8,3 Sie hörten aufmerksam und ehrerbietig den Worten des Allerhöchsten zu. Durch die Erklärung des Gesetzes wurden sie von ihrer Schuld überzeugt, und beklagten ihre Übertretungen. Dennoch war dieser Tag ein Festtag, ein Tag der Freude und heiligen Zusammenkunft, ein Tag, den der Herr seinem Volk fröhlich und freudig zu halten befohlen hatte. Angesichts dieser Tatsache wurden sie aufgefordert, ihren Schmerz zu beherrschen und sich wegen Gottes großer Gnade ihnen gegenüber zu freuen. Nehemia sagte ihnen: »Dieser Tag ist heilig dem Herrn, eurem Gott, darum seid nicht traurig und weinet nicht ... Geht hin und esst fette Speisen und trinkt süße Getränke und sendet davon auch denen, die nichts für sich bereitet haben; denn dieser Tag ist heilig unserm Herrn. Und seid nicht bekümmert; denn die Freude am Herrn ist eure Stärke.« Nehemia 8,9f

Der erste Teil des Tages war dem Gottesdienst geweiht. Die restliche Zeit verbrachte das Volk in dankbarer Erinnerung an die Segnungen Gottes und voller Freude über die reichen Wohltaten, die Er ihnen geschenkt hatte. Auch die Armen, die selbst nichts hatten, was sie sich bereiten konnten, bekamen Gaben. Es herrschte große Freude darüber, dass die Worte des Gesetzes gelesen und verstanden worden waren.

Am folgenden Tag wurde das Vorlesen des Gesetzes und seine Auslegung fortgesetzt. Zur bestimmten Zeit – am zehnten Tag des siebten Monats – wurden dann die feierlichen Dienste des Versöhnungstages nach dem Gebot Gottes durchgeführt.

Vom 15. bis zum 22. Tag desselben Monats hielten das Volk und seine Führer wieder einmal das Laubhüttenfest. In allen Städten und in Jerusalem wurde ausgerufen »Geht hinaus auf die Berge und holt Ölzweige, Balsamzweige, Myrtenzweige, Palmzweige und Zweige von Laubbäumen, dass man Laubhütten mache, wie es geschrieben steht! Und das Volk ging hinaus und holte sie und machte sich Laubhütten, ein jeder auf seinem Dach und in seinem Hof und in den Vorhöfen am Hause Gottes ... Und es war eine sehr große Freude. Und es wurde jeden Tag aus dem Buch des Gesetzes Gottes vorgelesen, vom ersten Tag an bis zum letzten.« Nehemia 8.15-18

Dadurch, dass sie täglich dem Wort des Gesetzes zuhörten, wurde das Volk von seinen und den Sünden früherer Generationen überzeugt. Sie sahen, dass ihnen durch ihr Abweichen von Gott Seine schützende Fürsorge entzogen und die Kinder Abrahams in fremde Länder zerstreut worden waren. So entschlossen sie sich, Seine Gnade zu suchen und Ihm zu geloben, Seine Gebote zu halten. Bevor sie diesen feierlichen Gottesdienst begannen, der am zweiten Tag nach dem Ende des Laubhüttenfests abgehalten wurde, trennten sie sich von den Heiden unter ihnen.

Als sich das Volk vor dem Herrn demütigte, indem sie ihre Sünden bekannten und um Vergebung baten, ermutigten ihre Führer sie zu glauben, dass Gott nach Seiner Verheißung ihre Gebete gehört hatte. Sie sollten nicht nur klagen, weinen und bereuen, sondern mussten auch glauben, dass Gott ihnen vergeben hatte. Sie mussten ihren Glauben dadurch zeigen, dass sie Seine Gnadenbeweise weitererzählten und Ihn für Seine Güte priesen. »Auf!« sagten diese Lehrer, »preist den HERRN, euren Gott, von Ewigkeit zu Ewigkeit!« Nehemia 9,5 Elb

Daraufhin stieg von der versammelten Menge, die ihre Arme zum Himmel

 ausgestreckt hatten, folgendes Lied auf: »Und man preise

deinen herrlichen Namen, der erhaben ist über allen Preis und Ruhm! Du, HERR, bist es, du allein. Du, du hast den Himmel gemacht, die Himmel der Himmel und all ihr Heer, die Erde und alles, was darauf ist, die Meere und alles, was in ihnen ist. Und du machst dies alles lebendig, und das Heer des Himmels wirft sich vor dir nieder.« Nehemia 9,5f Elb

Als der Lobgesang beendet war, erzählten die Leiter der Versammlung die Geschichte Israels und zeigten, wie groß Gottes Güte ihnen gegenüber und wie groß auch ihre Undankbarkeit gewesen war. Die ganze Versammlung machte dann einen Bund mit Gott, alle Seine Gebote zu halten. Sie waren für ihre Sünden bestraft worden, und nun anerkannten sie die Gerechtigkeit des göttlichen Handelns an ihnen und schworen, Sein Gesetz zu halten. Um dies zu einer »festen Vereinbarung« Nehemia 10,1 zu machen, an die man sich dauerhaft erinnern sollte, wurde aufgeschrieben, welche Verpflichtung sie auf sich genommen hatten, und die Priester, Leviten und Fürsten unterschrieben sie. Dies sollte ihnen eine Gedächtnisstütze an ihre Pflicht und eine Schutzwehr vor Versuchung sein. Das Volk gelobte feierlich, »zu wandeln im Gesetz Gottes, das durch Mose, den Knecht Gottes, gegeben ist, und alle Gebote, Rechte und Satzungen des Herrn, unseres Herrschers, zu halten und zu tun«. Nehemia 10,30 Der damals abgelegte Eid enthielt auch das Versprechen, keine Mischehen mit der Bevölkerung des Landes einzugehen.

Bevor das Ende des Fastentages erreicht war, bewies das Volk noch mehr Entschlossenheit, zum Herrn zurückzukehren, denn sie versprachen, den Sabbat nicht mehr zu entheiligen. Nehemia nutzte seine Autorität zu dieser Zeit nicht wie später dazu, die heidnischen Händler daran zu hindern, nach Jerusalem hineinzukommen. Vielmehr veranlasste er das Volk, um sie vor der Versuchung zu bewahren, das Sabbatgebot zu übertreten und von diesen Verkäufern zu kaufen, einen feierlichen Bund einzugehen, diese Dinge nicht zu tun. Seine Hoffnung war es nämlich, die Händler auf diese Weise zu entmutigen und den Handels-Verkehr zum Erliegen zu bringen.

Ebenso wurde Vorsorge dafür getroffen, die öffentlichen Gottesdienste zu unterstützen. Die versammelte Gemeinde verpflichtete sich, zusätzlich zum Zehnten jährlich eine festgelegte Summe für den Dienst am Heiligtum aufzubringen. Nehemia schrieb: »Wir warfen auch das Los, ... dass wir jährlich die Erstlinge unseres Landes und die Erstlinge aller Früchte von allen Bäumen, Jahr für Jahr, zum Haus des Herrn bringen wollten; ebenso die Erstgeburt unserer Söhne und unseres Viehs – wie es im Gesetz geschrieben steht – und die Erstlinge unserer Rinder und unserer Schafe.« Nehemia 10,35-37

Israel war in tiefer Reue über seine Rückfälligkeit zu Gott zurückgekehrt. Sie hatten unter Weinen und Klagen ihre Bekenntnisse abgelegt, die [667/668]

Gerechtigkeit des göttlichen Handelns an sich anerkannt und mit Gott einen Bund geschlossen, Seinem Gesetz zu gehorchen. Nun mussten sie Glauben an Seine Verheißungen zeigen. Gott hatte ihre Reue angenommen, und darum sollten sie sich in der Gewissheit freuen, dass ihre Sünden vergeben waren und sie die göttliche Gunst wieder erlangt hatten.

Nehemias Bemühungen, die Anbetung des wahren Gottes wiederherzustellen, waren von Erfolg gekrönt. So lange das Volk das gegebene Versprechen hielt und Gottes Wort gehorchte, wollte der Herr Seine Verheißung erfüllen und Seinen reichen Segen über sie ausschütten.

Dieser Bericht enthält Lektionen des Glaubens und der Ermutigung für Menschen, die von ihrer Sünde überzeugt wurden und niedergeschlagen sind, weil sie ihre Unwürdigkeit begreifen. Die Bibel berichtet zwar treu die Folgen des Abfalls Israels, aber sie schildert auch die tiefe Demütigung und Reue, die ernste Hingabe und die großzügigen Opfer, die kennzeichnend waren für die Zeiten der Rückkehr zum Herrn.

Jede echte Hinwendung zum Herrn bringt bleibende Freude ins Leben. Wenn ein Sünder sich dem Einfluss des Heiligen Geistes übergibt, sieht er seine Schuld und seinen Schmutz im Gegensatz zur Heiligkeit des großen Herzenserforschers. Er sieht sich als Übertreter verurteilt, braucht aber deswegen nicht verzweifeln, denn die Vergebung für ihn wurde bereits erwirkt, und so kann er sich freuen im Bewusstsein, dass seine Sünden vergeben sind und der vergebungsbereite himmlische Vater ihn liebt. Gottes Herrlichkeit besteht darin, sündhafte Menschen in Seine Arme der Liebe zu nehmen, ihre Wunden zu verbinden, sie von ihrer Sünde zu reinigen und sie mit den Kleidern der Erlösung zu kleiden.

KAPITEL 57

Eine Reformation

Auf Grundlage von Nehemia 13

Das jüdische Volk hatte öffentlich gelobt, dem Gesetz Gottes zu gehorchen. Als ihm jedoch der Einfluss Esras und Nehemias eine gewisse Zeit entzogen wurde, gab es viele, die vom Herrn abwichen. Nehemia war nach Persien zurückgekehrt. Während seiner Abwesenheit von Jerusalem kamen wieder Übel herein, die die ganze Nation zu verderben drohten. Götzendiener bekamen in der Stadt nicht nur einen Fuß in die Tür, sondern verunreinigten allein schon durch ihre Anwesenheit den Tempel. Durch eine Mischehe war zwischen dem Hohepriester Eljaschib und dem Ammoniter Tobia, Israels bitteren Feind, Freundschaft entstanden. Eine Folge dieser unheiligen Verbindung war, dass Eljaschib Tobia erlaubt hatte, eine Kammer zu bewohnen, die mit dem Tempel verbunden und bisher als Lagerraum für die Zehnten und Gaben des Volkes genutzt worden war.

Weil sie Israel gegenüber so grausam gewesen waren und es verraten hatten, hatte Gott durch Mose über die Ammoniter und Moabiter sagen lassen, dass sie auf ewig aus der Versammlung Seines Volks ausgeschlossen sein sollten. vgl. 5.Mose 23,4-7 In offenem Ungehorsam gegenüber diesem Wort hatte der Hohepriester die in dieser Kammer des Hauses Gottes gelagerten Gaben entfernen lassen, um Platz zu schaffen für diesen Vertreter eines geächteten Volks. Größere Verachtung gegenüber Gott hätte man nicht an den Tag legen können als dadurch, diesem Feind Gottes und Seiner Wahrheit eine solche Gunst zu erweisen.

Nach seiner Rückkehr von Persien erfuhr Nehemia von dieser frechen Entweihung und ergriff sofort Maßnahmen, um den Eindringling zu vertreiben. Er schreibt darüber: »Das missfiel mir sehr, und ich warf alle Hausgeräte Tobijas aus der Zelle hinaus. Dann befahl ich, dass man die Zellen reinigen sollte, und brachte die Geräte des Hauses Gottes, das Speisopfer und den Weihrauch wieder hinein.« Nehemia 13,8 Elb

Nicht nur der Tempel war entweiht worden, sondern auch die Opfergaben hatten eine falsche Verwendung gefunden. Dies war eine Ursache dafür, dass den Israeliten ihre Freigiebigkeit verleidet worden war. Sie verloren ihren Eifer und ihre Hingabe und wurden nachlässig in der Bezahlung ihrer Zehnten.

Die Schatzkammern im Hause des Herrn waren unterversorgt, und so verließen viele Sänger und andere Tempelbeschäftigte, die nicht genügend Unterstützung empfangen hatten, das Werk Gottes, um sich eine andere Arbeit zu suchen.

Nehemia begann also, diese Missstände zu korrigieren. Er ließ die zusammenrufen, die den Dienst am Haus Gottes verlassen hatten, »und stellte sie wieder in ihren Dienst«. Nehemia 13,11 Das erfüllte das Volk wieder mit Vertrauen, und so »brachte ganz Juda den Zehnten vom Getreide, Wein und Öl in die Vorratskammern«. Nehemia 13,12 Zuverlässige Männer wurden als Verwalter über die Vorräte« bestimmt »und sie hatten die Aufgabe, die Verteilung an ihre Brüder zu besorgen«. Nehemia 13,13 Elb

Ein weiteres Ergebnis des Umgangs mit den Götzendienern war die Nichtachtung des Sabbats, des Zeichens, das die Israeliten von allen anderen Völkern als Anbeter des wahren Gottes unterschied. Nehemia fand heraus, dass heidnische Händler aus der Umgebung nach Jerusalem kamen und viele Israeliten dazu verleitet hatten, am Sabbat ihre Handelsgeschäfte zu tätigen. Es gab einige, die nicht dazu überredet werden konnten, ihre heiligen Grundsätze aufzugeben, andere wiederum übertraten sie und vereinten sich mit den Heiden, die Skrupel der Gewissenhafteren zu überwinden. Viele wagten es offen, den Sabbat zu missachten. Nehemia schreibt: »Zur selben Zeit sah ich in Juda, dass man am Sabbat die Kelter trat und Getreide herbeibrachte und auf Esel lud und auch Wein, Trauben, Feigen und allerlei Last nach Jerusalem brachte am Sabbattag ... Es wohnten auch Tyrer dort; die brachten Fische und allerlei Ware und verkauften sie am Sabbat den Leuten in Juda.« Nehemia 13,15f

Dieser Zustand hätte vermieden werden können, wenn die führenden Männer ihre Autorität ausgeübt hätten, aber der Wunsch, ihre eigenen Interessen zu fördern, hatte sie dazu gebracht, die Gottlosen zu begünstigen. Furchtlos tadelte sie Nehemia wegen ihrer Pflichtvergessenheit. »Was ist das für eine böse Sache, die ihr da tut, und entheiligt den Sabbattag?« fragte er streng. »Taten das nicht auch eure Väter, und unser Gott brachte all das Unheil über uns und über diese Stadt? Und ihr bringt noch mehr Zorn über Israel dadurch, dass ihr den Sabbat entheiligt!« Nehemia 13,17f Dann befahl er, dass »vor dem Anbruch des Sabbats, als es in den Toren Jerusalems dunkel wurde«, Nehemia 13,19 diese geschlossen und erst wieder geöffnet werden sollten, wenn der Sabbat vorüber war. Weil er seinen eigenen Dienern mehr vertraute als solchen Menschen, die der Stadtrat von Jerusalem einsetzen würde, stellte er diese an den Toren auf, um seinen Anordnungen Nachdruck zu verleihen.

Nicht bereit, ihre Sache aufzugeben, »blieben die Händler und Verkäufer von allerlei Ware über Nacht draußen vor Jerusalem, ein- oder zweimal«. Nehemia 13,20

 Sie hofften, dass sie entweder den Bürgern der Stadt oder dem

Landvolk etwas verkaufen könnten. Nehemia drohte ihnen, sie zu bestrafen, wenn sie dieses Verhalten fortsetzten. »Warum bleibt ihr über Nacht vor der Mauer?« fragte er. »Werdet ihr das noch einmal tun, so werde ich Hand an euch legen. Von der Zeit an kamen sie am Sabbat nicht mehr.« Nehemia 13,21 Ferner befahl er »den Leviten, dass sie ... die Tore bewachten«, Nehemia 13,22 weil er wusste, dass sie größere Achtung als das gemeine Volk genießen würden. Wegen ihrer engeren Verbindung mit dem Dienst für Gott war zu erwarten, dass sie eifriger darauf dringen würden, dem Gesetz des Herrn zu gehorchen.

Nun wandte Nehemia seine Aufmerksamkeit der Gefahr zu, die Israel mal wieder durch Mischehen und Gemeinschaft mit Götzendienern drohte. »Zu dieser Zeit sah ich auch Juden«, schreibt er, »die Frauen genommen hatten aus Asdod, Ammon und Moab. Und die Hälfte ihrer Kinder sprach asdodisch oder in der Sprache eines der andern Völker, aber jüdisch konnten sie nicht sprechen.« Nehemia 13,23f

Diese ungesetzlichen Verbindungen sorgten für große Unruhe in Israel, denn einige von denen, die solche Verbindungen eingegangen waren, waren Männer in verantwortlichen Positionen, Fürsten, auf die das Volk zurecht als Ratgeber und nachahmbare Vorbilder aufschaute. Weil Nehemia voraussah, dass dieses Übel den Untergang des Volkes herbeiführen würde, wenn man es nicht hinderte, redete er den Übeltätern ernsthaft ins Gewissen. Er wies sie auf das Beispiel des Salomo hin und erinnerte sie daran, dass es unter allen Völkern keinen von Gott so reich mit Weisheit beschenkten Mann wie diesen gegeben habe, und dennoch hatten gottlose Frauen sein Herz von Gott abgewendet. Sein Beispiel hatte Israel verdorben. »Und von euch muss man das hören«, fragte Nehemia ernst, »dass ihr ein so großes Unrecht tut ... ?« Nehemia 13,27 »Ihr sollt eure Töchter nicht ihren Söhnen geben noch ihre Töchter für eure Söhne oder euch selbst nehmen.« Nehemia 13,25

Als er ihnen Gottes Gebote und Drohungen erklärte und ihnen über die furchtbaren Gerichte berichtete, die in der Vergangenheit über Israel ergangen waren, wurde ihr Gewissen erweckt und eine Reformation begann, die den drohenden Zorn Gottes abwand und ihnen stattdessen göttliches Wohlgefallen und göttlichen Segen brachte.

Es gab einige in heiligen Ämtern, die für ihre heidnischen Frauen baten und erklärten, dass sie es nicht über sich bringen könnten, sich von ihnen zu trennen. Es wurden jedoch keine Ausnahmen gemacht, weder Rang noch Position zählten. Wer unter den Priestern oder Führern sich weigerte, seine Verbindung zu den Götzendienern abzubrechen, wurde sofort aus dem Dienst für den Herrn entfernt. Ein Enkel des Hohepriesters, der eine Tochter des berüchtigten Sanballat geheiratet hatte, wurde nicht nur aus dem Amt entfernt, sondern mit sofortiger Wirkung aus Israel verbannt. »Gedenke ihrer, mein Gott«, betete Nehemia, »dass sie das Priestertum befleckt und den Bund des Priestertums und der Leviten gebrochen haben!« Nehemia 13,29

Wie viel Seelenqual diese so notwendige Strenge den treuen Arbeiter Gottes kostete, wird erst der Tag des Gerichts offenbaren. Es gab ständig Kämpfe mit Widerspenstigen, und Fortschritte wurden nur durch Fasten, Demütigung und Gebet erreicht.

Viele, die Götzenanbeter geheiratet hatten, trafen die Entscheidung, mit ihnen in die Verbannung zu gehen. Sie vereinigten sich mit denen, die aus der Versammlung ausgeschlossen worden waren, und schlossen sich den Samaritern an. Auch einige, die bisher hohe Verantwortung im Werk Gottes getragen hatten, fanden ihren Weg dorthin und verbanden ihr weiteres Schicksal schließlich ganz mit ihnen. Getragen durch den Wunsch, dass dieses Bündnis gestärkt werden sollte, versprachen die Samariter, den jüdischen Glauben und seine Gebräuche in noch höherem Maß anzunehmen. Die Abtrünnigen, die entschlossen waren, ihre früheren Brüder zu übertreffen, errichteten als Gegenstück zum Haus Gottes in Jerusalem einen Tempel auf dem Berg Garizim. Auch weiterhin blieb ihre Religion eine Mischung aus Judentum und Heidentum. Ihr Anspruch, das Volk Gottes zu sein, war von Generation zu Generation die Ursache von Glaubensspaltung, Nachahmung und Feindschaft zwischen den beiden Völkern.

In dem heute durchzuführenden Werk der Reform werden Männer wie Esra und Nehemia benötigt, die die Sünde weder beschönigen noch entschuldigen und auch nicht davor zurückschrecken, die Ehre Gottes zu verteidigen. Die Menschen, auf denen die Last dieses Werkes ruht, werden nicht Ruhe geben, wenn Unrecht getan wird und das Böse auch nicht mit einem Mäntelchen falsch verstandener Nächstenliebe decken, sondern sich daran erinnern, dass Gott die Person nicht ansieht und Strenge gegenüber einigen Wenigen sich als Barmherzigkeit für viele erweisen kann. Sie werden auch daran denken, dass sich in dem, der das Übel tadelt, immer der Geist Christi offenbaren sollte.

Esra und Nehemia demütigten sich in ihrem Werk vor Gott, indem sie ihre Sünden und die des Volkes bekannten und Gott so um Vergebung baten, als seien sie selbst die Gesetzesübertreter. Geduldig bemühten sie sich, beteten und litten. Es war allerdings nicht die offene Feindschaft der Heiden, die ihr Werk besonders erschwerte, sondern der geheime Widerstand sogenannter Freunde, die ihren Einfluss in den Dienst des Bösen stellten, verzehnfachte die Last der Diener Gottes. Diese Verräter lieferten den Feinden des Herrn das Material, das diese in ihrer Kriegführung gegen das Volk Gottes verwenden konnten. Ihre bösen Leidenschaften und ihr rebellischer Wille befanden sich stets im Krieg mit den klaren Forderungen Gottes.

Der Erfolg von Nehemias Anstrengungen zeigt, was Gebet, Glauben und eine weise und energische Handlungsweise erreichen können. Nehemia war kein Priester oder Prophet und erhob keinen Anspruch auf einen hohen Titel. Er war vielmehr ein Reformer, der für eine wichtige Zeit berufen wurde. Sein Ziel war es, sein Volk in Übereinstimmung mit Gott zu bringen. Weil er ganz von diesem hohen Ziel beseelt war, setzte er seine ganze Energie daran, es auch zu erreichen. Seine Anstrengungen waren durch eine hohe und unbeugsame Integrität gekennzeichnet. Als er mit dem Bösen und Widerstand zu kämpfen hatte, nahm er eine so entschlossene Stellung ein, dass das Volk dazu aufgerüttelt wurde, sich mit neuem Eifer und Mut einzusetzen. Sie konnten nicht anders als seine Loyalität, seinen Patriotismus und seine tiefe Liebe zu Gott anzuerkennen. Deshalb waren sie bereit, ihm zu folgen, wohin er sie auch führte.

Eifer in einer von Gott gegebenen Pflicht ist ein wichtiger Teil wahrer Religion. Menschen sollten die Umstände als Gottes Werkzeuge ansehen, durch die sie Seinen Willen vollbringen können. Sofortiges und entschiedenes Handeln zur rechten Zeit wird herrliche Triumphe bewirken, während Verzögerung und Nachlässigkeit zu Versagen führen und Gott entehren. Wenn die Führer im Werk der Wahrheit keinen Eifer zeigen oder gleichgültig und ziellos sind, wird die Gemeinde sorglos, träge und vergnügungssüchtig sein. Wenn sie hingegen mit der heiligen Absicht erfüllt sind, Gott allein zu dienen, wird das Volk einig, hoffnungsvoll und bereitwillig sein.

Das Wort Gottes ist reich an treffenden und offenkundigen Gegensätzen. Sünde und Heiligkeit werden nebeneinander gestellt, damit der Betrachter dazu veranlasst wird, die erstere zu meiden und die letztere anzunehmen. Die Seiten der Bibel, die uns den Hass, die Falschheit und den Verrat Sanballats und Tobijas offenbaren, beschreiben auch den Edelmut, die Hingabe und Selbstaufopferung Esras und Nehemias. Es bleibt uns überlassen zu wählen, wen wir nachahmen wollen. Die schrecklichen Folgen der Übertretung der Gebote Gottes werden den Segnungen gegenüber gestellt, die durch den Gehorsam kommen. Wir müssen selbst entscheiden, ob wir erstere erleiden oder uns an letzteren erfreuen wollen.

Das von den aus der Verbannung Zurückgekehrten unter der Leitung von Serubbabel, Esra und Nehemia durchgeführte Werk der Wiederherstellung und Reformation ist ein Bild für die geistliche Erneuerung, die in den Abschlusstagen der Geschichte dieser Welt durchgeführt werden muss. Die Übrigen Israels waren ein schwaches Volk, das den Raubzügen ihrer Feinde ausgeliefert war. Es war jedoch Gottes Absicht, durch sie die Kenntnis von Ihm selbst und Seinem Gesetz auf dieser Welt zu bewahren. Sie sollten die Wächter der wahren Anbetung sein, die Bewahrer der heiligen Schriften. Beim

Wiederaufbau des Tempels und der Mauern von Jerusalem machten sie vielfältige Erfahrungen und mussten starkem Widerstand entgegentreten. Die Führer bei diesem Werk trugen schwer an ihrer Last, aber sie gingen in unwandelbarer Zuversicht, Demut und festem Vertrauen auf Gott vorwärts. Sie waren überzeugt, dass Er Seiner Sache zum Triumph verhelfen würde. Wie König Hiskia klammerte sich Nehemia an den HERRN »und wich nicht von ihm ab und hielt seine Gebote ... Und der Herr war mit ihm.« 2.Könige 18,6f

Die geistliche Erneuerung, für die das in den Tagen Nehemias durchgeführte Werk ein Symbol ist, lässt sich mit den Worten Jesajas beschreiben: »Sie werden die alten Trümmer wieder aufbauen und, was vorzeiten zerstört worden ist, wieder aufrichten; sie werden die verwüsteten Städte erneuern.« Jesaja 61,4 »Es soll durch dich wieder aufgebaut werden, was lange wüst gelegen hat, und du wirst wieder aufrichten, was vorzeiten gegründet ward; und du sollst heißen ‚Der die Lücken zumauert und die Wege ausbessert, dass man da wohnen könne.'« Jesaja 58,12

Der Prophet beschreibt hier ein Volk, das in einer Zeit des allgemeinen Abweichens von der Wahrheit und Gerechtigkeit darum kämpft, die Grundsätze wiederherzustellen, die die Grundlage des Reiches Gottes bilden. Sie vermauern die Bresche, die in das Gesetz Gottes gerissen wurde, das Er als Schutzmauer um Seine Auserwählten errichtet hat, denn der Gehorsam gegenüber diesen Regeln der Gerechtigkeit, Wahrheit und Reinheit bietet ihnen dauernde Sicherheit.

In Worten unmissverständlicher Bedeutung weist der Prophet auf das besondere Werk des Volkes der Übrigen hin, das die Mauer baut: »Wenn du deinen Fuß am Sabbat zurückhältst und nicht deinen Geschäften nachgehst an meinem heiligen Tage und den Sabbat ‚Lust' nennst und den heiligen Tag des Herrn ‚Geehrt'; wenn du ihn dadurch ehrst, dass du nicht deine Gänge machst und nicht deine Geschäfte treibst und kein leeres Geschwätz redest, dann wirst du deine Lust haben am Herrn, und ich will dich über die Höhen auf Erden gehen lassen und will dich speisen mit dem Erbe deines Vaters Jakob; denn des Herrn Mund hat's geredet.« Jesaja 58,13f In der Zeit des Endes soll jede göttliche Einrichtung wiederhergestellt werden. Die Bresche, die zu der Zeit ins Gesetz geschlagen wurde, als der Sabbat vom Menschen verändert wurde, muss repariert werden. Gottes Volk, das vor der Welt als Reformator dasteht, soll zeigen, dass das Gesetz Gottes die Grundlage aller echten Reformation ist und der Sabbat des 4. Gebots als Gedenkzeichen der Schöpfung gilt, um beständig an die Macht Gottes zu erinnern. In deutlichen Worten sollen es die Notwendigkeit bezeugen, dass alle Vorschriften der Zehn Gebote noch gelten. Von der Liebe Christi gedrungen soll es mit Ihm zusammenarbeiten, die wüsten Plätze wiederherzustellen. Es sind Menschen, welche die Lücken vermauern und die Wege wiederherstellen, dass man dort wohnen kann. Jesaja 58,12

KAPITEL **58**

Der Erlöser kommt

Auf Grundlage des biblischen Berichts

Viele Jahrhunderte hindurch – von dem Tag an, da unsere Ureltern ihr Heim im Garten Eden verloren, bis zu der Zeit, da Gottes Sohn als der Sünder Heiland erschien – kennzeichneten »Trübsal und Finsternis« und »Dunkel der Angst«. Jesaja 8,22 In dieser Zeit ruhte die Hoffnung der gefallenen Rasse auf dem Kommen eines Erlösers, der Männer und Frauen aus der Knechtschaft der Sünde und des Grabes befreien sollte.

Die erste Andeutung für eine solche Hoffnung bekamen Adam und Eva in dem Urteilsspruch über die Schlange, als der Herr in ihrer Gegenwart dem Satan mitteilte: »Ich will Feindschaft setzen zwischen dir und dem Weibe und zwischen deinem Nachkommen und ihrem Nachkommen; der soll dir den Kopf zertreten, und du wirst ihn in die Ferse stechen.« 1.Mose 3,15

Als das schuldige Paar diese Worte hörte, wurden sie mit Hoffnung erfüllt, denn sie erkannten in der Prophezeiung über das Zerbrechen der Macht Satans das Versprechen der Befreiung von dem Verderben, das durch die Übertretung bewirkt worden war. Auch wenn sie unter der Macht des Feindes leiden mussten, weil sie durch seinen verführerischen Einfluss gefallen waren und die Entscheidung getroffen hatten, das klare Gebot des Herrn zu missachten, brauchten sie dennoch nicht völlig zu verzweifeln: Der Sohn Gottes bot sich an, durch Sein eigenes Blut ihre Übertretung zu sühnen. Ihnen wurde eine Bewährungszeit gewährt, in der sie durch die Erlösungsmacht Christi wieder zu Kindern Gottes werden konnten.

Weil Satan den Menschen erfolgreich vom Weg des Gehorsams abgebracht hatte, wurde er zum »Gott dieser Welt«. 2.Korinther 4,4 Die Herrschaft, die einst Adam gehört hatte, ging auf den Thronräuber über. Der Sohn Gottes erklärte sich jedoch bereit, auf diese Welt zu kommen, um die Strafe für die Sünde zu bezahlen und den Menschen nicht nur zu erlösen, sondern auch die verlorene Herrschaft wieder zurückzugewinnen. Von dieser Wiederherstellung spricht Micha in seiner Prophezeiung: »Und du, Turm der Herde, du Feste der Tochter Zion, zu dir wird kommen und wiederkehren die frühere Herrschaft.« Micha 4,8 Der

Apostel Paulus hat darauf hingewiesen, als er von der »Erlösung des erworbenen Besitzes« Epheser 1,14 ELB schrieb. Der Psalmist hatte dieselbe endgültige Wiederherstellung des ursprünglichen Erbes der Menschen im Sinn, als er schrieb: »Die Gerechten werden das Land ererben und darin wohnen allezeit.« Psalm 37,29

Diese Hoffnung auf Erlösung durch das Kommen des Sohnes Gottes als Erlöser und König wurde in den Herzen der Menschen niemals völlig ausgelöscht. Von Anfang an gab es Einige, deren Glaube hinter die Schatten der Gegenwart reichte bis hin zu den zukünftigen Wirklichkeiten. Durch Adam, Seth, Henoch, Methusalah, Noah, Sem, Abraham, Isaak und Jakob und andere Glaubenshelden bewahrte der Herr die kostbaren Offenbarungen Seines Willens. Zu diesem Zweck gab Gott den Kindern Israel, dem auserwählten Volk, durch das der Welt der verheißene Messias gegeben werden sollte, eine Kenntnis der Ansprüche Seines Gesetzes und der Erlösung, die durch das Sühnopfer Seines geliebten Sohnes bewerkstelligt werden sollte.

Die Hoffnung Israels war in der Verheißung enthalten, die bei der Berufung Abrahams gegeben und später immer wieder seiner Nachkommenschaft wiederholt wurde: »In dir sollen gesegnet werden alle Geschlechter auf Erden.« 1.Mose 12,3 Bei der Offenbarung der Absicht Gottes zur Erlösung der Menschen schien die Sonne der Gerechtigkeit auf sein Herz, und so wurde die Finsternis vertrieben. Als schließlich der Heiland persönlich unter den Menschen lebte und mit ihnen redete, legte Er vor den Juden Zeugnis ab über die strahlende Hoffnung des Patriarchen auf einen kommenden Erlöser: »Abraham, euer Vater, ward froh, dass er meinen Tag sehen sollte«, sagte Christus, »und er sah ihn und freute sich.« Johannes 8,56

Dieselbe segensreiche Hoffnung wurde bereits im Segen angedeutet, den der Patriarch Jakob über seinen Sohn Juda aussprach: »Juda, du bist's! Dich werden deine Brüder preisen. Deine Hand wird deinen Feinden auf dem Nacken sein, vor dir werden deines Vaters Söhne sich verneigen ... Es wird das Zepter von Juda nicht weichen noch der Stab des Herrschers von seinen Füßen, bis dass der Held komme, und ihm werden die Völker anhangen.« 1.Mose 49,8-10

An der Grenze des verheißenen Landes wurde das Kommen des Erlösers der Welt noch einmal in der Prophezeiung Bileams vorhergesagt: »Ich sehe ihn, aber nicht jetzt; ich schaue ihn, aber nicht von nahem. Es wird ein Stern aus Jakob aufgehen und ein Zepter aus Israel aufkommen und wird zerschmettern die Schläfen der Moabiter und den Scheitel aller Söhne Seths.« 4.Mose 24,17

Durch Mose wurde Gottes Absicht, Seinen Sohn als Erlöser des gefallenen Menschengeschlechts zu schicken, Israel in Erinnerung gehalten. Einmal sagte Mose kurz vor seinem Tod: »Einen Propheten wie mich wird dir der Herr, dein Gott, erwecken aus dir und aus deinen Brüdern; dem sollt ihr gehorchen.« Für Israel war Mose über das Werk des kommenden Erlösers unterrichtet worden. Das Wort des Herrn an Seinen Diener lautete: »Ich will ihnen einen Propheten, wie du bist, erwecken aus ihren Brüdern und meine Worte in seinen Mund geben; der soll zu ihnen reden alles, was ich ihm gebieten werde«, 5.Mose 18,15.18

Zur Zeit der Patriarchen erinnerten die mit dem Gottesdienst verbundenen Opfer ständig an das Kommen eines Erlösers. Ebenso verhielt es sich zur Zeit Israels bei sämtlichen Teilen des Heiligtumsdienstes. Im Dienst an der Stiftshütte und später auch am Tempel, der sie ersetzte, wurde das Volk jeden Tag durch die symbolischen, schattenhaften Handlungen über die großen Wahrheiten belehrt, die mit dem Kommen Christi als Erlöser, Priester und König verbunden waren. Einmal in jedem Jahr wurden ihre Gedanken auf die Abschlussszenen des großen Kampfes zwischen Christus und Satan und die schließliche Reinigung des Universums von Sünde und Sündern gelenkt. Die Opferungen des mosaischen Rituals verwiesen stets auf einen besseren, nämlich den himmlischen Dienst. Das irdische Heiligtum war »ein Sinnbild auf die Gegenwart«, in der sowohl Gaben als auch Opfer dargebracht wurden. Seine zwei heiligen Räume waren »Nachbildungen der im Himmel befindlichen Heiligtümer«; denn Christus, unser Hohepriester, dient heute »im wahren Heiligtum, das von Gott und nicht von einem Menschen errichtet worden ist« Hebräer 9,9.23 Menge; 8,2 GN

Seit dem Tag, als der Herr der Schlange in Eden erklärt hatte: »Ich will Feindschaft setzen zwischen dir und dem Weibe und zwischen deinem Nachkommen und ihrem Nachkommen«, 1.Mose 3,15 wusste Satan, dass er niemals die vollständige Herrschaft über die Bewohner dieser Welt erlangen kann. Als Adam und seine Söhne begannen, die von Gott als Symbol für den kommenden Erlöser eingesetzten zeremoniellen Opfer darzubringen, erkannte Satan darin ein Sinnbild für die Kommunikation zwischen Himmel und Erde. Während der darauf folgenden langen Jahrhunderte war es immer seine Absicht, diese Kommunikation zu unterbrechen. Unermüdlich versuchte er, Gott und die auf den Erlöser hinweisenden rituellen Handlungen falsch darzustellen. Bei der großen Mehrheit der Menschen ist er damit auch erfolgreich.

Gottes Wunsch ist es, die Menschen zu lehren, dass Seine Liebe uns das Geschenk macht, das sie wieder mit Ihm versöhnt. Der Erzfeind der Menschheit hingegen bemüht sich, Gott als Wesen darzustellen, das Freude an der Vernichtung der Menschen hat. So wurden die Opfer und Bestimmungen des Himmels, die die göttliche Liebe offenbaren sollten, so verdreht, dass Gaben und gute Taten als – freilich vergebliches – Mittel der Sünder zur Besänftigung eines zornigen und beleidigten Gottes dienten. Gleichzeitig versuchte Satan, die bösen Leidenschaften des Menschen zu erregen, dass große Mengen [685/686] durch wiederholte Übertretungen immer weiter weg von Gott geführt wurden und hilflos in den Ketten der Sünde gefangen waren.

Als Gottes Wort durch die hebräischen Propheten aufgeschrieben wurde, studierte Satan sorgfältig seine Botschaften hinsichtlich eines kommenden Erlösers. Er beschäftigte sich intensiv mit den Worten, die in unmissverständlicher Klarheit Christi Werk unter den Menschen als leidendes Opfer und siegreichen König beschrieben. In den Pergamentrollen der Schriften des Alten Testaments las er, dass der Eine erscheinen und, »wie ein Lamm ... zur Schlachtbank geführt« werde. Seine Gestalt sei »hässlicher ... als die anderer Leute und sein Aussehen als das der Menschenkinder«. Jesaja 53,7; 52,14 Der verheißene Erlöser der Menschheit sollte »verachtet und von den Menschen verlassen, ein Mann der Schmerzen und mit Leiden vertraut, ... von Gott geschlagen und niedergebeugt« Jesaja 53,3f sein und doch sollte Er auch Seine mächtige Kraft ausüben, um »den Elenden im Volk Recht schaffen und den Armen helfen und die Bedränger zermalmen«. Psalm 72,4 Diese Vorhersagen führten dazu, dass Satan zitterte und sich fürchtete. Dennoch gab er seine Absicht nicht auf, die gnädigen Vorkehrungen des Herrn zur Erlösung der verlorenen Menschheit möglichst zu durchkreuzen. Er entschloss sich, die Augen des Volkes für die wahre Bedeutung der messianischen Vorhersagen so weit wie möglich zu verblenden, um so alles vorzubereiten, dass Christus bei Seiner Ankunft verworfen würde.

In den der Sintflut unmittelbar vorausgehenden Jahrhunderten waren Satans Anstrengungen so erfolgreich, dass sich fast die ganze Welt in Rebellion gegen Gott befand. Selbst die in der Sintflut enthaltenen Lektionen hatten keine lang anhaltende Wirkung. Durch geschickte Unterstellungen führte Satan die Menschen Schritt für Schritt in offene Rebellion. Wieder schien er kurz vor seinem Triumph zu stehen, doch Gottes Absicht für die gefallene Menschheit ließ sich so nicht verhindern. Durch die Nachkommen des treuen Abraham aus der Linie Sems sollte das Wissen um die segensreichen Absichten des Herrn zum Nutzen zukünftiger Generationen bewahrt werden. Von Zeit zu Zeit sollten von Gott berufene Boten der Wahrheit auferweckt werden, um die Aufmerksamkeit der Menschen auf die Bedeutung der Opferzeremonien und insbesondere auf das göttliche Versprechen lenken, dass der Eine kommen sollte, auf den alle Einrichtungen des Opfersystems hinwiesen. Auf diese Weise sollte die Welt vor einem allgemeinen Abfall bewahrt werden.

Die göttliche Absicht wurde gegen den entschiedensten Widerstand ausgeführt. Der Feind der Wahrheit und Gerechtigkeit wirkte auf jede nur mögliche Weise, um die Nachkommen Abrahams zu veranlassen, ihre hohe und heilige Berufung zu vergessen und sich der Anbetung falscher Götter zuzuwenden, und

 nur allzu oft waren seine Bemühungen erfolgreich. Jahrhundertelang bedeckte vor dem ersten Kommen Christi auf diese Erde tiefe Finsternis die Erde und tiefes Dunkel die Völker. vgl. Jes. 60,2 Satan warf seinen höllischen Schatten mitten auf den Weg der Menschen, um sie davon abzuhalten, eine Erkenntnis Gottes und der zukünftigen Welt zu erlangen. Viele Menschen befanden sich »in Finsternis und Todesschatten.« Lukas 1,79 Ihre einzige Hoffnung lag in der Beendigung dieser Dunkelheit, damit Gott offenbart werde.

In prophetischer Voraussicht hatte David, der Gesalbte Gottes, vorausgesehen, dass das Kommen des Christus sein werde »wie das Licht des Morgens, wenn die Sonne aufgeht, am Morgen ohne Wolken«. 2.Samuel 23,4 Und Hosea bezeugte: »Er wird hervorbrechen wie die schöne Morgenröte.« Hosea 6,3 Ruhig und sanft dämmert das Tageslicht über die Erde und vertreibt die Schatten der Finsternis und erweckt die Erde zum Leben. So sollte auch die Sonne der Gerechtigkeit aufgehen mit »Heil unter ihren Flügeln«. Maleachi 3,20 Die vielen Bewohner »des Landes der Todesschatten« sollten »ein großes Licht« sehen. Jesaja 9,1

Der Prophet, der voller Entzücken diese herrliche Befreiung sah, rief aus: »Denn uns ist ein Kind geboren, ein Sohn ist uns gegeben, und die Herrschaft ruht auf seiner Schulter; und er heißt Wunder-Rat, Gott-Held, Ewig-Vater, Friede-Fürst; auf dass seine Herrschaft groß werde und des Friedens kein Ende auf dem Thron Davids und in seinem Königreich, dass er's stärke und stütze durch Recht und Gerechtigkeit von nun an bis in Ewigkeit. Solches wird tun der Eifer des Herrn Zebaoth.« Jesaja 9,5f

In den späteren Jahrhunderten der Geschichte Israels vor dem ersten Kommen nahm man allgemein an, dass sich die folgende Weissagung auf die Ankunft des Messias bezog: »Es ist zu wenig, dass du mein Knecht bist, die Stämme Jakobs aufzurichten und die Zerstreuten Israels wiederzubringen, sondern ich habe dich auch zum Licht der Heiden gemacht, dass du seist mein Heil bis an die Enden der Erde.« Jesaja 49,6 »Die Herrlichkeit des Herrn soll offenbart werden«, hatte der Prophet vorausgesagt, »und alles Fleisch miteinander wird es sehen.« Jesaja 40,5 Von gerade diesem Licht der Menschen bezeugte Johannes der Täufer später so freimütig: »,Ich bin eine Stimme eines Predigers in der Wüste: Richtet den Weg des Herrn!' wie der Prophet Jesaja gesagt hat.« Johannes 1,23

Christus wurde prophetisch das Versprechen gegeben: »So spricht der Herr, der Erlöser Israels, sein Heiliger, zu dem, der verachtet ist von den Menschen und verabscheut von den Heiden ... Ich ... habe dich behütet und zum Bund für das Volk bestellt, dass du das Land aufrichtest und das verwüstete Erbe zuteilst, zu sagen den Gefangenen: Geht heraus! und zu denen in der Finsternis: Komm hervor! ... Sie werden weder hungern noch dürsten, sie wird weder Hitze noch Sonne stechen; denn ihr Erbarmer wird sie führen und sie an die Wasserquellen leiten.« Jesaja 49,7-10

Die Standhaften im jüdischen Volk, die Nachkommen jener heiligen Linie, durch die die Erkenntnis Gottes bewahrt worden war, stärkten ihren Glauben, indem sie sich mit diesen und anderen Prophezeiungen beschäftigten. Mit außerordentlicher Freude lasen sie, wie der Herr den Einen salben würde, um »den Elenden gute Botschaft zu bringen, die zerbrochenen Herzen zu verbinden, zu verkündigen den Gefangenen die Freiheit, den Gebundenen, dass sie frei und ledig sein sollen; zu verkündigen ein gnädiges Jahr des Herrn«. Jesaja 61,1f Und doch waren ihre Herzen voller Traurigkeit, als sie an die Leiden dachten, die Er erdulden musste, um die göttliche Absicht zu erfüllen. Mit tiefer Herzensdemut folgten sie den Worten in der Schriftrolle des Propheten »Wer glaubt dem, was uns verkündet wurde, und wem ist der Arm des Herrn offenbart? Er schoss auf vor ihm wie ein Reis und wie eine Wurzel aus dürrem Erdreich. Er hatte keine Gestalt und Hoheit. Wir sahen ihn, aber da war keine Gestalt, die uns gefallen hätte. Er war der Allerverachtetste und Unwerteste, voller Schmerzen und Krankheit. Er war so verachtet, dass man das Angesicht vor ihm verbarg; darum haben wir ihn für nichts geachtet.

Fürwahr, er trug unsre Krankheit und lud auf sich unsre Schmerzen. Wir aber hielten ihn für den, der geplagt und von Gott geschlagen und gemartert wäre. Aber er ist um unsrer Missetat willen verwundet und um unsrer Sünde willen zerschlagen. Die Strafe liegt auf ihm, auf dass wir Frieden hätten, und durch seine Wunden sind wir geheilt. Wir gingen alle in die Irre wie Schafe, ein jeder sah auf seinen Weg. Aber der Herr warf unser aller Sünde auf ihn. Als er gemartert ward, litt er doch willig und tat seinen Mund nicht auf wie ein Lamm, das zur Schlachtbank geführt wird; und wie ein Schaf, das verstummt vor seinem Scherer, tat er seinen Mund nicht auf.

Er ist aus Angst und Gericht hinweggenommen. Wer aber kann sein Geschick ermessen? Denn er ist aus dem Lande der Lebendigen weggerissen, da er für die Missetat meines Volks geplagt war. Und man gab ihm sein Grab bei Gottlosen und bei Übeltätern, als er gestorben war, wiewohl er niemand Unrecht getan hat und kein Betrug in seinem Munde gewesen ist.« Jesaja 53,1-9

Von dem leidenden Erlöser sagte der Herr selbst durch Sacharja: »Schwert, mach dich auf über meinen Hirten, über den Mann, der mir der nächste ist!« Sacharja 13,7 Durch den Psalmisten hatte der Erlöser von sich selbst vorausgesagt: »Die Schmach bricht mir mein Herz und macht mich krank. Ich warte, ob jemand Mitleid habe, aber da ist niemand, und auf Tröster, aber ich finde keine. Sie geben mir Galle zu essen und Essig zu trinken für meinen Durst.« Psalm 69,21f

Über Seine Behandlung sagte Er schon voraus: »Hunde haben mich umgeben, und der Bösen Rotte hat mich umringt; sie haben meine Hände und Füße

durchgraben. Ich kann alle meine Knochen zählen; sie aber

schauen zu und sehen auf mich herab. Sie teilen meine Kleider unter sich und werfen das Los um mein Gewand.« Psalm 22,17-19

Diese Beschreibungen vom bitteren Leiden und grausamen Tod des Verheißenen waren zwar traurig, andererseits aber voller Verheißungen: Dem Herrn gefiel es, ihn zu zerschlagen; er ließ ihn leiden. Wenn er sein Leben zum Schuldopfer gegeben hat, so wird er Nachkommen sehen und seine Tage verlängern; und das Vorhaben des Herrn wird in seiner Hand gelingen. Nachdem seine Seele Mühsal erlitten hat, wird er seine Lust sehen und die Fülle haben; durch seine Erkenntnis wird mein Knecht, der Gerechte, viele gerecht machen, und ihre Sünden wird er tragen. Darum will ich ihm die Vielen zum Anteil geben, und er wird Starke zum Raub erhalten, dafür, dass er seine Seele dem Tod preisgegeben hat und sich unter die Übeltäter zählen ließ und die Sünde vieler getragen und für die Übeltäter gebetet hat.« Jesaja 53,10-12

Die Liebe für die Sünder veranlasste Christus dazu, den Preis für die Erlösung zu bezahlen. »Er sieht, dass niemand auf dem Plan ist, und verwundert sich, dass niemand ins Mittel tritt.« Kein anderer konnte das Lösegeld für die Männer und Frauen in der Gewalt des Feindes bezahlen, deshalb »half ihm sein eigener Arm, und seine Gerechtigkeit, die unterstützte ihn.« Jesaja 59,16

»Siehe, das ist mein Knecht - ich halte ihn - und mein Auserwählter, an dem meine Seele Wohlgefallen hat. Ich habe ihm meinen Geist gegeben; er wird das Recht unter die Heiden bringen.« Jesaja 42,1

In Seinem Leben sollte die Selbstbehauptung keinen Platz finden. Die Huldigung, die die Welt der Stellung, dem Reichtum und dem Talent erweist, sollte dem Sohn Gottes fremd bleiben. Der Messias sollte keines der Mittel verwenden, die Menschen einsetzen, um Verbündete zu gewinnen oder Huldigung zu erlangen. Seine völlige Selbstverleugnung kommt in den folgenden prophetischen Worten zum Ausdruck: »Er wird nicht schreien noch rufen, und seine Stimme wird man nicht hören auf den Gassen. Das geknickte Rohr wird er nicht zerbrechen, und den glimmenden Docht wird er nicht auslöschen.« Jesaja 42,2f

Der Heiland sollte sich unter den Menschen völlig anders verhalten als die Lehrer Seiner Zeit. In Seinem Leben gab es niemals eine lautstarke Diskussion, demonstrative Anbetung vgl. Mt. 6,5 oder eine Beifall haschende Handlung. Der Messias sollte in Gott geborgen sein, und Gott sollte Sich im Charakter Seines Sohnes offenbaren. Ohne Gotteserkenntnis wäre die Menschheit ewig verloren, ohne göttliche Hilfe würden die Menschen immer tiefer sinken. Leben und Kraft müssen vom Schöpfer der Welt verliehen werden. Es gibt keinen anderen Weg, der die Bedürfnisse des Menschen decken konnte.

Weiter wurde über den Messias prophezeit: »Er selbst wird nicht verlöschen und nicht zerbrechen, bis er auf Erden das Recht aufrichte; und [692/693]

die Inseln warten auf seine Weisung.« Der Sohn Gottes sollte »sein Gesetz herrlich und groß« machen. Jesaja 42,4.21 Er sollte die Ansprüche des Gesetzes und seine bindende Kraft nicht verringern, sondern es vielmehr erhöhen. Gleichzeitig sollte Er die göttlichen Vorschriften von den belastenden menschlichen Forderungen befreien, durch die viele in ihren Bemühungen, Gott annehmbar zu dienen, entmutigt worden waren.

Über die Mission des Heilands sagt Gott selbst in Seinem Wort: »Ich, der Herr, habe dich gerufen in Gerechtigkeit und halte dich bei der Hand und behüte dich und mache dich zum Bund für das Volk, zum Licht der Heiden, dass du die Augen der Blinden öffnen sollst und die Gefangenen aus dem Gefängnis führen und, die da sitzen in der Finsternis, aus dem Kerker. Ich, der Herr, das ist mein Name, ich will meine Ehre keinem andern geben noch meinen Ruhm den Götzen. Siehe, was ich früher verkündigt habe, ist gekommen. So verkündige ich auch Neues; ehe denn es aufgeht, lasse ich's euch hören.« Jesaja 42,6-9

Durch den verheißenen Samen wollte der Gott Israels Zion Befreiung bringen. »Es wird ein Reis hervorgehen aus dem Stamm Isais und ein Zweig aus seiner Wurzel Frucht bringen.« – »Siehe, eine Jungfrau ist schwanger und wird einen Sohn gebären, den wird sie nennen Immanuel. Butter und Honig wird er essen, bis er weiß, Böses zu verwerfen und Gutes zu erwählen.« Jesaja 11,1; 7,14f

»Auf ihm wird ruhen der Geist des Herrn, der Geist der Weisheit und des Verstandes, der Geist des Rates und der Stärke, der Geist der Erkenntnis und der Furcht des Herrn. Und Wohlgefallen wird er haben an der Furcht des Herrn. Er wird nicht richten nach dem, was seine Augen sehen, noch Urteil sprechen nach dem, was seine Ohren hören, sondern wird mit Gerechtigkeit richten die Armen und rechtes Urteil sprechen den Elenden im Lande, und er wird mit dem Stab seines Mundes den Gewalttätigen schlagen und mit dem Odem seiner Lippen den Gottlosen töten. Gerechtigkeit wird der Gurt seiner Lenden sein und die Treue der Gurt seiner Hüften ... Und es wird geschehen zu der Zeit, dass das Reis aus der Wurzel Isais dasteht als Zeichen für die Völker. Nach ihm werden die Heiden fragen, und die Stätte, da er wohnt, wird herrlich sein.« Jesaja 11,2-5.10 »Siehe, es ist ein Mann, der heißt Spross, und ... er wird bauen den Tempel des Herrn und wird königlichen Schmuck tragen und wird sitzen und herrschen auf seinem Thron und wird Priester sein.« Sacharja 6,12f

Eine Quelle sollte »gegen Sünde und Unreinheit« Sacharja 13,1 NeÜ geöffnet werden. Die Menschenkinder sollten die beglückende Einladung vernehmen: »Wohlan, alle, die ihr durstig seid, kommt her zum Wasser! Und die ihr kein Geld habt, kommt her, kauft und esst! Kommt her und kauft ohne Geld und umsonst Wein und Milch! Warum zählt ihr Geld dar für das, was kein Brot ist, und sauren Verdienst für das, was nicht satt macht? Hört doch auf mich, so werdet ihr Gutes essen und euch am Köstlichen laben. Neigt eure Ohren her und kommt her zu mir! Höret, so werdet ihr leben! Ich will mit euch einen ewigen Bund schließen, euch die beständigen Gnaden Davids zu geben.« Jesaja 55,1-3

Israel wurde die Verheißung gegeben: »Siehe, ich habe ihn den Völkern zum Zeugen bestellt, zum Fürsten für sie und zum Gebieter. Siehe, du wirst Heiden rufen, die du nicht kennst, und Heiden, die dich nicht kennen, werden zu dir laufen um des Herrn willen, deines Gottes, und des Heiligen Israels, der dich herrlich gemacht hat.« Jesaja 55,4f »Ich bringe euch die Gerechtigkeit, sie ist nicht mehr fern, meine Rettung verspätet sich nicht. Zion gebe ich meine Hilfe und Israel meine strahlende Pracht.« Jesaja 46,13 NeÜ

In Wort und Tat sollte der Messias während Seines irdischen Dienstes der Menschheit die Herrlichkeit Gottes des Vaters offenbaren. Jede Handlung Seines Lebens, jedes Wort das Er sprach, jedes Wunder das Er vollbrachte – all dies sollte der gefallenen Menschheit die unendliche Liebe Gottes bekannt machen.

»Auf einen hohen Berg steig hinauf, du Freudenbotin Zion! Erhebe mit Macht deine Stimme, du Freudenbotin Jerusalem! Erhebe sie, fürchte dich nicht! Sprich zu den Städten Judas: Siehe da, euer Gott! Siehe, der Herr, HERR, kommt mit Kraft, und sein Arm übt die Herrschaft für ihn aus. Siehe, sein Lohn ist bei ihm, und seine Belohnung geht vor ihm her. Er wird seine Herde weiden wie ein Hirte, die Lämmer wird er in seinen Arm nehmen und in seinem Gewandbausch tragen, die säugenden Muttertiere wird er fürsorglich leiten.« Jesaja 40,9-11 Elb

»Zu der Zeit werden die Tauben hören die Worte des Buches, und die Augen der Blinden werden aus Dunkel und Finsternis sehen; und die Elenden werden wieder Freude haben am Herrn, und die Ärmsten unter den Menschen werden fröhlich sein in dem Heiligen Israels ... Und die, welche irren in ihrem Geist, werden Verstand annehmen, und die, welche murren, werden sich belehren lassen.« Jesaja 29,18.19.24

So sprach Gott durch die Patriarchen und Propheten in Sinnbildern und Symbolen über das Kommen des Befreiers von der Sünde zur Welt. Eine lange Linie inspirierter Prophezeiungen wies auf das Kommen der »Sehnsucht aller Völker« Haggai 2,7 KJV hin. Sogar Sein Geburtsort und die Zeit Seines Erscheinens wurden genau angegeben. Der Sohn Davids musste in der Stadt Davids geboren werden. Über Bethlehem weissagte der Prophet: »Aus dir soll mir der kommen, der in Israel Herr sei, dessen Ausgang von Anfang und von Ewigkeit her gewesen ist«. Micha 5,1 »Du Bethlehem im jüdischen Lande bist mitnichten die kleinste unter den Städten in Juda; denn aus dir soll mir kommen der Herzog, der über mein Volk Israel ein Herr sei.« Matthäus 2,6

Die Zeit des ersten Kommens und einige der wichtigsten Ereignisse, die mit dem Lebenswerk des Heilands zusammenhängen, wurden Daniel durch den Engel Gabriel bekannt gemacht. Der Engel sagte: »Über dein Volk und über deine heilige Stadt sind 70 Wochen bestimmt, um der Übertretung ein Ende zu machen und die Sünden abzutun, um die Missetat zu sühnen und eine ewige Gerechtigkeit herbeizuführen, um Gesicht und Weissagung zu versiegeln und ein Allerheiligstes zu salben.« Daniel 9,24 In der Prophetie steht ein Tag für ein Jahr. vgl. 4.Mose 14,34; Hesekiel 4,6 Die 70 Wochen oder 490 Tage stellen 490 Jahre dar. Der Ausgangspunkt für diese Periode wird uns gegeben: »Du musst Folgendes wissen und verstehen: Vom Erlass des Befehls zum Wiederaufbau Jerusalems bis zu einem Gesalbten, einem Fürsten, vergehen sieben Jahrwochen. 62 Jahrwochen lang wird es dann als wiederaufgebaute und befestigte Stadt bestehen bleiben«, Daniel 9,25 NeÜ Das sind 69 Wochen oder 483 Jahre. Der Befehl, Jerusalem wiederherzustellen und aufzubauen, der durch das Dekret des Artaxerxes Longimanus vervollständigt wurde, trat im Herbst des Jahres 457 v. Chr. in Kraft. Von diesem Zeitpunkt an erstrecken sich 483 Jahre bis zum Herbst 27 n. Chr. Nach dieser Prophezeiung sollte diese Zeitperiode bis zum Messias, dem Gesalbten, reichen. Im Jahr 27 n.Chr. empfing Jesus bei Seiner Taufe die Salbung des Heiligen Geistes und begann bald darauf Seinen Dienst. Dann verkündigte Er die Botschaft: »Die Zeit ist erfüllt.« Markus 1,15

Weiter sagte der Engel:»Für eine Jahrwoche wird der Fürst einen starken Bund mit den Vielen schließen«. Daniel 9,27 NeÜ Sieben Jahre lang wurde nach Beginn des Dienstes des Heilands das Evangelium besonders den Juden verkündigt, dreieinhalb Jahre durch Christus selbst und anschließend noch einmal dreieinhalb Jahre durch die Apostel. »In der Mitte der Jahrwoche wird er die Schlacht- und Speisopfer aufhören lassen.« Daniel 9,27 NeÜ Im Frühjahr des Jahres 31 n.Chr. wurde Christus, das wahre Opfer, auf Golgatha dargebracht. Anschließend riss der Vorhang im Tempel entzwei. Die Zeit war gekommen, dass Schlacht- und Speisopfer aufhören sollten.

Die eine Woche oder die sieben Jahre endeten im Jahr 34 n.Chr. Durch die Steinigung des Stephanus besiegelten die Juden schließlich ihre Ablehnung des Evangeliums. Die Jünger, die durch die Verfolgung überallhin verstreut wurden, »zogen umher und predigten das Wort«. Apostelgeschichte 8,4 Kurz danach bekehrte sich der Verfolger Saulus und wurde als Paulus zum Apostel der Heiden.

Die vielen Prophezeiungen hinsichtlich der Ankunft des Heilands führten dazu, dass die Hebräer in einer Haltung ständiger Erwartung lebten. Viele starben im Glauben und hatten die Erfüllung der Verheißungen nicht erlebt. Sie hatten sie jedoch von ferne gesehen, und sie glaubten und bekannten, Fremde und Pilger auf dieser Erde zu sein. vgl. Hebr. 11,13 Von den Tagen Henochs an hatten die Verheißungen, die durch die Patriarchen und Propheten wiederholt worden waren, die Hoffnung auf Sein Erscheinen lebendig gehalten.

Gott hatte zunächst die genaue Zeit des ersten Kommens nicht offenbart. Auch dann, als die Prophezeiung Daniels diese Zeit bekannt machte, verstanden nicht alle diese Botschaft richtig.

Jahrhundert um Jahrhundert verging, und schließlich verstummten die Stimmen der Propheten. Die Hand des Unterdrückers lag schwer auf Israel. Als die Juden von Gott abwichen, wurde ihr Glaube trüb, und Hoffnung erleuchtete kaum noch die Zukunft. Die Worte der Propheten wurden von vielen nicht verstanden, und so fingen diejenigen, deren Glaube hätte stark bleiben sollen, an auszurufen: »Es dauert so lange, und es wird nichts aus der Weissagung.« Hesekiel 12,22 Im Rat des Himmels war jedoch die Stunde des Kommens Christi bestimmt worden. »Als aber die Zeit erfüllet ward, sandte Gott seinen Sohn, geboren von einem Weibe und unter das Gesetz getan, auf dass er die, so unter dem Gesetz waren, erlöste, damit wir die Kindschaft empfingen.« Galater 4,4f

Der Menschheit mussten die Lektionen in menschlicher Sprache gegeben werden. Der Botschafter des Bundes musste sprechen. Und seine Stimme musste in Seinem Tempel gehört werden. Als Urheber der Wahrheit musste Er die Wahrheit von der Spreu menschlicher Äußerungen trennen, die sie wirkungslos gemacht hatten. Die Grundsätze der Herrschaft Gottes und der Erlösungsplan mussten klar bestimmt und die Lektionen des Alten Testaments den Menschen vollständiger erklärt werden.

Als der Heiland schließlich »als Mensch« Philipper 2,7 erschien und Seinen Dienst der Gnade begann, konnte Satan Ihn nur noch in die Ferse beißen, während durch jede Handlung der Demütigung oder des Leidens Christus den Kopf Seines Feindes zertrat. Das durch die Sünde herbeigeführte Leid wurde in die Brust des Sündlosen geschüttet. Während Christus den Widerspruch der Sünder gegen sich erduldete, bezahlte Er die Schuld für die sündhafte Menschheit und zerbrach ihre Knechtschaft. Jede Seelenpein und jede Beleidigung bewirkte die Befreiung der menschlichen Rasse.

Wenn Satan Christus zum Nachgeben gegenüber nur einer einzigen Versuchung hätte bringen oder Ihn dazu veranlassen können, durch eine einzige Tat oder nur einen einzigen Gedanken Seine vollkommene Reinheit zu beflecken, so hätte der Fürst der Finsternis über den Bürgen des Menschen triumphiert und die ganze menschliche Familie für sich gewonnen. Satan konnte zwar quälen, aber er konnte Ihn nicht beschmutzen. Er konnte Leid verursachen, Ihn aber nicht beflecken. Er machte das Leben Christi zu einer langen Abfolge von Schwierigkeiten und Prüfungen, und doch verlor er mit jedem Angriff mehr von seiner Herrschaft über die Menschheit.

In der Wüste der Versuchung, im Garten Gethsemane und am Kreuz kreuzte der Heiland die Waffen mit dem Fürsten der Finsternis. Seine

Wunden wurden zu Seinen Trophäen des Sieges zugunsten der Menschen. Als Christus schmerzerfüllt am Kreuz hing und böse Geister jauchzten und böse Menschen schmähten, da wurde Er tatsächlich in die Ferse gebissen. Aber genau diese Handlung zermalmte den Kopf der Schlange. Durch Seinen Tod zerstörte er den, »der des Todes Gewalt hatte«, Hebräer 2,14 den Teufel.

Diese Handlung entschied das Schicksal des Erzrebellen und besiegelte für immer den Erlösungsplan. Durch Seinen Tod erlangte Er den Sieg über dessen Macht. Durch Seine Auferstehung öffnete Er die Pforten des Grabes für alle Seine Nachfolger. In jener letzten großen Auseinandersetzung sehen wir die Prophezeiung erfüllt: »Der soll dir den Kopf zertreten, und du wirst ihn in die Ferse stechen. » 1.Mose 3.15

»Meine Lieben, wir sind nun Gottes Kinder; und es ist noch nicht erschienen, was wir sein werden. Wir wissen aber, wenn es erscheinen wird, dass wir ihm gleich sein werden; denn wir werden ihn sehen, wie er ist.« 1.Johannes 3,2

Unser Erlöser hat den Weg eröffnet, so dass der sündigste, bedürftigste, unterdrückteste und verachtetste Mensch Zugang zum Vater finden kann. »Herr, du bist mein Gott, dich preise ich; ich lobe deinen Namen. Denn du hast Wunder getan; deine Ratschlüsse von alters her sind treu und wahrhaftig.« Jesaja 25,1

KAPITEL 59

"Das haus Israel"

Auf Grundlage des biblischen Berichts

Durch die Verkündigung der Wahrheiten des ewigen Evangeliums »allen Nationen und Geschlechtern und Sprachen und Völkern« Offenbarung 14,6 erfüllt Gottes Gemeinde auf Erden heute die alte Weissagung: »Es wird einst dazu kommen, dass ... Israel blühen und grünen wird, dass sie den Erdkreis mit Früchten erfüllen.« Jesaja 27,6 Die Nachfolger Jesu kommen schnell an die »wüsten Plätze« dieser Erde. Als Ergebnis ihrer Mühen entwickelt sich eine reiche Seelenernte. Die Verbreitung der biblischen Wahrheiten durch eine geheiligte Gemeinde bringt heute wie niemals zuvor den Menschen die Segnungen, die Jahrhunderte zuvor in der Verheißung an Abraham und ganz Israel – an Gottes Gemeinde in jedem Zeitalter – vorausgesagt wurden: »Ich ... will dich segnen ..., und du sollst ein Segen sein.« 1.Mose 12,2

Diese Verheißung reichen Segens hätte in hohem Maße bereits in den Jahrhunderten nach der Rückkehr der Israeliten aus der Gefangenschaft ihre Erfüllung finden sollen. Damals sollte nach dem Willen Gottes die ganze Welt für das erste Kommen Christi so vorbereitet werden wie heute der Weg für Sein zweites Kommen vorbereitet wird. Nach den Jahren der demütigenden Verbannung gab Gott durch Sacharja Seinem Volk Israel die folgende Zusage: »Ich kehre wieder auf den Zion zurück und will zu Jerusalem wohnen, dass Jerusalem eine Stadt der Treue heißen soll und der Berg des Herrn Zebaoth ein heiliger Berg.« Und über sein Volk sagte er: »Siehe ..., ich will ihr Gott sein in Treue und Gerechtigkeit.« Sacharja 8,3.7f

Diese Verheißungen waren an die Bedingung des Gehorsams geknüpft. Die Sünden, die so bezeichnend für die Israeliten vor der Wegführung waren, sollten nicht wiederholt werden. »Richtet recht«, mahnte der Herr jene, die am Wiederaufbau beteiligt waren, »und ein jeder erweise seinem Bruder Güte und Barmherzigkeit, und tut nicht Unrecht den Witwen, Waisen, Fremdlingen und Armen, und denke keiner gegen seinen Bruder etwas Arges in seinem Herzen!« Sacharja 7,9f »Rede einer mit dem andern Wahrheit und richtet recht, schafft Frieden in euren Toren.« Sacharja 8,16

Denen, die diese Grundsätze der Wahrheit in die Tat umsetzen würden, wurde reiche materielle und geistliche Belohnung versprochen. Der Herr sagte zu: »Es soll eine Saat des Friedens geben: der Weinstock soll seine Frucht bringen und das Land seinen Ertrag abwerfen und der Himmel seinen Tau spenden, und dem Überrest dieses Volkes will ich dies alles zum Erbteil geben. Und es soll geschehen, wie ihr ein Fluch gewesen seid unter den Heidenvölkern, o Haus Juda und Haus Israel, so will ich euch erretten, dass ihr ein Segen werden sollt.« Sacharja 8,12f

Durch die babylonische Gefangenschaft wurden die Israeliten nachhaltig von der Götzenanbetung abgebracht. Nach ihrer Rückkehr achteten sie sehr sorgfältig auf religiöse Unterweisung und darauf, was in den Schriften des Gesetzes und der Propheten über die Anbetung des wahren Gottes stand. Die Wiederherstellung des Tempels ermöglichte es ihnen, die rituellen Dienste des Heiligtums vollständig auszuführen. Unter der Führung von Serubbabel, Esra und Nehemia verpflichteten sie sich wiederholt durch Bündnisse, alle Gebote und Vorschriften des Herrn zu halten. Die darauf folgenden Zeiten des Wohlstands legten ein sehr beredtes Zeugnis über die Bereitschaft Gottes ab, sie anzunehmen und ihnen zu vergeben. Dennoch wandten sie sich auch immer wieder in fataler Kurzsichtigkeit von ihrer herrlichen Bestimmung ab und benutzten die Gaben für sich selbst, die zahllosen Menschen Heilung und geistliches Leben gebracht hätten.

Ihr Versagen, die göttliche Absicht zu erfüllen, wurde in den Tagen Maleachis sehr deutlich. Eindringlich sprach der Bote des Herrn die Übel an, die Israels materielles Wohlergehen verhinderten und ihre geistliche Kraft raubten. In seinem Tadel an die Übertreter sparte der Prophet weder Priester noch Volk aus. »Die Last, die der Herr ankündigt für Israel durch Maleachi«, bestand darin, die Lektionen der Vergangenheit nicht zu vergessen und den Bund des Herrn mit dem Haus Israel treu zu halten. Nur durch eine von Herzen kommende Reue konnten sie die Segnungen Gottes empfangen. Der Prophet forderte sie eindringlich auf: »So bittet doch Gott und seht, ob er uns gnädig sei«. Maleachi 1,1.9

Dennoch sollte der jahrhundertealte Plan für die Rettung der Menschheit nicht durch ein zeitweiliges Versagen Israels scheitern. Diejenigen, zu denen der Prophet gerade sprach, mochten die erteilte Botschaft vielleicht nicht beachten, aber die Absichten des Herrn sollten sich dennoch stetig weiter voran bewegen – bis zu ihrer völligen Erfüllung. Der Herr ließ durch Seinen Boten sagen. »Vom Anfang der Sonne bis zum Niedergang ist mein Name herrlich unter den Heiden und an allen Orten wird meinem Namen geopfert und ein reines Opfer dargebracht; denn mein Name ist herrlich unter den Heiden.« Maleachi 1,11

Den Bund des »Lebens und des Friedens«, den Gott mit den Söhnen Levi gemacht hatte – ein Bund, der, wenn er eingehalten wurde, unbeschreibliche Segnungen gebracht hätte – diesen Bund bot der Herr nun an mit denen zu erneuern, die einmal geistliche Leiter gewesen waren, durch die Übertretung aber »verächtlich und unwert gemacht«. Maleachi 2,5.9

Ernst wurden die Übeltäter gewarnt vor dem Tag des kommenden Gerichts und vor der Absicht des Herrn, jeden Übertreter schnell zu vernichten. Es wurde jedoch keiner ohne Hoffnung gelassen. Maleachis Prophezeiungen des Gerichts waren begleitet von Einladungen an die Unbußfertigen, ihren Frieden mit Gott zu machen. Der Herr drängte sie. »So bekehrt euch nun zu mir«, forderte der Herr sie auf«, so will ich mich auch zu euch kehren. » Maleachi 3,7

Es scheint, als müsste jedes Herz auf solch eine Einladung antworten. Der Gott des Himmels fleht Seine irrenden Kinder an, zu Ihm zurückzukehren, um wieder mit Ihm bei der Ausführung Seines Werkes auf der Erde zusammen zu arbeiten. Der Herr streckt Seine Hände aus, um die Hand Israels zu ergreifen und ihnen zu helfen, den schmalen Pfad der Selbstverleugnung und der Selbstaufopferung zu gehen und sie als Kinder Gottes mit Ihm am Erbe teilhaben zu lassen. Werden sie die Einladung annehmen? Werden sie ihre einzige Hoffnung erkennen?

Wie traurig ist der Bericht aus den Tagen Maleachis, dass die Israeliten zögerten, ihre stolzen Herzen in sofortigem und liebendem Gehorsam Ihm zu unterwerfen und von Herzen mit Ihm zusammenzuarbeiten. In ihrer Antwort klingt die Selbstverteidigung durch: »Worin sollen wir uns bekehren?« Maleachi 3,7 Der Herr offenbart Seinem Volk eine ihrer besonderen Sünden: »Soll ein Mensch Gott berauben, wie ihr mich beraubt?« fragt er. Noch nicht ihrer Sünde überführt, erkundigen sich die Ungehorsamen: »Wessen haben wir dich beraubt?« Maleachi 3,8

Die Antwort des Herrn ist eindeutig: »Mit dem Zehnten und der Opfergabe! Darum seid ihr auch verflucht, denn ihr betrügt mich allesamt. Bringt aber die Zehnten in voller Höhe in mein Vorratshaus, auf dass in meinem Hause Speise sei, und prüft mich hiermit, spricht der Herr Zebaoth, ob ich euch dann nicht des Himmels Fenster auftun werde und Segen herab schütten die Fülle. Und ich will um euretwillen den ‚Fresser' bedrohen, dass er euch die Frucht auf dem Acker nicht verderben soll und der Weinstock auf dem Felde euch nicht unfruchtbar sei, spricht der Herr Zebaoth. Dann werden euch alle Heiden glücklich preisen, denn ihr sollt ein herrliches Land sein, spricht der Herr Zebaoth.« Maleachi 3,8-12

Gott segnet die Arbeit, die von Menschen verrichtet wird, damit sie Ihm Seinen Anteil zurückgeben können. Er gibt ihnen Sonnenschein und Regen, Er sorgt dafür, dass die Natur wächst und blüht, Er gibt Gesundheit und die Fähigkeit, sich Geld zu erarbeiten. Jeder Segen kommt aus Seiner freigebigen Hand, und Er wünscht sich, dass Männer und Frauen ihre Dankbarkeit dadurch zum Ausdruck bringen, dass sie Ihm Seinen Anteil in Zehnten und Gaben zurückgeben – in Dankopfern, in freiwilligen Opfern, in Opfern für Übertretungen. Sie sollen ihre

Mittel Seinem Dienst weihen, damit Sein Weinberg nicht unfruchtbar bleibt. Sie sollen studieren, was der Herr tun würde, wenn Er an ihrer Stelle wäre. Alle schwierigen Angelegenheiten sollen sie Ihm im Gebet bringen. Sie sollen ein selbstloses Interesse am Aufbau Seines Werkes in allen Teilen der Welt offenbaren.

Durch Botschaften wie jene durch den Propheten Maleachi, den letzten alttestamentlichen Propheten, wie auch durch die Unterdrückung durch ihre heidnischen Feinde, lernten die Israeliten schließlich die Lektion, dass wahrer Wohlstand vom Gehorsam gegenüber dem Gesetz Gottes abhängt. Bei vielen vom Volk war jedoch der Gehorsam nicht der Ausfluss des Glaubens und der Liebe. Ihre Motive waren selbstsüchtig. Äußerer Dienst wurde erbracht, um dadurch zu nationaler Größe zu kommen. Das auserwählte Volk wurde nicht zum Licht der Welt, sondern schloss sich von der Welt ab, um sich davor zu schützen, wieder zum Götzendienst verführt zu werden. Die Einschränkungen, die Gott gegeben hatte – wie das Verbot der Mischehen zwischen Seinem Volk und den Heiden und dem Verbot an Israel, an den götzendienerischen Praktiken der umliegenden Völker teilzunehmen – wurden so verdreht, dass dadurch eine Trennmauer zwischen den Israeliten und allen anderen Völkern aufgerichtet wurde. Damit schlossen sie andere von genau den Segnungen aus, von denen Gott Israel befohlen hatte, sie der Welt zu bringen.

Zur selben Zeit trennten sich die Juden durch ihre Sünden selbst von Gott. Es war ihnen nicht möglich, die tiefe geistliche Bedeutung ihrer symbolischen Dienste zu erkennen. In ihrer Selbstgerechtigkeit vertrauen sie auf ihre eigenen Werke und die Opfer und Dienste selbst, anstatt sich auf die Verdienste dessen zu verlassen, auf den all diese Dinge hinwiesen. So trachteten sie danach, »ihre eigene Gerechtigkeit aufzurichten« Römer 10,3 und erbauten sich an ihrem selbstzufriedenen Formalismus. Ihren Mangel an Geist und Gnade bei Gott versuchten sie durch eine rigorose Befolgung der religiösen Zeremonien und Riten wettzumachen. Unzufrieden mit den von Gott selbst eingerichteten Diensten, beluden sie die göttlichen Anordnungen mit zahllosen Forderungen ihrer eigenen Vorstellung. Je weiter der Abstand von Gott wurde, umso rigoroser wurden sie in ihrer Befolgung dieser Formen.

Durch all diese genauen und belastenden Forderungen war es praktisch unmöglich für das Volk, das Gesetz zu halten. Die großen Grundsätze der Gerechtigkeit, die in den zehn Geboten dargelegt worden waren, wurde ähnlich verdunkelt und unter einem Haufen menschlicher Tradition und Verordnungen begraben. Jene, die wirklich den Wunsch hatten, Gott zu dienen und versuchten, das ganze Gesetz so zu halten, wie es von den Priestern und Führern ihnen auferlegt wurde, stöhnten unter dieser schweren Last.

Als Volk waren die Israeliten, die doch die Ankunft des Messias herbeisehnten, von Gott so weit in Herz und Leben entfernt, dass sie keine richtige Auffassung über den Charakter oder die Aufgabe des verheißenen Erlösers haben konnten. Anstatt sich die Erlösung von der Sünde und die Herrlichkeit und den Frieden der Heiligkeit zu wünschen, waren ihre Herzen darauf fixiert, von ihren nationalen Feinden befreit und zu weltlicher Größe wiederhergestellt zu werden. Sie sahen den kommenden Messias als einen Eroberer an, der jedes Joch brechen und Israel zur Herrschaft über alle Völker erheben sollte. Auf diese Weise war Satan erfolgreich gewesen, die Herzen des Volkes darauf vorzubereiten, den Heiland zu verwerfen, sobald Er kommen sollte. Ihre eigenen stolzen Herzen und ihre falschen Vorstellungen Seines Charakters und Seiner Mission würden sie davon abhalten, aufrichtig die Beweise dafür zu prüfen, ob Er der Messias war.

Mehr als tausend Jahre hatte das jüdische Volk auf das Kommen des verheißenen Erlösers gewartet. Ihre hellsten Hoffnungen hatten auf diesem Ereignis geruht. Tausend Jahre lang war Sein Name durch Lieder und Weissagungen in den Tempelriten und dem häuslichen Gebet eingeschlossen gewesen. Als Er dann kam, erkannten sie Ihn dennoch nicht als den Messias, auf den sie so lange gewartet hatten. »Er kam in sein Eigentum; und die Seinen nahmen ihn nicht auf.« Johannes 1,11 Für ihre die Welt liebenden Herzen war der Geliebte des Himmels »wie eine Wurzel aus dürrem Erdreich«. In ihren Augen hatte er »keine Gestalt und Hoheit«. Sie nahmen an ihm keine Schönheit wahr, dass er ihnen erwünscht gewesen wäre.« Jesaja 53,2

Das ganze Leben Jesus von Nazareths unter dem jüdischen Volk war ein Tadel ihrer Selbstsucht, die sich in ihrer mangelnden Bereitschaft offenbarte, die gerechten Ansprüche des Weinbergbesitzers anzuerkennen, als dessen Weingärtner sie eingesetzt worden waren. Sie hassten Sein Beispiel der Wahrhaftigkeit und Frömmigkeit, und als schließlich die letzte Prüfung kam – die Prüfung, die Gehorsam zum ewigen Leben oder Ungehorsam zum ewigen Tod bedeutete – verwarfen sie den Heiligen Israels und wurden verantwortlich für Seine Kreuzigung auf Golgatha.

Im Gleichnis vom Weinberg hatte Christus kurz vor dem Abschluss Seines irdischen Dienstes die Aufmerksamkeit der jüdischen Lehrer auf die reichen Segnungen gelenkt, die Israel geschenkt worden waren, und ihnen anhand von diesen Gottes Anspruch auf ihren Gehorsam gezeigt. Klar und deutlich hatte Er ihnen die herrliche Absicht Gottes vorgelegt, die sie durch Gehorsam hätten erfüllen können. Als Er den Schleier von der Zukunft wegzog, zeigte er ihnen, wie sich die gesamte Nation durch ihr Versagen, Seine Absicht zu erfüllen, Seinen Segen verscherzte und Verderben über sich brachte. »Es war ein Hausvater«, sagte Christus, »der pflanzte einen Weinberg und führte einen Zaun darum und grub eine Kelter darin und baute einen Turm und gab ihn an Weingärtner in Pacht und zog außer Landes.« Matthäus 21,33

Hier bezog sich der Heiland auf »des Herrn Zebaoth Weinberg«, den der Prophet Jesaja Jahrhunderte zuvor als das »Haus Israel« Jesaja 5,7 bezeichnet hatte.

Christus fuhr fort: »Da nun herbeikam die Zeit der Früchte, sandte er seine Knechte zu den Weingärtnern, dass sie seine Früchte empfingen. Da nahmen die Weingärtner seine Knechte; einen schlugen sie, den anderen töteten sie, den dritten steinigten sie. Abermals sandte er andere Knechte, mehr als das erste Mal; und sie taten ihnen gleich also. Zuletzt sandte er seinen Sohn zu ihnen und sprach: Sie werden sich vor meinem Sohn scheuen. Da aber die Weingärtner den Sohn sahen, sprachen sie untereinander: Das ist der Erbe; kommt, lasst uns ihn töten und sein Erbgut an uns bringen! Und sie nahmen ihn und stießen ihn zum Weinberge hinaus und töteten ihn.«

Als Er den Priestern den krönenden Akt ihrer eigenen Boshaftigkeit vor Augen geführt hatte, stellte Er ihnen die Frage: »Wenn nun der Herr des Weinberges kommen wird, was wird er diesen Weingärtnern tun?« Die Priester waren der Erzählung mit tiefem Interesse gefolgt, und antworteten nun zusammen mit dem Volk, ohne sich weiter über den Zusammenhang des Inhalts zu ihnen selbst Gedanken zu machen: »Er wird die Bösewichte übel umbringen und seinen Weinberg an andere Weingärtner vergeben, die ihm die Früchte zu rechter Zeit geben.« Matthäus 21,34-41

Unbewusst hatten sie ihr eigenes Schicksal vorhergesagt. Jesus schaute auf sie, und unter Seinem forschenden Blick erkannten sie, dass Er die Geheimnisse ihrer Herzen las. Seine Göttlichkeit blitzte vor ihnen mit unmissverständlicher Macht heraus. Sie sahen in den Weingärtnern ein Bild für sich selbst, und unfreiwillig riefen sie aus: Das verhüte Gott!

Ernst und bedauernd fragte sie Christus: »Habt ihr nie gelesen in der Schrift: ‚Der Stein, den die Bauleute verworfen haben, der ist zum Eckstein geworden. Von dem Herrn ist das geschehen und ist ein Wunder vor unsren Augen'? Darum sage ich euch: Das Reich Gottes wird von euch genommen und einem Volke gegeben werden, das seine Früchte bringt. Und wer auf diesen Stein fällt, der wird zerschellen; auf wen aber er fällt, den wird er zermalmen.« Matthäus 21,42-44

Christus hätte den Untergang des jüdischen Volkes abgewendet, wenn sie Ihn angenommen hätten. Stolz und Eifersucht machten sie jedoch unversöhnlich. Sie entschlossen sich, Jesus von Nazareth nicht als Messias anzunehmen. Sie verwarfen das Licht der Welt, und von nun an war ihr Leben von einer so tiefen Finsternis wie der um Mitternacht umgeben. Das vorhergesagte

 Verderben kam über das jüdische Volk. Ihre eigenen grimmigen

Leidenschaften bewirkten unkontrolliert ihren Untergang. In ihrem blinden Zorn vernichteten sie sich gegenseitig. Ihr rebellischer, sturer Stolz brachte den Zorn ihrer römischen Eroberer über sie. Jerusalem wurde zerstört, der Tempel zertrümmert und sein Standort wie ein Feld durchpflügt. Die Kinder Juda starben die grausamsten Tode. Millionen wurden verkauft, um als Sklaven in heidnischen Ländern zu dienen.

Das, was Gott für die Welt durch Israel, das auserwählte Volk, zu tun beabsichtigte, wird er schließlich durch Seine Gemeinde auf der Erde vollbringen. Er hat »seinen Weinberg an andere Weingärtner vergeben«, nämlich an sein bundestreues Volk, das ihm gewissenhaft »die Früchte zu rechter Zeit« abliefert. Matthäus 21,41 Der Herr war zu keiner Zeit ohne treue Vertreter auf dieser Erde, die Seine Interessen zu ihren eigenen machten. Diese Zeugen für Gott werden unter das geistliche Israel gezählt, und an ihnen werden alle Bundesverheißungen erfüllt, die der Herr Seinem alten Volk einst gab.

Heute hat die Gemeinde Gottes die Freiheit, die Vollendung des göttlichen Erlösungsplans für eine verlorene Rasse durchzuführen. Viele jahrhundertelang litt das Volk Gottes unter einer Einschränkung ihrer Freiheiten. Die Predigt des Evangeliums in seiner Reinheit war verboten, und die strengsten Strafen ergingen über jene, die es wagten, menschliche Gebote zu missachten. Eine Folge davon war, dass der große symbolische Weinberg des Herrn fast vollständig unbearbeitet war. Die Menschen waren des Lichts des Wortes Gottes beraubt. Die Finsternis des Irrtums und Aberglaubens drohte, die Erkenntnis wahrer Religion auszulöschen. Gottes Gemeinde auf der Erde befand sich während dieser langen Zeit erbarmungsloser Verfolgung ebenso in Gefangenschaft wie das alte Israel, das eine Zeitlang gefangen in Babylon sein musste.

Aber – Gott sei Dank! – befindet sich Seine Gemeinde nicht länger in Knechtschaft. Das geistliche Israel hat die Vorrechte wiedererlangt, die dem Volk Gottes zur Zeit ihrer Befreiung aus Babylon gegeben worden waren. Auf jedem Erdteil antworten Männer und Frauen auf die vom Himmel gesandte Botschaft, von der der Offenbarer Johannes vorhersagte, dass sie vor dem zweiten Kommen Christi verkündigt werde: »Fürchtet Gott und gebet ihm die Ehre; denn die Stunde seines Gerichts ist gekommen! » Offenbarung 14,7

Die Scharen der bösen Mächte müssen die Gemeinde nicht länger gefangen halten, denn: »Sie ist gefallen, sie ist gefallen, Babylon, die große Stadt; denn sie hat mit dem Zorneswein ihrer Unzucht getränkt alle Völker.« Offenbarung 14,8 Und an das geistliche Israel ergeht die Botschaft: »Gehet aus von ihr, mein Volk, dass ihr nicht teilhaftig werdet ihrer Sünden, auf dass ihr nicht empfanget etwas von ihren Plagen!« Offenbarung 18,4 Wie die verbannten Gefangenen die Botschaft »Fliehet aus Babel« Jeremia 51,6 beachteten und wieder in das [714/715]

Land der Verheißung zurückgebracht wurden, so nehmen auch heute jene, die Gott fürchten, die Botschaft wahr, sich aus dem geistlichen Babylon zurückzuziehen, so dass sie bald als Trophäen der göttlichen Gnade auf der neugemachten Erde, dem himmlischen Kanaan, sein dürfen.

In den Tagen von Maleachi wurde auf die spöttische Frage der Unbußfertigen: »Wo ist der Gott, der da straft?« Maleachi 2,17 mit allem Ernst geantwortet: »‚Bald wird kommen zu seinem Tempel der Herr ... und der Engel des Bundes ... siehe, er kommt!‘ ... Wer wird aber den Tag seines Kommens ertragen können, und wer wird bestehen, wenn er erscheint? Denn er ist wie das Feuer eines Schmelzers und wie die Lauge der Wäscher. Er wird sitzen und schmelzen und das Silber reinigen, er wird die Söhne Levi reinigen und läutern wie Gold und Silber. Dann werden sie dem Herrn Opfer bringen in Gerechtigkeit, und es wird dem Herrn wohlgefallen das Opfer Judas und Jerusalems wie vormals und vor langen Jahren.« Maleachi 3,1-4

Kurz bevor der verheißene Messias erscheinen sollte, war die Botschaft des Vorläufers Christi: Tut Buße, Zöllner und Sünder, tut Buße Pharisäer und Sadduzäer »denn das Himmelreich ist nahe herbeigekommen!« Matthäus 3,2

Heute lenken die von Gott erwählten Boten im Geist und in der Kraft Elias und Johannes des Täufers die Aufmerksamkeit einer gerichtsreifen Welt auf die feierlichen Ereignisse, die bald in Zusammenhang mit dem Abschluss der Gnadenzeit und dem Erscheinen von Jesus Christus als König der Könige und Herr der Herren stattfinden werden. Bald wird jeder Mensch für die Taten gerichtet, die er während seiner Lebenszeit getan hat. Die Stunde des Gerichtes ist gekommen, und auf den Gliedern Seiner Gemeinde auf Erden ruht die feierliche Verantwortung, andere zu warnen, die sozusagen am Rand des ewigen Verderbens stehen. Jedem Menschen auf der weiten Welt, der sie beachten möchte, müssen die Grundsätze deutlich gemacht werden, die in diesem jetzt geführten großen Kampf auf dem Spiel stehen. Dies sind Grundsätze, von denen das Schicksal der Menschheit abhängt.

In diesen letzten Stunden der Gnadenzeit für die Menschen, wo sich das Schicksal jedes Menschen so bald für immer entscheidet, erwartet der Herr des Himmels und der Erde von Seiner Gemeinde, dass sie wie nie zuvor tätig werden. Die Menschen, die in Christus durch die Erkenntnis der kostbaren Wahrheit befreit wurden, werden vom Herrn Jesus als Seine Auserwählten angesehen, die über alle anderen Menschen auf dem Erdboden bevorzugt sind. Er zählt auf sie, dass sie das Lob dessen verkündigen, der sie aus der Finsternis in Sein wunderbares Licht gerufen hat. Die so freigiebig verliehenen Segnungen sollen an andere weitergeben werden. Die gute Botschaft von der Errettung muss an alle Nationen und Stämme und Sprachen und Völker gehen.

In den Visionen der Propheten früherer Tage wurde der Herr der Herrlichkeit dargestellt, wie Er in den Tagen der Finsternis und des Unglaubens, die Seinem zweiten Kommen vorangehen, ein besonderes Licht auf Seine Gemeinde wirft. Als Sonne der Gerechtigkeit sollte Er über Seiner Gemeinde aufgehen mit »Heil unter ihren Flügeln«. Maleachi 3,20 Von jedem wahren Jünger sollte ein Einfluss zum Leben, Mut, zur Hilfsbereitschaft und zu wahrer Heilung ausgestrahlt werden.

Das Kommen Christi wird in der finstersten Periode der Geschichte dieser Erde stattfinden. Die Tage Noahs und Lots illustrieren den Zustand der Welt kurz vor dem Kommen des Menschensohnes. Die Heilige Schrift, die vorausschauend auf diese Zeit hinweist, sagt, dass Satan mit aller Macht wirken wird und mit »allerlei lügenhaften Kräften ... und mit allerlei Verführung zur Ungerechtigkeit«. 2.Thessalonicher 3,9f Sein Wirken zeigt sich ganz offen durch die zunehmende Finsternis, die zahlreichen Fehler, Irrlehren und Täuschungen dieser letzten Tage. Satan nimmt nicht nur die Welt gefangen, sondern seine Täuschungen durchsäuern auch die bekenntlichen Kirchen und Gemeinden unseres Herrn Jesus Christus. Der große Abfall wird sich zu einer Finsternis entwickeln, die so tief ist wie die Mitternacht. Für das Volk Gottes wird es eine Nacht der Prüfung, eine Nacht des Weinens, eine Nacht der Verfolgung um der Wahrheit willen sein. Aus dieser nächtlichen Finsternis jedoch wird Gottes Licht strahlen.

Er lässt »das Licht aus der Finsternis hervorleuchten« 2.Korinther 4,6 Als die Erde »wüst und leer« und es »finster auf der Tiefe« war, schwebte »der Geist Gottes ... auf dem Wasser. Und Gott sprach: Es werde Licht! Und es ward Licht.« 1.Mose 1,2f Ebenso geht in der Nacht geistlicher Finsternis das Wort von Gott aus: »Es werde Licht!« Zu Seinem Volk sagt Er: »Mache dich auf, werde licht; denn dein Licht kommt, und die Herrlichkeit des Herrn geht auf über dir!« Jesaja 60,1

In der Heiligen Schrift heißt es: »Siehe, Finsternis bedeckt das Erdreich und Dunkel die Völker; aber über dir geht auf der Herr, und seine Herrlichkeit erscheint über dir.« Jesaja 60,2 Christus, das Abbild der Herrlichkeit des Vaters, kam in diese Welt als ihr Licht, um den Menschen Gott darzustellen. Von Ihm steht geschrieben, dass Er gesalbt wurde »mit heiligem Geist und Kraft; der ist umhergezogen und hat wohlgetan«. Apostelgeschichte 10,38 In der Synagoge zu Nazareth sagte Er: »Der Geist des Herrn ist bei mir, darum weil er mich gesalbt hat, zu verkündigen das Evangelium den Armen; er hat mich gesandt, zu predigen den Gefangenen, dass sie los sein sollen, und den Blinden, dass sie sehend werden, und den Zerschlagenen, dass sie frei und ledig sein sollen, zu verkündigen das Gnadenjahr des Herrn.« Lukas 4,18f Dies war auch das Werk, das Er Seinen Jüngern zu tun auftrug: »Ihr seid das Licht der Welt ... So soll euer Licht leuchten vor den Leuten, dass sie eure guten Werke sehen und euren Vater im Himmel preisen.« Matthäus 5,14.16

Dies ist das Werk, das der Prophet Jesaja beschreibt: »Brich dem Hungrigen dein Brot, und die im Elend ohne Obdach sind, führe ins Haus! Wenn du einen nackt siehst, so kleide ihn, und entzieh dich nicht deinem Fleisch und Blut! Dann wird dein Licht hervorbrechen wie die Morgenröte, und deine Heilung wird schnell voranschreiten, und deine Gerechtigkeit wird vor dir hergehen, und die Herrlichkeit des Herrn wird deinen Zug beschließen.« Jesaja 58,7f

So soll in der Nacht geistlicher Finsternis Gottes Herrlichkeit durch Seine Gemeinde hinaus strahlen, indem sie die Niedergebeugten aufrichtet und die Trauernden tröstet.

Überall um uns herum hört man das Klagen einer Welt in Schmerzen. Überall gibt es Bedürftige und Verzweifelte. Es ist unsere Aufgabe, dabei zu helfen, die Härten und das Elend des Lebens zu erleichtern und abzumildern. Den Mangel der Seele kann nur die Liebe Christi stillen. Wenn Christus in uns wohnt, werden unsere Herzen voll göttlichen Mitleids sein. Die versiegelten Quellen ernster, christusähnlicher Liebe werden entsiegelt.

Es gibt viele, die alle Hoffnung verloren haben – bringt ihnen den Sonnenschein zurück. Viele haben den Mut verloren – sprecht aufmunternde Worte zu ihnen und betet für sie. Dann gibt es Menschen, die das Brot des Lebens benötigen – lest ihnen aus dem Wort Gottes vor. Viele Seelen sind sündenkrank und können von keinem irdischen Balsam erreicht oder einem Arzt geheilt werden – betet für diese Seelen, bringt ihnen Jesus und erzählt ihnen, dass es in Gilead Balsam und einen Arzt gibt. vgl. Jeremia 8,22

Das Licht ist ein universaler Segen, das seine Schätze auf eine Welt voll undankbarer, unheiliger und verzweifelter Menschen ausgießt. Ebenso ist es mit der Sonne der Gerechtigkeit. Die ganze Erde, die in die Finsternis der Sünde, des Leids und des Schmerzes gehüllt ist, soll mit der Erkenntnis der Liebe Gottes erleuchtet werden. Keine Sekte, kein Stand und keine Menschenschicht soll von diesem Licht ausgeschlossen werden, das vom Thron des Himmels scheint.

Die Botschaft der Hoffnung und der Gnade muss bis an die Enden der Erde getragen werden. Jeder, der willig ist, kann seine Hand ausstrecken und Gottes Kraft ergreifen und Frieden mit Ihm machen, ja, Frieden mit Ihm machen. vgl. Jesaja 27,5 Die Heiden sollen nicht länger in mitternächtliche Finsternis eingehüllt sein. Die Düsterkeit soll vor den hellen Strahlen der Sonne der Gerechtigkeit verschwinden.

Christus hat jede Vorsorge getroffen, dass Seine Gemeinde ein umgewandelter und durch das Licht der Welt erleuchteter Leib ist, der die Herrlichkeit Immanuels besitzt. Es ist Seine Absicht, dass jeder Christ durch eine geistliche Atmosphäre des Lichts und des Friedens umgeben sein soll. Er wünscht sich, dass wir Seine eigene Freude in unserem Leben offenbaren.

»Mache dich auf, werde licht; denn dein Licht kommt, und die Herrlichkeit des Herrn geht auf über dir.« Jesaja 60,10 Christus kommt mit Kraft und großer Herrlichkeit. Er kommt in Seiner eigenen Herrlichkeit und in der des Vaters. Die heiligen Engel werden ihn auf seinem Weg begleiten. Während die ganze Welt in Dunkelheit versunken sein wird, soll es doch licht sein, wo die Heiligen sind. Sie werden den ersten Lichtglanz Seines zweiten Kommens erblicken. Makelloses Licht wird aus seiner Herrlichkeit erstrahlen, und alle, die Ihm gedient haben, werden Christus, den Erlöser, bewundern. Während die Gottlosen fliehen, werden Christi Nachfolger in seiner Gegenwart frohlocken.

Dann werden die erlösten Menschen ihr versprochenes Erbe empfangen. So wird Gottes Absicht für Israel ihre wortwörtliche Erfüllung finden. Der Mensch ist nicht in der Lage, Gottes Absichten außer Kraft zu setzen. Sogar während das Böse am Wirken ist, haben sich Gottes Absichten stetig weiter ihrer Vollendung genähert. Das war der Fall bei dem Haus Israel während der ganzen Geschichte des geteilten Reichs, und es ist ebenso der Fall mit dem geistlichen Israel heute.

Der Seher von Patmos, der durch die Jahrhunderte bis zu dieser Wiederherstellung Israels auf der neu gemachten Erde schaute, bezeugte: »Danach sah ich, und siehe, eine große Schar, welche niemand zählen konnte, aus allen Nationen und Stämmen und Völkern und Sprachen, vor dem Thron stehend und vor dem Lamm, angetan mit weißen Kleidern und Palmen in ihren Händen; die riefen mit großer Stimme und sprachen: Das Heil ist bei dem, der auf dem Thron sitzt, unsrem Gott und dem Lamm! Und alle Engel standen um den Thron und um die Ältesten und um die vier Gestalten und fielen vor dem Thron auf ihr Angesicht und beteten Gott an und sprachen: Amen, Lob und Ehre und Weisheit und Dank und Preis und Kraft und Stärke sei unsrem Gott von Ewigkeit zu Ewigkeit! Amen.« Offenbarung 7,9-12

»Und ich hörte, und es war wie eine Stimme einer großen Schar und wie eine Stimme großer Wasser und wie eine Stimme starker Donner, die sprachen: ‚Halleluja! denn der Herr, unser Gott, der Allmächtige, hat das Reich eingenommen! Lasset uns freuen und fröhlich sein und ihm die Ehre geben!‘« Offb. 19,6f

»Es ist der Herr aller Herren und der König aller Könige, und die mit ihm sind, sind Berufene und Auserwählte und Gläubige.« Offenbarung 17,14

KAPITEL 60

Bilder künftiger Herrlichkeit

Auf Grundlage des biblischen Berichts

In den finstersten Tagen ihres langen Kampfes mit dem Bösen wurden der Gemeinde Gottes Offenbarungen der ewigen Absicht des Herrn gegeben. Seinem Volk wurde es gestattet, jenseits der Prüfungen der Gegenwart auf die Triumphe der Zukunft zu schauen, wenn nach abgeschlossenem Kampf die Erlösten das verheißene Land in Besitz nehmen. Diese Visionen zukünftiger Herrlichkeit, diese von der Hand Gottes gemalten Bilder, sollten Seiner Gemeinde heute teuer sein, wo der jahrtausendealte Kampf schnell zum Ende kommt und die versprochenen Segnungen sich bald in ihrer Fülle offenbaren sollen.

Viele Botschaften des Trostes wurden der Gemeinde einst durch die Propheten gegeben. »Tröstet, tröstet mein Volk!« Jesaja 40,1 lautete der Auftrag Gottes. Mit diesem Auftrag wurden ihm wunderbare Visionen gegeben, die in all den folgenden Jahrhunderten die Hoffnung und Freude der Gläubigen waren. Verachtet, verfolgt und verlassen von Menschen wurden die Kinder Gottes in allen Zeiten durch Seine sicheren Verheißungen erhalten. Im Glauben schauten sie über die Jahrhunderte auf die Zeit, wenn Er an Seiner Gemeinde das Versprechen erfüllt: »Ich mache dich zu einer ewigen Pracht, zur Freude kommender Generationen«. Jesaja 60,15 NeÜ

Oft wird von der kämpfenden Gemeinde verlangt, Prüfungen und Schwierigkeiten zu erleiden, denn die Gemeinde soll erst nach einem harten Kampf triumphieren. »Das Brot der Drangsal und das Wasser der Trübsal« Jesaja 30,20 Menge sind das gemeinsame Schicksal aller, jedoch wird niemand, der sein Vertrauen in den setzt, der mächtig beim Erretten ist, überfordert werden. »Und nun spricht der Herr, der dich geschaffen hat, Jakob, und dich gemacht hat, Israel: ‚Fürchte dich nicht, denn ich habe dich erlöst; ich habe dich bei deinem Namen gerufen; du bist mein!‘ Wenn du durch Wasser gehst, will ich bei dir sein, dass dich die Ströme nicht ersäufen sollen; und wenn du ins Feuer gehst, sollst du nicht brennen, und die Flamme soll dich nicht versengen. Denn ich bin der Herr, dein Gott, der Heilige Israels, dein Heiland. Ich habe Ägypten für dich als Lösegeld gegeben, Kusch und Seba an deiner Statt, weil du in meinen

Augen so wert geachtet und auch herrlich bist und weil ich dich lieb habe. Ich gebe Menschen an deiner Statt und Völker für dein Leben.« Jesaja 43,1-4

Bei Gott ist Vergebung, völlige und freie Annahme durch die Verdienste Jesu, unseres gekreuzigten und auferstandenen Herrn. Jesaja hörte, wie der Herr Seinen Auserwählten verkündigte: »Ich, ich tilge deine Übertretungen um meinetwillen und gedenke deiner Sünden nicht. Erinnere mich, lass uns miteinander rechten! Zähle alles auf, damit du Recht bekommst!« Jesaja 43,25f »Du wirst erkennen, dass ich, der Herr, dein Retter bin und dein Erlöser, der Mächtige Jakobs.« Jesaja 60,16 NL

»Er ... wird aufheben die Schmach seines Volks«, Jesaja 25,8 verkündete der Prophet. »Man wird sie nennen ‚Heiliges Volk', ‚Erlöste des Herrn' .« Jesaja 62,12 Er hat angeordnet, »dass ihnen Schmuck statt Asche, Freudenöl statt Trauerkleid, Lobgesang statt eines betrübten Geistes gegeben werden, dass sie genannt werden ‚Bäume der Gerechtigkeit', ‚Pflanzung des Herrn', ihm zum Preise.« Jesaja 61,3

»Wach auf, wach auf, Zion, zieh an deine Stärke! Schmücke dich herrlich, Jerusalem, du heilige Stadt! Denn es wird hinfort kein Unbeschnittener oder Unreiner zu dir hineingehen.

Schüttle den Staub ab, steh auf, Jerusalem, du Gefangene! Mach dich los von den Fesseln deines Halses, du gefangene Tochter Zion!« Jesaja 51,12

»Du Elende, Sturmbewegte, Ungetröstete! Siehe, ich will deine Steine in Bleiglanz legen und deine Grundfesten mit Saphiren bauen. Ich will deine Zinnen aus Rubinen machen und deine Pforten aus Karfunkeln und alle deine Grenzmauern aus köstlichen Steinen. Und alle deine Kinder werden vom Herrn gelehrt, und der Friede deiner Kinder wird groß sein. Durch Gerechtigkeit wirst du fest gegründet werden. Du wirst fern sein von Bedrückung, denn du brauchst dich nicht zu fürchten, und von Schrecken, denn er wird nicht zu dir nahen. Siehe, sie mögen sich wohl zusammenrotten; aber es geht nicht von mir aus. Wer sich aber gegen dich zusammenrottet, der wird an dir zu Fall kommen. ... Keiner Waffe, die gegen dich geschmiedet wird, soll es gelingen; und alle Zungen, die sich gegen dich vor Gericht erheben, sollst du schuldig sprechen. Das ist das Erbteil der Knechte des Herrn und ihre Gerechtigkeit, die ihnen von mir zuteil wird, spricht der Herr« Jesaja 54,11-17 Bekleidet mit dem Panzer der Gerechtigkeit Christi ist die Gemeinde bereit, in ihren letzten Kampf zu gehen. »Schön wie der Mond, klar wie die Sonne, gewaltig wie ein Heer« Hohelied 6,10 soll sie in alle Welt hinausziehen – »als Sieger und um zu siegen«. Offenbarung 6,2 ZÜR

Die finsterste Stunde des Kampfes der Gemeinde mit den Mächten des Bösen geht dem Tag ihrer schließlichen Befreiung unmittelbar voraus. Keiner, der auf Gott vertraut, muss sich jedoch fürchten, denn wenn »der Zornhauch der Tyrannen wie ein Unwetter gegen eine Wand« ist, wird Gott Seiner Gemeinde »ein Schutz vor dem Unwetter« sein. Jesaja 25,4 Bruns

Für diesen Tag wird allein den Gerechten Befreiung versprochen. »In Zion sind die Sünder erschrocken, Zittern hat die Heuchler befallen und sie sprechen. ‚Wer ist unter uns, der bei verzehrendem Feuer wohnen kann? Wer ist unter uns, der bei ewiger Glut wohnen kann?' Wer in Gerechtigkeit wandelt und redet, was recht ist, wer schändlichen Gewinn hasst und seine Hände bewahrt, dass er nicht Geschenke nehme; wer seine Ohren zustopft, dass er nichts von Blutschuld höre, und seine Augen zuhält, dass er nichts Arges sehe: der wird in der Höhe wohnen, und Felsen werden seine Feste und Schutz sein. Sein Brot wird ihm gegeben, sein Wasser hat er gewiss.« Jesaja 33,14-16

Das Wort des Herrn an Seine Treuen lautet: »Geh, mein Volk, in deine Kammer und schließ die Tür hinter dir zu! Verbirg dich einen Augenblick, bis das Strafgericht vorüber ist. Denn schon tritt Jahwe aus seiner Wohnung heraus, um für ihre Schuld zu bestrafen die Bewohner der Welt.« Jesaja 26,20f NeÜ

In Visionen wurden den inspirierten Boten des Herrn Blicke auf das Entsetzen derer erlaubt, die nicht vorbereitet sind, ihrem Herrn in Frieden zu begegnen. »Siehe, der Herr macht die Erde leer und wüst und wirft um, was auf ihr ist, und zerstreut ihre Bewohner ... Denn sie übertreten das Gesetz und ändern die Gebote und brechen den ewigen Bund. Darum frisst der Fluch die Erde, und büßen müssen's, die darauf wohnen ... Die Freude der Pauken ist vorüber, das Jauchzen der Fröhlichen ist aus, und die Freude der Harfe hat ein Ende.« Jesaja 24,1.5.6.8

»O weh des Tages! Denn der Tag des Herrn ist nahe und kommt wie ein Verderben vom Allmächtigen ... Der Same ist unter der Erde verdorrt, die Kornhäuser stehen wüst, die Scheunen zerfallen; denn das Getreide ist verdorben. O wie seufzt das Vieh! Die Rinder sehen kläglich drein, denn sie haben keine Weide, und die Schafe verschmachten.« Joel 1,15-18 »Der Weinstock ist missraten und der Feigenbaum welk; Granatbaum, auch Palme und Apfelbaum, alle Bäume des Feldes sind verdorrt. Ja, zuschanden geworden ist die Freude, entschwunden für die Menschenkinder.« Joel 1,12 ZÜR »Wie ist mir so weh! Mein Herz pocht mir im Leibe«, rief Jeremia aus, als er die Zerstörung sah, die sich in den Abschlussszenen der Weltgeschichte ereignen soll. »Ich habe keine Ruhe; denn ich höre der Posaune Hall, den Lärm der Feldschlacht; Niederlage auf Niederlage wird gemeldet. Denn das ganze Land wird verheert.« Jeremia 4,19f

»Und der Stolz des Menschen wird gebeugt und der Hochmut des Mannes erniedrigt werden,« sagt Jesaja vom Tag des Zornes Gottes. »Und der HERR wird hoch erhaben sein, er allein, an jenem Tag. Und die Götzen – mit ihnen ist es völlig aus. ... An jenem Tag wird der Mensch seine silbernen Götzen und seine goldenen Götzen, die man ihm zum Anbeten gemacht hat, den Spitzmäu- [726/727] sen und den Fledermäusen hinwerfen, um sich in die Felsspalten und Steinklüfte zu verkriechen vor dem Schrecken des HERRN und vor der Pracht seiner Majestät, wenn er sich aufmacht, die Erde zu schrecken.« Jesaja 2,17-21 Elb

Jeremia bezeugt von diesen Zeiten der Veränderung, wenn der Stolz des Menschen gedemütigt werden wird: »Ich schaute das Land an, siehe, es war wüst und öde, und den Himmel, und er war finster. Ich sah die Berge an, und siehe, sie bebten, und alle Hügel wankten. Ich sah, und siehe, da war kein Mensch, und alle Vögel unter dem Himmel waren weggeflogen. Ich sah, und siehe, das Fruchtland war eine Wüste, und alle seine Städte waren zerstört vor dem Herrn und vor seinem grimmigen Zorn.« Jeremia 4,23-26 »Wehe, es ist ein gewaltiger Tag, und seinesgleichen ist nicht gewesen, und es ist eine Zeit der Angst für Jakob; doch soll ihm daraus geholfen werden.« Jeremia 30,7

Der Tag, der für die Feinde Gottes der Tag des Zorns ist, ist für Seine Gemeinde der Tag der endgültigen Befreiung. Der Prophet sagt: »Stärket die müden Hände und macht fest die wankenden Knie! Saget den verzagten Herzen: Seid getrost, fürchtet euch nicht! Seht, da ist euer Gott! Er kommt zur Rache; Gott, der da vergilt, kommt und wird euch helfen.« Jesaja 35,3f

»Er wird den Tod verschlingen auf ewig. Und Gott der Herr wird die Tränen von allen Angesichtern abwischen und wird aufheben die Schmach seines Volks in allen Landen; denn der Herr hat's gesagt.« Jesaja 25,8 Als der Prophet sieht, wie der Herr in Herrlichkeit mit allen heiligen Engeln herabkommt, um die Übrigen Seiner Gemeinde aus allen Völkern der Erde zu sammeln, hört er, wie die Wartenden gemeinsam den triumphierenden Schrei ausstoßen: ‚Siehe, das ist unser Gott, auf den wir hofften, dass er uns helfe. Das ist der Herr, auf den wir hoffen; lasst uns jubeln und fröhlich sein über sein Heil.'« Jesaja 25,9

Die Stimme des Sohnes Gottes ist dann zu hören, wie Er die schlafenden Heiligen herausruft. Als der Prophet sieht, wie sie aus dem Gefängnis des Todes hervorkommen, ruft er aus: »'Deine Toten werden leben, deine Leichname werden auferstehen.' [KJV: zusammen mit meinem toten Leib werden sie aufstehen]. Wachet auf und rühmet, die ihr liegt unter der Erde! Denn ein Tau der Lichter ist dein Tau, und die Erde wird die Toten herausgeben.« Jesaja 26,19

»Dann werden die Augen der Blinden aufgetan und die Ohren der Tauben geöffnet werden. Dann werden die Lahmen springen wie ein Hirsch, und die Zunge der Stummen wird frohlocken.« Jesaja 35,5f

In den Visionen des Propheten werden diejenigen, die über die Sünde und das Grab triumphieren, glücklich in der Gegenwart ihres Schöpfers dargestellt. Sie reden mit Ihm, wie die Menschen am Anfang mit Gott sprachen. »Freuet euch und seid fröhlich immerdar über das, was ich schaffe«, fordert sie der Herr auf. »Denn siehe, ich will Jerusalem zur Wonne machen und sein Volk zur

Freude, und ich will fröhlich sein über Jerusalem und mich freuen über mein Volk. Man soll in ihm nicht mehr hören die Stimme des Weinens noch die Stimme des Klagens.« Jesaja 65,18f »Und kein Bewohner wird sagen: ‚Ich bin schwach'; denn das Volk, das darin wohnt, wird Vergebung der Sünde haben.« Jesaja 33,24 »Es werden Wasser in der Wüste hervorbrechen und Ströme im dürren Lande. Und wo es zuvor trocken gewesen ist, sollen Teiche stehen, und wo es dürre gewesen ist, sollen Brunnquellen sein.« Jesaja 35,6f »Es sollen Zypressen statt Dornen wachsen und Myrten statt Nesseln.« Jesaja 55,13 »Eine Straße wird es dort geben, man nennt sie den heiligen Weg. Kein unreiner Mensch darf auf ihm gehen, er ist nur für Gottes Volk. Selbst Unkundige finden den Weg und werden nicht in die Irre geführt.« Jesaja 35,8 NeÜ »Redet mit Jerusalem freundlich und predigt ihr, dass ihre Knechtschaft ein Ende hat, dass ihre Schuld vergeben ist; denn sie hat doppelte Strafe empfangen von der Hand des Herrn für alle ihre Sünden.« Jesaja 40,2

Als der Prophet die Erlösten frei von Sünde und allen Zeichen des Fluches in der Stadt Gottes wohnen sieht, ruft er voller Entzücken aus: »Freuet euch mit Jerusalem und seid fröhlich über die Stadt, alle, die ihr sie lieb habt! Freuet euch mit ihr.« Jesaja 66,10

»Man soll nicht mehr von Frevel hören in deinem Lande noch von Schaden oder Verderben in deinen Grenzen, sondern deine Mauern sollen ‚Heil' und deine Tore ‚Lob' heißen. Die Sonne soll nicht mehr dein Licht sein am Tage, und der Glanz des Mondes soll dir nicht mehr leuchten, sondern der Herr wird dein ewiges Licht und dein Gott wird dein Glanz sein.

Deine Sonne wird nicht mehr untergehen und dein Mond nicht den Schein verlieren; denn der Herr wird dein ewiges Licht sein, und die Tage deines Leidens sollen ein Ende haben. Und dein Volk sollen lauter Gerechte sein. Sie werden das Land ewiglich besitzen als der Spross meiner Pflanzung und als ein Werk meiner Hände mir zum Preise.« Jesaja 60,18-21

Der Prophet durfte den Klang der Musik und des Gesangs dort hören, und dies war eine Musik und ein Gesang, wie ihn außer in Visionen von Gott, kein sterbliches Ohr hören durfte und kein Mensch sich vorstellen konnte. »Die Erlösten des Herrn werden wiederkommen und nach Zion kommen mit Jauchzen; ewige Freude wird über ihrem Haupte sein; Freude und Wonne werden sie ergreifen, und Schmerz und Seufzen wird entfliehen.« Jesaja 35,10 » Dort werden Jubel und Freude herrschen. Lobpreis und Gesang erklingen darin.« Jesaja 51,3 NL »Sowohl die Sänger als auch die Spieler von Instrumenten werden dort sein« Psalm 87,7 KJV »Sie erheben ihre Stimme und rühmen und jauchzen ... über die Herrlichkeit des Herrn. » Jesaja 24,14

Auf der neuerschaffenen Erde werden sich die Erlösten mit den Tätigkeiten und Freuden beschäftigen, die bereits Adam und Eva am

Anfang glücklich machten. Man wird ein Leben führen wie in Eden, ein Leben in Garten und Feld. »Sie werden Häuser bauen und bewohnen, sie werden Weinberge pflanzen und ihre Früchte essen. Sie sollen nicht bauen, was ein anderer bewohne, und nicht pflanzen, was ein anderer esse. Denn die Tage meines Volks werden sein wie die Tage eines Baumes, und ihrer Hände Werk werden meine Auserwählten genießen.« Jesaja 65,21f

Jede Kraft wird dort entwickelt sein, jede Fähigkeit hat sich vergrößert. Die größten Unternehmungen werden ausgeführt, die höchsten Erwartungen erreicht und die höchsten Ambitionen verwirklicht werden. Selbst dann wird es immer noch neue Höhen zu erklimmen, neue Wunder zu bestaunen, neue Wahrheit zu verstehen und neue Studienobjekte zu erforschen geben, um die Kräfte des Körpers und der Seele hervorzurufen.

Die Propheten, denen diese großen Bilder gezeigt wurden, sehnten sich danach, ihre volle Bedeutung zu verstehen. Sie »haben gesucht und geforscht ... worauf oder auf was für eine Zeit der Geist Christi deutete, der in ihnen war und zuvor bezeugt hat ... Ihnen ist offenbart worden, dass sie nicht sich selbst, sondern euch dienten mit dem, was euch nun verkündigt ist.« 1.Petrus 1,10-12

Von welch tiefer Bedeutung, von welch vitalem Interesse sind für uns, die direkt an der Schwelle der Erfüllung dieser Prophezeiungen stehen, diese Ausführungen der zukünftigen Dinge. Es handelt sich hierbei um Ereignisse, auf die die Kinder Gottes seit der Vertreibung unserer ersten Eltern aus Eden gewartet und gehofft haben, nach denen sie sich sehnten und für die sie beteten!

Lieber Mitpilger, wir befinden uns noch immer im Schatten und Chaos irdischer Aktivitäten, aber bald soll unser Heiland erscheinen, um uns zu befreien und uns Ruhe zu schenken. Wir wollen im Glauben die herrliche Zukunft betrachten, wie sie uns von der Hand Gottes ausgemalt wurde. Er, der für die Sünden der Welt starb, öffnet die Tore des Paradieses weit für alle, die an Ihn glauben. Bald wird der Kampf ausgefochten und der Sieg gewonnen sein. Bald werden wir Ihn sehen, auf den unsere Hoffnungen für das ewige Leben sich konzentrieren. In Seiner Gegenwart werden die Prüfungen und Leiden dieses Lebens wie nichts erscheinen. Der vorigen Dinge wird man »nicht mehr gedenken und sie nicht mehr zu Herzen nehmen«. Jesaja 65,17 »Darum ‚werft euer Vertrauen nicht weg, welches eine große Belohnung hat. Geduld aber ist euch not, damit ihr den Willen Gottes tut und das Verheißene empfanget.‘ Denn ‚noch über eine kleine Weile, so wird kommen, der da kommen soll, und wird's nicht hinziehen.‘« Hebräer 10,35-37 »Israel aber wird erlöst ... mit einer ewigen Erlösung und wird nicht zuschanden noch zu Spott immer und ewiglich.« Jesaja 45,17

Schau nach oben, schau nach oben, und lasse deinen Glauben kontinuierlich wachsen! Lass diesen Glauben dein Führer sein auf dem schmalen Pfad, der uns durch die Tore der Stadt in die weite, unbegrenzte zukünftige Herrlichkeit führt, die für die Erlösten bestimmt ist! »So seid nun geduldig, liebe Brüder, bis auf den Tag, da der Herr kommt. Siehe, ein Ackermann wartet auf die köstliche Frucht der Erde und ist geduldig darüber, bis sie empfange den Frühregen und Spätregen. Seid auch ihr geduldig und stärket eure Herzen; denn der Herr kommt bald.« Jakobus 5,7f

Die Völker der Erlösten werden kein anderes Gesetz als das Gesetz des Himmels kennen. Alle werden eine glückliche, vereinte Familie sein, die bekleidet ist mit den Gewändern des Lobes und des Dankes. Über ihnen werden die Morgensterne miteinander singen, und die Söhne Gottes werden Freudenrufe ausstoßen, während der Vater und Christus gemeinsam verkünden: Es soll keine Sünde mehr geben, und auch »der Tod wird nicht mehr sein«. Offenbarung 21,4

»An jedem Neumond und an jedem Sabbat wird die ganze Menschheit kommen und mich anbeten, sagt der Herr« Jesaja 66,23 NL »Die Herrlichkeit des Herrn soll offenbart werden, und alles Fleisch miteinander wird es sehen; denn des Herrn Mund hat's geredet.« Jesaja 40,5 »So lässt Gott der Herr Gerechtigkeit aufgehen und Ruhm von allen Heidenvölkern.« Jesaja 61,11

»Zu der Zeit wird der Herr Zebaoth eine liebliche Krone sein und herrlicher Kranz für die Übriggebliebenen seines Volks.« Jesaja 28,5 »Ja, der Herr tröstet Zion, er tröstet alle ihre Trümmer und macht ihre Wüste wie Eden und ihr dürres Land wie den Garten des Herrn.« Jesaja 51,3 »Die Herrlichkeit des Libanon ist ihr gegeben, die Pracht von Karmel und Saron.« Jesaja 35,2

»Man soll dich nicht mehr nennen ‚Verlassene' und dein Land nicht mehr ‚Einsame', sondern du sollst heißen ‚Meine Lust' und dein Land ‚Liebes Weib' ... Wie sich ein Bräutigam freut über die Braut, so wird sich dein Gott über dich freuen.« Jesaja 62,4f